U0857659

山东大学(威海)年鉴

(2014～2015)

赵玉璞　主编

山 东 大 学 出 版 社

图书在版编目(CIP)数据

山东大学(威海)年鉴. 2014～2015 / 赵玉璞主编. —济南 :山东大学出版社, 2019.3
ISBN 978-7-5607-6313-2

Ⅰ. ①山… Ⅱ. ①赵… Ⅲ. ①山东大学—校史—2014—2015 Ⅳ. ①G649.285.23

中国版本图书馆 CIP 数据核字(2019)第 055127 号

责任策划:刘旭东
责任编辑:刘森文
封面设计:牛 钧

出版发行:山东大学出版社
社 址 山东省济南市山大南路 20 号
邮 编 250100
电 话 市场部(0531)88363008
经 销:新华书店
印 刷:山东新华印务有限责任公司
规 格:787 毫米×1092 毫米 1/16
36.25 印张 14 插页 863 千字
版 次:2019 年 3 月第 1 版
印 次:2019 年 3 月第 1 次印刷
定 价:150.00 元

《山东大学(威海)年鉴》
编纂委员会

《山东大学(威海)年鉴(2014～2015)》
编委会

编写说明

年鉴编纂是记录过去、存史资政的基础性工作，也是校园文化建设的重要内容。《山东大学（威海）年鉴（2014～2015）》（以下简称《年鉴》）全面、客观、系统地记录了2014～2015年山东大学（威海）事业发展及重大活动的基本情况。

《年鉴》分概述、特载、重要文件、管理与服务、学院工作、毕业生名单、各类委员会与领导小组名单、表彰与奖励、聘用相关专业技术职务及岗位人员名单、新聘研究生指导教师名单、组织机构与干部任职名单、教职工名单、基本情况统计、大事记等栏目。部分内容依据实际情况在时限上略有延伸。

《年鉴》由山东大学（威海）学校办公室组织编纂，书中有关材料、名单、统计数据等均由相关单位提供，在此谨表示感谢。由于时间仓促，编撰人员水平所限，《年鉴》难免存在缺点和不足，敬请读者提出宝贵意见，以便改进。

编　者

2019年1月

2014 年 3 月 14 日，山东大学(威海)召开第四届教职工代表大会第五次会议

2014 年 3 月 29 日，党委书记仝兴华为全校入党积极分子上党课

2014 年 4 月 10 日，山东大学(威海)召开党的群众路线教育实践活动总结大会

2014 年 4 月 12 日，校长韩圣浩会见来访的澳大利亚国立大学校长

2014 年 6 月 24 日，山东大学（威海）举行 2014 届毕业生毕业典礼

2014 年 6 月 24 日，金柄珉先生受聘山东大学人文社科一级教授，山东大学校长张荣为其颁发聘书

2014 年 6 月 24 日，许国昌先生受聘山东大学国家特聘教授，山东大学校长张荣为其颁发聘书

2014 年 7 月 9 日，中国社科院张蕴岭研究员受聘山东大学人文社科一级教授，校长韩圣浩为其颁发聘书

2014 年 6 月 5 日，台湾辅仁大学教授陈福滨做客“林海文化论坛”

2014 年 6 月 30 日，中国前外交部长李肇星做客“行知讲堂”

2014 年 7 月 21～24 日，山东大学（威海）承办 2014 年全国天文教育研讨会

2014 年 7 月 24 日，共青团中央学校部杜汇良部长调研创新创业教育工作

2014 年 9 月 14 日，山东大学（威海）举办 2014 级学生开学典礼暨迎新晚会

2014 年 11 月 1 日，山东大学威高研究院在威海校区揭牌

2014 年 11 月 1 日，山东大学（威海）举行创建 30 周年庆典大会暨文艺晚会

艺术学院学生设计的小水滴“威威”被确定为威海铁人三项世界锦标赛吉祥物

2014 年 11 月 22～23 日，山东大学(威海)参赛团队获第 39 届 ACM 国际大学生程序设计竞赛亚洲区域赛银奖，同时获全场唯一“最佳女队”荣誉称号

2014 年 11 月 29 日，中日韩“立法学与法律方法论”国际学术研讨会在山东大学(威海)举行

2014 年 4 月 8 日，新校训石落成

2014 年 11 月 1 日，山东大学(威海)校史展览馆建成并投入使用

2015 年 3 月 20 日，山东大学(威海)召开第五届教职工代表大会暨工会会员代表大会第一次会议

2015 年 3 月 25 日，山东大学(威海)举行首届辅导员职业能力大赛决赛

2015 年 5 月 22～23 日，山东大学（威海）召开第十五次学生代表大会、第六次研究生代表大会和第六次学生社团代表大会

2015 年 5 月 28 日，山东大学（威海）举办“三严三实”专题教育党课

2015 年 6 月 10 日，山东大学(威海)举行首届山东大学天文与空间科学菁英班毕业典礼

2015 年 6 月 18 日，山东大学(威海)举行 2015 届毕业生毕业典礼

2015 年 6 月 22～26 日，第十四届国际太阳风会议在山东大学（威海）召开

2015 年 7 月 9 日，山东大学（威海）主办第一届中韩关系论坛

2015年7月10～11日，中国社会科学院第二届马克思主义文艺理论论坛暨"马克思主义文学批评的理论与实践"学术研讨会在山东大学(威海)召开

2015年7月14日，台湾东海大学教授魏元珪做客"林海文化论坛"

2015 年 7 月 27 日，山东大学(威海)举行微生物技术国家重点实验室
“海洋微生物资源中心”挂牌仪式

2015 年 8 月 27～29 日，第三届“中国—南非核物理联合研讨会”在山东大学(威海)举行

2015 年 9 月 10 日，山东大学(威海)召开庆祝 2015 年教师节暨优秀教师表彰大会

2015 年 9 月 12 日，山东大学（威海）举行 2015 级学生开学典礼

2015 年 9 月 20 日，全国校园铁人三项赛暨山东大学（威海）

第二届校园铁人三项赛开幕

2015 年 9 月，校长韩圣浩率团访问芬兰、丹麦高校

2015 年 10 月 16 日，山东大学（威海）召开青年学者未来计划启动培训会

2015 年 11 月 20 日，山东大学（威海）获第十四届“挑战杯”全国二等奖 1 项、三等奖 2 项，再次捧得山东省“优胜杯”

2015 年 11 月 29 日，第一届东北亚地区形势发展研讨会在山东大学(威海)召开

2015 年 12 月 6 日，欧阳自远院士做客“行知讲堂”

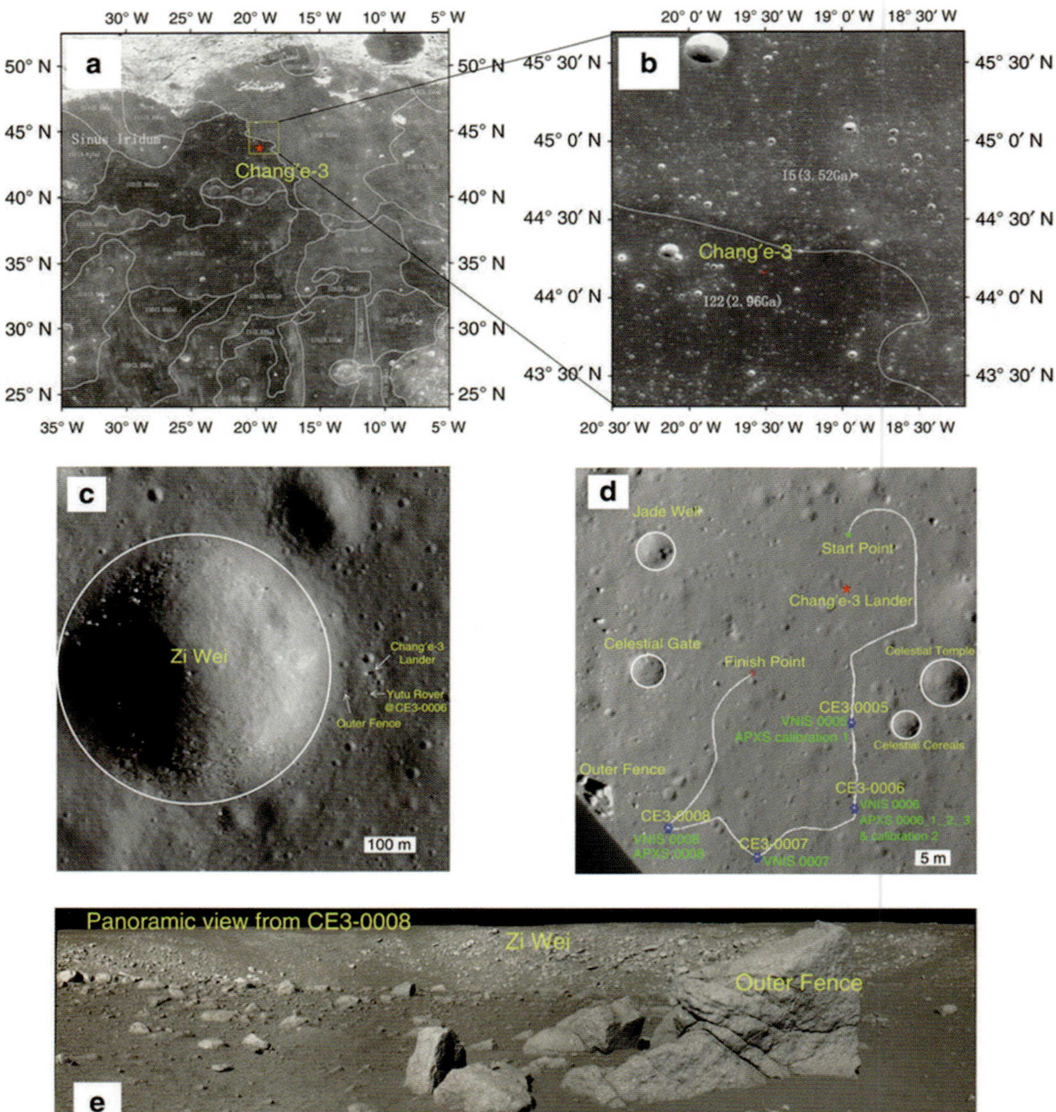

2015 年 12 月，凌宗成教授带领的行星科学团队在《自然—通讯》(*Nature Communications*)发表论文，利用嫦娥三号玉兔号月球车搭载的粒子激发 X 射线谱仪和红外成像光谱仪探测数据，在月球雨海北部的"广寒宫"发现了新型月海玄武岩。该发现被《自然—通讯》作为亮点成果发布新闻稿(Press Release)予以专题报道，被国家航天局、新华社、美国纽约时报、华盛顿邮报、英国卫报等全球上千家媒体广泛报道和转载，被 Tech Times 评为 2015 年国际十大空间事件和发现之一，被中国天文学会评为 2015 年度十大天文科技进展

2015 年 4 月 3 日，山东大学（威海）与刘公岛管理委员会签署全面合作框架协议

2015 年 4 月 10 日，山东大学（威海）与荣成西霞口集团有限公司签署全面合作框架协议

2015 年 7 月 16 日，山东大学（威海）与威海联桥集团签署战略合作协议

2015 年 2 月，天文台获评优秀全国科普教育基地

年度《韩国发展报告》(蓝皮书)

目 录

2014 年

2015 年

组织机构与干部任职名单

教职工名单

基本情况统计

大事记

2014年

概　述

2014年山东大学(威海)发展综述

2014年，威海校区师生员工深入学习贯彻党的十八大、十八届三中四中全会精神和习近平总书记系列重要讲话精神，紧紧围绕校区发展总体目标，认真落实党政工作要点确定的各项任务，稳步推进“十二五”事业发展规划，各项工作发展势头强劲，取得了一系列令人鼓舞的成绩。

一、党建和思想政治工作

1. 认真做好整改落实工作。紧紧围绕校区“两方案一计划”，细化整改措施，落实整改责任，扎实推进各项整改工作和专项整治工作。持续深入抓好作风建设，领导班子建设得到加强，“四风”问题和师生普遍关注的突出问题得到有效整治。制度体系进一步健全完善，年内清理规范制度性文件159个，新立修订文件55个。坚持台账销号制度，狠抓工作落实，强化督促检查，巩固和拓展党的群众路线教育实践活动成果。

2. 加强领导班子和干部队伍建设。继续完善党委中心组学习机制，深入学习贯彻党的十八大、十八届三中四中全会精神和习近平总书记系列重要讲话精神等内容，注重学习效果，积极发挥中心组学习的辐射带动作用。多措并举做好干部教育培训工作，年内举办干部培训专题报告会10余场次，选派15名干部参加各级各类培训班，新开通了管理干部网络培训平台。

3. 创新宣传工作模式。校园网新增“办学与工作亮点展示”等多个专题，对主页进行了改版升级，有效提升了校区的对外宣传形象。加大校区官方微信、微博平台建设力度，积极开拓和主导校园新媒体阵地，在“中国高校微信排行榜”中，威海校区微信影响力指数进入全国高校前50名。

4. 加强党风廉政建设。扎实做好教育部巡视整改工作，严格落实党风廉政建设责任制。不断丰富廉政教育的内容和形式，开展了廉政教育读书学习实践活动，筑牢领导干部拒腐防变的思想道德防线。

5. 做好大学生思想政治教育工作。在全省高校率先设立"培育和践行社会主义核心价值观专题网站",通过微信等新媒体以及教育实践立项、主题团日等活动,引导学生积极学习、践行社会主义核心价值观。创新形势政策课程改革,推行党务领导干部为学生授课制度。

二、人才培养工作

1. 人才培养体系进一步完善。修订和完善了本科专业培养方案,不断加强通识教育和课程体系建设。完善"天文与空间科学菁英班"选拔办法,组建"国际法务"特色班,创新人才培养改革扎实推进。

2. 本科教学工程建设成绩斐然。《大学韩国语》等 3 部教材成功入选第二批"十二五"国家级规划教材,为威海校区获国家级规划教材数量最多的一次。5 项成果获省级教学成果奖励,4 门课程获评山东省精品课程,1 人获评山东省教学名师。

3. 学生创新创业能力进一步提高。在全国大学生创业总决赛中获得国家银奖 4 项、铜奖 1 项,省级奖 16 项;新获国家级大学生创新项目 10 项。学生在各类学科竞赛中获得省级以上奖励 100 多项,在 ACM 国际大学生程序设计竞赛中获银奖 1 项,韩国学院学生在第九届全国大学生韩国语演讲总决赛中再次夺得冠军。

4. 生源质量再创新高。省内文理科录取线分别高出重点线 43 分和 61 分,录取考生省内排名大幅提升;省外文理科录取线高出重点线 50 分的省份分别达到 6 个和 19 个。

5. 研究生教育管理更加规范。进一步完善了各层次、各类型研究生培养方案。开展了博士专业完整课程教学组织与管理,提高了博士研究生的培养质量。

三、学科建设和科研工作

1. 学科建设水平稳步提高。学科建设项目进展顺利,科研条件有了明显改善,完成了威海地磁台、力学性能测试实验室等一批实验室的建设工作。在高水平研究团队、高层次研究平台建设方面有了新的进展,为学科建设向纵深和内涵发展奠定了基础。

2."天、海、韩"特色学科发展势头强劲。空间学科依托空间科学研究院,继续深化体制机制改革,引进千人计划特聘教授 1 人;团队中有 1 人获山东省杰出青年基金项目支持,并获国际无线电科学联盟颁发的"青年科学家奖";天文台获评 2014 年度优秀全国科普教育基地。海洋学科获批"山东省海洋微生物资源库平台"和"山东省生态型人工鱼礁实验中心"两个省级平台。韩国学科以引进两位一级教授为契机,整合优化研究队伍,成立了国内首家专门研究中韩关系的学术机构"中韩关系研究中心"。

3. 科研工作发展态势良好。广大教师积极申报各级各类科研项目,全年科研项目申报及立项数较上年有较大提高,获批国家级项目 29 项、省部级 59 项。多篇政策咨询型项目的成功立项,标志着校区人文社科教师在应用对策研究方面有了新的突破,为政府提供政策咨询的能力有了较大提高。

4. 服务地方工作成绩突出。举办了首届威海市文化创意产业培训班,承担了威海市多项社会科学重点研究课题,为地方文化创意产业发展提供了强有力的支持。做好技术转移与成果推广中心的配套服务和保障工作,推动项目培育工作有效开展。

四、师资队伍建设

1. 师资队伍结构不断优化。年内引进千人计划特聘教授1人、人文社科一级教授2人,特色学科科研团队力量得到发展壮大。教师岗位全年引进30人,其中具有博士学位的25人,具有一年以上海外经历的占40%;20名新引进的青年博士全部纳入校区师资博士后管理。

2. 重视人才队伍的培养。有1人通过齐鲁青年学者特聘教授特别评审。鼓励教师继续深造,具有博士学位(含在读)的教师占专任教师的65%,选派13人赴海内外高校、科研机构合作访学。截至2014年底,具有半年以上海外经历的教师占专任教师总数的35%。

3. 博士后在站人员数量与培养质量稳步提升。2014年有在站人员52人,较2013年增加27人。全年新增中国博士后科学基金资助13人、山东省博士后创新项目2人、国际交流计划资助3人,资助总金额较2013年翻两番。

五、对外合作交流

1. 校园国际化特色日益彰显。年内商学院、翻译学院、艺术学院分别与澳大利亚西澳大学、英国伦敦大学和美国辛辛那提大学合作,引进国外优质课程体系。截至2014年底,校区已有7个专业获得国外课程体系引进重点支持建设立项。

2. 国际合作取得新进展。加强了与美国加州大学伯克利分校、澳大利亚国立大学、日本早稻田大学等世界一流大学的合作与交流,为学生搭建了更高层次的国际交流平台。2014年共有490名学生赴美、英、澳、法、日等国家和地区的45所高校交流学习,其中有43名同学参与首批"名校访学计划"。2014届毕业生中有215人赴16个国家和地区的113所高校继续深造。

3. 留学生教育管理工作更加规范。2014年共有来自韩、日、英、法、澳等18个国家的长期国际学生800余人次在校区学习。此外,还有英、韩、俄罗斯等国家的213名同学来校区参加"国际课堂"短期学习交流项目。

4. 国内合作工作不断加强。注重整合校内外资源,构建校地校企合作的长效机制。年内同新泰市、乐陵市和玲珑集团等地方政府和企业签署4项校地、校企全面合作协议,与威高集团、渤海活塞等单位签署18项具体项目协议。同时加强对已有项目协议的跟踪,确保合作落到实处、取得实效。

六、条件建设

1. 加强机关作风建设。落实服务承诺制和首接负责制,严格工作纪律,改进工作作风;规范机关工作流程,切实提高服务效能,得到了广大师生的认可。

2. 办学条件进一步改善。完成了校区东门、艺术学院展厅改造等工程。年内完成了一批信息化工程项目,优化基础平台,数字化校园建设稳步推进。图书馆设立信息共享空间,为师生营造了良好的学习交流环境。

3. 规范国有资产管理。科学配置办学用房,提高使用效益。加大对校办企业的监管力度,防止国有资产流失。努力推进校级公共实验平台建设,建立校际仪器设备共享平台,为培养创新人才和开展高水平科学研究提供有力支撑。

4. 加强校园治安管理,扎实开展安全教育,提高师生的安全防范意识。节能监管平台项目建设取得新进展,节约型校园建设扎实推进。

七、做好校区创建30周年庆祝工作

11月1日,山东大学(威海)举行了校区创建30周年庆典大会。山东大学校长张荣,中共威海市委书记、市人大常委会主任孙述涛,中共威海市委副书记、威海市市长张惠,威海市委常委、统战部长李在武,威海市委常委、威海军分区政委曹元怀,山东大学副校长、山东大学(威海)校长韩圣浩,山东大学总会计师曹升元,澳大利亚西澳大学副校长Iain Watt等出席庆典并观看了文艺演出。庆典大会由山东大学党委副书记、山东大学(威海)党委书记仝兴华主持。韩圣浩在讲话中说,30年来,山东大学(威海)秉承"为天下储人材,为国家图富强"的使命追求,筚路蓝缕、艰苦创业,取得丰硕成果。尤其是最近十年来,在山东大学创建世界一流大学的目标下,按照"统筹布局,一体发展"的方针,威海校区的办学思路更加明晰,办学定位更加明确,综合实力和社会声誉得到很大提高。韩圣浩指出,威海校区将以创建30年为契机,团结协作,锐意进取,开启新篇章,再创新辉煌。友好学校代表、澳大利亚西澳大学副校长Iain Watt代表西澳大学全体同仁和与山东大学(威海)合作的友好伙伴,对山东大学(威海)创建30周年表示衷心祝贺。教师代表、国家杰出青年科学基金获得者陈耀教授与现场嘉宾分享了他在校区工作和生活的体会。校友代表、民生证券研究院副院长管清友博士代表全体校友,学生代表、翻译学院2013级学生焦成媛代表全体同学祝福母校生日快乐。张惠在致辞中指出,30年来,山东大学(威海)的成长与威海的发展紧密相连,山大(威海)为威海培养了大批优秀人才,成为威海发展的坚强力量;山大(威海)的师生积极参与地方经济建设和地方服务,为威海的发展提供了有力的智力支持。30年是威海和山东大学合作的里程碑,也是面向未来的新起点,威海市将一如既往地支持学校发展,进一步深化校地共建,让山大(威海)这张"城市名片"更加靓丽。张荣在讲话中指出,威海校区今天所取得的巨大成就,得益于一代又一代创业者们极高的胆识气魄和超前的战略眼光;威海校区今天所拥有的有利态势,得益于校地合作的深入推进和共赢发展的理念统一;威海校区今天所实现的跨越式发展,得益于山东大学这个温暖家庭的同心协力与资源集成。张荣指出,目前山东大学正处在建设世界一流大学的关键时期,深入谋划和探索多校区办学体制,促进多校区协调发展,必须更加牢固地树立"一盘棋"的观念,必须更加坚定地走"特色发展"之路,必须更加紧密地开展"校地合作"。

坚持"简朴、务实"的原则,新建了校史展览馆,编印了30年校志,组织开展了"百场学术报告"、学术论坛、校庆书法展、科研成果展、校友返校等多种活动,庆祝校区创建30周年。

通过庆祝校区创建活动,总结梳理了山东大学(威海)的办学精神、办学经验和发展思路,增强了凝聚力,拓展了办学空间,广大师生的归属感和荣誉感进一步增强,校区的社会知名度和影响力进一步提升,为今后的发展奠定了坚实的基础。

特　载

在庆祝威海校区创建30周年大会上的讲话

（2014年11月1日）

山东大学校长　张　荣

尊敬的各位领导、各位来宾、各位校友，亲爱的老师们、同学们：

三十年前的今天，时任山东大学校长邓从豪与威海市市长李同轩共同签署协议，拉开了山东大学和威海市人民政府共建威海分校的序幕。这一历史性的创举，结束了威海无高等学府的历史，开启了我国高等教育史上重点高校异地办学的改革探索，翻开了山东大学发展的崭新篇章。威海人民用炽热的胸怀拥抱山东大学，对威海校区的成长和壮大倾注了海一样的深情，与山东大学一起成就了一段"高山与大海俯仰相拥，名校与名城携手共进"的佳话。

三十年来，威海校区的建设者们恪守"为天下储人材，为国家图富强"的办学宗旨，怀抱拳拳赤忱，历经曲折探索，矢志不渝，艰辛创业，谱写了华美的历史篇章。如今的威海校区，已经从一片空白发展到1.5万人的学生规模，建立起多学科的人才培养体系，既有百年山大传统底蕴，又有沿海开放办学特色，成为山东大学人才培养的重要基地，具有国际影响的学术研究交流基地，为地方特别是为威海市提供人才和科技文化服务的重点基地，是山东大学不可或缺的组成部分和独具魅力的闪光点。同时它的高速发展也为学校整体发展和世界一流大学建设提供了重要的支撑和强劲的动力。

在此，我谨代表山东大学，向威海校区创建30周年表示热烈的祝贺！向长期以来关心、支持威海校区发展的各级领导和各界朋友表示衷心的感谢！同时，也要向为校区建设和改革发展付出心血、智慧与汗水的各位老领导、老同志及全体师生员工致以崇高的敬意！

山东大学威海校区30年的历史与中国改革开放的历史相叠合、相印证。威海校区在中国改革开放的大潮和高歌猛进的号声中崛起，她是中国30年辉煌成就的缩影。回顾威海校区30年的发展历程，还让我们感受到诸多深刻的启示。

威海校区今天所取得的巨大成就，得益于一代又一代创业者们超群的胆识气魄和超前的战略眼光，是他们发扬山大人“敢为天下先”的精神品格，筚路蓝缕、以启山林，无私奉献，白手起家，在当年的滩涂荒地上，建起了一所美丽的、充满生机的现代化校园，谱写了一曲荡气回肠的壮歌。

威海校区今天所拥有的有利态势，得益于校地合作的深入推进和共赢发展的理念统一，三十年来，威海市委市政府和社会各界始终如一地对威海校区的建设与发展给予大力支持，为校区的崛起提供强大保障，合作双方用真诚的愿望和实在的行动，为一个共同的目标不懈奋斗，取得了累累硕果。

威海校区今天所实现的跨越发展，得益于山东大学这个温暖家庭的同心协力与资源集成，正是在山大这棵参天大树的滋养下，在山大学科优势和人才优势的充分发挥下，威海校区才能在较高的起点上起步，进入快速发展的轨道，书写异地办学的奇迹。

三十岁生日是威海校区发展的里程碑，也是新的起点和契机。当此之际，山东大学正处在建设世界一流大学的关键时期，特别是随着青岛校区的建设，济南、威海、青岛三地办学的格局已经形成。这既为我们加快发展提供了重大机遇，同时也使我们面临着重大考验。如何在建设世界一流大学的目标下，深入谋划和探索多校区办学体制，形成发展合力，释放改革能量，促进多校区协调发展，是我们面临的重大现实课题。为此：

我们必须更加牢固地树立“一盘棋”的观念。始终坚持“统筹布局，一体发展”的方针，从系统空间和战略布局的角度，确定各校区在学校总体发展格局中所担承的使命和任务。一方面，坚持和完善党委领导下的校长负责制，强化宏观管理和顶层设计，消除资源壁垒，在共同的山大文化中发展壮大；另一方面，不断深化综合改革，完善内部治理体系，既要探索多校区管理的有效运行模式，又要给予每一个校区充分的发展空间，最终实现各校区协调发展、一体发展。

我们必须更加坚定地走“特色发展”之路。特色是大学的生命力和魅力之所在，是大学最醒目的标签。要在保持和强化已有特色的同时，结合国家战略和区域社会发展需求，不断发展新特色、创造新优势。要以青岛校区建设为契机，整合全校资源，推进学科的现代化和集成化，实现学科优势互补，形成鲜明的学科特色。同时，要发挥各自得天独厚的地缘优势，形成鲜明的服务地方特色和国际化特色。通过强化特色建设，让每个校区在山东大学整体布局中形成不可替代的优势，帮助山东大学在中国高校乃至世界高校中形成无可替代的优势。

我们必须更加紧密地开展“校地合作”。服务社会是大学应有的职能，也是大学的价值之所在。担当社会责任既是我们的应尽义务，也是我们的战略选择。威海校区30年的发展历程，就是与威海市携手共进的过程，这为我们提供了生动的佐证。我们必须坚持立足地方、服务地方、引领地方，深化与地方的产学研战略合作，努力面向地域经济社会发展主战场，加强与地方政府与企业的互动交流，通过发挥综合优势，为地方提供高质量、高层次的人才支撑、科技支撑、智力支撑、协同支撑，以服务求支持，以贡献求发展。

三十而立，风华正茂。威海校区的发展将翻开历史的一页，走进更有希望的未来。相信，在这个充满机遇与挑战的时代，威海校区的明天一定会更好！山东大学的明天一定会更好！

山东大学(威海)创建30周年庆典致辞

（2014年11月1日）

中共威海市委副书记、威海市市长　张　惠

尊敬的张荣校长，尊敬的各位嘉宾、各位老师、各位同学：

今晚的知行会堂熠熠生辉、喜气洋洋，大家欢聚一堂，共同庆祝山东大学（威海）成立30周年。在这个喜庆的时刻，我代表威海市委、市政府，向山大全体师生员工、海内外校友致以热烈的祝贺和美好的祝愿！

山东大学（威海）是威海市域内第一所高校，拥有一座历史悠久、名师荟萃的百年名校，一直是威海人的自豪。三十年来，山大（威海）的成长与威海的发展紧密相连，山大（威海）见证了威海从县级市到地级市的天壤巨变，威海也目睹了山大（威海）化茧成蝶的精彩历程。三十年来，山东大学（威海）从无到有、从小到大，多层次教育体系日臻完善，学科建设水平快速提升，科学研究实力不断增强，走出了一条创新发展、特色发展的道路。学校的建筑面积由不足3万平方米扩大到50万平方米，在校学生由150余人发展到15000多人，以严谨敦厚的学风和锲而不舍的精神，为社会培养了大批优秀人才，其中有很多活跃在威海的各行各业，成为这座美丽城市繁荣发展的坚强力量。广大师生也把威海作为"第二故乡"，坚持以服务城市发展为使命，积极参与地方经济建设和社会服务，为威海的发展提供了有力的智力支持，做出了重要贡献。山东大学的文化精神，深深地滋润了威海愈加丰富的城市文化，让这座城市在发展腾飞中积淀文化底蕴，提升文化品位。山东大学"学无止境、气有浩然"的校训，在山大（威海）广大师生的孜孜践行中得到更加完美的诠释。

三十年春华秋实，三十年硕果累累。三十年是威海市和山东大学合作的一座里程碑，也是面向未来的新起点。山大（威海）是威海的"城市名片"，历届市委、市政府自始至终全力支持学校的建设与发展，在土地供应、城市基础设施配套、产学研合作等方面都提供优良的政策支持，进入新世纪以来，威海市给予山大（威海）的财政资金支持超过1.1亿元，为学校发展提供了有力帮助。我们诚挚地希望山东大学在学校整体发展布局中，更加关注和支持威海校区建设，倾注更多的力量，提升山大（威海）的办学水平和综合实力。威海市将一如既往地倾力支持，进一步深化校地共建，让这座"城市名片"更加靓丽。

威海是一座崇尚创新、尊重人才的开放城市，更是广大师生成就梦想的热土。亲爱的老师们，我们期待您在教书育人的同时，走进企业、走进社区，致力于产学研合作，关注百姓福祉，用自己的专长助推城市发展，服务人民群众。亲爱的同学们，你们是国家和社会的栋梁，作为威海市的市长，我期待你们学有所成之后留在威海，创业发展，让你们的才华得到充分释放，让你们的青春与现代化幸福威海共放异彩！

最后衷心地祝愿山东大学（威海）明天更加美好！

在庆祝山东大学(威海)创建30周年大会上的讲话

（2014年11月1日）

山东大学副校长、山东大学(威海)校长　韩圣浩

尊敬的各位领导，各位来宾，各位校友，老师们，同学们：

大家好！

今天，我们在这里隆重集会，庆祝山东大学（威海）创建30周年。首先，我代表学校，向长期以来关心支持和帮助学校发展的各位领导、各位同仁和社会各界朋友，表示热烈的欢迎和衷心的感谢！向各个时期为学校敬业奉献的全体师生，向海内外的各位校友致以崇高的敬意和节日的问候！

三十年前，山东大学紧紧抓住国家改革开放的大好机遇，发扬敢为天下先的胆识和气魄，创建了山东大学威海校区，一举开创了我国高等教育史上名校异地办学的先河。

三十年来，威海校区秉承山东大学“为天下储人材，为国家图富强”的使命追求，在荒滩涂上、在荆棘丛中，开始了筚路蓝缕、艰苦创业的光辉历程。30年的开荒拓土，这里已风景如画；30年的矢志追求，这里是桃李满园。学校的建筑面积从建校初期不足3万平方米到今天的50余万平方米，由建校初期的2个专业、在校生150余人到如今44个本科专业、61个硕士专业、20个博士专业共15000余人，形成了培养博士生、硕士生、本科生、留学生等多层次的教育体系。

尤其是2004年以来，在山东大学创建世界一流大学的目标下，按照“统筹布局，一体发展”的方针，威海校区的办学思路更加明晰，办学定位更加明确，努力抓好人才培养、学科建设、科学研究、人才队伍建设等工作，实现了学术竞争力、社会影响力和国际化水平的三大提升，综合实力和社会声誉得到很大提高，成为山东大学一个富有魅力的校区。

一、生源质量不断提高，人才培养硕果累累

校区始终坚持以立德树人为根本，高度重视人才培养工作。在山东大学统一的人才培养标准下，充分结合校区特点，2007年开始在省内高校率先实施了“三学期制”改革，突出实践创新能力培养；推进以省级创新试验区“天文与空间科学菁英班”为引领的人才培

养模式改革，深入开展“三跨四经历”教育，育人体系不断完善；以马列课改革为示范，推进以学生为主体的教学方式方法改革；以本科教学工程为抓手，精品课程、优秀教材、教学名师和团队建设等取得明显成效。随着校区社会知名度的不断提升，我校的生源质量大幅提高，从2004年的大部分省份第一志愿报考不满到2014年面向全国30个省(市、自治区)招生、有2/3的省份录取线高出重点线50分以上。

校区采取多种措施鼓励学生积极创新创业，设立了创新专项基金，成立了大学生创业孵化园，让更多学生实现了创新创业的梦想。在校生每年在“挑战杯”、数学建模、电子设计等各级各类竞赛中获得省部级以上奖励近百项。我校毕业生的综合素质和竞争力得到社会广泛认可，数万名校友在各行各业中崭露头角，发挥着越来越重要的作用，涌现出了一批优秀校友代表。这其中，有全军学习典型、被誉为新时代优秀基层党代表的李晓钰；有知名经济学家、获评2013年“十大青年经济学人”的管清友；有扎根农村带领村民致富、成为“全国青年创业致富带头人”标兵的付晓娟等等。他们的发展成长是学校坚持立德树人的真实写照。

二、学科建设扎实推进，学术水平大幅提升

校区紧紧抓住国家建设空间强国和海洋强国的契机，结合山东实施蓝黄两大战略和半岛制造业基地建设，不断调整优化学科整体布局，明确了“以特色引领发展，以应用促进提高”的学科建设思路，着力打造“空间科学”“海洋科学”“韩国教育与研究”三大特色学科。

空间学科已形成了“千人计划”、国家杰青、新世纪优秀人才等高水平教师组成的杰出科研团队，承担、参与了“夸父计划”“嫦娥计划”“萤火一号”等国家重大深空探测项目并做出重要贡献；建成了目前国内高校直径最大、技术水平最高的科研用望远镜，发现并获得永久编号小行星13颗，使山东大学成为国内第三家具有小行星命名权的单位。海洋学科建成了“应用海洋生物学”等一批省、市级科研机构和平台；海洋产业公共服务平台项目获批山东省第二批海洋经济创新发展区域示范重点项目；在新西兰鲍的引进与杂交培育、海洋牧场技术等方面取得了重大突破，为威海市和山东半岛蓝色经济区建设做出了贡献。韩国学科以中韩关系研究为重点，积极推进对韩教育研究和中韩文化交流两大平台建设；研究成果《韩国发展报告》(蓝皮书)在中、韩政府间已经产生重要影响。

以特色学科为引领，校区瞄准学术前沿，重点建设15个研究方向明确、团队结构合理、在国内外具有较大学术影响力的学科，凝练打造新的学科增长点。

十年来，学校自主创新和成果转化能力、承接国家重大科研任务能力不断增强，科研项目总量、经费及层次有了质的提高，在多个领域实现了零的突破。实到外来科研经费较十年前增长近22倍，省部级以上项目总数、三大检索论文篇数均增长10倍多。在校地合作方面，与威海市联合共建了国际生物技术研发中心、威海市海洋研究院等，产出了一批富有市场前景的科研成果，为区域经济社会发展提供了有力支持。

三、人才强校战略深入实施，师资队伍建设成效显著

以制度建设为载体，校区不断深化人事改革。在完善人才招聘及岗位聘用相关制度

的基础上,以空间科学研究院的体制机制创新为契机,探索完善适合校区发展的人事管理模式和机制运行方式,进一步增强了校区的办学活力。

校区坚持引进与培养并重的原则,重点做好领军人才、学科带头人和青年学术骨干的引进工作。近年来,多名院士、"千人计划""长江学者"、国家杰青等来校工作。校区专任教师从十年前的413人增至720人,增长74.3%。校区大力加强青年教师培养工作,鼓励青年教师到国内外高校或科研机构深造,不断优化师资队伍结构,专业学院45岁以下具有博士学位的专任教师达到74%;师资队伍国际化建设扎实推进,1/3的专任教师具有3个月以上海外研修经历。

校区积极推进人事分配制度改革,切实改善教师待遇,建立健全以绩效为核心的工资制度,逐步建立起与学校实际发展水平相协调的薪酬体系,职工的收入水平有了较大提高。

四、对外交流与合作不断拓展,国际化办学成为亮点

校区努力搭建国际教育合作网络,合作学校从早期以韩国高校为主,逐步转向以澳大利亚国立大学、美国加州大学伯克利分校为代表的世界知名高校,目前已经与13个国家和地区的75所高校建立了友好合作关系。

在此基础上,形成了覆盖从各年级本科生到研究生层次的、深受学生和社会欢迎的名校合作办学网络体系,为培养具有国际视野和竞争力的高素质人才打造了广阔平台。校区深入推进"海外学习经历"教育,设立了专项奖、助学金,迄今已有1800余名同学参与海外学习经历或赴海外继续深造,年外派学生从2004年的22人增加到2014年的706人,增长了32倍。

近年来,校区以"国外优质课程体系引进"和"名校访学行动计划"为抓手,注重加强与世界一流大学的合作与交流,与澳大利亚国立大学、西澳大学等联合开展中外合作办学项目,为我校提升和改造旧有学科专业起到了重要促进作用。

校园国际化氛围日渐浓厚,10年来我校共接收培养了来自10多个国家的6000余名各类国际学生,中外学生交流工作日益丰富,学校的对外形象进一步提升。

五、基本条件持续改善,育人环境进一步优化

十年来,校区建筑面积累计新增20余万平方米,固定资产从2.8亿增加到11.3亿,新建成了学院楼、知行楼、空间物理教学楼、学生公寓等,新的学生宿舍和体育训练馆也已进入准备阶段;2004年以来,校区累计投入实验室建设经费1亿多元,搭建起多层次、开放式、高效益的教学科研服务平台,建成1个国家糖工程技术研究分中心、1个全国科普教育基地、6个省部级科研平台和3个省级实验教学示范中心,为广大师生营造了良好的教学科研生活环境。

校区图书馆面积2万余平米,拥有中外文藏书130余万册、中外文期刊及电子文献数据库2500余种,设施先进,条件优越。校园网络、一卡通平台等数字化校园建设步伐加快。"大使讲坛""林海文化论坛"等校园活动屡获表彰,学生社团精彩纷呈。山东大学堂章程石刻等一批具有鲜明特色的人文景观相继落成,进一步提升了校园的文化品位,

学校被评为“省级花园式校园”。

三十年风雨浸润激情岁月，三十年奋进抒写精彩华章。三十年来，山东大学威海校区从无到有，从小到大，发生了翻天覆地的变化。校区取得的每一点进步，得益于国家高等教育改革发展的大好趋势，得益于山东大学百年学府的厚重底蕴，也得益于威海市始终不断的大力支持。经过三十年的积淀、三十年的发展，广大师生的辛勤与汗水铸就了今日的辉煌，也为明天的腾飞插上了有力的翅膀。

以30年庆典为标志，我们站在了新的历史起点上。党的十八大确立“两个一百年”的奋斗目标和实现中华民族伟大复兴“中国梦”，需要高等教育提供强有力的人才支撑和智力支持。山东大学创建世界一流大学的新征程，更需要我们不断推进校区科学发展。今后一段时期，我们要认真做好以下工作：

坚持立德树人，大力提高人才培养质量。要加强理想信念教育，把社会主义核心价值观融入德育教育全过程。要创新人才培养模式，拓展育人空间，努力提高学生的综合素质和竞争力。

坚持协同创新，大力提升学术水平。要重点建设优势特色学科和优势应用学科，进一步优化资源配置，增强学校的核心竞争力。要加大校地合作力度，自觉参与区域经济社会发展，不断增强服务地方能力。

坚持开放合作，大力打造国际化特色。继续完善名校合作办学网络体系，在推进教师交流、学分互认等方面实现新突破。推进与世界高水平大学共建国际合作科研平台，联合承担更多国际科技合作项目，提升学校的科研实力和国际影响力。

坚持以人为本，大力加强文化建设。要加强校风、学风和教风建设，形成关注学术、关心教师、关爱学生的良好氛围。要重视人才队伍特别是青年教师队伍建设，为学校可持续发展提供坚强保证。要进一步加强规章制度建设，努力做到管理育人、服务育人、环境育人。

各位领导、各位来宾、各位校友，老师们，同学们：

30年庆典是校区发展的重要里程碑，也是我们跨越征程的新起点。我们相信，在山东大学的正确领导下，在威海市的大力支持下，全校师生团结协作，锐意进取，攻坚克难，山东大学(威海)定将开启新篇章，再创新辉煌！

在干部培训会上的讲话(节录)

(2014 年 3 月 5 日)

山东大学党委副书记、山东大学(威海)党委书记　仝兴华

同志们:

刚才宣传部的同志传达了近期召开的全国和全省高校党建工作会议的有关精神,两次会议都把做好意识形态工作列为当前高校党建工作的重要内容,这为我们学习贯彻党的十八大、十八届三中全会和习近平总书记系列讲话精神,全面做好高校意识形态领域各项工作指明了方向、提供了指导。

本次会议,既是学习传达会议精神,同时也是一次干部培训。下面,我讲几点意见。

一、按照中央和省委要求,切实提高对意识形态工作的认识(略)

二、贯彻"立德树人"要求,切实加强学校思想政治工作

1. 着力推进思想理论建设

意识形态领域的问题,从根本上讲都与思想理论问题有关。加强高校党的建设,做好意识形态工作,首先要抓住思想理论建设这个根本。

一是要抓好理论学习。要组织广大师生认真学习马列主义、毛泽东思想、邓小平理论、"三个代表"重要思想、科学发展观,认真学习党的十八大、十八届三中全会和习近平总书记系列重要讲话精神。要原原本本学、逐字逐句学、系统深入学,既要吃透精神实质,又要领会精髓要义,不断提高运用马克思主义立场、观点、方法分析问题、解决问题的能力。

二是要加强理论研究。高校的一大职能是科学研究,理应成为马克思主义理论研究的重要基地。当下,在马克思主义理论研究领域,存在着针对性、时效性和说服力、感染力不强的问题,存在着对马克思主义错误和教条式理解的问题。这就要求我们的老师要回到原典,在体会原著,掌握原理上狠下工夫,结合中国的发展实际,推进马克思主义中国化理论创新。

三是要狠抓课堂质量。习近平总书记对加强高校思想政治理论课建设专门提出"要把课讲好"。三尺讲台,责任重大。在这里我要强调,学术研究无禁区,课堂讲授有纪律。

只要走进课堂，走上讲台，就要守纪律、按规矩。老师与学生就像家长与孩子，教书育人、言传身教是老师的本分。如果老师在课堂上不遵规矩，不守本分，就不仅是能力问题，更是道德问题，严肃一点说，是老师的失德！要让我们的下一代靠得住，首先要让我们的老师靠得住。宣传部要加大对全校哲学社会科学教学科研骨干的研修培训派出力度，加强专任教师的马克思主义基本理论培训。教务处、各教学单位要加强课堂教学管理，狠抓过程监督检查，发现问题严肃处理。在这个问题上一定要旗帜鲜明、理直气壮，确保课堂和讲台始终成为教书育人的良田沃土。

2. 着力推进大学生思想政治教育

一是要加强理想信念教育。习总书记强调，“青年一代有理想、有担当，国家就有前途，民族就有希望”。当前，在大学生中存在着理想信念缺失、价值观念扭曲、责任意识不强等问题。这要求我们把培育青年学生的理想信念作为重要工作来抓。要充分发挥形势政策课和思想政治理论课的主渠道、主阵地作用，坚持把理论与实践、历史与现实、本土与全球相结合，讲清楚社会发展的现象和本质、主流和支流、全局和局部，确保党的思想理论“迅速进课堂，灌输进头脑，成熟进教材”。要把书记（副书记）为师生上形势政策课、领导干部为师生作形势政策报告作为一项制度抓实抓好。

二是要加强核心价值观教育。党的十八大提出了社会主义核心价值观，即在国家层面倡导富强、民主、文明、和谐，在社会层面倡导自由、平等、公正、法治，在个人层面倡导爱国、敬业、诚信、友善。这“三个倡导”是社会主义核心价值观的基本内容，是在社会主义核心价值体系的基础上提出来的，是社会主义核心价值体系的内核，体现着社会主义核心价值体系的根本性质和基本特征，反映着社会主义核心价值体系的丰富内涵和实践要求，是社会主义核心价值体系的高度凝练和集中表达。要广泛开展社会主义核心价值观的学习教育，使核心价值观为广大学生所熟知、所牢记、所认同。要大力弘扬优秀传统文化。“三个倡导”与中华优秀传统文化和人类文明优秀成果相承接，体现着中华传统美德和人类的美好追求，展示出鲜明的民族精神和时代特征。山东自古出圣人，山东大学的师生更应该积极担承历史使命，传承传统文化，增强文化自信。要充分发挥环境育人的作用，努力提高校园的文化品质，以文化人、以文育人，滋养学生心灵、陶冶道德情操。要积极开展道德实践活动，加强大学生社会公德、职业道德、家庭美德、个人品德教育，引导学生在提升自己、服务他人、奉献社会中践行核心价值观。

三是要加强学生思想政治工作。学生思想政治工作要不断总结经验，积极适应环境、对象发生的新变化，进一步增强正义意识、责任意识、阵地意识，创新方式方法，丰富形式载体，推进全员育人、全方位育人，促进学生全面发展。要深入细致地了解学生的思想、家庭、学业、生活等情况，把解决思想问题与实际问题相结合，把教育学生与服务学生相结合，把日常管理与教育引导相结合，帮助学生树立正确的人生观、价值观和行为方式。要进一步完善“奖、贷、补、助、免”的资助帮扶体系，做好资助经济困难学生工作。要加强学生心理健康教育，完善从学生心理委员、辅导员到学院、学校的危机反应机制，促进学生健康成长。要高度重视就业指导工作，不断加强创新创业教育，帮助学生充分就业。要深入开展“我的中国梦”主题教育活动，创新活动形式，打造活动精品，用丰富多彩的文化活动培育健康向上的校园氛围。要加强校园网络信息管理，利用好网站、微博、微信、BBS等，加强正面宣传引导，唱响网上主旋律，抢占舆论制高点，营造风清气正的网络空间。

三、围绕建设学习型、服务型党组织要求，切实做好干部培训工作

干部培训要以提高干部素质为目的。关于干部应具有的素质，我讲三点要求。

1. 坚定理想信念

理想信念是党员干部的灵魂。一个党员干部没有理想信念就如同人没有了灵魂。理想信念是推进事业改革发展的重要基石和强大动力。在革命战争年代，无数革命先烈抛头颅、洒热血，出生入死，不屈不挠，就是因为对崇高理想和坚定信念锲而不舍。在和平建设时期，许多共产党员为党和人民事业鞠躬尽瘁、死而后已，也是因为对崇高理想和坚定信念矢志不渝。有了坚定的理想信念，我们就能正确分析前进道路上各种复杂形势，努力克服前进道路上各种艰难险阻，满腔热情，锐意开拓，不懈奋斗。

坚定理想信念，一要加强学习。一个政党要走在时代前列，一刻也离不开理论指导；一个党员干部要做好本职工作，一刻也离不开理论学习。思想理论上的科学理性认识，是保证理想崇高、信念坚定的前提和基础，其首要是加强政治理论学习。要认真学习马克思主义基本原理和党史、国史的基本知识，坚持用科学理论武装头脑。同时要加强业务知识学习。要结合自己的工作实际，在学习中增强谋划能力，在学习中提高工作能力。要把学习作为精神需求和政治责任，好学、善学、真学，时时学、处处学，并做到学以致用。

坚定理想信念，二要严于律己。首先要坚持讲政治、讲纪律。作为共产党员特别是我们的领导干部，要始终坚持正确的政治立场、政治方向和政治观点，严守党的政治纪律，不断提高政治敏锐性，增强政治鉴别力，善于从政治上认识和判断形势、思考和处理问题。要认真贯彻党的路线方针政策，顾全大局、服从大局，自觉维护组织权威。尤其是思想政治辅导员在日常工作中更要注重讲党性，在大是大非面前要坚持正确立场，保持政治定力。其次要加强品行修养，始终保持“桃李不言，下自成蹊”的谦逊和“如履薄冰，如临深渊”的谨慎，不为私心所扰，不为名利所累，不为物欲所动，在思想、感情和生活上筑牢拒腐防变的“防火墙”。

坚定理想信念，三要公道正派。公道正派是领导干部坚定理想信念的本色所在。只有做事公道、做人正派，理想信念才能站得稳、筑得牢。要做到公道正派，就要在谋事时抛弃个人名利、处事时抛弃个人恩怨、衡人时抛弃个人好恶、用人时抛弃个人成见，从大局出发、以事业为重，诚以待人、宽以待人，以强烈的事业心感召人、带动人、激励人，以优秀的人格魅力感染人、教育人、鼓舞人。这样才能让我们的理想信念赢得各方面的理解、信任和支持，才能做到心齐、气顺、力合。

2. 敢于负责担当

人们常说：“为官避事平生耻。”领导干部没有担当就是失职。

一要勇于担当。勇于担当，就要正确看待个人得失。一事当前，首先要以学校的事业为重，以群众的利益为重，而不能计较个人的名利、前途，这是我们共产党人应有的政治情怀。面对困难迎难而上是勇于担当，长期工作默默奉献在一线同样也是担当。勇于担当，要正确对待失误和挫折。毋庸讳言，干事难免出错，担当有时会受委屈。但是重要的是善于从失误中汲取教训，举一反三、改进提高。要把逆境和挫折作为党性修养的历练，人生阅历的增加，成长进步不可或缺的因素。这是一名党员干部自信、成熟的表现。对组织部门来讲，一定要完善体制机制，优先选用勇于担当、敢于负责的干部。干部队伍中敢于担当的氛围才会越来越浓厚。

二要善于担当。担当，绝不是蛮干瞎干。要做到真正意义上的担当，需要掌握科学的思维方式和有效的工作方法。实践证明，培养科学的思维方法，比具体的知识学习更重要。要抓好科学的世界观和方法论的学习，不断增强辩证思维、全局思维、战略思维能力，善于按照所开展工作的客观规律来科学决策、推动工作，这样才能充分发挥科学思维的根本性作用。要有效开展工作，就必须学会抓关键。抓事物最本质的东西，抓主要矛盾，抓矛盾的主要方面，就抓住了问题的关键。这是一种行之有效的工作方法。否则，做工作、办事情不分大小主次，不论轻重缓急，眉毛胡子一把抓，结果肯定是捡了芝麻丢了西瓜，丧失了工作主动权。

3．提高工作水平

一要坚持解放思想。思想是行动的先导。思想解放的程度，决定改革的深度、发展的速度。解放思想是一种思想境界，是一种思维方法，是党的思想路线的本质要求。首先要坚持理论联系实际。在理论学习、实践总结、借鉴经验中不断解放思想。只有坚持理论联系实际，用学习所得促进思想解放，推进思想观念和工作方法的创新，才能推动工作的有效落实。其次要破除体制机制障碍。事业要实现科学发展，必须深化改革，推进体制机制创新。山东大学三地办学是我国高等教育的创新，威海校区如何做好内涵发展、特色发展的大文章，没有可以照搬的模式，更需要大家解放思想，突破思维定势，打破条条框框，推进改革创新。

二要转变工作作风。首先要“在其位，谋其政”。党员干部要干事，要想事干、干大事、干好事。对有些工作作风不扎实，“不干事、干不了事、不让别人干事”的干部要严肃处理，绝不能让无所用心、不求有功、但求无过的风气侵蚀蔓延。其次要“办实事，求实效”。干部作风体现在日常工作和生活中。对认定的事咬住不放，对决定的事持之以恒，对已干的事一抓到底，做到踏石留印，抓铁有痕，不断提高工作执行力。还要“重品行，做表率”。要认真贯彻民主集中制，严格按议事程序办事。要认真落实目标责任制，加强干部考核和监察审计。让广大党员干部认认真真做事，干干净净做人，真正以坚强的党性观念、良好的自身形象凝聚民心、赢得信赖。

三要贯彻群众路线。这次群众路线教育实践活动虽然已经进入收尾阶段，但是必须强调，收尾不是收场，贯彻群众路线我们应该始终坚持，一以贯之。要扎实抓好整改落实和建章立制工作。认真对照整改方案，细化整改措施，逐条落实。要狠抓制度建设，着眼于抓长效、固根本，切实履行对组织、对群众的承诺。要进一步加强调查研究，坚持从群众中来、到群众中去，深入基层、深入师生，察实情，看实况，才能出实招、得实效。要进一步联系服务群众。要着重在“密切”上下工夫，树立需求导向、问题导向、满意导向，群众的所需所想就是我们的工作方向。要继续以钉钉子精神抓好中央“八项规定”的贯彻落实，不断完善制度建设，真正用制度管人、办事、正风，引导广大党员干部在践行中为民服务，在实干中取信于民。

总结来说，坚定理想信念是“有魂”，敢于负责担当是“有胆”，提高工作水平是“有为”。我们的党员干部要“有魂、有胆、有为”。今后的干部培训要紧紧围绕提高干部素质，加强学习型、服务型党组织建设，不断提高学校党建工作科学化水平。

科学谋划 深化改革
不断开创学校发展新局面

——第四届教职工代表大会第五次会议学校工作报告

(2014年3月14日)

山东大学副校长、山东大学(威海)校长　韩圣浩

各位代表,同志们:

现在,我代表学校向大会报告工作,请各位代表审议,并请列席同志提出意见。

一、2013年工作回顾

2013年,全校师生员工深入学习党的十八大、十八届三中全会精神,认真落实"十二五"事业发展规划和学校党政工作要点确定的各项任务,以提高办学质量为核心,以加快改革进程为动力,以推动内涵发展为目标,团结一心,奋力拼搏,各项工作迈上了新台阶。

(一)以深入开展党的群众路线教育实践活动为抓手,大力加强党建和思想政治工作

1. 扎实开展党的群众路线教育实践活动。立足于解决"四风"方面存在的突出问题,充分调动领导干部和广大群众的积极性,通过民主评议、专题座谈会、个别访谈等途径广泛征集意见,明确重点整改任务,推进长效机制建设,增强了活动的针对性和实效性。严格贯彻中央"八项规定",深入基层开展调研,转变工作作风,精简文风会风,厉行勤俭节约,提高工作效率。群众路线教育活动取得显著成效。

2. 强化学习型领导班子建设。不断完善党委中心组学习机制,以学习党的十八大、十八届三中全会和习近平总书记系列讲话精神为重点,把握党的教育方针政策改革动向,科学谋划学校长远发展。扎实做好新任处级领导干部的培训工作,年内举办专题讲座13次,切实提高领导干部的能力和水平。

3. 进一步加强干部队伍建设。圆满完成中层干部调整补充工作,领导干部的年龄、知识结构进一步优化,其中硕士以上学历占到处级干部的74%。进一步规范干部管理,认真做好处级领导班子任期目标制定工作。取消党群部门科级机构设置,核定科级岗位,核减比例占到机关科级岗位数的20%,有效提高了机关运行效率和服务水平。

4. 加快推进惩治和预防腐败体系建设。加强廉政制度建设,全面实施党风廉政建设责任制,制定廉政风险防控措施,建立健全学校权力运行风险防范机制,积极探索从源头上防治腐败的途径。

5. 着力加强大学生思想政治工作。充分发挥思想政治教育研究会的带动辐射作用,以"中国梦"主题教育为切入点,深入开展思想引领工作,不断增强大学生思想政治教育工作实效。

6. 坚持依法治校,深入推进民主政治建设。充分发挥学术委员会在学校学科建设、教师评聘等工作中的主导作用。教代会、工会在服务学校发展、维护教职工合法权益中发挥了积极作用。充分发挥各民主党派、无党派人士、离退休教职工和妇委会、共青团、学生会、研究生会等群团组织的参政议政作用,促进学校科学决策、民主决策。

(二)以深化教育教学改革为根本,不断提高人才培养质量

1. 完成本科专业培养方案修订工作。在总学分要求、课程体系、专业主干课程等方面与总校保持一致的基础上,充分彰显校区人才培养特色。开展首批通识教育核心课程评审工作,49 门课程获准立项。

2. 本科教学工程建设再创佳绩。"旅游管理""海洋资源与环境"两个专业获评省级特色专业。截至目前,学校已有国家级特色专业 1 个,省级品牌、特色专业 12 个。"测控技术与仪器"等 3 个专业获批省级卓越工程师教育培养计划项目。1 人获评省级教学名师。

3. 人才培养模式改革稳步推进。积极参与山东大学"泰山学堂"计划,"天文与空间科学菁英班""朝鲜语＋国际经济与贸易双学士学位班""英语＋西班牙语"等特色班改革成效明显。2013 年,第二校园学习经历共派出学生 86 人;海外学习经历共派出学生 226 人,遍及美、英、澳、日、韩等 9 个国家和地区的 35 所高校。

4. 学生创新创业教育成效显著。年内在数学建模、电子设计等各类科技创新竞赛中获得国家级奖项 10 余项、省级奖项 100 余项。充分发挥创新创业教育"四平台"功能,扎实推进创业实践教育体系建设,学生的创新创业能力不断增强。

5. 生源质量有了新的提高。省内文、理科录取线分别高出重点线 37 分和 54 分,较 2012 年有了大幅提升;省外理工类有 25 个省份、文史类有 23 个省份录取线高于 2012 年。

6. 研究生科研创新能力有了较大提升。完善了专业学位研究生培养方案,强化专业学位研究生实践能力的培养。积极拓展研究生海外经历培养模式,年内有 40 余名学生参加海外交流访学项目。2 名博士研究生获得山东大学年度"博士研究生学术新人奖"称号,硕士研究生年内在 CSSCI、北图核心等刊物发表学术论文 53 篇。

7. 继续教育不断适应社会需求,努力拓展职业技能教育市场,强化教学环节管理,取得了良好的社会、经济效益。

(三)以学科建设为龙头,不断提升科研水平

1. 加大学科建设力度。学校评审批准了 15 个学科建设项目立项,投入 8000 万元支持项目建设。这是我校历史上学科建设立项投资额度最大的一次,将有力促进学校整体学科建设水平的提升。

2. 特色学科向纵深发展。空间学科依托空间科学研究院，在人事制度、管理模式、科研组织运行机制等方面进行改革创新。海洋学科以应用海洋生物学为发展主体，进一步凝练科研团队和研究方向，海洋牧场工程技术实现了向海洋应用技术方面的新拓展。韩国蓝皮书入选“中国社会科学院创新工程学术出版项目”，得到学术界的广泛认可。

3. 科研工作稳步推进。全年科研项目申报及立项数量有了较大提高，获批国家级项目18项、省部级项目45项，在国家社科基金后期资助项目、教育部后期资助项目及海外儒学研究重大项目上均有了新的进展。海洋产业公共服务平台项目通过评审并获批经费300万元，在海洋相关研究领域实现了新的突破。

4. 服务地方工作扎实开展。与威海市委宣传部联合共建山东大学威海文化创意研究中心，与多个企业签订合作协议，校地、校企合作发展态势良好。积极开展技术转移与成果推广中心的建设，已完成第一批入驻项目组的征集评审工作。选派多人到地方挂职，加强学校与地方政府、企业间的沟通交流。

(四)以人才强校战略为关键，不断加强师资队伍建设

1. 稳步推进人事制度改革。探索设立学术特区和人才特区，充分发挥品牌效应，为高层次人才搭建平台。引进1名“齐鲁青年学者”特聘教授，聘请2名中科院院士作为兼职特聘教授，充实相关研究队伍。推进岗位聘用制度改革，完善了多种形式的用人机制，为学校发展注入了新的动力。

2. 坚持“引育”并举。年内又有1人获国家优秀青年基金资助，选派40余名青年教师从事博士后研究工作，31人在职攻读博士学位。45岁及以下专任教师中，具有博士学位(含在读)的教师占72%。师资队伍国际化建设步伐加快。引进了一批海外优秀人才，新入职人员中具有一年以上海外经历的人员占到58.6%。目前，全校具有3个月以上海外研修经历的教师占到专任教师总数的32%。

3. 博士后科研流动站建设有了新进展。由2010年的7个一级学科增至现在的15个一级学科，类型覆盖学科、师资、外籍和企业博士后4大类。2013年，1人获中国博士后科学基金面上一等资助，5人获二等资助，4人获山东省博士后创新项目专项资助，培养质量有了显著提升。

(五)以国际交流与合作为重点，不断推进校园国际化建设

1. 围绕“优化学生培养资源和提升学术水平”，努力拓展与世界知名高校的合作关系。年内新开辟合作高校16所，包括加州大学伯克利分校、斯坦福大学、伦敦大学皇家霍洛威学院、早稻田大学等多所世界名校。

2. 合作办学取得新突破。与澳大利亚皇家墨尔本理工大学的合作办学项目顺利获批并招生，与澳大利亚国立大学、西澳大学的两个本科层次合作办学项目也已报批。

3. 校园国际化氛围日益浓厚。2013年，我校国际学生人数达到963名，外派学生420名。2013届毕业生中有近200人出国深造，其中40多人被世界名校录取，威海校区学生的海外培养已成为一大亮点。

(六)以改善办学条件为保障，推动和谐校园建设

1. 着力解决师生关注的民生问题。根据总校统一部署，稳步推进收入分配制度改革，实行岗位绩效工资，增加取暖补贴，教职工待遇有了较大幅度提高。做好教师住宅楼

外墙保温工程,冬季保温效果明显改善。提高现有教职工体检待遇标准,将 40 岁以下教职工纳入体检范围,受到广大教师的欢迎。

2. 校园基本建设持续推进。空间物理教学楼竣工并投入使用,综合公寓项目启动,完成了标准体育场、风雨操场、图东环楼和西门等改造工作,努力为广大师生营造良好的工作、学习、生活环境。

3. 扎实做好校园文化工作。以“提升品位,凸显特色”为指导思想,继续推进“论语”文化建设工程和文萃廊的文化建设工程。在 2013 年山东省高校校园文化建设优秀成果评选中,我校有多项成果获奖。

4. 信息化校园建设步伐加快。完成一批网络建设和升级改造任务,对校园宽带进行扩容改造。完成了校园门禁系统的开发规划和设计工作,组织开发实用管理系统,为信息化建设打下坚实基础。图书馆积极参与高校联盟建设,承建的“虚拟参考咨询示范馆”获评 CALIS 三期“应用服务优秀示范馆”二等奖。

5. 加强国有资产和仪器设备的目标管理。积极探索国有资产归口与分级管理机制,加强对经营性用房的监督管理工作,确保国有资产保值增值。科学规划建筑功能,合理配置和使用公房资源,为满足教学、科研需要提供了坚实保障。

6. 不断加强财务管理,着力提高资金使用效益。规范招标采购工作。开展了“小金库”专项治理和处级干部离任审计工作,全年审计大额度资金支出 8500 余万,审计各种基建及维修工程 184 项,有效规范了资金使用程序,保证学校资金安全。

7. 后勤服务保障工作扎实有效。校园节能监测平台项目获得省级立项,节约型校园建设稳步推进。校园绿化、美化工作进一步加强,年内完成绿化改造工程 12 项。严把食堂卫生与饭菜质量关,稳控饭菜价格,得到学生普遍认可。

8. 认真做好“平安校园”建设工作。积极开展安全教育,落实安全责任制,增强师生的安全防范能力。加强校园治安管理,大力开展交通安全专项整治,校园交通秩序明显改善。

各位代表,同志们,回首过去的一年,学校各项事业取得了可喜的成绩,但是,我们也应该看到,目前学校发展仍然面临一些制约因素,如:按照山东大学建设世界一流大学的目标要求,学校改革创新意识不强,整体办学资源紧缺,学科专业庞杂老化、水平不高,科研核心竞争力不强,高端人才匮乏,人事制度改革有待进一步推进,管理服务意识跟不上发展步伐,等等。这些都是我们急需解决的问题。

各位代表,同志们,2014 年是国家全面深化改革的第一年,也是我校实施“十二五”事业发展规划的关键一年,我们要紧紧抓住当前高等教育深化改革的大好机遇,凝心聚力,拼搏进取,为实现学校新的发展而努力奋斗。

二、2014 年工作设想

2014 年,威海校区党政工作的指导思想是:认真贯彻落实党的十八大、十八届三中全会精神,着力巩固党的群众路线教育实践活动成果,紧紧围绕立德树人这一根本任务,进一步深化教学改革,加强学科建设,推进人事制度改革,打造国际化办学特色,不断增强核心竞争力。

（一）巩固党的群众路线教育实践活动成果，加强党建和思想政治工作

1. 认真做好整改落实。对照中央要求和群众期待，对已开展的工作组织进行“回头看”。制定整改方案，细化整改措施，逐条明确，逐项落实。高度重视建章立制工作，围绕解决“四风”突出问题，出台有针对性的制度措施并狠抓贯彻落实，确保教育实践活动善始善终，善作善成，努力以作风建设的新成效推动学校事业创新发展。

2. 加强思想政治工作。发挥党委中心组的示范带头作用，以学习贯彻党的十八大、十八届三中全会和习近平总书记系列讲话精神为重点，将学习领会精神与解决学校改革发展的突出问题相结合，不断提高思想政治工作水平，建设学习型、服务型党组织。努力践行社会主义核心价值观，不断推进学校德育工作创新。

3. 加强干部队伍建设。以提升干部素质为目的，开展分层次、分类别专题培训，增强干部培训的针对性和实效性。健全和完善校院两级“三重一大”集体议事决策制度，加强党内民主建设，提高班子的执行力。完善干部考核体系，合理运用考核结果，加强监督管理，建设一支风清气正、务实高效、勇于担当的干部队伍，为学校和谐发展提供组织保证。

4. 改进基层党建工作。进一步优化基层党组织设置，加强基层党务工作队伍建设。认真做好青年教师及学生党员发展工作。严格规范管理，创新活动形式，增强党员队伍活力。

5. 推进校园文化建设。加强校园文化硬件设施建设。继续开展好具有示范性、导向性的校园文化活动，倡导高雅文化进校园，提高校园文化品位。加强大学文化与理念的研究，注重宣传典型，充分发挥其在校风、教风、学风等建设中的引领作用。

6. 加强党风廉政建设和统一战线工作。加强党员干部廉洁自律教育，认真落实党风廉政建设责任制。加强统一战线工作，做好民主党派和无党派人士工作，充分发挥民主党派和统战团体在学校改革发展中的积极作用。

（二）推进教育教学改革，不断提高人才培养质量

1. 深化人才培养模式改革。做好“空间科学菁英班”“旅游管理国际化人才培养实验区”等特色班的相关工作。继续拓展高层次、高水准的中外合作办学项目，积极探索、优化国际化培养模式，规范工作流程，提高合作培养的质量，努力形成高水平、有特色的联合培养、协同育人新模式。

2. 加强本科教学工程建设。进一步做好专业的调整、优化、改造。以新专业目录的颁布为契机，启动相关专业的认证工作，推进专业内涵建设。以课程平台建设为重点，做好课程简介修订工作。努力创造条件为教师提供海外课程的学习和观摩机会，提升教师教学能力。推进教学方式方法改革，着力提高学生的创新思维和能力。

3. 做好招生拓展工作。组建由全校各单位广泛参与的招生拓展工作小组，使招生拓展工作常态化、制度化。加强招生计划编制研究，加大招生改革力度，努力提高生源质量。

4. 推进教学管理改革。充分发挥学院在人才培养中的主体地位，明晰责权，强化督导与服务，提高教学管理的科学化、规范化水平。做好新一轮本科教学审核评估的前期工作。

5. 加强研究生导师队伍建设，科学界定不同类型研究生培养目标，推进研究生培养

模式改革。加强研究生专业实践基地建设与管理,加强与国内外其他院校的交流,扩大研究生访学规模,提高研究生培养质量。

6. 进一步整合各方面资源,加强学历教育招生和教学过程管理,提升继续教育的水平和层次。

(三)加强学科建设,进一步增强科研和服务地方能力

1. 提升学科建设水平。按照"以特色引领发展,以应用促进提高"的学科建设思路,对已确定的15个学科建设项目,加强项目规范管理,增强辐射带动作用,汇聚培养高水平研究团队,建设高层次研究平台。进一步强化优势学科,努力培育新兴、交叉学科,提高学校学科建设整体水平。

2. 加强"天、海、韩"特色学科建设。空间学科要做好引进"千人计划"国家特聘教授相关工作,努力建设高水平研究团队,为服务国家需求和地方发展需要作出积极贡献。海洋学科要以服务威海海产品养殖及深加工为目标,加强海洋牧场建设,打造海产品开发与深加工平台,尽快产生经济效益和地区辐射效果。韩国学科要以引进两位一级教授为契机,整合优化研究队伍,进一步扩大我校在对韩研究领域的影响力、话语权。

3. 做好服务地方工作。围绕半岛蓝色经济区建设,鼓励教师积极与企事业单位开展面向应用的科研活动,积极探索组建跨学科科研团队与合作攻关,建设2～4个与蓝色经济相关的协同创新平台,为地方经济社会发展做出积极贡献。年科研经费总额达到4000万元。

(四)深化人事制度改革,加强师资队伍建设

1. 进一步加大人才引进力度。努力引进高层次人才,加强重点学科、特色学科师资团队建设。加强与各类高层次人才的联系,充分挖掘现有资源,努力搭建平台,积极做好"以才引才"工作。

2. 创新教师培养模式。启动青年学术拔尖人才及青年学术骨干培养计划,培育新的学术增长点和学术梯队。实施青年教师学术能力培养助推工程,引导青年教师提高学术研究水平。不断提升教师国际合作与交流能力。

3. 推进人事制度改革。进一步修订完善教师队伍的分类评价机制,推进分类管理。按照总校要求,稳步推进校内收入分配制度改革,建立起与学校实际发展水平相协调的校内岗位津贴分配制度。学校决定从今年开始,连续三年每年新增投入800万元,用于改善教职工待遇。

(五)加强国际交流与合作,打造国际化办学特色

1. 建设国际化人才培养平台。做好与澳大利亚国立大学、西澳大学的合作办学项目,推进与澳大利亚国立大学联合建立研究生院的前期工作,积极做好"中澳空间科学联盟"的调研论证和前期准备工作。启动国际会计师、物流师、工程师等专业认证项目建设工作,培养国际化、应用型人才。

2. 加强与世界一流大学合作。以"国外优质课程体系引进""世界名校访学计划"为抓手,继续加强与美国加州大学伯克利分校等世界名校的联系,拓展合作高校,增加合作项目,推进学校整体办学质量提升。进一步加强政策引导和支持力度,让更多学生获得接受海外优质教育资源的机会。

3. 提高留学生教育工作水平。加大对国家“留学生教育示范基地”等有关政策的研究，积极申办“汉语桥”等高层次的留学生教育文化活动，提高我校留学生教育工作的知名度。进一步完善留学生培养方案，狠抓规范管理，加强质量监控，不断提高留学生教育质量。

4. 推进国际化校园建设。做好接收国际学生和外派学生的相关工作。继续开展“海岸线讲坛”等对外文化交流项目，积极邀请境外名师来校讲学。加大对外交流力度，积极开展我校与境外高校的文化艺术交流，提升校园国际化氛围。

(六)推进工作模式创新，促进学生全面发展

1. 提高学生工作科学化水平。不断完善辅导员选拔和培训机制，加强辅导员队伍建设。调整优化学生工作管理系统，规范学生事务管理。加强学生心理健康教育，完善学生资助工作机制，提高公寓管理水平。

2. 加强学生创新创业能力培养。加大对高水平科技竞赛的扶持力度。成立学生生涯发展教研室，建设大学生创业培训基地。完善就业工作考评办法，不断开拓就业市场，确保毕业生就业率继续保持在85%以上。

3. 开展高品位校园文化活动。依托文化艺术节、科技学术节、社团文化节等平台，进一步提升活动层次，努力打造精品活动。切实加强对学生社团的管理，引导社团健康发展，促进学生个性化成长。

(七)提升管理服务水平，努力推进和谐校园建设

1. 狠抓机关作风建设。按照党的群众路线教育实践活动要求，认真贯彻落实中央“八项规定”，切实改进工作作风，加强调查研究，坚持求真务实，建设服务型机关。

2. 加强财务管理和审计工作。加大预算执行监督力度，推进基本支出和项目支出改革，推进预算绩效管理。研究制定科学合理的学分制收费办法。加强科研经费管理。加强对财务、招生、基建等的监察审计工作。

3. 努力改善办学条件。做好综合公寓、学校东门改造等项目。进一步完善科技大厦B座、体育训练馆的前期论证及设计。加快数字化校园建设进程。规范学科化文献建设，加强图书馆信息化管理，提高服务质量。

4. 加强国有资产和实验室管理。修订完善规章制度，细化分类管理，加强国有资产监管力度。科学规划，建设高水平科学实验中心和高性能计算中心，为培养创新人才和开展高水平科学研究提供有力支撑。继续加强全校实验室综合效益及大型仪器设备使用效益评估，提高实验室的建设、管理和使用水平。

5. 积极做好校友工作。进一步加强与校友的联系，充分挖掘校友资源，调整充实校友会组织，努力做好校友服务。探索打造智能化供求信息平台，加强学校对外合作资源的整合，提高合作水平。

6. 做好后勤保障工作。抓好饮食安全卫生和食堂伙食价格稳定工作，加强水电暖及教学设施设备的维修维护和运行管理。做好校园绿化美化工作，为师生提供优美的学习生活环境。厉行节约，勤俭办学，建设节约型校园。

7. 做好退离休工作和群团工作。增强服务意识，努力提高退离休工作的服务水平。进一步发挥工会、妇委会、共青团、学生会等组织的作用，发挥教代会职能，为推动学校发

展凝心聚力。

8. 加强平安校园建设。切实构筑“人防、技防、物防”的防范体系，整合社会力量共同参与学校安全管理，提高校园安全管理现代化水平。加大校园内部和周边环境综合治理力度，及时妥善处置各类突发事件，维护校园安全稳定。

(八)做好校区创建30周年庆祝工作

要以校区创建30周年为契机，进一步总结、梳理学校的办学精神、办学经验和发展思路，认真做好校史陈列馆等相关建设项目。精心策划，积极开展系列文化学术活动。努力构建多渠道、多层次的宣传平台，提升校区的社会影响力。

各位代表、同志们，威海校区已走过30年的光辉历程。始终坚持解放思想、坚定不移推进发展是我们取得成绩的强大动力。让我们在新的一年里坚定改革发展的信心，发扬艰苦奋斗的传统，团结协作，锐意进取，攻坚克难，开启校区发展新篇章！

重要文件

山东大学(威海)2014年党政工作要点

山大威党字〔2014〕1号

2014年学校党政工作的指导思想是:认真贯彻落实党的十八大、十八届三中全会精神,着力巩固党的群众路线教育实践活动成果,紧紧围绕立德树人这一根本任务,进一步深化教学改革,加强学科建设,推进人事制度改革,打造国际化办学特色,不断增强核心竞争力。

一、巩固党的群众路线教育实践活动成果,加强党建和思想政治工作

(一)认真做好整改落实。对照中央要求和群众期待,对已开展的工作组织进行"回头看"。制定整改方案,细化整改措施,逐条明确,逐项落实。高度重视建章立制工作,围绕解决"四风"突出问题,出台有针对性的制度措施并狠抓贯彻落实,努力以作风建设的新成效推动学校事业创新发展。(主要责任单位:教育实践活动领导小组办公室等)

(二)发挥党委中心组的示范带头作用,以学习贯彻党的十八大、十八届三中全会和习近平总书记系列讲话精神为重点,将学习领会精神与解决学校改革发展的突出问题相结合,建设学习型、服务型党组织。(主要责任单位:宣传统战部、组织部等)

(三)加强思想政治工作。努力践行社会主义核心价值观,不断推进学校德育工作创新。(主要责任单位:宣传统战部、学生处、团委、马列部等)

(四)加强干部队伍建设。以提升干部素质为目的,开展分层次、分类别专题培训,增强干部培训的针对性和实效性。完善干部考核体系,合理运用考核结果,加强监督管理,建设一支风清气正、务实高效、勇于担当的干部队伍,为学校和谐发展提供组织保证。(主要责任单位:组织部等)

(五)加强党内民主建设。健全和完善校院两级"三重一大"集体议事决策制度,提高

班子的执行能力。(主要责任单位:组织部等)

(六)改进基层党建工作。进一步优化基层党组织设置,加强基层党务工作队伍建设。认真做好青年教师及学生党员发展工作。严格规范管理,创新活动形式,增强党员队伍活力。(主要责任单位:组织部等)

(七)推进校园文化建设。加强校园文化硬件设施建设。继续开展好具有示范性、导向性的校园文化活动,倡导高雅文化进校园,提高校园文化品位。加强大学文化与理念的研究,注重宣传典型,充分发挥其在校风、教风、学风等建设中的引领作用。(主要责任单位:宣传统战部等)

(八)加强党风廉政建设。加强党员干部廉洁自律教育,认真落实党风廉政建设责任制。(主要责任单位:纪监审办公室等)

(九)加强统一战线工作。做好民主党派和无党派人士工作,充分发挥民主党派和统战团体在学校改革发展中的积极作用。(主要责任单位:宣传统战部等)

二、推进教育教学改革,不断提高人才培养质量

(一)深化人才培养模式改革,认真做好"空间科学菁英班""旅游管理国际化人才培养实验区"等特色班的相关工作。(主要责任单位:教务处等)

(二)继续拓展高层次、高水准的中外合作办学项目,积极探索、优化国际化培养模式,规范工作流程,提高合作培养的质量,努力形成高水平、有特色的联合培养、协同育人新模式。(主要责任单位:教务处、国际处等)

(三)加强本科教学工程建设。进一步做好专业的调整、优化、改造。以新专业目录的颁布为契机,启动相关专业的认证工作,推进专业内涵建设。以课程平台建设为重点,做好课程简介修订工作。努力创造条件为教师提供海外课程的学习和观摩机会,提升教师教学能力。推进教学方式方法改革,着力提高学生的创新思维和能力。(主要责任单位:教务处等)

(四)做好招生拓展工作。组建由全校各单位广泛参与的招生拓展工作小组,使招生拓展工作常态化、制度化。加强招生计划编制研究,加大招生改革力度,努力提高生源质量。(主要责任单位:教务处等)

(五)推进教学管理改革。充分发挥学院在人才培养中的主体地位,明晰责权,强化督导与服务,提高教学管理的科学化、规范化水平。(主要责任单位:教务处等)

(六)做好新一轮本科教学审核评估的前期工作。(主要责任单位:教务处等)

(七)加强研究生导师队伍建设,科学界定不同类型研究生培养目标,推进研究生培养模式改革。加强研究生专业实践基地建设与管理,加强与国内外其他院校的交流,扩大研究生访学规模,提高研究生培养质量。(主要责任单位:研究生处等)

(八)进一步整合各方面资源,加强学历教育招生和教学过程管理,提升继续教育的水平和层次。(主要责任单位:继续教育学院等)

三、加强学科建设,进一步增强科研和服务地方能力

(一)提升学科建设水平。按照"以特色引领发展,以应用促进提高"的学科建设思

路,对已确定的15个学科建设项目,加强项目规范管理,增强辐射带动作用,汇聚培养高水平研究团队,建设高层次研究平台。进一步强化优势学科,努力培育新兴、交叉学科,提高学校学科建设整体水平。(主要责任单位:研究生处、科研处等)

(二)加强“天、海、韩”特色学科建设。空间学科要做好引进“千人计划”国家特聘教授相关工作,努力建设高水平研究团队,为服务国家需求和地方发展需要作出积极贡献。海洋学科要以服务威海海产品养殖及深加工为目标,加强海洋牧场建设,打造海产品开发与深加工平台,尽快产生经济效益和地区辐射效果。韩国学科要以引进两位一级教授为契机,整合优化研究队伍,进一步扩大我校在对韩研究领域的影响力、话语权。(主要责任单位:研究生处、科研处、空间科学与物理学院、海洋学院、韩国学院等)

(三)积极探索组建跨学科科研团队与合作攻关,建设2～4个与蓝色经济相关的协同创新平台,为地方经济社会发展做出积极贡献。年科研经费总额达到4000万元。(主要责任单位:科研处等)

(四)做好服务地方工作。围绕半岛蓝色经济区建设,鼓励教师积极与企事业单位开展面向应用的科研活动。(主要责任单位:科研处、合作发展规划处等)

四、深化人事制度改革,加强师资队伍建设

(一)进一步加大人才引进力度。努力引进高层次人才,加强重点学科、特色学科师资团队建设。加强与各类高层次人才的联系,充分挖掘现有资源,努力搭建平台,积极做好“以才引才”工作。(主要责任单位:人事处等)

(二)创新教师培养模式。启动青年学术拔尖人才及青年学术骨干培养计划,培育新的学术增长点和学术梯队。实施青年教师学术能力培养助推工程,引导青年教师提高学术研究水平。不断提升教师国际合作与交流能力。(主要责任单位:人事处等)

(三)推进人事制度改革。进一步修订完善教师队伍的分类评价机制,推进分类管理。(主要责任单位:人事处等)

(四)稳步推进校内收入分配制度改革。按照总校要求,建立起与学校实际发展水平相协调的校内岗位津贴分配制度。(主要责任单位:人事处等)

五、加强国际交流与合作,打造国际化办学特色

(一)建设国际化人才培养平台。做好与澳大利亚国立大学、西澳大学的合作办学项目。推进与澳大利亚国立大学联合建立研究生院的前期工作。积极做好“中澳空间科学联盟”的调研论证和前期准备工作。启动国际会计师、物流师、工程师等专业认证项目建设工作,培养国际化、应用型人才。(主要责任单位:国际处等)

(二)加强与世界一流大学合作。以“国外优质课程体系引进”“世界名校访学计划”为抓手,继续加强与美国加州大学伯克利分校等世界名校的联系,拓展合作高校,增加合作项目,推进学校整体办学质量提升。进一步加强政策引导和支持力度,让更多学生获得接受海外优质教育资源的机会。(主要责任单位:国际处等)

(三)提高留学生教育工作水平。积极申办“汉语桥”等高层次的留学生教育文化活动,提高我校留学生教育工作的知名度。进一步完善留学生培养方案,狠抓规范管理,加

强质量监控,不断提高留学生教育质量。(主要责任单位:国际处等)

(四)推进国际化校园建设。做好接收国际学生和外派学生的相关工作。继续开展“海岸线讲坛”等对外文化交流项目,积极邀请境外名师来校讲学。加大对外交流力度,积极开展我校与境外高校的文化艺术交流,提升校园国际化氛围。(主要责任单位:国际处、教务处、人事处等)

六、推进工作模式创新,促进学生全面发展

(一)提高学生工作科学化水平。不断完善辅导员选拔和培训机制,加强辅导员队伍建设。调整优化学生工作管理系统,规范学生事务管理。加强学生心理健康教育,完善学生资助工作机制,提高公寓管理水平。(主要责任单位:学生处等)

(二)加强学生创新创业能力培养。加大对高水平科技竞赛的扶持力度。成立学生生涯发展教研室,建设大学生创业培训基地。(主要责任单位:团委、学生处等)

(三)完善就业工作考评办法,不断开拓就业市场,确保毕业生就业率继续保持在85%以上。(主要责任单位:学生处等)

(四)开展高品位校园文化活动。依托文化艺术节、科技学术节、社团文化节等平台,进一步提升活动层次,努力打造精品活动。切实加强对学生社团的管理,引导社团健康发展,促进学生个性化成长。(主要责任单位:团委等)

七、提升管理服务水平,努力推进和谐校园建设

(一)狠抓机关作风建设。按照党的群众路线教育实践活动要求,认真贯彻落实中央“八项规定”,切实改进工作作风,加强调查研究,坚持求真务实,建设服务型机关。(主要责任单位:机关党总支等)

(二)积极推进办公自动化工作,节约运行成本,提高办公效率。(主要责任单位:学校办公室等)

(三)加强财务管理工作。加大预算执行监督力度,推进基本支出和项目支出改革,推进预算绩效管理。研究制定科学合理的学分制收费办法。加强科研经费管理。(主要责任单位:财务处等)

(四)做好审计工作。加强对财务、招生、基建等的监察审计工作。(主要责任单位:纪监审办公室等)

(五)努力改善办学条件。做好综合公寓、学校东门改造等项目。进一步完善科技大厦B座、体育训练馆的前期论证及设计。(主要责任单位:基建处等)

(六)加快数字化校园建设进程。规划设计校园无线局域网,强化信息系统安全体系建设,完成学校门禁系统的开发和部署运行。(主要责任单位:网络与信息管理中心等)

(七)规范学科化文献建设,加强图书馆信息化管理,提高服务质量。(主要责任单位:图书馆等)

(八)加强国有资产和实验室管理。修订完善规章制度,细化分类管理,加强国有资产监管力度。科学规划,建设高水平科学实验中心和高性能计算中心,为培养创新人才和开展高水平科学研究提供有力支撑。继续加强全校实验室综合效益及大型仪器设备

使用效益评估，提高实验室的建设、管理和使用水平。（主要责任单位：资产与实验室管理处等）

（九）积极做好校友工作。进一步加强与校友的联系，充分挖掘校友资源，调整充实校友会组织，努力做好校友服务。探索打造智能化供求信息平台，加强学校对外合作资源的整合，提高合作水平。（主要责任单位：合作发展规划处等）

（十）做好后勤保障工作。抓好饮食安全卫生和食堂伙食价格稳定工作，加强水电暖及教学设施设备的维修维护和运行管理。做好校园绿化美化工作，为师生提供优美的学习生活环境。厉行节约，勤俭办学，建设节约型校园。（主要责任单位：后勤处等）

（十一）做好退离休工作和群团工作。增强服务意识，努力提高退离休工作的服务水平。（主要责任单位：退离休工作办公室等）

（十二）进一步发挥工会、妇委会、共青团、学生会等组织的作用，发挥教代会职能，为推动学校发展凝心聚力。（主要责任单位：工会、团委、妇委会等）

（十三）加强平安校园建设。切实构筑“人防、技防、物防”的防范体系，整合社会力量共同参与学校安全管理，提高校园安全管理现代化水平。加大校园内部和周边环境综合治理力度，及时妥善处置各类突发事件，维护校园安全稳定。（主要责任单位：保卫处等）

八、做好学校30周年校庆工作

（一）要以建校30周年为契机，进一步总结、梳理学校的办学精神、办学经验和发展思路，认真做好校史陈列馆等相关建设项目。（主要责任单位：校庆办等）

（二）精心策划，积极开展系列文化学术活动。努力构建多渠道、多层次的宣传平台，提升学校的社会影响力。（主要责任单位：校庆办等）

山东大学(威海)2014年党风廉政建设工作要点

山大威纪发〔2014〕1号

2014年,山东大学(威海)党风廉政建设的总体要求是:深入贯彻落实党的十八届三中全会精神,贯彻落实十八届中央纪委三次全会和教育系统党风廉政建设工作会议精神,坚持党要管党、从严治党,聚焦中心任务,推进工作创新,严明党的纪律,坚决纠正"四风",规范权力运行,推进阳光治校,为学校事业改革发展提供有力的政治保障。

一、严格落实党风廉政建设责任制

(一)深入学习贯彻中央会议精神。组织开展学习习近平总书记系列重要讲话、十八届中央纪委三次全会和教育系统党风廉政建设工作会议精神,将思想和行动统一到党中央的任务部署上来。认真学习山东大学2014年党风廉政建设工作会议精神,明确工作重心、分解工作任务。

(二)扎实推进党风廉政建设责任制落实。贯彻落实十八届中央纪委三次全会提出的"党委承担党风廉政建设主体责任,纪委承担监督责任"精神,党委主要领导是第一责任人,领导班子成员根据分工对职责范围内的党风廉政建设负领导责任。今年年底前,学校各基层党总支(直属党支部)在向校党委报告党风廉政建设责任制落实情况的同时书面报告学校纪委。学校各单位、部门要把党风廉政建设与业务工作紧密融合,同步推进。纪检监察部门认真履行监督责任,协助党委加强党风建设和组织协调反腐败工作,督促检查相关单位、部门落实惩治和预防腐败工作任务。

二、严明党的纪律

(三)严格执行政治纪律。在思想上、政治上、行动上自觉同以习近平同志为总书记的党中央保持高度一致,认真贯彻落实好党的教育方针,坚决制止违背社会主义办学方向的行为发生。加强课堂、报告会、研讨会、讲座、论坛和校园网等宣传思想阵地管理,牢牢把握意识形态工作的领导权、管理权和话语权。

(四)严格执行组织纪律。坚持民主集中制,严格请示报告制度,严格个人重大事项报告制度。正确处理好个人和组织的关系,不得凌驾于组织之上、游离于组织之外。坚持民主科学决策,重大决策、重要人事任免、重大项目安排和大额度资金运作事项必须由领导班子集体研究作出决定。

三、加强作风建设

（五）持之以恒纠正“四风”。根据学校党委部署，加强纠正“四风”整改落实的监督检查，将监督检查工作贯穿整改落实工作的全过程。加强作风建设，集中开展专项治理“庸懒散”问题，坚决纠正“门难进、脸难看、事难办”。

（六）加强执纪监督。认真落实《党政机关国内公务接待管理规定》《党政机关厉行节约反对浪费条例》等各项规定，严肃查处党员领导干部出入私人会所、变相公款旅游问题；查处领导干部利用婚丧喜庆、乔迁履新、就医出国等名义收受有利益关系单位和个人礼金礼券的问题；严禁用公款相互宴请、赠送节礼、违规消费。

四、推进惩治和预防腐败体系建设

（七）抓好惩防体系规划落实。研究制定学校《建立健全惩治和预防腐败体系2013～2017年工作规划》的实施办法，明确分工任务，落实主体责任。

（八）加强党风廉政建设相关制度建设。按照上级机关要求，清理、修订和完善学校党风廉政建设相关制度，建立健全制度体系。

（九）继续深化廉政风险防控。在现有工作的基础上，进一步深化廉政风险防范管理工作，规范重点岗位、关键环节权力运行，科学构建风险防控机制。

五、加强权力运行制约监督

（十）完善权力制约机制。结合学校章程制定，积极推动学校完善内部治理结构，确保决策权、执行权、监督权既相互制约又相互协调。深入推进“三重一大”决策制度的贯彻执行，加大信息公开力度。

（十一）从严监督干部。严格落实党内监督各项制度，加强对领导干部的监督。强化干部任期目标责任制，加强工作效能监督考核，加大问责力度。坚持和完善领导干部述职述廉、廉政谈话、诫勉谈话、函询约谈等制度，加大对中层领导干部任期经济责任审计力度，加强审计结果运用。对领导干部报告个人有关事项开展有针对性的抽查核实，开展党政领导干部兼职情况检查，严肃查处领导干部兼职取酬问题。

六、加强监督检查

（十二）推进招生“阳光工程”。认真落实教育部“六不准”和“十禁止”规定，加强对招生考试工作的监督，推进招生“阳光工程”，严肃招生秩序。

（十三）加强科研经费监管。严格执行国务院以及教育部等有关部门关于科研项目和资金管理的规定，健全内控机制，履行好监管职责，确保科研经费使用合法合规。

（十四）加大监督力度。做好例行审计和专项审计工作，加大对基建、采购、财务等重点领域的监督检查。在人员招聘、学生工作评优、各类奖学金的评定等领域，不断加大监督检查力度，保证工作有序开展。

七、深入开展反腐倡廉教育和廉政文化建设

(十五)认真开展反腐倡廉教育。深入开展社会主义核心价值观教育活动。抓好示范教育,运用典型案例开展警示教育,探索开展专项廉政知识测试,加强网站平台建设,提升教育效果。

(十六)加强廉政文化研究。认真落实《关于加强廉政文化建设的意见》,充分利用学校科研力量,深入开展廉政理论研究,全面推进清风校园建设。

八、做好信访举报和案件查办工作

(十七)认真做好信访举报工作。从首接负责、分类归口、限时办结、保守机密四个方面进一步规范完善信访举报工作。对师生反映出的党员干部身上苗头性、倾向性问题要及时提醒纠正,抓早抓小,防止小问题演变成大错误。

(十八)加大案件查办力度。坚持有案必查、有腐必惩,严肃查处领导干部、重点领域关键环节腐败案件。认真执行“一案两报告”制度,完善案件线索集体排查制度。加强对新形势下高校违纪违法案件特点研究,建章立制,堵塞漏洞。

九、加强纪检监察队伍建设

(十九)提高纪检监察干部的综合素质。纪检监察部门要转职能、转方式、转作风,完善职能定位,加强内部机构建设,发挥好党内监督专门机关作用。对专职纪检监察干部严格要求,严格管理,切实抓好学习培训,创新思想理念,改进方式方法,不断提高履职尽责能力。

中共山东大学(威海)党委会会议制度

山大威党字〔2014〕9号

为切实执行党委领导下的校长负责制,贯彻执行好党的路线方针政策,保证决策的规范化、民主化、科学化,提高会议质量和工作效率,根据《中国共产党章程》《中华人民共和国高等教育法》《中国共产党普通高等学校基层组织工作条例》和《关于坚持和完善普通高等学校党委领导下的校长负责制的实施意见》,结合我校实际情况,制定本制度。

一、议事原则

(一)党的民主集中制原则。党委会坚持民主基础上的集中和集中指导下的民主相结合。决定重要问题,要进行表决。对于少数人的不同意见,应当认真考虑。如对重要问题发生争论,双方人数接近,除了在紧急情况下必须按多数意见执行外,应暂缓做出决定,进一步调查研究,交换意见,下次会议再进行表决;在特殊情况下,也可将争论情况向上级党组织报告请求裁决。

(二)集体领导和个人分工负责相结合的原则。党委成员要关心全局工作,积极参与集体领导,维护党委的集中统一。要敢于负责,根据集体决定和分工切实履行自己的职责,遇事不推诿,不扯皮,敢担当。

(三)团结协作、维护全局的原则。党委会要以高度的政治责任感,坚决执行党的各项方针政策,积极主动地贯彻落实上级的指示和决定。党委成员之间要互相信任、互相支持、互相谅解,认真开展批评与自我批评,不断增强领导班子的团结。要牢固树立全局观念,正确处理整体利益与局部利益、全校工作与分管工作的关系。

(四)解放思想、实事求是的原则。要正确把握当今世界高等教育的发展趋势,与时俱进,不断解放思想,更新观念,以求真务实的态度,形成切合实际的正确决策,解决关系学校发展的重大问题。

二、议事范围

(一)研究贯彻执行党的路线方针政策,上级重要指示、决定。

(二)学校发展规划、基本建设规划、校园规划、综合改革、学科建设、人才队伍建设、编制与机构设置、资产变动等有关学校全局性的重大问题。

(三)党的思想建设、组织建设、作风建设、制度建设工作中的重要问题。

(四)党风廉政建设和反腐败工作。

(五)统战、老干部工作;教代会工作;重要规章制度、党委会工作报告、党委年度工作计划和总结等。

(六)干部队伍建设和干部任免、考核、奖惩等重要问题。

(七)学校年度财务预算、决算以及预算外300万元以上(含300万元)大额资金的安排使用;审定重要财经管理制度、办法。

(八)学生教育与管理中的重要问题。

(九)学校思想政治工作、德育工作、师德师风建设、学风建设、文化建设中的重要问题。

(十)工会(妇委会)、共青团、学生会等群团组织工作中的重大问题。

(十一)综合治理、维护稳定及重大突发事件等。

(十二)上级党组织交办的重要事项;学校党政联席会提交党委会审定的重要问题;其他应当提交党委会讨论决定的重要问题。

三、会议组织

(一)党委会原则上每两周召开一次,如遇重大或紧急事项可随时召开。

(二)党委会由党委书记召集并主持。书记不能参加时,可委托党委副书记或其他党委成员主持。

(三)党委会出席成员为党委委员。其他列席人员由会议主持人根据会议议题需要确定,该议题结束后,列席人员退场。列席人员无表决权。

(四)党委会必须有半数以上委员到会方能举行。不能出席会议的委员,对会议所列议题的具体意见或建议应在会前提出。

四、会议议题

(一)党委会的议题由学校领导班子成员提出,党委办公室汇总后报会议主持人审定,未经审定的议题,一般不提交会议研究。

(二)提出议题的学校领导班子成员应在会前认真组织调研论证,进行决策风险评估,形成可行性方案或建议,并经领导班子成员沟通酝酿且无重大分歧后,提交会议讨论决定。

(三)会议议题应附有学校领导班子成员签字的书面材料和汇报提纲,并由主管部门于开会前2个工作日送党委办公室,由党委办公室统一将会议材料送党委委员审阅。会后需收回的材料应注明。

五、议事规程

(一)会议研究议题时,由提出议题的学校领导班子成员汇报。与议题有关的部门主要负责人必要时可列席会议,接受会议成员的质询。

(二)会议审定重要问题时须进行表决。表决时,赞成者超过应到会委员的半数为通过。表决可根据讨论事项的不同内容,分别采取口头表决、举手表决、无记名投票等方式。会议决定多个事项的，应一事一议、逐项表决。

（三）会议讨论决定干部任免事项时，应有2/3以上委员到会，并保证与会成员有足够的时间听取情况介绍，充分发表意见。与会成员对任免事项应当发表同意、不同意、缓议等明确意见，在充分讨论的基础上进行表决，其中，对拟提拔任用的干部，采取无记名投票方式表决，以超过应到会委员半数同意形成决定。

（四）参会人员应在认真听取汇报的基础上，充分发表意见。

（五）会议应在充分酝酿讨论的基础上，形成会议决定或决议。

（六）党委办公室负责做好会议记录和会议纪要撰写工作，会议记录应完整清晰、客观全面，并注意保密；会议纪要由会议主持人签发。

（七）党委会结束后，党委办公室应将会议纪要发党委委员及有关人员。

六、会议决定的落实

（一）党委会决定的事项，由分管的学校领导班子成员负责抓好落实；校内各职能部门和单位要严格执行会议决定；党委办公室负责督办，并及时向党委书记或党委会报告执行情况。

（二）党委会做出的决定，如遇特殊情况无法执行，应及时提交党委会复议；紧急情况下也可由党委书记征得多数委员同意后作出适当调整，但应提请下次党委会议认可。

（三）党委会决定的事项，根据实际需要，可书面印发有关部门。

七、会议纪律

（一）党委委员一般不得缺席党委会，确实因故不能出席时，须向会议主持人请假。

（二）党委会期间，除有特殊重大紧急情况外，党委委员要提前做好工作安排，保证集中精力、集中时间讨论研究问题。

（三）对党委会的集体决定，个人无权改变，如有不同意见允许保留，可以建议提请下次会议复议，也可以向上级党委（组）反映，但必须无条件服从，在行动上积极执行，并不得对外公开表示不同意见。

（四）党委委员要严格执行回避制度，遵守保密纪律，违者追究责任。

八、本制度自发布之日起执行，原《中共山东大学（威海）党委会议制度》（山大威党字〔2013〕17号）同时废止。

九、本制度由党委办公室负责解释。

山东大学(威海)党政联席办公会会议制度

山大威党字〔2014〕10号

为贯彻落实《关于坚持和完善普通高等学校党委领导下的校长负责制的实施意见》，结合学校实际，制定山东大学(威海)党政联席办公会(以下简称“党政联席会”)会议制度。

一、议事范围

(一)研究贯彻上级的决定、决议和有关文件精神；研究组织实施党委会决定的有关工作。

(二)对学校有关规划、学科发展、教育教学、科学研究、经费预算决算、人员编制、基本建设等各项行政工作中的重大问题和重要事项提出工作意见和方案，经党委会集体讨论决定后组织实施。

(三)学校学术与行政年度工作计划、规章制度和重要的奖惩事项。

(四)教学计划、专业设置和调整计划、重点学科、重点实验室建设计划、重大科学研究项目及科技开发、图书资料、校办产业的实施计划。

(五)学年招生工作的重要问题；德育和学生管理工作的有关问题。

(六)师资队伍建设和人事工作有关事项。

(七)学校年度审计报告和50万元以上(含50万元)预算外大额资金的安排使用。(300万元以上预算外大额资金安排使用须提交党委会研究决定)

(八)国内外重要合作交流事项。

(九)学校各专门委员会的组织章程、委员会成员及主任人选。

(十)教(工)代会、团代会和学生会等有关行政工作的提案。

(十一)学校安全有关工作，以及关系师生员工切身利益的重要问题。

(十二)上级交办的重要事项；通报专题会议研究的有关问题；其他需要研究的事项。

二、会议组织

(一)党政联席会原则上每两周召开一次。如遇重大或紧急事项可随时召开。

(二)党政联席会由校长召集并主持，校领导班子成员参加会议，校长办公室主任、纪监审办公室主任或其他特邀人列席会议。会议必须有半数以上正式成员到会方能召开。

(三)根据议题需要,相关部门负责人可列席会议,该议题结束后,列席人员退场。

(四)参会人员无特殊原因不得请假,如因故不能参会,可事先对议题提出意见和建议。

三、会议议题

(一)党政联席会议题由学校领导班子成员提出,由校长审定,未经审定的议题,一般不提交会议研究。

(二)提出议题的学校领导班子成员应在会前认真组织调研论证,进行决策风险评估,形成可行性方案或建议,并经领导班子成员沟通酝酿且无重大分歧后,提交会议讨论决定。

(三)会议议题应同时附有学校领导班子成员签字的书面材料,于开会前一周的周四下午送校长办公室,未按时送达材料的议题顺延至下次会议研究。

校长办公室统一将会议材料送学校领导班子成员审阅,会后需收回的材料应注明。

(四)党政联席会一般不临时增加议题。确需临时增加议题,应征得校长的同意。

(五)事关学校发展全局的重大议题应专题研究。

四、议事规程

(一)党政联席会议事并作出决定的过程,必须体现决策规范化、民主化、科学化要求。一般应当经过以下程序:

1. 会前在调查研究的基础上提出方案;

2. 就方案广泛听取意见,经过充分论证和协商,对专业性、技术性较强的重要事项,应经过专家评估及技术、政策、法律咨询;对事关师生员工切身利益的重要事项,应通过教职工代表大会或其他方式,广泛听取师生员工的意见建议;

3. 党政联席会的议题由分管的学校领导班子成员汇报。确有需要,经校长同意,可由列席会议人员补充说明;

4. 参会人员应在认真听取汇报的基础上,充分发表意见;

5. 校长在充分听取与会成员意见基础上,归纳作出决定。会议决定应明确、完整、具有可操作性,利于执行和落实。

(二)通报类议题汇报时间一般不超过 10 分钟。

(三)校长办公室负责做好会议记录和会议纪要撰写工作,会议记录应完整清晰、客观全面,并注意保密;会议纪要由校长签发。

(四)校长办公室负责会后向因故缺席的会议成员转告本次会议重要事项的议事情况及提供有关材料。

五、会议决定的落实

(一)党政联席会的决定事项,校内各有关单位和人员必须认真贯彻执行。会议成员对决定或决议有不同意见可以保留,但必须无条件执行。

(二)在确遇新情况、新问题,不适宜或不可能按原决议或决定执行时,一般应提交党政联席会复议。紧急情况需临时调整原决议,可由校长征求有关学校领导班子成员意见后进行调整,但应在下次党政联席会上通报。

(三)党政联席会的决定事项,与会成员根据分工负责的原则予以落实。明确由部门负责的,校长办公室负责传达、督办,并及时将执行情况报告分管的学校领导班子成员。

(四)党政联席会的决定事项,组织实施部门应在事中、事后将其进度和完成情况报校长办公室,并呈相关校领导班子成员,遇到重大疑难问题及时请示研究。

(五)执行党政联席会决议过程中,因以下原因(除遇紧急情况外)给国家、集体和单位造成重大经济损失和严重政治影响的,将区别情况追究主要责任人的责任:

1. 不遵守、不履行、不正确履行或规避履行决策程序,不执行或擅自改变集体决定的;

2. 因特殊原因,未经集体讨论决定而个人决策,事后又不通报的;

3. 未向领导集体提供真实情况而造成错误决定的;

4. 执行决策后发现可能造成损失,能够挽回而不采取措施纠正的;

5. 其他因违反本制度及有关规定而造成失误的。

六、会议纪律

(一)参会人员一般不得缺席会议,确实因故不能出席时,须向校长请假。

(二)党政联席会期间,除有特殊重大紧急情况外,参会人员要提前做好工作安排,保证集中精力、集中时间讨论研究问题。

(三)对党政联席会的决定,个人无权改变,如有不同意见允许保留,可以建议提请下次会议复议,但必须在行动上积极执行,并不得对外公开表示不同意见。

(四)参会人员要严格执行回避制度,遵守保密纪律,违者追究责任。

七、本制度自发布之日起执行,原《山东大学(威海)党政联席办公会议制度》(山大威党字〔2013〕18号)同时废止。

八、本制度由校长办公室负责解释。

山东大学(威海)
党的群众路线教育实践活动
领导班子整改方案

山大威党字〔2014〕3号

按照中央和山东大学党委的部署要求，威海校区党委班子针对查摆出来的在“四风”方面的突出问题，现制定以下整改方案。

一、指导思想

深入学习贯彻党的十八大、十八届三中全会和习近平总书记系列重要讲话精神，以为民务实清廉为主题，聚焦“四风”问题，发扬钉钉子精神，按照逐项落实、突出重点、整体推进的要求，着力形成执行党的群众路线的长效机制，努力用看得见、摸得着的成效，取信于广大师生，推动学校各项事业科学发展。

二、目标要求

加强班子自身建设，切实把好班子成员世界观、人生观、价值观这个“总开关”，不断提高领导班子观大势、谋大事的能力。牢固树立正确的政绩观，紧紧围绕“提升内涵，强化特色”的发展要求，大力弘扬求真务实精神，坚持改革创新，勇于攻坚克难，狠抓工作落实，推进学校在科学发展的道路上取得新成绩。进一步牢固树立宗旨意识和群众观点，服务群众工作能力得到增强，联系师生更加紧密。以改进工作作风为重点，把师生满意作为标准，着力解决师生员工反映集中的突出问题，切实让师生员工看到变化、见到成效。加强制度建设，通过建章立制，标本兼治，切实从制度上堵塞滋生“四风”的漏洞，实现作风建设的常态化和长效化。

三、任务措施

(一)提高党性修养，加强领导班子建设

1. 加强理论学习

在前期学习教育的基础上，组织班子成员进一步学习党的十八大、十八届三中全会精神和习近平总书记系列重要讲话精神。以集中培训、中心组学习和个人自学为主要学

习形式,分专题开展学习研讨。通过深入学习,进一步增强贯彻落实中央决策部署的自觉性和坚定性,在思想上政治上行动上与党中央保持高度一致。(责任人:刘玉殿,2014年上半年完成集中培训)

2. 扎实开展党性教育

紧密联系班子成员思想实际和工作实际,以解决问题为导向,突出主观世界改造,采取多种形式重点开展党的宗旨和群众路线教育、党章和党纪党风教育,引导班子成员进一步提高党性修养,牢固树立正确的世界观、人生观、价值观,始终保持共产党人政治本色。在抓好班子自身学习的同时,有计划地选派领导班子成员到国家教育行政学院、干部学院等参加党性教育专题培训。(责任人:刘玉殿,2014 年一季度制定计划并组织实施)

3. 加强民主集中制建设

认真学习贯彻习近平总书记的系列讲话精神,进一步加强民主集中制教育,在工作中把民主集中制落到实处。认真总结党的群众路线教育实践活动学校党委班子专题民主生活会的成功做法和经验,积极开展经常性的批评和自我批评,使班子成员谈心交心活动常态化。进一步严格党内生活,总结经验,梳理问题,制定对策,特别要落实好"三会一课"等组织生活制度。(责任人:刘玉殿,2014 上半年完成)

4. 提高班子凝聚力和战斗力

深入贯彻落实《中国共产党普通高等学校基层组织工作条例》,坚持党委领导下的校长负责制,做到既充分发挥党委总揽全局、协调各方的领导核心作用,又支持和保障校长依法独立负责、创造性地开展工作。建立健全领导班子成员之间的协调合作机制,增强班子成员的政治意识、大局意识、责任意识和忧患意识,正确处理好集体领导和个人分工负责的关系,分工不分家,加强沟通,相互支持,相互补台,在坚持党性原则的基础上,增进领导班子团结和整体合力。根据《中共山东大学(威海)党委会议制度》《山东大学(威海)党政联席办公会议制度》《山东大学(威海)专题会议制度》等,进一步明确议事决策的原则、范围、程序、会议制度等,不断提高议事决策的规范化、民主化、科学化水平。凡班子集体决策的事项,要明确工作分工和责任,并提出实施办法,协调有关方面抓好落实。(责任人:韩建新,根据已有文件抓好落实)

5. 加强党风廉政建设

认真执行领导班子和班子成员党风廉政建设责任制,加强廉政风险防控体系建设,严格落实中央八项规定,按照廉政准则和高校领导干部十不准的要求,制定学校廉政勤政工作意见。班子成员带头讲党性、重品行、做表率,坚决同特权思想、官本位思想作斗争,克己奉公、勤政廉政,牢固树立为民务实清廉的良好形象。(责任人:柴月禄,2014 年一季度提出意见并组织实施)

(二)开展专项整治,集中解决一批师生反映的突出问题

1. 改进会风文风

规范各类文件和简报,凡是通过电子形式发送的公文,除存档外不再印发纸质文件。推行"短实新"文风,不讲空话、套话,宣传报道更加贴近师生。严格控制会议数量,减少召开全校性会议的次数,避免召开不必要的会议。根据《山东大学关于校领导参加公务

活动的暂行规定》的要求，一般性会议不安排 2 名以上校领导参加，会议召开前要做好充分准备，不临时安排会议，提高会议的效率。各单位未经批准不得自行举办表彰会、庆祝会等礼仪庆典活动。领导班子成员原则上不参加一般性庆典活动、学术会议及各类应酬性活动，出席一般性活动不做新闻报道。（责任人：韩建新，根据已有文件规定抓好贯彻落实）

2. 端正学风教风

加强学风教风建设和师德师风建设，完善教师职业道德规范。严明学术纪律，净化学术风气，树立良好校风，切实解决学术研究和教书育人中心浮气躁、学术不端等问题。建立科学合理的学术评价体系和教学评价体系，调动各类教学科研人员的积极性，提升教育教学质量和科研管理水平。加强科研管理，规范科研组织建设。以修订《山东大学（威海）本科生学籍管理规定》为抓手，进一步加强教学管理，坚持以本科教学为中心，突出学生主体地位，深化教学改革，提升教育教学质量水平。深化研究生培养机制改革，完善研究生教育教学管理体系。（责任人：陈冠军，2014 年 6 月底前提出方案并抓好落实）

做好学生思想政治教育工作，加强学生教育管理，加强辅导员队伍建设。（责任人：刘海，2014 年 6 月底前提出方案并抓好落实）

3. 加强调查研究

坚持深入基层调研，落实校领导联系点制度，班子成员每学期到基层单位调研不少于 7 天，到联系学院至少 2 次，听课不少于 2 学时。畅通师生意见反映渠道，坚持校领导接待日制度，定期接待师生来访，及时处理和回复师生员工来信，做到件件有登记、有落实、有答复。（责任人：韩建新，2014 年一季度制定措施并抓好落实）

4. 转变机关作风

规范校部机关办事流程，加强对校部机关窗口服务单位的服务监管，整治机关干部懒散软问题，整治“门难进，脸难看，事难办”现象，坚决纠正干部队伍中存在的安于现状、不思进取、敷衍塞责等现象，严格机关工作人员上下班工作纪律。重视师生员工的合理需求，及时处理解决师生的政策咨询、意见建议和举报投诉。（责任人：柴月禄、韩建新，2014 年上半年完成）

5. 推进民生工程

大力实施民生工程，切实解决师生员工普遍关心的现实问题，保证各项政策措施更好地体现师生员工的利益。抓好综合公寓工程建设，改善学生住宿条件和青年教师、外籍专家、留学生的生活条件。做好综合训练馆建设，进一步满足师生对运动场地的需求。做好科技大厦二期工程建设的前期准备工作，努力改善学校教学、科研等办学条件。加大学科建设经费投入力度，加强学科建设督促检查，提升学科建设水平。根据山东大学总体安排，进一步调整完善岗位津贴分配机制，向教学、科研一线人员倾斜，调动广大教师的积极性、主动性和创造性。每年立项确定一批民生工程，不断提高师生员工学习、工作、生活条件保障水平。（责任人：柴月禄、陈冠军、刘海，2014 年一季度提出工作方案并组织实施）

6. 规范公务接待

根据《山东大学国内公务接待管理办法》，进一步严格接待标准，着力控制公务接待费用支出。一般性公务接待,只安排1位校领导出席。公务接待安排在校内,按标准用餐住宿,不用高档菜肴酒水,房间内不摆放水果或花篮,不赠送礼品,不组织到名胜古迹、风景区参观。迎接检查、评估、验收时,不张贴悬挂欢迎标语。校内各单位之间不得相互宴请、赠送礼品。(责任人:韩建新,根据已有文件抓好落实)

7. 严格出访管理

严格执行中央《关于进一步规范省部级以下国家工作人员因公临时出国的意见》和山东大学因公出国(境)管理有关规定,严格出国(境)审批管理制度,出访计划经研究审核后执行,无特殊情况不随便增加出访。严禁组织或参加无实质性内容的出国(境)考察,杜绝公款出国(境)旅游。严格控制出访团组规模和境外时间,食宿和交通不得超规格、超标准。学院党总支书记、院长不得同期出访。领导干部以学者身份出国(境)进行个人学术交流活动,应安排在学术假期进行,且不得使用学校行政事业经费。(责任人:陈冠军,2014年一季度提出实施意见)

8. 厉行勤俭节约

加强财务预决算管理,严格执行财务管理规定,明确"三公"经费使用标准。取消校领导"特支费"。根据《山东大学科研经费管理办法》《山东大学科研项目管理费分配及使用暂行规定》《山东大学科研项目间接费用管理暂行规定》《山东大学科研项目结题结账及结余分配管理暂行办法》等,加强科研经费管理。加强办公经费管理。(责任人:韩建新,按照已有规定抓好落实)

按照山东大学的要求,根据学校《关于做好党政管理干部办公用房清理调整工作的通知》,加强党政机关办公用房管理。(责任人:韩建新,按照已有规定抓好落实)

执行《山东大学关于加强学校公务用车管理的通知》有关规定,规范公务用车管理。(责任人:韩建新,按照已有规定抓好落实)

实行固定资产最低使用年限制度,严禁计划外或超标配置办公设备和家具。(责任人:韩建新,2014年第一季度提出方案并组织实施)

加强节约型校园建设,大力开展节粮、节水、节电活动,杜绝重复建设、重复维修,杜绝长明灯、长流水现象。(责任人:刘海,2014年第一季度提出方案并组织实施)

9. 从严管理干部

加强对干部的监督管理,认真执行领导干部报告个人有关事项制度、经济责任审计制度。对干部出现的苗头性问题早提醒、早教育,及时进行诫勉谈话。(责任人:柴月禄,2014年6月底前提出意见)

严格执行领导干部兼职管理有关规定。对服务态度差、服务能力弱、师生意见大的干部及时进行组织调整。对双肩挑领导干部要提出明确要求,确保他们把主要精力用在管理上。规定校部机关中层管理干部要全力以赴投入管理工作。(责任人:刘玉殿,2014年6月底前提出意见)

(三)加强制度建设,注重从体制机制上解决问题

1. 建立完善理论学习制度

重点是党委理论学习中心组制度、领导干部理论学习考核制度。(责任人:刘玉殿,2014年一季度前完成)

2. 建立完善领导班子民主集中制

重点是加强领导班子思想政治建设的意见，重大决策征求意见制度和科学民主决策机制，领导班子民主生活会制度，党委会和党政联席办公会会议制度。（责任人：刘玉殿，2014 年 6 月底前提出方案并组织实施）

3. 建立完善密切联系师生制度

重点是校领导定点联系基层、联系师生制度，经常性调查研究制度，畅通师生诉求反映渠道制度，教代会制度，校长信箱处理回复制度。（责任人：韩建新、赵玉璞，2014 年第一季度提出意见并组织实施）

4. 建立完善机关作风建设制度

重点是加强和改进机关作风建设的意见，校务公开、党务公开制度，机关作风与干部作风考核评价制度，首接负责制、限时办结制，会议审批和文件签发制度。（责任人：韩建新、柴月禄，2014 年 6 月底前提出方案并组织实施）

5. 建立完善学风教风建设制度

重点是教学质量监测评估制度、师德师风建设制度、创新型人才培养制度、学术评价制度、教学科研人员分类管理制度、科研平台和科研组织建设管理制度、教师绩效考核制度、预防和惩治学术不端行为制度。（责任人：陈冠军、柴月禄，2014 年 6 月底前提出方案并组织实施）

6. 建立完善廉政风险防控体系和杜绝浪费制度

重点是“三重一大”制度，经济责任审计制度，财务预决算管理制度，科研经费监管制度，厉行节约、制止浪费制度，会议、培训、活动经费管理制度，因公出国（境）审批管理制度，国内公务接待和外事接待管理制度。（责任人：韩建新、柴月禄、陈冠军，2014 年第一季度提出方案并组织实施）

7. 建立完善干部管理制度

重点是干部选拔任用、教育培训、日常管理、考核监督等制度，以及目标责任制、岗位负责制、问责制。（责任人：刘玉殿、柴月禄，2014 年 6 月底前提出方案并组织实施）

8. 加强校区发展规划和运行体制研究

针对山东大学创建世界一流大学的办学目标，加大对威海校区长远发展的规划研究，围绕山东大学“统筹布局，一体发展”的办学体制，加强对校区运行体制、管理模式和发展方向的研究，进一步释放校区改革活力，保证威海校区各项事业平稳、健康发展。积极推进校院两级行政管理体制和运行机制改革，探索建立更加科学有效的管理模式和内部治理结构，推动管理重心下移，落实学院管理自主权。（责任人：赵玉璞，2014 年 6 月底前提出方案并组织实施）

四、组织领导

（一）落实责任

整改落实工作在学校党委统一领导下进行，党委书记、校长是整改工作第一责任人。领导班子成员是整改工作的直接责任人，要认真履行职责，以钉钉子精神全力抓好分管领域的整改工作。要坚持分工不分家，对于涉及两个部门以上的整改任务，牵头校领导要会同牵头单位主动协调相关部门,加强沟通,协同推进,确保任务落到实处。

(二)细化措施

领导班子成员要对每项整改任务的责任单位、整改责任、整改时限和工作标准等提出明确要求,拿出切实可行的路线图、任务书、时间表,用“踏石留印,抓铁有痕”的劲头,一件一件抓好落实,逐条逐项进行整改。对于可以马上解决的问题,立即整改,早见成效;对于需要研究论证才能解决的问题,要落实整改时限,公布整改进度;对因条件不具备、政策不允许而不能解决的问题,要做好耐心细致的解释工作,赢得师生的理解支持,做到事事有着落,件件有回音。

(三)抓好督查

学校教育实践活动领导小组办公室负责督办落实整改工作,并及时向学校党委汇报整改工作情况。要建立健全督促检查制度,加大督促检查力度,确保整改任务落实。要深入基层深入师生调研走访,通过征求党员干部意见、听取师生员工诉求等方式,推动整改工作不断深入。对整改中存在的问题,牵头校领导要督促相关职能单位抓好落实,确保成效。对落实不力的,要追究有关单位和负责人的责任。

(四)接受监督

坚持开门搞整改,公开整改内容、目标、时限、责任和进展情况。在整改过程中注重听取、吸纳师生意见,及时查漏补缺,不断完善。要把整改方案作为学校领导班子对师生员工的庄严承诺,自觉接受师生员工监督,以实际行动取信于师生员工,确保教育实践活动真正取得实效,成为师生员工满意的民心工程。

山东大学(威海)教职工代表大会实施办法

山大威党字〔2014〕4号

第一章　总　则

第一条　为进一步推动我校教职工依法参与学校民主管理和监督,不断健全和完善山东大学(威海)教职工代表大会制度,根据《中华人民共和国工会法》《中华人民共和国高等教育法》《学校教职工代表大会规定》(教育部第32号令)、《山东省实施〈学校教职工代表大会规定〉办法》等法律法规和文件精神,结合我校实际,制定本实施办法。

第二条　本实施办法同时适用于山东大学(威海)校内各二级单位。

第三条　山东大学(威海)教职工代表大会(以下简称教职工代表大会),是教职工依法参与学校民主管理和监督的基本形式。

第四条　教职工代表大会应当高举中国特色社会主义伟大旗帜,以马克思列宁主义、毛泽东思想、邓小平理论、"三个代表"重要思想、科学发展观为指导,全面贯彻执行党的基本路线和教育方针,认真参与学校民主管理和监督。

第五条　教职工代表大会和教职工代表大会代表应当遵守国家法律法规,遵守学校规章制度,正确处理国家、学校、集体和教职工的利益关系。

第六条　教职工代表大会在校党委领导下开展工作。教职工代表大会的组织原则是民主集中制。

第二章　职　权

第七条　教职工代表大会的职权是:

(一)听取学校发展规划、教职工队伍建设、教育教学改革、校园建设以及其他重大改革和重大问题解决方案的报告,提出意见和建议;

(二)听取学校年度工作、财务工作以及其他专项工作报告,提出意见和建议;

(三)讨论通过学校提出的与教职工利益直接相关的福利、校内分配实施方案以及相应的教职工聘任、考核、奖惩办法;

(四)审议学校上一届(次)教职工代表大会提案的办理情况报告;

(五)按照有关工作规定和安排评议学校领导干部;

(六)通过多种方式对学校工作提出意见和建议,监督学校章程、规章制度和决策的落实,提出整改意见和建议;

(七)讨论法律法规规章规定的以及学校与教职工代表大会执行委员会商定的其他事项。

教职工代表大会的意见和建议,以会议决议的方式做出。

第八条 学校应当建立健全沟通机制,全面听取教职工代表大会提出的意见和建议,并合理吸收采纳;不能吸收采纳的,应当做出说明。

第三章 教职工代表大会代表

第九条 凡与学校签订聘任聘用合同、具有聘任聘用关系的教职工,均可当选为教职工代表大会代表。教职工代表大会代表占全体教职工的比例,由学校自主确定。

第十条 教职工代表大会代表由所在单位教职工直接选举产生。

第十一条 教职工代表大会代表以教师为主体,教师代表不得低于代表总数的60%,并保证一定比例的青年教师和女教师代表。

教职工代表大会代表接受选举单位教职工的监督。

第十二条 教职工代表大会代表实行任期制,任期5年,可以连选连任。

在下列情况下,选举单位可以依照规定程序更换、补选或撤换本单位的教职工代表大会代表:

(一)教职工代表大会代表在任期内调离本校及退职、退休的,其代表资格自行终止,缺额代表可由选举单位进行补选;代表在校内调动工作,代表资格不变,参加调入单位代表团活动,原单位不再补选;

(二)教职工代表大会代表不履行义务,经劝告无效,可由选举单位按照规定程序予以撤换,并另行补选;

(三)代表受到党纪、政纪处分,经所在代表团讨论,取消其教职工代表大会代表资格;受到刑事处罚的撤销其教职工代表大会代表资格。缺额由其所在单位另行补选;

(四)遇有其他情况,需要更换、补选的。

第十三条 教职工代表大会代表享有以下权利:

(一)在教职工代表大会上享有选举权、被选举权和表决权;

(二)在教职工代表大会上充分发表意见和建议;

(三)提出提案并对提案办理情况进行询问和监督;

(四)就学校工作向学校领导和学校有关机构反映教职工的意见和要求;

(五)因履行职责受到压制、阻挠或者打击报复时,向有关部门提出申诉和控告。

第十四条 教职工代表大会代表应当履行以下义务:

(一)努力学习并认真执行党的路线方针政策、国家的法律法规、党和国家关于教育改革发展的方针政策,不断提高思想政治素质和参与民主管理的能力;

（二）积极参加教职工代表大会的活动，认真宣传、贯彻教职工代表大会决议，完成教职工代表大会交给的任务；

（三）办事公正，为人正派，密切联系教职工群众，如实反映群众的意见和要求；

（四）及时向本部门教职工通报参加教职工代表大会活动和履行职责的情况，接受评议监督；

（五）自觉遵守学校的规章制度和职业道德，提高业务水平，做好本职工作。

第四章　组织制度与工作程序

第十五条　教职工代表大会每学年至少召开一次。

遇有重大事项，经学校、学校工会或1/3以上教职工代表大会代表提议，可以临时召开教职工代表大会。

第十六条　教职工代表大会须有2/3以上教职工代表大会代表出席。

教职工代表大会根据需要可以邀请离退休教职工等非教职工代表大会代表，作为特邀或列席代表参加会议。特邀或列席代表在教职工代表大会上不具有选举权、被选举权和表决权。

第十七条　教职工代表大会的议题，应当根据学校的中心工作、教职工的普遍要求，由教职工代表大会执行委员会提交学校研究确定，并提请教职工代表大会表决通过。

第十八条　教职工代表大会的选举和表决，须经教职工代表大会代表总数半数以上通过方为有效。

第十九条　教职工代表大会在教职工代表大会代表中推选人员，组成主席团主持会议。

主席团应当由学校各方面人员组成，其中包括学校、学校工会主要领导，教师代表应占多数。

第二十条　教职工代表大会可根据实际情况和需要设立若干专门委员会，完成教职工代表大会交办的有关任务。专门委员会对教职工代表大会负责。

第二十一条　教职工代表大会换届时，选举产生教职工代表大会执行委员会，其成员由13～15人组成，设主任1名，副主任2～3名。主任由分管校领导兼任。教职工代表大会执行委员会在校党委领导下，承办代表大会交给的工作任务，向代表大会报告工作。

教职工代表大会闭会期间，遇有急需解决的重要问题，可由执行委员会联系有关专门委员会与学校有关机构协商处理。其结果向下一次教职工代表大会报告。

第二十二条　教职工代表大会代表可以按照一个或多个选举单位组成代表团，并推选出团长、副团长。

第二十三条　教职工代表大会代表团团长的职责是：

（一）会议期间，收集代表提案，组织代表团讨论，汇报讨论意见；

（二）闭会期间，主动联系代表及广大教职工群众，随时反映各种意见和建议；

（三）完成教职工代表大会执行委员会交给的其他任务。

代表团团长在失去代表资格或不能履行职责时应依照规定程序及时递补。

第二十四条 教职工代表大会每5年为一届,期满应当进行换届选举。教职工代表大会换届时,学校成立筹备工作委员会。筹备工作委员会在校党委领导下,具体负责教职工代表大会换届的各项筹备工作。

第五章 工作机构

第二十五条 教职工代表大会执行委员会为教职工代表大会的工作机构,秘书处设在校工会委员会,校工会主席兼任教职工代表大会执行委员会秘书长,并确定一名专职副主席任副秘书长。秘书处在教职工代表大会执行委员会的领导下,会同学校工会,主要承担下列工作:

(一)做好教职工代表大会的筹备工作和会务工作,组织选举教职工代表大会代表,征集和整理提案,提出会议议题、方案和主席团建议人选;

(二)教职工代表大会闭会期间,组织传达贯彻教职工代表大会精神,督促检查教职工代表大会决议的落实,组织各代表团及专门委员会的活动,主持召开教职工代表团团长、专门委员会负责人联席会议;

(三)组织教职工代表大会代表的培训,接受和处理教职工代表大会代表的建议和申诉;

(四)就学校民主管理工作向校党委汇报,与学校沟通;

(五)完成教职工代表大会委托的其他任务。

第二十六条 学校应当为教职工代表大会执行委员会承担教职工代表大会工作机构的职责提供必要的工作条件和经费保障。

第六章 二级教职工代表大会

第二十七条 学校基层单位可根据条件设立二级教职工代表大会。在本单位党组织领导下开展工作,并接受学校教职工代表大会执行委员会的指导。

第二十八条 二级教职工代表大会在本单位行使下列职权:

(一)听取本单位行政工作报告,讨论和审议本单位办学指导思想、发展规划、重大改革方案、教职工队伍建设和其他有关本单位发展的重大问题,提出意见和建议;

(二)讨论通过本单位教职工岗位责任制方案、聘任制实施方案、考核与奖惩办法及其他与教职工合法权益有关的内部管理制度;

(三)讨论通过本单位的教职工劳务酬金和奖金分配办法及其他有关教职工生活福利等事项;

(四)按照有关规定和安排评议本单位领导干部;

(五)学校和本单位规定的其他职权。

教职工人数较少的单位,以全体教职工大会形式建立制度,行使上述职权。

第二十九条 二级教职工代表大会每年至少召开一次,遇有重大问题或1/3以上二级教职工代表大会代表建议,可以召开临时会议。二级教代会代表的产生、会议的召开办法,可参照本实施办法有关规定执行。

建立二级教职工代表大会的单位,应结合单位实际,制定实施细则。

第七章 附 则

第三十条 本办法经教职工代表大会讨论通过,报校党委批准后执行。

第三十一条 本办法由教职工代表大会执行委员会负责解释。

中共山东大学(威海)委员会
关于加强和改进机关作风建设的意见

山大威党字〔2014〕5号

为巩固和扩大党的群众路线教育实践活动成果，切实加强机关作风建设，提高机关管理水平和服务能力，建立健全校部机关践行党的群众路线长效机制，现就进一步加强机关作风建设，提出如下意见。

一、总体要求

深入学习贯彻党的十八大和习近平同志系列重要讲话精神，紧紧围绕学校中心工作，以服务学校发展、服务人才培养、服务师生员工为宗旨，扎实推进学习型、创新型、服务型、效能型、廉洁型机关建设，改进工作作风，提高服务质量，争创一流机关，为建设世界一流大学提供坚强保障。

二、工作目标

通过加强机关作风建设，使机关干部充分认识巩固扩大教育实践活动成果、加强机关作风建设的重要性和紧迫性，进一步增强责任意识、担当意识和服务意识，切实解决师生反映强烈的突出问题，规范工作行为，提升执行能力，树立机关良好形象。力争实现机关效能有新提高，工作水平有新提升，精神面貌有新变化，服务师生有新成效，以良好的作风、优质的服务推动学校各项事业又好又快发展。

三、基本原则

（一）服务改革发展。把服务学校各项事业改革发展作为机关作风建设的首要任务，坚持服务本位，树立服务意识，凝心聚力抓改革，一心一意谋发展，真抓实干，勇于担当，推进建设世界一流大学持续发展。

（二）践行群众路线。把师生满意作为机关作风建设的第一标准，坚持为学生服务、为学院服务、为学术服务，着力解决师生关注最集中、反映最强烈的机关作风建设问题，不断密切机关与师生的联系。

（三）遵循科学规律。深刻把握机关作风建设的科学规律，积极探索符合机关实际的工作路径，加强统筹谋划，不断增强作风建设的系统性、预见性和创造性。

（四）坚持标本兼治。牢固树立“作风建设永远在路上”的理念，把治标和治本结合起来，把解决突出问题与建立长效机制结合起来，抓细、抓实、抓常，常抓不懈，不断深化机关作风建设的实践成果。

四、具体措施

（一）坚持群众观点，强化服务意识。准确把握机关工作定位，进一步增强服务意识，牢固树立全心全意为师生服务、为教学科研服务的理念，积极主动地服务师生，耐心细致地解答师生的疑问。加强调查研究，深入基层广泛听取师生意见，为学校和学院发展积极献计献策，使机关各项工作都有利于提升教育教学质量，有利于提高学校办学水平，真正实现机关由管理型向服务型转变。

（二）完善学习制度，营造学习氛围。要以建设学习型机关为目标，坚持和完善中心组学习和机关学习日制度，推进理论和业务学习的制度化和规范化，引导机关干部认真学习党的理论、方针、政策，坚定中国特色社会主义的道路自信、理论自信、制度自信，不断提高机关干部队伍理论政策水准、思想道德素养、科学文化素质和解决实际问题的能力，把理论学习的成果转化为工作的思路和对策，做到学以致用，在机关形成浓厚的学习氛围。

（三）加强改革创新，提高服务效能。机关各部门要加强对党和国家方针政策、教育改革、现代大学管理等方面的研究，为学校科学决策提供可靠依据。积极探索机关工作的新方法、新模式，坚持解放思想、实事求是的原则，努力形成锐意改革、创新进取的良好氛围。进一步明确部门工作职责和人员岗位职责，各司其职，各负其责，沟通协作，相互支持，防止推诿，提高效能。建立健全完善的制度体系，做到有章可循，按章办事。优化工作流程，简化办事手续，建立健全网上办事平台，推进信息化机关建设。切实改进会风、文风，精简会议、文件，提高工作效率。突出有令必行、令行禁止的责任要求，对学校党委、行政确定的目标任务以及向师生作出的承诺，全力以赴抓好落实。

（四）倡导勤俭节约，坚持清正廉洁。大力弘扬勤政为民、廉洁奉公的奉献精神。自觉践行“三严三实”要求，以高效优质的工作，推进科学发展，促进校园和谐。深入开展党纪政纪教育和反腐倡廉宣传教育，筑牢机关党员干部拒腐防变的思想防线。加强廉政风险防控体系建设，严格落实中央八项规定。大力弘扬艰苦奋斗的优良传统，切实树立节约光荣，浪费可耻的理念，节约使用办公资源。严格规范公务活动、公务用车管理，严格执行财务管理、办公用房管理规定，加强办公经费管理。

（五）加强文化建设，凝聚发展能量。加大机关文化建设力度，发挥机关工会、共青团和妇委会的作用，广泛开展参与率高、受益面广的群众性文体活动，不断丰富传统美德、社会公德、职业道德和个人品德教育的途径形式，着力践行中国特色社会主义核心价值观。开展文明单位、文明窗口创建活动，培育具有机关部门特色的文化品牌。

五、工作保障

（一）建立岗位责任制。机关各部门在明确每个部门、科室工作职责的基础上，进一步明确每个工作岗位的职责，即每个岗位应担负的责任、行使的权力和完成的任务，并落实到每位工作人员，做到“人有其岗，岗有其责”。

(二)实行服务承诺制。机关各部门和具有服务职能的直属单位，都要实行服务承诺制度，要根据本部门工作性质，本着“方便、高效、热情、周到”的原则，向服务对象作出服务质量和服务时限的承诺，并通过部门网站、张贴告示板等形式向师生公开，为基层和师生员工提供最优服务。

(三)强化首接负责制。对服务对象的办事请求和咨询，第一个接待的工作人员即为首问责任人。凡是属于自己职责范围内的事情，若手续完备，要在规定的时限内予以办结；若手续不完备，应一次性告知其全部办理要求和所需材料；按政策规定不能办理的事项，耐心做好解释工作；不属于自己职责范围内的事项，要给予引导或帮助联系，确保服务对象便利地找到经办人员。

(四)健全信息公开制。机关各部门要认真贯彻落实《山东大学信息公开实施办法》，切实增强信息公开意识，进一步完善工作流程和工作制度，对本单位应主动公开的内容、形式、程序、标准、时间以及监督等方面，都要做出明确规定，同时要按照“依法公开，及时全面，公正真实，有利监督，服务师生”的原则，在依法、及时、真实、准确的前提下开展信息公开工作，提高工作透明度，接受社会监督。

(五)完善激励监督制。加强对机关干部作风建设情况的经常性监督，充分发挥学校行政的监督职能，建立健全服务投诉举报制度，有效发挥网络监督作用，完善机关作风建设考核激励机制，加强定期和不定期机关作风建设的检查，对机关作风不良行为进行批评教育、严肃处理，切实改变机关作风慵懒散现象。

(六)加强组织领导。学校成立以分管校领导任组长，学校办公室、纪检监察审计办公室、组织部、宣传部、人事处、机关党总支、校工会等部门主要负责人组成的学校机关作风建设领导小组，统筹机关作风建设工作。领导小组下设办公室，办公室设在机关党总支。各部门主要负责人和支部书记对本部门作风建设负总责，不仅要以身作则、率先垂范，还要结合本部门实际，制定本单位加强和改进作风建设的具体措施，形成一级抓一级、层层抓落实的工作机制。

山东大学(威海)国际学生奖学金实施细则(试行)

山大威校综字〔2014〕6号

为提高我校国际学生教育质量,扩大国际影响,吸引更多优秀国际学生来校学习,学校经研究决定设立国际学生奖学金,以奖励表现突出的国际学生。结合我校实际情况,制定本实施细则。

一、奖项设置

(一)优秀入学奖学金

用于奖励到我校修读学位且HSK成绩优秀的国际学生。

奖励标准:减免入学第一学期学费10%~15%。

(二)学习优秀奖学金

用于奖励学习优秀的国际学生,按照学生学年学习成绩排列顺序确定,该奖项分三个等级。

一等奖学金:本科生1500元/人·年,研究生2000元/人·年,评奖名额按参评学生数的5%确定。

二等奖学金:本科生1000元/人·年,研究生1500元/人·年,评奖名额按参评学生数的10%确定。

三等奖学金:本科生800元/人·年,研究生1200元/人·年,评奖名额按参评学生数的15%确定。

(三)优秀学生干部奖

用于奖励在学生活动中表现突出,组织能力强,为师生热情服务的国际学生干部。

奖励标准:800元/人。

(四)HSK优胜奖

用于奖励在校学习期间参加HSK考试且成绩优秀的语言生和本科生。

奖励标准:800元/人。

(五)突出表现奖

用于奖励在省级及以上活动中取得名次,为学校争得荣誉的国际学生。奖励标准根据具体情况确定。

二、评定对象及条件

(一)参加各类奖学金评选(优秀国际学生入学奖学金除外)的学生须具备的基本条件

1. 申请参加评审的国际学生必须是正常在校学习者,休学、停学以及交换学生不在评审范围内。

2. 遵守中国法律及学校规章制度,按时注册,学习努力,成绩优秀,在校期间无不良记录。

3. 有下列情况之一者不予评审:

(1)有触犯当地法律行为的;

(2)在一学年内所修得学分未达到毕业总学分 1/4 的;

(3)在一学年内有不及格课程的;

(4)因违反校规受到学校有关处分的;

(5)请假、旷课学时超过该学期总课时数的 1/3 的;

(6)未按时交纳学费者。

(二)各项奖学金评选条件

1. 优秀学生入学奖学金

进入我校本科专业的学生如 HSK5 级成绩达到 180 分,入学第一学期学费减免 10%,如 HSK6 级成绩达到 180 分,入学第一学期学费减免 15%;学费减免优惠不能重复享受。(国际班学生不参与评奖)

进入我校攻读硕博研究生的学生如 HSK6 级成绩达到 180 分,入学第一学期学费减免 10%。

2. 学习优秀奖学金

符合基本条件,学习刻苦勤奋,在校连续学习时间满一学年,并且参加了连续一学年的全部课程的考核者(毕业生不参加评选),可申请此奖项。具体条件如下:

一等奖学金:各科平均成绩 85 分及以上,单科成绩不低于 80 分。

二等奖学金:各科平均成绩 80 分及以上,单科成绩不低于 75 分。

三等奖学金:各科平均成绩 75 分及以上,单科成绩不低于 70 分。

3. 优秀学生干部奖

工作积极主动,责任心强,得到老师和同学们的认可;积极带领同学参加院校活动,认真负责完成老师布置的各项工作任务,很好地完成老师和学生之间沟通的任务;以身作则,模范遵守校规校纪,团结同学,工作成绩显著,无不良记录的学生,可申请此奖项。

4. HSK 优胜奖

在校学习期间取得 HSK6 级合格证书的语言生或本科国际学生(预定毕业者除外),可获得 800 元奖励。学生在我校学习期间,只能参评一次。

5. 突出表现奖

在学习、体育、文艺或其他方面表现特别突出,参加省级及以上比赛,获得相关名次,为学校赢得特殊荣誉的国际学生,学校可适当给予奖励并颁发证书。

三、评审原则和程序

（一）各奖项的评审工作以公开、公平、公正为原则，每年 10 月评选一次。

（二）学校设立国际学生奖学金评审委员会（以下简称“评委会”），成员由国际教育学院和相关院系共同组成。

（三）评审程序：符合申请条件的学生将填写好的《山东大学（威海）国际学生奖学金申请表》和相关评奖材料递交所在学院进行初审。

评委会根据学院上报材料对候选人进行复审评议，确定获奖人选，并在学校网站公示。

公示期满后，正式公布获奖者名单。

四、本细则自公布之日起实行，由国际教育学院负责解释。

山东大学(威海)本科学生学分制管理暂行规定

山大威校教字〔2014〕9号

第一章　总　则

第一条　为了推进本科学生学分制管理改革,依据《中华人民共和国教育法》《中华人民共和国高等教育法》《普通高等学校学生管理规定》(教育部令第21号)和《山东省普通高等学校学分制管理规定》(鲁教高字〔2013〕14号)等法律和法规规章,结合学校实际,制定本规定。

第二条　本规定所称学分制,是指学校以学生取得的学分数作为计算学生学习量的基本单位,以达到毕业应修课程和学分最低要求,作为学生毕业和获得学位的主要标准的教学管理制度。

第三条　实施学分制旨在推进人才培养模式改革,充分调动教师教学和学生学习的积极性,提高教育教学资源利用率,适应学生多样化发展需要。

第四条　学校实行弹性修业年限。学生可在标准学制的基础上提前一年或推迟两年毕业(不含因病休学时间)。

第五条　本规定适用于山东大学(威海)全日制本科生。留学生、交流生、进修生等参照本规定执行。

第二章　课程与学分

第六条　学时与学分。课堂教学每16学时计1学分,实验教学每32学时计1学分;课程设计、实习、毕业论文(设计)等实践教学环节的学分由各学院教学指导委员会根据学科特点和教学整体安排确定。学生必须完成选课并通过考核,方可获得课程对应学分。

第七条　各专业对学生的毕业应修课程和学分要求由专业培养方案确定。学生须修满培养方案规定的各类课程和学分方可毕业。

第八条　学分认定。学生转专业、转学前所修课程和学分,由学生向转入专业所在学院申请,由教务处认定。校际交流的学分认定按照相关规定执行。

第九条 创新奖励学分。学生参与大学生创新实验计划项目、创新基金项目、各类学科竞赛等所获得的创新奖励学分,由学生申请经学院报教务处认定,可以冲抵通识教育核心课程中创新创业模块课程或通识教育选修课程学分。

第三章 收费管理

第十条 学分制收费由专业注册学费和学分学费两部分组成。专业注册学费是学生注册并获得选课权所需缴纳的费用;学分学费由学生选修课程的学分数和学分收费标准决定。专业注册学费和学分学费收费标准按相关规定执行。

第十一条 学生在每学年第一学期开学时须预存当学年专业注册学费和学分学费。

第十二条 参加校际交流的学生,按交流协议缴费。没有校际交流协议而自行联系交流学习的学生,须经学校批准并缴纳专业注册学费。

第十三条 休学学生办理休学手续后,其已缴纳的专业注册学费即予冻结,复学后可重新启用。

第十四条 因退学、转学等原因终止在本校学习时,在注册之前办理离校手续的,无需缴纳专业注册学费。注册后,专业注册学费和已确认修读课程的学分学费按照学校相关规定结算。

第十五条 提前毕业或延长学习年限的学生,按照实际修业年限缴纳专业注册学费。

第十六条 在办理毕业(结业、肄业)手续之前,学生须结清在校期间全部专业注册学费和学分学费,方可取得毕业(结业、肄业)资格并办理离校手续。

第四章 选课管理

第十七条 学生应根据专业培养方案及个人学习发展规划选课。学生选课时应优先选定必修课。对于有前后关系的课程,应先修读先修课程,再修读后续课程。

第十八条 选课过程由学生通过学校选课系统在规定时间内进行,分预选、正选、试听、退补选四个阶段。正选结束时,通识教育核心课和通识教育选修课选课人数不足20人的课程不予开设,学生须在退补选阶段及时改选其他课程。春、秋学期开学前两周为试听时间,第三周为退补选时间。退补选阶段结束后,选课结果不予变更。

第十九条 为保证学生的学习质量,要求学生每学期选课(含重修课程)学分不得超过35学分。

第二十条 学生重修课程,应办理选课手续并缴纳学分学费。其中,成绩不合格或百分制课程绩点低于70分的课程首次重修免费。

第二十一条 港澳台地区学生、华侨学生和留学生可以免修思想政治理论课、军事训练和军事理论课,但应补修相应学分的通识教育课程。

第二十二条 学生选修课程时应自主调节选课时段。如果所选课程时间冲突,可经个人申请、开课学院批准办理其中一门课程的免听或间听手续。不办理相关手续而不上课的不得参加相关课程的考核。

第五章　成绩管理

第二十三条　课程成绩记载。课程成绩可按照百分计分法、五级计分法和两级计分法记载。百分计分法按照总分 100 记载课程成绩;五级计分法与百分计分法的课程成绩对应关系为:优—95、良—85、中—75、及格—65、不及格—0;两级计分法与百分计分法的课程成绩对应关系为:合格—85、不合格—0。

第二十四条　课程绩点计算。课程绩点按照百分制和五分制分别进行计算。

(一)百分制课程绩点:等于第二十三条中以百分计分法、五级计分法和两级计分法记载的课程成绩。其中,按照百分计分法记载的成绩低于 60 分时,课程绩点为 0。

(二)五分制课程绩点:由成绩管理系统根据参与考核的人数和表 1 规定的等级和比例,按照四舍五入的方式自动转换生成。当修课人数小于 10 人时,成绩第一名自动记为 A＋。

(三)以五级计分法和两级计分法记载的课程成绩与五分制课程绩点的对应关系及相关比例由表 1 规定。

表 1　　**五分制课程绩点计算办法及与不同计分法对应关系表**

五分制成绩等级、课程绩点及等级比例				五级计分法及对应关系	二级记分法及对应关系
等级	课程绩点	不同等级比例			
A＋	5.0	前 5.00％	20％	优秀(A/4.5)	合格(B/3.5)
A	4.5	5.01％～10.00％			
A－	4.2	10.01％～20.00％			
B＋	3.8	20.01％～35.00％	45％	良好(B/3.5)	
B	3.5	35.01％～50.00％			
B－	3.2	50.01％～65.00％			
C＋	2.8	65.01％～75.00％	30％	中等(C/2.5)	
C	2.5	75.01％～85.00％			
C－	2.2	85.01％～95.00％			
D	1.5	95.01％～100.00％	5％	及格(D/1.5)	
F	0			不及格(F/0)	不合格(F/0)

第二十五条　学分绩点计算。学分绩点依据课程绩点和课程学分计算,在各课程学分绩点基础上计算平均学分绩点(Grade Point Average,GPA)。百分制和王分制计算方法相同。

(一)学分绩点＝课程绩点×课程学分

(二)平均学分绩点＝∑学分绩点/∑课程学分

计算平均学分绩点时，根据四舍五入规则，精确到小数点后两位数。任选课不纳入平均学分绩点计算。

第二十六条 缓考和重修课程成绩记载。缓考课程不在成绩单中显示，不参与平均学分绩点计算，不作为该课程的第一次考试成绩使用。重修课程成绩按最高成绩记载，不显示“重修”字样。在各类评优和推荐免试攻读硕士学位研究生等排名时，均按照第一次考核成绩计算平均学分绩点。

第二十七条 成绩更正。学生对课程成绩有异议时，可在新学期开学两周内，向开课单位提出成绩复核申请，由分管教学副院长(副主任)、任课教师和教务员组成复核小组对试卷和成绩进行复核。如确有问题，由开课单位填写《山东大学(威海)本科学生成绩更正申请表》，交教务处审批后进行更正。新学期开学两周后上一学期的所有学生成绩将转入历史库，不再接受成绩更正。

第二十八条 学生成绩单的提供与打印。中英文成绩单均由学生通过学校“成绩自助打印系统”打印。学生可以自主选择百分制绩点或五分制绩点进行成绩打印。其中任选课程是否打印由学生自主决定。

第六章 第二学位和第二专业

第二十九条 第二学位是指同一学生在修读主修专业并获得相应学位的同时，跨学科门类修读第二专业所获得的学位。第二专业是指同一学生在修读主修专业并获得毕业证书的同时，在同一学科门类内修读第二专业并达到毕业要求。

第三十条 修读第二学位与第二专业的学生应具有山东大学(威海)正式学籍，学有余力，且具有较强的自主学习能力。

第三十一条 修读第二学位与第二专业的学生，其修业年限不得超出第一章第四条规定的最长修业年限。

第三十二条 同一学生在校期间，只允许修读一个第二学位或者第二专业。

第三十三条 修读第二学位或第二专业时，需由学生提出申请，由第二学位或第二专业所在学院审核并报教务处批准。

第三十四条 学生修读第二学位或者第二专业需修读相关专业的必修和限选课程，与主修该专业的学生统一培养方案、统一课程要求、统一考核标准。

第三十五条 学生在主修专业修得的课程与学分，与第二学位或第二专业的课程与学分相同或相近时，由第二学位或第二专业所在学院报教务处认定。

第三十六条 学生在获得主修专业学位证书的前提下，修满第二学位规定的课程和学分，经学校审核合格，可获得第二学位的学位证书。第二学位的学位证书单独发放，其学位授予时间可与主修专业学位授予时间相同或不同。

学生在获得主修专业毕业证书的前提下，修满第二专业规定的课程和学分，经学校审核合格，可获得第二专业的毕业证书。第二专业不单独颁发毕业证书，只在主修专业毕业证书上标明第二专业名称。

第七章　毕业、获得学位、结业与肄业

第三十七条　学历证书包括毕业证书、结业证书和肄业证书三种。学生在学校规定的修业年限内修完专业教学计划规定的内容，获得规定的学分，学校准予其毕业并颁发毕业证书。学生已选修专业培养方案规定的全部内容，但在学校允许的最长修业年限内学分未达到毕业要求的，经学校审核后作永久结业处理，发给结业证书。学生学满一学年以上，但未完成专业培养方案规定的内容而退学的，经学校审核后颁发肄业证书。

第三十八条　符合毕业条件且专业教学计划规定的课程百分制平均学分绩点达到70分及以上，符合《中华人民共和国学位条例》的要求，无重大学术违纪，经学校学位评定委员会审核同意，授予学士学位。

第三十九条　毕业证书遗失或损坏时，学生可向教务处提出补办申请，经教务处审核并报教育主管部门批准，办理毕业证明书。结业证书、肄业证书、学位证书遗失或者损坏时不予补发，可经本人申请，经校史档案室审核后出具证明。

第四十条　对违反国家招生规定入学或者出现重大学术违规行为者，学校将取消其获得学历证书和学位证书的资格。对于已经发放的学历证书和学位证书，学校有权追回，并报请教育行政部门宣布证书无效。

第八章　附　则

第四十一条　本规定适用于2013年及以后入学的学生。

第四十二条　本规定由山东大学(威海)教务处负责解释。

山东大学(威海)学生就业管理工作暂行规定

山大威校学字〔2014〕30 号

为了进一步做好我校学生就业工作，实现就业管理的规范化和制度化，更好地为毕业生提供优质高效的服务，根据国家高校毕业生就业政策和山东省毕业生就业有关规定，结合我校实际，制定本规定。

第一章　总　则

第一条　学生就业管理工作要贯彻落实国家有关方针政策，坚持以人为本、服务至上的工作理念，通过对就业管理工作的科学化、制度化、规范化建设，提升就业服务质量和水平。

第二条　大学生就业创业指导中心是学校学生就业工作的职能部门，负责毕业生生源的信息采集上报，就业推荐材料、就业协议书的发放与审核，就业协议的签订与管理，就业方案的编制与上报，就业报到证的审核与发放，毕业生的派遣及档案转递，毕业生离校后就业遗留问题的处理等。

第三条　学校学生就业工作实行校、院(部)两级管理。

第二章　就业政策

第四条　依据国家方针政策，学校就业工作要引导和鼓励毕业生到国防、军队、国有大中型企业、重点科研和教学等重点行业就业；鼓励和支持毕业生面向基层、面向西部就业，到农村基层从事“三支一扶”(支教、支农、支医和扶贫)、“大学生到村任职”“志愿服务西部计划”等项目就业，到中小企业和非公有制单位就业，自主创业和灵活就业。鼓励及相关优惠政策，按国家、省和学校有关规定执行(详见中办发〔2005〕18 号、国人部发〔2006〕16 号、国办发〔2007〕26 号、鲁办发〔2006〕14 号等文件精神)。

第五条　按照山东省就业主管部门的要求，学校一般于每年的 6 月中下旬上报本年度毕业生就业派遣方案，并于 6 月底发放毕业生就业报到证，进行毕业生离校派遣工作。

第六条　上报就业派遣方案时，未落实就业单位的毕业生，派回生源所在地；若两年之内落实就业单位,仍可正常办理派遣手续。

第七条 委托、定向培养的毕业生,按合同就业。为具体单位委托或定向培养的毕业生直接派遣至合同单位;为山东省政府委托培养的毕业研究生,落实单位的直接派遣至签约单位,未落实单位的派遣至生源所在地市毕业生就业主管部门。

第八条 生源地为港、澳、台地区的毕业生,如选择在内地就业,根据相关规定,可直接与用人单位签订劳动合同,学校不负责派遣。

第九条 被免试保送并已纳入研究生招生计划的毕业生,原则上不能再与用人单位签订就业协议。确因特殊原因放弃升学的,须报经所在院(部)同意,并经录取单位研究生培养部门同意后,方可办理派遣手续。

第十条 考取研究生的毕业生,在学校年度就业派遣方案上报后,放弃升学申请就业的,持研究生录取通知书原件、录取单位研究生培养部门出具的取消学籍证明(9 月 1 日前办理的,不需出具此证明),于 12 月底前办理派遣手续。

第十一条 在学校上报就业方案之前签订就业协议的结业生,学校予以派遣,但须在报到证上注明“结业”;若用人单位因其结业不再同意接收,学校将其派回生源所在地。

第十二条 肄业生不具备就业派遣资格,学校不负责为其办理有关派遣手续。

第十三条 毕业前经体检不能坚持正常工作的毕业生,应回家休养,相关事宜按有关规定处理。一年内病愈并经县级以上医院检查合格者,按下一届毕业生对待;满一年仍未病愈或病愈后无用人单位接收者,将其户口、档案等关系转回入学前户籍所在地,自谋职业。用人单位如需对毕业生进行单独体检,应安排在签约之前,否则,以学校体检结果为准。

第十四条 毕业生到单位报到上岗后发生疾病不能坚持正常工作的,由单位按在职人员病休期间的有关规定处理,不得把毕业生退回学校。

第三章　管理规定

第十五条 毕业生就业推荐表是毕业生用于择业的正式推荐材料,填写要客观、真实,不得弄虚作假;毕业生就业推荐表经组织审核,加盖院(部)公章和大学生就业创业指导中心就业鉴证章后方可有效。

第十六条 就业协议书是毕业生与用人单位签约时使用的正式文本,不得转借、涂改、伪造。否则,其后果由本人承担。

第十七条 毕业生应妥善保管就业协议书。因故丢失或损毁而需要补发的,由本人向所在院(部)提交申请和相关证明材料,经院(部)审核同意后方可予以补发。

第十八条 毕业生须登陆“山东高校毕业生就业信息网”进行注册,办理有关签约、解约、派遣、改派等手续。

第十九条 落实就业单位的毕业生,应尽快与用人单位签订就业协议。双方若有其他约定,应在协议书内注明或附加补充协议。签约双方应信守承诺,自觉维护就业协议的严肃性。

第二十条 为维护学校的声誉及签约双方利益,协议一经生效,原则上不允许违约。

毕业生确因特殊原因提出违约的，须在取得用人单位的书面解约函，报所在院（部）审核同意后，方可办理重新签约手续。

第二十一条 报考研究生或有意向自费出国留学的毕业生，若与单位达成了就业意向，签约前应将有关事宜告知用人单位，并在协议书中注明。否则，毕业生因考取研究生或出国留学而发生违约行为的，其本人承担违约责任。

第二十二条 学校将年度毕业生就业方案上报就业主管部门审批后，进行毕业生派遣工作。毕业生领取就业报到证后，须在学校规定的时间内办理离校手续，并按用人单位要求按时报到。

第二十三条 对延期毕业的学生，学校根据学籍管理部门提供的延期毕业生名单，暂缓发放就业报到证。在上报下一届毕业生生源前，通过考试准予毕业的，持毕业证领取就业报到证；未能准予毕业的，随下一届毕业生派遣。

第二十四条 毕业生不慎遗失报到证的，须在遗失地县级以上报刊上刊登遗失声明后，持遗失声明、报到通知书及大学生就业创业指导中心开具的证明，到山东省就业主管部门办理补办手续。

第二十五条 毕业生报到后，要主动到单位档案接收部门查询档案接收情况，如有问题要及时与大学生就业创业指导中心联系。若因单位原因遗失毕业生档案，须由单位出具证明，持报到证和毕业证到学校补办有关材料。

第四章 毕业生签约解约程序

第二十六条 就业协议书的签订

1. 毕业生须在山东高校毕业生就业信息网注册并填写个人基本信息情况。

2. 经双向选择，毕业生与用人单位签订就业协议。与山东省用人单位签约的，在山东高校毕业生就业信息网上进行；与山东省外用人单位签约的，使用教育部统一印制的《毕业生就业协议书》。

3. 毕业生在山东省内就业的，网上签约后，经所在院（部）审核后入库备案；在山东省外就业的，须向大学生就业创业指导中心备案，领取《毕业生就业协议书》，与用人单位签订书面就业协议后，在网上录入协议相关信息，经所在院（部）审核后入库备案。

4. 毕业生与用人单位签约后，须由单位主管部门进行鉴证审核。在山东省内地市及以下单位就业的，由地市级毕业生就业主管部门鉴证；在山东省省直及中央驻鲁单位就业的，由山东省人社厅进行鉴证；到北京、天津、上海、深圳等地就业的，须有当地毕业生就业主管部门的审批函件。

5. 在山东省内就业的毕业生，签约后应及时将协议书报所在院（部）存档；在山东省外就业的毕业生，签约后应及时在山东高校毕业生就业信息网上录入就业协议相关信息，然后报所在院（部）存档。

6. 学校依据毕业生所签协议，编制年度就业派遣方案。

第二十七条 毕业生的改派

毕业生报到后，因特殊情况解约，需办理改派手续的，自毕业派遣之日起一年内，按下列程序办理:在同一省(自治区、直辖市)内调整的,由省(自治区、直辖市)毕业生就业主管部门审批并办理改派手续。跨部委、省市(自治区、直辖市)调整的,须在 8 月 15 日以后,持原单位退函、报到证和新签订的协议书,到山东省就业主管部门办理改派手续。在山东省范围内调整,由地市级单位改派到省直或中央驻鲁单位以及省直单位之间改派的,由山东省人社厅办理改派手续;地市之间单位调整的,由单位所在地市级毕业生就业主管部门办理改派手续。

毕业生改派手续由毕业生本人或新接收单位办理。

第五章　违反规定的处理

第二十八条　在择业过程中,毕业生应遵纪守法,维护学校声誉。毕业生因违法、违规等行为造成纠纷或需承担法律责任的,由毕业生本人承担。

第二十九条　毕业生签约后,以谎报协议书丢失或其他非正当理由重新获取协议书而再次签约的,一经发现,学校将给予通报批评。

第三十条　其他违反毕业生就业政策法规规定的,按相关规定处理。

第六章　附　则

第三十一条　本规定在实施过程中如出现与上级主管部门新出台文件规定不一致的内容,以上级主管部门的规定为准。

第三十二条　本规定中所指毕业生为国家计划内招收的全日制博士毕业生、硕士毕业生和本科毕业生。

第三十三条　本规定由学生工作处负责解释。

第三十四条　本规定自公布之日起施行,原《山东大学威海分校毕业生就业工作暂行规定》(山大威校学字〔2003〕31 号)同时废止。

山东大学(威海)考试违规行为认定与处理办法

山大威校教字〔2014〕11号

为规范我校对考试违规行为的认定与处理工作，维护公平、公正的考试秩序，保障学生及考试工作人员的合法权益，根据《国家教育考试违规处理办法》及相关法律、法规，制定本办法。

第一条 学生不遵守考试纪律，不服从考试工作人员的管理，有下列行为之一的，应认定为考试违纪，该科目成绩以零分计，并视其情节给予警告或严重警告处分：

(一)携带规定以外的物品进入考场或者未放在指定位置的；

(二)未在指定的座位参加考试的；

(三)考试开始信号发出前答题或者考试结束信号发出后继续答题的；

(四)在考试过程中旁窥、交头接耳、互打暗号或者手势的；

(五)在考场及考场附近喧哗或存在其他影响考场秩序行为的；

(六)考试过程中未经允许擅离考场的；

(七)将试卷、答卷(含答题卡、答题纸等，下同)、草稿纸或考试材料带出考场的；

(八)自带答题卡、答题纸、草稿纸或其他纸张的；

(九)用规定以外的笔答题或者在试卷规定以外的地方书写姓名、学号或者以其他方式在答卷上标记信息的；

(十)其他违反考试纪律但尚未构成作弊的行为。

第二条 学生在考试过程中违背考试公平、公正原则，违反考试纪律的，应认定为考试作弊，该科目成绩以零分计，并视其情节，给予下列处分：

(一)未经允许，将与考试有关的书籍、笔记、资料、小抄等带进考场或藏匿于试卷下、课桌内及其他地方的；携带存储有与考试内容相关资料的电子设备的；携带具收发信息功能设备的；在课桌上或其他地方抄写与考试有关内容的；考试中交头接耳，经提醒不改正的；擅自传递物品的；协助他人抄袭试题答案或者相关资料的；故意销毁试卷、答卷或者考试材料的，给予记过处分。

(二)翻看或抄袭书本、笔记、资料、小抄的；抄袭他人试题答案或者相关资料的；考试过程中交换试卷、答卷、草稿纸的；传递纸条或以某种方式示意、核对答案的；使用存储、记载有与考试内容相关资料的电子设备或物品的；使用设备收发与考试内容相关信息的,给予留校察看处分。

(三)代替他人参加考试的,在答卷上填写与本人身份不符的姓名、学号等信息的,视情节给予留校察看及以上处分。

(四)累计两次及以上因考试作弊受过处分的;由他人代替考试的;组织作弊的;使用通讯设备作弊,情节严重的;抢夺、窃取他人试卷、答卷或者胁迫他人为自己抄袭提供方便的;以不正当手段获取试卷或者考题的,给予开除学籍处分。

(五)其他认定为作弊的行为,可视情节参照上述条款给予相应处分。

(六)在同一场考试中,学生出现两次及以上违纪、作弊行为的,应加重处分。

第三条 在考试过程中或者在考试结束后发现有下列行为之一的,应当认定相关的学生实施了考试作弊行为,该科目成绩以零分计,并给予记过及以上处分。

(一)通过伪造证件、证明、档案及其他材料获得考试资格和考试成绩的;

(二)评卷过程中被认定为答案雷同的;

(三)被认定存在学位论文作假行为的;

(四)考试工作人员协助实施作弊行为事后查实的;

(五)其他认定为作弊的行为。

第四条 学生应当自觉维护考试秩序,服从考试工作人员的管理,不得有下列扰乱考试工作场所秩序的行为,有下列行为之一的,考试工作人员应当终止其继续参加本科目考试。该科目成绩以零分计,并给予记过及以上处分;违反《中华人民共和国治安管理处罚法》的,由公安机关进行处理;构成犯罪的,由司法机关依法追究刑事责任。

(一)故意扰乱考点、考场、评卷场所等考试工作场所秩序的;

(二)拒绝、妨碍考试工作人员履行管理职责的;

(三)威胁、侮辱、诽谤、诬陷或者以其他方式侵害考试工作人员、其他学生合法权益的;

(四)故意损坏考试设施的;

(五)其他扰乱考试管理秩序的行为。

第五条 考试工作人员在考试过程中发现学生实施违纪、作弊行为的,应当场予以纠正并如实记录;对学生用于作弊的材料、工具等,应予暂扣;如果学生写出检讨书,详细说明作弊细节、承认错误并签字确认,则可将用于作弊的手机还给考生。考场记录表作为认定学生违规事实的依据,要对学生基本信息填写全面,对作弊情节叙述清晰,对暂扣的学生物品记录清楚,由两名以上(含 2 名)监考员及违纪、作弊学生签字确认。违纪、作弊学生拒不在考场记录表上签字的,监考员应在考场记录表上注明。考试结束后监考员将违纪、作弊材料报送组织考试的教学单位。组织考试的教学单位在考试结束后立即将违纪、作弊材料报送教务处。

第六条 考试后发现有违纪、作弊行为的,应当由两名以上(含 2 名)工作人员进行事实调查,收集、保存相应的证据材料,并在调查事实和证据的基础上,对所涉及学生的违规行为进行确认。对于确认的违纪、作弊行为,调查单位应将有关情况写成书面说明,由两名以上(含 2 名)参与调查的工作人员在书面说明上签字并加盖单位公章,在上述工作完成后的 1 个工作日内将违纪、作弊材料报送教务处。

第七条 考试违纪、作弊材料报送教务处后，教务处依据报送的材料，将违纪、作弊情况向全校予以通报，依照本办法对违纪、作弊行为进行认定，并根据认定结果出具处理意见，同时将考场的视频录像作为证据保存。

第八条 教务处将违纪、作弊行为认定结果和处理意见（包括有关作弊材料）移交学生工作处，学生所在学院学生工作领导小组根据处理意见与学生谈话，学生如有异议，可按相关规定进行申诉，学生无异议后在处理意见上签字。学院将处理意见报送学生工作处，由学生工作处报学校学生工作领导小组审核处理。学生所在学院应及时将处理文件送达被处理人。

第九条 教师及工作人员在考试中出现的教学事故按学校相关规定处理。

第十条 本办法适用于我校组织的所有考试，自公布之日起施行；原《山东大学威海分校考试违规行为认定与处理办法》（山大威校教字〔2008〕6 号）同时废止。

第十一条 本办法由教务处负责解释。

山东大学(威海)家庭经济困难学生认定工作暂行规定

山大威校学字〔2014〕39 号

为认真做好我校家庭经济困难学生认定工作，公平、公正、合理地分配资助资源，保证国家制定的各项高等学校资助政策和措施真正落实到家庭经济困难学生身上，依照《教育部财政部关于认真做好高等学校家庭经济困难学生认定工作的指导意见》(教财〔2007〕8 号)的精神，现就我校学校家庭经济困难学生认定工作做如下规定：

第一章　总　则

第一条　本规定中所指的家庭经济困难学生，是指学生本人及其家庭所能筹集到的资金，难以支付其在校学习期间的学习和生活基本费用的全日制本科学生。

第二条　家庭经济困难学生认定工作坚持实事求是，确定合理标准，由学生本人提出申请，实行民主评议和学校评定相结合的原则。

第三条　家庭经济困难学生认定工作必须严格工作制度，规范工作程序，做到公开、公平、公正。

第二章　机构设置及工作职责

第四条　学校学生资助工作领导小组全面领导本校家庭经济困难学生的认定工作。学生资助管理中心具体负责组织和管理全校的认定工作。

第五条　学院成立以分管家庭经济困难学生资助工作的学院领导为组长、学院学生辅导员等担任成员的认定工作组，负责认定工作的具体组织与审核。

第六条　以年级(或专业)为单位，成立以学生辅导员任组长，学生代表担任成员的认定评议小组，负责认定的民主评议工作。认定评议小组成员中，学生代表人数视年级(或专业)人数合理配置，应具有广泛的代表性，一般不少于年级(或专业)总人数的 10%。认定评议小组成立后，其成员名单应在本年级(或专业)范围内公示。

第三章　认定标准与工作程序

第七条　对家庭经济困难学生的认定需参照山东省教育、财政部门规定的家庭经济困难学生认定标准及威海市城市居民最低生活保障标准，并结合学生日常消费水平进行认定。认定标准可设置特别困难和困难两档。

第八条　家庭经济困难学生认定工作程序。

(一)家庭经济困难学生认定工作每学年进行一次。

(二)学校在向新生寄送录取通知书时，应同时寄送《高等学校学生及家庭情况调查表》(从“学生在线”网“文件下载”页面下载，下同)；在每学年结束之前，向在校学生发送《高等学校学生及家庭情况调查表》。需要申请认定家庭经济困难的新生及在校学生要如实填写《高等学校学生及家庭情况调查表》，并持该表到家庭所在地乡、镇或街道民政部门加盖公章，以证明其家庭经济状况。已被所在学校认定为家庭经济困难的学生再次申请认定时，如家庭经济状况无显著变化，可只提交《高等学校家庭经济困难学生认定申请表》，不再提交《高等学校学生及家庭情况调查表》。

(三)每学年开学时，各学院认定评议小组组织学生填写《高等学校家庭经济困难学生认定申请表》，并负责收集《高等学校学生及家庭情况调查表》。认定评议小组根据学生提交的《高等学校家庭经济困难学生认定申请表》和《高等学校学生及家庭情况调查表》，结合学生家庭基本状况、影响其家庭经济状况的有关情况、学生日常消费情况，认真进行评议，确定本年级(或专业)各档次的家庭经济困难学生资格，报学院认定工作组进行审核。

认定评议小组在进行民主评议时，应着重考虑孤残学生、烈士子女、家庭成员长期患重病、家庭遭遇自然灾害或突发事件、多子女且都在上学、单亲家庭且无经济来源、城市下岗家庭且无生活来源等特殊情况的学生。

(四)学院认定工作组要认真审核认定评议小组申报的初步评议结果。如有异议，应在征得认定评议小组意见后予以更正。

(五)学院认定工作组审核通过后，要将家庭经济困难学生名单及档次，以适当方式、在一定范围内公示5个工作日。师生如有异议，可通过有效方式向本学院认定工作组提出质疑。认定工作组应在接到异议材料的3个工作日内予以答复。如对认定工作组的答复仍有异议，可通过有效方式向学生资助管理中心提请复议。学校学生资助中心应在接到复议提请的3个工作日内予以答复。如情况属实，应做出调整。

(六)学校学生资助管理中心负责汇总各学院审核通过的《高等学校家庭经济困难学生认定申请表》和《高等学校学生及家庭情况调查表》，报学校学生资助工作领导小组审批，建立家庭经济困难学生信息档案，并及时更新。

第四章　日常管理工作

第九条　学校和学院每学年应定期对全部家庭经济困难学生进行一次资格复查，并不定期地随机抽选一定比例的家庭经济困难学生，通过信件、电话、实地走访等方式进行核实。如发现弄虚作假现象，一经核实，取消资助资格，收回资助资金。情节严重的，学校应依据有关规定进行严肃处理。

第十条 学院应加强对学生的诚信教育，教育学生如实提供家庭情况，及时告知家庭经济状况显著变化情况。如学生家庭经济状况发生显著变化，学校应及时做出调整。

第十一条 本规定自公布之日起执行，原《山东大学威海分校家庭经济困难学生认定工作暂行规定》(山大威校学字〔2007〕38 号)同时废止。

第十二条 本办法由学生工作处负责解释。

山东大学(威海)本科学生奖励条例

山大威校学字〔2014〕42号

第一条 为全面贯彻党的教育方针,激励广大学生刻苦学习,不断提高综合素质和社会竞争力,为学生展现个性和特长,最终能够脱颖而出提供健康的成长环境,特制定本条例。

第二条 山东大学(威海)学生奖励是指以学校名义对学生进行的各项奖励。

第三条 山东大学(威海)学生奖励以精神鼓励为主,包括综合奖和单项奖。综合奖一般指"十佳百优"优秀本科生,校、院级三好学生,校、院级优秀学生干部,优秀共青团员和优秀共产党员,优秀学生奖学金,优秀毕业生等;单项奖指学习优秀奖学金、研究与创新奖学金、社会实践奖学金、社会工作奖学金、文体活动奖学金、海外经历项目专项校长奖学金、第二校园奖学金等。

第四条 综合奖评选办法

(一)"十佳百优"优秀本科生:

1."十佳大学生"和"十佳大学生"提名评选条件

(1)学习成绩特别优秀,历学年均获一等奖学金或综合素质测评成绩总分排名列班级(或专业)第一。

(2)创新能力突出,创新成果显著。

(3)积极参加社会实践和社会公益活动,表现突出。

(4)获得过省级以上荣誉称号或有海外经历者优先。

(5)大二、大三、大四年级学生均可参评。

2."百优大学生"评选条件

(1)学习刻苦,成绩优秀,曾获得一等奖学金并被评为校级三好学生;在当年度综合素质测评中综合成绩排名列班级(或专业)前10%,基础性素质测评成绩为"优"。

(2)创新能力突出,创新成果显著。

(3)积极参加社会实践和社会公益活动,表现突出。

(4)获得过省级以上荣誉称号或有海外经历者优先。

(5)获得过国家级荣誉的学生满足当年奖学金评选基本条件也可申报。

(6)大二、大三年级学生可参评。

(二)校、院级三好学生:校、院级三好学生每学年评定一次,在综合测评和优秀学生奖学金评定中自然产生。获山东大学(威海)一等奖学金、基础性素质成绩为"优"者,授予校级三好学生称号。获二等奖学金、基础性素质成绩为"优"者,授予院级三好学生称号。

(三)校、院级优秀学生干部、优秀共青团员和优秀共产党员:校、院级优秀学生干部,优秀共青团员每学年评定一次,按照《山东大学(威海)优秀学生干部评选办法》《山东大学(威海)优秀共青团员评选办法》产生。优秀共产党员按照《山东大学(威海)争创"十佳学生党支部"、争做"十佳学生党员"活动实施方案》(山大威校学字〔2014〕35 号)产生。

(四)优秀毕业生:优秀毕业生在每年四月份评定,在应届毕业生中按《山东大学(威海)优秀毕业生评选办法》产生。

(五)优秀学生奖学金:按照《山东大学(威海)本科生奖学金管理办法》(山大威校学字〔2012〕9 号)文件规定执行。

第五条 单项奖学金评选办法

按照《山东大学(威海)本科生奖学金管理办法》(山大威校学字〔2012〕9 号)文件规定执行。

第六条 本条例自公布之日起执行,原《山东大学威海分校学生奖励条例(本、专科生部分)》(山大威校学字〔2006〕4 号)同时废止。

第七条 本条例由学生工作部(处)负责解释。

山东大学(威海)本科生实习工作管理规定

山大威校教字〔2014〕21号

第一章　总　则

第一条　实习教学是高等学校培养学生实践能力和创新精神的重要环节。为加强实习教学管理,保证实习教学效果,提高人才培养质量,制定本管理规定。

第二条　本规定所指实习包括认识实习、教学实习、毕业实习等。

第三条　各专业实习教学时间和内容不得低于教育部各专业教学指导委员会制定的"指导性专业规范"和专业认证(评估)标准的要求。

第四条　各学院应积极加强实习教学基地建设,保障实习条件和教学效果。

第二章　实习学生要求

第五条　实习前,应按照《实习教学大纲》和《实习教学计划》的要求,认真做好实习准备工作。

第六条　自觉遵守实习纪律和实习单位有关规章制度,保证实习安全。

第七条　认真做好实习记录,按要求撰写实习报告或实习总结。

第八条　因病不能参加实习者,应提交书面申请并出具县级及以上医院证明,向学院办理请假手续,并在毕业前随同其他年级完成实习任务。实习期间请假的,应经指导教师签字同意。

第九条　未经批准不参加实习或实习成绩不及格者必须重修,否则不予毕业。

第十条　学生利用暑期参加具有实习性质的社会活动,如社会调查、社区服务、科技咨询、公益活动、岗位体验等达到一定学时,经学院批准,可以冲抵部分实习学分。

第十一条　实习期间不遵守实习纪律和实习单位有关规定,不服从教师指导,未经批准擅离实习单位的,按照《山东大学(威海)本科生学籍管理规定》和《山东大学(威海)学生违纪处分实施细则》处理。

第三章　实习指导教师及职责

第十二条　实习指导教师由学院负责安排。实习指导教师应具有中级以上职称并具有一定指导实习教学工作的经验,应着力建设老、中、青相结合的实习指导教师队伍。

第十三条　集中实习一般应按生师比 20∶1 配备实习指导教师。分散实习应配备教师负责巡回检查和考核学生实习工作。

第十四条　实习时间较长时,学院应建立实习指导教师定期轮换制度。

第十五条　实习教学实行指导教师负责制,学生党、团组织和班委会要充分发挥应有作用。实习指导教师应做到:

(一)提前了解实习基地情况,拟定实习计划,做好实习准备工作。加强与实习基地的联系和沟通,及时解决实习过程中出现的问题。

(二)认真组织,严格要求,加强指导。注意做好学生的管理工作,关心学生身心健康,经常对学生进行实习安全和纪律教育。

(三)对违反实习纪律的学生进行批评教育,对教育无效或情节特别严重者,视情况可暂停或终止其实习,并及时报告学院做出相应处理。

(四)在指导实习期间不得离岗,遇特殊情况必须请假时,应经分管院长批准,并指派其他教师顶岗。

(五)实习结束后,实习指导教师应认真做好实习成绩考核和总结工作,填写《山东大学(威海)实习教学总结表》,实习结束后一周内交学院存档。

第四章　实习教学管理

第十六条　实习教学实行校院两级管理。教务处负责相关规章制度的制订、实习工作的检查评估等。学院负责实习基地的建设、落实本单位实习教学和实习管理工作。

第十七条　学院成立实习教学指导小组,对学生进行实习动员和教育,组织实习中期检查,及时解决实习中所出现的各种问题。

第十八条　学院根据人才培养目标和教学要求,制订各专业《实习教学大纲》并报教务处备案。《实习教学大纲》应包括实习的性质、目的、任务和要求;实习的组织领导;实习的内容、形式与具体安排;实习的考核与成绩评定;实习纪律与注意事项等内容。

第十九条　学院依据《实习教学大纲》制订《实习教学计划》。《实习教学计划》应包括实习的具体内容、时间、场所、程序、方法、实习报告要求、组织领导、经费开支预算等。

第二十条　实习教学可采取集中与分散、校内与校外、省内与省外相结合等形式;学院可根据专业特点和具体情况自行安排,加强对分散实习的组织领导,严格实习要求和监督检查。

第二十一条　分散实习的学生可凭学院开具的介绍信自行联系实习单位,各学院对分散实习的学生要加强管理,要求学生填写《学生自行联系实习单位反馈卡》。

第二十二条 学院于每年10月填写下一年度实习计划表，经分管院领导审核签字后，报教务处备案。教务处将依据实习计划表安排实习抽查和实习基地检查工作。

第五章 实习教学基地建设

第二十三条 实习教学基地应能满足《教学实习大纲》的要求，选择实习教学基地应以保证实习质量、专业对口、就近就地、相对稳定、节约开支、师生食宿方便等为原则。与学校有协作关系或校友集中的企事业单位优先考虑作为实习基地。

第二十四条 各学院应积极建立校外实习教学基地。实习教学基地共建双方有合作意向，在符合建立实习教学基地条件的基础上，经协商可签订建立实习教学基地协议书（一式三份），教务处、实习基地、学院各执一份。

第二十五条 实习教学基地协议合作年限根据双方需要协商确定，一般为3～5年。对协议到期的实习基地，根据双方合作意向与成效，可办理协议续签手续。

第二十六条 学院与实习教学基地共建单位签订合作协议书后，实习基地可挂"山东大学（威海）实践教学基地"牌匾，挂牌要经过教务处批准。

第六章 实习教学的考核和总结

第二十七条 学生完成《实习教学计划》规定的实习教学任务，经考试或考查成绩合格方可获得相应学分。

第二十八条 实习考核可采用撰写实习报告、笔试、口试、现场操作、设计、作业等多种形式。教学实习和毕业实习采用五级记分制，优秀率一般控制在25%以内，其他实习采用二级记分制。

第二十九条 实习结束后各专业撰写书面实习总结，由学院汇总后报教务处。实习总结应包括《实习教学计划》执行情况、实习教学质量分析、经验体会、存在的问题和解决措施、意见和建议等内容。

第三十条 教务处将会同相关学院，不定期对各专业实习教学工作进行中期检查或随机抽查，并对实习情况进行通报。

第七章 附 则

第三十一条 实习教学经费由学校划拨，各单位根据学校财务相关规定进行管理和使用。

第三十二条 本规定自公布之日起施行。原《山东大学威海分校本科学生教学实习工作暂行规定（试行）》（山大威校教字〔2005〕8号）同时废止。

第三十三条 各学院可参照本规定，根据各专业具体情况制定相应的实习管理细则，并报教务处备案。

第三十四条 本规定由教务处负责解释。

附件：

1. 实习大纲(略)
2. 山东大学(威海)与实践教学基地协议书(略)
3. 学生自行联系实习单位反馈卡(略)
4. 山东大学(威海)本科生实习报告书(略)
5. 实习教学总结表(略)
6. 实习计划表(略)

山东大学(威海)大学生学科竞赛管理办法

山大威校教字〔2014〕22号

大学生学科竞赛对于营造创新教育的良好氛围，推动学校课程体系和教学内容的改革，激励大学生主动学习、拓展知识面，提高大学生的实践和创新能力，培养大学生的专业能力和综合素质具有重要作用。为正确引导大学生参与学科竞赛活动，规范竞赛的组织管理，提高竞赛水平，制定本管理办法。

一、组织与管理

1. 大学生学科竞赛由教务处负责管理，相关单位组织实施。

2. 教务处收集、公布各类学科竞赛信息，审定参赛项目及其等级，确定校级及以上学科竞赛的校内组织单位，分配及监管竞赛经费使用情况，核定竞赛教学工作量及奖励额度，整理归档竞赛资料。负责校内涉及竞赛的相关单位的协调工作。

3. 组织单位负责某一学科竞赛的具体实施，全校所有相关专业的学生均可报名参加。

(1)各学科竞赛的组织单位指定学科竞赛负责人，设立竞赛工作组，负责相关竞赛的组织发动、宣传报道，计算竞赛教学工作量，提供竞赛培训场地、仪器、设备以及其他必要条件。

(2)竞赛负责人全面负责所属竞赛工作。负责选聘竞赛指导教师及辅助人员，组织制定训练方案及培训计划，选拔参赛学生，组织竞赛指导，做好竞赛总结。

(3)各组织单位须于每年10月份提报下一年度拟参加的学科竞赛经费预算，参赛前填写学科竞赛申报表(附件2)，经教务处批准后予以组织实施。每项赛事结束后，组织单位要对竞赛进行认真总结，及时将竞赛总结表(附件3)、获奖名单及证书扫描件等图文资料报送教务处归档并作为计算竞赛教学工作量的依据。

二、竞赛等级认定

根据竞赛主办单位、参赛规模和竞赛水平等分为国家级、省部级和校级三级，主办单位以获奖证书的落款及盖章为最终依据。

(一)国家级竞赛

由教育部等政府部门批准、主办或委托主办的全国大学生学科竞赛，目前学校认定的国家级学科竞赛目录见附件1。

(二)省部级竞赛

1. 上述国家级竞赛的省级或赛区选拔赛。

2. 山东省教育厅、文化厅、建设厅及省委宣传部主办的学科竞赛。

3. 除已认定的国家级竞赛以外的由国家各部委、国家一级学会(协会)主办的面向全国高校开展的大学生竞赛活动。

4. 中国音乐家协会、中国美术家协会、中国舞蹈家协会、中国大学生体育协会及山东省文联主办的大学生艺体类学科竞赛。

5. 美国大学生数学建模竞赛、ACM国际大学生程序设计竞赛、Jessup国际法模拟法庭辩论赛、全国大学生英语竞赛及演讲、写作大赛。

(三)校级竞赛

上述国家级、省级竞赛的校内选拔赛;学校主办的全校性竞赛。

三、竞赛资助

学校设立专项经费资助大学生参加省级及以上竞赛活动,教务处根据各单位年度参赛申报情况统筹全校参赛项目及经费,并酌情将部分项目经费划拨到组织单位,由组织单位直接列支。

竞赛资助经费要专款专用,使用范围如下:

1. 成功参赛队的部分报名费(不多于1/2)、获奖奖励。

2. 竞赛活动开展所必须添置的资料、设备及耗材。服装类等耗材费用学生本人承担额不少于购置费用的1/2。

3. 异地参赛的差旅费。异地参赛本着勤俭节约的原则,每次竞赛一般安排1～2名带队教师,参赛学生数量满足竞赛基本要求即可。带队教师按照学校财务规定报销差旅费;参赛学生交通费原则上只报销火车硬席或长途汽车票,住宿费每人每天原则上不超过150元,市内交通费用每人每天40元包干使用(包车参赛除外),竞赛期间伙食补贴(含本地)每人每天50元包干使用。

4. 指导教师及相关人员参加学科竞赛学术研讨及培训会议。

5. 由学校承办的省级及以上学科竞赛的相关费用。

6. 出境参赛须经参赛单位学术委员会研究并报教务处批准后方可参赛,学校原则上只资助参加境内举办的国际性比赛,一般不资助出境参加比赛。

7. 对非政府部门主办的学生参与面广、具有重大影响力的高水平学科竞赛,经学校审批后可提供部分参赛费用,但不计算指导教师教研业绩。

四、奖励办法

学校对竞赛中成绩优秀,为学校争得荣誉的参赛队员及组织单位实行奖励制度,其标准为:

(一)组织单位奖励

获国家级最高奖3000元/队,次高奖2000元/队,第三高奖1000元/队;获省级最高奖 1000 元/队(仅限于学校规定的本科生推荐免试研究生计划单列竞赛项目,下同)。

组织单位所获奖金划拨到竞赛负责人名下,由单位自行支配。如组织工作特别突出,竞赛成绩有重大突破,学校将适当追加奖励。

(二)指导教师奖励

获奖项目指导教师按学校相关规定计算教研业绩。

(三)参赛学生奖励

1. 获奖项目按学校相关规定计算创新学分。

2. 部分获奖学生按学校相关规定享有推荐免试研究生的资格。

3. 获国家级最高奖 5000 元/队,次高奖 3000 元/队,第三高奖 2000 元/队;获省级最高奖 1000 元/队。

(四)其他

1. 不设奖项只计名次的比赛,第一名为最高奖,第二、三名为次高奖,第四、五、六名为第三高奖。

2. 同一项目同时获多项奖励,只按最高级别予以认定,不重复计算。

3. 上述奖金标准均指团队项目,个人项目减半。

五、附　则

1. 本办法适用于具有我校学籍的本科生参加的学科竞赛。

2.“创青春”“挑战杯”全国大学生系列科创竞赛的组织、管理及等级的认定由校团委负责,获奖学生及指导教师的奖励标准参照本办法另行制订。

3. 本办法自公布之日起施行,由教务处负责解释。

附件:

1. 山东大学(威海)国家级大学生学科竞赛目录(略)

2. 山东大学(威海)大学生学科竞赛申报表(略)

3. 山东大学(威海)学科竞赛总结表(略)

山东大学(威海)大学生创新学分认定办法

山大威校教字〔2014〕23号

第一章　总　则

第一条　为鼓励大学生积极参加课外创新活动和社会实践活动,增强学生的创新意识,提高学生的实践能力和创新能力,培养高素质人才,结合我校实际,制定本办法。

第二条　创新学分是指全日制本科生在校期间,在学校认定的各类竞赛、科学研究、发明创造、技术开发、社会实践、发表论文及文学作品、国际交流等方面取得成果,通过申请和认定后所获得的相应学分。

第二章　认定内容与标准

第三条　学生参加国家、教育部、省级以及国内外权威机构组织并经过学校认定的竞赛获奖的:

1. 国家级:最高奖项5个学分,次高奖项3个学分,第三高奖项2个学分;
2. 省部级:最高奖项2个学分,次高奖项1个学分,第三高奖项0.5个学分;
3. 校级:最高奖项0.5个学分。

学校认定的竞赛具体参见《山东大学(威海)大学生学科竞赛管理办法》(山大威校教字〔2014〕22号)。其他竞赛由申报者提出申请,学校单独组织认定。

第四条　学生参加国家级大学生科研创新计划,完成项目计划内容并通过评审或答辩的,每项3个学分。

第五条　学生为第一作者,山东大学(威海)为第一作者单位发表的论文、报刊文章或者著作:

1. SCI、EI、SSCI收录论文每篇4学分。
2. 国内核心期刊论文:A类3学分,B类2学分,C类1.5学分。
3. 一般期刊(不含增刊)及省级以上正式出版物论文:每篇1学分。
4. 省级及以上报刊发表文章或报道,注明作者单位为山东大学(威海)的:字数5000字以上,每篇2学分;2000字以上,每篇1学分;1000字以上,每篇0.5学分。

5. 在国家级出版社正式出版专著、译著和文学作品，注明作者为山东大学(威海)的：字数40万字以上，每部4学分；20万字以上，每部3学分，10万字以上，每部2学分。省市级出版社出版的，每部分别记3、2和1学分。

第六条 学生为第一完成人、山东大学(威海)为第一完成单位的成果鉴定、科技获奖和科技成果转让：

1. 通过教育或科技主管部门组织的成果鉴定并提交成果鉴定证书：国际领先4学分，国际先进3学分；国内领先2学分，国内先进1学分。

2. 获各级政府主管部门组织的科技成果奖励(指自然科学奖、科技进步奖、技术发明奖)的：

(1)国家级：一等奖30学分，二等奖20学分；

(2)省部级：一等奖15学分，二等奖8学分；

(3)厅局级：一等奖4学分，二等奖2学分。

3. 签订成果转让协议且转让费到账的：每项成果4学分。

第七条 学生为第一专利权人：

1. 发明专利每项5学分。

2. 实用新型专利每项1学分；与专业结合，经专家评审为优秀的每项2学分。

3. 外观设计专利每项0.5学分。

第八条 参加国际学术会议或学术交流活动：

1. 做大会报告4学分；

2. 做墙报展示并获奖2学分。

第九条 参加社会实践活动：

1. 获评省级社会实践优秀个人的每项1学分；

2. 获评省级社会实践优秀论文奖的每项1学分。

第三章 记分原则

第十条 按项记分，多项创新成果的学分可以累计。

第十一条 多人完成的项目，由项目负责人召集团队成员共同商定分配原则。负责人一般不少于总学分的40%，其他人员取前3名，分别按30%、20%和10%的比例计算，个人贡献相同时也可平均分配学分。每人所获学分数以0.5为一个计数单位记分，团队成员分配学分数不得超过该项目的总学分。

第十二条 同一项目多次获奖或集体奖与个人奖重复时，只按最高奖项计分。

第四章 认定程序

第十三条 创新学分申请在每年春、秋季学期各进行一次，由教务处发布申请通知。

第十四条 学生填写《山东大学(威海)大学生创新学分申请表》(见附件1)，并附相关支撑材料，提交所在学院。

第十五条 学生所在学院的学术委员会负责审核和认定学生申报的创新学分,由学术委员会主任填写认定意见。学院填写汇总表(见附件 2)并加盖学院公章后,连同申报材料和支撑材料复印件统一上报教务处。

第十六条 教务处对全校申报情况进行审核、汇总,在教务处网站公示 7 天。必要时,教务处将组织专家对学生发表的论文、文章和著作进行答辩。

第十七条 公示没有异议的,教务处审批后,即可获得创新学分。

第五章 异议处理办法

第十八条 创新学分申请和认定出现异议时,由教务处组织有关专家进行认定。此认定为最终认定。

第十九条 学生在创新学分申请认定过程中违反学术规范的,取消其创新学分申请资格,并依据相关规定给予严肃处理。

第六章 创新学分的记载与使用

第二十条 创新学分可置换通识教育核心课程中创新创业模块学分和通识教育选修课程学分,但置换总学分不得超过 5 个;创新学分用于置换课程学分时,由学生提出申请(见附件 3),经学院同意并报教务处认定。

第二十一条 超出部分的创新学分可作为超修学分记入学生成绩档案,课程名称记载为"创新学分",成绩一律记为"优秀"。

第七章 附 则

第二十二条 本办法自公布之日起施行。原《山东大学威海分校大学生科技创新学分管理办法(试行)》(山大威校教字〔2004〕10 号)同时废止。

第二十三条 本办法由教务处负责解释。

附件:

1. 山东大学(威海)大学生创新学分申请表(略)
2. 山东大学(威海)大学生创新学分统计表(略)
3. 山东大学(威海)大学生创新学分置换课程学分申请表(略)

山东大学(威海)本科毕业论文(设计)管理规定

山大威校教字〔2014〕24 号

毕业论文(设计)是本科生培养的重要环节,是实现人才培养目标、提升学生的理论和学术素养、强化学生的综合能力和创新精神的重要教学阶段。为加强毕业论文(设计)的过程和目标管理,确保学生毕业论文(设计)时间和质量,根据教育部有关文件精神,结合我校本科生培养方案要求和各专业的实际情况,制定本管理规定。

一、目的及要求

毕业论文(设计)的目的是培养学生综合运用所学的基础理论、专业知识与基本技能来分析和解决实际问题的能力,使学生在知识、能力和素质方面得到综合训练、转化和提高,初步具备独立进行科研的素养。

学生必须参加毕业论文(设计)环节,并按培养方案要求完成毕业论文(设计),未参加或毕业论文(设计)不合格的,不准予毕业。

各学院要按照高等学校人才培养目标和毕业论文(设计)教学目标的基本要求,认真抓好毕业论文(设计)各个环节,加强学生创新意识和创新能力的培养,切实保证毕业论文(设计)质量,不断提高管理水平和人才培养质量。

二、主要环节

毕业论文(设计)主要环节分选题、开题、撰写及答辩四个阶段。

(一)选题

毕业论文(设计)选题遵循以下原则:

1. 符合专业人才培养目标,满足教学基本要求,能够使学生得到综合训练。

2. 选题应与科研、生产和社会实践紧密结合,可以是教师的部分科研任务、企事业单位的社会委托课题,也可以是教师或学生具有创新性的自拟课题。

3. 选题的深度、广度和难度要适当,视学生兴趣和能力而定。

4. 鼓励选题与学生参与的大学生创新实验项目相结合。

5. 选题原则上应一人一题,独立完成。

6. 学院负责选题申报和遴选工作。题目一般由指导教师提出,也可由学生提出并经指导教师认可。

7. 题目一经选定，由学院备案，一般不得自行更改。特殊情况，须经指导教师同意并报学院分管领导批准，方可更改题目。

(二)开题

毕业论文(设计)开题阶段包括资料收集、文献综述、外文文献翻译、撰写开题报告(见附件5)等过程。具体要求见第四部分。

(三)撰写

1. 学生在毕业论文(设计)撰写过程中要勤于思考，敢于实践，勇于创新，按照指导教师的要求，保质、保量、按时完成毕业论文(设计)任务。

2. 学生要严格遵守学校、学院及实验室的各项规章制度，在校外进行毕业论文(设计)工作的要遵守所在单位的有关规定。

3. 学生必须独立完成毕业论文(设计)工作。一旦发现弄虚作假、套用或抄袭他人成果等违规行为者，按作弊论处。

4. 理工科类毕业论文(设计)时间一般不少于16周，其它专业不少于8周，学院视情况自行安排。在毕业论文(设计)撰写期间，学生实行考勤制度。学生缺勤(包括病、事假)累计超过毕业论文(设计)时间1/3以上者，成绩确定为不合格。

5. 毕业论文(设计)撰写要求：毕业设计的内容要求见附件1，毕业论文的内容要求见附件2。毕业论文(设计)的装订顺序和字体要求见附件3。

6. 毕业论文(设计)的成果、资料应及时交学院教务办公室收存，学生不得擅自带离学校或者发布，否则按违纪论处。

(四)答辩及成绩评定

毕业论文(设计)完成后各学院要组织答辩，以检查学生是否达到毕业论文(设计)的基本要求。答辩前，各学院要做好各项准备工作，成立答辩委员会。

1. 毕业论文(设计)答辩由各学院根据学科特点采用全部答辩或抽样答辩方式进行。采用抽样答辩方式时，指导教师的成绩评定必须在学院抽样之前完成。指导教师评定成绩在90分及以上、70分以下以及学生自己申请答辩的学院必须组织答辩，其余70～90分之间的学院可视情况抽样答辩，抽取数量不得低于抽样总量的30%。抽样答辩名单须在学校毕业论文(设计)查重检测结束之后由学院答辩委员会随机抽取并当众公布，不得更改。

2. 毕业论文(设计)答辩工作由各学院答辩委员会组织，答辩委员会由学院学位委员会成员与专家5～7人组成。根据需要，答辩委员会可决定组成若干答辩小组，答辩小组一般由3～5人组成，具体负责答辩工作。答辩小组成员须具有中级以上职称，答辩小组组长须具有副教授以上职称。指导教师原则上不参加对自己指导学生的答辩工作。

3. 每位参加毕业论文(设计)答辩的学生，应向答辩小组汇报毕业论文(设计)工作情况，回答答辩小组成员的提问。

答辩小组应从以下五个方面综合考核学生的成绩：

(1)文献综述、开题报告的情况；

(2)学生的专业知识、外语水平、动手能力及创新能力；

(3)毕业论文(设计)的总体质量(包括选题、总体思路、方案设计、设计说明书、内容方法、计算及测试结果、文字表达、图表质量、格式规范、结论、创新情况等);

(4)答辩中自述和回答问题的情况;

(5)整个毕业论文(设计)过程中的工作态度及完成工作量情况。

4. 答辩小组对学生的毕业论文(设计)及答辩情况等写出评语、确定成绩。

5. 参加答辩的毕业论文(设计)成绩由指导教师评价和答辩成绩两部分综合而成(不参加答辩的指导教师评定成绩即为总成绩),指导教师评定成绩占总成绩的60%,答辩成绩占40%。指导教师和答辩小组均按百分制打分,最后由学院按照规定比例换算成最终成绩。

6. 毕业论文(设计)的成绩最后换算成五级记分制:优秀(90～100分)、良好(80～89分)、中等(70～79分)、及格(60～69分)、不及格(60分以下)。其中优秀的比例不超过25%,良好的比例不超过40%。

三、指导教师及职责

毕业论文(设计)实行指导教师负责制。

(一)指导教师条件

毕业论文(设计)指导教师须具有中级及以上职称的教师、科研人员或工程技术人员担任。毕业论文(设计)指导教师须具有实际设计和研究工作的经验;教风严谨、责任心强;为人师表、教书育人。

(二)主要职责

1. 指导教师要因材施教、启发引导,充分发挥学生的积极性、主动性和创造性。

2. 指导教师负责填写毕业论文(设计)任务书(见附件6);指导学生完成调研、文献查阅、方案制定、开题报告、实验(设计)、论文撰写、答辩等各环节工作;定期检查学生的工作进展情况,杜绝抄袭现象发生。

3. 指导教师必须在学生答辩前审查学生毕业论文(设计)进度的完成情况,并填写《论文(设计)成绩评定表》(见附件7)等。

4. 校外单位指导毕业论文(设计)的教师须经学院批准同意,并由学院指定相关专业教师联合指导,妥善处理毕业论文(设计)工作中的有关问题。

四、毕业论文(设计)管理

1. 各学院在第四学年秋季学期结束前做好毕业论文(设计)的准备工作,并向学生公布毕业论文(设计)题目、确定学生选题。学院应提供条件,鼓励学生尽早参与科研训练,尽早进入毕业论文(设计)阶段。

2. 在毕业论文(设计)工作开始后的两周内,学生应在一定范围内进行开题报告,落实选题的研究目标、内容、步骤、方法等。

3. 在毕业论文(设计)工作的中期阶段,各学院要对毕业论文(设计)工作进行中期检查,发现问题并及时解决。学校将组织专家对各学院中期情况进行抽查,并将检查情况及时反馈给学院。

4. 在毕业论文(设计)工作结束前，各学院要及时做好毕业论文(设计)的评阅、查重、答辩和成绩评定等工作。

5. 毕业论文(设计)答辩结束后，各学院要认真进行总结，填报《毕业论文(设计)成绩汇总表》(见附件8)，以书面形式报学校教务处。各学院要将毕业论文(设计)统一存档，保存期不少于三年。校级优秀毕业论文(设计)按要求交学校档案室存档。

6. 各学院推荐参评校级优秀本科毕业论文(设计)的比例应控制在2%以内。推荐申报校级优秀本科毕业论文(设计)的，学院负责安排学生按规范格式整理成约3000～5000字的论文，由各单位汇总后，于当年6月底前报学校教务处。

五、其　他

1. 本规定自公布之日起实施。原《关于加强本科生毕业设计(论文)管理工作的若干规定》(山大威校教字〔2004〕9号)同时废止。

2. 本规定由教务处负责解释。

附件：

1. 毕业设计的内容要求(略)
2. 毕业论文的内容要求(略)
3. 毕业论文(设计)装订顺序及字体要求(略)
4. 毕业论文(设计)封面(略)
5. 毕业论文(设计)开题报告(略)
6. 毕业论文(设计)任务书(略)
7. 毕业论文(设计)成绩评定表(略)
8. 毕业论文(设计)成绩汇总表(略)

山东大学(威海)本科生第二校园经历学习管理办法

山大威校教字〔2014〕20号

一、总　则

第一条　为进一步完善本科生“三跨四经历”人才培养模式，充分利用国内知名高校的优质教学资源，鼓励和强化本科生的“第二校园经历”，提高人才培养质量，学校每年选派部分本科生与国内知名高校进行交换培养。为加强访学学生（以下简称访学生）的管理，根据《山东大学本科生第二校园经历工作管理规定》（山大教字〔2011〕86号），结合我校实际，制订本办法。

第二条　教务处负责落实选派专业、选派计划及访学生的教学管理工作；学生工作处负责访学生的住宿、学生事务管理工作；各学院负责出访学生的选派、课程置换以及来访学生的日常教学、学生事务管理等工作。

第三条　第二校园经历适用于我校二年级及以上全日制在校本科生，到国内其他知名大学优势学科学习半年至一年，学费互免，学分互认。

二、选派标准与程序

第四条　选派标准

（一）品德优良，遵纪守法，无违规违纪记录。

（二）学习态度端正，刻苦勤奋，成绩优良（在各种竞赛活动中获奖者优先），无不及格必修课程。

（三）身心健康，能够适应第二校园的学习生活。

第五条　选派程序

（一）按照“公开、公正、公平”的原则，学院根据派出计划组织报名，报名坚持自愿原则。

（二）学院根据选派标准，按照学习成绩和综合测评、心理测试结果进行排序，择优确定初选名单并公示，无异议后报学校教务处。

(三)学校对学院上报的选派学生名单进行审核,与合作高校函商落实互派学生名单,在教务处网站公布。

(四)互派名单确定后,教务处报学生工作处、财务处备案。

三、派出学生的培养与管理

第六条 学生外出交流期间,应遵守交流学校的管理规定及规章制度,根据合作协议享受交流学校学生的相关待遇。学生交流期间如有违纪行为,我校将结合交流学校的处理意见和建议,根据我校的有关规定给予相应处理。

第七条 学生外出交流期间,仍保留原学籍,学籍异动中标注国内交流,并注明交流学校和时间。

第八条 结合我校的培养方案和对方学校的教学计划,由学生自主选修交流学校的课程。

(一)外出交流期间,学生要按照本专业教学计划要求,选修相同或相近的课程,修满与本校教学计划相对等的学分,回校后按学校相关规定进行课程认定。

(二)外出交流期间,未能修读(或认定)的本专业主干课程,返校后必须补修,其他专业选修课程根据学院要求确定是否补修。

(三)在外交流期间所修读的未能认定的其他课程根据学校规定冲抵通识教育选修课相应学分。

(四)鼓励学生在交流学校选修尽可能多的特色课程,尽可能多的参加学术报告和学术交流活动。

第九条 学生外出交流成绩认定

(一)学分、课程互认

合作高校互认课程和学分。交流学校负责出具学生成绩单、学习证明和交流学习考评意见,由交流学校教务处统一寄送至山东大学本科生院或我校教务处。

(二)成绩记载方式

交流学生毕业时学校出具两份成绩单,本校成绩单和交流学校成绩单同时载入学生档案。

(三)不合格课程处理

学生交流期间修读的课程考试不及格,回校后必须重修相同或相近的课程。

(四)学生毕业时本校成绩与外校成绩分块审核。修满本校教学计划规定的学分,本校期间计划内课程修读合格、外校期间无不及格课程(含返校重修)且本专业主干课程修读合格,准予毕业,符合学位授予条件者颁发学位证书。

第十条 学生交流期间的学生证、借书证、校徽、医疗证以及相关手续由合作学校负责办理。

第十一条 学生交流期间学费仍在本校缴纳,财务处参照原专业在校学生的收费标准预收注册学费和学分学费,毕业前再统一结算。住宿费、教材费等根据交流学校标准缴纳给对方高校。

第十二条 在对方高校交流期间，各学院要指定一名学生联络人，负责学生交流期间的学习、生活、活动等自我管理工作，并保持与学校教务处、学生工作处及学院辅导员、教务员的联系。

第十三条 学生交流期间，如患疾病所需医疗费用由学生本人先行垫付，返校后按我校有关规定报销。

第十四条 学生交流学习结束后，应按我校要求时间按时返校报到。特殊原因需提前或延期返校的，需提交提前或延期返校申请，经交流学校和本校教务处批准同意后方可提前或延期返校。不按时返校者由学生本人承担相关责任。往返交通费用由学生个人承担。

第十五条 学生党员交流期间应将组织关系转入交流学校，参加所在学校党组织生活。入党积极分子交流期间，可将有关培养材料转入交流学校，培养教育时间连续计算；可参加交流学校党校组织的党课培训，不能参加交流学校组织的党课培训，可通过学院以灵活的方式参加我校党校组织的党课培训和考试。

四、派出学生综合素质测评

第十六条 综合素质考核

派出学生交流学习结束后，要返校参加原所在年级(班级)综合素质测评，具体依据《山东大学(威海)本科生综合素质测评办法(试行)》(山大威校学字〔2012〕8 号)执行。考虑到交流学生的特殊性，派出学生在综合素质测评中所涉及几项指标的考核成绩可按以下方法测评：

(一)学习成绩评定

外出交流学习成绩绩点须在 70 分及以上，方可以派出前名次参与本次所在专业或班级学习成绩排名。

(二)基础性素质测评

基础性素质评定由交流学校参考《山东大学(威海)本科生综合素质测评办法(试行)》(山大威校学字〔2012〕8 号)，结合学生在交流学校的实际表现进行考核评定。

(三)发展性素质评价

发展性素质评定执行《山东大学(威海)本科生综合素质测评办法(试行)》(山大威校学字〔2012〕8 号)文件规定。派出学生在交流期间取得各项成绩与在校学生同等认可。学生在交流期间担任学生干部的，纳入我校学生干部管理范围统一考核评优。

(四)优秀个人评选

学生返校后，各学院根据交流学习考评意见及派出学生的表现，将圆满完成交流学习且外出交流学习成绩绩点在 75 分以上(包含 75 分)的学生可以作为优秀学生干部、优秀党团员、优秀学生奖学金、“第二校园经历”奖学金等候选人参加评选。

(五)奖(助)学金、生活困难补贴的等级评定

派出学生参加原所在年级(班级)的奖(助)学金评定，各学院不得遗漏派出学生的奖(助)学金的评定工作。

(六)临时生活困难补助的申请

派出学生在交流期间遇到临时生活困难,可由学生本人提出申请,学生工作处调查核实后,派出学生所在学院办理相关手续。

(七)国家助学贷款的发放

派出学生在我校申请的国家助学贷款的发放通过银行划转或待访学学生回校后直接发给学生本人。

五、来访学生的培养与管理

第十七条 对来访学生的培养与管理按照我校有关本科生的培养与管理办法进行。

第十八条 来访学生在我校学习期间的临时学生证、校园一卡通,由我校负责统一办理。

第十九条 来访学生凭山东大学(威海)学生证、报到通知书按规定时间到所在学院报到注册,办理入校手续。

第二十条 来访学生可以跨学院、跨专业、跨年级在学校规定时间选课,如有问题可咨询所在学院教务办公室。

第二十一条 来访的学生党员应将组织关系转入我校,参加所在学院党组织生活。来访的入党积极分子可将有关培养材料转入访学所在学院党总支,继续对其培养教育;可通过所在学院报名参加我校党校组织的党课培训,考试合格者由党校颁发结业证书。

第二十二条 来访学生应遵守我校的学籍管理规定及各项规章制度,如有违反我校校纪行为,我校将依据有关规定给出处理意见,并反馈学生所在学校。

第二十三条 来访学生结束交流学习后,由我校教务处出具学生成绩单,相关学院负责出具来我校访学学生的考评意见。

第二十四条 来访学生完成交流学习后须办理离校手续方可离校。

六、附　则

第二十五条 本办法自颁布之日起实施。原《山东大学威海分校本科生国内“第二校园学习”管理暂行办法》(山大威校综字〔2006〕12 号)同时废止。

第二十六条 本办法由教务处、学生工作处负责解释。

山东大学(威海)本科生考试工作管理办法

山大威校教字〔2014〕26号

第一章 总 则

第一条 为规范考试工作管理,根据《中华人民共和国高等教育法》《高等学校教学管理要点》《普通高等学校学生管理规定》《国家教育考试违规处理办法》等有关文件规定,结合学校实际,制订本办法。

第二条 凡培养方案规定的课程,均须进行考核。学生参加所选课程的考核且成绩合格方可获得相应的学分。

第三条 本办法所指的考试包括考试、考查等各类考核方式。

第四条 考试坚持公平、公正、诚信原则;考试工作管理坚持规范、严谨、高效原则。

第二章 考试的组织领导

第五条 分管教学工作的副校长负责学校考试工作的组织领导。教务处是考试组织管理的职能部门,在分管校长领导下依照本办法和学校其他相关规定组织考试工作。院(部)分管教学的副院长(副主任)为院(部)考试管理工作第一责任人。

第六条 学校和院(部)共同营造诚信严谨、规范有序的考试氛围,消除不良隐患。

第七条 全部考试工作接受纪律监察部门和上级主管部门的监督和检查。

第八条 建立考试巡视制度。分管副校长、教务处长担任总巡视员。教务处和学院分别组织校级和院级巡视。

第三章 命题和试卷管理

第九条 院(部)应制订并公布考试大纲。考试大纲须经院(部)教学指导委员会批准。

第十条 学校推行教考分离和A、B卷制度。

第十一条 推行考试改革。考核方式由任课教师建议,经院(部)分管领导批准。

第十二条 院(部)建立试卷质量评价和监督机制,保证试卷质量。

第十三条 所有接触试卷的人员应严格遵守《山东大学(威海)本科生考试试卷保密制度》(见附件2)。对不执行相关规定造成严重后果的,按照《山东大学(威海)本科教学事故认定及处理办法》(山大威校教字〔2014〕25号)处理。

第四章 考试工作管理

第十四条 考试工作管理依照《山东大学(威海)本科生考试工作管理实施细则》(见附件1)进行。

第十五条 试卷的命制、送印、阅卷、成绩登录、成绩分析、试卷存档等工作由院(部)负责。

第十六条 院(部)分管教学的副院长(副主任)负责督促和检查本院(部)考试工作,发现问题及时解决。出现重大问题须及时报给教务处。

第十七条 监考教师严格执行《山东大学(威海)本科生考试监考人员职责》(见附件3),保证考试工作的正常进行。

第十八条 考生严格遵守《山东大学(威海)本科生考试考生守则》(见附件5)。对违规作弊考生,依据《山东大学(威海)学生违纪处分实施细则》(山大威校学字〔2014〕34号)和《山东大学(威海)考试违规行为认定与处理办法》(山大威校教字〔2014〕11号)处理。

第十九条 建立试卷检查制度。院(部)定期检查试卷归档管理情况,并对试卷质量进行抽查;学校不定期组织检查。试卷抽查课程数量占该学期考试课程的比例应不低于10%。

第五章 阅卷与成绩管理

第二十条 教师严格按照参考答案和评分细则评阅试卷,在学校规定的时间内完成试卷评阅和成绩登录。

第二十一条 考试成绩依据《山东大学(威海)本科生学籍管理规定》(山大威校教字〔2014〕1号)、《山东大学(威海)本科学生成绩管理规定》(山大威校教字〔2008〕5号)进行管理。学生可以登录教务处网站查询个人成绩。

第二十二条 学生对成绩有异议时,可按规定程序申请复核。

第六章 附 则

第二十三条 学校组织的其他各类考试可参照本办法执行。

第二十四条 本办法自公布之日起实施。原《山东大学威海分校本、专科课程考试管理规定》(山大威校教字〔2008〕7号)同时废止。

第二十五条 本办法由教务处负责解释。

附件：

1. 山东大学(威海)本科生考试工作管理实施细则(略)
2. 山东大学(威海)本科生考试试卷保密制度(略)
3. 山东大学(威海)本科生考试监考人员职责(略)
4. 山东大学(威海)本科生考试巡视人员职责(略)
5. 山东大学(威海)本科生考试考生守则(略)

山东大学(威海)科研机构管理办法

山大威校科字〔2014〕2号

第一章　总　则

第一条　为进一步规范和加强我校科研机构的管理,促进学科建设和高水平人才培养工作,根据国家相关法律、法规及有关文件精神,结合我校实际,制订本办法。

第二条　本办法所涉及的科研机构是指经山东大学或山东大学(威海)批准成立的专门科研组织。

第三条　科研机构的任务与职能包括:

1. 开展基础研究与应用研究,开展技术创新研究和科研成果转化工作。
2. 致力于学科发展,打造高水平科研队伍。
3. 与国内外高校和科研机构开展交流与协作。
4. 为当地经济和社会发展提供支撑与服务。

第二章　设立与建设

第四条　科研机构设立应坚持“科学设置、分类管理、精简高效、突出特点”的原则,应有利于我校科研工作和学科建设的持续、稳定和协调发展,有利于集成校内相关资源、技术和人才优势,有利于加强对外技术交流与协作,有利于形成国内相关技术领域具有优势和特色的科研、人才培养基地。

第五条　校内科研机构分为山东大学科研机构、山东大学(威海)科研机构两类。山东大学科研机构由威海校区根据发展需求及学科发展状况向山东大学有关部门提出申请,获批准后予以设立;山东大学(威海)科研机构由拟申请设立的负责人组织书面材料,经所在院(部)推荐和科研处审核,并经学校党政联席会讨论通过后设立。

第六条　各院(部)根据学科发展需要,经院(部)学术委员会研究通过,可设立院(部)内的科研组织。该类科研组织由院(部)实施管理、监督和备案,不纳入学校科研机构的管理范畴。

第七条　校内科研机构设立的基本条件

1. 山东大学科研机构

(1)具有 3 个以上(含 3 个)研究方向和中长期研究目标。

(2)有比较稳定的研究任务,在科学研究和人才培养方面取得了显著成绩。

(3)拥有一支年龄、学历、职称结构合理的研究梯队。每个研究方向的学术带头人具有高级职称。研究人员的成果、项目应与研究方向相关。研究梯队的组成应注重学科间的交叉、整合。

(4)具有承担和完成重大科研任务的能力,有较好的科研设施、物理空间、学术交流渠道和其他为进行科学研究工作所必需的相关条件。

2. 山东大学(威海)科研机构

(1)须具有 2 个以上(含 2 个)明确的研究方向和中长期研究目标。

(2)已形成一支年龄、学历、职称结构合理的研究梯队,且梯队的核心成员不能同时兼任其他山东大学(威海)科研机构的核心成员。每个研究方向的学术带头人须有高级职称。

(3)具有承担和完成重大科研任务的能力,近三年内在研省部级以上科研项目不少于 5 项,其成立时的科研经费人文社科类一般不少于 50 万元,自然科学类一般不少于 150 万元。

(4)有一定的物质基础、学术交流渠道和其他为进行科学研究工作所必需的相关条件。

第八条 各科研机构应为申报高一级的科研机构积极创造条件,学校将根据学科发展及各研究机构的建设情况向相应的主管部门推荐申报。

第三章 体制与管理

第九条 山东大学批准设立的独立科研机构实行人、财、物单列管理的体制;由山东大学设立挂靠在院(部)的科研机构和山东大学(威海)科研机构实行校、院(部)二级管理的体制,人员由校内人员兼任。跨学院成立的科研机构须依托一个院(部)进行管理。

第十条 科研处是学校科研机构管理的职能部门,具体负责学校科研机构的建设规划与管理工作。主要职责:

1. 编制科研机构的总体发展规划,制定相关的政策和规章制度。

2. 组织申报山东大学科研机构,组织推荐省部级及以上科研机构与平台,受理山东大学(威海)科研机构的设立申请;负责学校各科研机构的设立、重组、合并和撤销等审批手续。

3. 指导科研机构的运行和管理。

第十一条 科研机构仪器设备的购置论证、招标采购和使用效益评价、实验用房管理和各类资产的管理与统计工作由学校相关部门负责。

第十二条 财务处负责山东大学科研机构单设户头的财务管理。

第十三条 山东大学科研机构、山东大学(威海)科研机构实行主任(所长)负责制。

科研机构负责人的任职条件：

1. 本领域国内外较知名的学术带头人，并具有高级专业技术职务。

2. 具有较强的学术凝聚力。

3. 具有较强的组织协调能力和管理能力。

4. 身体健康，能坚持在科研第一线工作。

第十四条 科研机构负责人具体负责科研机构的全面工作，山东大学科研机构、山东大学(威海)科研机构负责人由学校推荐、考察和聘任。

第十五条 科研机构要重视和加强内部管理，建立健全内部规章制度，注重仪器设备的配置与使用效率，重视学风建设和科学道德建设，加强对数据、资料、成果的科学性、完整性、真实性的审核以及保存工作。

第十六条 任何科研机构与校外单位签订的合作协议须提前报科研处审核、备案；如涉及与外单位具体的合作事项并且有经费入账的，必须统一以学校作为签约一方签订合同或者协议。

第十七条 科研机构每年年终时要进行工作总结并报科研处备案。对于各科研机构的年度工作情况，科研处将给予评估，对于评估不合格者，将予以警告并责令整改。

第十八条 科研机构需更名、变更研究方向或进行结构调整和重组时，须由科研机构负责人提出书面报告，由依托院(部)签署意见后报送科研处，由科研处报经学校审批同意后，分别由科研处、财务处备案。

第四章 科研机构印章的刻制、管理与使用

第十九条 山东大学科研机构、山东大学(威海)科研机构如需刻制本研究机构印章，须向科研处提出书面申请，经科研处会同学校党委(校长)办公室审批后，由学校党委(校长)办公室出具刻章证明。学院(部)内的科研组织不刻制印章。科研机构在印章刻制后须到党委(校长)办公室和科研处留印模备案后方可使用。

第二十条 印章由各科研机构指定专人依据职权和规定领取、保管、使用，不得转借他人。科研机构调整、变更或取消时，由科研处负责收存。印章管理人必须妥善保管印章，如有遗失，必须及时向相关管理部门报告。印章管理人工作变动时，应在相关管理部门人员监督下，将印章移交继任者。

第二十一条 科研机构印章主要用于与本科研机构相关的业务与学术活动，但不能用于科研合同的签订。各科研机构工作人员不得利用科研印章从事违法、违规活动。凡违反本办法相关规定者，由学校对违纪者予以行政处分；触犯刑律的，交由司法机关处理；因违规违法给学校造成的损失，由责任人个人承担。

第五章 附 则

第二十二条 山东大学科研机构由总校统一给予命名；山东大学(威海)科研机构统

一命名为“山东大学(威海)XX研究所(中心)”,英文名称为“Institute of(Research Center of) * * ,Shandong University,Weihai。

第二十三条 本办法自公布之日起实施,由科研处负责解释。原《山东大学威海分校科研机构管理暂行办法》(山大威校科字〔2007〕1号)、《山东大学威海分校科研机构印章管理办法》(山大威校科字〔2008〕3号)同时废止。

山东大学(威海)硕士研究生导师招生资格审核办法

山大威校研字〔2014〕3号

为加强硕士研究生指导教师队伍建设,提高硕士生的培养质量,根据山东大学有关文件精神,结合我校实际情况,制定本办法。

第一章　基本原则

第一条　为广泛调动老师的积极性,改善导师队伍结构,提高研究生培养质量,硕士研究生指导教师(以下简称导师)实行招生资格审核制。

第二条　初次申请招收硕士生人员和已招收硕士生人员的招生资格审核执行统一标准,并做到公开、公正、合理。

第三条　招收硕士生申请与审核按学术学位和专业学位分类进行。

第四条　申请招收、指导硕士学术学位研究生的学科按一级学科进行。山东大学无一级学科学位授予权、但具有二级学科学位授予权的,按二级学科进行。

申请招收、指导硕士专业学位研究生的按专业学位类别进行,工程硕士按工程领域进行。具体学科按照《山东大学学科专业目录》执行。

第五条　硕士生招生资格审核每年进行一次,一般安排在下一年度硕士招生计划制定之前完成。

第二章　基本条件

第六条　申请招收硕士生者,除能认真履行指导教师岗位职责,保证每年有半年以上的时间在岗指导研究生外,需符合下列基本条件:

(一)拥护党的基本路线,具有强烈的责任感,遵守学术道德规范,品德高尚,为人师表,教书育人,能认真履行导师职责。

(二)在本学科领域内有较高学术造诣,有指导硕士研究生所必需的专业学术水平。

(三)申请者一般应具有副高级以上职称。具有博士学位或本学科最高学位的中级专业技术职务并符合相关条件的,也可申请招生。

所有申请者申请招生年度的6月30日至其退休的年限不得少于培养一届硕士生的年限要求。

(四)有较丰富的教学经验,至少能开设1门研究生课程。

(五)初次申请招收硕士生的人员应协助指导过硕士生,培养质量较好。

第三章 科研要求

第七条 申请招收硕士学术学位的申请人,要有稳定的研究方向和较高的科研水平,并符合下列条件:

(一)近五年学术论文要求

人文社科类申请人作为第一作者至少发表1篇SSCI或AHCI收录论文;或作为第一作者至少在CSSCI来源期刊上发表4篇学术论文,其中至少有1篇发表在本学科权威期刊(见《山东大学人文社会科学权威学术期刊目录(试行)》)上;或作为第一作者至少在CSSCI来源期刊上发表2篇学术论文,并出版专著1部。

理、工类申请人作为第一作者或通讯作者在SCI、EI收录的期刊上至少发表4篇学术论文;或作为第一作者或通讯作者至少发表1篇本学科公认的高影响因子SCI收录论文。

(二)近五年承担科研项目要求

作为负责人至少新申请到省部级及以上非自筹经费科研项目1项。

第八条 申请招收硕士专业学位研究生导师申请人,要有较高的科研水平和相应专业学位行业领域较丰富的实践经验,并符合下列条件:

(一)近五年学术成果要求

人文社科类申请人作为第一作者在CSSCI来源期刊发表2篇以上学术论文,或出版1本以上专著(包括译著)。

理、工类申请人作为第一作者在SCI、EI收录的期刊上发表2篇以上学术论文,或出版1本专著,或以第一发明人申请到2项以上国家发明专利。

(二)近五年承担科研项目要求

工程硕士领域研究生指导教师申请者,作为负责人至少新申请到不低于10万元的企事业单位或政府机构委托的项目(横向项目);其他专业学位研究生指导教师申请者,作为负责人至少新申请到不低于3万元的企事业单位或政府机构委托的项目(横向项目)1项。

上述经费以学校到账为准。

(三)主持或参与过相应专业学位行业领域相关的课题研发,具有所属专业学位领域较强的职业素质和解决实际问题、实践技术的能力,能独立指导专业学位研究生进行实践活动和学位论文工作。

第四章 审核程序

第九条 申请人在规定时间内向所在培养单位提出申请,培养单位负责对申请者材料和资格的真实性进行审查。

导师所在单位须对通过资格审核人员的名单进行不少于3个工作日的公示。

当年度批准招收指导博士生者,同时可以招收指导硕士研究生,不必另行申请。

第十条 山东大学(威海)学位评定分委员会对通过资格审核的申请人员进行评审表决,并公示表决通过者名单。

对公示结果有异议者,可在公示时间结束后3日内向校学位评定分委员会办公室提出复议申请。校学位评定分委员会办公室负责对复议申请所涉事项进行书面审查并报学位评定分委员会主任委员会审核后作出复议决定。复议决定为最终决定。

第十一条 山东大学(威海)学位评定分委员会将通过招生资格审核者名单报山东大学学位评定委员会办公室备案。

第十二条 每年度的资格审核时间根据山东大学的要求,由威海校区学位评定分委员会确定。威海校区研究生处负责相关工作的组织。

第五章 其 他

第十三条 新申请招收硕士学术学位研究生导师原则上不接受校外兼职人员申请。

各培养单位可根据需要聘任校外实际部门人员担任专业学位硕士研究生合作导师,并将相关材料报研究生处备案。

第十四条 各培养单位对申请人的材料要认真审核。审核过程中发现申请人存在弄虚作假行为的,两年内学校不接收其资格申请,同时追究其他责任人员的相关行政责任。

第十五条 申请跨学科指导硕士研究生的,审核程序由拟招生学科所在单位按照本办法的相关规定执行。

第十六条 其他未尽事宜,按照山东大学相关文件执行。

第十七条 本办法自公布之日起实施,由研究生处负责解释。

山东大学关于威海校区建设学生宿舍的请示

山大后字〔2014〕19号

教育部：

威海校区作为山东大学的重要组成部分，现在已经有在校生15000余人，教学科研发展良好。在“统筹兼顾，一体发展；提升内涵，强化特色”的方针指导下，威海校区将建设成为山东大学实用高技能人才的培养基地、特色学科的培育载体、应用型技术的研发高地、服务地方的区域中心、专业人才引进与培养的集聚平台、国际合作的桥头堡和体制机制改革的试验田。

为改善威海校区学生住宿条件，学校拟建设威海校区学生宿舍，项目地上为17层的学生宿舍，将原2000年左右建设的6人/间的宿舍调整为4人/间。地下1层作为周边设施的停车场。地上22358平方米，地下1632平方米。

威海校区学生宿舍估算总投资8000万元，所需资金全部学校自筹，该项目计划2015年1月开工，2016年7月竣工验收。

当否，请批示。

附件：山东大学（威海）学生宿舍项目可行性研究报告（略）

山东大学

2014年5月23日

教育部关于山东大学新建威海校区学生宿舍项目可行性研究报告的批复

教发函〔2015〕27号

山东大学：

《山东大学关于威海校区建设学生宿舍的请示》(山大后字〔2014〕19号)收悉。我部委托东南大学建筑设计研究院对该项目可行性研究报告进行了评估。根据专家评估及你校反馈意见，经研究，现批复如下：

一、根据你校事业发展需要，为改善你校基本办学条件，同意你校根据2014年5月修编的山东大学(威海)校园规划，在威海校区选址新建学生宿舍项目。

二、核定项目总建筑面积24567平方米，主要建设内容为本科学生宿合、地下车库及设备用房。设置床位2296个。

三、核定项目总投资8030万元，所需建设资金由你校自行筹措解决。

四、请你校严格遵守国家相关法律法规及《教育部直属高校基本建设管理办法》(教发〔2012〕1号)，切实加强建设项目管理，实行项目法人责任制、招投标制、工程监理制、合同管理制，严格控制建设标准和投资概算，落实节能标准。

五、要建立健全工程项目全过程反腐倡廉监管机制，保证建设项目前期报批、招标投标、勘察设计、设备采购、施工安装、竣工验收等各个环节信息公开，实行阳光工程，杜绝腐败发生。

附件：

1. 山东大学威海校区学生宿舍项目招标事项核准意见(略)
2. 山东大学威海校区学生宿舍项目可行性研究评估报告(略)

教育部

2015年2月6日

山东大学关于建设威海校区体育训练馆的请示

山大后字〔2014〕20号

教育部：

山东大学威海校区作为山东大学的重要组成部分，现在已经有在校生15000余人，教学科研发展良好。在“统筹兼顾，一体发展；提升内涵，强化特色”的方针指导下，威海校区将建设成为山东大学实用高技能人才的培养基地、特色学科的培育载体、应用型技术的研发高地、服务地方的区域中心、专业人才引进与培养的集聚平台、国际合作的桥头堡和体制机制改革的试验田。

为改善威海校区体育教育教学环境，我校拟建设威海校区体育训练馆，项目主体三层，主要功能为满足体育教学使用的球类场地、武术馆、瑜伽馆、乒乓球馆等及其附属用房。拟建设建筑面积15000平方米。

威海校区体育训练馆估算总投资5000万元，所需资金全部由学校自筹，该项目计划2015年6月开工，2016年底竣工验收，2017年暑期投入使用。

项目建成后，将大大填补威海校区室内体育教学用房的不足，改善体育教学环境。对提高我校体育教学水平、创造良好体育竞技氛围、营造全民健身环境将有极大的推动。

当否，请批示。

附件：山东大学（威海）体育训练馆项目可行性研究报告（略）

山东大学

2014年5月23日

教育部关于山东大学新建威海校区体育训练馆项目可行性研究报告的批复

教发函〔2015〕22号

山东大学：

《山东大学关于建设威海校区体育训练馆的请示》(山大后字〔2014〕20号)收悉。我部委托东南大学建筑设计研究院对该项目可行性研究报告进行了评估。根据专家评估及你校反馈意见，经研究，现批复如下：

一、根据你校事业发展需要，为改善你校基本办学条件，同意你校根据2014年5月修编的山东大学(威海)校园规划，在威海校区选址新建体育训练馆项目。

二、核定项目总建筑面积21012平方米，主要建设内容为体育馆、生活福利用房、地下车库及设备用房。

三、核定项目总投资9931万元，所需建设资金由你校自行筹措解决。

四、请你校严格遵守国家相关法律法规及《教育部直属高校基本建设管理办法》(教发〔2012〕1号)，切实加强建设项目管理，实行项目法人责任制、招投标制、工程监理制、合同管理制，严格控制建设标准和投资概算，落实节能标准。

五、要建立健全工程项目全过程反腐倡廉监管机制，保证建设项目前期报批、招标投标、勘察设计、设备采购、施工安装、竣工验收等各个环节信息公开，实行阳光工程，杜绝腐败发生。

附件：

1. 山东大学威海校区体育训练馆项目招标事项核准意见(略)
2. 山东大学威海校区体育训练馆项目可行性研究评估报告(略)

教育部

2015年2月6日

管理与服务

党委(校长)办公室工作

2014年,党委(校长)办公室在校区党委行政的正确领导下,在校区各单位的帮助支持下,不断提高服务意识,努力提升工作水平,顺利完成了年度各项工作任务。

一、思想政治建设

(一)加强政治理论学习

以巩固党的群众路线教育实践活动成果为抓手,狠抓思想政治建设。坚持理论学习制度,根据学校要求,班子成员认真学习了党的十八大、十八届三中四中全会精神和习近平总书记系列重要讲话精神,坚定了理想信念,提高了政治定力。参加了校区组织的各项集体学习,按照要求学习了《落实中央八项规定精神政策图解》等有关内容,提交了学习报告,提高了班子的政治理论水平和政治素养。班子成员积极参加思政课教学改革,为新生讲授形势政策课程,取得了较好的效果。

(二)提升工作效能

在工作中,认真贯彻民主集中制的要求,注重发挥班子成员和单位成员的集体智慧,注重征求相关单位的意见建议,努力提高决策民主化水平。坚持班子成员定期谈话制度,互相交流思想,沟通情况,增进理解,互相提醒,班子内能够实行有效的监督。营造透明公开的工作环境,班子成员定期向分管科室公布主要工作,接受监督。狠抓制度建设,坚持高标准、严要求,进一步增强办公室各成员的岗位意识、大局意识、服务意识、协作意识,大事讲原则、小事讲风格,营造了团结、和谐的工作氛围,有效推动了各项工作顺利开展。

二、工作成效

(一)扎实做好整改工作

按照党的群众路线教育实践活动的要求,明确整改工作的责任人和时间表,务求实效。高度重视建章立制工作，年内清理规范制度性文件159个，新立修订制度性文件55个。进一步完善了各科室工作职责、岗位职责，制定了印章管理、公文处理、会议室管理等工作流程，提高办事效率。同时，办公室严格贯彻落实中央八项规定要求，精简会议，改进文风，厉行勤俭节约，起到了表率作用。

（二）圆满完成校庆各项工作

根据校庆工作总体安排，组织有关成员，先后历经七稿，编撰出版《山东大学(威海)校志(2004～2014)》；按照领导要求，搜集、整理重要文件、照片、资料3000余份，完成了建校以来本、专科毕业生近40000人的照片、学籍信息的拍摄、录入及核实工作，搜集、核实建校以来毕业合影700余张，建成了校史展览馆，并向全校开放；印发了《校庆工作手册》《校庆志愿服务工作手册》，确保校庆工作协调有序；完成校庆各类材料、讲话等；协调各专项工作组的校庆工作。在各单位的积极努力下，山东大学(威海)30年校庆工作取得了圆满成功。

（三）认真做好文字工作

年内先后完成了教代会报告、校领导讲话材料、校区工作要点、会议材料等10余万字，编发党政文件169件，形成党政联席会纪要15个、党委会纪要11个、专题会议纪要10个，及时、保质、保量地完成了领导交办的各项文字工作。全年共接收上级来文1300余份，处理密级以上文件93份，及时签收、登记、分办、送批、传阅，并按时清理、回收、保管，对需要职能部门办理的文件能够主动督促落实，做到文件处理及时、安全、不失控。协同有关部门在上级部门组织的考核、检查活动中，积极牵头协调，对上报材料把关审核，保证材料准确无误。全年无文件失、泄密事故发生。

（四）扎实做好档案工作

2014年共接收、整理、归档各类档案720余卷，并编制完成全部案卷目录；按规定销毁过期财务凭证258册；完成了30年校庆档案资料的收集工作，共收集文稿资料163份，电子照片图片资料703张，协议合同16份，视频资料6份，纪念品实物5套/件，书籍3套，并制作了校庆期间接受捐赠实物和款项清单；提供档案借阅服务720余人次，出具相关档案证明和提供借阅共2900余卷/件，出具学校组织机构代码证、法人证复印件证明132份；配合山东大学和教育部做好往届毕业生的学历、学位认证工作。

（五）不断提高服务质量

统筹协调校内外相关部门，安排好各级领导来校考察、调研等活动；新生接站派出接站车50余次，接待新生及家长共计4000余人，细化行李登记、蓝袍大使车上介绍学校、新生入校指南等服务措施；在会议服务方面，认真细致做好各环节工作，全年共安排知行楼各类型会议室使用395次，定期对空调、音响、多媒体投影等进行跟踪监测，确保各项设备安全；全年为各类文件、合同、协议、证书等用印2万余次，收发纪要函件、来电、来访纪录等100余份；落实教师子女入学问题50余人次；办公室车辆安全运行12余万公里。

（六）强化参谋助手作用

根据山东大学相关文件，完善了党委会、党政联席会等制度。加强信息调研职能，围绕学科建设、人才培养、管理服务等重点、热点问题开展专题信息调研。编印了《信息通报》《党政文件汇编》《会议纪要汇编》等，为各单位了解学校重要决策以及按章办事提供了方便。

（七）积极发挥督办职能

加大了对校区党委、行政决策贯彻执行的督查督办力度。重点对校区党政工作要点和任务分解、党委会和党政联席会议定事项以及校领导交办事项进行督查督办，定期向校区党政联席会通报决议落实情况制度，确保校区党政工作的顺利开展。党政联席会议结束以后，及时编印会议纪要，并通过校园网以新闻形式公布，推进校务公开。

三、党风廉政建设

办公室党风廉政建设工作始终坚持警钟长鸣，始终把“不断提高领导水平和执政水平，不断增强拒腐防变能力”要求作为党风廉政建设的重点，不断加强反腐倡廉建设。

在学习上，把干部廉洁自律和勤政廉政作为党风廉政建设的重中之重，按照学校要求学习了《十八大以来党风廉政建设和反腐败法规制度汇编》和在线视频有关内容，提高了防腐拒变能力，领导班子和党员干部廉洁自律意识进一步增强。

在工作中，按照学校要求，签订了《党风廉政建设责任书》，认真排查廉政风险点，制定完善管控措施。严格执行“一岗双责”，构建一级抓一级的责任制网络，狠抓组织领导、监督检查等方面的工作。全年无违反党风廉政有关规定的情况。

（李　松）

纪检监察审计工作

2014年，在校区党委和纪委的领导下，在各部门的支持配合下，纪检监察审计办公室按照《山东大学（威海）2014年党政工作要点》提出的工作目标和任务，紧紧围绕校区中心工作，经过全体同志的共同努力，较好地完成了全年的各项工作任务。

一、纪检监察工作

深入学习贯彻上级有关会议和文件精神。组织开展学习习近平总书记系列重要讲话、十八届中央纪委三次全会和教育系统党风廉政建设工作会议精神，将思想和行动统一到党中央的任务部署上来。认真学习山东大学2014年党风廉政建设工作会议精神，明确工作重心，分解工作任务。组织校区副处级以上党政领导干部参加山东大学2014年党风廉政建设工作视频会议。制定印发了《山东大学（威海）2014年党风廉政建设工作要点》。

积极推进党风廉政建设责任制落实工作，认真履行监督责任，协助党委加强党风建设和组织协调反腐败工作，督促检查相关单位、部门落实惩治和预防腐败工作任务，12月底，对各学院落实“三重一大”制度情况进行了检查。

加强纠正“四风”整改落实和执行中央八项规定的监督检查。结合校区财务收支例行审计工作，对各单位纠正“四风”和执行“八项规定”情况进行检查，重点对“三公经费”进行了审计。

丰富廉政教育的内容和形式。为落实《关于开展廉政教育读书实践活动的通知》精神，突出廉政教育的针对性和时效性，筑牢领导干部拒腐防变的思想道德防线，纪检监察审计办公室、组织部推荐了《落实中央八项规定精神政策图解》《十八大以来党风廉政建设和反腐败法规制度汇编》作为必读书目，并统一配发给校区副处级以上党政领导干部。印发了《关于转发〈严禁教师违规收受学生及家长礼品礼金等行为的规定〉的通知》（山大威纪发〔2014〕2号）。

认真做好教育部巡视整改相关工作。针对教育部巡视组提出的“关于纪委协助党委抓党风建设和反腐败工作力度不强的问题”以及“关于威海校区纪检监察力量薄弱”的问题，认真制定了整改方案，提出了具体的整改措施。针对教育部巡视组提出的“关于威海校区纪委信访举报材料缺乏登记目录和查办情况的完整资料”的问题，及时完成了整改。将2011～2013年的信访举报材料建立了登记目录，补办了信访举报登记表、办结呈批表及所缺的查办情况资料，并将信访材料按年度分别装订立卷归档。通过整改，规范了信访举报和查办案件的工作程序，严格了档案管理，保证了原始档案的完整性。

开展“小金库”专项治理工作。根据“小金库”专项治理工作实施办法要求，印发《关于开展2014年“小金库”专项治理工作的通知》，要求各单位对是否存在“小金库”进行自查自纠，并填报“小金库”自查自纠情况报告表。12月底前对部分单位的“小金库”自查自纠情况进行重点检查。

全过程参与校区的招标、招生、考试、招聘等工作。2014年，参与招投标办公室组织的招标103项，招标预算金额4163万元，中标金额3987万元。推进招生“阳光工程”，认真落实教育部“六不准”“十禁止”规定，加强对招生考试工作的监督，严肃招生秩序。参与了职能部门组织的考试、招聘等。此外，12月底协助组织部对处级领导班子、领导干部进行年度考核。

对部分单位深入开展党的群众路线教育实践活动进行了督导检查。对所负责的5个学院、2个教学部、机关所属单位、部分直属单位开展党的群众路线教育实践活动进行全程督导，联络沟通，确保教育实践活动各个环节工作扎实推进。

认真处理信访件。对师生反映出的党员干部身上苗头性、倾向性问题及时给予了提醒纠正，抓早抓小，防止小问题演变成大错误。

坚持每周四下午召开一次部门例会和政治业务学习，提升理论水平和业务能力。积极参加威海市纪委组织的活动。配合山东大学纪委开展《高校反腐倡廉与立德树人研究问卷调查》工作等。

加强机关作风建设。按照《关于加强和改进机关作风建设的意见》《机关党总支关于加强和改进机关作风建设的实施意见》，制定了纪检监察审计办公室作风建设措施。

按照对制度性文件清理工作的要求，对2000年以来纪检监察审计办公室起草的制度性文件进行了清理。

二、审计工作

根据山东大学《内部审计工作规定》及有关物资、设备采购和大额度资金支出的管理制度，对有关单位和部门报送的物资、设备采购业务及大额度资金支出进行了审计。截至11月底，审计大额度资金支出业务共计1066项，总金额为7456.09万元。通过审计，有效加强了物资、设备采购的内部控制，规范了大额度资金管理。

根据《山东大学建设项目工程造价全过程跟踪实施细则》和相关文件精神，对空间物理教学楼工程和其他相关配套工程开展全过程跟踪审计，定期去工程现场查看施工进度，认真复核工程签证和工程量，配合事务所做好工程决算审计工作。结合山东大学跟踪审计的经验和方法，探索有威海校区特色的工程跟踪审计模式，审减了工程造价，节约了建设资金。

对有关部门报送的基建及零星修缮工程决算进行审计。对招投标基建维修工程，在对施工现场进行查看时，重点关注工程施工质量，对有问题的地方及时提出意见，要求施工单位进行整改；严格执行变更签证相关管理办法，监督工程变更的实施过程，保证工程质量；参加工程价格签证谈判，到市场进行调研，根据获得的施工材料价格资料，为校区争取利益，节约建设资金。

对金额较小的零星修缮工程，也严把价格、质量关，到施工现场进行查看，对工程决算报送的工程价格和工程量一一进行核实。截至11月底，共审计各种基建及零星修缮工程229项，报审值12027.51万元，审定值11600.25万元，审减值427.26万元，审减率3.55%。

在财务收支例行审计和专项审计方面，根据内部审计工作规定，对2009～2013年度山东大学威海分校电子系统实验所的财务收支进行专项审计，对2013年度校区的财务收支和2013年度饮食服务中心的财务收支进行例行审计，共提出10条审计意见和建议，为领导决策提供了有力依据。

按照教育部文件的要求，进一步加大对科研经费的审计力度。下发《山东大学(威海)关于开展科研经费审计及科研合同审计调查工作的通知》，与财务处、科研处等相关部门积极协作，对部分科研项目进行重点审计。

加强合同审计，审查合同签订的合规性、合理性，规范合同签订流程，监督合同履行过程，强化内部控制，减少不必要的经济纠纷，保护校区利益。

加强与其他高校审计部门的交流和联系，积极参加山东省以及威海市内审协会组织的会议、学习等活动。

(王晶　李晨)

组织工作

一、坚持问题导向，立足标本兼治，做好党的群众路线教育实践活动和教育部巡视整改工作

4月10日，校区召开党的群众路线教育实践活动总结大会。会后坚持活动收尾不收场，做到机构不撤、力量不减，继续加强对整改工作的督促检查。整改工作着力在解决问题、务求实效上下工夫，围绕"两方案一计划"，明确整改工作的路线图、责任人和时间表，坚持整改台账销号制度，把群众是否满意作为衡量教育实践活动成效的根本标准，以整改落实新成效巩固教育实践成果。

对照教育部巡视组向山东大学反馈的意见逐一"自检"梳理，认真查摆相关问题，与教育实践活动整改落实工作合并推进，着力解决党委主体责任、党风廉政建设等方面突出问题，改进工作作风，推动校区各项工作开展。

二、规范党员管理，推进党建创新，加强基层党组织建设

（一）加强培训，确保规章制度贯彻落实

9月12日，组织召开学生党建工作培训会，通过集体培训和各基层党组织开展自学等形式，对学生党建工作者进行新《发展党员工作实施细则》专题培训，确保规章制度贯彻落实到位。

（二）注重过程培养，提高党员发展质量

进一步完善入党积极分子备案制度，严格推荐程序，建立健全分层培养、分步衔接的培养体系，为每名发展对象发放《入党教材》，夯实党员发展基础。在发展过程中，将"坚持政治标准"落实到培养教育、考察把关和审批决议等各个环节，全年共发展学生党员556人、教工党员4人，审批602名预备党员转正。

（三）激发活力，推进基层党建工作创新

4月上旬，在全校范围内开展基层党组织活动方案立项活动，共申报立项方案52项，43项获立项支持，42项活动顺利结题通过验收。通过评选，有12项优秀党组织活动受到表彰。9月中旬，完成全省高校组织工作优秀论文推荐报送工作。

（四）优化支部设置，规范党员管理

对校区70多个学生党支部进行调整，各党总支开展多种形式的学生党支部书记培训活动，将学生党支部建设成为带动学生班级团结进步和开展思想政治教育的坚强堡垒；审核79名新生党员的档案材料，完成近900名新生、毕业生党员和13名新教工

党员的组织关系转接和党员信息管理工作，并及时进行相关教育管理；年底完成全校党内统计工作。

三、注重监督管理，狠抓作风建设，不断加强领导干部队伍建设

(一)多措并举开展干部教育培训

年内，着重从十八届四中全会、能力建设、党风廉政建设等六个方面开展处级干部集中培训，通过校领导专题主讲、视频会议等形式，举办干部培训专题报告会 10 余场次；开通中国教育干部网络学院山东大学(威海)分站，为干部提供更为丰富的学习资料和便捷的学习服务；先后选派 14 名处级干部分别参加全国、全省高校中青年干部培训班和处级干部培训班，1 名校领导参加全国高校领导培训班；根据形势政策课教学改革需要，党务干部担任形势政策课主讲教师；在处级干部内开展了廉政教育读书学习实践活动，筑牢领导干部拒腐防变的思想道德防线。

(二)加强完善干部监督管理机制

按照山东大学关于加强干部监督管理的相关规定，严格落实处级干部问责制、报告个人有关事项、出国(境)管理和请销假等制度；提高干部管理监督制度的刚性约束，3 月上旬对领导干部在社会企业兼职和参加社会化培训进行规范清理，做好领导干部个人有关事项报告，对处级干部因私护照实行集中管理，严格审批领导干部因私出国(境)申请和因公出国(境)公示制度，加强对干部日常管理与监督。

(三)配合上级推荐选拔优秀人才

5 月配合山东大学党委完成对威海校区校领导副职和部分中层干部的补充调整；6 月配合教育部开展驻外后备干部选拔工作。9 月下旬，开展第三批齐鲁文化英才的推荐评选工作。

四、加强过程管理，丰富教育形式，提升党校培训质量

(一)强化教育质量，完善培训体系，抓好入党积极分子和党员的教育培训

继续完善二级递进培训体系，校区共开设《党的基本知识解读》通选课 18 个班次，有 2021 名学生选修；举办入党积极分子和新生党员培训班 3 期，培训入党积极分子 1167 人(其中教工 4 人)，新生党员 34 人。开展党员日常教育，通过庆“七一”新党员入党宣誓、毕业生党员教育等党员日常教育活动，进一步激发党员的荣誉感、责任感和使命感。

(二)加强过程管理，建立反馈机制，提升党课培训质量

发挥学生党建督查组的作用，对选修课、培训和考试进行有效监督，实现党课学习全过程管理；与各党总支建立良好的信息反馈机制，将积极分子培训情况进行反馈，为学院进行积极分子培养及党员发展提供参考依据；针对党课培训情况进行调研，更有针对性、实效性的组织教育培训活动，提高党校教育培训的质量和成效。

(杨　青)

宣传统战工作

2014年，党委宣传统战部围绕学校中心工作，贯彻落实党的十八大和十八届三中四中全会精神，深入开展党的群众路线教育实践活动，努力培育和践行社会主义核心价值观，解放思想、开拓创新，提高管理水平，优化服务质量，各方面工作取得了新的进展和成效，为学校改革发展提供了坚强的思想保证、精神动力和舆论支持。

一、宣传工作

(一)围绕中心，理论学习工作系统深入

认真做好党委理论学习中心组服务工作，深入学习贯彻党的十八大和十八届三中四中全会精神，高校党建和宣传思想工作会议精神、习近平总书记系列重要讲话精神等，加强中心组成员的理论学习，提高党性修养，适应学校发展需要；加强全校师生的理论教育学习和培训工作，及时下发或转发有关的学习文件，订购下发理论学习书籍和音像资料，丰富师生学习素材，组织15人次参加6期全省社科理论骨干和高校哲学社会科学教学科研骨干研修班，2人次参加2期中宣部教育部组织的2014年哲学社会科学教学科研骨干研修；依托学校新闻网、宣传栏、微信、微博等渠道，及时宣讲党的重要会议精神和重要理论创新，促进各项学习活动见实效。

(二)改进作风，主题教育活动影响广泛

丰富党的群众路线教育实践活动专题，全面报道校区教育实践活动动态和取得的实效；开展部门群众路线教育实践活动，明确改进方向和目标；认真贯彻落实《山东大学改进新闻宣传报道的实施办法》，着力提高新闻发布的针对性实效性、亲和力感染力；加强和改进部门作风建设，提高全体人员的管理水平和服务能力。

在全省高校率先建立“山东大学(威海)培育和践行社会主义核心价值观专题网站”，为推进社会主义核心价值观培育践行工作的长效化、常态化、科学化提供重要的学习窗口和展示平台。组织广大师生参加“社会主义核心价值观”话题讨论，收集师生个人经历、心得感悟等学习文章百余篇，选登60余篇优秀讨论稿，全面宣传我校师生的学习和研讨成果，树立践行榜样，引导和推进社会主义核心价值观融入广大师生的学习生活和精神世界。

(三)建设阵地，宣传报道工作富有成效

本着校内网站快速导航、向师生传递信息、对社会展示形象的原则，完成了对学校首页的全新改版，不断满足宣传报道工作需求，得到广大师生的好评。建设“山东大学(威

海)建校 30 周年专题网站”,科学设置校庆栏目,编发各类校庆新闻稿近 300 篇,全面展示校区办学成果和校庆工作动态。

2014 年校区新闻网共编发稿件 2000 多篇,其中要闻稿件 350 余篇,学术动态 240 余篇,全面系统地报道了校区各项工作动态;在完成常规报道任务的同时,继续推出“立德树人”人物专访 11 篇、“图志”系列报道 10 期,继续开展第二届“每周一图”校园图片征集活动,新增“办学与工作亮点展示”报道 9 篇,并首次设置“寒假系列报道”专题,展示校区各部门假期工作成效。

大力建设校区官方微信和微博平台,积极开拓和主导校园新媒体阵地。截至年底,“山东大学威海校区”微信公众账号共编发信息 1000 多条,关注人数超过 7000 人。新浪微博关注人数达 2500 人。在由《南方周末》数据实验室出品的《中国高校微信排行榜》中,学校微信影响力指数进入全国高校前 50 名、山东省高校前三甲。

(四)丰富形式,校园文化氛围浓厚

配合威海市创城工作,积极开展“纪念甲午战争 120 周年专家报告会”“我与中国梦”百姓宣讲团进校园,组织师生参加“威海风光摄影大赛”“诗说文明威海”“威海市纪念甲午战争 120 周年征文”等活动,丰富校园文化活动形式;

改造校训石,新建“崇实”“敬事”石刻、培根《论学习》雕塑、孔子《学而》篇雕塑等,统一部分楼宇的命名并刻字,新设校内大型宣传广告栏两处,精心策划出版校园风光画册,提升校园文化品位。认真做好校庆景观设置和氛围营造,主办或承办老照片展、校庆书法展等多项校庆活动。

(五)依托项目,文化创意服务地方

山东大学威海文化创意研究中心整合人才资源,搭建科研平台,举办首届威海市文化创意产业培训班;承担威海市文广新局的《威海市文化产业发展规划》项目;协办威海市“威海视觉·本土画家优秀作品展”;承办 2014 中韩(威海)文化创意产业合作交流会的中韩文化创意产业发展论坛;承担“威海市文化创意产业发展研究调研报告”项目。同时还承担《对威海城市文化形象建设的思考》《城市化与威海海洋民俗文化研究》《市域一体化发展中信息资源保障体系和平台建设研究》等多项威海市级社会科学重点研究课题,为地方文化创意产业发展提供智力支持。

二、统战工作

2014 年,统战工作在校区党委的领导下,精心服务,规范管理,成果突出。制定出台了《山东大学(威海)无党派人士坚持和发展中国特色社会主义学习实践活动方案》,修订完成了《关于加强校领导与各民主党派、无党派代表人士联系的制度》等文件,完成了省委统战部编纂的《统一战线年鉴》有关编纂工作。

深入基层开展调研,发挥优势参政议政。山东省委统战部副部长李法信一行来校区调研统战工作,详细了解校区党外知识分子的工作和科研情况。校区先后组织党外代表人士代表赴烟台高新区福山高新技术产业园、文登区卓达集团考察调研,为地区发展建言献策。统战部申报完成的威海市统战工作创新成果《无党派知识分子统战工作机制研究》论文被评为2013年威海市统战工作创新成果二等奖。致公党威海市委山大支部副主委姜世波教授荣获中国致公党中央委员会“同心·创先争优”参政议政先进个人荣誉称号，其提报的《关于完善应急物资储备与供应体系的建议》被中央统战部《零讯》采用，并得到国务委员王勇同志批示。

（戚伟良）

学生工作

一、学生思想政治教育工作

（一）学习宣传十八届三中、四中全会精神，践行社会主义核心价值观教育

学生工作处在全体学生中继续深化中国特色社会主义和中国梦宣传教育，深入开展社会主义核心价值体系教育。以“全国大学生道德实践成果网络巡礼”活动为切入点，宣传优秀道德榜样，营造积极健康的育人氛围。

（二）以形策课改革为契机，提升学生思政理论教育质量

2014 年 7 月，校区成立德育教研室，挂靠党委学生工作部，制定《山东大学（威海）形势政策课教学工作改革方案》，将《形势与政策》改革为《形势政策与社会实践》。实行“一把手”负责的“三级管理”制度，党务干部“包班制”理论授课，将社会实践作为形策课理论教学成果的检验方式。全年学工人员中有 64 人参与“两课”、就业、心理课程教学，累计 1400 余学时。

（三）完成校区思想政治教育自测自评工作

2014 年，按照中共中央宣传部、教育部通知要求，由学生工作处牵头，会同校内 11 个职能部门，完成了校区关于《全国大学生思想政治教育工作测评体系（试行）》贯彻执行情况自测自评工作。

（四）榜样引领、平台搭建，做好各类思政教育

校区评选省级先进集体和个人 27 个；十佳学生党员、党支部各 10 个，校级先进班集体 26 个；“十佳百优”学生 100 名，自强之星 10 名。制定《山东大学（威海）2014 级本科新生入学教育实施方案》，开展新生入学教育活动 186 项。开展毕业生系列主题教育活动，保证 2014 届毕业生安全文明离校。

2014 年成立人民武装部，聘任三名师团职军队退休和自主择业军官担任军事理论课任课教师。完成 2013 级 3378 名学生军训工作，71251 部队担负承训任务。共有 8 名学生入伍，其中海洋学院 2013 级学生曲波考入武警特警学院。

2014 年，“学生在线”网站重新改版，网站“有问有答”栏目回复学生问题 2900 余条（累计 21000 余条）。

二、学生发展指导

（一）学生心理健康教育与指导

1. 心理健康教师团队建设

2014 年，心理指导中心成立心理教育教研室，组建 22 人的心理健康教学团队，新开

两门心理通识课程;组建专兼职心理咨询团队,聘请校内3位辅导员担任心理指导中心的兼职心理咨询师,聘请2位校外心理专家来校坐诊值班6次。组织2次心理培训,派出21人次到省内外参加心理健康教育技能培训。

2. 学生心理健康教育

完成3837名新生心理普查,约谈筛查287人,重点关注对象23人。建立心理教育微信平台,开通心理咨询QQ,提供网上咨询服务。全年来访咨询160人次,危机干预14件。

举办5·25系列心理健康教育活动;联合哈尔滨工业大学(威海)、哈尔滨理工大学荣成学院,举办三校联合心理情景剧大赛;举办学生"双助"立项活动。心理健康教育获省级二、三等奖各1项,先进个人1人。

(二)学生就业指导

1. 就业指导教师团队建设

2014年,就业创业指导中心成立生涯发展教研室,全年开设17个课程教学班,参与授课教师18人,获得校级教改项目2个。选派教师参加"TTT生涯规划教学"培训24人,参加焦点咨询培训4人,参加北森GCDF培训3人。开展"影子部长计划",选派3名毕业班辅导员到企业人力资源部体验工作。

2. 就业指导服务

提供学生职业生涯和求职技能咨询服务,全年共接待来访学生180人次。组织求职技能讲座6期,举办校友助力学生成长报告会5期,校外专家讲座6场;举办校区第四届未来企业精英选拔大赛,34名同学获得实习岗位。

(三)资助育人

学生资助管理中心寒假期间开展"辅导员访千家"活动,走访学生74人,涉及6省21市,27名学院副书记、辅导员和本科生导师参与走访;开展王振滔爱心接力活动;组织50支团队参加暑期添翼社会实践活动;立项14支"助人助己"团队。

(四)学业指导和学风建设

2014年,校区选配本科生导师358人,参与学生3403人,每名导师平均指导本科生9.5人,平均开展工作次数5.8次,评选优秀本科生导师73名。

2014年开展课堂纪律专项治理行动,定期抽查班级迟到情况,全年共抽查6次,检查班级501个。

(五)研究生教育指导

2014年,研究生工作办公室完成"研究生家园"网站改版;与威海市田和街道办事处合作,选拔12名学生赴田和街道挂职;举办2期研究生"名师讲坛"、4期"学术沙龙"、4期"乐知读书会"等活动;组织参加全国第十一届研究生数学建模竞赛,校区12支队伍参赛,获全国一等奖1项、三等奖3项。

开展第五届"我最喜爱的导师"评选活动,校区孔海燕入选山东大学"我心目中的好导师";组织《中国研究生》杂志封面人物评选,法学院博士李亮入围;编发《山东大学(威海)研究生学刊》(第15期)和学术指导期刊《窗》(第2期)。

成立研究生工作学生委员会,制定《山东大学(威海)研究生工作学生委员会各成员单位考评办法(试行)》;与哈尔滨工业大学(威海)、烟台大学、鲁东大学、中国海洋大学、中国石油大学(华东)五所高校研会建立"半岛研究生论坛"。

三、学生事务管理工作

(一)奖惩工作和资助工作

1. 学生奖学金评定

2014年本科生评奖评优5342人次,各类奖学金544.4万元;研究生实行全面收费后,改革奖学金评审办法,发放各类奖学金159.05万元。

2. 学生违纪处理

全年共下发学生处分处理文件18份,处理违纪学生44人次,毕业生违纪撤销12人,完善《关于学生申请暂时撤销处分相关问题的会议纪要》。

3. 学生资助与保险

校区2014年资助学生3099人,各类资助金1473万元,研究生助学金529.89万元;发放国家助学贷款707万元;设立临时困难补助,启动学生家庭经济突发变故应急机制,全年共补助134万元;139名新生通过"绿色通道"办理入学手续,缓交学宿费88.1万元;设置本科生勤工助学岗位1015个,研究生助管岗位59个,勤工助学报酬194.82万元。校区出资198.8万元为14706名学生投保了威海市居民基本医疗保险和商业保险,全年共报销医疗费用82.14万元。

(二)宿舍管理工作

2014年,公寓管理服务中心完善公寓各项规章制度,制定《公寓安全检查条例》《公寓突发事件应急预案》《公寓管理服务中心非事业编"光荣退岗补助金"发放规定》,修订《公寓管理服务中心奖罚条例》,重新修订《宿舍卫生评比等级制度》。

举办首批公寓"星级宿舍"评比活动、首届"舍长论坛"及5期"春晖讲堂";在学生公寓5号、6号、B楼设计布置文化走廊;在5、6号楼试点安装电热水器;G、F、H号楼上水管更换为PPR管道,更换新式蹲坑及脚踏式冲水阀;更换学生座椅共1579把;6、7、8号楼的走廊更换LED灯;全年共完成2100余人住宿调整,完成公寓楼各类维修9500余件。

截至2014年底,校区共有学生公寓楼22栋,分别为文汇苑A至N楼和学生公寓1～9号楼,总建筑面积达11.8万平方米,床位总数15287个。

(三)学生就业工作

1. 完善管理制度

2014年印发《山东大学(威海)学生就业工作考评办法》《山东大学(威海)学生就业管理工作暂行规定》,编定《山东大学(威海)关于实施校外就业创业导师制的意见》。

2. 就业服务

2014年,本科生一次就业率为89%;发布2013届毕业生就业质量报告;123家企业来校招聘,提供岗位24000个;组织三场大型校园双选会,累计450家企业参与招聘;发布460条在线招聘信息,微信平台发布89期。开展就业咨询下宿舍活动,现场服务学生;发放求职补贴64.4万元;50人获华民慈善就业扶助。

（四）学生安全稳定工作

做好舆情分析，准确把握学生对热点问题的反响，把问题解决在萌芽状态；及时掌握学生思想动态，加强安全教育，做好重要节假日的放假安排和安全通知，严格排查节后学生返校情况；引导学院组织各种形式的安全教育，防止各类群体事件和学生突发事件发生。组织新生消防逃生演练，继续完善智能用电管理系统和门禁系统。

（五）内部管理和团队文化建设

2014 年编辑出版 30 年校庆献礼丛书《启航》；汇总整理 40 个学生工作制度性文件；修订《学生管理工作文件汇编》；编辑出版《成长、成才、成功》。开设学生处学工人员“文心湖小讲堂”7 期；举办“处长下午茶”6 期；组织学工专题会议 20 场；制定周工作计划 39 期；编发《学工简报》编至第 42 期。

四、辅导员队伍建设

2014 年，学生工作处试行开展辅导员进公寓工作，设立辅导员公寓工作办公室，加强公寓育人功能。辅导员年级工作组共开展活动 20 次，完成调研 5 项。首次开展辅导员暑期“三访”活动，访家庭、访校友、访企业。

选派 56 人次参加全国、省级 17 个项目的专题培训。选派郭晓妮到上海大学、贾宏福到南京航空航天大学交流；甘肃工业职业技术学院张艳峰来我校交流。

选派宗文婷、郭彪参加辅导员职业能力大赛，分获分赛区三等奖、省级二等奖。牛志强、侯丽娜分获第五届山东高校十佳辅导员和优秀辅导员。举办第二届辅导员学术活动月；教育部课题成功立项，各类成果获全国三等奖 1 项、省级奖项 5 项。

（闫红伟）

共青团工作

2014年，校团委紧紧围绕学校中心工作和立德树人的根本任务展开工作，以服务学生成长成才为出发点和落脚点，创新工作思路、创新活动品牌、创新工作机制、创新活动载体，引领学生践行社会主义核心价值观，着力打造校园文化精品活动，加快学生创新创业能力培养，不断提升团的工作水平，增强团组织在学生中的影响力和凝聚力，团结带领广大青年学生为增强学校事业发展活力、实现内涵发展与特色发展贡献力量。

一、服务中心，围绕大局，全力做好校庆工作

(一)精心筹划校庆文艺晚会及校庆系列活动

举办"山之魂·海之韵"建校30周年校庆晚会，通过丰富多彩的文艺节目展示山东大学(威海)的办学传统和建校以来的辉煌成绩，展现山大学子积极昂扬、乐观向上的精神风貌。晚会分为学生专场、庆典晚会和教师专场，连续演出3场共庆校区30华诞。

组织策划其他校庆系列活动，其中包括校庆标识标语征集活动、大学生艺术团"心声飞扬30年"汇报演出、"卅载毓秀·筑梦玛珈"30周年校庆晚会社团专场、"流金岁月真情难忘"校庆老照片展·学生书画展、《暗恋桃花源》话剧公演、行知讲堂以及校庆纪念明信片与书签设计、印发校庆特刊等活动，参与人数累计达2万余人次，极大地活跃了校园文化生活。

(二)圆满完成校庆志愿服务工作

组织招募200名校庆志愿者，进行礼仪相关培训；组建10支专项志愿服务队，协助校庆办做好嘉宾报到及离校工作；协助校办进行校史展讲解；协助合发处负责校友接待、参观校园活动；协助宣传部进行校庆书法展布展；协助科研处进行科研成果展示活动；协助国际处举行AEMG捐赠"云教室"仪式及"国际教育高端项目办公室"揭牌仪式；开展校庆典礼和教师、学生专场文艺演出等志愿服务活动。

二、利用新媒体平台，大力开展"社会主义核心价值观"教育

(一)扎实开展"社会主义核心价值观"主题宣传

以"社会主义核心价值观"学习为主线，在全校范围内开展"与信仰对话——为中国梦奋斗"学习报告会、第七批主题教育实践立项、"社会主义核心价值观"主题宣传月、寻找"社会主义核心价值观"青春代言人活动。开展"社会主义核心价值观"校园明辩会23场，主题团日活动117次，累计7000余人次参与。

(二)充分利用新媒体提升思想政治教育效果

完成青年在线网站改版，建立团委官方微信平台，通过微信、微博在全校范围内开展

“我为社会主义核心价值观代言”、毕业季爱心吊坠定制、我与国旗合个影、校庆专题活动、微团校培训等线上活动。截至年底，校团委微信平台用户 4600 余人，微信影响力位列山东省高校团委前列。建立校区网络宣传员队伍，在重要时间节点和重大事件舆论期，有组织地发动宣传员在网络上共同发声，传播正能量。

（三）评优树先传递朋辈榜样正能量

举办纪念五四运动 95 周年暨 2014 年度优秀学生表彰典礼。注重朋辈教育，开展“榜样开讲啦”优秀学子讲座三期，分享榜样的大学生活经历与成长心路历程。积极组织申报团中央和团省委的各项荣誉表彰，获得“2013 年度中国大学生自强之星提名奖”“山东省五四红旗团总支”“山东省优秀共青团员”“山东省五四青年奖章提名奖”各一项。

三、强化国际化氛围建设和传统文化教育，大力繁荣校园文化

（一）创办“行知讲堂”，邀请境外名师来校讲学

创办“行知讲堂”，邀请台湾辅仁大学陈福滨教授、国家外专局高端外国专家 Stephen Connelly 等知名专家学者来校作报告。其中，我国前外交部长李肇星做客“行知讲堂”，作题为“国际形势与我国外交政策”的报告，引起强烈反响。截至年底，已连续举办 9 期“行知讲堂”，主题涵盖科技、文化、教育、国际形势等各学科知识。

（二）学习国外社团经验，加快社团国际化发展

针对校区韩国留学生较多的现状，组织师生代表团赴韩国祥明大学、国民大学考察韩国高校学生社团运行和活动开展情况，促进了中韩高校学生社团的交流，为校区借鉴韩国高校社团的管理经验建立了有效的渠道。

（三）举办首届中韩大学生创业大赛，培养学生国际化眼光

举办首届“华普亿方杯”中韩大学生创业大赛，来自我校和韩国湖西大学的 10 支创业团队进入决赛。同时有项目展示交流和“中韩经济学术报告”，有效促进了中韩两国高校的青年创业者交流创业思路和实践经验，拓宽了创业思路。

（四）举办“国学达人”挑战赛，大力弘扬传统文化

举办首届“国学达人”挑战赛，共有 1000 余名学生参与，选拔 3 名学生参加省级比赛并获得三等奖。依托社团文化节，繁荣校园文化，组织参与全省首届社团文化节，11 个社团获得 15 个奖项，会友棋社获得十佳棋社，获奖数量和层次居全省前列。校区开展社团文化节各类品牌活动 124 项，5500 余人次参与其中。

四、完善科创机制，竞赛成绩稳步提高

（一）依托“创青春”大学生创业竞赛激发学生科研热情

为推动本科生科创工作向纵深和高层次方向发展，修订完善了《大学生科研训练计划项目管理办法》，提高了项目资助额度和项目考核管理标准，激励各学院和参与师生更加注重项目完成质量和科研水平的提升。

精心组织“创青春”竞赛，历经校内初赛、复赛、决赛、省赛到全国总决赛，从初赛的 120 件作品到省赛的 17 件，层层优选，强化培训指导，最终获得国家银奖 4 项（1 件作品获创业计划竞赛银奖，1 件作品获公益创业大赛银奖，2 件作品获移动互联网创业专项赛

银奖),国家铜奖1项,省金奖3项,省银奖5项,省铜奖8项,积分排名位列山东省第五位,校区首次捧得山东省"优胜杯",这是校区参加"创青春"竞赛以来取得的最好成绩。

(二)主动寻求校企合作,搭建学生创业实训平台

联合威海市人社局、北京华普亿方公司建立山东大学(威海)大学生创业实训基地,全年共培训学员1200人。与威海玛伽山校友科技孵化器合作,由后者为孵化园提供专业的评审、辅导以及孵化服务,全年共进行了4次项目入园评审会,19支团队成功入驻,全年孵化园创业团队注册公司17家。

五、注重资源整合,社会实践与志愿服务成绩斐然

(一)整合院校资源,实现志愿服务活动项目化

为拓宽服务领域、凝练项目品牌,2014年首次开展校志愿服务立项活动,从32个项目中选取9个重点项目开展为期一年的志愿服务活动,注重服务项目与学生专业相结合,与社会热点相结合,与实际需求相结合,提高了志愿服务活动的规范性与影响力。以学院承办的方式,开展"文明教室,学有嘉行"活动、"爱我校园,修我身心"清馨校园系列志愿服务活动。

(二)社会实践全员参与,实践成绩再创新高

组建社会实践校级立项团队100支,"添翼"专项团队50支,团队总数达388支,参与实践人数3018人。其中,校区"绘革命·馈党情·创青春"团队获"井冈情·中国梦"全国大学生暑期实践季专项行动"优秀实践团队""优秀课题成果"奖,"S-C"调研团获第二届"添翼"全国大学生暑期社会实践专项活动优秀团队奖。与学生处联合开设《形势政策与社会实践》必修课,制定《社会实践环节成绩认定实施细则》,实现了校区社会实践活动100%的参与目标。

六、拓展青年工作平台,成立青年联合会

举行山东大学(威海)青年联合会成立大会暨第一届委员会第一次会议,与校友青联委员企业威海魏桥集团、威海火炬科技孵化器建立产学研合作基地,第一届委员会由94位优秀青年教职工、校友代表、学生代表组成。校青联将充分发挥交流、发展、服务、指导职能,凝聚校内各界青年教职工。

七、开展学生维权服务

创办"青年会客室"并举办四期,在增强高校学生体质与促进社团活动建设、主题教育立项、团日活动、科研立项、社会实践开展等问题上与学生进行了讨论并提出相应建议,对拓宽学生利益诉求表达渠道、增进校团委与学生之间的了解与信任具有重要意义,推动和谐校园建设。

全年共举办校级学生组织学习会10余场,开展"校长有约"1期、日常提案工作2期,收到学生提案1627份,立案提交27份并均已回复。

(张文学　李彤彤)

工会、妇委会工作

2014年，在校区党委和行政的领导下，工会、妇委会紧紧围绕校区的中心工作，结合校区2014年党政工作要点，切实履行工会、妇委会的职责，推进校区民主管理和民主监督，关心教职工生活，积极开展各种活动，充分调动部门工会和广大教职工的积极性，进一步提升了工会、妇委会的工作成效。

一、充分发挥教代会作用，稳步推进校区民主管理

1.2014年3月，成功召开了第四届“双代会”第五次会议，通过了《山东大学(威海)教职工代表大会实施办法》。进一步推动了校区教职工依法参与校区民主管理和监督，健全和完善了教职工代表大会制度。

2.积极推进部门工会二级教代会制度建设。16个部门工会相继召开教职工代表大会或全体教职工大会，完成了部门工会的换届选举。对推进民主管理和院(部)务公开起到了积极的促进作用。

3.高度重视和办理提案工作是推进校区民主政治建设的重要步骤。对四届五次教代会征集的71份提案进行了认真的梳理和分类，并向教代会进行了专题汇报。校区领导高度重视，对代表提案进行了逐一研究，并责成相关职能部门对于当前可以解决的应尽快予以解决，对于短期内较难解决的应提出解决思路，对于暂时不具备解决条件或存在误解的应做好解释工作。截至年底，所有提案都予以了回复，约70%的提案已经得到解决。

二、加强师德建设教育，进一步提高教职工的思想政治素质和业务素质

1.9月，校区工会与人事处联合开展师德建设教育月活动，各院部成立了以院长、书记为组长的活动领导小组，结合各单位实际，以不同形式、不同角度开展活动，活动取得了良好成效。其中工会开展了“如何做一名合格的高校教师”“如何做到教书与育人的紧密结合”“如何理解新型师生关系的内涵”主题征文评选活动，共收到征文11篇，评选出了一等奖2篇，二等奖4篇，三等奖5篇。

2.组织青年教师参加山东省教学课件比赛，鼓励和推动教师提高业务素质。在教学课件比赛中校区共提交5个教学课件，其中马列教学部和春红老师提交的《领悟人生真谛 创造人生价值》获省高校二等奖。

三、开展活动,丰富教职工业余文化生活

1. 开展羽毛球比赛、排球比赛、乒乓球比赛、金秋十月登山等多项活动,与体育部共同成功举办教职工田径运动会,丰富了教职工的业余文化生活,提高了教职工身体素质。

2. 为迎接校区建校30周年,工会举行了"迎校庆·爱校园"健步走活动,与团委、宣传部共同举办"流金岁月,真情难忘"校庆30周年老照片展。

3. 以建家活动为载体,推动部门工会"教工之家"的建设,增强教职二的凝聚力。到各部门工会实地调研,积极与资产与实验室管理处协调,为部门工会争取"教工之家"场地,并对部门工会建设"教工之家"提供资金支持。

4. 积极对各类协会提供必要的支持,鼓励协会在各自领域积极参与校区及社会组织的各种活动,提高协会的积极性、主动性与创新性。

四、开展民生工程,切实关心广大教职工的工作和生活

1. 为发扬"我为人人,人人为我"的社会互助友爱精神,积极组织教职工参加"爱心一日捐"活动,共有946人参加捐款,共募得捐款114450元。募集的善款为校区因大病或意外致困的师生解了燃眉之急。

2. 为解决教职工的后顾之忧,积极组织教职工参加第五期职工大病重病医疗保险,校区共有851人参加互助保险。2014年共有近30人受益。

3. 为关心教职工的生活,工会积极开展困难补助发放和送温暖活动。年终为十余名教职工共发放困难补助近3万元。

4. 关心职工子女入托,2014年共为教职工130余人,发放入托补助约17万元。

五、加强工会自身建设,进一步提高服务水平

1. 积极建设工会新网站,并于7月正式投入使用,新网站的各项功能也日趋完善,进一步加强了工会的宣传与服务工作。

2. 为使教代会提案工作能够更高效率运行,积极建设教代会电子提案系统,实现了提案电子化、系统化运行。

3. 积极建章立制,制定了《工会工作制度》《工会工作流程》《工会工作承诺》等制度,进一步提高了工会服务水平。

六、加强妇女工作,弘扬新时代女教工风采

1. 三八妇女节期间,为引导广大女教职工爱我校园,关注校园美化建设,组织校区女教职工开展了"劳动最美丽"迎"三八"植树活动,校区领导和校区300多名女教职工共同参加了植树活动,为美丽校园增添了新的绿意。

2. 组织校区近600名女教职工参加了中华全国总工会举办的《女职工劳动保护特别规定》知识竞赛,获得了省教育工会颁发的优秀组织奖,并获得了省高校唯一由中华全国总工会颁发的优秀个人奖。

3. 针对女大学生的特点,开展了不同形式的帮扶活动,与校区团委联合举办了"巾帼

创业事迹进校园”专场活动。邀请威海市女企业家来校与大学生分享自身创业经历，以此来关注女大学生在就业方面的困扰，希望女性创业者的成功范例能对女性大学生以启迪。

4.积极参加地市级优秀妇女的评选活动，推荐数学与统计学院李娟老师参加“威海市巾帼十杰”评选、推荐商学院夏辉老师参加“威海市三八红旗手”评选、推荐图书馆参加“威海市三八红旗集体”评选，展现校区优秀女教工风采。

（丛岗滋）

退离休工作

截至2014年底，威海校区共有退离休人员236人，其中党员130人，占总人数的55%。本年度退离休管理与服务工作主要有以下几个方面：

一、高度重视党建工作

发挥党支部的堡垒作用和党员的模范作用，坚持做到重大事项广泛征求党员意见，通过党支部书记会议集体讨论决定。退离休党总支认真贯彻落实校区党委的有关政策与部署，扎实开展党的群众路线教育活动，坚持改进“四风”，落实“八项规定”。一是多种形式学习理论、树立群众观点；二是策划方案符合实际、活动健康有序；三是勇于拿起批评与自我批评的武器进行谈心交心；四是紧密结合退离休工作特点，搞好整改落实和长效机制建设。

1. 3月12日，召开了退离休党员大会，听取马列部主任吴文新教授关于国内形势与政策方面的学术报告，会上还部署了2014年的主要工作，并进行了党支部委员的改选。

2. 4月10日，召开群众路线教育实践活动总结会，受到第四督导组的肯定。

3. 6月24日，在纪念建党93周年和建校30周年之际，组织70名退离休老党员进行了参观游览活动。

4. 坚持办好宣传栏，及时把党和国家方针政策和时事政治传达给退离休党员，并利用宣传栏展示退离休党员和教职工的活动风采。

二、进一步规范工作理念和工作内容

退离休工作办公室紧紧围绕校区的中心工作，服务于校区发展改革大局，坚持以人为本，求真务实的工作理念，以认真贯彻党和政府有关退离休的各项政策、落实好“两项待遇”和“六个老有”为工作目标，重点将“老有所乐，老有所学，老有所为，促进健康，陶冶情操，丰富人生”的工作宗旨贯穿于各项活动和服务项目当中，以“乐”为主要工作目标，以“顺”为主要工作方法。积极开展调研活动，做好建章立制工作。进一步规范各种档案资料的管理，充实网站内容，制定议事规则，新制定《退离休教职工丧事办理暂行办法》和《走访慰问退离休教职工暂行办法》。对于老同志普遍关心的问题，及时做好调查研究，及时向校区领导和有关职能部门汇报，并耐心做好解释工作，深受老同志好评。

三、想方设法为退离休教职工的精神文化服务

在相关部门配合下，为一区二区合唱队配备专业学生进行声乐辅导；为合唱队和舞

蹈队增加了卡拉OK音响设备等，为乒乓球、柔力球、门球队购置了各种器材；通过各方协调为二区活动室铺设了PVC运动地面，更换了屋顶材料和舞蹈用墙面玻璃，改善了活动室条件。

四、关心退离休职工身体健康，为他们解决生活中的实际困难

关心退离休职工的身体健康，保证他们的晚年生活幸福快乐是退离休办公室工作的主攻方向。尤其是关心爱护患有重病的退离休职工，代表学校送去温暖，帮助他们解决生活中的困难。发挥支部委员和文体骨干的作用，畅通信息渠道，只要听说有退离休职工患重病住院，退离休工作者就第一时间前去慰问，并且根据病情，不定期到病人家里探望。全年共看望慰问10多位有困难和有重病的退休职工。另外，年内有4位退休职工离世，退离休办积极与家属配合，及时做好善后工作，得到了各方面的理解和好评。

五、发挥各活动协会的作用，开展丰富多彩的文体活动

退离休教职工中现有十个协会，常年开展活动。较大规模的活动有：

1. 4月11～19日，组织了“厦门—武夷山八日游”活动，16名退休老同志参加了活动。

2. 5月6日，组织参加威海市老年人门球赛。5月20日，组织参加高区老年门球赛。一区门球队常年组织活动，每月参加市老年体协组织的联赛。

3. 5月15日、16日组织退离休职工参加校区田径运动会。

4. 9月16日，举办象棋、跳棋、麻将三项棋类比赛，48人参加；9月19日举行够级比赛，42人参加。两次比赛活动都组织有序、规则严格，大家普遍感觉到身心愉悦。

5. 10月14日，举办“游览校园，摄影采风”活动，130人参加活动，活动中退离休教职工亲眼目睹了校区的办学条件和美丽景观，亲身感受到了校区30年的发展变化。

6. 10月24日，在小石岛景区举办钓鱼活动，30多位退休老同志参加。

7. 12月2日，举办退离休人员乒乓球比赛，25人参赛。

（刘　玮）

人事管理

2014 年，人事处按照校区党委、行政统一部署，以更加高效务实的作风，深入贯彻国家及山东大学关于加强人事制度改革及师资队伍建设的总要求，以党的群众路线实践活动为契机，建章立制，强化服务理念，提高管理水准。

一、加大改革力度，完善制度建设

1. 结合山东大学用人机制改革的趋势和威海校区实际，制定《山东大学（威海）新聘人员聘用管理暂行办法》《山东大学（威海）关于选留本校应届博士毕业生的暂行规定》，修订《山东大学（威海）非事业编制人员管理暂行办法》，稳步推进校区人事制度改革，建立更加灵活有效的用人机制。

2. 注重挖掘校外师资及退休教授资源，修订《山东大学（威海）外（返）聘教师管理办法》，出台《山东大学（威海）"常青树"特聘教授管理暂行办法》，引领青年教师提升教学水平，强化人才培养工作。

3. 按照山东省及山东大学有关文件精神，制定《山东大学（威海）关于增加离退休人员离退休补贴方案》《职工住宅物业服务补贴办法》，修订《青年教工生活补助办法》，提高职工收入水平。

二、引育并举，优化人才队伍结构

（一）做好人才引进和储备工作

1. 高层次人才实现新突破。天、韩特色学科领军人物全部到岗（人文社科一级教授 2 人，"千人计划"特聘教授 1 人）。1 人通过齐鲁青年学者特聘教授特别评审。经山东大学推荐，申报国家外专千人 2 人。

总结空间科学研究院实体化运行一年来的成功经验，深入推进空间科学研究院以项目负责人（PI）为主体的人才组织体系和用人机制，配合完成 PI 年度考核工作，助推空间科学学科的快速健康发展，有效实现了体制内外各类人才的"并轨发展，同台竞技"，进一步凝聚团队、整合聚焦方向，向着"大团队，大平台"的方向努力。

2. 教师岗位全年引进 30 人，其中教授 2 人（含博导 1 人）、副教授（特别副研究员、博士后）3 人；具有博士学位的 25 人；具有一年以上海外经历的占 40%；20 名青年博士全部纳入师资博士后管理机制。

3.教师外岗位引进6人，其中保资辅导员3人，实验员3人（含非事业编制1人）。

4.人才储备库建设。通过网络媒体，主动在国内高校广泛搜集整理对校区重点发展学科有促进作用的杰出人才，建立人才储备库，适时邀请以柔性方式加盟。

（二）加强师资队伍培养

1.改善师资岗位结构。校区评聘教授8人、副教授20人、讲师7人、教师外专业技术岗位8人（不含高级职务），对160余人进行了岗位调整。

2.优化教师学历结构。专任教师中具有博士学位的359人，博士在读116人（2014年考取29人，获得学位23人），具有博士学位（含在读）的占专任教师的65.3%，比2013年增长5%。

3.加快师资队伍国际化进程。2014年国家公派青年骨干教师资助项目获批3人；威海校区选拔10名青年教师予以重点资助，赴世界名校开展访学和合作研究。截至12月，具有一年以上海外经历的占专任教师总数的25.6%（半年以上的为34.5%），较上年增加2.3%（半年以上增长2.5%）。

4.博士后队伍建设取得新进展。威海校区涵盖学科博士后、师资博士后、外籍博士后、企业博士后等四大类型，在站人员数量与培养质量稳步提升。现有在站人员52人，比上年增加27人，增幅达108%。2014年新增中国博士后科学基金资助13人（含特别资助1人）、山东省博士后创新项目2人、国际交流计划资助3人，各类资助总计168万元（比2013年翻两番）。

5.做好优秀人才选拔推荐工作。高军教授获威海市有突出贡献的中青年专家称号。经山东大学批准，威海校区向教育部推荐国家百千万人才工程领军人物1人、青年拔尖人才4人，国务院政府津贴1人。

6.立德树人，组织山东大学优秀教师和先进教育工作者评选工作。李娟教授获山东大学2014年度优秀教师荣誉表彰。

三、积极落实教职工工资及社保政策

2014年，为事业编制人员发放工资13631万，缴纳各类保险2397万、住房公积金1048万、取暖补贴319万。发放离退休人员各类补贴831万，为16位职工办理退休手续。为450多名编外用工支付工资、劳务费、社保等费用1044万。

四、人才交流中心为校区发展提供有力保障

改革公共教室管理模式，降低人力成本，教室管理取得明显改善；对体育部公共教学场馆进行专项检查督导，建立以馆养馆体制，为体育馆的管理提供借鉴和参考。主动与威海火炬高技术产业开发区社会保障处协商，在校医院安装社保自助终端2台，为教工提供便捷服务。

五、强化服务意识，做好人事调配、档案等日常管理服务工作

认真办理入职、离职手续，签订聘用合同，如期做好住房货币化补贴及科研启动费立

项;做好新入校人员聘用合同的签订、聘期满考核及续聘工作。收集、登记、入档各类人事档案材料 8000 余份;牵头或协同各部门完成国家有关部委大型报表,如《机构编制核查工作表》《高基报表》《事业单位专业技术人员信息统计》等;组织全国外语水平考试(WSK)和职称外语考试报名工作,妥善办理高校教师资格证书。

(李成超　吕兆生)

合作发展规划工作

2014年，合作发展规划处在校区党委、行政的正确领导下，不断加强学习型处室和服务型机关建设，以“30周年校庆”为着力点，不断开拓校友工作、国内合作工作和发展规划工作。

一、凝聚共识搭建平台，开拓校友工作

完成40000余名校友的基础信息收集和近9000名重点校友的动态信息维护，建设校友信息数据库；通过网络群组、微信平台、校友网站等方式，构建立体的校友工作格局；通过值年返校、日常走访、校友学历提升等形式做好校友服务。

(一)创新校友组织建设

2014年，在菏泽、青岛、泰安、临沂、枣庄新成立5个地方校友会，积极推进河北、淄博、潍坊等3个地方校友会的筹建。截至2014年底，已成立以中心城市为依托的省外校友会5个，以地级市为依托的省内校友会11个；北京、上海、枣庄3个地方校友会成立了校友企业家俱乐部，济南校友会成立了学院分会。

(二)开展校庆校友活动

围绕30周年校庆，策划组织了丰富多彩的活动。6月14日，召开驻济校友座谈会；11月1日，召开校友会常务理事会、校友商会一届二次理事会和校友工作研讨会；11月1日，共同组织校庆书法展，协助做好校庆典礼的校友组织和各单位校庆期间的校友活动；组织校友在校庆年、校庆季、校庆日回访母校，2014年共组织校友班级值年返校13次，校友回访母校近800人次。

(三)充分挖掘校友资源

依托校友平台，加强校友与母校的联系，在服务校友的同时服务母校发展。2014年5月，启动“海纳百川”校友百元爱心捐赠活动，共收到校友捐赠款物总值177.47万元；玲珑集团、威高集团、积成电子、魏桥集团等校友企业向母校进行校庆捐赠并深化校企合作；中铁建工、软通动力、青岛佑兴等校友单位来校选聘毕业生；依托青岛校友会开办两期EDP总裁研修班，创新继续教育办学模式。同时，各校友组织还积极参与到母校在当地的合作拓展、就业拓展和招生拓展等各项工作中来。

二、主动拓展互惠共赢，推进国内合作

注重发挥“对内资源整合，部门协调，项目优化”与“对外沟通联系，项目对接，跟踪落

实”两项职能,做好国内合作的基础性工作;融入山东大学合作发展的整体框架内,加强同地方政府、企事业单位的合作对接。

(一)主动拓展加强对外合作

在调研院部合作需求的基础上,加强同社会各界的联系,组织赴温州、德州、泰安、烟台、青岛等地进行合作对接。2014年,同新泰市、乐陵市、威海市经济技术开发区等地方政府签署3项校地全面合作协议,同玲珑集团签署1项校企全面合作协议,同威高集团、渤海活塞、中国移动威海分公司、魏桥集团、威海锐恩科技、力元生物、家晓食品等单位签署18项具体项目协议。

(二)搭建校地校企合作平台

注重校内外资源整合,构建校地校企合作的长效机制。6月,同经区服务业发展局共建威海市现代服务业研究中心;11月,山东大学威高研究院在校区揭牌,将整合山东大学的优势资源推进校企协同创新;同月,同玲珑集团共建玲珑发展研究院,在人才培养、项目研发、发展咨询等方面展开全面合作。

(三)注重协议的落实和跟踪

加强现有项目的跟踪与协议的落实,确保合作落到实处、取得实效。5月,在经区建立6家就业创业基地,签署的10个具体合作项目进展顺利,现代服务业研究中心获专项资金支持;与春雨集团合作开展珍稀水产品繁育,6月份投入产业化运行,基地一期投资2000万元;6月,渤海活塞同校区签署100万元的科技开发、人才培养协议;10月,王振滔慈善基金会再次向校区捐赠100万元开展“爱心接力”助学,并设立“爱心创业基金”。

三、调动各单位积极性,做好校庆筹资

进一步优化校区社会捐赠管理,出台《校庆社会筹资工作方案》,激发各单位参与校庆筹资工作的积极性;充分挖掘校友资源和社会资源,策划“海纳百川校友百元爱心捐赠”等筹资项目,吸纳社会办学资源。

2014年,共落实社会捐赠(合作)款物总值850余万元,其中实际到账资金630余万元,物品总值125余万元。

四、做好教育统计工作,编纂分析报告

根据教育部、省教育厅的文件精神和山东大学的具体工作要求,组织开展了校区2014年教育事业统计工作:汇总完成《2014年高等教育基层统计报表》《2014年教育部教育管理信息系统报表》《2014年山东省高校统计报表》三套统计材料;就校区综合校情、统计数据进行对比分析,撰写完成《2014年教育事业统计数据分析报告》,为校区决策和日常管理提供数据支撑;完成山东省教育厅、威海市属地下达的各项统计任务。

(何　峰)

本科教学

教务处按照校区2014年党政工作要点及本单位年度工作设想,圆满完成了各项工作任务,在管理制度规范、创新能力培养、生源质量提升等方面成绩突出。

一、培养模式不断完善

1. 培养方案修订。2014年,出台了《关于修订本科专业培养方案的指导性意见》(山大威校教字〔2014〕18号),启动2014版培养方案修订工作。本次修订按照教学管理一体化的要求,培养方案在课程体系结构、专业核心课程方面与校本部保持一致;进一步优化课程体系框架,推进平台课程建设,构建通识教育课程、学科基础平台课程和专业教育课程三位一体的有机融合、层次分明、比例协调的课程体系;进一步完善通识教育课程体系,增设通识教育核心课程模块,构建了由通识教育必修课、通识教育核心课和通识教育选修课,以及国学修养、创新创业、艺术审美、人文学科、社会科学、自然科学、工程技术等七大通识教育核心课程模块构成的"三层次、七模块"通识教育课程体系;实施创新教育,独立设置"创新创业"通识教育课程模块,强化基础课程、专业课程在创新教育和创新人才培养中的主体和主导作用,在强调基本知识、基本理论和基本技能教学的同时,更加注重对学生创新意识、创新方法和创新能力的培养,把创新教育贯穿到整个人才培养过程,构建有利于个性发展的创新人才培养体系。

2. 三跨四经历教育。2014年派出国内交流学生93人,接收云南大学来访学生22人,派出海外学习经历学生487人。

3. 拔尖卓越人才培养。探索"金融+数学"人才培养新模式,已达成初步意向;1名同学被山东大学"泰山学堂"录取;改进"天文与空间科学菁英班"选拔方法;组建2014级"国际法务"特色班;改革双学位培养办法,组织2013、2014级双学位招生。

4. 完善夏季学期工作。坚持"创新型、实践性、高水平、有特色"的办学理念,以学院为办学主体,重点围绕"国际化""开放式"办学目标,科学设计,灵活管理,将夏季学期打造成为扩大学生学术视野,加强创新实践能力培养,提升校区国际化水平和推进教育教学改革的平台。

5. 2014年度校级教学研究与教学改革项目共立项43项,其中,重点项目5项,一般项目38项,划拨经费共计24万元。

6. 主动对现有专业进行调整和优化,减少就业率和志愿满足率低的专业招生计划,增加报考踊跃、就业率高的专业招生计划,实施专业停招和退出机制,如停止工商管理专业2014年的招生，英语专业新增英俄双语方向，逐步将英语专业扩展为英德、英法、英西、英俄双语教学，提升学生在就业与升学方面的竞争力。为给学生个性化学习提供更加多样化的选择，积极拓展专业方向，如海洋资源开发技术专业设立海洋生物资源综合利用技术、海洋生物资源养护与开发技术、水生生物营养与健康工程三个方向，空间科学与技术专业在培养方案中设立空间物理学、天体物理学、行星科学和卫星导航四个方向。

二、培养及教学质量明显提升

(一)研究生推免工作

按照山东大学统一要求安排各项工作，积极争取推免名额。共有397名优秀本科生获得推免资格，占应届本科毕业生总数的11.82%。其中北京大学接收11名，清华大学接收8名，复旦大学接收8名，接收我校学生的高校层次进一步提高。

(二)学科竞赛

参赛规模和数量有所增加，共获国家级奖项16个，省级奖项79个。特别是数学建模获得国家一等奖1项，二等奖9项，为历年获国奖数量最多，创造了该项赛事的最好成绩；在ACM国际大学生程序设计竞赛中荣获银奖1项，实现了校区在ACM-ICPC亚洲区域赛成绩突破。

(三)本科教学工程

《大学韩国语》等3部9本教材成功入选第二批“十二五”普通高等教育本科国家级规划教材，为校区获国家级规划教材数量最多的一次，在山东省名列前茅；五项成果获省级教学成果奖励，其中一等奖1项，二等奖2项，三等奖2项，获奖数量及等级为历届最好；汪全胜教授获评山东省教学名师；《刑法总论》等4门课程获评山东省精品课程。

(四)创新项目与学分

获评10个国家级大学生创新项目，177名学生共获得创新学分330学分。

三、生源质量再创新高

(一)招生拓展

组建11个招生拓展组，采取高招咨询会与走访中学相结合的拓展模式，拓展成效明显。理科录取最低分超出一本线70分以上的7个省份中，有4个省份派出了拓展组，录取分数比2013年提高了20分左右；文科录取最低分超出一本线上50分以上的6个省份中，有3个省份进行了拓展，录取分数比2013年提高了10分左右。

(二)计划编制

2014年校区计划招生3500人，分为艺术类、贫困地区专项计划、合作办学类及普通类等批次，科学合理编制了本年度分省分专业计划，工商管理专业停招。加大信息公开力度，严格执行教育部各项规定，实施阳光招录。

(三)生源质量

在山东省，文史类录取线为622分，高于重点线43分，考生省内排名2997名以内；理工类录取线为633分，高于重点线61分，考生省内排名16954名以内。在省外，理工类录取线高出当地一本线70分以上的省份有7个，高出50分以上的省份有19个；文史类录取线高出当地一本线50分以上的省份有6个，高出40分以上的省份有14个。中外合作办学生源良好，计划招生的9个省份中有5个录取线高出重点线40分以上。

四、规范管理与质量监控日臻完善

(一)加强依规管理

1. 制定、修订管理规章制度50余项，出台了《关于印发〈山东大学(威海)学术报告管理规定〉的通知》(山大威校教字〔2014〕2号)、《关于印发〈山东大学(威海)本科生毕业论文检测管理办法(试行)〉的通知》(山大威校教字〔2014〕4号)、《山东大学(威海)本科招生拓展工作实施意见》(山大威校教字〔2014〕5号)、《关于印发〈山东大学(威海)本科学生学分制管理暂行规定〉的通知》(山大威校教字〔2014〕9号)、《关于印发〈山东大学(威海)考试违规行为认定与处理办法〉的通知》(山大威校教字〔2014〕11号)、《关于印发〈山东大学(威海)本科教学调停课管理规定〉的通知》(山大威校教字〔2014〕16号)、《山东大学(威海)关于进一步加强本科教学工作的实施意见》(山大威校教字〔2014〕17号)、《山东大学(威海)关于进一步完善夏季学期工作的实施意见》(山大威校教字〔2014〕19号)、《关于印发〈山东大学(威海)本科生第二校园经历学习管理办法〉的通知》(山大威校教字〔2014〕20号)、《关于印发〈山东大学(威海)本科生实习工作管理规定〉的通知》(山大威校教字〔2014〕21号)、《关于印发〈山东大学(威海)大学生学科竞赛管理办法〉的通知》(山大威校教字〔2014〕22号)、《关于印发〈山东大学(威海)大学生创新学分认定办法〉的通知》(山大威校教字〔2014〕23号)、《关于印发〈山东大学(威海)本科毕业论文(设计)管理规定〉的通知》(山大威校教字〔2014〕24号)、《关于印发〈山东大学(威海)本科教学事故认定及处理办法〉的通知》(山大威校教字〔2014〕25号)、《关于印发〈山东大学(威海)艺术类本科专业招生考试管理办法〉的通知》(山大威校教字〔2014〕31号)等文件，全面推进本科教育管理的规范化，并为科学管理、依规管理提供了保证。

2. 较好地完成课程编排及学生的选课、调课、工作量审核、学籍异动注册及处理、图像信息采集、新生报到注册复查等日常工作。改革转专业选拔机制，按照学生成绩优劣及志愿进行全校排队录取，共有148人转入新专业学习。改进学生证卡补办流程，推行网上申办，共计补办学生证820人，补办乘车优惠卡910张。毕业及学位审核提前谋划，经过预审、正审、二次审核等步骤，共计毕结业学生3476人，获学位4007人(主修3422人，二学位585人)。

3. 顺利完成全国高校教学基本状态数据库填报工作；举办青年教师教学竞赛及教学观摩月；改进教授轮值实施办法；规范研究生助教制度。教学督导、期中教学检查、课堂教学质量评估按计划开展；毕业论文查重887篇，1名学生被取消论文答辩资格，复检69篇校级优秀论文，2篇被取消优秀论文资格。

(二)考试工作有条不紊

完成近千门课程试卷的印制工作，做到了按时、按质、保密；编排期末考试2432场，参加学生27万余人次，查处通报29人次违规行为，组织录入成绩信息273623条，对所有课程进行成绩分析。四、六级考试2次设置考场570个，参考16852人次。新生文化课复试设置考场76个，参考新生3488人。全国计算机等级考试2次设7个考场分12个批次共有 4949 人参考。研究生入学考试设考场 53 个,1577 人参考。毕业前重考、成人高考、四六级口语机考顺利进行。新建 49 门课程试题库、4 门课程试卷库。

(三)教学服务积极主动

教材选用严格把关,保证质量;实现当年教材零库存目标;在校生教材费按学期结算并"一人一账",及时在网站公布;完成教材采购、仓储、发放等任务约 400 万元,课前到书率达 98%以上;印制教师自编讲义十余种;确保校区多媒体教室、语音室、自主学习室等功能完好,保障教学需要;拍摄学术报告、精品优质及双语课程视频资料。

(贾慧卿)

科学研究

2014 年，科研工作在校区上下共同努力下，取得了较为突出的成绩，校区科研创新能力、协同合作层次和整体学术水平明显提升。

一、工作概况

（一）科研项目

项目数量：2014 年，校区共有 226 个科研项目获准立项，其中：国家级立项 29 项；省部级立项 69 项；地厅级立项 39 项（其中大学共建项目 26 项）；企事业横向项目及其他纵向项目 89 项。

项目经费：2014 年，科研项目批准总经费约 3855.06 万元，其中外来经费约 3555.06 万元。全年实到科研总经费约 3866.79 万元（含山东大学基本科研业务费 300 万元），其中外来经费约 3566.79 万元（纵向约 2325.02 万元，横向约 1241.77 万元）。

（二）科研成果

2014 年，共发表论文 781 篇，其中各类检索论文数量为 454 篇；出版学术著作 33 部；申请发明专利 52 项，授权专利 8 项，其中发明专利 8 项，专利转让 3 项。

二、工作亮点

（一）人文社会科学类

韩国学院申报的《儒、释、道的生态智慧与艺术诉求》获准国家社科基金中华学术外译项目立项。商学院申报的《中国农村金融供给状况及制度创新》、法学院申报的《罪刑均衡的理论基础与动态实现》获国家社科基金后期资助项目立项。

2014 年，校区获山东省社科规划项目立项 20 项，项目立项数和资助经费较往年都有提高，立项范围涵盖了习近平总书记系列讲话精神研究专项、齐鲁文化人才专项、统一战线理论研究、山东省地方党史研究等。

在政策咨询型项目立项方面，商学院申报的《山东完善海洋生态补偿机制研究》《对国民经济增长衡量指标的重新认识——摆脱 GDP 崇拜“路径依赖”的计量经济学分析》分别获山东省重大财经应用研究课题立项及山东省统计科研重点课题立项，为省委省政府决策和财政改革发展、促进政府统计工作的科学发展和统计理论方法的不断创新，提供有价值的研究成果。法学院申报的《裁判文书说理研究》获最高人民法院课题立项，艺术学院申报的《新时期儒家思想的作用、地位及未来走向研究》获山东省人文社会科学课题立项。2014 年校区 5 项高质量的政策咨询研究报告被省部级部门批示和采纳。该类项目及成果的取得为校区人文社科智库建设打下了基础。

2014 年,校区出版著作 33 部,科研成果获多项社科优秀成果奖。法学院申报的著作《法律论证:思维与方法》获第五届钱端升法学研究成果奖三等奖,该奖项为在我国法学界有较大影响的法学类社科成果奖。法学院申报的著作《立法后评估研究》获山东省第二十八次社会科学优秀成果奖一等奖,商学院申报的著作《民国时期工业企业劳资关系研究(1912～1937)》获三等奖。2014 年,校区还获山东高等学校优秀科研成果奖 5 项。

举办服务威海软科学项目成果发布会。《威海房地产企业核心竞争力研究报告》发布会吸引了 500 余名房地产企业代表参会,威海房地产协会有关领导及威海日报传媒等单位负责人莅临会议;《中日韩自由贸易区进展与威海市发展研究》成果发布会举办过程中,威海市外办、市中小企业局、市行政审批中心等单位相关负责人对课题成果的应用价值给予了肯定评价。

成立中韩关系研究中心,推动有关两国关系全面、系统和深入的研究,产出高质量的学术成果和咨询报告,提升校区对韩研究的学术影响力。

(二)自然科学类

24 个项目获国家自然科学基金项目立项,资助总金额 1166 万元,项目立项数及资助总金额创历史新高。

37 个项目获自然科学类省部级项目立项,包括中国博士后科学基金 5 项;军工项目 1 项;山东省科技发展计划项目 3 个;山东省自然科学基金资助项目 25 项,其中空间科学与物理学院申报的《极区电离层—磁层耦合》获山东省自然科学基金杰出青年基金资助;山东省软科学研究计划项目 2 项;海洋学院申报的《高产、抗逆杂交鲍新品种培育及产业化示范》获得山东省农业良种工程项目立项。

3 个横向项目合同额超过 100 万元,首次实现了“百万元”级的突破。其中,海洋学院承担的《大连海洋岛皱纹盘鲍原种复壮及育苗技术研究》项目合同金额 100 万元;海洋学院承担的《新西兰鲍新品种引进及杂交鲍育苗技术研究》项目合同金额 210 万元;机电与信息工程学院承担的《高功率低排放发动机锻钢活塞技术研发及产业化》项目合同金额 100 万元。

山东省海洋与渔业厅依托海洋学院成立了“山东省生态型人工鱼礁实验中心”并授予牌匾。经威海市科技局批准,威海市 Low-E 玻璃超硬耐腐蚀功能薄膜工程技术研究中心在校区成立,与蓝星玻璃集团、兴泰金属制造有限公司和山东华菱电子有限公司开展相关的科技合作,成为校区对外联络与交流的又一个良好平台。

举办校区创建 30 周年科研成果展。通过图片、书籍、影像播放、实物展示以及发放科研宣传手册等手段全方位、多角度地展现了建校 30 年来取得的丰硕科研成果。

三、有关统计数据

表 1　　2014 年自然科学类各类纵向研究项目立项及批准经费一览表

类别 \ 指标	数量(项)	经费(万元)
国家自然科学基金	24	1166.0
军工项目	1	40.0
中国博士后科学基金	5	38.0
山东省科技攻关计划	3	53.0
山东省自然科学基金	25	304.0
山东省农业良种工程	1	50.0
山东省软科学研究计划项目	2	3.0
山东省海洋与渔业厅	1	50.0
山东省博士后科学基金	1	10.0
威海市科技局	26	400.0
威海市高区科技局	1	10.0
合计	84	2076.0

表 2　　2014 年人文社科类各类纵向研究项目立项及批准经费一览表

类别 \ 指标	数量(项)	经费(万元)
国家社会科学基金项目	2	55
国家社会科学基金中华学术外译项目	1	30
国家社会科学基金后期资助项目	2	40
教育部人文社科研究项目	5	38
教育部归国留学人员科研启动基金	1	2
国家体育总局体育哲学社会科学研究	2	4
司法部国家法治与法学理论研究项目	2	6
中国博士后科学基金	8	46
山东省社科规划基金项目	20	43
最高人民法院课题	1	2
山东省教育厅人文社科项目	3	3
山东省重大财经应用研究课题	1	1.5
山东省文化厅艺术科学项目	5	1.5
山东省人文社会科学课题	1	0.3
合计	54	272.3

表 3　　2014 年自然科学类各院部科研项目(校外项目)统计汇总表

单　位	科研项目立项(项)、经费(万元)					
	国家	省部	地市	其他纵向横向	立项经费	实到经费
机电与信息工程学院	5	6	11	24	937.90	887.00
海洋学院	3	10	15	11	794.98	1367.58
空间科学与物理学院	12	12	3	9	1075.00	547.10
数学与统计学院	4	3	0		168.00	102.80
体育教学部	0	1	0	2	7.00	8.94
合计	24	32	28	46	2982.88	2913.42

表 4　　2014 年人文社科类各院部科研项目(校外项目)统计汇总表

单　位	科研项目立项(项)、经费(万元)					
	国家	省部	地市	横向	立项经费	实到经费
韩国学院	1	4	0	7	106.67	98.57
商学院	2	10	2	10	165.60	186.90
法学院	2	8	1	4	82.50	76.00
艺术学院	0	2	5	11	88.31	93.26
马列教学部	0	4	1	5	30.00	30.00
文化传播学院	0	1	0	0	5.00	74.34
翻译学院	0	6	2	3	36.10	33.80
其他单位	0	2	0	3	58.00	60.50
合计	5	37	11	43	572.18	653.37

注:其他单位指非教学单位。

表 5　　2014 年自然科学类各院部发表论文情况表

院系单位	SCI 收录(篇)	EI 收录(篇)	CPCI-S 收录(篇)	CSSCI 收录(篇)	论文总数(篇)
机电与信息工程学院	20	79	4	2	143
空间科学与物理学院	41	15	0	0	72
数学与统计学院	31	3	0	0	43
海洋学院	20	3	0	4	50
体育教学部	0	2	2	5	17
合计	112	102	6	11	325

表 6　　　　　　　　　　**2014 年人文社科类各院部发表论文情况表**

院系单位	SSCI 收录（篇）	CSSCI 收录（篇）	KCI 收录（篇）	EI 收录（篇）	CPCI-S 收录（篇）	CPCI-SSH 收录（篇）	论文总数（篇）
法学院		54					74
商学院	5	52		5	1	3	114
文化传播学院		31	6				72
韩国学院		5	16				37
艺术学院		13				1	54
马列部		14		1		1	41
翻译学院		10					47
其他单位		2		3	0		17
合计	5	181	22	9	1	5	456

注:其他单位指非教学单位。

（吴玉阁　方利平）

学科建设与研究生工作

一、学科建设

2014年，威海校区15个学科建设项目均已进入具体建设实施阶段。12月，研究生处对在建的15个项目进行了年度检查，重点从项目年度计划完成情况、经费预算执行情况、项目在建过程中存在的问题等方面进行全面调查。检查结果显示，各在建项目所在院部学科建设水平较立项前均有较大幅度的提升：基础办公和科研条件得到很大改善；人才队伍建设成效显著，引进特聘教授2人，山东省杰青1人；拥有博士学位的教师比例大幅度提高；完成了威海地磁台、力学性能测试实验室、机械制造实验室、山东省泵行业技术中心、新能源实验室等一批实验室（技术中心）的新建、扩建任务；获批重大、重点和基金项目43项；发表SCI/CSSCI等高水平论文290余篇。

截至12月底，威海校区2014年度学科建设经费2206.86万元全部划拨到位，研究生处本着对学科发展高度负责的态度，依据《山东大学（威海）学科建设项目经费管理办法》，对每一笔学科建设经费的使用均做到认真审查、严格把关。参与到各学科建设项目相关仪器设备的购置申请、采购招标活动中，在保证立项项目顺利开展的同时，着力加强学科建设经费的使用监督管理，确保经费规范、合理、高效使用。同时，通过年度检查，部分项目也暴露出诸如科研经费投入产出比较低，人才队伍建设不够重视、项目建设进展缓慢、项目前期调研不够充分等问题。

二、研究生工作

（一）招生工作

在山东大学研究生院统一部署和威海校区各培养单位的大力配合之下，圆满完成2014年度的研究生录取工作。

2014年，威海校区原计划招收博士研究生16人，实际录取22人。校区原计划招收硕士研究生323人，实际录取339人，含学术型考生205人，专业型考生134人。其中推荐免试研究生166人，一志愿上线录取考生72人，调剂录取考生173人，接收推免生数及一志愿上线生数较2013年均有所提高，推免生中的外校推免生数达到10人，分别来自辽宁大学、河南大学等十所高校。经山东大学统一评审，威海校区8人荣获山东大学“研究生优秀生源奖励基金”。

7月，研究生处协助翻译学院申请举办了第二届全国优秀大学生“英语菁英”夏令营。

参加暑期夏令营营员共有17人，无论数量还是质量均较往年有明显的提高。

研究生在职教育方面，2014年威海校区招收在职法律硕士4人，在职工程硕士电子与通信工程领域13人，机械工程领域2人，控制工程领域1人，项目管理领域16人，同等学力申请硕士学位学员14人。

（二）学位管理

认真做好山东省及山东大学优秀博士/硕士学位论文评优推荐和奖励工作，4篇学位论文获评2014年度山东大学优秀硕士学位论文。

上半年，组织召开校区学位论文答辩工作会议，统一学习《山东大学学位论文作假行为处理实施细则（试行）》，针对文件中部分要点进行解释和说明，并通报相关单位在博士预答辩、学位论文写作规范、论文送审、答辩委员会组成、答辩程序等许多方面存在的疏漏，进一步规范学位论文的管理。

坚持学位论文盲评制度，结合知网学位论文学术不端行为检测系统，严把学位论文质量关。2014年6月提出申请学位研究生共计356人（去年同期334人），经论文评阅、论文重复率电子检测及论文答辩等程序，最终343人顺利通过评审，准予授予学位。其中全日制普通博士研究生5人，全日制普通硕士（学术型）研究生224人，全日制普通专业硕士93人，在职专业硕士8人，同等学力申请硕士学位7人，外籍普通硕士6人。12月，研究生处按照山东大学研究生院统一安排，组织下半年的学位论文答辩工作。最终13人顺利通过答辩等程序，准予授予学位，其中全日制普通专业硕士2人，在职同等学力申请硕士学位人员2人，在职专业硕士7人，外籍普通硕士2人。

组织开展2015年博士生指导教师招生资格审核等相关工作，最终35名博导通过审核，准予2015年招收博士研究生。

为进一步加强导师队伍建设，规范研究生教育管理，研究生处邀请山东大学研究生院相关部门的领导及优秀研究生导师来威海校区开展交流，并针对威海校区研究生导师及各单位研究生教育管理人员分别召开专题培训会。

（三）学术委员会相关工作

2014年，研究生处共组织召开校区学术委员会（学位评定分委员会）4次，学科学术委员会1次，涉及内容包括学生学位授予审核、科研项目评审、学科建设项目论证、职称评审、岗位设置及学术评议等内容。此外还协助人事处进行了12次校区学术委员会的通讯评议，其主要议题为人才引进、岗位招聘、职称认定等。

（四）培养工作

2014年，威海校区研究生处进一步完善专业学位研究生培养方案。完成了2013级13个专业学位培养方案的制修订工作，制定并通过了《山东大学（威海）全日制硕士专业学位研究生专业实践基地建设与管理办法（试行）》，强化专业学位研究生实践能力的培养。

打造研究生教育创新平台，举办“山东大学研究生学术论坛”及“山东大学研究生暑期学校”活动，为学生提供与大师名家交流与学习机会，取得良好效果。

（陶　扉）

财务管理

2014年，在威海校区党委及行政的正确领导下，财务处在收支预算管理、制度建设和完善、资金监管和使用、财务管理自查自纠、巡视整改意见落实等方面采取有力措施，扎实开展工作。

一、坚持把收支预算管理作为核心任务来抓

1.积极组织收入，确保年度收入预算的实现。2014年度，威海校区安排收入预算45,376万元，实际实现47,717万元，超额完成年度收入预算任务，比上年同期增长881万元。其中，财政拨款31,402万元，学宿费收入9,198万元，科研财政拨款(纵向科研)1,721万元，科研事业收入(横向科研)1,174万元，各类创收及其他收入4,222万元。

2.贯彻支出预算的"刚性"管理。对校区2014年支出预算，继续强化项目监管，保证预算执行的严肃性，起到财务监督作用。对各项支出预算的执行情况，通过定期开展数据汇总和对比分析，对执行进度缓慢的项目，特别是专项资金项目，进行提醒和督促，保证项目支出的顺利进行。2014年度，威海校区安排支出预算47,992万元，实际实现41,423万元，比上年同期减少5,254万元。

二、加强和完善制度建设，为日常核算工作提供制度依据

2014年是一个制度建设年，威海校区财务处先后转发了《山东大学科研经费管理办法》《山东大学国内公务接待管理办法》《山东大学差旅费管理办法》《山东大学会议费管理办法》《山东大学科研经费使用与报销管理规定》等一系列规章制度，并组织财务人员认真学习、深刻领会、遵照执行。同时，还组织编写、印制了《财务报销指南》《科研经费管理和报销指南》等宣传手册，提炼文件的重点内容，以方便老师理解和掌握，收到了较好的效果。

三、以自查自纠工作为契机，努力提升财务管理水平

2014年4月，根据教育部的通知要求和山东大学的统一部署，财务处牵头组织开展了威海校区财务管理自查自纠工作，通过制定具体、周密的工作方案，在重大经济决策制度制定和执行情况、资产管理情况、基本建设管理情况、财务收支管理情况以及对所属单位监管情况等五个方面深入细致地开展排查工作。对于自查过程中发现的问题，积极组织相关部门和责任人制定整改方案，落实整改措施。自查自纠工作的顺利开展，使威海校区的财务管理水平提升到一个新的高度。

四、认真落实巡视整改措施

针对教育部巡视组反馈意见中涉及财务管理和科研经费管理方面的问题，威海校区财务处高度重视，召开专题整改会议，认真研究巡视反馈意见，制订相应的整改方案。具体措施包括：

1. 严格执行“三重一大”决策会议制度，堵塞大额资金使用监管方面的漏洞。

2. 按照最新文件规定，严格规范财务报销工作。严格控制“三公经费”支出，加强差旅费支出管理，规范会议费报销手续，严审报销票据，加强财务人员的业务培训。

3. 进一步加强科研经费使用管理。对各类科研项目实行预算管理和控制，严格经费支出范围和内容，落实二级单位监管责任，加强监管外协支出。

4. 进一步改革和完善招投标工作规程。

根据党政联席会决定，校内招标限额提高到 10 万元，限额以上的采购进行公开招标，集中采购目录内的设备尽量进行集中采购。对 200 万元以上的工程项目，参考山东大学的做法，由社会代理机构进行公开招标。此外，威海校区还对招标项目专家评审办法进行了改革和完善。

五、其他工作

1. 2014 年 8 月，财政部票据管理中心对威海校区 2002～2012 十年间财政票据的领用、保管、使用情况进行了检查，并对检查结果给予高度评价。

2. 积极、稳妥地推进“学分制”收费改革，避免学生因学费上涨而产生波动。

3. 年内，招标办共组织评标会议 120 项，节约采购资金 257.47 万元，资金节约率 5.49%。

（万　辉）

国际合作与交流

2014 年，在校区党委和行政的正确领导下，校区国际教育交流工作紧抓重点，稳中求进，圆满地完成了年度既定工作目标。

一、校际交流工作

2014 年，校区新签订、修订校际交流协议 6 项。分别与英国谢菲尔德大学，英国伦敦大学皇家霍洛威学院，韩国建国大学、淑明女子大学和光云大学建立了校际合作关系，并与韩国首尔科技大学修订了合作协议。校区国际合作交流网络建设工作继续向前推进。

二、出访与来访工作

2014 年派出访问团组 7 个，分别访问了英国、瑞典、韩国和日本以及我国台湾地区的 21 所高校，开辟了新的合作项目。

全年共接待来访团组 61 个，其中澳大利亚团组 27 个、欧洲团组 10 个、美国团组 5 个、韩国团组 5 个、日本高校及驻中国办事机构团组 14 个。来访团组中澳洲团组占团组总数的 44%，澳大利亚国立大学、西澳大学、格里菲斯大学、塔斯马尼亚大学、迪肯大学、莫纳什大学、皇家墨尔本理工大学、斯威本科技大学等 8 所澳大利亚知名大学均派出工作团组来校访问，合作项目或意向涉及空间物理、法学、计算机、信息技术、海洋、商学、旅游管理等 7 个学科。澳洲交流成为引领校区国际教育合作的优先领域。

三、出国(境)审批和服务工作

2014 年，校区认真贯彻和执行上级出国(境)审批和经费管理有关规定，坚持“严格审批，节约经费，项目先行，高效服务”的工作原则，共审批出国(境)团组 91 批次，服务了校区教育、学术和文化交流工作。工作过程中，坚持减少校级团组，重点支持职能部门和教学院部，向教学、科研、学术倾斜，以更好地服务学科发展和学术交流。

四、中外合作办学及高端教育合作平台建设工作

2014 年，校区机械设计制造及其自动化专业合作办学项目招录 81 人，计算机科学与技术专业合作办学项目招录 99 人，圆满完成招生计划。

10 月，校区第 3 个中外合作办学项目——与澳大利亚西澳大学联合举办的金融学专业本科层次合作办学项目正式通过教育部审批。

以合作办学项目为支撑，校区与澳大利亚国立大学共建联合研究生院的工作正式启动，并成立工作组。与澳大利亚国立大学、澳大利亚西澳大学和斯威本科技大学共建“中澳空间科学联盟”工作进入考察实施环节，2014 年澳方派遣 3 个工作组，专门考察项目情况。与澳大利亚斯威本科技大学共建“3D 天文馆”项目，进入招标阶段。合作办学项目的支撑和纽带作用日趋显现，高端国际教育合作平台初显规模。

五、国外优质课程体系引进工作

2014 年，校区继续加大国外优质课程体系引进工作力度，商学院金融学专业、翻译学院翻译学专业、艺术学院舞蹈编导专业分别与澳大利亚西澳大学、英国伦敦大学和美国辛辛那提大学达成合作意向，引进对方课程体系。连同 2013 年获批的 4 个专业，共有 7 个专业成为重点支持建设专业。

六、国际学生培养工作

2014 年，校区首次在国家留学基金委主办的“留学中国”网站发布招生信息，同时学籍学历在教育部的注册管理融入了山东大学统一管理，标志着校区国际学生工作纳入了国家级平台。

趋同化管理机制进一步理顺、规范。国际学生的信息管理并入校区本科生综合教务系统统一管理；培养方案、毕业与学位管理与中国学生同步进行；进一步完善了《山东大学（威海）国际学生手册》等管理规章制度；制定了《山东大学（威海）留学生会章程》，将留学生的学生会工作纳入校区学生会工作统一管理，有力保障了中外学生互助交流；严格执行规章制度，严抓学生考勤，严肃处理违纪学生；严格按照教育部规定要求留学生购买保险，完善了处理突发事件应急机制。

在中外学生交流平台建设工作（TPIS）方面，全年共组织中华文化体验、汉语辅导、趣味运动会等活动近 100 次，800 余名国际学生和中国学生参与平台交流，开展一对一帮扶活动，其中代表性活动是 11 月举办的首届汉字听写大赛，充分展现了校区国际汉语教学水平。

2014 年，校区共有长期国际学生 865 人次在校学习，分别来自韩国、日本、俄罗斯、英国、法国、澳大利亚等 18 个国家。夏季学期和寒假期间，共接收韩国、俄罗斯、英国 10 余所高校的 213 名同学来校参加“国际课堂”短期学习交流项目。2014 年毕业国际学生 44 人，其中本科生 36 人，硕士研究生 8 人。

七、学生海外经历工作

2014 年，校区共外派学生 490 人，目的地涉及美国、澳大利亚、英国、法国、西班牙、瑞典、德国、韩国、日本等 10 个国家及我国台湾地区的 45 所高校。其中，派往韩国 221 人、美国 60 人、欧洲 40 人、澳洲 24 人、日本 33 人，派往香港地区 9 人，台湾地区 103 人。103 名学生受益于“海外经历校长专项奖（助）学金”项目的资助，含 84 人获得“海外经历校长专项奖学金”，19 人获得“海外经历校长专项助学金”。

2014 年，校区共有 215 名本科毕业生赴 16 个国家和地区的 113 所高校继续深造，其中包括美国哥伦比亚大学、澳大利亚国立大学等世界一流大学，出国(境)读研人数占毕业生总数的6%，比例逐年提高。

八、国外智力工作

2014年，校区共聘请长期外籍专家35名。60余名短期专家来校讲学，短期专家中教授、研究员32人，其中包括法国科学院院士1名，欧洲科学院院士1名。

2014年，校区引进国家"千人计划"特聘教授(外籍)1名，获准国家外专局高端外国专家项目1项。

九、文化及学术交流

11月10～12日，校区成功举办第二届"山水论坛"，韩国水原大学及省内部分高校的人文社科领域专家学者参加了会议。此外，还举办了多场以语种和国别命名的文化节活动。组织参加了由山东省外办和韩国驻青岛总领事馆举办的韩国语、汉语演讲比赛等竞赛活动。

十、外事后勤工作平台建设

2014年，校区在原有留学生266个校内住宿床位的基础上，新增278个床位，大大提高了留学生后勤接待能力，并成立了国际交流服务中心。至此，外事工作已经形成了"国际交流""国际教育"和"后勤服务"互为支撑的三大平台。

(尹传波　刘　亮)

资产与实验室管理

一、加强资产管理制度建设

根据校区资产与实验室工作实际，废止了《山东大学威海分校国有资产管理办法》《山东大学威海分校固定资产管理办法》2个文件，修订了《山东大学(威海)仪器设备管理办法》《山东大学(威海)仪器设备验收工作规程》《山东大学(威海)家具管理工作规程》3个文件，制定了《山东大学(威海)科学实验中心建设运行管理办法》1个文件，资产与实验室管理工作更加规范、科学。

二、规范公房、土地、固定资产管理

1.按需调配办学用房99间5000平方米；指导校区电子系统实验所、威海山大学术交流中心2个校办企业进行产权登记；完成了校区办学用房、土地办(换)产权证的前期准备工作。

2.进一步规范校区国有资产处置报批工作，完成了2批次仪器设备和家具类国有资产的报废处置并报送山东大学国资委审批，资产原值245.5万元。

3.制定了预算额度5～10万元的物资设备采购程序及批量物资设备报废处置程序，采取校区招投标网站公开发布采购(竞价)信息、密封报价、纪检部门监督的方式，确保物资设备采购、处置程序的规范和工作的公平、公正、公开。

4.强化大型仪器设备的操作培训和使用效益考核，组织开展了64台大型仪器设备年度使用效益考核工作，切实掌握大型仪器设备管理现状，最大限度发挥大型仪器设备的使用效益。

三、推进公共实验“大平台”搭建工作

1.成立威海校区科学实验中心建设工作领导小组，统筹协调校区公共实验平台建设工作。科学实验中心下设理化与材料分析测试中心、生物科学分析测试中心、超级计算中心三个分中心，开启了校区大型仪器设备资源整合及优化配置工作。

2.与哈尔滨工业大学(威海)签订了“大型仪器设备校际共享平台合作协议”，建立“联合分析测试中心”校际仪器设备共享平台，两校41台大型仪器设备纳入首批互惠共享范围，拓宽了威海校区共享平台的服务范围。

四、实验室建设项目顺利实施

1.对各单位年内申报的总额 1646 万元的 22 个实验室拟建项目进行了充分论证，审议确定了 11 个建设项目和 7 项山东大学软件建设项目，完成了 900 万元的教学实验室建设经费立项分配。

2.对 2013 年立项的 12 个实验室建设项目进行验收，对项目在经费使用、建设中存在的问题以及整改措施等进行了详细检查，实施效益追踪。

五、推进实验室安全管理工作

1.组织各学院根据学科、专业特点进一步完善实验室安全制度及仪器设备操作规程，制定切实可行的安全技术与安全管理办法。

2.组织各学院实验技术骨干人员外出参加实验室建设与安全工作专题培训会，不断提高实验室安全管理能力。

3.与保卫处建立联动机制，不定期组织实验室安全检查、整改，消除安全隐患。

六、推进资产管理工作信息化建设

及时充实完善资产与实验室管理处工作网站内容，并将物资设备购置询价、报废处置拍卖等信息与校区招投标网站共享链接。对物资设备网上超市、大型贵重仪器设备开放共享平台、示范中心网页等网络信息交流与咨询平台内容进行充实完善，定期更新仪器设备类固定资产管理系统的数据信息，进一步提高管理工作效率和服务质量。

（孙巍峰）

安全保卫工作

2014年，保卫处坚持以创建平安和谐校园为主线，以“落实安全管理责任制，增强师生安全意识，深化基层安全管理，强化日常安全监督，全力排查整治隐患”为重点，扎实开展“平安校园”创建工作，实现了“全年无安全事故”工作目标，有力维护了校区安全稳定，促进各项工作协调发展。因工作突出，校区保卫处被山东省公安厅荣记集体二等功。

一、安全管理

1.建立健全校园安全各项制度机制。建立并完善以校园交通安全为主题的交通管理制度，以实验室、学生公寓、食堂、图书馆、档案室、配电室为重点的消防安全管理制度，定期开展安全教育、安全检查、安全隐患排查整改，规范大型群体活动、危险物品管理、易制毒化学品安全、易燃易爆试验、教学、实习等。

2.围绕“月主题”，组织开展安全隐患排查整治活动。1月份开展春节寒假前安全隐患排查专项行动；2月份开展假期学生公寓专项安全检查；4月份开展春季校园安全隐患排查整治；5月份开展安全工作大检查专项行动；6月份开展消防安全专项整治和居民住宅楼消防通道专项整治；8月份开展危化品贮存使用场所专项检查；9月份开展安全工作大排查大整治；10月份开展安全生产大检查督查专项行动；12月份开展冬春火灾防控专项整治。

3.对消防设施进行全面检查补充。做好消防器材的日常维护和保养工作，确保消防设备正常运转，对校区各单位和重点部位进行常态化消防安全隐患检查，发现隐患苗头，及时纠治整改。

二、安全教育

1.以“抓教育、提素质、强能力”为目标，部署全年安全宣传教育活动，区分各时段安排好具体内容，保证全年安全宣传教育活动有效落实。全年开展安全教育讲座7场，培训人数达3000人次，发放“新生入学须知”4000余份，利用校园网和宣传栏等媒介对师生进行防火、防盗、防诈骗等安全知识的宣传教育。

2.组织校区各单位安全员50人，进行灭火器使用培训，安排讲解、警戒人员，出动消防车、巡逻车，发放烟幕弹、灭火器，指导各学院结合实际开展突发事件应急处置与疏散演练，有效提升广大师生的防灾意识和应急能力。

三、综合治理

1.按照“分区划片，层级管理”工作模式，实现网格式日常巡逻巡查。对重点区域、场所及重要建筑实施定时、定位、定人、定责巡防责任制，及时发现和处置校园不安全因素。巡逻人员利用电动巡逻车、电动摩托车，组建机动巡逻应急快反队，对校园实施全天候、不间断的巡逻巡查。

2.充分发挥视频监控设施作用，全天候监控巡查校园安全动态、震慑违法犯罪。完成西区男生公寓视频监控和校园视频监控系统一期工程的升级改造。

3.与驻校警务站紧密协作，采取专项会议、签订责任书、完善管理制度、登记流动人口信息、查处违法违纪行为等措施，加大对校内施工单位和外来务工人员的管理力度。全年协助公安机关抓获犯罪嫌疑人7名，找回被盗手机6部、平板电脑3部、现金20000余元和自行车6辆。

4.采用“预先研判，做实预案，配足力量”的工作方法，配合校区相关单位完成校内大型考试、双选会、毕业晚会、新生报到等大型活动的安保任务。

5.安排专人负责师生集体户籍管理，办理政策的咨询、户籍查询、外借以及户籍迁移、出具户籍证明等多种业务，圆满完成新户籍迁入和毕业生户籍迁出工作。

四、交通管理

1.持续加强交通安全宣传教育，强化门禁系统管控，加大路面巡查力度，纠正和制止交通违规行为。对重点路段实行限时通行，在主要路口设置明显标识加以疏导，保障校区交通安全有序。

2.改善校园交通环境。全年新增、补划车位200个，增加、更新车辆行驶减速带3处，新增交通警示、安全提示、导路指示牌15块，更新道路分道线5000余米。

（万　伟）

基本建设

2014 年，在校区党政领导和有关部门的领导、支持和配合下，基建处领导班子团结奋进，带领全处职工，以学习贯彻党的十八届四中全会精神、积极开展党风廉政建设和制度建设为契机，不断加强基建管理工作的制度规范化、岗位明晰化、责任细致化建设，加大依法、依规、依序、公开、透明的工作力度，顺利完成全年各项计划任务。

一、加强政治理论学习，认真落实党的群众路线教育实践活动整改措施

以学习贯彻党的十八届四中全会精神、落实党的群众路线教育实践活动整改措施为主要内容，通过参加威海校区、基建处组织的专题学习报告会，同时利用网络、广播电视等方式加强党员和群众的政治学习、廉政教育，不断提高全处党员和其他人员的政治素质及防范廉政风险能力。

按照校区党委要求和部署，积极落实党的群众路线教育实践活动整改措施。通过认真学习《山东大学基本建设管理办法》和《山东大学基建工程设计变更及现场签证管理办法》等制度文件，进一步强化基建规范化管理、责任明晰到位。基建处领导班子在积极发挥党支部战斗堡垒和党员先锋模范作用的同时，注意做好深入细致的群众思想工作，营造和谐氛围，凝心聚力。以加强政治理论学习和开展制度学习为推力，推动全处各项工作依规依序顺利开展。

二、加强基建管理业务学习，不断提高人员管理能力与水平

在强化业务知识学习的同时，积极组织工程技术人员与社会工程咨询企业人员交流学习相关业务理论知识，到优秀工地现场和青岛校区学习新的施工工艺，了解新的建筑材料，以此提高工程技术人员管理能力与水平。

三、严格执行规章制度，保障工作顺利开展

坚持党政联席会、全处员工周例会、全处职工大会等决策、研讨会议制度，坚持“三重一大”、基建项目管理全程须符合相关制度和程序要求。进一步完善和修订了基建处岗位职责，建立健全工程项目组负责制。及时将信息公开，接受有关部门和广大师生的监督与反馈，保障基建处管理、服务全过程在制度和阳光下运行。

四、规范工作程序，扎实推进各项工作

(一)完成校区基本建设投资计划编制与其他规划预算工作

1. 完成校区 2014 年基建投资计划和调整计划，完成 2015 年基建投资建议计划的申报、编制和调整工作。

2. 完成学生宿舍、体育训练馆工程的可行性研究评估工作，为教育部审批 2015 年度计划打好基础。完成学生宿舍、体育训练馆工程的方案设计、施工图设计和地方立项手续，为工程顺利开工做好准备。

3. 完成学生生活服务楼、科技大厦 A 座、空间物理教学楼工程补办教育部手续的资料准备。

4. 完成已竣工工程项目的初审工作，完成已竣工工程档案整理工作，并移交威海市城建档案馆和校区档案室。

(二)严抓工程建设管理，推进新建工程项目

1. 校区东门景观及桥涵工程，包括校区东门内道路拓宽、门卫值班室改造、海潮河箱涵桥梁、东门“山东大学”校牌等内容，工期 6 月～8 月。

2. 校史馆和艺术学院展厅工程，工期 6 月～9 月。

3. 留学生公寓改造工程，原学术中心整修改造为留学生公寓，工程分为客房装修、公共区域装修、铝合金外窗、室内消防整修、监控系统改造、室外维修改造等六个部分，已完成方案、施工图设计及招投标工作，进入施工阶段。工程预算造价 500 万元，工程工期为 3 个月。

4. 完成图书馆外窗防水改造工程，工期 9 月～10 月；10 月完成水化楼木门防盗门的改造工程、住宅二区 9 号楼道路加宽工程。

(三)深入市场调研，严把建筑材料质量关

1. 完成 2014 年度各项在建工程项目材料市场调查工作，认真核实报价，为各项目投标文件的制作做好准备。

2. 完成对各工程项目材料合同条款内容的完善，形成相对独立的合同版本。

3. 完成组织各项工程中标单位材料进场前品牌、规格、型号、质量等确认工作。完成工程材料进场验收工作，采用随机现场抽查等方式，严把材料进场入口关，未出现不合格产品进入施工现场的现象。

五、积极开展工会活动，丰富职工生活

按期召开全处职工大会，积极行使民主管理监督、参政议政的权利。组织全处职工赴青岛校区参观学习，交流基建工作中具体问题的解决方法，提升了职工知识水平和业务能力。结合基建处人员及工作实际情况，积极组队参加校区运动会、乒乓球比赛、羽毛球比赛、登山等活动，增强职工沟通交流和凝聚力，积极营造以人为本、团结和谐、安全稳定的工作氛围与环境。

(金世玉)

后勤管理与服务

2014年，后勤管理处在校区党委、行政的正确领导下，全体干部职工心系广大师生员工，以校区发展为己任，围绕校区总体工作部署，依照年初制订的工作计划，团结协作共同努力，较好地完成了各项工作任务。

一、党建工作

1.积极贯彻、学习中央会议精神，建立健全管理体制与服务体系，促进各项服务保障工作又好又快发展。组织党员干部学习十八大和十八届三中四中全会精神以及习近平同志系列重要讲话，深刻领会会议实质内容，联系工作实际，紧紧围绕校区中心工作，以服务校区发展、服务人才培养、服务师生员工为宗旨，加强和改进机关作风建设，加强党风廉政建设，加强班子建设，健全各项规章制度。充分发挥三个基层党支部的战斗堡垒作用，增强其凝聚力、战斗力和对群众的影响力，为全面实现“十二五”事业发展目标，在政治、思想和组织上提供了坚强的保证，为管理、服务与保障工作打下了坚实的基础。

2.深入开展各项工会活动，全面配合后勤管理处党政工作。2014年后勤工会在校工会及后勤党总支的正确领导下，不断加强物质文明和精神文明建设，引导职工爱岗敬业，认真做好各项后勤工作。关注教职工的生活和身心健康，按时交纳了第五期工会会员爱心互助补充医疗保险，解除职工大病医疗后顾之忧。积极组织干部职工参加校区各项活动，在春季运动会中，后勤处取得了总分第一名的好成绩，同时在参加的羽毛球、排球、乒乓球比赛以及爬山等活动中，均取得了较好成绩。

二、工作成果

2014年仍然是以饮食工作为重心，全方位做好后勤服务保障工作，主要工作成绩如下：

1.根据新形势、新情况下新的工作要求，废止了一批制度性文件，全面系统的进行了规章制度的补充、完善和修订。出台了后勤处工作流程，重新制定了一系列新的规章制度。

2.做好后勤处网站的维护与建设工作。在做好维护网站安全、实时新闻增加、通知通告发布、有问有答回复等网上工作的同时，对“部门简介”“有问有答”等栏目内容进行了更新和补充，让广大师生对后勤处的工作职能和各项保障服务工作有了更全面直观的认识；为方便报修和查询，增加“网上报修”和“水电费查询”栏目，以充分发挥网络的便捷与快速功能,为各单位和广大师生提供更好的服务。

3.修缮工程与维修方面。全年共完成大小修缮改造工程170余项,小型工程160余项。维修抢修工作遵循"快速反应,马上行动,认真落实"的作风,以师生满意为标准,全年派工5000余次,夜间水电暖应急抢修300余人次。特别是7月25号台风"麦德姆"来临之际,全力排除各种险情,最大程度降低损失,为校区各项工作正常开展起到了保驾护航的作用。

4.为迎接30周年校庆,后勤处高度重视,周密部署,各部门积极行动,紧密配合,通过修缮维护、灯光布置、花草装点、景观美化、提高校园卫生保洁标准等措施,使校园环境干净整洁,处处花团锦簇、绿草茵茵,营造了喜庆祥和的校庆氛围。校庆期间,水电维护与卫生保洁人员现场值班、专人负责,确保各种演出活动顺利进行。

5.创新学生食堂管理机制和运行机制,完善10余项安全管理制度,落实岗位责任制。对泰园餐厅二楼、雀园餐厅食堂经理进行了公开竞聘,并整合用工资源,充分调动了职工的工作积极性和主动性;加强人员培训与食堂监督管理,确保食堂卫生与饭菜质量安全;严格控制成本,保持食堂价格基本稳定;对食堂风扇进行了全面检修和更换,安装了视频监控系统,切实改善学生就餐环境;通过设立监督台、大堂副理、学生生活会、网络等渠道,加大与同学们的沟通,增强食堂管理透明度,全心全意为师生提供优质丰富满意的饮食服务,保证了饮食安全和校园稳定。饮食管理服务中心被评为"山东省高校餐饮管理示范单位"。

6.通过对水、电等设备设施的合理调配,以及对部分单位实行用电指标考核等措施,合理保证了全校水电的高效供给。较2013年节约水电费40多万元;加强水电暖等设备设施以及电梯、空调等特种设备的检查、维修、保养;暑期浴池边检修保养边调整时间,保证了开放时间,满足了留校学生的洗浴需求。

7.节能监管平台项目建设取得一系列进展。节能监管平台数据中心已于年初建设完毕;学生公寓用电智能升级改造项目也已完成;同时多次赴兄弟单位考察、学习,积极联系多家节能平台建设公司,不断对平台建设方案进行修改、细化和完善。

8.全年共完成大小绿化改造工程18项,其中大型工程包括文汇苑楼座绿化工程、新建物理楼绿化工程、天文台绿化工程、二区原门球场绿化改造工程、校东门绿化工程等共7项,小型工程10余项。养护各类草坪及小型灌木共约26万平方米,行道树养护1763株、月季7179株、火棘818株。

9.卫生保洁方面。修建了7个垃圾中转站,17个果皮箱场地,调整转移果皮箱40多个,每天清运生活垃圾162桶,共完成室外面积14万平方米、室内公共面积8万平方米、教室面积2.4万多平方米、座位1.8万个的卫生保洁和120个化粪池的定期清理工作。年底对两个住宅区进行了物业化调查,并安排了楼道卫生清理工作。

10.幼儿园以教学科研工作为抓手,积极进行园本培训,提高教学质量,改善教学环境,重点做好幼儿特色教育和安全、卫生、保健等工作,全年结余18万元.并获得了2014年全省高校幼教工作先进单位荣誉称号,取得了经济和社会效益双丰收。

11.做好房屋租赁工作,加强对校区出租商户的管理和监督。更加方便快捷的为学生提供床品衣物等洗涤服务;强化细节,周到细致地为家属区广大教职工做好贴心服务,并为物业化管理做好前期准备调研工作；一如既往地做好周转房和单身宿舍的分配和日常使用管理工作；按时调整全校教职工住房公积金基数，每月按时缴纳住房公积金以及养老保险金；对市里16套住宅定期检查，加强管理，年底对住宅物业收费进行了全面的统计并报财务处。

12. 部门联动，协调配合，积极为校区教职工、学生、幼儿做好医疗保健、查体、卫生防疫等各项工作，做好“灭四害”工作，为各项重大活动做好医疗和卫生保洁等服务工作，全年未发生传染病及疫情流行，未发生食品及饮用水中毒事故，很好地保障了教学、科研及幼教等工作顺利开展。

（何　睦　于文浩）

图书馆工作

2014 年，图书馆遵循“读者第一，服务至上”的宗旨，围绕优化服务、拓展教育和信息功能，从读者服务、业务管理、提高人员素质入手，通过一年扎实努力，圆满完成了年度内各项工作。

一、基础服务稳步发展

1. 截至 12 月 31 日，图书馆纸质文献总量为 1348444 册。年内新增中文图书 85218 册、西文图书 1094 册、日文原版图书 1483 册、韩文原版图书 1385 册、博硕学位论文 339 册、纸质中文期刊 2164 种、报纸 132 种；引进了“Magazine Plus 日文杂志”数据库，接收“日本科学协会”、美国“亚洲之桥”、美国“亚洲基金会”和韩国高校赠书 15323 册。12 月，山东大学（威海）图书馆荣获“2013～2014 年度 CALIS 联合目录小语种数据库建设突出贡献奖”。

2. 全年接待读者 120 万人次，借还书 65 万册，上架新书 7 万余册，下架密集典藏图书 9 万余册。全年 320 天开馆，周服务时间 98 小时，周借阅时间 73 小时，系统与服务器 7×24 小时服务。

二、用户培训多元化

1. 对 3500 名新生开展了入馆教育，培训 70 余场，为后续的读者管理打下了良好基础。

2. 以“一小时讲座”为基础的用户培训服务内容不断扩展，现已囊括图书馆资源与服务、电子资源利用、文献管理工具的使用、学位论文讲座、馆际互借与文献传递等内容。

3.《文献检索与利用》课被选为全校通识教育核心课程，面向全校本科生选修，授课时数 72 学时。为海洋学院本科生开设《科技信息检索》，为研究生开设《专业文献阅读》课程，授课时数 54 课时。

三、学科服务深入化

推行馆院共建模式，面向各院部开展文献传递、科技查新、参考咨询、新书推荐、馆际互借、图书和数据库荐购等服务，并通过学科服务平台、QQ、电子邮件、电话等方式，及时把图书馆的资源及服务信息传递给院部读者。2014 年度学科馆员完成了“网络环境下我校教师信息行为调研”“空间科学与物理学院教师发文情况统计”“数学与统计学院纸质文献使用调查”等报告。

四、参考咨询多层次化

馆内总咨询台全年咨询问题500余个，在线问答提交问题760个，馆长信箱答复读者问题15件。为校区师生及威海市区机构人员开具检索证明250份，查收查引2400余条。为潍坊学院检索90人次，170篇文献。

五、馆际互借和文献传递业务快速增长

为校区师生130人开通CASHL用户使用权限，截至12月31日，申请人数较上年增长8%。年度利用CASHL提交文献传递请求294次，文献传递申请量位居全省第二位；发展CALIS用户数为169人，申请人数较去年增长30%，年内提交申请455篇，文献传递申请量位居全省第三。

六、读者互动多样化

1. 举办“你选书，我买单”读者荐书活动，邀请师生现场采购中文图书，拉近图书馆与读者之间的距离，提高图书采购的针对性，使馆藏书籍更加贴近读者需求。

2. 由图书馆工作人员做指导老师的乐知读书会，成功举办19期读书活动。

3. 与校区青年志愿者总会联合开展“图书馆文明督导活动”，取得良好效果。

七、营造良好学习环境

1. 创建设施先进的信息共享空间，为读者提供多元、动态、合作的环境空间。师生在此进行模拟法庭、英语大赛的准备，召开学业导师见面会、学生科研课题小组讨论会，组织模拟公务员考试面试、毕业论文的写作、科研项目的讨论等。这种学习方式，鼓励了读者的个性化学习与小组合作研究，增进读者之间的交互学习和高效合作。

2. 召开威海校区图书情报工作委员会全体会议，山东大学(威海)图书情报工作委员会主任、副校长陈冠军出席并讲话，来自各教学院(部)和相关职能部门的图书情报委员参加了会议。图书情报工作委员会副主任、图书馆馆长谢穗芬从资源建设、文献传递、学科服务、优化馆舍、工作计划等5个方面作了图书馆工作报告。

3. 完成图书馆二期文化建设，增加和更新了图书馆内部各楼层指示牌，使其更加准确、清晰。

4. 拆除了使用多年的陈旧热水器，为读者安装了具有净水和节能功能的新型饮水机，让读者的饮水更加安全和卫生。协助基建处对主楼所有的窗户进行维修，外部进行重新封固，内部更换密封条、拉杆及窗把。

八、对外交流不断扩大

1. 接待国内外访问团35个,共计1000余人次。

2. 与哈工大图书馆(威海)的馆际合作取得实质性进展,2014年度共接待哈工大读者11915人次,借还图书10000册。

3. 积极参与威海市文化建设,为地方提供文献信息服务。全年共接待校外读者1632人,借还图书5000册。

(姜玉晶)

网络与信息化建设

一、基础设施建设

2014 年，校园网增加 H3C 核心路由器一台，并对教育网出口进行了相关整合。使所有出口全部具备 NAT 能力，并在校园网部署了 DHCP 服务，对校区 Vlan 与 IP 地址进行了全新规划。为配合校园网整体优化改造及校园无线网建设工作，网络与信息管理中心对学生宿舍区网络地址已进行重新规划和部署，全区 22 栋楼宇全部改为私有地址并启用动态地址分配模式，用户入网全部由静态地址改为系统自动分配 IP 地址，为下一步校园网有线、无线一体化认证做好了前期准备工作。为缓解出口带宽紧张的压力，在完成省内 155M 至 1G 链路带宽升级基础上，对教育网互联网出口又进行了一定幅度的扩容，使校区教育网互联网出口由 200M 扩充至 400M。2014 年，启动高性能计算平台的规划建设，并完成整体设计规划、方案论证及招标采购工作，至年底正式进入建设实施阶段。实施各门岗光缆敷设工程，配合相关单位实施图书馆网络改造施工、学生区安全监控及智能监管平台建设。

对校园网未来发展建设进行了整体规划与设计。重点聚焦校园网基础设施、网络服务、运维管理和网络安全等四大关键问题，围绕校园无线网整体建设、校园网核心系统、认证计费系统、运维管理系统、网络安全系统等设备性能、功能进行了全面测试与评估。涉及国内各类知名网络厂商十余家，测试有线、无线等各类软硬件产品 80 余款，涉及楼宇 30 余座，对方案建设可行性进行了全面检验，并对建成后的效果进行了有效评估。形成了一系列设计方案，并完成了教育部修缮基金申报工作。

二、应用系统建设

2014 年，根据校区统一部署，网络与信息管理中心对图书馆信息资源及财务系统等进行了系统迁移工作。图书馆的各类应用系统迁移至数据中心机房运行，通过虚拟化平台和专用流媒体服务器对这些应用进行重新部署，财务系统迁移至数据中心并对其服务器硬件进行了更新。通过重新整合及优化，提升了硬件平台的性能，同时避免了硬件设备的重新购置，为校区节省了资金投入。年内制作完成新版首页等七个网站信息平台，协助改版部署网站 10 余个，进一步推进校园软件正版化建设，组织用户申请及使用正版软件系统，配合教务处实施精品课程建设。

三、信息化建设

制定了“服务大厅综合业务终端使用规定”“校园卡信息和商户信息保密规定”“校友卡、图书卡补卡流程”等,进一步提升卡务中心服务水平。年内陆续开展和实施了校门智能通行系统的规划建设及教学办公楼门禁系统的建设,包括楼宇门的改造更换工程,门禁硬件安装调试等,并承担了门禁管理服务系统的开发工作。以新北洋门禁系统控制器为原型,开发了适合校区环境的门禁系统。2014 年,中心进一步优化了共享数据中心平台,对现有应用系统根据各部门的需求和业务变化进行了整合和重新开发规划。包括整合所有报名系统,整合补卡补证系统,重新开发学生成绩自主打印系统,重新开发校园卡消费查询系统,并逐步完善奖助贷系统的功能。积极配合总校实施三地一卡通融合方案的整体规划,提出了适合校区实际情况的实施方案。积极配合各部门信息系统的咨询、规划和建设,进一步拓展校园卡应用。

四、网络与信息安全建设

2014 年,中心购置部署了启明星辰的 WAF 设备,对各类网络攻击特别是针对 WEB 的 80 端口攻击进行安全检查和主动防御,进一步强化了应用系统的网络安全防范。为了确保信息数据的安全,中心对各系统设置了数据自动备份,同时定期对备份情况进行检查。利用虚拟化技术,对一卡通系统、教务系统和财务系统等重要系统建立了完整的备份服务器。对于已经不再运行的旧版系统,在进行汇总后刻录至光盘,做好数据备案。

(何荣毅)

学院工作

韩国学院

2014年，韩国学院在校党委的正确领导下，认真学习党的十八大和十八届三中全会精神，深入学习贯彻习近平总书记系列重要讲话精神，充分发挥党员的先锋模范作用和支部战斗堡垒作用，学院党总支与院行政密切配合，圆满完成了本年度各项工作。

一、党建工作

(一)全面贯彻落实党的群众路线教育实践活动，完善制度建设

利用政治学习时间，组织党员和师生员工认真学习上级有关文件精神，开展学习和交流活动、开展座谈讨论、征求意见，完善了学院党政的相关制度，为学院各项工作提供政策保证和支持，使学院的各项工作制度化、规范化、程序化，使班子成员政治纪律、思想建设和工作作风建设得以强化，提高了决策力和执行力。

(二)加强入党积极分子的培养工作，严把党员发展质量关

院党总支重视入党积极分子的教育工作，加强对入党积极分子的培养、教育和考察，对入党积极分子进行动态管理。2014年发展党员14人(含教工党员一人)。

(三)以基层党支部活动立项为依托，积极组织和开展支部活动

党总支指导全院各支部依照自身情况积极申请基层党支部活动立项，将理论学习组织、支部活动开展、优秀典型树立和先进经验传承有机结合，积极申请活动立项。通过活动把立德树人全面贯穿到教育理念中，把争先创优融入到学生的思想中，提高了全院师生党员的思想素质和理论水平。

二、学科建设及学术科研

按照校区“以特色引领发展，以应用促进提高”的学科建设思路，韩国学院进一步加强了“韩国特色”学科建设。

(一)师资队伍与平台建设

2014年韩国学院引进了两名一级教授，并以此为契机，整合优化科研队伍，进一步扩大我校在对韩研究领域的影响力、话语权。由一级教授张蕴岭牵头成立了“山东大学(威海)中韩关系研究中心”，旨在对两国关系的发展开展全面、系统和深入的研究，立足现在，面向未来，理论与实际相结合，提供高质量的学术成果和政策性报告。该中心是国内首家专门研究中韩关系的学术机构。中韩关系研究中心成立的同时，相关网站、微信平台已经开始运作。

(二)学术科研

对在“韩国研究跨学科协同创新平台”下已确定设立的20个研究项目，加强了项目规范管理，各项目进展顺利。2014年，学院的科研整体水平有了进一步的提升。截至11月，共发表CSSCI和KCI论文18篇，科研项目立项8个，合同经费计84万元。

(三)学术交流

韩国学院年内共举办或承办高水平学术会议8次，邀请专家来校讲学23次，学院教师参加国内外学术会议20人次以上。

(四)科研服务政府和地方

2014年度，科研服务政府和地方也取得了新的进展。学院教师的时事政策调研报告被国家部委采用的有1篇，被省政府采用的有5篇，被威海市政府采用的有2篇。这些研究报告紧紧围绕中韩战略合作伙伴关系的持续、健康发展以及半岛蓝色经济区建设和中韩人文交流等国家和地方急需的课题，取得了良好的社会效益。

三、人才培养

(一)本科生培养

2014年度首次实现全年级整体派往海外交流学习。

完成了全院276名本科生和19名研究生的综合素质测评工作，共认定家庭经济困难学生73人，占学院总人数的20.6%。并在此基础上完成了各类奖、助学金及学费减免的评定。完成了勤工助学人员选拔与国家助学贷款工作。

积极组织各项课外活动，培养学生创新精神和实践能力。韩语系积极组织学生参加各种国内外学生竞赛活动，取得良好成绩：

1. 组织参加“2014年中·韩大学生(研究生)作文比赛”，获得一等奖；

2. 组织参加“青岛领事馆建馆20周年纪念——2014山东省韩国语演讲比赛”，获二等奖；

3. 组织参加“锦湖韩亚杯全国大学生韩语演讲比赛山东赛区预赛”，获一等奖1名，并获得参加决赛资格；

4. 组织参加“韩国语写作比赛”“纪念韩文创建568年暨第十届韩国语演讲比赛”等高级别竞赛活动获一等奖。

(二)研究生培养

2014年招收硕博士研究生11人，新增硕士研究生指导教师2人，新设山东大学(威海)外国语言文学博士后流动站。

7月12日，由山东大学、北京大学和台湾政治大学联合举办的“第一届韩国学研究生论坛”在校区成功举办。本届论坛的主题是《韩国学与中韩人文交流》，来自海峡两岸的硕、博士研究生们汇聚一堂，与指导老师等一同围绕会议主题进行了论文发表与综合讨论。会议为海峡两岸的学生提供了一个平台，促进了两岸学生的学术交流，特别是对于了解台湾学术界的韩国学研究现状具有极其重要的意义。

四、硬件建设

2014年，韩国学院实现了全部教室多媒体化，全部课程多媒体化，丰富了日常教学工作。在学校的大力支持下，建设了同声传译实验室，为韩国语口译专业硕士招生和教学奠定了基础。

（张琳琳）

商学院

商学院涵盖经济学和管理学两大学科门类，由 8 个教学系，8 个科研机构以及行政教辅部门组成。其中，劳动经济与人力资源研究中心为山东大学批准设立的科研机构，《劳动经济评论》为所办刊物。金融学、市场营销学、旅游管理为省级特色本科专业，经济与管理实验教学中心为省级示范中心，现有专业实验室 12 个。学院设有应用经济学博士后流动站。2014 年，商学院明确发展目标，科学用力，稳步发展，有关情况如下：

一、党政工作

2014 年，商学院党总支深入开展党的群众路线教育实践活动，召开民主生活会，制定群众路线整改方案并做好落实。出台《院长信箱工作规定》等 10 项规定，从制度上解决师生重点反映的问题，巩固群众路线教育实践活动成果。开展"核心价值观"与"十八届四中全会"精神学习活动，5 项党支部活动获得校区立项。推进师德与青年榜样建设，利用新媒体做好思想政治工作，新闻图记等网络宣传效果明显。全年确定入党积极分子 127 名，发展预备党员 150 名。建立了干部学习制度，管理干部队伍承担或参与课题 24 项。

建立《发展统计年报制度》制度，全面系统梳理了 2013 年学院工作，为学院的发展提供决策参考。建立科室负责人制度，持续改进工作作风，师生对管理服务的满意度提高。工会组织基础扩大，按部门设立 10 个工会小组，活动丰富多样。教代会在民主管理中作用充分发挥，年内共答复与解决提案 8 件。校庆期间，20 位校友返校，举办论坛 6 场，聘请管清友等 8 位校友担任兼职教授或商学院实践导师。

建设教师工作台位 90 个，完成教研室、教授博导工作室建设，优化公房布局，教师教学科研环境明显改善。设立安全员 30 余名，初步完成"平安学院"安全防护建设工作。

二、师资队伍情况

2014 年度商学院教职工 129 人，教师岗 96 人，非教师岗 33 人；在编人员 123 人，非在编人员 6 人；年内新入职 7 人，退休 1 人，调离 1 人。教授 20 人（兼职 3 人），副教授 35 人（兼职 3 人），讲师 40 人，专任教师中博士（含在读）占教师总人数的 78.11%。人才引进标准提高，人才工作富有成效，新引进博士生导师杨林，青年博士 5 人，推动重点学科建设与教学科研工作开展。

三、学科科研与服务地方

（一）科研与学科建设

2014年，商学院在“服务经济与管理”重点学科建设方向指引下，结合自身学科、人才队伍、社会服务等涵盖经济与管理两大领域的优势，有计划地推动服务经济与服务管理学科的发展和融合，初步具备了自身独特的科研优势及特色，科研团队建设有一定进展。年内实到科研经费总数205.7万元；获批国家社会科学基金重点项目1项，国家社会科学基金后期资助项目1项；中国博士后科学基金项目2项，山东省社会科学基金项目9项，其中重点项目1项；山东省自然科学基金项目3项。在国家社会科学基金后期资助项目及山东省自然科学基金项目的立项上取得突破。出版学术专著4部，发表CSSCI等核心期刊论文39篇。获得山东省社科优秀成果三等奖1项，山东省高等学校优秀科研成果奖二等奖1项。

（二）服务地方

商学院结合自身学科优势，开展与地方企业的合作，主动有效地服务地方经济发展，初步构建起了服务地方的长效合作机制。2014年横向项目立项15项，经费总数99.6万元。

四、人才培养情况

（一）本科生教育

2014级本科招生9个专业共838人，年内转入学生68人，2010级毕业学生970人。24名学生参加重庆大学等第二校园交流，90名学生推免研究生。共开课195门，立项校级教改项目6项。进一步加强了系主任参与教学日常管理工作，更新与修订2014版专业培养方案工作，优化招生专业，开展2013级课程衔接、夏季学期的课程设置、本科生毕业论文改革、学生社会实践活动、毕业生实习等方面工作。年内，金融学专业获批成为校区“引进海外优质课程体系”专业。在实验教学方面，新增酒店经营管理模拟软件、营销模拟等专业教学软件，投入经费40万元。年内2个双学位专业招生808人，分两次招生，毕业435人，为双学位教育开展以来毕业生最多的年份。

（二）研究生教育

2014年有博士学位授权点2个，硕士学位授权点10个，其中专业学位硕士授权点5个。博士研究生导师3人，硕士研究生导师34人。录取硕士研究生90人，博士研究生3人；年内有86名硕士研究生毕业。新增会计硕士、项目管理工程硕士两个专业硕士招生专业。完成对学术型硕士研究生专业培养方案的全面修订，优化课程体系，整合部分专业课程。与中国银行威海分行签订共建金融硕士研究生实践教学基地的协议。

五、对外交流合作

2014年，商学院旅游管理专业与香港理工大学进行全部课程对接，金融专业与西澳大学合作的本科教育项目通过教育部审批，教学国际化迈上新台阶。聘请香港理工大学宋海岩教授担任客座教授，邀请美国加利福尼亚州州立大学Ronnie Yeh教授等海外专家讲座 11 次,外派郝延伟等 14 名教师赴海外学习、参加国际会议,发表 SSCI 期刊论文 3 篇,旅游管理专业研究生参加国际学术会议。共派出 130 名学生参加海(境)外留学交流项目,其中台湾项目 44 人,韩国项目 40 人,欧美澳洲项目 36 人。

六、学生发展与就业

(一)学生发展

扎实推进思想政治工作,促进学生全面发展。学生在“创青春”赛事中获国家铜奖 1 项、省奖 10 项,2 支暑期社会实践团队获省级表彰,与《齐鲁晚报》(威海站)共建“电子商务孵化基地”;“模拟股市大赛”被《齐鲁晚报》全程跟踪报道。毕业生王振冲获第二届“山东省优秀大学生创业者”称号;研究生竞赛项目在第三届山东省青年创业大赛总决赛中荣获创意组二等奖。商学院团总支被评为“山东省五四红旗团总支”“创青春”全国大学生创业大赛先进集体。“2012 级第一学生党支部”被评为校区“十佳党支部”,2012 级金融 4 班获评省级先进班集体。

(二)就业情况

2014 年度毕业全日制本科生 983 人,全日制硕士研究生 86 人。本科生实际就业率为 85.35%,研究生实际就业率为 95.8%。

(段兴立)

法学院

一、学院概况

法学院成立于2004年6月，在原法律系、公共管理系的基础上组建而成。院训为“崇法尚德，求真务实”。下设法学、行政管理、社会工作三个专业，其中法学专业被评定为省级特色专业。现有教职工67人，其中教授13人，副教授18人；博士生导师4人，硕士生导师19人。2014年，法学院9名老师受聘于环翠区法院的“专家咨询委员会”委员和青年法官的学业指导老师，为服务社会搭建了很好的平台。

法学院设有模拟法庭、模拟仲裁实验室、社会工作实验室、社会调查研究中心、学生法律服务中心等实践教学机构。在科研方面，设有刑事理论与检察实物研究中心、威海卫法律制度研究所、国际法与比较法研究所、政府法制研究中心、政治学研究所、法律方法论研究中心共6个科研机构。

二、党团建设

1.注重党团组织建设，增强党支部战斗力。2014年新发展学生党员66名，转正学生党员63名，新培养积极分子154名。不断提升党支部工作主动性和创造性，增强党支部战斗力。学院党总支从多个层面学习践行社会主义核心价值观，加强组织建设，深化政治思想和理想信念教育。学院团总支获评校区年度“红旗团总支”。

2.校园文化建设、科技创新工作、社会实践和志愿服务工作巩固提升。在“创青春”全国大学生创业大赛中获银奖；在山东省大学生模拟法庭大赛中获团体一等奖；聚爱助残创业团队成功入驻创业组织孵化园；对口帮扶高区第二实验小学活动获2014年山东省青少年维权工作优秀项目推荐；瓷娃娃志愿服务获灵山基金会公益项目资助并被推荐为团中央大学生志愿服务优秀项目。1人获评“第五届山东高校十佳辅导员”称号，2人获评山东省暑期社会实践活动优秀指导教师。

3.为庆祝山东大学(威海)建校30周年，法学院研究出台《法学院校友联谊会组织发展规划》，成立法学院济南校友会，接待2000级校友毕业十年回访，认真完成院史编写、老照片及历届毕业生照片收集等资料整理工作。

4.重视统战工作，发挥民主党派、无党派人士的参政议政作用，为服务社会、教书育人做贡献。姜世波教授作为一名致公党党员，利用专业优势，充分发挥参政议政作用，被中国致公党中央委员会评为2013年度“同心·创先争优”参政议政先进个人。

三、教学工作

1.修订完善《2014年版本科专业培养方案修订工作》;研究制定《国际法务特色班培养方案》(试行),从2014级新生中招收28人组成首届国际法务特色班。

2.实践教学收获颇丰,获得“杰塞普”国际法模拟法庭比赛二等奖、“国际刑事法庭模拟比赛”二等奖、山东省模拟法庭比赛一等奖等奖项。

3.本科教学质量工程成果突出,汪全胜被评为山东省教学名师,刑法总论、刑法分论、刑事证据三门课程获评为山东省精品课程,社会工作被评为山东大学(威海)特色专业。

4.加强研究生教育培养。2013级法律硕士专业实施全员实习,并从法律实务部门邀请20多位研究生实务导师,实行“双导师”培养。年内,邀请来自澳大利亚塔斯马尼亚大学法学院的Rohan Price教授为法理学、宪法与行政法学专业的研究生开设《普通法法律方法》课程。完善了研究生奖学金评选办法。

四、科研工作

1.2014年法学院共获得各级项目16项,其中国家社科项目1项,国家社科后期资助项目1项,省部级项目10项,地厅级自筹经费项目1项,横向项目3项。年度总计到账经费76万。

2.2014年出版学术著作8部,发表科研论文70篇,其中CSSCI收录论文30篇。获评山东省社科成果奖一等奖1项,威海市社科成果奖一等奖1项、二等奖3项、三等奖2项,山东社科论坛优秀论文一等奖1项,山东高等学校优秀科研成果奖三等奖1项,第五届钱瑞升法学研究成果三等奖1项。

3.2014年起,法学院计划每年从学科经费中支出10万元,用于出版《山东大学(威海)法学院玛伽山法政文丛》,资助教师出版个人专著3～5部,第一批3本专著已经由知识产权出版社出版。

五、人事、对外交流工作

1.2014年引进教师1人,2人晋升为副教授,2名青年教师完成国外高校访学任务。

2.开辟了与英国谢菲尔德大学、东安格利亚大学和澳大利亚西澳大学的对外合作交流关系,巩固了与英国斯旺西大学的合作交流。

3.邀请瑞典Umea大学社工系系主任Lars Nordlander教授及Linnaeus-Palme项目交流负责人Siv-IngerBucht教授来法学院社会工作系进行访问并举办讲座。

4.教师崔岩参加了在英国城市大学法学院举办的第六届世界法律伦理大会;金玄武教授、牛文军副教授参加了韩国仁川大学举办的韩中宪法民商事法立法动态学术研讨会。

5.11月28～30日,成功举办中日韩立法学和法律方法国际研讨会,扩大了法学院在立法学学科上的国内和国际影响。

(黎海鹰)

文化传播学院

一、党务工作

1. 深入开展党的群众路线教育实践活动，扎实推进制度建设。落实《学院领导班子群众路线教育实践活动整改方案》，围绕查找出的10个主要问题，提出了3项整改任务，开展了8项专项治理，并通过建章立制，推动标本兼治。

2. 培育践行社会主义核心价值观，开展服务型党组织建设，转变行政工作作风，推动学院行政工作制度化、规范化，形成行政工作一体化联动机制。

3. 以立项促发展，深入开展基层党组织建设。高度重视基层党组织立项活动，8个项目顺利结项，支部参与率达到70%。

二、学科建设与科研工作

1. 进一步凝聚学科发展方向，在文化传播与发展协同创新平台建设过程中，寻找学科增长点。7月22日，山东大学(威海)中韩传媒研究所在文化传播学院揭牌成立，院长张红军任所长，聘请韩国中华电视台创办人赵在九教授为客座教授。新建成广播实验室、图像工作室，补充完善了广告摄影实验室。承担并完成校庆宣传片《三十而立》的拍摄工作。

2. 继续推进与特聘教授中央电视台张翔升先生的合作，聘请威海电视台经验丰富的从业人员担任新闻专业研究生合作导师。

3. 派出三位青年教师分别赴台湾地区、美国高校进行学术研修与合作研究。

4. 发表学术论文60余篇，其中在CSSCI收录期刊文章32篇。获教育部项目一项。

三、师资队伍建设

人才引进取得突破，引进全职教师5人，其中年轻的研究员1人，副教授1人。

四、教学工作

1. 多次召开教学工作会议，促进提高课堂教学质量与授课水平。认真做好教学管理工作，严格教学管理要求，规范办事流程，简化审批程序。

2. 认真组织开展各项教学竞赛活动。组织近三年来新入校教师及助教11位新老师参加教学观摩活动。

3. 积极推动精品课程建设与教学研究工作。完成2014年版各专业培养方案修订工作,新增校级教研项目2项。

4. 积极推动学生海外访学与国内访学活动,开展第二校园经历与海外经历。2014年学院共派出学生71人,参加短期项目15人。积极引进国内外优质教师及课程资源,先后延聘山东大学、台湾辅仁大学、台湾世新大学的教授来院讲学,为本科生开设3门专业课程。

5. 认真做好本科生推免硕士研究生工作,推免比例超过10%,接收高校的层次大大提高。

6. 认真做好实验室建设,进一步提高新闻实践教学质量与专业化程度。制定并完善实验室管理制度。学校投资近20万元,购置了教学实验必需的摄影器材,对摄影实验室进行升级改造,并对相关教学软件和技术支持进行了全面升级。学院协同创新平台经费投资20余万元,建设了具有专业水准的广播实验室。

7. 2014年是研究生教育体制改革的第一年,学院按照相关政策和文件精神,稳步改革,努力提升培养质量和研究生学术能力。积极争取和稳定生源,较圆满完成招生任务,留学研究生数量和质量也有所提升。

五、留学生工作

1. 协助国际教育学院招生,2014年度,长期在校留学生达到600余人,寒暑期短期班达到200余人。

2. 制定并落实系主任听课制度和兼职教师培训制度,组织新任课教师参加集中培训。

3. 加强对留学生毕业论文的程序化管理,推行学位生论文预答辩制度。

4. 组织留学生进行"西安文化之旅"的教学实习工作。

5. 丰富留学生活动,成功完成两个SICA之夜晚会。在文学楼的2楼和4楼分别为留学生建立了汉语角及学习交流空间。

6. 举办威海校区中韩双语演讲大赛,并参加全省中韩双语大赛。举办首届汉字听写大赛。

六、学生工作

1. 以思想引领为先导。深化"中国梦"理想信念教育,结合建校30周年,加强校情校史教育。开展10余项教育活动,推进贯彻落实十八届四中全会精神和普法宣传。举办"五四青年"表彰会暨优秀青年风采展示会。推进思想教育网络化,完善"学院—班级"微博体系,学团各级组织建立QQ群、飞信群和微信群。献礼30周年校庆,打造学术文体活动盛宴,《暗恋桃花源》话剧公演两次,承办"校庆·大学·人生"原创诗文朗诵大赛等活动。

2. 做好学生发展指导工作。打造富有专业特色的学生活动和社团,先后举办模拟新闻发布会、模拟两会提案大赛、校园DV大赛等精品活动。助力学生职业规划和创新创业,开设《大学生职业生涯规划》和SYB课程。开展"三访"工作,开拓教学实践和就业实习基地3处。推进学院"青年博士团"建设，加强本科生导师制建设，尤其是青年教师对学生科研和创新创业活动进行指导，成立研究生科研实践评审小组。两名本科生获本年度校级"十佳大学生"荣誉称号。在2014年山东省大学生心理健康节上，学生作品获高校心理剧短片DV大赛三等奖一项，心理微博原创大赛二等奖一项。

3. 全面做好学生就业服务工作。截至10月份，一次性就业率为87.73%，位列校区前三位。

4. 加强辅导员队伍建设。一篇论文获"2014年山东高校辅导员工作论坛"优秀论文二等奖，两位辅导员参加省级专业技能培训，一位辅导员赴南京航空航天大学开展交流活动。

（张红军）

翻译学院

一、学院概况

翻译学院下设英语系、日语系、翻译系、西语系(西方语言文学系)、大学英语一系和大学英语二系共6个教学系。共有专职教师111人,其中教授10人、副教授20人;博士生导师2人、硕士生导师11人;山东省教学名师1人,山东大学及威海校区教学名师3人;教师中博士(含在读)34人,占总人数的30.6%;具有硕士学位的教师75人,占总人数的67.6%。三分之一以上的教师有国外著名大学留学、访学经历。

2014年,学院坚持以观念更新为先导,以制度创新为动力,以师资和学科建设为核心,以培养符合社会发展需要的复合型国际化人才为目标,全面强化素质教育,已建成本科生培养、硕士研究生培养、博士研究生培养和博士后研究的四级人才培养体系。

二、党政工作

学院党总支通过专题座谈会、学习调研会、读书会、民主生活会等形式,深入学习贯彻党的十八大、十八届三中四中全会精神和习近平总书记系列重要讲话精神,全方位加强学院的思想政治建设。

进一步完善党建督导制度、师生党支部帮扶共建制度,并在全校范围内率先实施学生党员拟发展对象答辩制度。上半年,学院党总支成功申报3项基层党组织活动创新案例并顺利结题。继续坚持书记接待日、意见和建议征集制度,严格遵守和执行党的纪律,增强纪律观念,不断加强反腐倡廉教育和廉政文化建设。

三、师资队伍建设

2014年,学院制定并实施了《翻译学院学科建设奖励措施》(试行)和《翻译学院关于教师参加学术会议专项经费报销的规定》。

21位教师在职攻读博士学位,5位教师博士毕业,5位教师在站从事博士后研究工作,5人到国外访学,5人在国外短期学术交流,3人国内访学一年。另外,45人次参加国内外学术会议。2位青年教师晋升副教授职称,3位青年教师获得硕士生导师资格。

学院依托学术交流平台"博雅论坛",结合博士生论坛、研究生暑期学校、全国优秀大学生"英语菁英"夏令营、本科生学术论坛、中国之路等学术活动,广邀国内外专家来学院讲学。2014年共举办学术报告70场。

四、科学研究

2014年，学院教师成功申请6项省部级课题、1项厅级课题、3项横向课题。学院在研省部级及以上课题11项。2014年，学院教师共发表学术论文49篇，其中核心和权威期刊15篇，占30.6%；出版学术专著以及编著3部。李克撰写的论文《转喻能力的构建及应用性研究——以英语阅读教学为例》获"2014年山东高等学校优秀科研成果奖"三等奖和第十七届威海市社会科学成果二等奖；赵薇撰写的论文《国外重铸反馈研究》获第十七届威海市社会科学成果三等奖。

11月7～9日，翻译学院承办"第十一届华东六省一市外语论坛"，论坛以"新常态下外语教育的新目标、新要求和新任务"为主题，来自全国各地240余名专家学者参会。论坛的召开进一步密切了各兄弟院校的联系，了解了国内外最新的外语教学发展动态，加强了学术交流和教学研讨，促进了青年教师的职业发展，产生了积极的学术影响和社会反响。新华网、中国新闻网、光明网、《中国日报》等十余家政府网络媒体，山东电视台、威海电视台等多维媒体，以及《大众日报》和《齐鲁晚报》等平面媒体都对此次会议进行了报道。

五、教学工作

2014年，根据学校有关文件精神，结合学院的实际情况，重新制定了各专业培养方案。新方案以"一体化"思想为指导，重点突出学院办学特色。2014年，学院在充分考虑育人要求、社会需求和学院实际的基础上，首次招收英俄双语方向本科生，在坚持传统英语专业、翻译专业和日语专业不放松的前提下，充分发展"英语＋X语种"双语方向，形成传统专业稳健发展、新型专业集聚突破的良好局面。依据《翻译学院本科生导师制实施办法》，共选聘64名优秀教师担任578名本科生的指导老师。

年内共有3人次获国家级奖，20人次获得省级奖。另外，大学英语教师认真指导非英语专业本科生参加全国大学生英语竞赛，7人获省级特等奖，7人获省级一等奖。2014年，学院共有28名学生获硕士研究生推免资格，全部被全国重点大学录取。

5月28日，学院举行翻译硕士研究生合作导师聘任仪式，学院和威海市人民政府外事办公室共同签署合作导师聘任协议和实践基地建设协议。7月6～24日，学院举办第二届研究生暑期学校暨第一届研究生论坛，邀请多名国内外著名学者、教授做客暑期学校，举办研究生论坛讲座20多场。7月20～26日，学院成功举办第二届全国优秀大学生"英语菁英"夏令营。来自哈尔滨工业大学、云南大学、南京师范大学等大学的16名同学参加了此次夏令营活动，其中7名同学被我校录取为推荐免试研究生。

六、国际合作

2014年，山东大学（威海）国际化建设及引进海外课程体系项目立项，合作方为英国伦敦大学亚非学院。多个国家代表团访问学院，探讨国际课程合作、互派留学生等院系合作事宜。

学院年内共派出71名本科生到国外进行长期或短期交流，其中31名本科生参加山东大学(威海)海外学堂,分别赴德国不莱梅大学和日本北海商科大学学习交流。

王湘云获美国马萨诸塞州国会表彰。

七、学生工作

9 月 28 日,2013 级英法班同学积极响应共青团中央在全国高校开展“我与国旗合个影”主题团日活动,与国旗的创意合影照片被共青团中央、团省委和校团委官方微博转发。

学院数名学生荣获 2014 年度校级荣誉。2 名同学荣获 2014 年度自强之星,3 名同学荣获 2014 年度校长奖学金暨十佳大学生提名奖,6 名同学荣获 2014 年度百优大学生。学院团总支获评“山东大学(威海)2014 年度共青团工作单项考核先进单位”。

八、校友工作

以 30 周年校庆为契机,邀请广大校友返校参加各种活动,传递问候、共话发展,共叙师生校友浓情,为学院发展提供校友支持。

九、资产设备

学院建成“计算机辅助翻译实训室”,并为学生开设相关课程。利用学科建设经费在一定程度上改善了教师的办公条件,做到了每人有一套自己的办公桌椅.教授除了独立的办公室,还配备了新的电脑设备。

(周守玉)

艺术学院

2014 年,艺术学院学习贯彻党的十八大、十八届三中四中全会精神,着力巩固党的群众路线教育实践活动成果,以建校 30 周年为契机,全面推进学院各项工作。

一、党建和思想政治工作

深入开展党的群众路线教育实践活动,认真进行整改,效果显著。厉行勤俭节约,文风会风明显改进,学风教风进一步端正,教学条件和环境明显改善,服务意识显著强化。

加强民主建设,在实践中积极探索和建设长效机制。截至 11 月底,召开党政联席会 17 次,加强沟通协调,健全领导班子的议事决策制度,提高执行能力。加强宣传工作,传递正能量,共同创造团结稳定的大局。

二、教学工作

2014 年,艺术学院严抓质量工程,日常教学平稳进行,突出实践和应用特色。2014 年,为庆祝山东大学(威海)建校 30 周年,共举办展览和演出 36 场,各类讲座和邀请专家授课 13 场;参加校级以上比赛 17 项,获得奖项 45 项。

夏季学期精彩纷呈,共开课 40 余门,1000 余学时。邀请国外专家蒋齐、国内专家景建树、王力克、孔新苗、祝重寿、穆祥来等开设课程 6 门。

三、学科建设

强化学科建设力度,成立艺术创作研究中心。年内,音乐团、舞蹈团、美术实践创作工作室和设计实践创作室等四个分中心已经设立并开始运作,以服务社会文化事业为主攻方向,努力增强辐射带动作用。

科研工作组织认真,动员深入。2014 年,共发表论文(含作品)48 篇,出版专著 6 部,科研获奖 5 项,参加会议 5 次,其中 2 次为全国美展。新增各类科研项目 18 项,共计经费为 88.11 万元,其中教育部人文社科规划青年基金项目 1 项。

发挥专业优势,积极服务地方。在社区和部队举办演出 15 场;设计系设计的“小水滴”被威海市 2014 年铁人三项世界锦标赛录用为吉祥物,同时与威高集团、北洋集团等企业建立设计合作关系。

四、师资队伍建设

加大人才引进力度。2014 年,引进博士 1 人。学院鼓励青年教师提升学历层次,增加对攻读学位人员的资助,新增在读博士1人。根据校区规定和自身实际,学院制定了教师激励方案,修订了岗位聘用方案。

五、国际交流与合作

艺术学院以校区打造国际化办学特色为契机,加强宣传,加快合作。美国北亚利桑那大学、法国佩皮尼昂音乐学院、英国利兹大学、俄罗斯下诺夫哥罗德格林卡音乐学院、台湾中国文化大学等八所海外高校的相关负责人来访。

同时,舞蹈编导专业的《剧目排练》获得第二批引进国外优质课程体系立项。学院积极推动本科生海外访学项目,学生参与各类海外访学项目总人数达到30多人。

六、学生工作

学院重视"德"性教育,注重理念培养。利用道德与法律课、形势与政策课等对学生进行"大学生文明道德和礼仪修养"渗透教育;举办"德育讲堂"(3次),开展"与信仰对话"(2场);关注学生QQ空间,微信朋友圈等平台,通过飞信、QQ群、微博等开展线上思想教育。同时,严抓学生琴房教室卫生,养成学生良好习惯。

积极开展实践活动,形成了项目化、品牌化、日常化、长效化的实践机制,形成了面向部队、社区、孤儿院、养老院特殊群体的日常化实践服务体系。同时,"情系孟良崮"义务支教团已经连续服务9年;"爱满鲁南大地,情系留守儿童"义务支教团连续2年走进枣庄市冯卯镇留守儿童关爱中心献爱心;"980"边防行深入部队进行演出慰问。

七、管理服务水平建设

贯彻落实中央"八项规定"要求,注重调查研究,切实转变工作作风和文风会风。注意听取广大师生的意见建议,积极开展工作调研;通过工作QQ群、飞信和学院网站,及时准确的传递信息;加强对艺术展演的报道;减少学院开会次数,控制会议时间;对教职工的日常行为进行引导和规范;注重加强财务管理,规范工作流程;厉行节约,杜绝浪费现象。

努力改善办学条件。推动落实美术设计展厅与景观模型实验室建设项目,总投入55万元,解决了这两个实验室多年来悬而未决的问题。2014年,展厅已投入使用,模型实验室已完成设备招标工作。

八、发挥学院特色,向建校30周年献礼

2014年,艺术学院动员全院力量承办校庆专场晚会,历经半年多排练,于11月初上演,取得良好反响。

学院筹办庆祝建校30周年系列活动,共举办演出24场,展览12场,学术报告7场,专家授课6门。学院教师结合校庆对山东大学(威海)进行形象识别设计,向校区捐献了巨幅作品《鹊华畅春图》。2014年,艺术学院的品牌活动建设已见成效。美术系和设计系的毕业展、舞蹈系的毕业晚会、音乐系的新年音乐会等已初具品牌效应。

(张　剑)

海洋学院

一、抓好党建工作，发挥党支部的战斗堡垒作用

1.政治理论学习。以践行社会主义核心价值观、学习贯彻党的十八届四中全会精神为主要学习内容，加强法律法规与教师职业道德规范的学习，开展了座谈讨论、民主生活会、专题研讨等多种形式的组织活动。2014 年海洋学院获“全省高校基层党支部活动创新案例”三等奖。

2.群众路线教育实践活动。召开了教育实践活动专题民主生活会、教育实践活动总结大会。制定完善了《海洋学院党的群众路线教育实践活动整改方案》，并进行整改落实。

3.廉政建设。通过院务公开、党政联席会、民主生活会等，加强党员干部的廉洁从政教育和教职员工的廉洁从教教育。

4.本科生导师制实施情况。海洋学院全面推行班主任负责制，聘请新生导师 33 名，举行导师见面会 4 场，专业普及教育 12 次，师生座谈会 21 次，做到“每个学生有导师，师生交流经常化，导师指导有实效”。

5.组织发展。学院下辖支部数量为 7 个，年内新发展学生党员 46 名。在册党员人数达 191 人。累计参加党校党课培训班 3 期，培训积极分子 158 人，新发展入党积极分子 190 人。

二、本科和研究生教育

1.总体情况。2014 年海洋学院共完成本科生课程 245 门，共计 17465.32 个标准学时。143 名本科毕业生被录取为硕士研究生，占毕业生总数的 44%，其中生物科学专业考研率高达 55.56%。2014 年招收硕士研究生 39 人，博士研究生 3 人，毕业并授予学位的硕士研究生 26 人，在读研究生规模达到 126 人。

2.培养方案和特色专业建设。结合海洋学院相关专业的师资特点、教学条件，在培养模式、课程安排等方面力争实现基础功底扎实、海洋特色鲜明。

3.专业思想教育。以导论课为抓手，针对海洋学院部分专业调剂生多、专业思想不稳定的现状，构建老中青结合、学科方向多元的导论课教学团队，使新生了解专业前景，激发学生的专业兴趣，稳定学生的专业思想。

4.实践与创新能力培养。2014 年海洋学院共举办 16 场学术报告会，开阔学生的视野。通过对不同立项类别随机选取部分项目进行答辩的形式，强化了对大学生科研立项

执行情况的监督效果。新增2处本科生实践教学基地,顺利完成了509人次本科生实习工作。共完成本科生毕业论文321篇,其中1篇论文获评山东省优秀学士学位论文,7篇论文获评山东大学(威海)优秀毕业论文。研究生教育方面,2014年研究生共发表SCI学术论文13篇,1篇研究生学术论文获评山东大学研究生优秀学术成果奖。1篇研究生硕士学位论文获评山东大学优秀硕士学位论文。

5.加强师生互动。2014年海洋学院共召开8次本科生师生座谈会,参与学生覆盖海洋学院各班级,师生就教学过程中涉及的各类问题进行了坦诚交流。

三、科研与平台建设

1.科研工作。海洋学院2014年获得国家自然科学基金等国家级项目4项,其他纵向项目20项,横向项目8项。2014年科研总经费达到1256万元,是2013年经费数的2倍多,科研经费的纵横比为1.5∶1。获得授权专利8项,申请专利36项,转让专利2项。发表SCI、EI收录论文23篇。

2.平台建设。"海洋牧场工程技术研究平台"校级重点学科建设,本年度进行了其主体工程"海洋牧场综合实验室"的选址、功能设计和工程设计工作。获批"山东省海洋微生物资源库平台""山东省生态型人工鱼礁实验中心"2个省级平台,并启动建设。提交威海市海洋研究院运行机制演变与改革展望的专项报告1份,提交山东大学(威海)服务区域海洋经济发展科技支撑能力建设意见1份。

3.服务地方。针对威海市相关企业和渔业技术推广人员,举办了"海洋生物遗传育种""海洋生物综合利用"2期专项渔业技术培训,参加培训人员共100人次。

四、大学生思想政治、素质教育

1.思想育人。以第六届团支部主题教育立项活动为载体,强化学生对十八届四中全会精神的理解。获得3个校级立项,2个院级立项。组织专题研讨会3次、明辩会1场、主题团日活动11次。

2.科技育人。通过科研班主任、班级科研联络人、科研兴趣小组以及科研助理和实验室助理四个阵地,从不同层面,推进学生科技创新活动全面覆盖。

3.实践育人。组织38个团队参加暑期社会实践,全部顺利结题。

4.榜样育人。通过"海院之星"评选活动,使海洋学院形成了"一星带多星,人人争当星"的优良风气。

5.互助育人。通过学费减免、助学金、助学贷款、勤工助学、奖学金评选等工作,帮助学生自立自强。1人获评山东大学(威海)自强之星,2人获提名奖。

6.服务育人。主办威海市2014年防艾宣传周活动,参与各类志愿服务活动2500多人次、8500多小时。

7.心理健康。通过团体辅导、心理主题班会、心理情景剧等活动,帮助学生塑造健康、向上的心理。

8.就业指导。邀请多家大型企业来院招聘,提升就业层次。毕业生就业率达83%。

五、综合治理和工会工作

1. 工作监督。通过教职工代表大会、座谈会等，促进学院制度公开、工作情况公开，充分发挥工会的桥梁和纽带作用。

2. 文体活动。对教工活动室进行经常性维护，组织教职工参加学校和学院的各类文体活动，加强老师之间的交流，增强身体素质。

3. 温暖之家。通过与教职工谈心交流，为教职工解决生活问题等，把关心和温暖送给每位教职工。

4.《良师益友——新型师生关系的内涵》获评山东大学（威海）师德建设三等奖。

六、校庆工作

1. 制订工作方案，统一思想。按照校区工作部署，海洋学院制定了校庆工作方案，成立了筹款、成果展示、学术报告、校友接待等四个工作小组，确定了“朴实、热情、节俭、配合学校为主”的工作思路，确保学院校庆接待工作的顺利开展。

2. 收集校友信息，编辑成册。通过发动老教师、辅导员以及熟悉的校友，发挥 QQ、微博等新媒体的力量，广泛收集省内外、各地区校友的联系电话、通讯地址及其他信息，由专人负责整理，并编辑印制成《海洋学院校友通讯录》。

3. 做好校庆宣传，营造氛围。积极营造浓厚的校庆文化氛围，通过在宣传栏张贴校庆海报，展示学校发展成果；制作《山威简史》电子书，回顾办学历史、宣传办学理念；在“山大海洋 blueblue”微信平台开辟“校庆进行时”线上宣传活动，直播校庆盛况；制作《优秀校友访谈》视频，加强与校友联系，增强学校的凝聚力、向心力和号召力。

4. 举办学术活动，献礼校庆。邀请来自日本京都大学、法国科学院、新西兰坎特伯雷大学、美国食品和药物管理局、中科院武汉病毒研究所、中科院生态环境研究中心等国内外知名专家学者举办“海洋论坛”学术讲座，开展“百川论坛”研究生学术交流活动。

5. 加强校史校情教育，提高认识。在新生入学教育中安排了校史校情教育，向新生介绍校区发展历程和建设成就，使新生们感受学校的发展与变迁，并对在新的历史条件下如何继承、发展和弘扬山大传统、山大精神有了更深入的理解与认识。

6. 开展校友访谈，激励学子。积极联系校友资源，进行专访，撰写校友事迹，发挥校友的榜样示范作用；邀请校友与学生们进行面对面交流，分享大学经历与人生感悟，使在校生了解我校学子传承山大精神、弘扬优秀传统的成长和奋斗历程。

7. 丰富校园文化活动，增光添彩。指导各团支部开展“我与山威的爱情故事”等主题教育实践和主题团日活动；指导学生会举办“知识海洋”“创意海洋”“欢乐海洋”“爱心海洋”的海派校园文化活动，进一步提升学生们的归属感和自豪感，营造喜庆氛围，为校庆增光添彩。

8. 撰写校志，再创辉煌。根据校区统一安排，专门成立了海洋学院校志编写小组，以学院文件资料为依据，广泛收集材料，注重翔实准确，共撰写 13000 余字。

（梁振林　孙　艳）

机电与信息工程学院

一、思想政治工作

2014年,机电与信息工程学院认真学习和贯彻党的十八大精神,深入领会其丰富的精神内涵,增强教职工创办世界一流大学的使命感和紧迫感,为推进学院教学科研等工作的顺利开展,奠定了坚实的思想基础。制定和落实各项规章制度,巩固党的群众路线教育实践活动成果。全年共制定了10项工作制度,其中8项已经贯彻实施,其余2项正在推进。通过制度的贯彻落实,改进了领导干部作风,提高了管理水平和工作效率。

二、本科教学工作

1. 积极推进课程和课程组建设,鼓励开展教育教学研究。组织主题座谈会10余次,观摩教学与研讨2次;完成教学和实验大纲等的审核与修订;获得山东省优秀教学成果三等奖1项。

2. 开拓实验实习渠道,强化实践教学环节。统筹安排学生全员参与实习实训、课程设计、科技竞赛和社会实践等活动;加强了与实习基地的联系,更新了基地的相关信息。

3. 按照学分制改革要求,修订完成了2014版本科培养方案。该培养方案在学院内打通了各专业的多门课程,学生选课将更加灵活,符合学分制要求,也方便课程组开展教学。

4. 开展国际合作办学,引进国外优质教学资源。在继续开展机械设计制造专业联合培养的基础上,新开辟与澳国立合作计算机专业的培养;与合作学校进行了深入交流,基本完成了课程的对接。派出骨干教师到国外学习,引进了先进的课程体系。

三、科学研究和服务地方

在国家级、省级科研立项、大学共建和服务地方等方面取得了显著成果。国家自然科学基金项目立项5项,其中面上项目2项,青年科学基金2项,省联合基金1项;省自然科学基金4项,其中面上项目3项,科技创新人才培养基金1项。此外,横向项目30余项。据初步统计,2014年项目的科研经费合计1000万元,全年共发表学术论文120余篇,其中多数被SCI、EI和ISTP索引,受理或授权专利20余项,其中发明专利16项。积极寻求科研合作,扩大产学研结合范围。与新泰泰丰煤业集团、滨州活塞、威海东兴电子等多家机构和企业签订合作协议并开展多项技术合作。与积成电子就联合申请省级工程技术中心等事宜达成意向，与双轮股份共同申请了山东省蓝色产业“泰山学者”团队支撑计划。

四、队伍建设

继续加强教师队伍的引进和培养。共引进学术骨干1人，优秀教师2人。根据学院学科发展和人才培养需要，制定了2015年的人才引进计划。鼓励和支持教师业务进修和攻读博士学位。新增职攻读博士学位教师4人，全年共派出6人次出国进修和学术交流，40余人次参加各种专业技术培训。

五、学科建设与研究生教育

按照计划完成了“电子信息”和“机电装备”两个平台的年度建设任务，学院“哑铃式”学科结构逐渐形成。完成了实验室基础设施改造及相关仪器、设备的购置，为教师、研究生科研工作的开展打下坚实的基础。邀请国内外知名专家讲学10余次，承办了第三届“机械信息与工业工程”国际会议和“国家基金委集团管理项目研讨会”等学术会议。加强研究生导师和专业建设。全年新招收硕士研究生60名，增加了“材料科学与工程”专业的招生，与3家企业签订了研究生专业实习基地协议。研究生发表SCI、EI论文近30篇，在数学建模竞赛中获国家一等奖1项、三等奖3项，在山东省信息安全大赛比赛中获省三等奖1项。

六、实验室建设与管理工作

完成了2014年实验室建设任务。全年共有5个实验室建设项目获得立项建设，总经费200万元。按校区要求，针对未来几年实验室建设发展规划，通过综合各系及实验中心发展要求，完成了2015～2017年实验室建设预算方案并上报校区。

七、国际交流

继续推进国际合作办学，积极引进优质课程体系。派出4名教师参加课程访问及研修项目，努力推进电子、机械、计算机等专业的课程体系国际化建设进程。新增“计算机科学与技术”专业中澳合作培养项目。积极承办ICMIIE2014国际会议，扩大国际学术交流。2014年度先后接待了来自欧美地区等5所大学代表团的交流访问。利用各种机会邀请4位外国专家前来讲学。派出37名学生赴欧美参加访学与联合培养项目，其中美国4人、瑞典2人、韩国31人。

八、学生工作

1. 强化党员先锋意识，带动学生整体向上发展。全年共确定入党积极分子200人，发展学生党员112人。截至年底，学院共有学生党员336人、入党积极分子660人。

2. 扎实开展助困工作，注重助困与育人结合。在资助的659名困难学生中，62.5%参与科研，57.12%参与社会实践，获国家级奖励16项，省级奖励176人次，校级奖励491人次，获奖比例超过全院学生平均水平。

3. 以实践和科研为载体，搭建学生专业素质拓展平台。学院共组织 2160 余人次参与科研活动和社会实践，参与率达 96%。暑期社会实践 4 支团队获“省级优秀团队”；在各类科研竞赛中共取得国家级奖项 38 项，省级奖项 83 项。

4. 稳健推进学院就业创业工作。举行 8 场就业指导讲座，举办“2014 年春季双选会”，邀请 119 家用人单位来校招聘。2014 届毕业生一次性就业率达 94.2%。

（姜元先）

空间科学与物理学院

一、党团与学生工作

1.加强学习，拓宽思路，推动工作创新。加强教师、学生党支部、学生干部队伍的学习和建设，提高应用技能，提升整体工作能力，加强工作传承。

2.围绕学风建设，扎实开展日常工作。选配优秀青年教师担任本科生导师，召开学风建设专题座谈会，突出资助贷体系的正向激励作用，学风建设取得成效。1人次获得“2014年度山东大学校长奖学金暨山东大学（威海）十佳大学生”，1人次获得省级优秀学生称号。

3.密切结合专业学习，开展科研实践、社会实践和主题教育活动。大学生科技作品立项参与度高，质量稳步提升。学生全年共获得省级以上奖励8项；国家实用新型专利4项；参加山东省第六届大学生物理科技创新大赛获特等奖2项、一等奖1项、二等奖1项；发表SCI论文1篇。

年内共有130人次参与社会实践活动，其中“星光绽放，梦想起航”调研团队所做的关于物理和空间专业学生专业认同感的调研成果，用于2014年新生入学培训，对引导学生牢固专业思想起到了积极作用。天文爱好者协会以天文台为依托，共举行科普活动30余场，接待公众1.1万余人。

4.全员参与，多方举措，大力推动和促进毕业生就业。学院2014届毕业生就业工作在读研率下降的情况下，实现了就业率稳步提升。截至12月，学院实际就业率达86.4%。

二、教学与人才培养

1.强化教学管理，提高教学质量。教学督导员和学院领导经常性地到课堂听课，积极开展观摩教学和定期教学交流，加强年轻教师特别是新进教师师德教育和教学过程监督力度，完善主干课教学梯队。

2.创新人才培养模式，优化本科培养方案。落实创新性人才培养理念，重点围绕“天文与空间科学菁英班”的培养目标，制定2014版的本科生培养方案，新方案主要亮点是增加新的专业选修课程，针对不同专业方向设置不同的选课包，为实现个性化培养、研究型学习的新模式奠定了基础。

3.注重教学研究，推进精品（优质）课程建设。2014年度新立项精品课程1门，使学院总的精品(优质)课程达到4门,通识教育核心课程2门,双语课程1门。2014年新立项教研项目2项,在研2项。

4.完善实验示范中心建设,强化实验与实践教学。新建空间科学创新实验室,对普通物理和专业实验课进行模块化教学改革,推进学生科技创新活动的开展。重视拓展本科生教学实习点,安排2011级学生前往中科院相关院所和4家省内外重点企业开展实习活动。

5.本科人才培养取得佳绩。空间科学与物理学院2011级学生共有22位同学被保送免试攻读研究生,占毕业生总人数的21.1%,其中保送至985重点高校8人,中科院各科研院所14人。

6.加大研究生招生力度,着力提升研究生培养水平。招收硕士生15名,博士生6名(其中硕博连读4名)。设置空间科学优秀生源奖,新入学硕士生有7名获得该项奖励。6名硕士生获得山东大学(威海)研究生自主创新基金项目,3名研究生获空间科学优秀科研奖。

三、学科建设和科学研究

1.学科建设项目实施情况。空间科学方向的学科建设工作由空间科学研究院作为主要承担实施载体。2014年度是研究院开局之年,开展了评价体系及薪酬制度方面的改革,完成了主要的研究院规章制度建设,为后续发展奠定了基础。

根据校区重点学科建设项目《天体和空间环境物理与探测》的任务书要求,先后启动空间光学实验室、地基高性能太阳射电动态频谱观测系统、天文台一米望远镜双通道测光设备、地磁台建设、电离层监测台站、行星表面环境模拟与物质表征实验室的设计和建设工作。依托《材料物理学科基础条件建设》学科建设项目,建成了材料力学性能测试实验室,与威海蓝星玻璃集团公司合作建设实验室,并得到威海市科技局服务地方先进单位扶持资金支持。

2.优秀人才的引进和培养工作。2014年度共引进博士毕业和博士后出站新教师3人。依托研究院体制,引进千人计划特聘教授1人,实验技术人员2人,招收学科博士后4人(其中外籍2人)。张清和教授获得山东省杰出青年基金项目支持,并获国际无线电科学联盟颁发的"青年科学家奖"。

3.科学研究取得新突破。2014年新增国家自然科学基金项目12项,山东省自然科学基金项目9项。总新立项经费1076万元,其中国家自然科学基金700万,山东省自然科学基金约210万。截至年底实到经费383.5万元。

发表论文75篇,其中第一作者(或通讯作者)论文52篇,SCI收录24篇,在高影响因子区(IF〉3)发表的论文数17篇,EI收录6篇。部分研究成果获得了国际同行和科普媒体的高度认可。

四、合作与交流

拓展及深化与国际名校及知名科研机构的合作。与澳大利亚国立大学探讨了空间科学及物理学两方向2+2及3+2项目等合作,启动课程互认工作。与英国伦敦大学皇家霍洛威学院探讨了本科联合培养的合作。着手与美国阿拉巴马大学亨茨维尔分校空间科学系商谈研究生联合培养方面的合作。

继续推动高层次学术交流。2014 年邀请了 20 余名国内外学者来校讲座。学院教师及研究生参加国际会议近 20 人次，参加国内学术会议近 30 人次，学院主办学术会议共 9 次。

（夏雪莲）

数学与统计学院

在校区党政的领导下，在相关部门的指导、支持、配合下，数学与统计学院稳固和扩大党的群众路线教育实践活动成果，以培养高质量的人才为根本，不断提高教学科研和学科建设水平，提升学院竞争实力。

一、党建与思想政治工作

制定《数学与统计学院党员发展实施细则》《数学与统计学院党员学习制度》《学生党员培训方案》《推荐免试硕士研究生工作实施办法》等工作制度；建立学院飞信群、微信群以及QQ交流平台，畅通师生意见反映渠道，以此推动学院各项事业不断进步；积极申报“传阅红色，撒播正能量”“博学善行，薪火相传”“重温红色历史，恪守奉献精神”等基层党支部立项活动并顺利结题；围绕“学习十八大，践行中国梦”“贯彻习近平总书记系列重要讲话精神”“学习十八届四中全会精神”等主题先后开展各团支部教育活动80余次；以开展“争当学习型职工读书行动”和“开展师德建设教育月活动”为中心，在不断提升教工自身素养和专业素质的同时，创建学习型工会；围绕党的方针政策，开展各类文体活动，充分发挥工会的桥梁纽带作用，愉悦身心、凝聚人心，促进学院和谐发展。在“如何做一名合格的高校教师”“如何做到教书与育人的紧密结合”等主题征文活动中获奖。

二、学科建设与科学研究

完成学科建设项目“医用领域的数学”“概率论与数理统计”的年度经费预算、中期检查、项目成果统计等相关工作；科研立项取得较好成果，获国家自然科学基金4项，其中青年科学基金项目3项，面上项目1项，获得中国博士后基金两项，共获得科研经费资助总计143万元；发表论文27篇，其中SCI收录论文17篇；2014年邀请9位国内外知名专家、学者来校访问；举办第二届亚洲数量金融会议和第七届倒向随机微分方程国际会议两个国际会议，举办第八次全国微分方程定性理论会议和2014年青年教师数学控制理论及应用学术会议两个全国会议；积极组织教师参加国际国内学术会议15余人次，其中参加国际学术会议8余人次。

三、人才培养

数学与统计学院高度重视人才培养工作，年内修订3个专业本科课程培养体系，制定2014版培养方案。

2014年,成功组织校区66支队伍参加全国大学生数学建模竞赛,获全国一等奖1项、全国二等奖9项、省一等奖16项、省二等奖14项、省三等奖10项;成功组织校区36支队伍参加美国大学生数学建模竞赛,获国际一等奖2项、二等奖11项;成功组织2014年山东大学(威海)大学生数学建模竞赛。

重视学生实践科创能力的培养,2014年暑期社会实践中一支团队受到团中央表彰,32名学生获得SYB的结业证书,获2014年"创青春"全国大学生创业大赛省级铜奖1项、移动互联网创业专项赛国家级铜奖1项,学生申请专利6项,发表论文6篇。

高度重视就业工作,新增就业实习基地1个,新开拓就业市场3个,2014届本科生就业率达95.5%,荣获毕业生就业工作先进单位,1人被评选为毕业生就业工作先进个人。2014年,获山东省优秀学生干部、优秀学生各1名,山东省优秀班集体1个。

研究生工作方面,起草并通过了《数学与统计学院一年级研究生奖学金管理办法》和《数学与统计学院研究生综合素质测评办法》;学院研究生发表SCI收录论文9篇;获得山东省研究生优秀科技创新成果奖和第26届中国控制与决策会议(2014 CCDC)张嗣瀛优秀青年论文奖提名奖各1项。

四、师资队伍建设

2014年,数学与统计学院引进1名博士和1名博士后;2人晋升副教授,9人上调岗位级别;2人获得博士学位,2名教师赴美国做访问学者,3名老师进站做博士后,3名老师考取博士,学院教师学历层次大幅提升。

五、学生工作

2014年,数学与统计学院以学风建设为纽带,引领学生健康全面发展。开展高年级优秀学生做新生"导生"活动,实行晚自习制度,建立电子学习资料库,进行优秀学子访谈等,以活动为依托,加强学风建设;努力营造浓厚的数学文化氛围,承办林海文化论坛—"我与建模有个约定"数学建模专场,推出系列"数学之美"视频、建立自助小型图书馆以及三行情诗活动、数学多米诺大赛、数学风采大赛等数学文化活动;加强学生骨干培养,完善学生干部成长营培训体系,承办校区第十一期团支部成长论坛,举办学生干部骨干实训会、交流研讨会、工作技能培训会、主题演讲、辩论、读书心得、征文及主题团日观摩等实践活动合计25次;注重第一课堂与第二课堂结合、线上与线下结合,加强思想引领,依托团总支开展"社会主义核心价值观"学习研讨会、辩论赛、征文等活动,组织各团支部举办"社会主义核心价值观"主题团日活动12次,围绕"学习十八大,践行中国梦"主题,组织形式多样的主题教育活动43次。数学与统计学院团总支获2014年度共青团工作单项考核先进单位,1人获评优秀辅导员,1人获评山东大学(威海)2014年度优秀团干部。

(刘东霞　王祎璠)

马列教学部

2014年,在威海校区党委和行政的正确领导下,马克思主义教学部全体师生员工努力拼搏、团结协作,圆满完成教学、科研、人才培养等各项工作。

一、党建和思想政治工作

(一)做好制度建设

马列教学部直属党支部在深化群众路线教育实践活动中,制定了《马列教学部学科建设经费使用管理办法》等20余项规章制度,使各项工作走上制度化轨道。

(二)坚持民主制度

年内组织召开了二届一次教代会,会议审议通过了各项工作报告;坚持公平、公正、公开的原则完成了教师的岗位招聘、岗位调整等关系教师切身利益的重大事务;坚持走群众路线,尊重学生、导师的意见,发展6名同志入党。

(三)坚持学习研讨

把学习贯彻十八届三中四中全会精神作为重大政治任务,积极推进学习型党组织建设;各教研室积极组织教学研讨;利用部例会开展课程建设、教学研究和学科建设研讨;以"厚博论坛"为平台,每月邀请国内知名专家为全体教师进行课题、论文指导。

二、学术与学科建设

2014年哲学与社会发展研究中心共举办8期厚博论坛和6场学术报告。马列教学部教师年内共发表论文19篇,其中CSSCI 10篇(含1篇权威),C扩展版论文1篇,其他论文8篇;出版著作3部,编写教辅教材1部;新增校级以上项目9项,其中省社科3项,教育部1项,博士后基金1项,校地合作项目4项;校级科研和教研项目5项;1人获省高工委思政课教学课件二等奖;教师外出参加学术会议和培训9人次。焦佩老师获山东省高校优秀科研成果二等奖,付文忠获三等奖,和春红获省教学课件比赛二等奖。

三、本科教学与改革

(一)继续深化课堂教学改革

马列教学部于7月份举办思政课教学改革及马克思主义理论学科建设研讨会,与会者围绕如何处理好自己的学术积累与马克思主义理论学科建设和思政课教学之间的关系、教学中的疑难问题及教学经验、十八大精神进教材进课堂、研究生的培养等问题,进行交流研讨，并形成5万多字的发言材料。

(二)举办三大品牌活动

4月、5月和11月分别举办第五届“银洁杯”大学生思想政治风采大赛、“弘扬主旋律唱响中国梦”歌咏大赛和第五届“刘公岛杯”大学生红色文化知识竞赛；组织4000余名新生进刘公岛参观学习。2014年红歌比赛走进社区，受到了田和街道居民的热烈欢迎。

(三)进一步加大教学研究和课程建设的力度

继续加强2门精品课程和3门优质课程及3门核心通识课程建设，充实教学人员，提高课程网站制作水平，加快更新内容，推进师生网络交流。2014年共有专任教师22人，其中教授5人，副教授6人，讲师11人。

四、研究生培养与管理

加强研究生日常管理，在改善研究生培养条件建设的基础上，强化导师负责制。落实“全面提升研究生培养质量工程”，在论文撰写、预答辩、答辩等各个环节均制定新的规定。着力改善理论授课质量，组织研究生开展社会调研45人次；组织14名研究生到田和街道12个村居挂职锻炼；研究生会每双周四晚以时政热点、专业研究方向等为主题举办学术研讨会，邀请导师参与点评，全年共举办25场次；引导研究生积极参与红色社团联盟的各项活动，并协助出版2期《红色之旅》。2014年毕业研究生10名，就业率100%。

五、社会服务

发挥教师专业优势，积极参与马克思主义理论、习近平总书记系列重要讲话精神、中央重大决策部署宣传宣讲，年内共为学院宣讲15场次，为威海市高区田和街道党员集中培训2场次。

（王晓宏）

体育教学部

2014年，新一届的党政领导班子上任后，对体育教学部组织机构的构建与完善、对体育教学部各项规章制度的建立健全做了一系列的改革与拓展。体育教学部以教学为中心，以竞赛和群体为重点，以阳光体育运动和校地合作为平台，注重场馆建设、课程建设、基地建设和制度建设，取得了一系列工作成果。

一、党建和班子建设

以深入推进“群众路线”教育实践活动为契机，强化部门领导班子和管理团队建设。在调查研究、虚心听取师生意见的基础上，找准问题，制定切实可行的整改措施。与山东大学以及北京大学、北京师范大学、上海交通大学等兄弟高校交流管理经验，更新管理理念，提高班子的实际工作能力。

以青年教师队伍建设为重点，做好教工思想政治工作。通过谈心、座谈等形式，引导青年教师树立正确的职业观念和努力方向，不断提升业务素质和思想觉悟。及时了解反映教师在工作生活中遇到的具体困难，解决实际问题，逐步提高教师队伍的凝聚力。

二、学术与学科建设

在校庆30周年之际，体育教学部把“走出去，请进来”作为学术与学科建设的主要途径，2014年两人次以专家学者的身份受邀出访俄罗斯。同时体育教学部先后邀请知名学校、知名学者到威海校区进行学术与专业讲座及沙龙6场，从不同视角、不同领域为交叉学科的研究拓展了新的方向。2014年在省部级项目申报中，体育教学部在省软科、省社科、省自然基金项目申报中获批3项，横向课题2项。全年发表论文15篇，其中CSSCI收录5篇，EI会议收录3篇，核心收录2篇，教师所取得的科研成果有了质的提升。

三、本科教学与改革

2014年度体育教学部依照常规做好教师的排课、期中教学检查、工作量计算、考试安排与成绩录入等工作，并按要求组织开展教学进度、精品课、优质课、教改立项的年度检查与教材立项申报工作，确保教学秩序正常进行。

年内有2人分别获得校区教学评比一等奖和二等奖，1人获得校区教材立项。

重视政策导向。对照高等学校体育工作基本标准的要求，制定了一系列的体育工作改革方案：体育选课系统的研发、体育理论考试网络系统的引进、探讨学校体育工作课内外“一体化”模式的建立等。

重视业务素养。体育教学部鼓励教师不断提升自身的业务素质，在政策和资金上给予支持。2014 年有 3 人次参加了与课程有关的专业培训。

2014 年体育教学部本科教学与改革主要分为两个重点、两个平台和四个建设。

（一）两个重点

一是上半年以组织筹备并参加山东省第 23 届大学生运动会为重点。

体育教学部对教练员选拔、工作量的统计和赛前集训等工作建立健全了一系列的相关制度，并争取专项资金 31 万元，为校区田径、健美操、男子篮球、乒乓球四支队伍取得优异成绩提供了政策与资金的保障。在第 23 届山东省大学生运动会中：校区田径队在甲组比赛中获得 2 枚金牌、1 枚银牌、3 枚铜牌；健美操代表队在乙组比赛中，获得啦啦操团体总分第二名，其中花球舞蹈啦啦和爵士舞蹈啦啦获得第三名；乒乓球代表队在甲组比赛中，获得女子甲组团体冠军、女子甲组单打冠军的佳绩；篮球代表队在甲组比赛中，取得了第四名的成绩。

二是下半年以贯彻全国学生体质健康标准为重点。

为全面贯彻落实《国家学生体质健康标准（2014 年修订）》，体育教学部积极组织老师认真学习有关文件，并做好体质健康测试工作的日程安排。同时推动校区制定了《山东大学（威海）〈国家学生体质健康标准〉测试管理办法》（山大威校学字〔2014〕48 号），确保了《国家学生体质健康标准》在校区的顺利实施。

（二）两个平台

一是以阳光体育为平台。以国务院、教育部及山大总校的文件精神为指引，根据校区实际情况，以阳光体育运动为平台，构建课内外一体化学校体育工作模式：把教学内容延伸到课外进行锻炼，把课外锻炼纳入到课堂进行考核，以数字化网络系统研发作保障，让学生走下网络、走出寝室、走到操场上，每天锻炼一小时，强健学生的体魄。

二是以校地合作为平台。在团队的共同努力下，体育教学部走访了威海市统计局、工商局、国税局、地税局、经信委、商贸局、海关、中小企业局、海洋渔业局、船舶检验局、促贸会等十几个单位，通过数据的总结分析，为市政府出台体育产业的相关政策拿出了科学、严谨的第一手资料，为校区未来参与到威海体育产业发展规划中奠定基础。

（三）四个建设

一是场馆建设。关于场馆功能的合理使用与开发，体育教学部多次召开党政联席会和教师会，对施工图纸进行研究并提出专业建议；同时围绕着百年场馆建设，体育教学部已经开始对未来校区的体育课程设置、专业调整、师资培训、基地建设等进行规划与设计。

二是课程建设。以《高等学校体育工作基本标准》中体育课程设置与实施的要求为依据，以场馆建设为基础，根据校区对人才培养的需要，加强对铁人三项和健美课程师资队伍的建设力度，派教师外出进行专业培训。

三是基地建设。体育教学部根据学科项目《山东大学蓝色体育创新研究中心》的建设目标中的承诺，加强对科研团队建设的扶持，加大对“中国大学生铁人三项运动基地（国家级）”建设的投入和力度，协同威海市体育局为中国大学生铁人三项运动基地申报进行前期准备。

四是制度建设。本学期体育教学部在“统分结合,优势互补,各具特色,一体发展”的“大山东大学”发展架构下,以山东大学体育学院的各项政策为依据,以其各项规章制度为基本框架,修订并完善体育教学部的相关规章制度。

四、校地合作,服务地方

“校地合作,服务地方”,是体育教学部力求发展的平台之一。2014 年与体育局合作,为威海市政府起草了《威海市关于加快发展体育产业促进体育消费的实施意见》文件,并对相关体育产业进行调研。

(陈孟松)

继续教育学院

一、党建与思想政治工作

1. 学院按照校区党委和机关党总支的部署,积极学习中央文件和习近平总书记重要讲话,深入领会其精神实质;学习十八届四中全会制定的依法治国方略精神,与党中央保持高度一致。

2. 按照党的群众路线教育实践活动整改方案要求,改进工作作风。注重发扬民主作风,重要决策通过民主研究、讨论决定;关心员工利益,关注员工诉求,教职工工作主动性进一步提高。

3. 学院严格遵守中央"八项规定",自觉抵制各项不正之风。少开会,开短会;提倡勤俭节约,反对浪费;严格接待制度,严格执行接待标准。

二、业务工作

(一)成人学历教育

1. 做好招生工作,扩大招生力度。2014 年,为扩大学校成人学历教育影响力,先后到威海三角集团、威高集团、威海国家电网和克莱特菲尔股份有限公司等单位,介绍成人学历教育的办学情况及相关政策,已与威高集团展开合作。年内,录取网络新生 245 人,函授新生 404 人。

2. 加强教学管理,保证教学质量。为提高教学质量,多次到函授站检查工作,尤其是针对教师聘任、面授、考试等教学环节提出具体要求。通过与合作单位沟通,函授教育在学员自学的基础上,开设 24 门面授课,集中对学员进行辅导。加强对作业环节的管理,完善 35 门函授教育课程的作业布置与检查环节。组织学生参加学士学位外语考试工作,做好成绩计算、统计和审核,共为 83 名学员申报学士学位。

3. 规范教学环节,提升学员满意度。热情耐心地解答学员以及报名咨询人员提出的各类问题。在山东大学继续教育学院的指导下,利用学院网站发布各类教学信息,加强与学员的沟通,使学员能及时了解学院的各种情况,准时参加教学活动,增强学员对学院教学的满意度。

(二)培训工作

1. 学生管理工作更加规范。进一步加强对预科生和技能培训生的管理,开学报到期间,与学生及家长签订入学协议并进行入学教育,将校区教学管理规定、学生日常管理规定和宿舍管理规定等相关管理制度传达给每一位学生。严格每日考勤等日常检查，督促学生上课学习，保持与学生家长的沟通，保证正常教学秩序，提高学生学习积极性。

2. 招生规模逐步稳定，教学工作更加规范。在激烈竞争面前，预科班招生数量实现逐年增长。2014 年，韩国语预科班招生 45 人。同时，通过与韩国合作学校的交流，完善教学环节，加强对学生出国等事项的指导，保证学生走得了、走得满意。职业技能培训延续 1+2 培养模式，在原有的招生工作基础上，拓展了与威海商业学院的定点培养合作，在威海商业学院完成 2 年的学习计划后直接参加继续教育学院的职业技能培训。年内，职业技能培训总计招生 56 人。注重教学计划的实施和对教学过程的监督，包括安排课程表、教师、教材和教室，监督整个教学过程的完成。

3. 增加了新的培训项目。经过与合作伙伴的沟通，2014 年在青岛举办两期总裁研修班，并积极筹办第三期。

(三)行政及服务工作

1. 海外考试监考工作更加规范。按照教育部要求规范托福和韩国语等级考试安检环节，降低了考生考试作弊率。同时，在考试过程中加强巡视力，做好服务工作。年内，共承担托福考试及 GRE 考试 74 场，1900 余人次参加考试。举办两场韩国语能力等级考试，考生共计 819 人次，及时完成成绩单的寄发。

2. 对学院管理的教学档案等进行分类，使档案管理工作上一台阶。夏季学期期间，组织学院部分人员将多年积累的教学等方面资料进行分类整理和保管。

3. 考务工作更加规范，对职工的服务更加细致。

(缪莎莎)

2014 届毕业生名单

本科毕业生名单

韩国学院

朝鲜语

王文瑾　王绍斌　王　娜　王　浩　王展波　王　萍　王　群
王　静　王　鑫　田　翠　付壮壮　白玉婷　吕旻蔚　任姝蓉
庄苓颖　刘召卿　刘宇萱　刘昕昕　刘明月　孙志飞　孙　佳
孙　维　孙嘉忆　李月湖　李亚龙　李　进　李佑君　李沁阳
李柏伊伦　李保昌　李笑言　李梦歌　李梦露　李　雪　李雪雁
李慕雅　杨　芳　肖淼晨　吴晓月　余嘉悦　汪钰伶　宋飞菲
宋桂芬　宋　晗　张　丹　张　丹　张东岳　张百佳　张珑腾
张　晋　张　崇　张　楠　张　睿　张馨心　陆虹全　陈孟烨
陈　根　武佳妮　武锡莹　易佳贝　周凯丽　郑杉杉　房　悦
赵　扬　赵艳云　赵艳娇　郝悦宏　胡文琴　胡海瑞　俞琳娜
施　源　姜京伟　骆　曼　袁小华　袁　彩　桂仙荣　柴　琳
殷旷怡　凌　博　高　原　高晓萌　高　颂　郭珍珍　郭慧敏
黄河逶　曹阳阳　曹果夏　龚芊茜　崔丽雯　崔荣耀　鹿美娇
梁皓天　葛敏鑫　韩　明　韩荣荣　韩雅茹　程　琦　曾美琴
甄丽丽　樊　杰　魏中健　魏晓英

商学院

人力资源管理

于　琴　马丽霞　王才理　王　丽　王绍康　王　祝　王　雪
王碧璇　车新芳　牛牧童　尹可可　左　阳　付　瑶　冯　沛
冯　岩　刚沛沛　刘云峰　刘亚茜　刘囡囡　刘佳明　刘　娟
刘燕茹　孙玉建　孙　陌　孙　清　阳　瑜　杜环娥　李小文
李文强　李宝英　李树红　李宸宇　李　维　杨淑婧　时青萍
吴小菊　宋　鸽　张华雯　张　悦　张雪婷　张鹭汀　陈亚婧
陈荣荣　陈科璇　苑晓鹏　范厚宗　林嘉敏　周思骏　郝兆晖
胡　月　姜丹青　洪瑞阳　宫安铭　聂　聆　夏冰尔　徐　靓
高荣晗　黄亚文　黄　樱　梅晓凤　曹玉玺　崔卓洁　梁　辰
寇雅惠　温　馨　谢楠楠　雷　雪　蔡丽霞　廖静娴　魏丽丹

工商管理

马清照　王安然　冯传美　刘波礼　江肖霖　李芳芳　李　杏
宋　祥　张鑫铭　陈　伟　陈祺弘　赵　烜　赵　儒　郝梦笔
侯月红　姚　慧　徐靖文　崔博扬　符国楠　曾必琦

电子商务

邢　杰　温艳珂

市场营销

丁　炜　于春燕　丰　田　王丹娣　王存路　王旭冉　王　怡
王秋阳　王润东　牛　飞　毛慧宁　邓金城　卢　飞　田　赛
付良红　邢晓静　吕吉环　刘会君　刘　强　刘　鹏　许园园
许燕珍　孙　岬　孙　霞　李云青　李仁彬　李　枫　李　岩
李　洁　李　宽　李梦琪　杨若冰　杨　栋　杨思宇　吴文晓
吴　涛　吴睿佳　吴澜澜　迟雅璐　张龙强　张宇飞　张忠章
张格格　张雪纯　张耀元　张　懿　陈　旭　邵铭凯　罗梦妍
季林婷　周　红　赵美婷　姜亚男　姜　雪　贾　双　贾金业
贾诗玉　郭　洁　唐雪莉　崔新杰　傅宇辰　曾　茜　谢雨生
詹诗灵　蔡佳楠　颜廷鹤　颜　语　燕国亮

会计学

丁　钊　丁彦化　丁　翠　于　文　于　伟　于芙璎　于　畅

于欣慧　于　清　马小兰　王万霖　王义华　王云凤　王云双
王少丽　王玉娇　王东林　王立辉　王红艳　王志伟　王沛文
王雨婷　王　明　王凯月　王　佳　王佳明　王欣欣　王　朋
王　怡　王春蕾　王轶琛　王俊翔　王　莹　王晓峰　王　倩
王倩倩　王　姬　王　菲　王帼巾　王　甜　王维芹　王　雄
王雅丽　王雅婷　王翔宇　王　靖　王　静　王静卿　王　蕾
牛玉草　牛星辰　方雪莹　尹宜雯　邓丽华　卢可欣　叶灵怡
田　婷　史华伟　付　云　付　利　白云霄　白振飞　白　雪
冯振林　宁　娜　巩亚林　曲田田　吕　超　朱孔阔　朱明园
朱治盟　朱　怡　任珊珊　刘一帆　刘子川　刘　丹　刘丹丹
刘文光　刘文娟　刘　平　刘卢春　刘　苗　刘林霞　刘　佳
刘佩佩　刘　姗　刘贵浩　刘彦君　刘　莉　刘　莹　刘　晓
刘　菲　刘　萍　刘雪丹　刘喜平　齐朋利　闫永乐　闫　晓
江冬悦　许凤凤　阮芳甸　孙志鹏　孙建芳　孙晓庆　孙　娟
孙　珺　孙婉婧　孙靖然　阳　蕾　买阳睿　苏云亭　苏　灿
杜　伟　杜　珊　李小娟　李文凤　李文栋　李亚飞　李　壮
李进学　李　欣　李法令　李　振　李　哲　李爱华　李　玺
李娴娴　李菲菲　李梦琪　李　爽　李　爽　李雪珂　李楠楠
李　静　李聪聪　李　璐　李　鑫　杨子怡　杨　冰　杨柳青
杨柳妹　杨舒涵　杨霄沐　连玉晓　肖绘丽　肖　娟　肖萌萌
吴宇航　吴良静　吴艳麒　吴晨晨　吴淑琳　吴雅楠　邱丽琴
何洪楠　何　凌　何　瑞　何新新　谷冰洁　宋国栋　宋　佳
宋　鸽　张　开　张　仪　张冬梅　张宇宁　张　前　张晓亮
张菁蕾　张营营　张景花　张　锐　张　媛　张　瑜　张　稳
张　慧　张　霖　陈小麟　陈昊田　陈　佳　陈晓云　陈晓琦
邵　杨　武军晓　武晓华　范　晔　林晓琳　周小玉　周子煊
周进进　周海燕　周理政　周　敏　周　瑞　郑佳琪　郑莹莹
单春晓　孟兆梅　孟艳珍　孟　倩　赵一迪　赵文文　赵文蕾
赵心怡　赵丙煜　赵　阳　赵研博　赵娜娜　赵艳茹　赵梦园
荆新渊　胡　妍　胡金秀　胡琬婧　段玉晓　侯麦玲　侯佳男
侯燕泥　施柳青　姜乃瑜　姜君臣　姜俨玲　姜　琪　姜雯雯
姜　楠　洪　露　姚永胜　姚　瑜　贺颖荟　秦　钏　秦娜娜
秦　雪　袁　也　袁婷婷　都杨菡　耿昭杰　贾　丹　贾名洋
夏方舟　夏　宁　原　博　徐乙榕　徐丹蕾　徐东升　徐丽君
徐欣怡　徐路平　徐巍娜　殷　旻　高吟秋　高　洁　高　原
高　航　高　睿　郭　芸　郭泽琦　郭　娜　郭维娜　郭　靖
郭鲲宇　唐泓韵　陶　婷　黄亚楠　黄亚樵　黄莹莹　黄龄莹
黄耀华　崔诣琳　梁大明　梁　湘　梁　樱　宿　悦　屠雪婷

彭小渭	彭晓晶	董双珠	董思敏	韩贤君	程 沁	傅文倩
储秀春	鲁雯婧	曾 虹	蒙 晨	鉴学恒	窦莹影	蔡广启
蔡 垒	蔺梦雪	赛晨宇	翟申婵	翟自乐	樊蓓蓓	潘媛媛
冀文龙	穆 静	鞠 欣	魏春英	瞿玄石		

国际经济与贸易

于佳雯	马永康	马勇士	王玉杰	王致远	王 浩	王 晴
韦坤琨	韦思力	车广武	龙奕杉	卢传雄	付华东	白立君
成博之	朱瑞祺	刘文悦	刘 杨	刘怀瀚	刘 畅	刘 洋
刘晓田	安 然	孙振乾	李柠希	李 俊	李萧宇	李雪晴
李 蕊	杨彬永	肖竣夫	宋 昌	张松恒	张 佩	张 恒
张晓桐	张 航	陈 开	武逍乐	周守航	周建雨	孟凡征
封 政	赵佳铭	柳君子	祝 晨	徐光姝	高磊磊	唐洁薇
涂 荼	曹梦迪	康文佳	童湘颖	谭晨辰	磨晓强	魏文心

物流管理

丁宏燕	马佟雨	王大振	王天宇	王 丹	王 菲	王超国
尹吉凯	卢 萍	毕名言	朱文墨	刘珈畅	刘雅楠	刘 楠
许阳林	严慧莹	李珍英	李晓艳	杨雨竹	杨春蕾	肖志萍
张吉彬	张春航	陈式玉	陈金祥	陈振文	陈梦杰	范东宁
胡 月	秦 璨	耿士鲁	贾荣琨	夏雪丽	徐 乾	郭柯享
黄艳艳	黄倬滔	隋秉洁	董腾腾	焦敏曦	潘晋勇	

金融学

丁 园	于婷婷	于婷婷	马一苇	马文曦	马宇翔	马青川
马胜功	马 晨	马领军	马嗣杰	马嫣然	王 凡	王义慧
王 也	王云翔	王艺臻	王 丹	王文冉	王方舟	王正哲
王伟伟	王 冰	王 妍	王雨佳	王 卓	王明慧	王 茜
王俏文	王晓杰	王倩文	王悦儿	王梦丽	王 雪	王 雪
王雪峰	王 敏	王 超	王雅琦	王雅潼	王禄鹏	王 谦
王媛媛	王媛媛	王 婷	王婷婷	王德超	韦晓菲	支海星
毛佳乐	卞晓青	方继文	孔政道	巴文霞	邓峦泉	艾 辉
石明希	卢 妍	卢晓敏	卢啸宇	叶晓帆	田德志	史洪飞
付明珍	白浩然	白 雪	白 璐	丛 雪	包宇恒	包佳宁
冯彩玲	冯鹏飞	边雅静	邢东宇	邢圣磊	邢嘉慧	毕艺萌
毕文君	毕 磊	吕海滨	吕逸楠	吕 婧	朱永恒	朱彦新
朱晓玮	朱 涛	朱 浩	朱 硕	乔延阔	刘 田	刘田强
刘亚前	刘庆亮	刘宇婕	刘阳涛	刘依恬	刘金平	刘 轲

刘音露　刘彦宏　刘洮何　刘洋　刘冠宇　刘振　刘倩倩
刘雪晴　刘敏　刘婧婧　刘博文　刘蒙实　刘聪　刘蕾
刘璐　齐格菲　闫玉鹏　闫莉　关宁　江芮芮　池卢会
汤正阳　安冬　安泽宇　祁长凯　许若辰　孙安祺　孙羽
孙运霖　孙荣健　孙思文　孙艳峰　孙菁珠　孙铭谦　孙善雅
牟大伟　杜珅　李一男　李子阳　李世龙　李兰芝　李扬
李亚光　李传平　李仲乐　李江源　李志业　李杨　李沂燃
李昊翔　李宗霖　李房　李祎　李茹钰　李思瑶　李俊杰
李奕彤　李眉　李莹莹　李桂法　李晓雨　李晓烨　李倩
李绮雯　李博文　李晴　李皓妍　李勤　李筱　李潇涵
李璐　杨少燕　杨壮　杨李正博　杨辛彤　杨林　杨凯迪
杨洁　杨艳华　杨涛　杨悦之　杨清　杨蕊　杨濮萌
肖可　肖婧怡　吴琼　吴媛颖　吴凝然　别晓东　邱醒杰
何玉琪　何梦筱　余正涛　邹杰　邹晓旭　冷强　汪文锦
沙楷　沈阅　宋宁宁　迟元行　张小晓　张千惠　张天龙
张月　张凤娇　张双双　张旭东　张弛　张芸晓　张含
张昊辉　张明明　张欣慰　张洪银　张晓伊　张晓晗　张海洋
张海瑜　张培　张培森　张曼云　张涵　张婵灿　张敬
张鹏飞　张静　张瑶　张聪聪　张磊　张攀　张露露
陈子千　陈玉凯　陈丽君　陈奇怡　陈昊　陈定麒　陈研
陈昭良　陈思思　陈腾　陈嘉兴　陈潇潇　陈慧芳　邵雍
武俊　武彦　武海妍　林伟航　国智　罗兴　罗嗣源
金丽媛　周凤　周亚楠　周全　周宇鹏　周南茜　周晓
庞丹　郑元坤　郑昭阳　郑菲　孟志敏　孟青兰　孟娇
孟祥娜　赵少阳　赵成龙　赵如森　赵丽炜　赵沙沙　赵孜涵
赵圆圆　赵晗　赵维真　赵雅楠　赵景晓　赵磊　胡迪
胡舒　柏杨　钟玄翀　段超楠　侯军生　侯卓见　施天娇
姜兆骏　姜迎霞　姜奕凡　姜雅婷　宣洁　宫立强　祝晶晶
姚逸凡　姚舒欣　姚鹏　贺小桐　袁征　袁振东　袁雪峥
耿嘉祥　聂亮　莫小娟　栗靖　贾楠　夏天佐　夏竟烜
顾文青　顾莉莉　顾潇　徐亚飞　徐伟娟　徐玮韬　徐明
徐玲玲　徐婷　徐瀚　高月　高丹　高帅　高志国
高彤　高泽华　高胜寒　高康丽　高慧　郭伟荣　郭丽萍
郭明怡　郭晓珂　郭硕　郭瑞霄　郭熹　席星玉洁　席品
唐立　姬超　黄哲　黄莹　黄舒夏　黄源　梅日良
曹克睿　曹雪梅　崔文芳　崔丽霞　崔君　崔海岩　康晓辰
章任宁　梁亚　梁晏铭　梁硕　梁章良　梁群　宿琳
隋岳良　隋晓旭　董子豪　董妍　董妍慧　董群　韩山

韩星月	韩贺洋	韩鹏程	程　强	焦兰馨	焦　改	曾少鹏
温迪迪	温　倩	谢宁宁	谢依秾	靳宝燕	窦婷婷	蔡智超
廖阳量	谭　谷	翟芷晗	翟　慧	撒凯悦	滕绪斌	颜培训
燕　强	薛丹丹	薛　成	薄　璐	戴沂轲	鞠文博	魏　丹
魏红伟	魏　娜	魏晨倩				

保险

王雪琪	邹德宏	武　震	柴　庆	徐关栋	赖晓雯

旅游管理

王　丹	王　丹	王　艳	王　莹	王　涛	亓　铭	韦　欣
田昭兴	冯梦琪	刘　娟	孙红霞	芮　茵	李丹丹	李　莹
杨飞阳	杨林林	杨浩艺	张文超	陈美香	邵　帅	周明媛
胡海丽	柳美如	高　蕾	唐彩云	黎秋霞	魏　炜	

法学院

行政管理

刁云洁	马舒婷	王文建	王玉丹	王亚杰	王国伟	王　凯
王佳林	王　茹	王晓静	王维帅	王媛媛	井维杰	尤晓岩
任鹏宇	刘　阳	祁彦森	孙玉坤	孙龙飞	李志新	李奇林
李贵超	李　谦	李强军	李强楠	杨秀梅	邹玉琴	闵　伟
迟　帅	张兴志	张凯玲	张晓宇	张鑫鑫	陈云潇	邵明远
金杭涛	周　扬	周　昭	郑睿骥	赵伊凡	赵　萌	郝海波
钮子豪	贾　越	徐秀丽	郭文杰	常　爽	崔巧娇	崔亚志
崔　涛	董合瑞	韩礼财	游堉晟	潘星宇		

社会工作

王帅帅	王锦超	左纯源	卢婧一	朱志成	庄国强	刘　佳
刘　慧	汤　勋	许增迎	孙丽明	李　尤	李　文	李建兴
李晓东	李景玲	杨文芹	吴　思	吴淑倩	何　为	狄崇田
初雪娇	张小雨	张令燕	张　婷	罗远征	周　理	孟新丹
赵针针	赵梅芬	郝志玉	施博雅	姜海宏	姜喆卿	娄立臣
袁秀婷	徐　进	徐懿琦	黄　帅	常晓梦	董志成	董　静
韩　杰	喻　婷	傅丽君	温正天	谢　丹		

法学

于彩霞	马彬彬	马腾飞	马嘉遥	马　鑫	王广朋	王　今

王汉辰　王汉青　王雨窈　王昊宸　王凯新　王　珏　王　茹
王美钦　王　倩　王　梅　王清禾　王琦昕　王　震　王　璨
韦福林　历　晓　毛腾飞　尹雨晴　邓　婕　田艳娇　田　甜
田　震　付东娥　白清婉　冯　燕　邢　聪　吕兴彤　庄琰丽
刘　艺　刘功香　刘笑彤　刘　雪　刘靖洋　刘　潋　刘　慧
闫　雪　江月娟　阮晨宁　孙苗苗　孙　赛　牟雪寒　苏　舒
苏毅菲　杜　贺　杜淑娜　李　冬　李阳含　李钊菁　李明扬
李　晓　李笑笑　李蓉蓉　李蕙宇　杨尖措　杨　华　杨海艳
杨黎萌　肖江宏　吴　昂　余韵浓　邹玉琪　邹　昕　沈　童
张艺璐　张予曦　张宇清　张丽娟　张利利　张玮璇　张晓程
张凌斐　张　悦　张　瑜　张　璐　陈大林　陈小丽　陈子甲
陈伯谦　陈　琳　陈琳颖　陈　瑾　林　琰　周　圆　周　娟
周晨龙　周　璞　庞　珂　郑亚楠　郑金晶　郑　越　赵云龙
赵立立　赵　杰　赵昕蕾　赵楠鑫　茶文静　姚　潭　柴蓓蓓
徐学斌　徐寒舟　高　东　高洋洋　高晓飞　郭伟琪　郭延斌
郭建潇　郭　威　郭　娜　郭韵如　唐　丽　唐铭松　唐蕊雪
陶　冶　黄光强　黄星尧　曹宝江　曹晟旻　曹馨文　常　浩
矫润田　梁筱霄　隋璐蔚　彭思琪　韩贻青　覃　铭　程　颖
傅　杰　谢雨婷　谢洪春　鲍鑫扬　慕镇宇　樊　阳　颜文举
薛　婷　魏晓飞　魏海静

文化传播学院

汉语言文学

于　达　马方青　王月光　王文洁　王文强　王心韵　王　汶
王建智　王晓萌　王　斐　王　赫　王燕秋　车朝亚　方　瑶
邓微华　邓德崇　甘　丽　左晨帆　布特奇　叶雪菲　田振华
史秀东　代　偲　母利萍　成瑞瑞　成嘉露　朱家齐　华　燕
刘夕源　刘　恒　刘　娟　刘　晶　孙　铮　严　菁　苏天宇
苏宝凤　李凤秀　李　昕　李春依　李祖欣　李　豫　杨　帆
杨　宇　杨　玲　杨雪娇　肖邦振　邱　煜　余雪晴　辛　誉
宋丹丹　宋　宁　张云明　张玉欣　张　园　张纹纹　张学瑾
张珊珊　陈思安　陈洪典　陈　晴　苗　露　罗惠文　金艺雯
金宗帅　周会谦　周　悦　周翠婷　郑海娇　赵雅君　胡明山
柏　影　段丹晨　侯明昱　姚　瑶　贾子瑶　贾思敏　徐西锐
高文婧　郭沙沙　郭淑颖　唐天宇　涂　阳　黄小金　黄迅汲
黄鸣柳　黄春丹　崔文健　崔金鹤　康　馨　董小倩　董汇川

董　炀　韩兴欢　韩晓颖　程　蕾　谢丽君　潘佳佳　魏欣玥

对外汉语

王小婕　王　歌　冯晏雪　冯　霆　邢　扬　邢　思　朴美玲
刘云飞　刘佳美　刘舒萍　刘慧敏　许本旭　李嘉禾　杨小诗
余冬丽　宋媛媛　张　欢　张　虹　张思楠　张慧妍　陈　玉
陈　成　陈璐嘉　金红婷　周　洋　项金志　俞　羚　徐邦柱
徐晓明　高治荣　高　强　郭亚敬　郭国喜　黄蕴雅　曹亚辉
曹昊辰　韩东晓　韩　扬　程　雪

新闻学

丁宇飞　于洎淼　马永涛　马旭卿　马卓然　马昊宇　马　岩
王方洁　王正安　王　伟　王传立　王　娜　王艳丽　王晓华
王梦园　王雪琪　王雪晴　王鹏飞　王煜辰　王　震　尹珏文
尹　麟　孔雪樱子　申　远　付　荣　师钰奇　曲益静　吕晓峰
朱亚楠　伏丽丽　刘玉涵　刘尧尧　刘　颖　刘　磊　孙　莉
孙　婧　牟　炼　牟峻莹　苏杨眉　苏婉玉　杜海燕　李亦含
李雨齐　李　佳　李　辉　李　霰　杨再然　杨　柳　吴昊鹏
岑之卉　何宗斌　沈　祎　张一真　张中娥　张世洋　张　权
张　林　张　炬　张媛媛　张　筱　张　微　张静仪　张　睿
张蕴秀　陈　帆　陈惠君　陈锦瑜　武倩倩　罗梦萍　罗毓婷
金　明　金爱莲　周　晶　房建龙　房思钰　孟　彬　孟　磊
赵　娟　柳　娟　姜　利　胥艳梅　秦　洋　袁琪琪　聂守敏
贾宗洋　夏　青　顾学泰　徐嘉琪　徐　璐　高　艺　高　妍
郭书朋　郭芑然　郭　敏　黄　帅　黄　洁　黄旋旋　龚　苗
麻　韩　梁凌燕　蒋李思　蒋　茜　韩艳洁　温　馨　谢乃怡
窦晓文　潘丽美　鞠爽爽

翻译学院

日语

王欢欢　王希萌　王泽嘉　王　晨　王琳琳　王雅琦　王　湾
王巍儒　毛幸子　田　静　白　旭　白　琳　冯文燕　庄　林
刘乐旦　刘　冬　刘　兰　刘雨薇　刘国强　刘洪素　齐　潇
李彩金　李　想　杨圣喃　张帅帅　张青青　张昕华　张　萌
陈　森　邵　健　林丽施　周天骏　周恩乔　周　唯　郑　品
孟令艳　赵久瑶　赵　伟　胡　达　钟　婧　侯宁涛　侯晓婷

俞林婕　秦凌聪　袁晶　夏灵果　夏瑞婷　晁储君　高燕伟
郭会敏　龚敏　寇玉冰　彭巍　韩林峰　智敏　黎明

英语

于洋　于富霞　于筱　万宁　马志燕　王玉君　王田田
王合山　王安琪　王志鹏　王玥　王林正　王秋颖　王科
王洋　王姣　王海琴　王培霞　王雅琦　王锐　王斌
王婷　牛臣梅　方海翔　尹思源　尹雪莲　邓开拓　邓春园
邓颖娇　卢冰洁　卢军　史茗妍　付薇薇　白双雪　白轩林
丛伶伶　宁海婷　司有为　邢二胜　邢禹　曲玉秀　朱佳丽
刘宁　刘永宁　刘明　刘念　刘波　刘怡兰　刘虹飞
刘桑　刘萌　刘婷昱　刘嘉玲　关聖骞　汤舒　安芸
孙文慧　孙晓曈　孙晔　孙雯　牟宗军　杜宝鑫　杜振明
李安琪　李青霞　李峥颖　李晓晨　李晓晴　李梦凯　李婷婷
杨欢莉　连青　时雯　吴天元　何亚洁　何捷　余建雄
余晨　迟尧翠　张玉婕　张亚红　张红娇　张译文　张轶舟
张袁　张程彬　张瑜珂　张静芳　张翠翠　张翼飞　陈延希
陈征　陈威邑　陈梦雨　陈琳　苗旻　范志强　范丽丽
范轶轩　林娟　罗秋菊　罗壹航　岳皓　金明捷　周冉
周姗　周思昀　周真宇　周银焕　周琳琳　周蔚云　郑多
赵仁凤　赵玉霄　赵虹旭　赵莹　赵彬彬　赵献兰　胡伟怡
胡金秀　侯雪　姜晨　洪钰　宫子云　姚钰彬　姚鸿
袁圆　索娜　徐丹　徐文强　徐明利　徐爱环　徐飘飘
凌嘉诚　栾新静　高扬洋　高攀利　郭红利　郭俊英　郭倩
唐迪　唐莹　黄美玲　黄潇影　曹木蓉　崔靓　梁晋波
梁爽　隋雯秀　董焕鹏　蒋梦珺　程雪婷　曾伟　湛红玉
路媛媛　翟春月　潘赟　魏虹桥

英语(英德双语)

王卓然　王贺　王梦　王赛　韦盈　方莉　冯现萍
朱春晓　刘婷婷　许家静　孙博文　李薇　杨志美　肖凤
吴萌　宋紫君　张恒真　邵帅　林子旋　林少丹　孟聪
施忆　栾晓婷　詹杨娜

翻译

王非非　王学敏　王晓康　王雪华　王维一　申思　白雪涛
朱莉莎　刘金卫　刘晓玉　刘馨远　祁春燕　许晴晴　李异男
李宗乐　李宣慧　沈芳芳　宋明明　张宏涛　张健　张菁

赵媛媛	胡　瑞	柏　雪	郦晶芝	耿　晴	郭其炜	郭　超
郭曾擎	唐　敏	陶亮香	韩春丽	韩　笑	焦雪萍	魏　添

艺术学院

艺术设计

马冰冰	马晓君	王小雪	王升歌	王　丹	王文青	王庆羽
王志东	王若谦	王　珊	王星明	王　烁	王　洪	王　艳
王致洛	王　萌	王　婷	方　胜	孔令永	孔媛媛	卢圆圆
叶晓静	田洪河	司马璐玺	仲怡帆	任冬苗	刘　飞	刘倩倩
刘　健	刘　强	刘　源	刘　静	闫倩倩	闫　鑫	汤文娟
汤　东	孙宪禾	孙振国	杜国亭	李子雷	李文静	李沐函
李明园	李　怡	李建坤	李春晓	李香云	李　倩	李　瑞
李　腾	杨　帆	肖　也	肖　泽	肖智慧	邱　佳	何永辉
何亚俊	何梦婷	汪文偲	宋无为	宋文文	宋柏伶	张立民
张志民	张　辰	张秀娟	张茂峰	张明明	张　娜	张　璐
陆　悦	陈泱竹	陈　柯	陈家永	陈蔚蔚	周　凡	庞涵月
赵凤云	赵佳丽	赵德芳	赵　薇	胡大鹏	胡　广	秦　伟
栗昭耀	倪青海	徐艺青	高　冉	高余方	高　洁	郭　佳
黄其军	戚　程	崔腊梅	董　建	程保龙	傅会文	鲁淑媛
谢若颖	魏东升					

音乐学

卜繁琪	于　菲	于康利	于　雷	马小晴	马　洁	王宁芝
王相龙	王勇强	王　皓	王筱筱	车小乔	卢晓明	白　杨
白雪儿	乔　丽	刘思辰	刘　婧	刘微微	汤晓汀	孙文迪
孙　凯	孙菁艺	芦琮惠	苏　畅	李文倩	李　萍	李梦婷
李嘉宝	杨　乐	杨　萌	杨　彬	肖　茜	吴佳娣	邹　瑜
冷春平	张力心	张文宇	张　帅	张汉卿	张亚琪	张　弛
张　迪	张佳蕊	张　琦	陆妍婕	陈奎羽	陈章鑫	苗耀允
尚　可	周亚奇	赵栎歆	赵　莉	侯玉婷	姜曼莉	姜　楠
袁　江	夏莉萍	倪　晗	郭　欣	梅　洁	常方圆	崔英姿
康　强	隋　珂	彭雨婷	葛攀莹	韩伟威	韩凯岳	游思莹
蒯雪飞	解鸿鹄					

美术学

于　华	马　妍	王世乐	王非男	王璐瑶	仇淑晗	乔秀秀

刘乃忠　刘国庆　孙建涛　孙梦琪　李亚琼　李亚楠　李亚楠
李　华　李　萌　宋艳丽　张小康　张　可　张帅帅　张树冬
张轶群　张　璠　陈姣姣　陈　铁　陈　博　范淑鹏　欧阳霈纹
季洳羽　胡文涛　胡金浩　胡定尧　胡思依　洪雅君　徐小飞
郭丽娜　郭瑶瑶　黄　越　曹书阳　龚艳艳　崔　琴　鹿芳雨
提　蕊　彭沙沙　董彦君　韩玉　路凯钰　魏东奎

舞蹈编导

于书博　卫　哲　马　飞　王艺文　王　伟　王会春　王金玉
王珊珊　王树林　王晓蕾　王　钰　王　菲　王斯蕾　龙盼盼
叶静璇　冯　瑶　吉　璐　刘亚丹　刘存贺　刘晓婷　刘浩男
刘海峰　刘维佳　闫　玥　杜　娟　李思谦　李　洋　李博超
肖腾飞　吴　婵　吴　楠　邱　婷　何　晓　张永芳　张家豪
张　蕊　陈　凯　范　婷　罗　森　罗　睿　孟　霞　赵　阳
赵　瑞　赵　璐　郝杰斐　郝美芳　秦　桐　黄悦芝　曹　耀
常昕昊　彭颖佳　董子瑗　韩　芬

海洋学院

生物技术

于　潇　马云青　马悦茹　马博谦　王文清　王连生　王姗姗
王妮妮　王振鑫　王晓磊　王展展　王能武　王雪莹　王逸宁
王　琨　王　晴　王　赛　王蕴倩　王擎擎　王　鑫　牛宝东
牛　琮　叶荣财　田　昊　付式峰　付　丽　冯京京　玄涛俊
毕延志　任祥乐　任祥娟　刘　洋　刘莎莎　刘晓丽　刘　曼
齐　迹　闫　怡　池连宝　许利荣　许译彬　许春蕊　许　鑫
孙申飞　孙　会　孙凯博　孙泽宇　孙冠群　孙晓华　孙　菲
孙登洎　严永勇　杜润峰　李大为　李正飞　李田田　李兴会
李　妍　李叔航　李泽宇　李宗鑫　李　航　李　翀　李梦尧
李　甜　李燕红　李燕然　杨正超　杨华旭　杨星晨　杨　烁
杨雪梨　杨焕杰　杨　琪　杨　黎　励一慧　何　康　沙宝鹏
沈世军　宋马熙源　宋璐琳　张　飞　张世杰　张军伟　张泽宇
张诗悦　张　娜　张　振　张海洋　张　晗　张晶晶　张樱腾
陈　苑　陈明起　陈　珂　陈　焦　邰志欢　武承娟　武慧娟
苗淑丽　范　晶　罗廷弋　周小宇　周　吉　周　韬　郑　易
郑雪洁　孟　姣　赵志斌　赵　轩　赵翰德　郝振国　荆康明
胡丽娟　胡启慧　侯宁宁　姜雅梅　娄森森　宫爽静　秦天礼

耿兴昊　　徐竞艳　　徐　琦　　徐　磊　　凌思凯　　高文慧　　高　卿
郭建峰　　黄星铭　　黄盛世　　曹朝辉　　常　双　　崔议文　　符竹萱
梁皓泽　　蒋　鉴　　韩　磊　　程云珊　　谢一方　　谢心怡　　蒲　素
楚华航　　甄凯旋　　路广宗　　鲍文琪　　蔡晓薇　　潘蕾棂　　薛渊元

生物科学

王泽华　　孙菁然　　杨英群　　吴玉姣　　陈双全　　诸利国　　龚　正
谭东雨

应用化学

于天行　　马昌宁　　马　群　　丰志丹　　王衍伟　　王艳晴　　王晓霞
王　朔　　王海音　　王海霞　　刘天韵　　闫梦笑　　许文泽　　孙茂勇
孙禧亭　　李冬平　　李庆泰　　李　欣　　李晓英　　李　瑶　　杨明晨
宋晓君　　张　格　　张　旎　　陈　月　　陈慧丽　　范朝阳　　孟汉林
赵银娜　　郝建茹　　姜蓓蕾　　祝晨刚　　贺建贵　　高　洁　　黄　星
曹亚坤　　龚　鑫　　葛世学　　董　莉　　韩井强　　韩　彬　　韩森建
蔡莹莹　　翟广博

药学

刁立超　　于倩倩　　马鸣宏　　马锦雯　　王久林　　王亮亮　　王　艳
王颀林　　王　超　　毛军军　　孔晓静　　石明菁　　卢伟婷　　卢学敏
田振华　　丛萌逸　　包向宇　　冯国爱　　刘丹楹　　刘礼苗　　江长优
纪小纯　　李玉婷　　李永斌　　李冰霜　　李玲珺　　李炳强　　李　涛
李鸿美　　李　颖　　杨　瑞　　吴乐昊　　邱　瑶　　邹今幂　　闵凡真
宋永佳　　宋　琳　　张妞妞　　张荣娜　　张海涛　　张　颖　　陆　波
罗雨佳　　周文琦　　庞海亮　　郑彩云　　房文慧　　孟秀花　　赵　玥
赵梓渲　　赵翠兰　　姜苡晨　　姚　莉　　姚晓彤　　秦庆媛　　高　璇
郭振博　　戚　婷　　盛　琪　　常　亮　　崔翔皓　　宿婷婷　　葛慧敏
韩　叶　　韩雅娟　　焦娟娟　　蓝晓燕　　褚福龙　　蔡守财　　蔡　锐
赛　男　　薛佳佳

海洋生物资源与环境

王　沈　　王凯迪　　王　栋　　王思虎　　王　璐　　牛建娜　　牛　慧
付玉红　　冯东东　　巩　政　　吕思思　　刘文帅　　刘萌萌　　刘　铮
刘　敏　　刘　潇　　刘　璐　　齐超波　　孙雨豪　　孙　洋　　孙效营
孙德胜　　李　巧　　李连龙　　李俊中　　李　亮　　李碧园　　杨小佩
杨　雷　　邳丽丽　　邹翔宇　　应　铭　　宋义正　　张阳红　　张　迪
张　爽　　张　琪　　陈　晨　　林文洋　　金　冉　　赵相雨　　郝　爽

夏 芸　柴延超　高长颢　高瞻程　郭亦玲　郭鹏超　曹 森
阎 冬　戴馨婷

机电与信息工程学院

计算机科学与技术

丁晓玉　于 珺　于敬敬　马宇蒙　马潇潇　王权志　王华湖
王雪梅　王联龙　毛爱峰　尹传波　邓元睿　邓雯倩　石运通
石念龙　田后权　付卓舟　白 宁　冯继桄　吕海宾　任 鹏
刘偲辰　刘 琦　刘睿雅　刘慧铮　汤徐琪　孙晨光　孙德山
李 刚　李庆杰　李 芬　李金鹏　李治理　李宗杭　李 俊
李 彪　杨力乾　杨滢煊　吴其林　应炯剑　辛小丹　宋治云
张星洲　张海松　张婷婷　陈 克　陈 柯　陈 骋　邵朝阳
林 楠　郑元春　孟 伟　赵 凯　赵 亮　赵 营　郝 妙
郝 静　胡成业　茹 晨　夏静静　徐云龙　徐雅丽　高 莹
郭芳明　曹广飞　鄂雪娇　盖德文　韩坤彤　韩 尚　喻知龙
普坚恒　谢家阳　赖洪伟　窦 禹　蔺 元　薛 磊　戴 勇
鞠志远

电子信息科学与技术

于琳琳　于 潜　上官庭立　王广全　王书彬　王 冬　王昊宇
王国贤　王 悦　王 硕　王 琨　王 鹏　韦俊辰　尹 亮
孔艺璇　孔令燕　孔祥旭　孔德伟　艾怡乐　付恩民　冯云鹤
毕晓文　吕诗蒙　朱 江　刘兴奇　刘 肖　刘 慧　刘德昌
江 惠　安 弘　许 刚　许崇杰　孙天兴　孙鹏增　李文胜
李世杰　李东阳　李良玉　李季蒙　李宝龙　李洪运　李 清
李 超　李瑞祥　李 颖　杨 尧　杨 畅　肖长兴　吴鸿凯
邹 影　宋乐峰　宋 意　张丁丁　张治国　张 乾　张訸棋
张新玲　张馨月　陈义涛　陈志波　邵厚焜　林 峣　罗 鑫
金 柱　周 也　周静望　孟皓天　孟 慧　赵 威　赵砚秋
赵偲敏　赵 鹏　赵增振　赵 赟　胡红超　姚璐莹　徐 阳
徐勇斌　徐 烨　徐 爽　栾小伟　郭晓明　郭雅鑫　郭儒楠
龚梦尧　盛立君　康亚群　梁 红　韩 歌　路明望　赫 然
翟芸芸　薛秀如　魏雪凯

电气工程及其自动化

郭仲峰

机械设计制造及其自动化

于　飞　王　丹　王方正　王立柱　王宇阳　王　进　王志远
王明宇　王金乐　王春阳　王昭力　王晓鹏　王祥雨　王雪飞
王　超　王　鹏　王嘉麒　方周杰　尹志豪　石　冰　石　攀
卢　琦　叶闻语　申　傲　田长兴　白世杰　曲春雨　吕灵亚
朱石桥　朱昌昊　朱聪思　乔俊华　延　浩　刘太林　刘　冰
刘　珊　刘　倩　刘　涛　刘家成　刘　超　刘　斌　米允之
许鑫权　孙玉良　孙玮雪　李　文　李江伟　李忠良　李　强
杨传帅　杨诗昊　何正旺　汪宗健　沈建昕　宋　彬　张广芹
张　军　张志海　张晓腾　张　翔　张　鹏　陈碧辉　武登高
范世超　罗祥振　罗　强　周华新　周常明　郑怀文　郝　贺
胡小雨　柏　雪　信延青　侯　壮　侯　昊　贾东文　夏威夷
徐旭东　徐香翰　徐　啸　殷兴多　殷宪龙　郭海宁　黄先春
黄运保　梅萌萌　曹正凯　常　振　崔自成　董红建　蒋腻聪
韩秋玲　韩　豹　曾修文　雷　萌　慕　浩　蔡　欣　滕会刚
颜志伟

自动化

丁万荞　于玉祥　马才超　马　良　马轶毅　马旖旎　王　帅
王成龙　王师凯　王　伟　王　茹　王振霞　王浩文　王　通
王新瑞　王　群　王　慧　王　骥　支丹阳　牛晓茹　牛　彬
艾春伟　厉江伟　石代兴　田书锦　田海宾　付杰馨　丛华伟
冯细见　边耀东　邢晓军　吕　睿　朱志刚　朱　彤　朱莹莹
邬抒航　庄联欣　刘　义　刘玉鑫　刘杨杨　刘枝红　刘建楠
刘　重　刘　俨　刘　艳　刘蓝坤　刘雷雷　孙天龙　孙常浩
李小铜　李丹丹　李运康　李　昇　李晓航　李维康　杨　锐
吴　敏　何良辰　何　明　何佳洋　沈天浩　张玉才　张明友
张　凯　张笃上　张　亮　张　浩　张家乐　张喆旻　张　辉
陈弘洲　陈光耀　陈　哲　陈　曦　武美航　林嘉场　房立芳
赵　帅　赵　杰　胡志宇　胡晓飞　胡　鑫　侯志敏　侯典堃
秦作彬　袁启孟　耿宗善　贾宇波　夏　清　夏琳琳　顾晓煜
倪小兵　徐晓峰　高梓木　郭　雯　唐仪伟　唐　静　黄志威
黄泽琛　黄　冠　黄瑞良　黄　鑫　曹　璨　崔伟克　崔瑶瑶
梁　兴　梁　波　彭博文　董　莉　蒋　来　蒋沁宇　蒋俊超
韩兆进　韩忠伟　韩　恺　赖力嘉　阚积花　魏　伟

软件工程

于凡粟　马　琳　王云荣　王成龙　王　杰　王明建　王治胜

王香港　王浩宇　王童阳　王　裔　王　滨　卞　涛　卢士宏
包德燕　冯雨旸　吕晨欣　朱文斌　朱胜辉　乔至威　乔　蕾
任大卫　任迎辉　刘丹丹　刘占魁　刘　帅　刘建宝　刘洪韬
刘　晔　刘辉梅　刘　腾　安　冉　许　刚　孙建刚　孙逊勇
孙　宽　孙静怡　孙　聪　苏　琳　杜亚涛　李小磊　李云鹏
李　艺　李　宁　李再林　李　阳　李忠新　李泉泽　李　萌
李曼曼　李晶晶　杨　成　杨重午　何天骄　张光林　张阳阳
张　雨　张雨阁　张明飞　张健敏　张琳麟　张惠勇　张　祺
张路路　张　增　陈　龙　陈　瑞　邵茂林　邵淑君　范清雨
林　阳　林伯原　林　涛　欧　璇　昌志远　罗　璇　周大力
周范斌　周继祥　郑生俊　孟凡龙　赵文婷　赵　荣　荣　震
柳俊宏　咸德芳　姜　鹏　袁星宇　袁　艳　耿超群　聂红涛
晋利森　徐长亮　徐智旺　徐　强　高义杰　高同常　郭志秀
郭辰阳　郭晓宁　陶　科　曹树烽　崔韶磊　密鸿吉　董　帅
董丽莎　董利杰　程　浩　焦毓葳　蔡振振　樊　颖　潘玉莲
魏昌金

测控技术与仪器

万翔宇　王安琪　王　瑞　王　熙　王　懿　毛寒辛　文　武
邓芳瑾　石强胜　卢　斯　吕汶龙　朱　枫　朱忠斌　刘云龙
刘东辉　刘宇博　刘志伟　刘晁辰　刘晨晨　孙　腾　李亚如
李彦龙　李晓东　李萌萌　李博洋　杨文慧　杨　帅　杨　哲
杨倩楠　时一匀　吴布特　何咸东　冷长峰　迟　霆　张　勇
张　晟　张智勇　陈　松　林　聪　周　鑫　赵　斌　胡旭东
胡迪琪　钟枢寰　姜凤和　姜　贺　洪玉文　贾　明　贾冠其
徐　建　徐　哲　黄兆祥　曹　勇　曹海龙　隋　心　韩成见
谢　姣　裴　政　潘　程　潘　璇

通信工程

丁晓旭　刁浩然　万新杰　马璟澄　王　旭　王丽萍　王　栋
王　密　王博睿　王煜莹　牛明健　牛　腾　孔小蓓　叶成涛
白云昊　吕　娜　吕斌斌　朱凤宾　朱奕春　朱　晔　任忠亮
刘岳松　刘晓颖　刘烨航　刘　蕊　齐晓琳　关明玉　孙立伟
苏晓露　李广林　李丹琳　李凤志　李双双　李立荣　李光乾
李　刚　李先峰　李志辉　李　杰　李居奕　李春阳　李　莹
李　晓　李逢霖　李晨枫　李　瑞　李翰卿　李　蹊　杨天绘
杨　旭　杨丽娜　杨淑静　吴孟梦　邱建华　冷　芳　沈佳妮
宋祎文　迟风姣　张元哲　张玉婷　张丙文　张永凯　张亚平

张会猛　张志宽　张　威　张莉云　张　野　张琦珺　陈　帅
陈柯宇　陈威风　陈艳花　陈艳斌　陈聪聪　邵丰伟　林淑萍
金思年　周妍荟　郑博文　单荣杨　郎芷宁　孟祥建　赵倩楠
赵　晗　赵超颖　赵　楠　段赫哲　侯天威　負　懿　袁乐乐
耿　东　贾皓然　柴海涛　徐一凡　徐振宁　徐　敏　殷治军
郭炳成　唐申丹　曹　伟　曹钟鸣　章　祥　梁俊园　彭珊珊
韩承益　韩　贺　程　诚　焦绪亮　谢晓雷　路向楠　简征宇
廖　航　薛新丽　霍天宇　霍珊珊

数字媒体技术

马晓旭　王　玮　王雨萱　王具然　王　特　王　梦　王景晖
王　震　田　竹　付　佳　邢国锋　江正杰　许文龙　许　鑫
孙　娜　孙晓宇　孙　萌　杜靖宇　李月霜　李　伟　李晓峰
杨永峰　应寒冰　辛光南　张松岭　张　奕　张晓君　张　静
罗晓雪　段林侃　侯　茹　姜　楠　晋蓓蓓　钱　雨　栾仲恺
曹欣露　程晨晨　谭　阳

空间科学与物理学院

应用物理学

于红强　马　超　马　瑞　王明琦　王春光　王娅雯　王　喆
王新乐　石培磊　付家锟　邢文文　曲　彬　吕　品　吕瑞轩
朱振浩　刘　让　刘西民　刘　军　刘　苹　刘尚源　刘真真
刘　桃　江大桥　许　飞　苏晓钦　李书金　李传洋　李法帅
李　蒙　杨　洁　肖　骁　肖素玉　何　乾　汪徐成　宋绍漫
宋维超　张　艺　张　帅　张　玮　张　笛　陈志强　范云龙
罗经纬　季炼程　郇恩德　郑小龙　郑晓东　房全超　赵礼华
赵继凤　胡广旭　胡博伦　聂诗雨　钱　程　高　倩　高　鑫
黄美玉　常　花　蒋　磊　韩瑞龙　雷　翔　窦一斌　谭　扬
薛启超

空间科学与技术

丁　瑞　马羽璋　王泽浩　王　梓　石　文　付　捷　丛　敏
丛维泰　冯培原　邢凌娟　刘梦茜　苍　毅　杜　慧　张　宵
张嘉汇　陈建良　陈星瑶　陈　剑　金　骁　柏诗晨　贾　敏
倪　彤　徐孟娇　梅冠华　曹天文　龚　诚　符　然　温　晶
满　涛　潘东晓

数学与统计学院

信息与计算科学

王　洁　毛　睿　双晓冬　丛建鹏　伍　沛　刘传壮　李　迪
吴　晨　谷夕同　陈旭东　饶　坤　徐文韬　唐　欢　常雅珣
程　妍　裴伯男　潘　宁　霍启辉

统计学

马玉朋　马洁琪　马媛媛　王雨光　王忠倩　王建玲　王恒广
王　倩　王寓巍　王　源　方　尧　尹萧萧　卢　枫　叶　帅
史相楠　丛子逸　司雅坤　邢艳卫　毕娅琼　吕伟民　吕鹏滨
朱正茂　朱　琪　刘春辉　刘梦晗　刘皓春晓　衣彦琪　许　伟
许　超　孙丹丹　杜鑫蕊　李地青　李迎珂　李国娟　李震一
杨　晓　杨　慧　来卿贤　肖丽君　吴林杰　沈　红　宋义兵
宋如风　宋翰林　张天元　张永美　张　宇　张　杰　张怡巧
张　恒　张　晓　张晓今　张棉棉　张智超　张舒雯　张　蔷
张潆元　张潇丹　张　赛　陈丽诗　陈　彤　陈欣欣　陈　莉
武松松　苗子心　苗颖婷　范钰苹　罗　成　岳梦然　周文剑
周立业　周亚群　周　强　郑大伟　郑明超　赵　刚　赵　炜
赵　超　荆广栋　胡昌全　胡晓楠　姜　燕　姚　飞　姚孟廷
秦　祯　晋玲玉　贾泽越　贾　竞　钱运哲　徐英杰　徐婷婷
殷会敏　高　源　郭　庆　席煜翔　黄亚琪　黄珍妮　阎海洋
蒋　丹　韩博雅　赖　琳　鉴　闻　蔺鲁萍　臧　昊

数学与应用数学

王　环　王　垒　王艳雪　王婧玉　王瑞雪　王静月　尤向东
朱　玉　刘爱云　刘慎武　刘　璐　衣晓宁　芦　瑞　李　庆
李林生　李　夏　杨虹苇　杨蓉蓉　杨槟泽　吴双一　何川美
何青梅　张子钊　张　芳　张岗岗　张建菲　张彩华　张馨元
陈　欣　陈　曦　郑婧怡　赵玉动　赵承攀　姜玉婷　徐佳妮
高新丹　郭长城　曹　洋　崔学伟　崔　振　康中沛　商云翔
蒋文君　谢　玲

（教务处　提供）

双学位学生名单

韩国学院

朝鲜语

蔡智超　冯梦琪　何新新　侯麦玲　雷　雪　李　蕊　刘　敏
刘燕茹　石明希　孙建芳　陶　冶　王　艳　于　琴　张　涵
张予曦　赵楠鑫

商学院

工商管理

陈奇怡　程云珊　董　静　冯现萍　葛慧敏　郭明怡　何　康
黄鸣柳　贾　明　李　超　娄立臣　牟雪寒　聂　亮　任姝蓉
王汉辰　武逍乐　席星玉洁　姚　鹏　张彩华　张　丹　张　飞
张丽娟　赵　荣　朱永恒

国际经济与贸易

曹亚辉　曾美琴　陈伯谦　陈　成　丛伶伶　崔韶磊　范丽丽
方海翔　高　原　郭伟琪　韩林峰　胡　达　胡迪琪　姜　晨
蒋　婧　黎　明　李保昌　李景玲　李　俊　李沁阳　李青霞
李　霰　李佑君　历　晓　刘　念　刘召卿　卢冰洁　卢婧一
马　瑞　孟　彬　牛臣梅　施　源　宋桂芬　孙德山　孙文慧
唐　迪　万　宁　汪钰伶　王安琪　王大振　王海玲　王合山
王　贺　王　茹　王蕴倩　徐明利　杨　洁　杨　宇　尹思源
于富霞　于　筱　袁　彩　张翠翠　张　晋　张晓宇　周　冉
周　昭

金融学

白清婉	白　旭	白轩林	曹广飞	曹阳阳	曾必琦	柴　琳
常　爽	常晓梦	陈　晨	陈慧丽	陈锦瑜	陈　柯	陈丽诗
陈　莉	陈　琳	陈　曦	陈欣欣	陈子甲	程　蕾	程雪婷
程　妍	丛维泰	丛子逸	崔丽雯	崔学伟	崔诣琳	单春晓
邓春园	邓开拓	邓雯倩	狄崇田	丁宇飞	董焕鹏	杜　贺
杜振明	鄂雪娇	樊　阳	樊　颖	房建龙	房　悦	冯永凯
冯振林	付薇薇	付壮壮	甘　丽	高　睿	高　颂	高晓飞
高晓萌	高扬洋	高洋洋	高　艺	葛敏鑫	龚　敏	郭　娜
郭芑然	郭　庆	郭书朋	郭　威	郭维娜	郭文杰	郭泽琦
韩　明	韩荣荣	韩艳洁	韩　扬	郝悦宏	郝志玉	何川美
何　凌	何青梅	何　为	侯天威	侯晓婷	胡广旭	胡金秀
胡　瑞	胡晓楠	黄美玲	黄　帅	黄星铭	黄星尧	季洳羽
冀文龙	贾　竞	鉴　闻	江大桥	江月娟	姜海宏	姜　楠
姜雯雯	姜　雪	姜　燕	姜玉婷	蒋　来	蒋梦珺	蒋文君
荆广栋	来卿贤	赖　琳	李地青	李　冬	李光乾	李国娟
李　航	李　辉	李　佳	李梦凯	李梦琪	李明扬	李蓉蓉
李　昇	李田田	李　薇	李　文	李晓晨	李雪珂	李迎珂
李　颖	李钊菁	李震一	李宗鑫	李祖欣	励一慧	梁皓天
梁　爽	林　淼	林晓琳	蔺鲁萍	凌嘉诚	刘　菲	刘功香
刘皓春晓	刘虹飞	刘　慧	刘　慧	刘　佳	刘佳骏	刘　潋
刘　璐	刘　璐	刘　曼	刘　敏	刘舒萍	刘维佳	刘喜平
刘尧尧	刘宇萱	刘玉鑫	栾新静	罗　璇	罗壹航	骆　曼
吕鹏滨	吕　品	吕瑞轩	吕伟民	吕兴彤	马洁琪	马腾飞
马媛媛	马卓然	买阳睿	满　涛	毛寒辛	孟　磊	孟新丹
苗耀允	苗子心	牟峻莹	牛明健	潘蕾棂	潘星宇	庞　珂
彭思琪	普坚恒	钱　雨	秦　祯	邵茂林	施博雅	施柳青
司有为	宋飞菲	宋　晗	宋翰林	宋马熙源	宋维超	苏　灿
苏　畅	苏　琳	苏毅菲	隋　心	孙德胜	孙靖然	孙　珺
孙逊勇	孙　晔	孙　铮	田昭兴	王方洁	王广朋	王国伟
王恒广	王　环	王　慧	王　今	王锦超	王　静	王静月
王林正	王　娜	王　倩	王倩倩	王擎擎	王　群	王　茹
王　锐	王绍斌	王帅帅	王维帅	王维一	王　汶	王雅琦
王　洋	王　莹	王雨窈	王寓巍	王　源	王泽浩	王忠倩
韦　盈	魏虹桥	魏晓飞	温　馨	吴双一	吴天元	武佳妮
武松松	夏　青	谢　丹	谢洪春	谢　玲	谢心怡	邢　聪
邢国锋	邢艳卫	胥艳梅	徐佳妮	徐婷婷	徐晓明	徐秀丽

徐雅丽　许 超　许 伟　许增迎　闫 怡　严 菁　杨槟泽
杨 芳　杨海艳　杨虹苇　杨欢莉　杨 慧　杨黎萌　杨林林
杨淑婧　杨文芹　杨小博　杨 晓　杨英群　杨滢煊　姚孟廷
叶雪菲　衣晓宁　应 铭　尤晓岩　于 畅　余 晨　余建雄
俞 羚　喻 婷　岳梦然　翟申婵　湛红玉　张程彬　张 丹
张东岳　张岗岗　张光林　张 恒　张恒真　张红娇　张宏涛
张 欢　张 杰　张菁蕾　张晶晶　张 炬　张 娜　张 楠
张 蔷　张 赛　张世杰　张舒雯　张天元　张 婷　张文妍
张 稳　张潇丹　张晓今　张潆元　张 宇　张 袁　赵彬彬
赵 娟　赵立立　赵梅芬　赵文蕾　赵文文　赵献兰　赵心怡
赵 轩　赵研博　赵玉动　赵玉霄　赵媛媛　赵针针　甄凯旋
郑 多　郑婧怡　郑睿骥　郑晓东　郑亚楠　智 敏　周晨龙
周凯丽　周琳琳　周 姗　周 韬　周文剑　周银焕　朱石桥
朱亚楠　朱 玉　庄 林　庄苓颖　邹玉琴　左纯源

市场营销

柴 庆　邓颖娇　傅丽君　郭晨龙　郭慧敏　郭晓珂　郝 静
黄迅汲　刘 萌　刘田强　刘馨远　刘永宁　柳 娟　芦 瑞
马嗣杰　马轶毅　王德超　王洪昌　王 杰　王美钦　王鹏飞
王心韵　王艳丽　王煜莹　吴 琼　徐懿琦　严永勇　杨正超
叶荣财　张海洋　张培森　张晓彤　张 振　赵佳铭　周 理
周立业

法学院

法学

毕名言　边雅静　曾少鹏　陈星瑶　池卢会　都 蔚　付明珍
高康丽　高 帅　高泽华　郭 娜　郭鹏超　贺颖荟　洪 露
贾诗玉　贾 越　姜曼莉　靳宝燕　蓝晓燕　冷春平　李安琪
李贵超　李奇林　李 倩　李 晴　李文栋　李 豫　林 娟
刘 波　刘一帆　卢晓敏　罗梦萍　梅晓凤　慕 浩　潘丽美
戚 婷　齐格菲　宋义正　苏杨眉　孙博文　孙善雅　孙晓庆
屠雪婷　王安然　王才理　王 丹　王 萌　王倩文　王晓萌
王雅丽　王逸敏　王 卓　魏 添　吴 萌　吴淑琳　武锡莹
谢宁宁　邢圣磊　徐邦柱　许家静　郇恩德　杨 帆　杨辛彤
杨艳华　叶灵怡　应寒冰　游思莹　袁 圆　张聪聪　张冬梅
张华雯　张 蕊　张玉婕　赵丙煜　赵 璐　赵娜娜　郑 易

郑莹莹　　周　瑞

行政管理

万丽沙　　周　丽

机电与信息工程学院

软件工程

白　琳	陈旭东	姜　琪	孔雪樱子	李　洁	李林生	栗昭耀
刘传壮	刘尚源	马清照	申　畅	王广全	王中军	吴　晨
肖志萍	薛渊元	于　潇	张春航	张　帅	张志民	

数学与统计学院

统计学

李仲乐　　谢依秝

（教务处　提供）

辅修专业学生名单

韩国学院

朝鲜语

程晨晨　　何玉琪　　黄潇影　　马方青　　孟　霞　　王秋阳　　王斯蕾
魏欣玥　　徐乙榕　　尹可可　　余韵浓　　张　林

商学院

工商管理

刘晁辰

国际经济与贸易

范志强　　李文佳　　刘金卫　　郑杉杉

金融学

冯云鹤　　李曼曼　　路凯钰　　苗颖婷　　王建玲　　王　怡　　姚　飞
殷会敏　　张力心　　张文宇

市场营销

曹昊辰　　周维康

法学院

法学

华　燕　　黄悦芝　　金艺雯　　夏灵果

行政管理

于康利

机电与信息工程学院

软件工程

陈　曦　　单荣杨　　侯　茹　　蒋俊超　　辛光南　　周静望

（教务处　提供）

硕士毕业生名单

韩国学院

亚非语言文学

刘　丽　刘亚芬　母秀丹　邱敬霞　孙飞翔　王道凤　温玉萍
袁　勋　张丽华　赵华伟

商学院

财政学

高囡囡　刘　慧　任亮亮　孙新宇　张扬帆

产业经济学

蔡国祥　蔡　娇　代　斌　郭文慧　黄婷婷　王　玎　王萍萍
张晓艳　周　扬　温绍娇

劳动经济学

陈　洁　李　超　王亚男　张晓村

金融

段晓军　曹永函　李海军　丁雪玲　马　娇　李　鹏　马南南
李莹莹　王　宁　马　洁　麻力华　朱运迎　王　贝　赵淑婷
母丙强　梁　夏　李　聪　杨皓亮　杨昊龙

工程管理

王　宁　姜鲲鲲　李永威　吕海涛

工业工程

李守彩	王娅玲	闫书祯	杨凌爱	杨镇竹	张　艳	周　娜

企业管理

蔡玲玲	陈　正	付幸幸	高龙泉	管庆鹏	李　璨	李琳琳
刘攀越	任婷婷	邵　欣	宋红霞	王明月	杨　茜	杨雪英
叶　娜	尹　奎	尹士军	臧家秀	张　建	张　伟	张新艳
张　岩	赵九龙	周梦琪				

西方经济学

陈鲁晓	黄　波	李　琪	李雪梅	牛庆静	牛雅静	王红娜
武　婧	张　航	张琳琳				

法学院

法律(法学)

江　静	朱瑞琛	颜　晨	王战辉	许　靓	韩　佑	徐晨曦
张思远	宋行行	高　静	刘春红	陈雪娇	杨　萌	曹海贝
吕金花	张小娟	孙龙龙	杨　豪			
隋清梅						

法律(非法学)

陈　萍	王　勇	戚玉杰	徐　健	亓桂娟	金富涵	吴　萌
王元仁						

法学理论

董　辰	李　楠	李思余	宋保振	王　俊	王雪原	赵文婧
周扬帆						

行政管理

戴　震	张云波

民商法学

陈真真	杜玉品	费　菲	惠吉超	孔冉冉	李秀花	李亚男
孙苏娅	王　峰	吴玥瑶	徐云云	叶　成	张红星	张淑萍

诉讼法学

蔡娜玲　陈莎莎　陈长堂　郭　佩　刘文哲　许文娟

政治学理论

刘　聪　万吉庆　徐盼盼

文化传播学院

比较文学与世界文学

陈　帅　唐燕飞　王国泰　袁晨晨

汉语言文字学

张　玉　赵付美

中国古代文学

边　贤　田春花

新闻学

陈泽坤　李　帅　渠雪冰　孙宝琴　王　磊　肖红丹　殷洪英
尹晓鹏

语言学及应用语言学

刘婷婷　尚安新　王小翠　王新娟　武　青

中国现当代文学

顾　叶　王继国　吴　昊　张　怡

翻译学院

英语笔译

邹　妮　翟成芳　马延香　李晓清　周　聪　胡楚娅　于梦宇
李　洁　胡玉洁　关　赟　张亚楠　王　辰　时　芸

英语语言文学

邓晓芳　段晓甜　樊海青　郝文欣　侯梦楠　李会静　李雅轩

秦绪莉　孙丹丹　王　淼　杨　丹　赵明娟

艺术学院

美术

刘　振　程帅琳　白　雪

音乐

许　娜

音乐学

纪赫楠　金子琦　吕　丽　张金娣

设计艺术学

韩丕龙　孙晶唯　王宝红　王琛璐

艺术学

赵　青　赵　然　朱江宏

海洋学院

★海洋生物学

丁新彪　郭战胜　刘　芳　杨　慧　张闻捷

生物化学与分子生物学

郭东会　胡述浩　刘英梅

生药学

陈　卓　毛丹瑱　张　岩

微生物学

李小丽　刘倩倩　王　超　夏海峰

微生物与生化药学

胡长艳　刘东泽　马莉莎　苏　康　孙倩倩　王　锦　赵　欣
郑贝贝

应用化学

房美灵　　刘　贺　　马庆林

机电与信息工程学院

电路与系统

孙　栋　　崔　超　　董晓舟　　李水秀　　苗　楠　　宋付云　　宋建梅
苏文鹏　　谢松昭　　孟繁贵

电子与通信工程

董　龙　　高　明　　胡永德　　刘　伟　　钱　鹏　　宋　杰　　宋延强
王海臻　　杨萌萌　　尹媛媛　　张晓丛　　周　末

机械工程

方　腾　　杨晓艳　　杨　泽

机械制造及其自动化

曲孟孟　　童学根　　王守海　　姚　望

计算机应用技术

杜广宇　　戈星晨　　李效晋　　孟凡欣　　乔善增　　谭　鑫　　张夏旭

检测技术与自动化装置

曹　杨　　初　宁　　李晓坤　　刘璐燕　　马军超　　孙　猛　　王　瑾
于梦磊

控制工程

房新凯　　郭　伟　　何　鹏　　厉　杰　　易　兴　　张　超

信号与信息处理

陈雪梅　　李贞国　　刘　伟　　宋　洋　　唐　颖　　王　健　　郑清彬
朱　林

空间科学与物理学院

理论物理

崔立勇　　刘　扬

微电子学与固体电子学

王雪霞　　翟剑波

粒子物理与原子核物理

张　盼

数学与统计学院

基础数学

吕延芳

运筹学与控制论

韩雨巧　　吴　晶　　于璐婧

马列教学部

马克思主义中国化研究

陈　晨　　田晓琼　　张红朗

思想政治教育

沈晓明　　刘婵婵　　马金利　　史　洁　　吴　静

（研究生处　提供）

博士毕业生名单

法学院

法学理论

沈　寨　　张　鹏

空间科学与物理学院

理论物理

付　辉　　孔祥良

数学与统计学院

基础数学

解　兵　　李　静

（研究生处　提供）

“山东大学—澳大利亚国立大学联合研究生院”筹备工作组

组　长：韩圣浩

副组长：陈冠军

组　员：（按姓氏笔画排序）

　　张文玺　徐希锋　高　军

筹备工作组办公室设在国际合作与交流处。

山东大学(威海)2014年“创青春”大学生创业大赛组织委员会

主　任:刘　海

委　员:(按姓氏笔画排序)

王　松(团委)　王　萌　王景瑞　闫涛蔚　李　然　吴丙新　高　军　景　硕

组委会下设秘书处,秘书处设在校团委,秘书长由王景瑞兼任。

山东大学(威海)招生拓展工作领导小组

组　长:陈冠军

副组长:闫涛蔚

组　员:(按姓氏笔画排序)

王迎宾　王景瑞　王福安　刘　明　李恒江　杨　玉　郭培良

山东大学(威海)本科生招生录取工作领导小组

组　长:韩圣浩

副组长:柴月禄　陈冠军

成　员:(按姓氏笔画排序)

王迎宾　王福安　闫涛蔚

秘　书:宋　嵩

山东大学(威海)国家助学贷款管理领导小组

组　长:韩建新　刘　海

成　员:(按姓氏笔画排序)

于和利　于振涛　于培丽　牛文军　刘会刚　孙丽霞　闫涛蔚　吴丙新

李　冶　杨　玉　单丙波　单登科　周大白　孟凡波　赵笃玲

以上领导小组成员如遇职务变动,由其继任者接替。

山东大学(威海)科学实验中心建设工作领导小组

组　长:韩建新　陈冠军

成　员:(按姓氏笔画排序)

王　丽　朱桂华　杨田林　吴丙新　宋玉厚　陈广奕　周大白　栗庆冬
高　军　黄建军

科学实验中心及各分中心组织机构人员:

一、科学实验中心

主任:陈冠军

副主任:杨田林　陈广奕　黄建军

办公室主任:宋玉厚

二、理化与材料分析测试中心

主任:杨田林

三、超级计算中心

主任:陈广奕

四、生物科学分析测试中心

主任:黄建军

第十四届“挑战杯”山东大学(威海)学生课外学术科技作品竞赛组织委员会

主　任:刘　海

委　员:(按姓氏笔画排序)

王　松(团委)　王景瑞　闫涛蔚　吴丙新

高　军　景　硕　研究生会主席　学生会主席

组委会下设秘书处,秘书处设在校团委,秘书长由王景瑞兼任。

山东大学(威海)2015年度
研究生招生工作领导小组

组　长:韩圣浩

副组长:陈冠军

组　员:(按姓氏笔画排序)

王迎宾　杨　玉　吴丙新　张文玺

山东大学(威海)五届一次“双代会”筹备工作委员会

主　任:仝兴华　韩圣浩

副主任:刘玉殿　韩建新　柴月禄　赵玉璞　陈冠军　刘　海　郭培良　周慧如

秘书长:周慧如(兼)

委　员:(以姓氏笔画为序)

于培丽　于燕臣　王迎宾　王国和　刘　明　孙文范　李恒江　李洋修

杨金才　谷丽霞　邹　海　迟　涛　赵笃玲　姜　强　袁相万　栗庆冬

顾　炜　黄建军　梁奉军　彭兆强　韩延伟

秘　书:谷丽霞(兼)

筹委会下设工作小组:

组织组:梁奉军　田晓琼

提案组:王迎宾　丛岗滋

秘书组:顾　炜　李　松

宣传组:刘　明　魏　斌

会务组:谷丽霞　翟晓黎

代表资格审查委员会由下列同志组成:

主　任:周慧如(兼)

委　员:栗庆冬　梁奉军

山东大学(威海)艺术类招生考试工作领导小组

组　长:刘　海

副组长:柴月禄

组　员:(按姓氏笔画排序)

王迎宾　王福安　叶军堂　闫涛蔚　汪明强　张琳仙　周大白　贾慧卿

秘　书:宋　嵩

2014年各级各类科研成果奖

序号	成果名称	证书日期	获奖类别	获奖等级	获奖者
1	立法后评估研究	2014.08	山东省第二十八次社会科学优秀成果奖	省级一等奖	汪全胜
2	民国时期工业企业劳资关系研究(1912～1937)	2014.08	山东省第二十八次社会科学优秀成果奖	省级三等奖	金京玉
3	《法律论证:思维与方法》	2014.10	第五届钱端升法学研究成果奖	部级三等奖	焦宝乾
4	服务型跨国公司模块化	2014.09	2014年山东高等学校优秀科研成果奖	厅级二等奖	夏　辉
5	左翼进步政党的内部分裂原因探析	2014.09	2014年山东高等学校优秀科研成果奖	厅级二等奖	焦　佩
6	马克思辩证法的三个维度	2014.09	2014年山东高等学校优秀科研成果奖	厅级三等奖	付文忠
7	消费社会对现代政治的解构——齐格蒙特·鲍曼的消费政治思想简析	2014.09	2014年山东高等学校优秀科研成果奖	厅级三等奖	范广垠
8	转喻能力的构建及应用性研究——以英语阅读教学为例	2014.09	2014年山东高等学校优秀科研成果奖	厅级三等奖	李　克

（科研处　提供）

2014 年教师获得表彰与奖励

序号	获奖者单位	姓名	荣誉名称	获奖时间	批文号
1	法学院	汪全胜	第八届 山东省教学名师	2014.04	鲁教高〔2014〕3 号
2	数学与统计学院	李　娟	山东大学优秀教师	2014.07.18	山大人字〔2014〕86 号

（人事处　提供）

2014 年学生获得表彰与奖励

国家奖学金(本科生,180 人)

陈泽阳	段　岩	王丽欣	林诗丛	许　诺	陈媛媛	刘　杰
许思慧	闫晓媛	刘萌宇	刘　凯	韩　旭	李京伟	罗　葳
白　如	和含笑	张　欣	陈亚琴	徐　灏	郑绿萌	刘文凯
肖　菊	王鲁昱	谢颂杰	李家瑞	李昕珊	杜丹丹	白羽轩
于丙真	陈思齐	王相彬	周慧宇	刘天翼	吴思烁	刘　菁
冯　蕾	陈　辰	李梦君	卢　璐	郭佼佼	张　婕	丛一纯
李君煜	杨晓慧	段　伟	张浩琳	刘　俊	黄树东	陈珍珠
冯文雯	黄　熙	孙凯迪	李文宁	刘赫喆	赵明阳	张佳怡
张康妮	于文菊	靳丽曼	李燕华	张欣欣	叶鼎一	赵　欣
王利香	胡盛林	黄斯文	沈　晨	王宝迪	曹　宇	陈奎莲
张翼晖	樊晨晨	范　洁	马晓月	秦雪莹	张　恪	沙叶丹
吕　昕	杨家宇	张爱萍	陈青艺	王巧巧	李博文	袁　丽
陈明君	周芳霞	张金磊	方圆安	张藏文	董丹梅	杨　然
封　婷	梁　婷	朱臻玄	张　昂	王智慧	詹清雨	刘力维
宫晓双	吴晓昊	童　蓓	黄憬怡	孙运启	刘　璐	张韫笛
臧　旭	段鹏睿	林　阳	马婉璐	孙　朴	郭依依	沈天成
王雅丽	陈　茜	段　菲	贾瑞芳	赵　悦	纪雪宁	卞舒惠
鲍温洁	唐　薇	孙轶斌	张妍琪	雷　威	窦汝姗	王俊杰
陈博文	张　良	宋金波	谢　琳	王　南	张钰莹	怀贝贝
于振龙	姜自然	周　颖	于庆国	牛　群	陈　辰	曾泽龙
齐红玉	李永俊	卢虹良	肖梦玲	王　平	商甜甜	闫　晗
宋旭鸣	曹嘉伦	张馨匀	陈元康	张　聪	赵春丽	刘开颜
王少阳	胡旻晗	马春雨	范晨晨	王国帅	杨佳美	闫晓燊
王宇芊	葛帅良	刘　明	王宇贤	樊雯婷	蔡春瑜	王旭旸
蒋艺芃	陈明昊	郇　程	杨庭玉	刘文豪	潘　丰	陈　玲
孙婧瑜	董晓雯	王汜茹	邱胜男	李可杰		

国家奖学金(研究生,25人)

闵　慧　杜国辉　宋璐璐　刘　蒙　卢春花　李　玫　王雪梅
葛　群　邱成梁　李　然　刘　坤　刘　妍　吕　朋　李　秀
吕志国　孙灵芝　李　琳　郑　阳　王宗杰　齐　玉　孟苓苓
王　杰　王晓艳　李珍珍　仇晓莉

国家励志奖学金(433人)

刁晓光　李志鹏　宋宁宁　禹红霞　周章亮　唐玉珍　柳春雨
邢博文　易清蕊　赵　睿　魏　欢　曾　乾　单　欣　赵蒙蒙
杜在乾　牟艳平　周　涛　何　艳　汪斯瑜　吕曼曼　杨　婧
王　萌　郭倩倩　辛　爽　彭凤春　胡朝阳　吴　进　王厚旺
张聪慧　孙梓苡　冯　格　李冬旭　姚　琳　刘枭飞　王聪聪
李全巍　喻　洋　李　敏　刘莹莹　孙　鑫　解兴伟　李盼盼
李淑凤　臧传峰　徐静美　左宏炜　郑纪昌　冯　宇　王佳杨
刘成名　王裕芬　魏苗苗　朱亚楠　郭凤翔　蔺文杰　刘　畅
李　鸽　张丽莎　孙溪悦　孙志浩　张翠吉　马　原　师丽丹
胡晓东　钟　晴　贾　晨　祝洁琼　张立宁　冯其红　吴菲阳
裴丽娟　任　超　姜　璇　张润萍　刘　敏　崔静欣　王　潇
马雨辰　付明丽　赵欢欢　徐艳玲　张小洁　张译文　陈成真
沈艺敏　朱宏欢　刘桂招　赵冉微　韩小云　郭　蕊　赵明明
王　敏　张晓敏　朱广亚　裴昕彤　李　超　王成英　樊梦文
刘　芹　王　惠　刘洪辉　侯发荣　李佳晴　张璐璐　孙伟娟
丛仲花　姜博允　赵梓涵　钱淑雅　刘　宁　田虔虔　曾靖斐
宋　超　刘　婧　边雅妮　房　琰　赵丛丛　李付坤　霍鹏超
张　胜　张钰莹　郭　尊　单仕瑜　郭宇曦　张泽芸　陈　晨
潘元秀　任衍梦　刘亚敏　马　瑶　王　瑜　陈思佳　王　涵
李天武　赵亦璇　郑志全　冯其明　潘亚琼　田在敏　柏　琳
曹江山　代张伟　左志玲　梁奇奇　王　胜　王翰林　刘　东
睢曼曼　夏　芳　李飞扬　于　蕾　党相卫　马庆然　王鹤凌
高晓宇　陈　博　汪晓菲　丁思宇　鲍嫣然　徐慧慧　刘　慧
汪晓瑞　刘雨竹　刘雅思　罗凯文　刘学帅　杨丽梅　罗　丹
祝晓兵　公丕旭　刘秋玲　李　欢　吕　孟　周之才　武　双
张淑宁　崔玉莹　刘　钰　刘信锐　薛荣鑫　邓雅丹　周明洁
马周旭　郭启飞　李晨曦　林　坤　雷　映　李帅杰　董璐璐
郭　鑫　吕士文　郑巧琳　邢珍珍　徐　鑫　解娜娜　王秀秀
李胜玉　杨　杰　谢艺观　代保铭　王　雪　陈　倩　贾晓菲
姚元珍　王新彩　曹学强　姚竹青　毕燕飞　马　雪　黄　研

肖玉璇	盖志超	朱玉莲	沈慧婷	王春雨	齐　洁	王　晓
王雪涛	史海超	毛静言	毕玉凯	王文瑶	任　昭	赵彩霞
冯雪彤	王晓庆	陈燕红	朱铁雄	王德浩	刘福顺	刘丽洁
杨　悦	于　洋	徐梦凯	苏　杭	刘庆东	白　静	刘　敏
巩加美	李克鹏	陈雪寒	赵　年	王　鑫	吕艳芬	张盟盟
丁桂生	楼贤骏	钱姣姣	王淏淏	刘雪慧	张雪玉	闫　琦
张文晓	牛哲文	洪　艳	刘晓红	韩　毅	张　月	魏永双
崔泽媛	侯晨阳	李晶晶	李　玮	赵亚平	崔晓雪	李维松
张　佳	兰鹏璐	李正伟	李秋晨	崔肖娜	刘艳芳	王　琳
佟海燕	曹仙斌	周月华	张　霞	王　浩	张永飞	林亚楠
吴冬莹	冯　蕾	曹雪旖	韦松秀	韩洋洋	隗双双	时丽娜
厉明坤	张宝丹	朱　创	孙鲁霞	冯彩霞	张　佳	商　燕
戴　政	韦　翠	潘增荣	王增欣	袁金铭	田孟娇	赵玉娟
曾　磊	陈　昭	王　瑞	张城铭	张德帅	李燕丰	赵　雪
国小娜	田发民	王　婷	李梦楠	刘延钢	杨燕芳	卜麒玮
刘　芳	姚诗麒	谷　枫	闫晓丽	柏　瑶	霍秋爽	黄志阳
袁明珠	翟姗姗	王　旭	闫丽娜	刘　旭	李琪琪	李佳祺
陈慧云	代汝月	高　峰	蒯会敏	刘　晴	李　珂	侯二航
郭芯芯	刘　娜	冯颖超	李　朋	景天琪	俎　松	徐　野
吴　瑞	李元华	付丹丹	石倩倩	刘元松	王　丽	陈　建
刘　涛	马　敏	程　远	姜文丽	李　凯	杨建兵	潘美瑜
张文学	李亚节	贾　晶	杜　霜	陈凯宁	田慧琳	张尧尧
陈　伟	杨丹丹	尹　晓	王培霞	董楠楠	张俊霞	董祚汝
贾华荣	徐梦雪	徐　畅	丁爱双	徐毛毛	郑　昕	刘真涛
刘　蕾	李　栋	刘秀之	吕胜楠	刘庆杰	李雪莉	王秀萍
王美丽	张　华	李红仪	宋　琦	李　林	赵晓蕾	路　迪
曹丽娜	余胜男	王乐乐	莫文龙	郭芳梅	宗方姣	梁勤勤
杨镇伟	朱文凯	袁钊弟	王　健	亓云月	朱　燕	徐彩红
张冰清	李国腾	郝玲玲	李玲玉	孙淑静	吕　敏	路盼盼
张　静	程　雪	程小迎	王思佳	韩学林	陈　锋	付红玉
吴　萌	刘苗苗	韩春腾	王文静	雷　柱	杨欢欢	席　羽
朱泓润	赵　豪	叶　梦	金钰妍	郑朋龙	舒　蕊	

山东大学校长奖学金(10 人)

楼贤骏	渠　畅	张康妮	胡盼弟	金航旭	张　昂	张小莹
怀贝贝	张志康	刘　明				

山东大学优秀研究生干部(研究生)(19 人)

杨文举	吴　鹏	姜丽丽	李　然	武庆阳	王雪梅	梁俊菊

贾　颖　高　鹏　张　茹　鲍思学　朱孟子　李　秀　张　瑞
毛伟腾　刘一欣　孙华魁　薛　源　谢军旗

第十一届全国研究生数学建模竞赛全国一等奖(1组)

仲伟冲　傅齐鸣　乔英苹

第十一届全国研究生数学建模竞赛全国三等奖(3组)

黄　睿　杨帆帆　刘媛媛　张　敏　刘世超　王　永　苗颖婷
陈丽诗　王丽萍

山东省高等学校优秀学生(15人)

常晓梦　刘赫喆　吕　昕　卞舒惠　崔荣耀　陈　曦　怀贝贝
刘　明　沈君妍　周　杨　邹　杰　李　凯　顾晗霞　沈　晨
詹清雨

山东省高等学校优秀学生干部(8人)

张　悦　李不凡　李君煜　楼贤骏　王　萌　刘晋东　胡盼弟
鲍思学(研究生)

山东省高等学校先进班集体(5个)

2011级社会工作专业社会工作班
2011级英语专业英德双语班
2011级软件工程专业软件2班
2011级数理经济实验班
2011级新闻学专业新闻1班

山东省高校心理剧短片DV大赛三等奖

文化传播学院《棋言》剧组

“成长陪伴”山东省大学生心理微博原创大赛二等奖(1人)

周　宇

(学生处　提供)

山东省五四红旗团总支

商学院团总支

山东省优秀共青团员

陈　曦

中国大学生自强之星提名奖

陈潇凯

中国大学生百炼之星

学生公寓 K 楼 112

“天翼·智慧城镇”全国大学生暑期社会实践专项活动优秀团队

S-C 调研团

“井冈情·中国梦”全国大学生暑期实践季专项行动“优秀实践团队”“优秀课题成果”奖

“绘革命·馈党情·创青春”暑期社会实践团

山东省第六届“调研山东”大学生社会调查活动优秀团队

“先看病后付费”制度运行效果的跟踪调查调研报告
关于 CSA(社区支持农业)发展现状与前景的探究——以青岛市为例
安全社区建设进程中安全指数的研究
学龄段中重度肢残群体教育模式研究及推广——以山东省瓷娃娃群体为例
对城镇化进程中城市新贫困问题的研究报告

山东省大中专学生暑期“三下乡”社会实践优秀团队

“情暖夕阳”——胶东地区老年“失独”群体生活照料模式探析调研团
山东大学(威海)聚爱助残创业中心
“渔”你同行实践团队
“青春梦 支教情”—支教调研队
“反‘瘾’助成长 践行中国梦”暑期社会实践调研团
“微校行”调研团
梦航实践调研团
“情系留守爱暖童心”阳光义工服务队

山东省“大中专”学生暑期社会实践优秀个人

王　琪　　陈　兵　　李万凌霄　　黄茹涵　　林哲琪　　吴文婷　　千晓莉
乔丽霞　　殷　帆　　段　菲　　刘璐璐　　陈钰婷　　解逸群　　张　翊
李梦薇　　刘雪琪　　陈思好　　朱　倩　　陈　超　　肖顺利　　冉景俊
李鑫年　　谢艾伶　　刘媛琪　　齐汝钰

首届“电信飞 YOUNG”杯山东省大中专学生社团节大学生社团书法大赛

二等奖(硬笔书法类):陈瑞卿

三等奖(软笔书法类):付　路　周　仪

首届“电信飞 YOUNG”杯山东省大中专学生社团节大学生“百团对弈”中国象棋大赛

季军:山东大学(威海)会友棋社
十佳棋社:山东大学(威海)会友棋社

首届“电信飞 YOUNG”杯山东省大中专学生社团节大学生社团网球公开挑战赛优秀奖

山东大学(威海)网球协会

首届“电信飞 YOUNG”杯山东省大中专学生社团节大学生社团趣味篮球赛协作奖

山东大学(威海)篮球协会

首届“电信飞 YOUNG”杯山东省大中专学生社团节大学生社团“金点子”发明大赛铜奖

山东大学(威海)DIY 社团(刘雪琪、张思明、杨倩、王李峰)
张　俊　胡朝阳　赵蒙蒙

首届“电信飞 YOUNG”杯山东省大中专学生社团节大学生社团好声音歌手大赛(通俗组)

二等奖:马佳均
三等奖:赵英柏

首届“电信飞 YOUNG”杯山东省大中专学生社团节大学生社团摄影大赛

一等奖:山东大学(威海)旅游协会(赵乐然)
二等奖:山东大学(威海)学生国际交流协会(赵乐然)
　　　　山东大学(威海)摄影爱好者协会(王若)
三等奖:山东大学(威海)学生国际交流协会(赵乐然)

2014 年“创青春”全国大学生创业大赛全国银奖

卞舒惠　李不凡　王颀林　单　宇　吕　青　薛　婷　左宏炜
李　凯　樊丽娜　焦一中　林哲琪　吴睿佳　赵　欣　汤子健
鲍婧祯　王　琨　杨晓慧　隋子剑　凌艺铭　王厚旺

2014 年“创青春”全国大学生创业大赛专项赛全国银奖

车　宁　陈　鹏　臧金鹏　段　伟　曲晓彤　余亦奇　张晓彤
袁　鹏　王　梅　陈　丹　李晓晗　卞　悦

2014 年“创青春”全国大学生创业大赛专项赛全国铜奖

蔡　越　金明花　陈艳超　王宏宇　张　宇　葛雨童

2014年"创青春"全国大学生创业大赛省赛金奖

张召普	赵耀升	王　怡	高　原	魏子东	卞舒惠	王颀林
李不凡	单　宇	吕　青	杨　浩	王　旭	王　震	吕　婧
张小洁	林哲琪	王　浩	宋　珂	冯　宜	杨晓慧	梁润雪
李燕华	王　琨	陈煜帆				

2014年"创青春"全国大学生创业大赛省赛银奖

夏小东	王　丽	王　哲	唐宝菁	吴梦雪	张其花	高志强
李海成	徐锦龙	耿　烁	刘泓辰	陈彩斐	张文晓	武俐君
张小玉	韩　润	王　新	皮衍飞	赵宇飞	陈思齐	赵吉哲
杨斌斌	王　宁	邓靖男	张正明	于凯丽	王厚旺	左宏炜
吴菲阳	高　欣	付　霏	于佳雯	刘　媛	孙维佳	余雅静
谢　娟						

2014年"创青春"全国大学生创业大赛省赛铜奖

罗婉茜	张振颖	何雨薇	刘文娟	臧金鹏	卢　璐	吕斯琪
张　迪	杜　贺	张奥平	林　喆	李君煜	周　威	渠　畅
杨有恒	郑铭玉	陈长兴	刘春昊	郭佼佼	王雪琦	王东亮
崔　振	丁盈盈	冯遵琦	沈君妍	朱逸芸	李一甲	姜　文
姜莉莉	牟一丹	宁　莹	许嘉铭	郑奕昕	毕燕飞	冯潇莹
刘冠如	李依凝	范君舟	赵洲洋	薛　成	徐　野	沈丽杰
郑嘉宇	张晔希	樊丽娜	陈　倩	刘　康	薛　婷	韩　毅
陈珍珠	李腾斌	闫晓媛	李梦薇	徐　坚	潘　丰	梁建刚
尚校蕾	戴丰泽	雷婷婷	杨　悦	李晶晶	邹雯雯	张璐璐
罗　葳	颜于通					

第五届山东大学学生"五·四"青年科学奖

盛凯程　崔　超　黄星尧

（团委　提供）

全国大学生数学建模竞赛

国家一等奖

温宇飞　王子扬　江紫涵

国家二等奖

郭格霖	潘　丰	韩　毅	李梦薇	张　佳	刘天成	郭剑波
朱春柳	郑　旭	曹仙斌	章　腾	陈　威	陈志琪	黄东阳

王翰林　韩志鹏　李　琛　原宏敏　于思皓　刘文豪　周　力
王洪涛　吴　浩　侯　磊　李林珂　谭雨垚　刘　超

山东省一等奖

邹京晶　张　雪　卢虹良　闫群娇　宋　琦　杨　哲　毕嘉琳
陈藩文　郭佳雨　任凯芳　李天武　周梦园　吴熙恒　李豆豆
王雅琳　许化显　李路遥　付　楷　徐　铮　李宏阁　李　玮
黄振凯　赵汝强　曾泽龙　戴海彬　刘岩冰　陈德仕　何　昱
于艾嘉　黄思翀　赵德豪　邢传智　韩智东　徐正蒙　朱文凯
王宇贤　崔　义　李正伟　周　睿　高　琳　宋旭鸣　闫　晗
吴冬莹　江　悦　张　达　查君鹏　蔡　越　钱翠平

山东省二等奖

梁铭铄　郑梦晨　陈潇凯　林源晖　张　浩　牛　群　李　頔
范鸿宇　张思维　孙玲月　徐翰纶　钟　泽　孙婧瑜　顾良建
邓秋雨　曹一秋　崔可欣　张润萍　吕　前　时丽娜　魏津津
邵　帅　梁　潇　李桑妮　陈　婷　马　悦　李汪洋　张　磊
杨宪楠　刘胡浩　袁金铭　都庆龄　黄　强　江雨泽　左翔凤
吴　静　崔　莹　王　硕　张　淼　李紫宣　徐　坚　曹　昀

山东省三等奖

赵　蔷　宋若梦　张睿琛　蒋孟君　王　宁　马　原　毕　潇
郝小豆　张　蕾　张学涛　刘　炽　齐红玉　许美佳　王永博
许美莹　杨　楠　刘　冉　马仁义　陈　玲　秦　岭　李　龙
苏　鑫　朱欣怡　刘　洋　袁之策　刘淑慧　陈婷玉　邹晶丹
杨　啸　廖昱萌

全国大学生电子设计竞赛

山东省一等奖

胡朝阳　叶毅杰　贾德龙　宋　强　刘嘉伟　郑俊浩

山东省二等奖

朱宏欢　卞　悦　王洪涛　樊梦文　卢虹良　产文昊

山东省三等奖

张　赟　曹　山　杨博汉　曾泽龙　赵原野　刘　何　张　蕾
张润萍　王海强

全国大学生智能车竞赛

山东省一等奖

赵永亮　姜志鹏　路　洋

山东省二等奖

曾泽龙　宋　迪　杨　喆　陈博文　王李峰　张　甜　王俊杰

刘春泽　吕　前　余洋洋　许岩鲁　张瑞达　胡海洋　赵远航
张学涛　邵明桢　赵原野　卞　悦

山东省三等奖

杨　倩　张　俊　胡朝阳　刘恒霖　陈　腾　厉明坤　赵子寒
李又迪　李英睿

全国大学生机电产品创新设计竞赛

山东省一等奖

隋　心　刘宇轩　雷　威　田瑞平　吴雨桐　章晓伟　耿宗超
王林源　张　杰　周忠启

山东省二等奖

张　谦　宋金波　李　坷　秦　岭　杨欢欢　杨　啸　李丹丹
康　帅　丛玉鑫　陈　辰　王彦文　张志晓　郝延哲　李腾斌
冯树荣　于晏如　陈川川　翟　启　张　晶　胡言贺　宋旭明
卞　悦　王富超　李　乐　吴健文　黄丹悦

山东省三等奖

张淑宁　张润萍　李英睿　张　蕾　于　淼　于庆国　李汪洋
龚　云　杨　哲　高　超

全国大学生英语竞赛

山东省特等奖

段　伟　侯凯茜　徐　灏　赵　琪　周　杨　杨　丹　杨　云
陈佳林　刘　然

山东省一等奖

姜沛含　吕月星　祁亚楠　孙凯迪　郑绿萌　郑　雪　张　恪

山东省二等奖

王雨颖　徐　锐　耿　烁　秦曼怡　宫　欣　张丽洁　朱广亚
安荟杉　张　怡　刘天翼　张慧娟　辛忠晟　姜梦娜　李梦君
沈君妍　傅　韬　李祥龙　金　岚　郑　璐　王艳阳　王钦玲
浦蕴文　朱佳馨　张馨匀　徐纯纯　王　莹　宫文祥　钟思然
闫　畅　田虔虔　袁　丽　李冬雪　杨家宇　张　薇　王佳悦
张任婷　陈凯宁　叶鼎一　金言兮　胡子予　杨庭玉　朱刘敏
杨怡恺　陈留维

山东省三等奖

叶舒怡　陈亚琴　纪　源　刘文凯　李京伟　刘萌宇　王晓阳
谭淋尹　韩　雨　和含笑　张　欣　毕明宇　黄梦雪　郭小琳
王美容　李志香　吴思烁　费思雨　张慧慧　赵婉莹　周　彤
李　月　常　琦　刘　媛　乔　虹　王雨浓　刘　菁　刘泽州

刘　钰　游琳依　闫晓媛　王晓旭　曾华倩　祁晓晴　冯　艺
蔺天祺　彭龙霏　高丽丽　张浩琳　李昕珊　莫岚晰　王雪琦
杜　霜　王　玥　葛长鑫　王　斌　宋玉泽　张一帆　王银洁
陆丹弥　李　嘉　陈慧文　李斐媛　陆　芸　翁淑芳　张亦华
张茹娟　李克鹏　张　聪　张子扬　刘雅思　曹嘉伦　姜自然
宋　雪　范晨晨　李汶睿　李垠桥　蔡倚凡　陈立颖　刘高远
佘雨泽　赵　欣　张烨欣　孙丽娟　刘阳春　王晨玥　苏　颖
王丽欣　顾业成

中国机器人大赛暨 RoboCup 公开赛

国家一等奖

徐新智　胡旻晗　孔令贤

国家二等奖

林　丽　韩旭东　王　宁　卞　悦　英成林　杨　哲　雷妤航
朱陈奕　翟　玺

国家三等奖

梁子曦　陈志成　陈佳隆　于庆国　胡朝阳　张　俊

国家优秀奖

卢虹良　冯清泉　陈　辰

山东省二等奖

孔令贤　毛焕然　胡旻晗　徐　枭　武文浩　龚　云　刘　颖
王鹏飞　张姗姗　张　俊　王朝元　李佳霖　徐新智　于庆国

山东省三等奖

林　丽　王　宁　乔起臣　何　川　英成林　杨　哲　郑朋龙
丁思宇　公丕旭　宋　强　李帅杰　马仕豪　吴孟桦　曾　杰
胡朝阳　赵蒙蒙　叶毅杰　李　敏　杨　倩　齐红玉　孙　赵
雷妤航　翟　玺　陈　威　景海祥　郭　尊　黄雪萍　王泳刚
王　韬　卞　悦　卢虹良　梁子曦　李　鑫　韩旭东　朱陈奕

（教务处　提供）

山东大学博士学术新人奖

崔文超　闵　慧

山东省优秀科技创新成果奖

三等奖:李　静

山东省优秀硕士论文

题目:《金属固液界面结构及动力学性质研究》

作者:方　腾;导师:王　丽

山东大学优秀硕士论文

题目:《领导友好关系管理、儒家传统价值观对员工情感承诺的影响:LMX 的作用》
作者:尹　奎;导师:刘永仁
题目:《海洋沉积物中细菌的富集分离及三株拟杆菌新物种的多相分类》
作者:刘倩倩;导师:杜宗军

（研究生处　提供）

聘用相关专业技术职务及岗位人员名单

山东大学关于聘用李英秀等 21 名同志相应岗位的通知

山大人字〔2014〕42 号

（威海校区）

各有关单位：

根据学校岗位聘用的有关规定，经个人申报、单位考核，学校研究决定聘用威海校区李英秀等 21 名同志相应岗位。聘用名单如下：

讲师三级岗：

李英秀（自 2013 年 11 月起聘）

连子如（自 2014 年 1 月起聘）

谷　珉（自 2014 年 1 月起聘）

褚兴荣（自 2013 年 11 月起聘）

俞军涛（自 2014 年 1 月起聘）

邢赞扬（自 2014 年 1 月起聘）

李　凯（自 2014 年 1 月起聘）

杨蔚芳（自 2014 年 1 月起聘）

周　丽（自 2014 年 2 月起聘）

邓晓玲（自 2014 年 1 月起聘）

蔡象丽（自 2014 年 1 月起聘）

叶　准（自 2013 年 11 月起聘）

庄静静（自 2013 年 12 月起聘）
王效强（自 2014 年 3 月起聘）
助教二级岗：
王小敏（自 2013 年 10 月起聘）
曹桂红（自 2013 年 12 月起聘）
实验师三级岗：
武　昭（自 2014 年 1 月起聘）
辛艳青（自 2013 年 12 月起聘）
助理工程师二级岗：
刘立山（自 2014 年 1 月起聘）
助理实验师二级岗：
陈　旭（自 2014 年 1 月起聘）
倪宇恒（自 2014 年 1 月起聘）

山东大学
2014 年 4 月 25 日

山东大学关于聘任刘家峰等 110 名同志相应岗位的通知

山大人字〔2015〕44 号

（威海校区）

各有关单位：

根据学校关于新进人员岗位聘任的有关规定，经个人申报、单位考核，学校研究决定聘任刘家峰等 110 名同志相应岗位。聘任名单公布如下：

教授四级岗：

杨　林（自 2014 年 7 月起聘）

副教授三级岗：

芮　欣（自 2014 年 9 月起聘）

讲师三级岗：

吕岩威（自 2014 年 6 月起聘）

助教二级岗：

杨　欣（自 2014 年 9 月起聘）

张莉莉（自 2014 年 7 月起聘）

曲　奕（自 2014 年 7 月起聘）

丁志烁（自 2014 年 10 月起聘）

研究员四级岗：

杨　慧（自 2014 年 9 月起聘）

实验师三级岗：

霍秋红（自 2014 年 7 月起聘）

助理实验师二级岗：

夏海峰（自 2014 年 7 月起聘）

八级职员：

邬　迪（自 2014 年 7 月起聘）

陈　超（自 2014 年 7 月起聘）

张丹丹(自 2014 年 7 月起聘)
戚伟良(自 2014 年 7 月起聘)
郭　彪(自 2014 年 7 月起聘)
王文娟(自 2014 年 7 月起聘)
李祥鹏(自 2014 年 7 月起聘)
杨　柳(自 2014 年 7 月起聘)

山东大学
2015 年 4 月 14 日

山东大学关于聘用卞绍斌等 313 名同志相应专业技术岗位的通知

山大人字〔2015〕63 号

（威海校区）

各有关单位：

根据《山东大学 2014 年专业技术岗位招聘通知》（山大人字〔2014〕127 号）的文件精神，经个人申报、单位资格审核推荐、中级评审委员会评审、校外同行专家鉴定、学科评议组评议、高级评审委员会评审等程序，2014 年度专业技术职务评审工作业已结束，学校岗位设置及聘用管理委员会研究决定聘用卞绍斌等 313 名同志相应岗位，聘用时间自 2014 年 9 月算起（特殊注明者除外）。其中，因公出国（出境）人员自回校工作当月起聘。聘用名单如下：

教授四级岗：

刘宝全　谷祖莎　马秋丽

副教授三级岗：

王宝霞　陈学胜　沈　君　尹文清　贾乾初　孙卓华　朱新林　于京一　赵　鹍　崔　英　刘　卓　车玉菊　姜　斌　刘　勇　石维彬　吕英波　孙庆峰　陈明涛　夏卫国　陈文新　于振涛（思政）

讲师三级岗：

吕　琳　孙田丰　吴　静　侯立静　赵　青　凌士显　顾云亮　王　瑞（思政）　周守玉（思政）

研究员四级岗：

赵玉璞

副研究员三级岗：

吴玉阁

高级实验师三级岗：

李延辉　宋淑亮

实验师三级岗：

高东洋　周　岩　刘　娟　张鹏彦

研究馆员四级岗：

谢穗芬

馆员三级岗：

王黎娟

管理员：

陈乃强

小学高级教师三级岗：

陈　晶

山东大学

2015 年 6 月 8 日

山东大学关于公布2014年度岗位聘用人员名单的通知

山大人字〔2015〕64号

（威海校区）

各有关单位：

根据国家人事部、教育部岗位设置文件精神以及《山东大学岗位设置聘用管理实施办法》（山大人字[2008]49号）和《山东大学关于开展2014年岗位聘用工作的通知》（山大人字[2014]128号）的有关规定，经个人申报、各单位岗位聘用推荐工作组审核推荐、学校岗位评审委员会评审、公示等程序，2014年度岗位评审工作已结束，聘用方案经学校岗位设置及聘用管理委员会审核通过。现将聘用人员名单（共814人）予以公布（详见附件），岗位聘用时间自2014年9月算起。

一、2014年度高等学校教师岗位聘用人员名单

三级岗：

刘　海　张红军　李　波

五级岗：

孟　红　金京玉　王长全　蔡　瑾　张卫国　张　遥　胡绍明　赵　焱

六级岗：

王素娟　周桂梅　张其山　范　军　吴静寅　李丽芳　程　杰　宫建红　宁淑荣
凌宗成　孙华清　亓兴勤

八级岗：

马卫红　付宜强　张志平　于静静　郭剑雄　张伟强　周　红　孟文博　于　伟
孔维珊　唐鑫梅　黄秀国　曹春玲　董　薇　张铁成　赵　鸿　周婷婷　姚桂丽
章　勇　朱立新　金艳梅　毕云峰　洪晓英　曲美霞　张克国　蔡辉寿　尹红星
袁海静　李　博

九级岗：

石　坚　齐军领　刘　喆　刘丹丹　梁俊伟　巫威威　王丽荣　原蓉蓉　刘　琼

王艳丽　闫　冰　牟利明　李莉萌　苟振红　姜亚林　鹿晓燕　王　蕾　刘伟丽
李　彦　李玉梅　张　雄　赵玉珊　张娅妮　王　岩　郭　敏　刘春利　姜昭阳
张　鹏　许明淑　程　昀　苏　琨　曹　海　曲昌荣　孔晓明　杨慧鑫　丛伟艳
曹　晨　卜育德　续焕英　张爱平　孙　薇　杨发源　陈　宾　鲁法芹

十一级岗：

戚玉晶　杜　祎

二、2014 年度思想政治教育教师岗位聘用人员名单

五级岗：

于和利

八级岗：

王　磊　陈　昕

九级岗：

宗文婷

三、2014 年度工程、实验岗位聘用人员名单

八级岗：

刘晓玲　李巧云

九级岗：

万培红　王育松　王相伟　冯士伟　刘　杰　何荣毅　姚云龙

十一级岗：

韩　冰

四、2014 年度图书、档案、文博岗位聘用人员名单

八级岗：

王春华　栗　霞

九级岗：

张　杰　姜玉晶　崔　明　鹿　遥　谢军红　阚洪海

五、2014 年度卫生技术岗位聘用人员名单

九级岗：

杨枢华

六、2014 年度会计、审计、统计岗位聘用人员名单

六级岗：

谭业红

八级岗：

金　霞

七、2014年度管理岗位聘用人员名单

六级职员:

张佳梁　宋　光　曹玉玲

七级职员:

上官千红　于　峰　门潇洪　王海立　丛良日　刘建平　闫红伟　李中章　杨卫华
肖艳楠　郑　丽　赵　昆　赵亮云　董献忠　韩秀峰　滕丹丹　边　婧　刘　书
李　军　李　静　赵　梅　魏　红　邓宏军　胡启超　赵林林　陶　宏　陶　扉
梁　洁

附件:(略)

山东大学

2015年6月8日

新聘研究生指导教师名单

2014年新聘博士研究生指导教师名单

序号	所属培养单位	姓名	二级学科名称
1	韩国学院	金柄珉	亚非语音文学
2	韩国学院	张蕴岭	亚非语音文学
3	空间科学与物理学院	范璐璐	等离子体物理 & 理论物理
4	空间科学与物理学院	许国昌	理论物理

（研究生处　提供）

组织机构与干部任职名单

中共山东大学(威海)委员会

党委书记:仝兴华

党委副书记:刘玉殿　柴月禄　赵玉璞　周慧如

纪委书记:柴月禄

党委委员:仝兴华　韩圣浩　刘玉殿　柴月禄　韩建新
　　　　　赵玉璞　陈冠军　刘　海　郭培良　周慧如

校长、副校长

校　长:韩圣浩

副校长:韩建新　陈冠军　刘　海　郭培良

处级领导干部

单　位	职　务	姓　名
党委(校长)办公室	主任(兼)	郭培良
	副主任	范其学
	副主任	顾　炜
纪检监察审计办公室	主任、纪委副书记(兼)	王迎宾
	副主任	林朝旭
党委组织部	部长(兼)	周慧如
	副部长	梁奉军
党委宣传统战部	部　长	刘　明
	副部长	魏　斌
学生工作部(处)	部(处)长	杨　玉
	副部(处)长兼学生就业指导中心主任	葛彩云
	副部(处)长兼学生公寓管理服务中心主任	常伟东
团　委	书　记	王景瑞
	副书记	景　硕
工会(妇委会)	主　席	谷丽霞
退(离)休工作办公室(退离休党总支)	书记、主任	刘　玮
机关党总支	书　记	姜　强
人事处	处长(兼)	王秀丽
	副处长	栗庆冬
	副处长	王　亮
合作发展规划处	处长兼山大合作发展部副部长	郭邦礼
	副处长	刘晓军

续表

单　位	职　务	姓　名
教务处	处长兼山大本科生院副院长	闫涛蔚
	副处长兼招办主任	王福安
	副处长	贾慧卿
科研处	处长兼山大学术研究部副部长	高　军
	副处长	吴玉阁
研究生处	处长(兼)	张文玺
	副处长	吴丙新
	副处长	陈昌珠
财务处	处　长	周大白
	副处长	于燕臣
国际合作与交流处	处长兼山大国际事务部副部长	徐希锋
	副处长	孟凡波
资产与实验室管理处	处　长	朱桂华
	副处长	宋玉厚
	副处长	佟　强
保卫处	处　长	叶军堂
	副处长	王绍林
基建处	处　长	王祖杰
	直属党支部书记	王国和
	副处长	孙可寒
后勤管理处	处　长	辛洪云
	党总支书记	韩延伟
	副处长	宋云龙
	副处长	原所东
图书馆	馆　长	谢穗芬
	直属党支部书记	李洋修
	副馆长	左　峰
	副馆长	王学福
网络与信息管理中心	主　任	陈广奕
	副主任	姜　平

续表

单　位	职　务	姓　名
继续教育学院	院　长	张秉江
	副院长	井海波
	副院长	姜　胤
韩国学院	院　长	牛林杰
	党总支书记	赵笃玲
	副院长	金　哲
	副院长	刘宝全
商学院	院　长	罗润东
	党总支书记	袁相万
	副院长	吴佩林
	副院长	白锐锋
	副院长	梁文玲
	副院长	孔海燕
	党总支副书记	于振涛
法学院	院　长	汪全胜
	党总支书记	彭兆强
	副院长	赵　沛
	副院长	姜世波
	副院长	刘　军
	党总支副书记	牛文军
文化传播学院	院　长	张红军
	党总支书记	于培丽
	副院长	孙基林
	副院长	张晓曼
	副院长	管恩森

续表

单　位	职　务	姓　名
翻译学院	院　长	王湘云
	党总支书记	迟　涛
	副院长	常晓梅
	副院长	薄振杰
	副院长	张彩波
	副院长	李万军
	党总支副书记	刘会刚
艺术学院	常务副院长	张琳仙
	党总支书记	杨金才
	副院长	汪明强
	副院长	吴静寅
	副院长	张　剑
	党总支副书记	于和利
海洋学院	院　长	梁振林
	党总支书记兼副院长	黄建军
	副院长	孟凡君
	副院长	张小葵
	党总支副书记	孙丽霞
机电与信息工程学院	院　长	蒋保臣
	党总支书记	孙文范
	副院长	王　丽
	副院长	潘景昌
	副院长	王　松
	副院长	贺　红
	副院长	刘若伦
	党总支副书记	单登科

续表

单 位	职 务	姓 名
空间科学与物理学院	党总支书记	李恒江
	常务副院长	夏利东
	副院长	陈 耀
	副院长	李 波
	副院长	杨田林
	党总支副书记	李 冶
数学与统计学院	院长(兼)	刘建亚
	党总支书记(兼)	栗庆冬
	常务副院长	綦建刚
	副院长	李 娟
	副院长	齐海涛
	副院长	杨 兵
	党总支副书记	单丙波
马列教学部	主 任	吴文新
	直属党支部书记(兼)	于燕臣
	副主任	郝书翠
体育教学部	主 任	张 颖
	直属党支部书记	邹 海
	副主任	王友坤
专职组织员	专职组织员	张桂香
	专职组织员	许伯群
	专职组织员	邬绍伟
	专职组织员	李 林

(组织部 提供)

科级机构

部门名称	科室名称
党委(校长)办公室	行政事务科
	外联与会议服务科
	文秘科
	信息管理与督办科
	校史档案室
	收发室
	挂靠单位:法律事务办公室
纪检监察审计办公室	无科室机构设置
党委组织部	挂靠单位:党校办公室
党委宣传统战部	挂靠单位:校报编辑部
学生工作部(处)	学生教育管理科(国防工作办公室),2014.07 撤销国防工作办公室
	大学生资助管理中心
	大学生心理指导中心
	大学生就业创业指导中心
	学生公寓管理服务中心
	研究生工作办公室
	山东大学(威海)人民武装部,不设行政级别,与党委学生工作部合署办公,同时撤销原国防工作办公室
	挂靠单位:德育教研室
团委	挂靠单位:大学生科技创新中心

续表

部门名称	科室名称
人事处	人事科
	师资与专业技术职务管理科
	工资与社会保障科
	挂靠单位:杰出人才工作办公室
	人才交流中心(人才二级代理站)
教务处	教务科
	考试管理科
	教学研究科(高教研究所)
	实践教学与学科竞赛管理科
	教学服务科
	招生办公室
	电教中心
科研处	科学技术办公室
	人文社科办公室
	服务地方办公室
	重点(军工)项目办公室
研究生处	研究生综合业务科
	研究生培养科
	学科建设办公室
财务处	财务管理科
	计划管理科
	核算科
	基建财务科
	招投标工作办公室
国际合作与交流处(国际合作与交流处、国际教育学院、港澳台事务办公室合署办公)	境外专家事务科
	国际交流服务中心
	国际交流科
	留学生事务管理科
	国际教育合作科
	海外经历工作办公室

续表

部门名称	科室名称
资产与实验室管理处	实验室管理科
	仪器设备管理科
	物资管理科
	产权与公房土地管理科
保卫处	综合治理科
	校卫队
	校内交通与车辆管理科
基建处、基建处直属党支部	工程技术科
	规划预算科
	材料科
后勤管理处、后勤管理处党总支	综合管理科
	水电与设备管理办公室
	房产科
	爱委会办公室
	饮食管理服务中心
	水电维修服务中心
	园林管理中心
	学生生活服务中心
	幼儿园
	家属委
	挂靠单位:校医院(计划生育办公室)
工会(妇委会)	无科室机构设置
退(离)休工作办公室(退离休党总支)	无科室机构设置
机关党总支	无科室机构设置
合作发展规划处	国内合作办公室
	校友工作办公室
	发展规划办公室
图书馆、图书馆直属党支部	办公室
	文献建设部
	读者工作部
	信息技术部

续表

部门名称	科室名称
网络与信息管理中心	综合科
	网络信息技术部
	一卡通管理部
继续教育学院	办公室
	教学管理部
	培训部
	学生管理办公室
产业党总支	无科室机构设置
韩国学院	办公室
	团总支
商学院	办公室
	团总支
法学院	办公室
	团总支
文化传播学院	办公室
	团总支
翻译学院	办公室
	团总支
艺术学院	办公室
	团总支
海洋学院	办公室
	团总支
	实验中心
机电与信息工程学院	办公室
	团总支
	实验中心
	计算中心
空间科学与物理学院	办公室
	团总支
数学与统计学院	办公室
	团总支

续表

部门名称	科室名称
马列教学部	办公室
体育教学部	办公室
山东大学空间科学研究院	办公室
山东大学东北亚研究中心	无科室机构设置

(人事处　提供)

教职工名单

2014 年各类在职人员名单

校领导

仝兴华	韩圣浩	刘玉殿	柴月禄	韩建新
赵玉璞	陈冠军	刘　海	郭培良	周慧如(女)

党委(校长)办公室

事业编制人员

丛良日	范其学	顾　炜	李　松	李中章
刘琳琳(女)	司献英(女)	王宏秀(女)	肖梅香(女)	张正武
赵林林(女)				

纪检监察审计办公室

事业编制人员

李　晨(女)	林朝旭	王　晶(女)	王迎宾	薛施贞
张　珂				

党委组织部

事业编制人员

高佚婧(女)	梁奉军	杨　青(女)		

党委宣传统战部

事业编制人员

刘　波	刘　明	刘胜民	戚伟良	滕丹丹(女)
魏　斌	张丹丹(女)			

学生工作部(处)

事业编制人员

常伟东	陈　剑	陈　莹(女)	葛彩云(女)	贾　鹏
孔　雷	李琦辉	刘凤华(女)	刘　萍(女)	马　莲(女)
上官千红(女)	施见勇	王彦涛	闫红伟(女)	杨　玉
张大勇	赵笑菊(女)	郑淑敏(女)	邹　伟(女)	

团　委

事业编制人员

景　硕	李彤彤(女)	王景瑞	王　松	王志辉
张文学	赵福吉			

工会(妇委会)

事业编制人员

丛岗滋	谷丽霞(女)	翟晓黎(女)		

退(离)休工作办公室(退离休党总支)

事业编制人员

梁　洁(女)　刘　玮　张佳梁

机关党总支

事业编制人员

姜　强

人事处

事业编制人员

李成超　栗庆冬　吕兆生　田晓琼(女)　王　亮
赵　昆　赵亮云

其他聘用人员

马学峰　宋叙咏(女)

合作发展规划处

事业编制人员

何　峰　刘晓军　裴　水(女)　王伟莉(女)　杨建华(辞职)

教务处

事业编制人员

戴　虹(女)　韩秀峰　韩秀莉(女)　贾慧卿(女)　姜学思
李　静(女)　栗　春　刘立山　刘晓玲(女)　吕　健
宋　光　宋　嵩　万　春(女)　王福安　武珍英(女)
薛　峰　闫涛蔚　杨　刚　袁　伟(女)　张　静(女)
赵　辉　赵　梅(女)　朱　慧(女)

其他聘用人员

徐　越　　邹玉平

科研处

事业编制人员

崔孟暄　　杜　猛　　方利平(女)　　高　军　　吴玉阁(女)
邹晓光

其他聘用人员

王龙祥

研究生处

事业编制人员

陈昌珠(女)　　韩鲁青　　陶　扉　　吴丙新

财务处

事业编制人员

周大白　　于燕臣　　徐　伟　　牛光辉　　肖建会
丁新杰(女)　　李　齐(女)　　万　辉(女)　　韩卓飞(女)　　洪佩群(女)
栾　红(女)　　张新风(女)　　王　靖(女)　　蔡玲玲(女)　　朱学芬(女)

其他聘用人员

邢恩静(女)

国际合作与交流处

事业编制人员

陈　超(女)　　高绍山　　耿菁璐(女)　　刘　亮　　刘　书(女)
孟凡波　　徐希锋　　尹传波　　于　峰　　张家豪
郑　丽(女)

资产与实验室管理处

事业编制人员

李国华　　牟　峰(女)　　乔　威　　宋玉厚　　孙巍峰
谭　明　　佟　强　　王宝萍(女)　　王　迪(女)　　王丽敏(女)
肖艳楠(女)　　许伯群　　张　晨　　张先军　　赵　延
朱桂华(女)

保卫处

事业编制人员

胡启超　　刘　海　　刘　杰　　王绍林　　吴志强
肖文良　　叶军堂　　尹凤琴(女)

其他聘用人员

崔永庆　　刘保安　　孙茂云　　杨海剑

基建处

事业编制人员

蔡可心　　杜新胜　　金世玉(女)　　连海宁　　秦　耕
孙可寒　　王桂芬(女)　　王国和　　王祖杰　　徐　斌
姚云龙

后勤管理处

事业编制人员

陈　晶(女)　　程光文　　程　倩(女)　　董献忠　　高海刚
高　巍(女)　　高　文(女)　　郭亦辉　　韩延伟　　何剑平
何　睦(女)　　胡小林　　李福早　　李　昕　　李忠欣
梁可志　　梁滋学　　刘建平　　刘庆忠　　刘运春
牛晓军　　沈胜领　　宋新强　　宋云龙　　王东彦(女)
王海立　　王洪瑞　　王亚玲(女)　　辛洪云　　邢小云(女)

修永伦　　许志升　　杨枢华(女)　　杨卫华　　尹玥柱(女)
于德军　　原所东　　张立铎　　赵玉屏(女)　　朱榜芹(女)
朱　玲(女)　　朱小莉(女)　　祝洪波　　邹德杰　　邹　静(女)

其他聘用人员

管松刚　　刘陈君(女)　　刘伟娇(女)　　吕明军　　杨海江
于占秋　　周　涛

韩国学院

事业编制人员

毕颖达　　曹玉玲(女)　　陈　媛(女)　　丛衍萍(女)　　洪　静(女)
黄永哲　　金玉兰(女)　　金　哲　　李海榕(女)　　李学堂
李玉玲(女)　　刘宝全　　刘　畅　　闵英兰(女)　　牛林杰
石　坚(女)　　王宝霞(女)　　尹锡万　　于明燕(女)　　张　进
张琳琳(女)　　赵笃玲(女)　　赵姗姗(女)　　郑冬梅(女)　　郑　艳(女)
宗文婷(女)

其他聘用人员

金柄珉(外聘教授)　　金局来(外聘教授)　　张蕴岭(外聘教授)

商学院

事业编制人员

白锐锋　　卞慧丽(女)　　陈　茜(女)　　陈　伟　　陈　欣(女)
陈学胜　　程昶志　　程子健　　崔丰慧(女)　　崔　昕
崔宇明　　董昭江　　杜宏宇(女)　　段　敏(女)　　段兴立
樊　敏(女)　　范　蕊(女)　　付光新　　付宜强　　谷祖莎(女)
郭建强　　韩　冰(女)　　韩国圣　　韩巧霞(女)　　郝延伟
洪　峰　　籍　刚　　蒋守芬　　金京玉(女)　　鞠传宝
孔海燕(女)　　李　慧(女)　　李　静(女)　　李　瑞(女)　　李世康
李晓霞(女)　　李　燕(女)　　李依凭(女)　　李元勋　　梁　军
梁俊伟　　梁文玲(女)　　凌士显　　刘爱静(女)　　刘　超
刘丹丹(女)　　刘　沛　　刘　文(女)　　刘　艳(女)　　刘　一(女)
刘永仁　　刘　喆(女)　　卢书泉　　路少英　　吕爱权
吕淑华(女)　　吕岩威　　罗润东　　马万里　　马工红(女)

孟　红(女)	齐军领	曲国霞(女)	邵志勤(女)	沈　君
师韵茗(女)	宋奎艳(女)	宋修静(女)	宋祎品(女)	宋迎春(女)
孙　丹(女)	孙　恒	孙素梅(女)	孙作人	陶　宏
王长全	王春平	王　浩	王继涛	王　杰
王　磊	王丽荣(女)	王素娟(女)	王锡秋	王小梅(女)
王一兵	王兆祥	魏文忠	巫威威(女)	吴佩林
夏　辉(女)	谢清华(女)	徐波成	徐　萍(女)	许　先(女)
宣　锋	杨　慧(女)	杨　林(女)	杨　茗(女)	杨蔚芳(女)
杨　雯(女)	仪富强	尹文清(女)	于静静(女)	于振涛
俞琳娜(女)	袁相万	岳　军	臧运蕾(女)	张爱荣
张建波	张永成	张志平(女)	周桂梅(女)	周宏燕(女)
周　军	周晓歌(女)	周玉宏	朱　峰(女)	朱峰峻
朱顺贤	魏　敏(女)(调离)			

其他聘用人员

车路刚	高　雪(女)	侯　慧(女)	于　惠(女)

法学院

事业编制人员

安玉萍(女)	程婕婷(女)	崔　岩(女)	范广根	方　芳(女)
古莉亚(女)	郭剑雄	郭晓妮(女)	贾景峰	贾乾初
姜爱丽(女)	姜世波	焦宝乾	金玄武	黎海鹰(女)
李传先	李秀芬(女)	刘　佳(女)	刘　军	刘培茜(女)
刘　琼(女)	刘　涛	刘　洋	马春霞(女)	马莉萍(女)
马艳朝	门潇洪(女)	弭　维(女)	牛方玉	牛文军
牛志强	彭兆强	阮竹君(女)	时华忠	宋琳璘(女)
孙光宁	孙　克	孙文平(女)	孙希尧	孙卓华(女)
谭　谦	汪全胜	王　强	王　娆(女)	王瑞君(女)
卫学芝(女)	武　飞(女)	武秀英(女)	许敏兰(女)	于立强
原蓉蓉(女)	张传新	张景明	张　乐	张旻昊(女)
张　铭	张　鹏	张其山	张世全	张伟强
张小宁	赵　沛	钟玉珍(女)	周　红(女)	周　慧(女)

其他聘用人员

李　波(女)

文化传播学院

事业编制人员

包宇(女)　边婧(女)　蔡象丽(女)　崔春(女)　邓晓玲(女)
杜丽荣(女)　高万云　耿平(女)　苟振红(女)　管恩森
韩松涛　洪树华　侯玲文(女)　胡小平　胡玉华(女)
胡志明　黄立凡(女)　贾宏福　江志全　姜亚林
李丁(女)　李莉萌(女)　李荣章　李自雄　梁艳(女)
林宇(女)　刘北野　刘久廷　刘倩(女)　刘廷芳(女)
鹿晓燕(女)　孟文博　聂中庆　邱崇　曲敏(女)
芮欣(女)　宋琦(女)　孙基林　孙颖(女)　汤瑞(女)
唐鹏举　王瑞华(女)　王艳丽(女)　魏红(女)　郛迪
吴静(女)　仵从巨　徐来　徐秀春(女)　许丙泉
许东　闫冰(女)　杨海燕(女)　杨慧　杨杋红(女)
尹海良　于京一　于培丽(女)　曾英(女)　战立忠
张超　张德苏　张红军　张红秋(女)　张文祥
张晓曼(女)　张毅(女)　张银堂　张中　周俊
周新顺　周妍(女)　周怡　朱新林

其他聘用人员

张翔升(外聘教授)

翻译学院

事业编制人员

柏宝清(女)　薄振杰　蔡东玲(女)　曹春玲(女)　常晓梅(女)
陈怀凯　程丽(女)　迟涛(女)　仇敏(女)　丛海燕(女)
崔英(女)　崔莹辉(女)　丁志烁(女)　董薇(女)　冯超
宫丽(女)　谷秀春(女)　郭彪　郭全照　郭秀梅(女)
侯立静(女)　侯丽娜(女)　胡红娟(女)　黄爱(女)　黄明玉(女)
黄秀国(女)　贾文峰　姜琳琳(女)　靳锁　康振国
柯晓(女)　孔蕊　孔维珊(女)　孔文(女)　黎东良
李杰　李军　李克　李玲(女)　李楠(女)
李蕊(女)　李绍明　李淑康(女)　李万军　李晓丽(女)
李彦(女)　李玉梅(女)　梁懿文(女)　梁远(女)　林晓冰(女)

刘　凤(女)	刘刚义	刘会刚	刘敏华(女)	刘天放
刘伟丽(女)	刘祥田	柳　伟	吕丽丽(女)	马　坤(女)
孟子艳(女)	牛艳莉(女)	戚玉晶(女)	曲　奕(女)	任怀平
孙萃英(女)	孙翠兰(女)	孙凤芹(女)	孙立华(女)	孙田丰
孙占萍(女)	唐鑫梅(女)	唐　正(女)	王彩芹(女)	王德萍(女)
王飞飞(女)	王　蕾(女)	王　璐(女)	王苏华(女)	王湘云
王小敏(女)	王晓青(女)	韦福林	武　鹏	夏丽华(女)
咸慧慧(女)	邢路威(女)	熊云菲(女)	徐高楠(女)	许全娜(女)
杨　欣(女)	于莉颖(女)	于　伟(女)	于秀莲(女)	张彩波(女)
张殿玉	张红霞(女)	张　君(女)	张莉莉(女)	张梦佳(女)
张树玲(女)	张体勇	张晓菲(女)	张晓君(女)	张　雄
赵菊青(女)	赵　鹃(女)	赵　薇(女)	赵　巍(女)	赵　翔
赵艳华(女)	赵晏黎(女)	赵玉珊(女)	赵　云(女)	郑长春(女)
郑　艳(女)	周美青(女)	周守玉(女)	朱玉堂	

其他聘用人员

戴颖梅(女)

艺术学院

事业编制人员

安祥祥	曹春晓	曹桂红(女)	常　丽(女)	陈国亮
戴艳萍(女)	董薇薇(女)	杜　祎(女)	范　军	范远安
高　锐(女)	高颖囡(女)	谷海燕(女)	顾云亮(女)	郭　瑾(女)
郭　立	郭　敏	何艳霞(女)	侯新茹(女)	纪维剑
季慧慧(女)	靳雅权	景　梅(女)	李　静(女)	李　宁
李善杰	梁　军	刘洪展	刘　楷	刘新纲
刘彦鹏	刘怡汝(女)	刘　卓	吕　琳(女)	曲笛鑫(女)
曲洪启	任　灏	邵力华	司维东	汪明强
王春杰	王　虹(女)	王黎娟(女)	王鹏飞(女)	王　岩
王友斌	王　真(女)	吴　静(女)	吴静寅	吴晓林
徐　驰	徐德雷	许　耘	杨金才	杨在珽
姚桂丽(女)	尹建宏	于和利	袁　莉(女)	袁亚妹(女)
詹保国	张　兵	张传涛	张纯梅(女)	张　剑
张金娣(女)	张琳仙(女)	张　平	张　锐	张铁成
张卫国	张欣然(女)	张娅妮(女)	章　勇	赵　丹(女)
赵　鸿	赵江源	赵　青(女)	赵　燕(女)	郑　岩(女)

郑　阳　钟晓红(女)　周婷婷(女)

其他聘用人员

姜　超　Qin Daping(外聘教授)　王振国(外聘教授)
祝重寿(外聘教授)

海洋学院

事业编制人员

柏　铭	柴迎梅(女)	车玉菊(女)	陈丽华(女)	邓宏军
邓　跃	杜宗军	葛长字	谷　珉(女)	关洪斌
韩晓弟	侯旭光	怀其勇	黄建军	吉爱国
姜　波	姜昭阳	金艳梅(女)	孔令明	赖鹏翔
李海蓓(女)	李丽芳(女)	李　霞(女)	李英秀(女)	李玉春
李裕强	连子如(女)	梁　浩	梁振林	刘爱秋(女)
刘春利(女)	刘洪展	刘　建	刘　旭	刘雪芹(女)
刘　燕(女)	刘莹莹(女)	陆　榕(女)	吕新芳(女)	马庆林
梅俊学(女)	孟凡君	苗艳丽(女)	穆大帅	戚明颖(女)
曲春风	沙　沙(女)	宋春华(女)	宋春霞(女)	宋　萃(女)
宋淑亮	宿美玲(女)	孙德群(女)	孙丽霞(女)	孙晓红(女)
孙　艳(女)	田　芯(女)	万培红(女)	王　芳(女)	王　刚
王　曦(女)	王相伟	王晓兰(女)	王亚民	王允山
夏海峰	肖　玲(女)	谢卫东	谢旭光	邢　翔
许明淑(女)	杨　柳(女)	于珊珊(女)	于秀霞(女)	张法忠
张　帆(女)	张建民	张　雷	张　莉(女)	张　鹏
张　倩(女)	张　伟	张小葵(女)	赵　宏	赵丽华(女)
郑凤英(女)	周燕霞(女)	朱立新	朱启忠	祝　茜
庄静静(女)				

机电与信息工程学院

事业编制人员

毕超杰	毕云峰	蔡辉涛	曹大英	曹　海
曹立军	常树旺	陈　原	程　杰(女)	程　昀(女)
仇腾飞(女)	褚兴荣	崔文韬	单登科	董恩清
董晓剑	董晓舟	杜清府	杜　宇	冯　东

高寒竹	高　翔	高志峰	耿生民	宫建红(女)
郭　娜(女)	郭　楠(女)	郭荣生	郭　新	郭尊华(女)
韩爱丽(女)	贺　红(女)	洪晓英(女)	黄文高	黄香君(女)
姜　斌	姜海宁	姜秀娥(女)	姜元先	蒋保臣
金长龙	康钦马	孔红英(女)	孔晓明(女)	李敦峰
李光明	李海静(女)	李　捷(女)	李巧云(女)	李素梅(女)
李　婷(女)	李祥鹏	李晓坤	李雪莲(女)	李　岩
李　勇	梁成辉	梁立凯(女)	梁　莹(女)	林淑霞(女)
刘　冰	刘　杰	刘　娟(女)	刘　猛	刘萍萍(女)
刘若伦	刘　祎	刘　勇	吕　强	吕铁良
马广英(女)	孟晓维	宁淑荣(女)	牛万程	潘景昌
彭传校	彭　鹏	曲昌荣(女)	曲美霞(女)	宋　勇
苏　琨(女)	孙合友	孙甲冰	孙　蛟	孙　洁(女)
孙　宁	孙　祺	孙文范(女)	王成优	王　丽(女)
王　良	王　群(女)	王　瑞	王胜海	王　松
王天宇	王　为	王　蔚(女)	王文娟(女)	王文玉(女)
王小利	王延刚	王艳玲(女)	肖　鹏	许　乐
许庆阳	许中卫	严中华	杨　飞	杨慧鑫(女)
叶　准	衣振萍(女)	殷　建	俞军涛	袁　灏(女)
岳振明	翟　鹏	张　斌	张承进	张桂芳(女)
张军蕊(女)	张克国	张　立	张　亮	张亚涛
张　遥	张志伟	赵海慧(女)	赵瑞杰	赵永健
郑　舒	郑亚民(女)	周东涛	周坤林	周　强
周　晓(女)	周　岩	朱林森	邹晓玉(女)	

其他聘用人员

李会强(女)	于昌华(女)	杨晓慧

学科博士后

孔祥良

空间科学与物理学院

事业编制人员

曹　晨	陈绍霞(女)	陈　旭	陈　耀	丛伟艳(女)
杜桂强	冯士伟	付　辉	高东洋	高建华
关成波	管　立(女)	郭迪福	胡绍明	黄　冲

霍秋红(女)	蹇木伟	姜云国	李　波	李　勃
李恒江	李　凯	李延辉	李　冶(女)	凌宗成
刘　芬(女)	刘维新	吕茂水	吕英波	倪宇恒
亓　斌	阮桂平(女)	石维彬	史全岐	宋红强
宋淑梅(女)	孙大鹏	孙明哲	汤朝灵	陶　琳(女)
田安民	王爱芳(女)	王　娜(女)	王守宇	王　硕
吴爱玲(女)	武　昭	武中臣	夏利东	夏雪莲(女)
辛艳青	邢赞扬	杨田林	尹红星	于　惠(女)
张　江	张　鹏	张鹏彦(女)	张清和	郑卫民

其他聘用人员

艾佳明　　张长明　　张树芬(女)　　姜晓军(外聘教授)

学科博士后

黄正化　　田春林

山东大学空间科学研究院

其他聘用人员

许国昌(外聘教授)

数学与统计学院

事业编制人员

卜育德	曹祝楼	常　洛(女)	陈明涛	陈　伟(女)
陈　昕(女)	程　妍(女)	单丙波(女)	董　莹(女)	郭新伟
蒋方翠(女)	解　兵	李　斌	李　静(女)	李　娟(女)
李太玉	李秀艳(女)	刘东霞(女)	刘甲国	刘　扬(女)
穆增超	皮庆华	亓兴勤(女)	齐海涛	綦建刚
宋慧敏(女)	孙海伟	孙华清(女)	孙　磊	孙庆峰(女)
孙　薇(女)	孙伟华(女)	王金涛	王效强	王育松
魏晓丽(女)	吴　静(女)	肖　华	续焕英(女)	杨　兵
杨丰凯	于淑兰(女)	袁海静(女)	张爱平(女)	张　冉
张永平	张玉森	赵华祥	周　丽(女)	

其他聘用人员

孙爱军(女)

马列教学部

事业编制人员

常　辉(女)	陈　宾	陈　旭(女)	陈永刚	崔　微(女)
房世刚	付文忠	高万库	郝书翠(女)	和春红(女)
焦　佩(女)	李建宁(女)	鲁法芹	马秋丽(女)	秦　淮
王晓宏	吴文新	夏卫国	闫惠惠(女)	杨发源
杨永兴	张　磊(女)	张文军	赵　焱(女)	

其他聘用人员

李　燕(女)

体育教学部

事业编制人员

曹　鹏	陈孟松(女)	陈文新(女)	范　珣	高　辉
高同进	贺海宁	姜　川	李　兵	李　博(女)
李岩杰	李志伟	吕海东	骆功建	苗　波(女)
牟利明	曲爱宁(女)	宋修妮(女)	孙玉燕(女)	王　丽(女)
王友坤	邬绍伟	徐立和	展　凯	战文腾
张洪振	张　奇	张　颖(女)	郑志磊	邹　海

其他聘用人员

张　顺

继续教育学院

事业编制人员

姜　胤	井海波	刘钧仁	马　杰	宋立新(女)
田容雨	王宝红(女)	徐海峰	张秉江	张桂香(女)

图书馆

事业编制人员

艾　雰(女)	毕艳娜(女)	曹　爽(女)	陈　静(女)	陈乃强
崔　明	郭　洁(女)	郭学娟(女)	胡水亮	姜玉晶(女)
阚洪海	李洋修	栗　霞(女)	刘　聪(女)	刘　静(女)
刘　旸	鹿　遥(女)	师晓青(女)	史琳琳(女)	宋　梅(女)
陶桂芬(女)	陶一瑄(女)	王春华(女)	王兰英(女)	王钦丽(女)
王　玮(女)	王学福	王振妘(女)	王　忠	谢军红
谢穗芬(女)	薛　鹏	薛　芹(女)	杨　威	尹玉洁(女)
张果红(女)	张海砾(女)	张　杰(女)	张维彬	赵　洁(女)
赵　萍(女)	郑　磊	邹莉莉(女)	左　峰	

其他聘用人员

胡长华(女)	林凤姬(女)	聂麟枭	张　进(女)

网络与信息管理中心

事业编制人员

陈广奕	韩　凉	何荣毅	姜　平	金　霞(女)
梁　健	谭业红(女)	王　路	王　伟	王小群(女)
袁胜忠	岳　鹏			

其他聘用人员

董　凯	王　淼

威海山大学术交流中心

事业编制人员

蔡　红(女)	车吉龙	单小芳(女)	刁伟燕(女)	房永超
冯　静(女)	高　举(女)	郭海红(女)	郇艳丽(女)	姜　刚
姜　红(女)	李　华(女)	李军端	李　强	李荣隶(女)
李胜杰	林晓清	刘红芬(女)	刘　丽(女)	刘永军
慕春川(女)	戚永臻(女)	秦小云(女)	曲向宁(女)	邵俊杰(女)

宋修记	隋连君	孙伟松	孙秀梅(女)	孙云进
王　聪(女)	王明霞(女)	许进善	杨　强	于承志
于淑一(女)	于文浩	袁海龙	张华虎	张晓丽(女)

(人事处　提供)

2014年离退休人员名单

胡步棠	刘玉堂	施永友	孙建国	张家臣
陶遵信	吴孝堂	宋进庆	牛运祥	卢　新
赵恩华	李宏君	刘宁仁	张宝堂	张景芬
闫国智	丛培杰	张学智	孙迎春	戚务政
邹积敏	汤庭跃	张崇禧	宋宗勤	张中豪
焦成秀	韩孟勇	牟国章	于贵良	朱友善
张德成	杨兰田	丁双林	刘昌泰	崔风松
曲桂月	何恩宗	谭文焕	尹相信	李志洲
李森林	李浩然	杜新民	卜庭瑞	叶　青
时敬芹	王业国	丘昌武	洪惠民	郑大材
张宏智	王兴臣	冯永江	苗进义	云昌钦
杨永竹	郑恒秋	王书源	吕国文	韩圭东
王　浩	魏新华	师恩培	王培一	杨志敏
于洪浩	杨志强	张智奎	谷敏照	王永震
赵盛堂	徐世荣	连文锁	陶永寿	尹永才
计旭东	李　林	王吉玺	吴传智	杨律高
陈章通	丁吉山	于建中	于曙光	王向晨
隋济民	高伟志	董以山	李重阳	董文毅
易新民	靳明忠	陈绍著	王寄鲁	徐振东
孙芳功	杨学强	宋志平	王德忠	王乃愚
王玉珍	王维权	王宜华	刘家相	栾昌大
赵自强	张宗正	德　智	邵文利	张　威
陈　忠	许玉琪	张建琪	杨培德	谷源秘
黎全民	杨元明	梁一儒	吴　苹	刘笃坤
万建都	宋乐永	马庆振	谭云秀(女)	张义贞(女)
徐桂珍(女)	丛　新(女)	康凤华(女)	齐　娜(女)	梁　丽(女)
张桂琴(女)	孙光云(女)	吴宪君(女)	魏中华(女)	马晓莲(女)
梅玉芳(女)	乔桂英(女)	崔新东(女)	吕静萍(女)	周幼兰(女)
蔡　瑾(女)	宋　英(女)	徐桂华(女)	张英珊(女)	程秀洁(女)

毕庶玲(女)	刘润兰(女)	郝玉芹(女)	杨莲芬(女)	王爱兰(女)
于秀珍(女)	王淑琴(女)	姚丽荣(女)	赵永鲜(女)	曾　伟(女)
周玉梅(女)	李桂荣(女)	刘学荣(女)	许志浩(女)	郭秀兰(女)
金西平(女)	李　丽(女)	孙玉华(女)	张建芬(女)	王永菊(女)
李岚萍(女)	王翠萍(女)	潘吉钦(女)	王凤林(女)	张荣芳(女)
吴淑芳(女)	宋晓玲(女)	林治冰(女)	王玉梅(女)	姜树东(女)
赵　晶(女)	刘润芝(女)	杨　丽(女)	谢琴肖(女)	王　水(女)
戴　蓓(女)	孟喜君(女)	朱东彦(女)	龚　蓬(女)	刘绍玲(女)
包树珍(女)	张永霞(女)	王常瑞(女)	孙玉梅(女)	宋桂英(女)
范智敏(女)	王相民(女)	赵　原(女)	范智伟(女)	王爱丽(女)
任莉娜(女)	孙秀玲(女)	邓庆妮(女)	胡启萍(女)	徐　华(女)
沈春梅(女)	闫耀玫(女)	曹　红(女)	张瑞萍(女)	何丽青(女)
李淑琴(女)	鞠玉清(女)	陈建民(女)	尚桂红(女)	刘秀萍(女)
吴　怡(女)	周玉美(女)	侯桂英(女)	李淑兰(女)	焦凤秀(女)
焦秀兰(女)	王桂荣(女)	刘秀华(女)	岳士肖(女)	刘押兄(女)
张爱萍(女)	袁建华(女)	聂传凤(女)	张军杰(女)	张宇宏(女)
张　鸣(女)	宋洪秋(女)	殷　馨(女)	薛　青(女)	张淑梅(女)
丛亚丽(女)	王月英(女)	董以芬(女)	刘　影(女)	刘殿秀
肖国斌				

(人事处　提供)

基本情况统计

山东大学(威海)2014 年教育事业统计基本数据

一、在校生情况		统计数值
本科生及研究生	本　科	13582 人
	硕士研究生	905 人
	博士研究生	83 人
	合　计	14570 人
成教学生	成人专科生	381 人
	成人本科生	578 人
	网络本专科	738 人
外国留学生		589 人
在职硕士、博士		184 人
其他学生	进修及培训生	55 人
在校生总计		17195 人

续表

<table>
<tr><th colspan="3">二、教职工情况</th><th>统计数值</th></tr>
<tr><td rowspan="9">教职工</td><td rowspan="5">本部教职工</td><td>专任教师</td><td>790 人</td></tr>
<tr><td>行政人员</td><td>201 人</td></tr>
<tr><td>教辅人员</td><td>165 人</td></tr>
<tr><td>工勤人员</td><td>15 人</td></tr>
<tr><td>合　计</td><td>1171 人</td></tr>
<tr><td colspan="2">科研机构人员</td><td>—</td></tr>
<tr><td colspan="2">校办企业职工</td><td>—</td></tr>
<tr><td colspan="2">附设机构人员</td><td>47 人</td></tr>
<tr><td colspan="2">总　计</td><td>1218 人</td></tr>
<tr><td colspan="3">聘请校外教师</td><td>76 人</td></tr>
<tr><td colspan="3">离退休人员</td><td>230 人</td></tr>
<tr><th colspan="3">三、职称情况</th><th>统计数值</th></tr>
<tr><td colspan="2" rowspan="4">全体教工</td><td>正高级</td><td>131 人</td></tr>
<tr><td>副高级</td><td>267 人</td></tr>
<tr><td>中级及以下</td><td>820 人</td></tr>
<tr><td>总　计</td><td>1218 人</td></tr>
<tr><td colspan="2" rowspan="4">专任教师</td><td>正高级</td><td>120 人</td></tr>
<tr><td>副高级</td><td>205 人</td></tr>
<tr><td>中级及以下</td><td>465 人</td></tr>
<tr><td>总　计</td><td>790 人</td></tr>
<tr><th colspan="3">四、校舍情况</th><th>统计数值</th></tr>
<tr><td colspan="2" rowspan="6">校舍总面积</td><td>教学及辅助用房</td><td>142829 m²</td></tr>
<tr><td>行政办公用房</td><td>16305 m²</td></tr>
<tr><td>生活用房</td><td>200006 m²</td></tr>
<tr><td>教工住宅</td><td>98561 m²</td></tr>
<tr><td>其他用房</td><td>16518 m²</td></tr>
<tr><td>合　计</td><td>474219 m²</td></tr>
<tr><td colspan="3">学校占地面积</td><td>847719 m²</td></tr>
</table>

续表

五、资产与信息化建设情况	统计数值
固定资产总量	113365 万元
教学科研仪器设备	11509 万元
信息化设备资产	3424 万元
图　书	136.3 万册
网络多媒体教室数	138 间
管理信息系统数据总量	161.52 GB
网上教学课程数	385 门
六、其他基本情况	统计数值
本科专业	44 个
博士后科研流动站	12 个
省(部)级重点学科(二级)	2 个
省部级设置的研究院实验室	4 个
定期公开出版的专业刊物数	6 种
直属院(系)数	10 个
国家杰青获得者	1 人
新世纪人才支持计划	7 人
国务院政府特殊津贴获得者	1 人

统计节点:2014 年 9 月 30 日

统计时期:2013 年 10 月 1 日～2014 年 9 月 30 日

(合作发展规划处　提供)

本科专业

朝鲜语	日语	保险学
国际经济与贸易	金融学	电子商务
市场营销	人力资源管理	物流管理
工商管理	会计学	旅游管理
汉语言文学	新闻学	汉语国际教育
英语	翻译	法学
行政管理	社会工作	音乐学
美术学	舞蹈编导	视觉传达设计
环境设计	通信工程	电子信息科学与技术
计算机科学与技术	软件工程	数字媒体技术
机械设计制造及其自动化	测控技术与仪器	自动化
应用化学	生物科学	生物技术
药学	海洋资源与环境	海洋资源开发技术
数学与应用数学	信息与计算科学	统计学
应用物理学	空间科学与技术	

（教务处　提供）

硕士招生专业

比较文学与世界文学	财政学	产业经济学
电路与系统	电子与通信工程	法律(法学)
法律(非法学)	法学理论	工程管理
国际商务	海洋生物学	汉语言文字学
行政管理	会计	机械工程
机械制造及其自动化	基础数学	计算机技术
计算机科学与技术	检测技术与自动化装置	金融
经济法学	空间物理学	控制工程
控制理论与控制工程	劳动经济学	理论物理
粒子物理与原子核物理	旅游管理	马克思主义中国化研究
美术	美术学	民商法学
凝聚态物理	企业管理	设计学
生态学	生物工程	思想政治教育
通信与信息系统	微电子学与固体电子学	微生物学
微生物与生化药学	舞蹈	西方经济学
宪法学与行政法学	新闻学	信号与信息处理
刑法学	亚非语言文学	药物化学
艺术设计	音乐	音乐与舞蹈学
英语笔译	英语语言文学	应用化学
语言学及应用语言学	运筹学与控制论	中国现当代文学
等离子体物理		

（研究生处　提供）

博士招生专业

等离子体物理
机械制造及其自动化
通信与信息系统
亚非语言文学
外国语言学及应用语言学
凝聚态物理
信号与信息处理
法律方法论
检测技术与自动化装置
文艺学
政治经济学
基础数学
微生物学
微生物与生化药学
海洋生物技术
生态学
西方经济学
中国现当代文学
理论物理
材料科学与工程

（研究生处　提供）

大事记

山东大学(威海)2014 年大事记

1 月

2 日　威海华视传媒影视艺术中心岗位见习基地在校区联通创业孵化园挂牌成立。华视传媒影视艺术中心负责人、中共中央外宣传办、中国报道财经金融主编张洪祯等出席活动并签订合作协议。

2～3 日　山东大学校长助理(挂职)、广西右江民族医学院院长廖品琥一行来校区调研工作,副校长刘海陪同调研。

6 日　校区党委副书记赵玉璞率团赴威海市经济技术开发区进行校地产学研合作洽谈。

8 日　山东大学(威海)党委领导班子党的群众路线教育实践活动专题民主生活会召开。山东大学教育实践活动领导小组副组长、党委副书记,山东大学(威海)教育实践活动领导小组组长、党委书记仝兴华主持会议。山东大学第二督导组组长李居忠,督导组成员董雪梅、陈国军出席会议,山东大学副校长,山东大学(威海)教育实践活动领导小组组长、校长韩圣浩,山东大学(威海)党委领导班子全体成员参加会议。

10 日　校区举行 2014 年国家社科基金项目与教育部人文社科项目申报交流会,副校长陈冠军主持会议。山东大学儒学高等研究院执行副院长王学典教授、山东大学哲学与社会发展学院社会学系主任林聚任教授、中国海洋大学法政学院特聘教授桑本谦,为校区 180 余名专业教师及科研秘书作学术报告和交流。

20 日　原一食堂、就业指导中心办公楼拆除，原址将建新学生公寓。

本月　山东大学(威海)后勤管理处被省教育厅评为“2013 年度山东省高校后勤工作优秀(先进)单位”“2013 年度山东省高效能源管理与节能减排优秀(先进)单位”“2013 年度山东省高校校园绿化与管理优秀(先进)单位”“山东高校伙食管理工作先进单位”。

本月　威海市社会科学优秀成果奖评选委员会公布了威海市第十六次社会科学优秀成果奖获奖名单。校区申报的 32 项科研成果中，5 项获得一等奖，有 16 项获优秀成果奖。

2 月

21 日　校区 2014 年艺术类招生专业考试工作结束。2014 年校区分别在兰州、太原、徐州、长沙、济南、威海等 6 个城市设立考点，面向全国 30 个省份招生。据统计，2014 年共有 6700 余名艺术类考生报考威海校区。

26 日　美国夏威夷大学 Shadia Rifai Habbal 教授受聘为校区客座教授，校长韩圣浩为其颁发客座教授聘书。

28 日　致公党威海市委山大支部委员、法学院副院长姜世波教授荣获中国致公党中央委员会 2013 年度“同心·创先争优”参政议政先进个人荣誉称号。

本月　商学院旅游管理专业 2008 届毕业生、创业孵化园汇创文化传播有限公司负责人王振坤获“山东优秀大学生创业者”称号。

3 月

4 日　校区党委理论中心组召开专题会议，深入学习贯彻第二十二次全国高校党的建设工作会议和全省高校党的建设工作会议精神。党委书记仝兴华主持会议并讲话，党委中心组全体成员参加学习。

5 日　校区召开传达全国高校党建工作会议精神暨干部培训会。党委书记仝兴华出席会议并作校区 2014 年干部培训的首场报告。

9 日　山东大学(威海)菏泽校友会成立。

9～10 日　国家自然科学基金委副主任刘丛强院士一行来校区调研。9 日下午，副校长陈冠军会见刘丛强院士一行，并在知行楼举行学术交流座谈会，国家自然科学基金委地球科学部处长郭进义、国际合作局副处长范英杰、办公室任之光博士，以及校区科研处、海洋学院、空间科学与物理学院等单位负责人及部分教师代表参加座谈。

10～11 日　校区党委书记仝兴华率团访问新泰市，积极推进服务地方和产学研合作，并与新泰市政府及有关部门、企业签署了多项合作协议。10

日，校区党委副书记赵玉璞与新泰市委副书记、市长刘钦海分别代表山东大学(威海)与新泰市政府签署战略合作协议。签约仪式上，科研处与新泰市科技局签署了共建"山东大学(威海)新泰技术转移中心"有关协议，研究生处与山东泰丰矿业集团签署了建设"山东大学(威海)研究生专业实践基地"的协议，并举行了揭牌仪式；山东大学威海文化创意研究中心分别与新泰市旅游局和新泰和圣旅游开发有限公司签署了有关旅游文化项目策划包装的框架协议。

12 日　美国北亚利桑那大学校长国际事务资深顾问 LizGrobsmith 博士，工程、林学和自然科学学院院长 Paul Jagodzinski 博士，国际教育中心中国事务主任助理王峰先生一行访问校区。副校长陈冠军会见来访客人，并与 Liz Grobsmith 博士续签了两校合作协议。访问期间，Liz Grobsmith 博士为校区学生作"走进美国高校、领略异域文化"主题讲座。

13 日　青岛国家海洋科学研究中心副主任杨鸣来校区调研海洋科技发展和创新机制情况。副校长陈冠军会见杨鸣并召开座谈会。

14 日　校区召开第四届教职工代表大会第五次会议。党委书记仝兴华主持会议，校长韩圣浩作题为《科学谋划 深化改革 不断开创学校发展新局面》的报告。

15 日　山东大学(威海)青岛校友会成立大会暨山东大学(威海)首期 EDP 总裁研修班开班仪式在青岛大学国际交流中心举行。校区党委副书记赵玉璞、山东大学青岛校友会秘书长肖黎出席会议并共同为山东大学(威海)首期 EDP 总裁研修班揭牌。

17～18 日　澳大利亚国立大学计算机科学研究院院长 Alistair Rendell 教授以及澳大利亚教育管理集团总监王晶女士访问校区。校长韩圣浩、副校长陈冠军分别会见来访客人。

20 日　校区召开 2014 年学生工作研讨培训会。校长韩圣浩、副校长刘海出席会议。

21 日　福建师范大学福清分校校长陈盛、副校长薛建明一行访问校区。校区党委书记仝兴华、党委副书记赵玉璞会见来访客人并召开座谈会。

24 日　朝鲜半岛问题研究专家朴键一教授访问韩国学院，并为学院师生作题为"冷战后朝鲜半岛问题"的学术报告。

27 日　威海市经济技术开发区科技局、团委等部门组织辖区内的曼威软件、华康生物、兴达信息、商弘品牌运营、光洋生物、翔宇环保、隆济时科技等 7 家企业来校区进行校地校企合作对接。

28 日　美国加州大学欧文分校夏季学期项目负责人 Michael F. Lyons 先生和环球翔飞教育集团欧美研发部主管陶荣祎先生访问威海校区。副校长陈冠军会见来访客人。

同日　　威海市创业政策说明会暨威海创业大学成立仪式顺利举行。山东省人力资源和社会保障厅高校毕业生就业处处长高德敬,威海市人力资源和社会保障局局长刘勤显,省内外部分高校就业(创业)工作负责人、风险投资公司负责人、部分北京高校创业指导专家、各级新闻媒体记者等140余位与会人员,来校区大学生青春创业孵化园参观调研。党委书记仝兴华,副校长刘海以及学生处、团委等部门负责人陪同参观。

同日　　威海市政府副秘书长王树芳一行来商学院调研工作,并与商学院就校地合作进行座谈。

29～4月2日　　校长韩圣浩应邀对美国加州大学戴维斯分校(UCD)、亚利桑那州立大学(ASU)和哥伦比亚大学校友会等进行友好工作访问,并拜会了中国驻旧金山总领馆教育处,会见了校区部分优秀校友代表。在亚利桑那州立大学(ASU)访问期间,签署了亚利桑那州立大学与山东大学(威海)合作框架协议。

30日　　由山东省委宣传部组织的“我与中国梦”百姓宣讲团来校区进行巡回宣讲。

本月　　威建集团向校区捐款100万元人民币,支持校区事业发展;青岛山东新岛律师事务所主任、2003级法学专业刘晨校友捐款10万元人民币,表达“感恩母校,回馈母校”的情意。

4月

3～4日　　法国巴黎高等电子学院国际处处长Thomas Ea博士和中教国际教育交流中心法国部项目总监徐燕女士访问威海校区。副校长陈冠军会见来访客人。

4日　　台湾著名艺人、电视艺术家、社会活动家凌峰先生一行访问文化传播学院。

7～8日　　主楼广场原校训石拆除,新校训石“学无止境 气有浩然”落成。该石高约1984mm,长约2014cm,宽约113cm,重约120t。

9日　　青岛英网资讯技术有限公司董事长初殿松受聘担任校区就业创业导师。副校长刘海出席仪式并为初殿松颁发聘书。

10日　　校区召开党的群众路线教育实践活动总结大会。山东大学(威海)党的群众路线教育实践活动领导小组组长,党委书记仝兴华作山东大学(威海)教育实践活动总结。山东大学(威海)党的群众路线教育实践活动领导小组组长,校长韩圣浩主持会议。山东大学第二督导组组长李居忠出席会议并讲话。山东大学第二督导组组员陈国军,山东大学(威海)全体校领导、中层干部、教授代表及其他教职工代表参加了会议。

11 日　　副校长陈冠军会见来访的英国东安格利亚大学副校长 Trevor Davies 教授和该校中国项目负责人 Lisha 女士。

12 日　　澳大利亚国立大学校长 Ian Young 教授访问校区，校长韩圣浩、副校长陈冠军会见来访客人。

同日　　校长韩圣浩应邀出席威海市临港区首届产学研合作推进大会，副校长陈冠军及相关单位负责人参加了有关活动。陈冠军代表校区与临港区管委签订了战略合作协议，研究生处副处长吴丙新等也与临港区有关单位签订了一系列合作协议。

15 日　　校区举行仪式聘任香港理工大学宋海岩教授为客座教授，副校长陈冠军为宋海岩教授颁发客座教授聘书。

19 日　　校区党委副书记刘玉殿一行到威海银洁绣品集团有限公司参观考察并就校企合作事宜召开座谈会，双方共同签署《山东大学(威海)就业创业实践基地合作协议书》。

21 日　　威海市道德讲堂活动在校区网络楼报告厅举行。威海市道德模范、长城爱心大本营发起人、威海市政务服务中心物管中心主任刘长城为校区数学与统计学院师生作专题报告。威海市文明办专职副主任李学波和刘长城共同为数学与统计学院志愿服务团队颁发“长城爱心大本营山东大学(威海)数学与统计学院志愿服务队”奖牌。

22～26 日　　校区党委书记仝兴华率团访问位于浙江省温州市的奥康集团、温州大学和中石化集团管道储运公司宁波工程建设项目部等单位。

25 日　　山东大学空间科学研究院在物理楼举行小卫星计划座谈会。中国科学院力学研究所胡文瑞院士，国家基金委数理学部常务副主任汲培文，中国科学院国家天文台党委书记、山东大学空间科学研究院院长赵刚，总装备部高技术中心高级工程师蔡军，紫金山天文台副台长常进，中国航天科技集团公司第五研究院第 513 研究所副所长张玉兔等应邀出席。座谈会由校长韩圣浩主持。副校长陈冠军，空间科学研究院及科研处相关人员，中国电波传播研究所、国防科技大学、山东省科学院海洋仪器仪表研究所等单位的特邀代表和山东大学国防科学技术研究院、山东发展研究院的有关人员参加了座谈会。

同日　　由威海市工商行政管理局、人力资源和社会保障局、威海市个体私营企业协会共同主办，山东大学(威海)承办的“牵手民企，走进校园”——2014 年威海市民营企业大学生招聘活动暨江苏常州人才服务中心校园专场招聘会在校区举行。副校长刘海、威海市工商行政管理局副局长刘杰、威海市人力资源公共服务中心主任孙波、江苏省常州市人才服务中心招聘部副部长袁书俊等出席了招聘会开幕式并在招聘现场进行了调研指导。此次活动共有威海市各区县个体私营企业协会推荐的 83 家民营企业及江苏省常州市 16 家企业参与招聘,提供岗位 2000 余个。

29 日　校区东门及周边地带开始进行封闭改造。

30 日　山东省海洋与渔业厅副厅长姜清春来校区考察调研。校区党委书记仝兴华会见姜清春一行并举行座谈,副校长陈冠军,山东省海洋资源与环境研究所党委书记宋晶,威海市海洋与渔业局副局长王传良,海洋学院、空间科学与物理学院、科研处等相关单位负责人参加了座谈。

同日　山东大学(威海)纪念五四运动 95 周年暨 2013 年度优秀学生年度表彰活动在图书馆报告厅举行。党委书记仝兴华出席纪念活动并讲话,副校长陈冠军、刘海为获奖师生颁奖。

本月　商学院阳光义工服务队获 2013 年度“威海市志愿服务优秀组织”称号。

本月　法学院汪全胜教授获评“第八届山东省教学名师”称号。

本月　校区 10 名从事博士后研究的教师获得第 55 批中国博士后科学基金面上资助。

本月　校区创业孵化园风行校园自行车工作室负责人孙朋磊同学的“风行校园自行车 4S 店”项目荣获第三届山东省青年创业大赛创意组二等奖。

5 月

5 日　国家教学名师、国务院政府特殊津贴专家、中国就业促进会专家委员会副会长、中国人力资源开发研究会副会长、首都经济贸易大学杨河清教授为商学院师生作题为“我国就业制度的变革与大学毕业生就业”的学术报告。

7 日　翻译学院院长王湘云当选威海市翻译协会会长,常晓梅、孙迎春、黎东良、迟涛、薄振杰、张彩波、李万军分别当选副会长、常务理事。

10 日　校区举行纪念甲午战争 120 周年专家报告会,中国甲午战争博物馆客座研究员于敬民担任主讲嘉宾。

10～11 日　校区代表队获得山东省第五届 ACM 大学生程序设计竞赛金奖、铜奖各一项。

12 日　澳大利亚皇家墨尔本理工大学分管商学部副校长 Ian Palmer 教授和分管商学部协理副校长 On Kit Tam 教授访问校区。副校长陈冠军会见来访客人。

12～15 日　校区党委副书记、纪委书记柴月禄应邀率团对日本早稻田大学、北海商科大学等合作高校进行友好工作访问。在北海商科大学,柴月禄与北海学园理事长、北海商科大学校长森本正夫共同参加了“山东大学(威海)汉语教学基地”揭牌仪式。

13 日　校长韩圣浩会见来访的澳大利亚西澳大学分管国际事务的副校长 Iain Watt 先生。副校长陈冠军,国际合作与交流处等单位相关负责人参加会见。

14 日　校区召开校庆工作动员会。党委书记仝兴华出席会议并讲话,校长韩圣浩主持会议。

同日　副校长陈冠军会见来校讲学的台湾辅仁大学陈福滨教授。

14～17 日　校区师生代表团赴韩国祥明大学、国民大学考察交流韩国高校学生社团运行和活动开展情况。

15～16 日　校区举行第二十六届田径运动会。

16 日　山东省委统战部副部长李法信一行来校区调研统战工作。校区党委书记仝兴华会见李法信并一起调研。威海市委统战部、校区党委宣传统战部相关负责人及校区部分党外知识分子代表陪同调研。

17～19 日　校区 3 支学生创业团队获得 2014 年“创青春”山东省大学生创业大赛金奖,校区首次捧得“优胜杯”。

21 日　校区在知行楼召开思政课改革研讨会。党委书记仝兴华、副书记刘玉殿出席研讨会。

同日　校区在知行楼召开征兵工作动员暨 2014 届毕业生就业推进会,副校长刘海出席会议并讲话。

21～23 日　俄罗斯布拉戈维申斯克国立师范大学第一副校长 Yury Sergienko 教授和国际处处长 Nikolay Kukharenko 访问校区。副校长陈冠军会见来访客人。

22 日　美国中佛罗里达大学酒店管理学院创始人、国际著名学者 Fevzi Okumus 教授为商学院师生作题为“如何在国际著名期刊发表论文”的学术报告。

22～23 日　澳大利亚塔斯马尼亚大学国际事务副校长 Peter Frappell 教授访问校区,塔斯马尼亚大学理事委员会董事、财政委员会主席 Paul Gregg 先生,服务与项目移交部主任 Brett Harris 先生等一同访问。副校长韩建新会见 Peter Frappell 教授一行。

23 日　中国前驻英国大使马振岗先生应邀做客校区第二十五期“大使讲坛”,为师生作题为“新形势下的我国外交”的报告。校区党委副书记赵玉璞主持讲坛。

同日　校区举办仪式聘请美国中佛罗里达大学 Fevzi Okumus 教授担任客座教授,副校长刘海为 Fevzi Okumus 教授颁发聘书。

同日　美国北亚利桑那大学学生爵士乐团来校区访问演出。

27 日　商学院 2011 级会计 1 班团支部发起为商学院患病学生柳飞捐款的活动。截止到当天晚上 10 点,通过现场募捐和网上捐赠等方式共筹到善款 12.7 万余元。

28 日　翻译学院在水化楼举行专业硕士研究生合作导师聘任仪式。副校长陈冠军为威海市外事办副主任于国春、翻译中心翻译吴滨滨，威海市对外友好协会副会长孙成功颁发聘书。翻译学院院长王湘云和于国春共同签署了聘任协议和实践基地建设协议。

29日～6月1日　校区4名本科生在第五届全国软件和信息技术专业人才大赛总决赛中分别获得一等奖一项、三等奖两项和优秀奖一项。

29日～6月2日　校区派代表队参加第二十三届省运会大学生组田径比赛，男女团体总分均列全省参赛高校第七名。

29日～6月5日　副校长陈冠军率团对瑞典布莱京理工大学，英国斯旺西大学、东安格利亚大学、伦敦大学皇家霍洛威学院等四所合作高校进行工作访问。

本月　校区4门课程入选2013年度山东省本科高校精品课程。至此，校区省级精品课程增至16门。

本月　校区10件作品获得2014年国家级大学生创新创业训练计划项目立项。

6月

12日　山东滨州渤海活塞股份有限公司董事长林风华率团访问校区，校区党委书记仝兴华会见林风华一行并进行座谈。山东滨州渤海活塞股份有限公司副总经理兼总工程师张国华，校区合作发展规划处、科研处、学生工作处以及机电与信息工程学院等单位相关负责人参加了座谈。座谈会上，仝兴华为林风华、张国华颁发了山东大学（威海）兼职教授证书，为张国华颁发了山东大学力学与机电装备联合工程技术研究中心副主任聘书。林风华代表公司向山东大学力学与机电装备联合工程技术研究中心捐赠100万元用于科技开发、人才培养等。与会双方还就校企合作、人才交流、学生就业等方面进行了深入交流。

同日　艺术学院学生董彦君、李怡云、尤海洋、邱秀峰共同设计的小水滴“威威”被确定为威海铁人三项世界锦标赛吉祥物。

13日　校区代表团参加威海经济技术开发区召开的2014年产学研合作推进大会，与威海经济技术开发区签署了校地全面合作框架协议，并举行就业创业导师证书颁发暨大学生就业创业实践基地授牌仪式。校区党委书记仝兴华出席大会并致辞。党委副书记赵玉璞代表校区与威海经济技术开发区签署了校地全面合作框架协议，商学院、海洋学院、机电与信息工程学院与区属部门、区内企业签订了共建现代服务业研究中心、智能电网配电自动化研究、海洋新产品研发、微生物菌种研发等10项具体的项目合作协议。校区聘任张曙光、边建华、李洪社、蔺滨、卢晓彦、余清泉等6人为大学生就业创业导师,在导师所属单位山东瑞欣科技企业孵化器有限公司、迪沙药业集团有限公司、威海翔宇环保科技有限公司、威海曼威软件有限公司、威海兴达信息科技有限公司、威海腾森橡胶有限公司等6家企业建立大学生就业创业实践基地。党委副书记赵玉璞代表校区为就业创业导师颁发了聘书并为实践基地授牌。

14日　艺术学院选送的7个剧目在山东省第九届青少年舞蹈比赛中全部获奖,包揽6个一等奖,5个二等奖(以个人的赛绩评比颁奖)。

15日　山东大学(威海)泰安校友会成立。

16日　根据山东大学文件(山大党任字〔2014〕3号),周慧如同志任威海校区党委副书记;郭培良同志任威海校区党委委员。根据山东大学文件(山大政任字〔2014〕6号),郭培良任威海校区副校长。

21日　山东大学(威海)临沂校友会成立。

同日　中科院高能物理研究所党委书记王焕玉、学位委员会主任常哲、粒子天体中心主任宋黎明、研究生部主任何会林一行四人访问校区空间科学与物理学院。

同日　韩国学院与威海韩乐坊举行"山东大学(威海)就业见习基地"揭牌仪式。

22日　法国科学院院士 Alain Bensoussan 应数学与统计学院邀请为校区师生作题为"Excertainties and Competition—Challenges for Real Life, Opportunities for Research"的公开报告。报告由山东大学教授彭实戈主持。部分国际学者、数学与统计学院部分师生聆听了报告。

24日　校区举行2014届毕业生毕业典礼,山东大学校长张荣出席典礼并讲话。

同日　许国昌先生受聘山东大学国家特聘教授、金柄珉先生受聘山东大学人文社科一级教授仪式分别在空间科学与物理学院和韩国学院举行。山东大学校长张荣为许国昌、金柄珉颁发聘书。校区党委书记仝兴华、校长韩圣浩、副校长陈冠军出席仪式。

26日　国家外国专家局、中国国际交流基金会项目开发部主任王立社一行来校调研,校长韩圣浩会见客人并主持调研座谈会。副校长陈冠军,山东省外国专家局张延诚、威海市外国专家办公室主任王建军以及商学院、国际合作与交流处相关负责人参加了相关活动。

27日　英国牛津大学周迅宇教授应邀为校区数学与统计学院师生作题为"Rank dependent utility and risk taking"的学术报告。

28日　威海东方福爱心联盟成立暨"大学生成长伙伴计划"启动仪式在校区举行。威海市人大常委会副主任季恩远、市政协副主席王汝壮,校区党委副书记赵玉璞出席仪式。赵玉璞代表校区与威海东方福爱心联盟签署了"大学生成长伙伴计划"合作协议。启动仪式上,东方福爱心联盟首期捐赠人民币10万元用于设立“金种子筑梦基金”,并在校区建立“威海东方福爱心联盟山东大学(威海)工作站”。赵玉璞向爱心联盟负责人颁发了捐赠证书并为工作站揭牌。

30日　我国前外交部长李肇星做客校区第四期行知讲堂,作题为“国际形势与我国外交政策”的报告,校区党委书记仝兴华主持报告会,1000余名师生聆听报告。

30日~7月3日　中央民族乐团作曲家、指挥家、演奏家穆祥来先生应邀为艺术学院民乐同学进行民族室内乐的排练和指导。

本月　海洋学院教工党支部和艺术学院学生党支部活动案例均荣获“全省高校基层党支部活动创新案例”三等奖。

本月　校区三个项目获国家社科基金立项资助,其中一项获得国家社科基金中华学术外译项目。

7月

1日　威海市发展和改革委员会主任刘伟、副主任兼市蓝色经济区管理办公室主任宋吉信、副主任兼市重点项目管理办公室主任刘树伟等一行9人来校区进行工作调研。校区党委书记仝兴华会见来访客人并主持召开座谈会,党委副书记赵玉璞,合作发展规划处、海洋学院相关负责人和教师代表参加了座谈会。

3日　由数学与统计学院承办的第八次全国微分方程定性理论会议在威海校区举行。副校长陈冠军出席开幕式并致辞。国家级突出贡献专家、浙江师范大学李继彬教授,全国杰出青年基金获得者、全国教学指导委员会成员、广州大学校长庾建设,全国杰出青年基金获得者、复旦大学袁小平教授等300多位微分方程与动力系统理论专家学者以及校区数学与统计学院相关负责人和师生代表参加了会议。

4~5日　副校长陈冠军会见来访的澳大利亚国立大学理学部部长Andrew Roberts教授一行。

7日　国家外专局高端外国专家Stephen Connelly先生做客校区第五期行知讲堂,为师生作题为“学生如何融入高等教育国际化”的主题报告。副校长陈冠军主持报告会并为Stephen Connelly先生颁发“山东大学(威海)国际合作事务高级顾问”聘书。

9日　中国社科院张蕴岭研究员受聘为校区人文社科一级教授仪式在知行楼举行。校长韩圣浩出席聘任仪式并为张蕴岭研究员颁发聘任证书。山东大学亚太研究所所长杨鲁慧教授及相关单位负责人参加了仪式。同日,张蕴岭研究员为韩国学院师生作题为“我国周边新形势与思考”的学术讲座,校区党委副书记赵玉璞出席讲座。

10日　山东大学(威海)大学生创业导师、威海银兴集团董事长、威海工商联副主席、威海市临沂商会会长郝凡森受聘为校区兼职教授的聘任仪式暨第十八期创业先锋论坛在图书馆报告厅举行。副校长刘海出席聘任仪式并为郝凡森颁发聘任证书。受聘仪式结束后,郝凡森以“如何抉择——就业、读研和创业的矛盾辨思”为题作主题讲座。

10～12 日　副校长陈冠军应邀出席 2014 年度中澳国际教育管理会议并作题为“中外合作办学——应对世界高等教育国际化挑战的重要选择”的主题发言,全面介绍了校区国际化办学思路以及合作办学项目在校区国际化发展进程中起到的积极作用。

11 日　校区举行 2014 年“学生海外学习经历”启动仪式。校长韩圣浩出席仪式并讲话。启动仪式上,为获得 2014 年度“学生海外经历项目专项校长奖、助学金”的 24 名同学颁发了荣誉证书和奖学金、助学金,并为 2014 年获准立项即将赴美、韩、日及我国香港、台湾地区交流的暑期项目 9 个团队授旗。

12 日　由山东大学、北京大学和台湾政治大学联合举办的“第一届韩国学研究生论坛”在校区举办,本届论坛的主题是“韩国学与中韩人文交流”。

13 日　校区举行 2013 级学生军训阅兵式。

同日　在第十四届中国澳大利亚研究国际研讨会上,校区澳大利亚研究中心张威教授的专著《端纳档案:一个澳大利亚人在中国的政治冒险》获 2013 年度澳大利亚政府 ACC(澳中理事会)最佳著作奖。澳大利亚社会科学院院士大卫·卡特(David Carter)教授主持颁奖仪式,澳大利亚外交部澳中理事会副主席费斯教授(Stephannie Fahey)向张威教授颁发获奖证书。《端纳档案》一书为张威教授耗时 20 年的研究成果,是国内首部全面描述蒋介石、宋美龄的澳大利亚顾问端纳的学术著作。

16 日　威海三立建设工程有限公司向校区捐赠专项基金,设立“三立建设教育基金”,用于家庭经济困难学生资助、师生应急救助、大学生创新创业扶持、校园文化建设等方面。捐赠仪式上,校区党委副书记赵玉璞代表校区接受捐赠并向威海三立建设工程有限公司董事长孙世波颁发捐赠证书。

18 日　校区举行第 26 期大使讲坛。中国前驻尼日利亚、纳米比亚大使梁银柱为师生作题为“非洲情况与中非关系”的报告。

同日　数学与统计学院李娟教授获得 2014 年“山东大学优秀教师”荣誉称号。

19～20 日　教育部直属高校关工委第二协作组 2014 年协作会议在校区举行。教育部关工委副秘书长来启华,山东省关工委校区指导组负责人陈光华,省教育厅关工委副主任刘鸣泽,校区党委书记仝兴华等出席会议。来自北京大学、山东大学等 15 所协作高校的关工委负责同志参加会议。

20 日　由陶行知研究会主办，校区参与承办的首届中国青少年海洋意识教育论坛暨纪念甲午战争 120 周年两岸青少年海洋教育研讨会在威海市东山宾馆举行。教育部原副部长王湛、中国陶行知研究会秘书长吕德雄等出席论坛。教育部、中国光华科技基金会、山东省教育厅、中国人民解放军海军军事学术研究所、中国海洋大学的专家学者，山东大学（威海）及威海市部分中小学的志愿者代表共计 200 余人参加了本次论坛。包括校区在内的 4 个单位被授予“阳光青少年海洋意识教育工作站”牌匾。

21～24 日　由中国天文学会天文教育专业委员会主办、山东大学（威海）空间科学与物理学院承办的 2014 年全国天文教育研讨会在校区召开。来自南京大学天文与空间科学学院、北京大学天文系、中国科学技术大学天文系、北京师范大学天文系、云南大学天文系、河北师范大学空间科学与天文系、中国科学院国家天文台、复旦大学、南开大学等 20 多所高校及研究所的近 60 名代表参加了此次会议。副校长陈冠军参加开幕式并致欢迎辞。

22 日　校区召开应对异常天气专题会议，讨论部署学生后勤、安全保障等工作，会议由校长韩圣浩主持，副校长刘海、郭培良和相关职能部门负责人参加会议。

同日　校区 2014 年本科招生工作顺利结束。2014 年校区面向全国 30 个省（市、自治区）共计划招收本科 3500 人，实际完成录取 3502 人。据统计，2014 年校区在绝大多数省份的招生录取分数比往年有较大幅度提高，生源质量进一步提升。普通文史类有 21 个省份录取线高出当地一本分数线 30 分以上，其中河北等 14 个省份录取线高出当地一本分数线 40 分以上，在内蒙古、黑龙江、福建、天津、新疆、海南的录取线比当地一本线高出 50 分以上；理工类有 19 个省份的录取线高出当地一本线 50 分以上，其中安徽等 12 个省份的录取线高出当地一本线 60 分以上，在辽宁等 7 个省份的录取线高出当地一本线 70 分以上，在福建、内蒙古、青海的录取线高出当地一本线 80 分以上。

同日　韩国传媒界知名人士、中华电视台创办人赵在九博士受聘为校区客座教授仪式在知行楼举行，校长韩圣浩出席仪式并为赵在九颁发聘书。

23 日　校区在知行楼召开来华留学研究生工作专题会议，副校长陈冠军主持会议并讲话。

24 日　共青团中央校区部部长杜汇良，共青团山东省委党组成员、纪检组长谢宁，共青团山东省委常委、学校部部长郑思洁等一行到校区调研大学生创新创业教育工作。副校长刘海、团中央学校部中学处副处长朱昊炜以及共青团威海市委、校区团委负责人陪同调研。

同日　山东大学何中华教授应邀做客校区第六期"行知讲堂",为200余名师生作题为"中国传统文化及其当代价值"的主题报告。

27日　由商学院和《劳动经济评论》编辑部共同主办的当代经济学科前沿热点研讨会在校区举行。来自中国社会科学院、中国人民大学、首都经贸大学等科研院所、高校和国内知名学术期刊的专家、编审以及商学院师生共40余人参与了研讨会。

30日～8月4日　第五届"原子核物理中的协变密度泛函理论"研讨会在校区举行。来自全国十余所高校和科研机构的五十多名师生参加研讨会。

本月　校区5项成果获2014年山东省省级教学成果奖。其中,一等奖一项,二等奖两项,三等奖两项。

本月　中美高校教师访问团团长、翻译学院院长王湘云教授在访问过程中获美国马萨诸塞州国会的表彰。

本月　校区教工于燕臣历时三年的摄影作品组照《迷失的童年》在腾讯网公益频道《存在》栏目第十四期刊登,并受到广泛关注。

8月

5日　副校长陈冠军会见到访的韩国成均馆大学代表团并举行座谈。

7～10日　由山东大学空间科学研究院与中国极地研究中心联合举办的"日侧极光发生机制和极区电离层对流特征研究"暨极区空间天气学研讨会在校区召开。中科院地球与地质物理研究所万卫星院士、极地研究中心刘瑞源研究员、北京航空航天大学曹晋滨教授、北京大学傅绥燕教授和宗秋刚教授、武汉大学蔡红涛教授和倪彬彬教授等二十余位专家学者应邀出席。来自中国极地研究中心、西安电子科技大学、陕西师范大学和山东大学空间科学研究院的有关人员参加了此次研讨会。会议由中国极地研究中心主任杨惠根研究员主持。

16～23日　在第31届国际无线电科学联盟(International Union of Radio Science,URSI)科学大会上,空间科学研究院张清和教授凭借在极区电离层不均匀体方面的研究成果,获得URSI总部颁发的"青年科学家奖"(Young Scientists Awards)。

18～20日　机电与信息工程学院8支代表团参加第十一届山东省大学生机电产品创新设计竞赛(决赛),获得一等奖两项、二等奖六项、三等奖两项、优秀奖一项,机电与信息工程学院教师王延刚、刘勇获"优秀指导教师"称号。

18～24日　"空间大地测量研讨会"在校区举行。会议由山东大学空间科学研究院国家特聘教授许国昌博士主持,中国科学院杨元喜院士任大会主席。山东大学副校长、山东大学(威海)校长韩圣浩出席会议,并就卫星导航、学科建设和发展同与会人员进行了座谈。中国科学院、解放军及知名高校的专家教授等参加了会议。

22 日　中韩文化创意产业发展论坛在校区举行,中韩双方相关各部门、学术界、商界代表共 300 余人参加论坛。威海市委常委、宣传部长王亮,韩国前文化体育观光部部长、前文物厅厅长崔光植分别致辞。

22～24 日　南京大学方成院士访问校区空间科学研究院,并于 22 日上午与研究院教师就校区天文和空间科学学科发展,特别是太阳物理学科的发展和布局情况举行了学术交流座谈会。

29～30 日　山东大学学校领导 2014 年暑期读书班暨工作研讨会在校区举行。

29～31 日　空间科学与物理学院申报 9 个实物类作品参加山东省第六届大学生物理科技创新大赛,分别获得特等奖 2 项、一等奖 2 项、二等奖 3 项、三等奖 2 项,4 名指导教师获得“优秀指导教师”称号。

本月　校区教师申报的多项政策咨询类人文社科项目获批立项。其中《山东完善海洋生态补偿机制研究》获 2014 年山东省重大财经应用研究课题立项,《对国民经济增长衡量指标的重新认识——摆脱 GDP 崇拜“路径依赖”的计量经济学分析》获 2014 年度山东省统计科研重点课题立项,《裁判文书说理研究》获 2014 年最高人民法院课题立项,《新时期儒家思想的作用、地位及未来走向研究》获 2014 年度山东省人文社会科学课题立项。这四类政策咨询型项目立项标志着校区人文社科教师在应用对策研究方面有了新的突破。

本月　空间科学与物理学院博士研究生刘雷在核物理领域的国际顶级期刊 *Physical Review C* 上发表文章,文章题目为“Single-particle structures, high-spin isomers, and a strongly coupled band in odd-odd 120Sb”(《奇奇核 120Sb 中的单粒子结构,高自旋同核异能态以及强耦合带》)。

9 月

7 日　商学院孔海燕教授获得山东大学第六届“我心目中的好导师”荣誉称号。

9～10 日　澳大利亚皇家墨尔本理工大学航空、机械与制造工程学院副院长屠基元教授一行访问校区。副校长陈冠军会见屠基元教授并举行座谈。

10 日　校区党委书记仝兴华主持召开“形势与政策”课程改革座谈会。副校长刘海、党委副书记周慧如,党委组织部、党委宣传部、学生工作处、团委等相关部门负责人参加了会议。会议确定了“形势与政策”课程教学内容、授课教师及学院负责人等内容。

14 日　校区举行 2014 级新生开学典礼暨迎新晚会。党委书记仝兴华为第五届研究生"我最喜爱的导师"获奖教师颁奖。校长韩圣浩讲话。

同日　欧洲科学院陈关荣院士应邀为校区师生作题为"混沌的故事"的学术报告。

16 日　澳大利亚斯威本科技大学高级常务副校长 Jennelle Kyd 教授、副校长 Jeffrey Smart 等访问校区,校长韩圣浩、副校长陈冠军会见来访客人。双方回顾了两校合作历史,并就共建"3D 联合实验室"等内容进行了商讨。访问期间,Jennelle Kyd 教授代表本校学术委员会(Academic Board)向韩圣浩授予了澳大利亚斯威本科技大学荣誉博士学位。

同日　台湾作家蓝博洲应邀为校区师生作题为"寻访被湮灭的台湾历史、文学与台湾人"的学术报告。

19 日　校区组织党外代表人士代表赴文登区卓达集团考察调研。党委副书记刘玉殿、党委宣传统战部相关负责人参加了活动。

21 日　副校长陈冠军率团参加乐陵人才·科技·产业对接会并作大会发言。会上,陈冠军与乐陵市委常委、副市长张健捷共同签署山东大学(威海)与乐陵市政府框架合作协议。

23 日　澳大利亚迪肯大学信息技术学院院长周万雷教授访问校区,副校长陈冠军会见周万雷教授并为其颁发客座教授聘书。

同日　澳大利亚国家级教学名师(AustralianNatioanl Teaching Award)、斯威本科技大学前任高等教育学院院长 Bruce Calway 教授受聘为校区国际教育学院"国际合作事务高级顾问"仪式在知行楼举行。副校长陈冠军出席仪式并为 Bruce Calway 教授颁发聘书。

23～24 日　副校长陈冠军会见到访的澳大利亚国立大学计算机科学研究院院长 Alistair Rendell 教授。

25 日　副校长陈冠军会见来访的澳大利亚格里菲斯大学商学院国际事务院长 Peter Woods 教授、讲师 AnnaKwek 博士。

26 日　校区召开"关注青年教师成长"座谈会。校长韩圣浩出席座谈会,人事处相关负责人和校区新聘青年教师参加了座谈会。

同日　山东大学(威海)与高区边防大队"阳光海岸 警校共建"志愿服务启动仪式在校区图书馆报告厅举行。高区政法委书记王新通、山东大学(威海)副校长刘海出席仪式并为服务站揭牌。威海市公安局高区分局政委隋华明,高区分局副政委丁文勇,高区边防大队大队长马明,边防官兵代表及校区志愿者代表共同参加此次活动。

28 日　应威海市政府邀请,校区旅游规划院副院长朱峰副教授、项目规划组成员闫涛蔚教授在威海市政府会议室作《刘公岛旅游发展定位规划》成果汇报。威海市副市长张波主持汇报会。

本月　美国《天体物理学杂志快报》(*Astrophysical Journal Letters*)发表了由校区空间科学研究院(宋红强、陈耀)联合美国乔治梅森大学

(Jie Zhang)和南京大学(程鑫)共同完成的一篇研究论文"Direct Observations of Magnetic Flux Rope Formation During A Solar Coronal Mass Ejection"。这是校区空间物理研究团队首次在《天体物理学杂志快报》上发表研究成果。

本月　校区10名从事博士后研究的教师获得第56批中国博士后科学基金面上资助项目。

本月　校区两项成果获山东省第二十八次社会科学优秀成果奖,《立法后评估研究》获法学类一等奖,《民国时期工业企业劳资关系研究(1912～1937)》获经济学三等奖。

本月　山东省海洋与渔业厅依托校区海洋学院成立"山东省生态型人工鱼礁实验中心"并授予牌匾。

本月　油画《海色斑斓系列五》入选第十二届全国美术作品展览油画展。舞蹈《觅源·烟水幕》获山东省第七届泰山文艺奖"舞蹈艺术作品三等奖"。

本月　在"创青春"全国大学生创业大赛移动互联网创业专项赛终审决赛中,机电与信息工程学院2件作品荣获银奖,数学与统计学院1件作品获得铜奖。

本月　校区20项课题获得2014年度山东省社科规划项目立项,立项数和资助经费较往年均有所提高。

10月

11日　校区在知行楼举行中国电信"飞young青春,翼起梦想"高校助学计划捐赠仪式。副校长刘海、中国电信威海分公司副总经理李建华出席捐赠仪式,双方进行了捐赠物品交接,并为"青年就业创业见习基地"揭牌。在此次捐赠活动中,中国电信为校区一、二年级的学生捐赠了130部手机和每人240元的话费补贴,并提供飞young创业社勤工助学岗位。

13日　东北大学秦皇岛分校党委副书记兼纪委书记武涛、党委副书记王斌、副校长王雷震等率团访问校区。校区党委副书记赵玉璞会见来访客人并召开座谈会。

同日　威海市刘公岛管委会主任王京伟一行访问校区,校区党委书记仝兴华会见代表团,并就校地合作事宜进行座谈。副校长郭培良,刘公岛管委会副主任周德刚,刘公岛实业发展有限公司、校区马列教学部等单位负责人参加了会见。

14日　校区在知行楼举行捐赠仪式。上海福瑞酒业有限公司总经理、山东大学(威海)上海校友会副会长、2001级电子系校友冯李凯和山东大学(威海)上海校友会共同出资向校区捐赠价值30万元物品,校区党委副书记赵玉璞向冯李凯校友颁发了捐赠证书。

同日　校区体育训练馆与学生宿舍拟建项目可行性研究报告评估评审会议在知行楼举行。教育部代表、中国勘察协会高校分会秘书长孙光初,教育部评审专家组组长朱坚,副校长郭培良出席会议。会议由评审专家组副组长杨桂宁主持。

15 日　校区党委理论学习中心组召开专题学习会议,深入学习习近平总书记在党的群众路线教育实践活动总结大会上的重要讲话精神。党委书记仝兴华主持会议,校长韩圣浩出席会议,全体校领导及党委理论学习中心组全体成员参加会议。

17～18 日　在第六届山东省大学生科技英语大赛中,翻译学院 2011 级项嘉同学获得决赛第一名和专业组特等奖,数学院 2013 级熊子健同学获得非英语专业组三等奖。

18 日　泰山学者罗义勇教授应邀为海洋学院师生作题为“太平洋环境与气候”的报告。

19 日　王振滔慈善基金会爱心系列活动威海站启动仪式在校区知行会堂举行。王振滔慈善基金会再次向山东大学(威海)和哈尔滨工业大学(威海)共捐款 150 万开展爱心接力活动,并在两校设立爱心创业基金。奥康集团董事长、王振滔慈善基金会创始人王振滔,山东大学党委副书记、山东大学(威海)党委书记仝兴华,哈尔滨工业大学(威海)党委副书记兼纪委书记王建文、副校长赵国亮,山东大学(威海)党委副书记赵玉璞、副校长刘海出席仪式。仪式上,赵玉璞、王建文分别代表校区向王振滔赠送了礼物,王振滔、刘海、赵国亮为爱心接力手代表颁发了每人 5000 元的助学金。仪式现场还举行了爱心创业基金揭牌活动,王振滔、刘海、赵国亮为山东大学(威海)和哈尔滨工业大学(威海)的爱心创业基金揭牌。仪式结束后,王振滔为现场师生作了题为“理想、行动、坚持”的讲座。

同日　美国麻省理工学院 Haystack 观象台张顺荣研究员应邀为校区空间科学与物理学院师生作题为“从梦幻极光说到太阳风暴:空间天气纵横谈”的学术报告。

21～22 日　校区党委书记仝兴华、党委副书记赵玉璞一行赴山东玲珑集团和山东春雨集团进行校企合作交流。

22 日　法国农业科学研究院 Stéphane Robin 研究员应邀为数学与统计学院师生作题为“Exact Bayesian inference for change-point models, with application to genome annotation”的报告。

24 日　澳大利亚斯威本科技大学全球教育关系经理 Marisa Furno 女士,商学与企业学部本科生项目主任 Elizabeth Levin 教授,健康、文学与设计学部国际项目副主任 Gavin Melles 教授访问校区。副校长陈冠军会见来访客人。

25 日　校区艺术学院汪明强教授和山东艺术学院王力克教授的“自然而然——王力克、汪明强油画作品展”在威海市美术馆开幕。威海市政协主席刘玉党，山东省文化厅副厅长王廷琦，威海市委常委、宣传部长王亮，山东大学党委副书记、山东大学（威海）党委书记仝兴华，山东大学副校长、山东大学（威海）校长韩圣浩，威海市委宣传部副部长、威海市社科联主席刘昌毅，山东大学（威海）党委副书记兼纪委书记柴月禄、党委副书记赵玉璞等参观了画展。

25～26 日　山东大学（威海）青岛校友会组织校友回访母校。青岛校友会副会长、华夏星火网络科技有限公司董事长、1994 级英语专业魏芳波校友在访问期间向校区捐赠了价值 10 万元的物品，校区党委副书记赵玉璞向魏芳波校友颁发捐赠证书。

25～27 日　西澳大学国际事务副校长 Iain Watt 先生一行访问校区。校长韩圣浩、副校长陈冠军会见来访客人并举行座谈。韩圣浩和 Iain Watt 共同签署法学合作项目意向书，根据意向书，双方将开展法学专业本硕连读项目。

25～28 日　空间科学与物理学院“核与核天体课题组”的王守宇、王硕两位老师与刘晨、刘雷两名博士研究生参加第十五届全国核结构大会并作报告。其中，刘晨的报告荣获“优秀青年报告奖”。

28 日　澳大利亚国立大学国际事务副校长 Erik Lithander 博士一行访问校区。校长韩圣浩、副校长陈冠军会见来访客人并举行座谈。

31 日　2014 年度乐天奖学金颁奖仪式在知行楼举行，副校长刘海出席活动。乐天百货国际（威海）有限公司法人长张东镐、乐天百货国际（威海）有限公司总经理张翠丽为获奖学生颁发证书。

同日　副校长陈冠军会见韩国水原大学代表团一行并举行座谈。

同日　民生证券总裁助理、民生证券研究院执行院长、山东大学（威海）北京校友会副会长管清友博士受聘校区兼职教授仪式在知行楼举行。校长韩圣浩出席仪式并为管清友校友颁发兼职教授聘书。

同日　中国空间技术研究院副院长李明应山东大学空间科学研究院卫星导航和天体力学课题组长、国家“千人计划”特聘教授许国昌的邀请访问校区。校长韩圣洁会见李明一行并召开座谈会。

本月　法学院姜世波同志所提出的《关于完善应急物资储备与供应体系的建议》被中央统战部《零讯》采用，并得到国务委员、国务院党组成员、国家减灾委员会主任王勇同志批示。

11 月

1 日　校区举行系列活动庆祝创建 30 周年。山东大学（威海）校友商会一届二次理事会暨全体会员大会在校区召开。校区党委副书记赵玉璞出席会议并致辞,威海市工商联秘书长吴江胜,商会顾问代表、山东大学(威海)原副校长云昌钦,山东大学烟台校友会秘书长宋华西以及商会成员参加了会议。会议由商会副会长张可新主持。

山东大学(威海)与玲珑集团举行校企合作签约仪式暨玲珑学堂揭牌仪式。校长韩圣浩与玲珑集团总裁、校区94级校友王琳共同签署合作协议并举行座谈交流。校区党委书记仝兴华与王琳校友共同为玲珑学堂揭牌。

"墨铭山海"——山东大学(威海)创建30周年书法展开幕式在海洋学院大厅举行。校区党委书记仝兴华,山东省书法家协会副主席、威海市书法家协会主席、山东大学(威海)书法研究院院长单国防出席开幕式并分别致辞。校区党委副书记赵玉璞主持开幕式。开幕式上,山东大学威海校友会和山东大学威海校友商会向校区捐赠珐琅彩孔子像,单国防代表全体参展书法作者向校区捐赠参展作品。仝兴华代表校区接受捐赠并为捐赠方颁发捐赠证书。

山东大学威高研究院揭牌仪式在知行楼举行,校长韩圣浩与威高集团副董事长、总经理张华威共同为研究院揭牌。

庆祝山东大学(威海)创建30周年"山大心,校友情,家国梦"捐赠仪式在知行楼举行。校区党委书记仝兴华出席仪式并讲话,党委副书记赵玉璞为各地校友会代表颁发捐赠证书。山东大学校友总会及山东大学河南、青岛等地方校友会代表,山东大学威海校友商会、山东大学(威海)各地方校友会代表等120余人参加了仪式。

山东大学(威海)校友会常务理事会暨校友工作研讨会在知行楼举行。校区党委书记仝兴华出席会议并讲话,党委副书记赵玉璞出席会议并参加研讨。

第二届山水论坛(威海)在校区举行,主论坛以"睦邻、合作、互惠"为主题。副校长陈冠军出席论坛并致辞,来自山东大学(威海)、韩国水原大学、哈尔滨工业大学(威海)、烟台大学、山东工商学院等国内外高校的20多名专家学者参加论坛。

澳大利亚西澳大学国际事务副校长 Iain Watt 先生,澳大利亚教育管理集团总裁李新庆先生、总监王晶女士等访问校区。校长韩圣浩会见来访客人,并和 Iain Watt 先生共同为校区"国际教育高端项目办公室"揭牌。李新庆代表澳大利亚教育管理集团祝贺山大(威海)建校30周年,并向校区捐赠价值30万元的"云教学实验室"两间。副校长陈冠军陪同会见,和李新庆共同为"云教学实验室"揭牌,并代表校区向李新庆颁发捐赠证书。

日本早稻田大学北京教育研究中心所长向虎,日本上智大学中国联络处总负责人李欣立,美国加州大学圣地亚分校中国代表詹晶旭,翔飞集团大连办事处负责人费腾等人组团访问校区,校长韩圣浩、副校长陈冠军会见来访客人并举行座谈。

晚上，山东大学（威海）创建30周年庆典大会暨文艺晚会在知行会堂隆重举行。山东大学校长张荣，中共威海市委书记、市人大常委会主任孙述涛，中共威海市委副书记、威海市市长张惠，威海市委常委、统战部长李在武，威海市委常委、威海军分区政委曹元怀，山东大学副校长、山东大学（威海）校长韩圣浩，山东大学总会计师曹升元，澳大利亚西澳大学副校长 Iain Watt 等出席庆典并观看了文艺演出。庆典大会由山东大学党委副书记、山东大学（威海）党委书记仝兴华主持。韩圣浩在讲话中说，三十年来，山东大学（威海）秉承"为天下储人材，为国家图富强"的使命追求，筚路蓝缕、艰苦创业，取得丰硕成果。尤其是最近十年来，在山东大学创建世界一流大学的目标下，按照"统筹布局，一体发展"的方针，威海校区的办学思路更加明晰，办学定位更加明确，校区的综合实力和社会声誉得到很大提高。韩圣浩指出，校区将以创建30周年庆典为契机，团结协作，锐意进取，开启新篇章，再创新辉煌。友好校区代表、澳大利亚西澳大学副校长 Iain Watt 代表西澳大学全体同仁和与山东大学（威海）合作的友好伙伴，对校区创建30周年表示衷心祝贺。教师代表、国家杰出青年科学基金获得者陈耀教授与现场嘉宾分享了他在校区工作和生活的体会。校友代表、民生证券研究院副院长管清友博士代表全体校友，学生代表、翻译学院2013级学生焦成媛代表全体同学祝福母校生日快乐。张惠在致辞中指出，三十年来，山东大学（威海）的成长与威海的发展紧密相连，山大（威海）为威海培养了大批优秀人才，成为威海发展的坚强力量；山大（威海）的师生积极参与地方经济建设和地方服务，为威海的发展提供了有力的智力支持。三十年是威海和山东大学合作的里程碑，也是面向未来的新起点，威海市将一如既往地支持校区发展，进一步深化校地共建，让山大（威海）这张"城市名片"更加靓丽。张荣在讲话中指出，威海校区今天所取得的巨大成就，得益于一代又一代创业者们极高的胆识气魄和超前的战略眼光；威海校区今天所拥有的有利态势，得益于校地合作的深入推进和共赢发展的理念统一；威海校区今天所实现的跨越式发展，得益于山东大学这个温暖家庭的同心协力与资源集成。张荣指出，目前山东大学正处在建设世界一流大学的关键时期，深入谋划和探索多校区办学体制，促进多校区协调发展，必须更加牢固地树立"一盘棋"的观念，必须更加坚定地走"特色发展"之路，必须更加紧密地开展"校地合作"。庆典大会上，张荣与孙述涛共同开启校地共建新篇章。

同日　　山东大学（威海）校史展览馆落成并投入使用。

3日　　美国西弗吉尼亚大学数学系张存铨教授应邀为数学与统计学院师

生作题为“图论及其应用漫谈”的学术报告。

4日　校区党委书记仝兴华、副校长刘海到辅导员公寓工作办公室调研检查辅导员进公寓试行阶段的工作开展情况。

同日　在2014年“创青春”全国大学生创业大赛终审决赛中，校区海洋学院卞舒惠等同学的作品《山东鸣威海洋种业科技有限公司》荣获创业计划竞赛银奖，法学院林哲琪等同学的作品《聚爱助残创业中心》荣获公益创业大赛银奖。

4日～12月12日　应山东大学空间科学研究院特聘教授、国家特聘专家许国昌教授的邀请，德国专家 Hermann Kaufmann 教授来校区进行短期工作访问。访问期间，Hermann Kaufmann 教授针对遥感技术分八个专题举行了专题讲座。

6日　校区“绘革命·馈党情·创青春”社会实践团队同时荣获2014年“井冈情·中国梦”全国大学生暑期实践季专项行动“优秀实践团队”“优秀课题成果”两项奖项。

7日　校区海洋学院纪雪宁同学获得第七届全国大学生海洋知识竞赛电视总决赛二等奖，校区获得优秀组织奖。

7～9日　第十一届华东六省一市外语论坛在校区国际学术中心举行。

8日　山东省2014秋冬季高校毕业生服务“蓝黄”两区专场暨校区2015届毕业生秋冬季双选会在海洋学院和商学院大厅举行。双选会共吸引了150余家用人单位，4000余名毕业生参会，初步达成意向500多个。

11日　台湾中原大学两岸教育处处长胡威志率团访问校区，副校长刘海会见来访客人。

12日　山东大学首届艺术学院教师美术作品联展在校区湖西楼展厅展出，此次书画展展出的60幅作品均由山东大学艺术学院和威海校区艺术学院教师创作。校长韩圣浩，校区党委副书记兼纪委书记柴月禄、党委副书记赵玉璞、副校长刘海，山东大学艺术学院和威海校区艺术学院以及威海校区部分职能部门负责人参观了展览。

13日　澳大利亚莫纳什大学副校长余艾冰教授和国际部副部长 Trevor Goddard 先生一行访问山东大学，山东大学副校长、山东大学(威海)校长韩圣浩会见了余艾冰教授一行。

14日　澳大利亚西澳大学商学院副院长 Alison Preston 教授一行访问校区。副校长陈冠军会见客人并举行座谈。

同日　数学与统计学院李娟教授获“2014年度宝钢优秀教师奖”。

17日　著名文学批评家，《文艺报》编审、理论部主任熊元义先生为文化传播学院师生作题为“当代文学批评热点问题”的学术报告。

17～19日　翻译学院辅导员郭彪获得第一届山东省高校辅导员职业能力大赛二等奖。

18 日　校区组织部分党外代表人士赴烟台高新区福山高新技术产业园考察调研，校区党委副书记刘玉殿出席有关活动。调研活动中，刘玉殿代表校区分别与上海采埃孚转向系统（烟台）有限公司、烟台延锋江森座椅有限责任公司签订了建立校区大学生就业创业实践基地合作协议书。

21 日　数学与统计学院“S-C”调研团荣获第二届全国大学生暑期社会实践专项活动优秀团队奖项。

22～23 日　机电与信息工程学院郭小璇、王诗怡、薛岚天三位同学组成的 Black Swan 队获得第 39 届 ACM 国际大学生程序设计竞赛亚洲区域赛银奖，同时获得全场唯一“最佳女队”荣誉称号，实现了校区在 ACM-ICPC 亚洲区域赛成绩突破。

22～24 日　首届主观化理论与汉语语法研究学术讨论会在校区举行。来自中国社会科学院和上海师范大学、南开大学、山东大学（威海）、日本熊本大学等高校的 60 多名专家学者参加了本次研讨会。

23 日　山东大学（威海）枣庄校友会暨山东大学（威海）枣庄校友企业家俱乐部举行成立大会。

同日　机电与信息工程学院曹丰斌带领的 FivePuffer 团队作品《走喵》荣获第十二届齐鲁软件设计大赛唯一一个特等奖。其余参赛团队获得一等奖 2 项、二等奖 2 项、三等奖 10 项。

24 日　校区召开加强干部管理学习交流会。党委书记仝兴华、副书记周慧如出席会议。

25 日　校长韩圣浩出席中丹高等教育圆桌会议。

26 日　威海市委副书记、市长张惠，副市长傅广照，市政府秘书长夏景华一行来校区调研大学生创业工作。校区党委书记仝兴华、副校长刘海及校团委负责人陪同调研。

同日　校区举行 2013～2014 学年国际学生“校长奖学金”暨“海外经历项目专项校长奖学金”表彰会。副校长陈冠军出席活动并致辞。

28～29 日　首届中韩大学生创业大赛在校区举行，大赛由校区和韩国湖西大学共同倡议举办。经过角逐，韩国湖西大学的《“Sloth”卡通商品动企划设计》和校区的《汇创文化传播有限公司》获得金奖。山东大学（威海）副校长刘海、韩国湖西大学创业保育中心主任丘庚完出席颁奖仪式并致辞。

28 日～12 月 2 日　艺术学院学生杨凯涵与李彦霏分别获得第七届全国高等艺术院校“声乐、歌剧”比赛中国作品组的铜奖和优秀奖。

29 日　由法学院主办、山东泰祥律师事务所协办的中日韩“立法学与法律方法论”国际学术研讨会在校区举行，副校长刘海出席研讨会并致辞。来自山东大学、韩国仁川大学、韩国忠北大学、日本立命馆大学、浙江工业大学、上海政法学院等近 20 所国内外高校的 50 多名专家学者参加研讨会。

本月　原中共中央政治局委员、中国法学会会长王乐泉一行到威海考察工作。工作期间,王乐泉在东山宾馆会见了校长韩圣浩。中国法学会副会长张文显,威海市委常委、市政法委书记刘茂德.法学院相关负责人等参加了会见。

本月　法学院辅导员牛志强获"第五届山东高校十佳辅导员"称号,翻译学院辅导员侯丽娜获"第五届山东高校优秀辅导员"称号。

本月　牛林杰教授主编的《大学韩国语》系列,刘建亚教授与吴臻教授(山东大学)主编的《大学数学教程:微积分》系列和梁文玲教授主编的《市场营销学》等3种9本教材成功入选第二批"十二五"普通高等教育本科国家级规划教材。

本月　校区组织参赛的12支研究生代表队在第十一届全国研究生数学建模竞赛中共荣获一等奖一项,三等奖三项。

本月　校区在2014年"高教社杯"全国大学生数学建模竞赛中取得优异成绩,共获国家一等奖1项,二等奖9项。

12月

3日　2014年国家电网威海电力公司"善小·海葵"奖学金颁奖仪式在威海市电力大厦举行。校区党委书记仝兴华,威海市委宣传部副部长刘昌毅等领导出席活动并为校区6位获奖学生颁奖。

6～7日　由机电与信息工程学院的陈德仕、查君鹏与数学与统计学院的于思皓三位同学组成的Natrual Dull队在第39届ACM国际大学生程序设计竞赛亚洲区域获得铜奖。

11～13日　翻译学院2012级翻译专业学生王睿路获2014年"外研社杯"全国英语写作大赛二等奖。

14日　山东大学(威海)青年联合会成立大会暨第一届委员会第一次会议召开。校区党委书记仝兴华出席会议并讲话,副校长刘海为"山东大学(威海)青年联合会产学研合作基地"揭牌。

16日　应校区"海外名师进校园"项目邀请前来开展学术交流的澳大利亚莫纳什大学李健教授为校区师生作题为"Manuscript writing, grant application and scientific presentation skills"的专题讲座。

16～20日　副校长陈冠军率团访问韩国光云大学、首尔科技大学、东亚大学等三所高校,并拜访了中国驻韩国大使馆教育处艾宏歌参赞。访问期间,与韩国光云大学共同签署了山东大学(威海)与韩国光云大学合作交流协议书,并与首尔科学技术大学签署了新的合作交流协议。

17日　校区成立山东大学威高研究院(山大人字〔2014〕142号)。党委副书记赵玉璞任院长,聘李永刚任副院长,石元昌任副院长。该中心

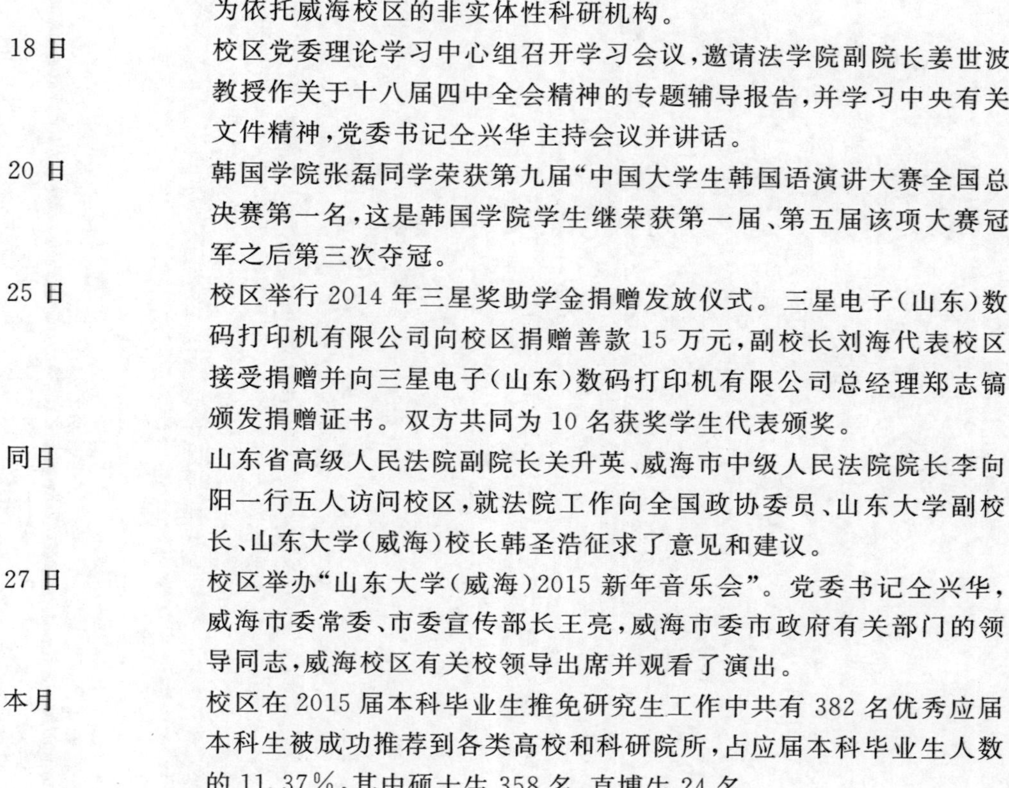

为依托威海校区的非实体性科研机构。

18 日　校区党委理论学习中心组召开学习会议，邀请法学院副院长姜世波教授作关于十八届四中全会精神的专题辅导报告，并学习中央有关文件精神，党委书记仝兴华主持会议并讲话。

20 日　韩国学院张磊同学荣获第九届“中国大学生韩国语演讲大赛全国总决赛第一名，这是韩国学院学生继荣获第一届、第五届该项大赛冠军之后第三次夺冠。

25 日　校区举行 2014 年三星奖助学金捐赠发放仪式。三星电子（山东）数码打印机有限公司向校区捐赠善款 15 万元，副校长刘海代表校区接受捐赠并向三星电子（山东）数码打印机有限公司总经理郑志镐颁发捐赠证书。双方共同为 10 名获奖学生代表颁奖。

同日　山东省高级人民法院副院长关升英、威海市中级人民法院院长李向阳一行五人访问校区，就法院工作向全国政协委员、山东大学副校长、山东大学（威海）校长韩圣浩征求了意见和建议。

27 日　校区举办“山东大学（威海）2015 新年音乐会”。党委书记仝兴华，威海市委常委、市委宣传部长王亮，威海市委市政府有关部门的领导同志，威海校区有关校领导出席并观看了演出。

本月　校区在 2015 届本科毕业生推免研究生工作中共有 382 名优秀应届本科生被成功推荐到各类高校和科研院所，占应届本科毕业生人数的 11.37%，其中硕士生 358 名，直博生 24 名。

校区建筑面积：474219 平方米

在校全日制本科生 13682 人，博、硕士研究生 988 人，留学生 589 人，成人教育及网络教育学生 1697 人。

在职教职工 1218 人，其中专任教师 790 人，副高以上职称 398 人。

2013 年招收本科生 3472 人，本科毕业生 3374 人。

（赵林林）

2015年

概　述

2015年山东大学(威海)发展综述

2015年,威海校区全体师生员工团结一致,奋发进取,深化教育教学改革,着力抓好学科、科研、人才队伍和国际化建设,基本完成了"十二五"规划确定的主要目标任务。

一、教学改革与人才培养

1.深化人才培养模式改革。不断探索科教协同育人新模式,与中国科学院国家天文台联合开办山东大学"天文与空间科学菁英班",培养天文与空间科学领域的高水平人才;与台湾中原大学联合开办"数学与金融实验班",培养金融学和数学理论专业基础扎实、知识面广、具有创新意识和国际视野的复合型人才;开办"国际法务"特色班。3名同学入选山东大学"泰山学堂"拔尖人才培养项目。第二校园学习经历派出学生75人,涉及10所高校、24个专业;接收云南大学来校访学学生18人,涉及7个专业。海外学习经历派出学生507人。

2.加强本科教学工程建设。5个项目获评山东省本科高校教学改革研究项目,其中重点项目1项,面上项目4项。结合教学改革需要,确定32个校级教学改革项目立项建设,其中重点项目7项,一般项目25项。完善了培养方案和课程介绍,新建58门课程试题库。举办青年骨干教师教学能力提升研修班,开展了青年教师教学竞赛。生源质量稳步提高,普通文史类有19个省份录取线高出当地一本线40分以上,理工类有23个省份录取线高出当地一本线50分以上。

3.学生创新创业能力进一步提高。在首届"互联网+"大学生创新创业大赛中获国家银奖1项、铜奖1项,山东省金奖2项、铜奖3项及优秀组织单位称号;在"挑战杯"、数学建模等赛事中获得国家级奖项20个、省级奖项92个;有20个项目获评国家级大学生创新项目,为近年来最多。2个在校学生创业项目共获得600万元天使投资。毕业生就业竞争力显著增强,2015届毕业生就业率达到90.5%。

4.切实研究生教育取得新进展。招生进展顺利,生源质量明显提升,2015 级新生中有 57 人获得山东大学"研究生优秀生源奖励基金"。加强课程库建设,有 4 门课程获得山东大学研究生课程建设立项。学术创新能力不断增强,有 63 项硕士研究生优秀学术成果受到表彰,其中 SCI 及 EI 收录期刊近 50 篇。3 篇硕士学位论文获评'山东大学优秀硕士学位论文",其中 1 篇同时荣获"山东省优秀学位论文"称号。

5.继续教育打开新局面。继续教育和预科班招生均有了大幅增加。年内举办在职培训 19 期,累计培训 1800 余人。

二、学科建设与科学研究

1.特色学科发展势头强劲。空间学科入选山东大学"学科高峰计划"。由校区教师带领的科研团队在国际顶尖学术期刊《自然—通讯》发表研究成果,引发美国《华盛顿邮报》等全球主流媒体广泛关注。与北京大学共同主办的"第 14 届国际太阳风大会"在校区举行,这是该国际空间物理学界顶级学术会议首次在欧美之外举办。海洋学科完成了"海洋牧场综合实验平台"功能设计工作。韩国学科"二十世纪东亚抗日叙事文献整理与研究"获得国家社科基金重大项目立项资助,实现了校区人文社科领域的新突破。举办了第一届中韩关系论坛、首届中韩青年学者论坛等高水平学术会议。

2.科学研究能力不断增强。全年共获得各类项目立项 178 项,其中国家级项目 28 项(国家自然科学基金 21 项,人文社科 7 项)、省部级项目 65 项,横向科研项目总立项 100 项,立项总经费超过 3500 万元。在国家社科基金重大项目、国家自然科学基金项目等方面都有新的亮点。参与重大军工项目的研究能力有了突破,获得 2015 年山东省军民融合科技创新项目专项立项,以及军工 863 计划项目 2 项、国防科工委项目 1 项。全年到账科研经费达到 4531 万元。

3.服务地方工作效果显著。紧密对接地方企业需求,与地方企事业单位签订多项校地、校企合作协议,搭建了刘公岛历史文化研究中心等多个合作平台。校区教师与大连海洋岛水产集团股份有限公司签订的"新西兰鲍与皱纹盘鲍高产、抗逆新品种培育及家系建立研究"单个项目合同经费突破 400 万元。承担的 2015 年省软科学亶大项目《"一带一路"战略与山东对外开放研究》及《山东省旅游局全省 17 市旅游市场秩序调查测评项目》,为山东省经济社会发展提供了有力的智力支持。韩国学院与商学院联合承担的《威海市与仁川市地方经济合作对策研究报告》,为威海市参与中韩自贸区建设的先行先试提供了可资借鉴的智力成果。

三、师资队伍建设

1.高层次人才工作取得新突破。全年引进青年教师 22 人,其中齐鲁青年学者特聘教授 1 人。外籍专家考夫曼通过"外专千人"项目评审,1 人入选"万人计划'青年拔尖人才项目,2 人进入长江学者特聘教授和国家杰出青年基金项目答辩环节,2 人入选"泰山产业领军人才"。

2.加大师资队伍培养力度。实施"青年学者未来计划",15 名优秀青年教师成为首批培养人选,在学科建设经费、岗位补贴、海外研修等方面给予优先支持,积极创造条件促其快速成长。鼓励教师到国内外重点高校、科研院所攻读学位、访学交流。校区具有一年以上海外经历的教师占专任教师总数的24.6%，具有博士学位和在读博士的教师已占到专任教师的65.5%，较“十一五”末提升了34%。全年新入站博士后28人，在站人数增至73人。2015年，获中国博士后科学基金会面上资助14项、特别资助1项、国际交流计划资助3项，山东省博士后创新项目专项资助1项。

3.强化师德师风建设。1人荣获“山东大学优秀教师”称号，15人获评山东大学（威海）“优秀教师”和“先进教育工作者”称号，2人荣获“2015年度山东大学优秀研究生导师”称号。

四、对外合作交流

1.拓展校际合作项目。年内新开辟合作院校9所，签署合作协议13项。与澳大利亚斯威本科技大学签署了“先进制造业联合研究中心合作备忘录”，双方共同建设的“3D联合实验室”顺利揭牌。2015年，三个中外合作办学项目专业共招生275人，生源质量进一步提高，其中金融学专业合作办学项目为首次招生。

2.学生海外经历工作成绩突出。继续实施“名校访学计划”，有78名同学赴加州大学伯克利分校等世界名校学习。全年向美、英等11个国家和地区的47所高校外派学生500余人。有281名本科毕业生赴美国哥伦比亚大学等一流大学攻读研究生，出国读研人数占毕业生总数的8.1%。全年共有266名学生受益于“海外经历校长专项奖（助）学金”项目。

3.国际学生教育工作稳步发展。年内有来自13个国家、近1000人次的长期国际学生在校学习，有近400名国际学生来校参加“国际课堂”短期学习交流项目。

五、党建与思想政治工作

1.认真开展“三严三实”教育。坚持领导带头示范，抓好关键环节，共举行30余场次专题党课。以问题为导向，坚持边查边改，取得明显实效。

2.做好群众路线教育实践活动整改和教育部巡视整改“回头看”工作。校区“两方案一计划”确定的80余项整改任务均已按照整改时限要求完成。落实“两个责任”，改进工作作风，有力推动校区各项工作稳步开展。

3.加强干部队伍建设。年内举办干部培训专题报告会8场次，开展“加强高校基层党组织建设”专题网络培训。加强干部考核，突出量化比重。认真做好领导干部个人有关事项报告和处级干部人事档案专项审核工作。

4.坚持依法治校。贯彻落实党委领导下的校长负责制，充分发挥学术委员会、教代会、工会、妇委会、共青团、民主党派、离退休教职工、校友会等作用，推动各项工作开展。

5.加强党风廉政建设。严格落实“一岗双责”，对12个教学院（部）党政联席会议制度和“三重一大”制度落实情况进行了检查。党风廉政建设责任书由四年一签改为每年一签。加强纠正“四风”整改落实和执行“八项规定”的监督检查。

6.加强和改进宣传工作。以突出亮点、彰显特色为工作重点，不断加强校区宣传思想阵地建设。校区官方微博、微信的影响力与关注度得到大幅提高，新浪微博影响力进入全省政务系统微博前20名。

六、条件建设

1. 扎实改善民生。40 岁以下教职工体检改为每年一次。为所有学生宿舍安装了电风扇,在学生宿舍区安装了热水器。在教职工住宅区实施物业社会化管理。学生宿舍楼、体育训练馆开工建设。

2. 狠抓财务管理。科学编制并严格执行财务预算,各项收入指标均呈现逐年递增的良好态势,货币资金充裕,财务运行状况良好。进一步规范财务报销工作,严格控制"三公经费"支出,实行违规风险警示记录制度。加强合同审计,着力监督基建工程项目资金和科研经费使用情况,提高资金使用效益。

3. 加强资产和实验室管理。进一步优化公房布局,公房调配向教学科研一线倾斜。加强实验室建设,审议确定了"生物综合实验教学中心"等 15 个实验室建设项目。建立校际仪器设备共享平台,强化大型仪器设备管理工作,开展效益追踪和考核工作。

4. 信息化建设迈出新步伐。OA 办公系统投入使用,进一步提高了管理效能。校园无线网开通,部署 2600 余个各类室内外 AP,覆盖校内楼宇 57 栋,面向全体师生开放使用。部署 TrustLink 生物识别统一身份认证平台。完成了教学办公楼门禁系统和校门智能通行系统的建设,超级计算中心投入使用。大力加强文献资源建设,新增中外文图书近 7 万册,图书馆信息共享空间受到师生欢迎。

5. 后勤保障有力。狠抓精细化管理,全年共完成大小修缮改造工程 140 余项。为部分学生宿舍封闭了阳台,为部分学院增加了双层门窗,为所有教学楼安装了保温门帘。厉行勤俭节约,节能监管平台建设进展顺利。

6. 推进"平安校园"建设。对监控室、消防中控室进行改造升级,加强对大学生的安全法制教育,提高广大师生的安全防范意识。

特 载

凝心聚力 深化改革 科学发展
共创学校事业新辉煌

——第五届教职工代表大会暨工会会员代表大会第一次会议学校工作报告

（2015年3月20日）

山东大学副校长、山东大学（威海）校长　韩圣浩

各位代表，同志们：

下面我代表学校向大会报告工作，请各位代表审议，并请列席同志提出意见。

一、2014年工作回顾

2014年，全校师生员工深入学习贯彻党的十八大、十八届三中四中全会精神和习近平总书记系列重要讲话精神，紧紧围绕学校发展总体目标，认真落实学校党政工作要点确定的各项任务，稳步推进"十二五"事业发展规划，各项工作发展势头强劲，取得了一系列令人鼓舞的成绩。

（一）党建和思想政治工作取得新成效

1. 认真做好整改落实工作。紧紧围绕学校"两方案一计划"，细化整改措施，落实整改责任，扎实推进各项整改工作和专项整治工作。持续深入抓好作风建设，领导班子建设得到加强，"四风"问题和师生普遍关注的突出问题得到有效整治。制度体系进一步健

全完善,年内清理规范制度性文件159个,新立修订文件55个。坚持台账销号制度,狠抓工作落实,强化督促检查,巩固和拓展党的群众路线教育实践活动成果。

2.加强领导班子和干部队伍建设。继续完善党委中心组学习机制,深入学习贯彻党的十八大、十八届三中四中全会精神和习近平总书记系列重要讲话精神等内容,注重学习效果,积极发挥中心组学习的辐射带动作用。多措并举做好干部教育培训工作。年内举办干部培训专题报告会10余场次,选派15名干部参加各级各类培训班;新开通了管理干部网络培训平台。

3.创新宣传工作模式。校园网新增"办学与工作亮点展示"等多个专题,对主页进行了改版升级,有效提升了学校的对外宣传形象。加大学校官方微信、微博平台建设力度,积极开拓和主导校园新媒体阵地,在"中国高校微信排行榜"中,我校微信影响力指数进入全国高校前50名。

4.切实加强党风廉政建设。扎实做好教育部巡视整改工作,严格落实党风廉政建设责任制。不断丰富廉政教育的内容和形式,开展了廉政教育读书学习实践活动,筑牢领导干部拒腐防变的思想道德防线。

5.做好大学生思想政治教育工作。在全省高校率先设立"培育和践行社会主义核心价值观专题网站",通过微信等新媒体以及教育实践立项、主题团日等活动,引导学生积极学习、践行社会主义核心价值观。创新形势政策课程改革,推行党务领导干部为学生授课制度。

6.深入推进依法治校。贯彻落实党委领导下的校长负责制,坚持民主集中制原则,充分发挥学术委员会、教代会的积极作用,调动各民主党派、校友会、离退休教职工、妇委会、共青团等群团组织参政议政的积极性,为学校事业的健康发展保驾护航。

(二)人才培养工作有了新突破

1.人才培养体系进一步完善。修订和完善了本科专业培养方案,不断加强通识教育和课程体系建设。完善"天文与空间科学菁英班"选拔办法,组建"国际法务"特色班,创新人才培养改革扎实推进。

2.本科教学工程建设成绩斐然。《大学韩国语》等3部教材成功入选第二批"十二五"国家级规划教材,为我校获国家级规划教材数量最多的一次。5项成果获省级教学成果奖励,4门课程获评山东省精品课程,1人获评山东省教学名师。

3.学生创新创业能力进一步提高。在全国大学生创业总决赛中获得国家银奖4项、铜奖1项,省级奖16项;新获国家级大学生创新项目10项。学生在各类学科竞赛中获得省级以上奖励100多项,在ACM国际大学生程序设计竞赛中获银奖1项,韩国学院学生在第九届全国大学生韩国语演讲总决赛中再次夺得冠军。

4.生源质量再创新高。省内文理科录取线分别高出重点线43分和61分,录取考生省内排名大幅提升;省外文理科录取线高出重点线50分的省份分别达到6个和19个。

5.研究生教育管理更加规范。进一步完善了各层次、各类型研究生培养方案。开展了博士专业完整课程教学组织与管理,提高了博士研究生的培养质量。

6.继续教育稳步发展,社会认可度和经济效益不断提高。

（三）学科建设和科研工作取得新成绩

1.学科建设水平稳步提高。学科建设项目进展顺利，科研条件有了明显改善，完成了威海地磁台、力学性能测试实验室等一批实验室的建设工作。在高水平研究团队、高层次研究平台建设方面有了新的进展，为学科建设向纵深和内涵发展奠定了基础。

2.“天、海、韩”特色学科发展势头强劲。空间学科依托空间科学研究院，继续深化体制机制改革，引进“千人计划”特聘教授1人，团队中有1人获山东省杰出青年基金项目支持，并获国际无线电科学联盟颁发的“青年科学家奖”，天文台获评2014年度优秀全国科普教育基地。海洋学科获批“山东省海洋微生物资源库平台”和“山东省生态型人工鱼礁实验中心”两个省级平台。韩国学科以引进两位一级教授为契机，整合优化研究队伍，成立了国内首家专门研究中韩关系的学术机构“中韩关系研究中心”。

3.科研工作发展态势良好。广大教师积极申报各级各类科研项目，全年科研项目申报及立项数较去年有较大提高，获批国家级项目29项、省部级项目59项。多篇政策咨询型项目的成功立项，标志着我校人文社科教师在应用对策研究方面有了新的突破，为政府提供决策咨询的能力有了较大提高。

4.服务地方工作成绩突出。举办了首届威海市文化创意产业培训班，承担了威海市多项社会科学重点研究课题，为地方文化创意产业发展提供了强有力的支持。做好技术转移与成果推广中心的配套服务和保障工作，促进项目培育工作有效开展。

（四）师资队伍建设迈出新步伐

1.师资队伍结构不断优化。年内引进“千人计划”特聘教授1人、人文社科一级教授2人，特色学科科研团队力量得到发展壮大。教师岗位全年引进30人，其中具有博士学位的25人，具有一年以上海外经历的占40%；20名新引进的青年博士全部纳入学校师资博士后管理。

2.重视人才队伍的培养。有1人通过齐鲁青年学者特聘教授特别评审。鼓励教师继续深造，具有博士学位（含在读）的已占专任教师的65%，选派13人赴海内外高校、科研机构合作访学。截至目前，具有半年以上海外经历的教师占专任教师总数的35%。

3.博士后在站人员数量与培养质量稳步提升。现有在站人员52人，较2013年增加27人。全年新增中国博士后科学基金资助13人、山东省博士后创新项目2人、国际交流计划资助3人，资助总金额较2013年翻两番。

4.教职工收入进一步提高。逐步建立与现代大学管理体制相适应的收入分配制度，对岗位绩效工资政策进行了调整，发放物业服务补贴，教职工待遇不断改善。

（五）对外合作交流不断开拓新途径

1.校园国际化特色日益彰显。年内商学院、翻译学院、艺术学院分别与澳大利亚西澳大学、英国伦敦大学和美国辛辛那提大学合作，引进国外优质课程体系。截至目前，我校已有7个专业获得国外课程体系引进重点支持建设立项。

2.国际合作取得新进展。加强了与美国加州大学伯克利分校、澳大利亚国立大学、日本早稻田大学等世界一流大学的合作与交流，为学生搭建了更高层次的国际交流平台。2014年共有490名学生赴美、英、澳、法、日等国家和地区的45所高校交流学习，其中有43名同学参与首批“名校访学计划”。2014届毕业生中有215人赴16个国家和地区的 113 所高校继续深造。

3.留学生教育管理工作更加规范。2014 年我校共有来自韩、日、英、法、澳等 18 个国家的长期国际学生 800 余人次在校学习。此外,还有英、韩、俄等国家的 213 名同学来校参加“国际课堂”短期学习交流项目。

4.国内合作工作不断加强。注重整合校内外资源,构建校地校企合作的长效机制。年内同新泰市、乐陵市和玲珑集团等地方政府和企业签署 4 项校地、校企全面合作协议,与威高集团、渤海活塞等单位签署 18 项具体项目协议。同时加强对已有项目协议的跟踪,确保合作落到实处、取得实效。

(六)条件建设和保障能力有了新提高

1.加强机关作风建设。落实服务承诺制和首接负责制,严格工作纪律,改进工作作风;规范机关工作流程,切实提高服务效能,得到了广大师生的认可。

2.办学条件进一步改善。完成了学校东门、艺术学院展厅改造等工程。年内完成了一批信息化工程项目,优化基础平台,数字化校园建设稳步推进。图书馆设立信息共享空间,为师生营造了良好的学习交流环境。

3.加强财务管理工作。继续强化项目监管力度,确保学校各项资金运转安全。年内审计大额资金支出近 7500 万,审计各种基建及修缮工程 229 项。加强对科研经费的审计力度。进一步完善招投标规章制度。

4.规范国有资产管理。科学配置办学用房,提高使用效益。加大对校办企业的监管力度,防止国有资产流失。努力推进校级公共实验平台建设,建立校际仪器设备共享平台,为培养创新人才和开展高水平科学研究提供有力支撑。

5.后勤保障水平持续提高。全年完成大小修缮改造工程 170 余项。加强学生食堂管理,严格控制成本,确保食堂卫生与饭菜质量安全,保持价格基本稳定,为师生提供满意的饮食服务。

6.加强校园治安管理,扎实开展安全教育,提高师生的安全防范意识。节能监管平台项目建设取得新进展,节约型校园建设扎实推进。

(七)学校发展掀开新篇章

圆满完成建校 30 周年庆祝活动。学校坚持“简朴、务实”的原则,新建了校史展览馆,编印了 30 年校志,组织开展了“百场学术报告”、校庆书法展、科研成果展、庆典大会、校友返校等多种活动。通过校庆,总结梳理了学校的办学精神、办学经验和发展思路,增强了凝聚力,拓展了办学空间,广大师生的归属感和荣誉感进一步增强,学校的社会知名度和影响力进一步提升,为今后的发展奠定了坚实的基础。

各位代表,同志们,2014 年学校各项成绩的取得,是在学校党委和行政的正确领导下,广大师生员工辛勤努力、团结奋斗的结果。在此,我代表学校,向全体教职员工致以崇高的敬意和衷心的感谢!

我们清醒地认识到,学校发展中还存在一些问题。如学校整体办学资源不足,学科建设有待进一步加强,科研水平有待进一步提升,等等。我们要牢固树立忧患意识、机遇意识、责任意识,勇于担当,锐意进取,为实现学校新的发展而努力奋斗。

二、2015年工作设想

2015年,威海校区党政工作的指导思想是:贯彻落实党的十八大和十八届三中四中全会精神,学习贯彻习近平总书记系列重要讲话精神,全面深化综合改革,提高人才培养质量,加强人才队伍与学科建设,提升科技创新能力与国际化水平,不断增强办学实力和核心竞争力,推动学校内涵发展、科学发展。

(一)加强党建和思想政治工作

1.巩固党的群众路线教育实践活动成果。根据中央关于群众路线教育实践活动收尾不收场的要求,认真总结运用教育实践活动宝贵经验,按照"三严三实"要求,严格执行《中共山东大学委员会关于加强干部监督管理的十项规定》,不断加强作风建设,以作风建设新成效推动学校各项事业发展。

2.加强干部队伍建设。进一步深化对党的十八大、十八届三中四中全会和习近平总书记系列重要讲话精神的学习,围绕从严治党、依法治校、科学发展等方面开展专题集中培训,加强对干部教育培训的考核。严格选任程序,坚持凭实绩选人用人,积极推进干部交流任职。发挥干部任前廉政谈话、了解情况谈话、诫勉谈话在加强干部廉洁自律教育中的重要作用,进一步加强干部管理。

3.加强基层党建工作。围绕学习贯彻《发展党员工作细则》,开展校、院两级培训,提升基层党建工作水平。落实发展党员工作责任制,严格规范党员发展程序,认真做好青年教师及大学生党员发展工作。创新基层党组织立项活动,加强过程监管,开创基层党建工作新局面。

4.加强党风廉政建设。落实党风廉政建设"两个责任",认真贯彻总校党委关于加强党风廉政教育、党风廉政建设责任制考核和责任追究等制度。加强廉政风险防控体系建设。做好"三重一大"制度执行的监督检查工作。

5.推进依法治校和民主管理。贯彻落实民主集中制,坚持和完善党委领导下的校长负责制。认真学习贯彻《山东大学章程》。做好退离休工作和统战工作。充分发挥教代会、学术委员会、工会、妇委会、共青团、民主党派、校友会等的作用,调动各方面积极性,推进依法治校、科学管理。

6.加强思想政治工作。高度重视意识形态工作,做好社会主义核心价值观教育,积极开展中国传统文化教育和文明礼仪教育,围绕纪念抗日战争胜利70周年,加强学生爱国主义教育。深入推进思政课改革,进一步提高教学效果。完善校园文化建设体制机制,注重人文环境和自然环境相融合,提升文化育人效果。

(二)提高人才培养质量

1.推进人才培养模式改革。做好"金融+数学"人才培养班的启动工作,在创新人才、卓越人才、复合人才培养方面加大改革力度,提升各类协同育人、合作办学项目的影响力。

2.推进教学方式方法改革。以课程平台建设为契机,重点加强"慕课""翻转课堂"的研究与建设。加强创新创业教育,进一步强化实践环节,拓展学科创新竞赛项目,完善体制机制,着力培养学生的创新能力。做好学生创业培训、实训工作。

3.提高教学管理科学化水平。推进新版综合教务管理系统及信息发布平台建设,做好各类考试、成绩管理信息化项目建设。加强招生拓展,优化调整招生专业,探索多元录取机制,确保生源质量。加强教学监督与评估,认真做好专业认证准备工作。

4.加强研究生培养过程管理。做好研究生课程建设工作。建立与行业企业相结合的硕士专业学位导师和教学团队,加强研究生实践基地建设。做好研究生海外经历的拓展工作,支持研究生赴海外学习交流。

5.进一步加强宣传,狠抓教学过程管理,提高继续教育质量。

(三)提升科技创新能力

1.提高学科建设水平。以总校学科建设整体布局的调整为契机,对学校现有学科进行调整、优化,重点建设优势特色学科和优势应用学科。做好学科建设项目中期评估工作。积极构建和拓展新兴学科、交叉学科,构筑跨学科、跨领域的高水平学术创新平台和团队,培育新的学科增长点。

2.加强特色学科建设。空间学科着重日地空间物理学建设,加强行星科学方向和天体物理学方向学术带头人的培养与引进,完成卫星导航和轨道力学研究团队的初期组建工作。海洋学科要加快海洋牧场综合实验室的建设并积极开展工作,为海产品的养殖和深加工提供有力支撑。韩国学科要以“中韩关系研究中心”为依托,整合校内对韩研究的各种资源,进一步提升我校在朝鲜半岛研究中的影响力。

3.着力提高科研水平。紧紧抓住国家建设空间强国和海洋强国的契机,结合山东实施蓝黄两大战略和半岛制造业基地建设,进一步加强特色学科和应用学科建设。优化资源配置,积极探索跨学科团队的组织与合作攻关,努力形成多学科融合、多团队协同、产学研用一体化的协同创新模式。年科研经费总额力争达到5000万元。

4.做好服务社会工作。继续做好大学共建项目、海洋研究院项目和各类平台项目的相关工作。加快技术转移与成果推广中心的建设,为地方经济社会发展做出积极贡献。

(四)加强人才队伍建设

1.深化管理体制改革。修订岗位绩效工资划拨和发放办法。研究制定业绩绩效奖励办法。根据总校部署,做好“三定”工作,明确职责,优化配置,提高管理效能。做好其他用工的分类管理,进一步调动全体员工的积极性。

2.推行全员岗位聘任。修订教师专业技术职务和教师岗位任职条件及评聘办法。坚持向教学科研一线教师倾斜,按需设岗,按岗聘任。坚持职务聘任与岗位管理相结合,突出岗位实际贡献和岗位需要相结合,不断激发教师队伍活力。

3.加大人才引进和培养力度。结合学校学科发展需要,大力引进高水平人才,优化师资队伍结构。完善师资博士后配套制度。推进师资队伍学历提升与国际合作交流,为广大教师尤其是中青年教师发展搭建更多平台,重点培育一批教育教学水平高、学术科研能力强、有国际视野的学术骨干。

(五)加快国际化进程

1.加强国际合作与交流。在继续巩固已有项目的基础上,进一步深化与澳大利亚国立大学、西澳大学、英国皇家霍洛威学院、美国加州大学系统等高校的合作项目,积极探索人才培养的新途径。

2.推进高端教育合作平台建设。做好"中澳空间科学联盟"建设工作，建立联盟组织机构，制定管理运行规范。推动"山东大学—澳大利亚国立大学联合研究生院"等高端合作项目的论证实施工作。充分发挥"国际教育高端项目办公室"的平台作用，积极引进国外高水平大学中国办事处进驻项目办公室。

3.做好国际学生培养工作。继续加强国际学生招生工作，确保全年各类国际学生规模不低于1000人。做好国际学生后勤保障工作，推进国际教育精细化管理。

4.推进国际化校园建设。加强与世界名校的联系，依托"名校访学计划"，资助更多优秀学生赴海外名校交流学习。继续开展"海岸线讲坛""山水论坛"等国际文化交流活动。鼓励和支持学院办好各类特色国际文化交流活动。

(六)促进学生全面发展

1.提高学生管理工作水平。完善辅导员选拔和培训机制，加强辅导员队伍建设。做好辅导员进公寓工作。加强学生心理健康教育，推进学生资助工作信息化建设，提高公寓管理水平。

2.加强职业规划教育与就业指导。以就业创业指导类课程建设为基础，开展个性化的职业咨询与辅导。努力做好2015届毕业生各项工作，确保毕业生就业率继续保持在85%以上。

3.推进学生文化艺术活动的精品化、专业化、项目化，不断提升活动影响力。加强对学生社团的管理，推进志愿服务工作，促进学生全面发展。

(七)推进和谐校园建设

1.加强财务和审计工作。做好财务收支预算的编制工作，严格控制支出水平，优化支出结构。加大预算执行监督力度，推进预算绩效管理。进一步加强科研经费使用与报销管理。做好对学校招生、招聘、招标、基建等的监察审计工作。

2.加强国有资产和实验室管理。完善各类规章制度，加强公房管理。做好实验室建设立项项目经费、学科建设经费的管理工作。与相关企业探索建立"联合分析测试中心"，进一步拓宽共享平台的服务范围。建设大型仪器设备远程开放网络平台，提高使用管理水平。

3.推进社会合作。加大校友网站、微信等建设力度，加强校友信息收集和整理，做好校友服务工作。完善体制机制，创新运行模式，推进校地、校企合作。

4.改善办学条件。加快学生宿舍、体育训练馆项目的建设步伐。做好科技大厦B座、留学生及外籍专家公寓的论证及设计工作。科学编制基本建设投资计划。做好高性能计算中心平台建设工作，推进数字化校园建设，加强图书信息化管理。

5.做好后勤保障工作。重视饮食安全卫生和食堂价格稳定，做好校园绿化美化工作，加强水电暖及教学设施的维修维护和运行管理。厉行节约，勤俭办学，建设节约型校园。

6.加强平安校园建设。积极开展法制、安全知识宣传教育，落实安全责任制，加强对校园治安的综合治理，维护平安、和谐的校园环境。

(八)科学编制"十三五"规划

根据国家、山东省和总校的部署，在认真总结"十二五"经验的基础上，主动适应经济发展新常态,紧紧把握高等教育发展新趋势,结合学校实际,创新理念,科学谋划,做好“十三五”规划的编制工作。

各位代表、同志们,2015 年,是我校“十二五”事业发展规划的收官之年。千秋大业,实干为基;宏伟蓝图,落实为要。让我们在新的一年里保持奋发有为的状态,提高科学发展的能力,解放思想,开拓创新,推进学校各项工作再上新台阶!

抢抓机遇 同心同德
努力开创学校工作新局面

——第五届教职工代表大会暨工会会员代表大会第一次会议闭幕辞

（2015年3月21日）

山东大学党委副书记、山东大学（威海）党委书记　仝兴华

各位代表、同志们：

我校第五届“双代会”在各位代表的共同努力下，圆满完成了各项议程，即将胜利闭幕。在此，我代表学校和大会主席团向大会的成功召开表示热烈祝贺，向全体代表表示衷心的感谢！

本次会议，是在全校上下深入学习贯彻党的十八大和十八届三中四中全会精神，深入贯彻习近平总书记系列重要讲话精神，切实巩固党的群众路线教育实践活动整改成果，全面落实学校“十二五”事业发展规划的攻坚时期，召开的一次重要会议。大会听取并审议了韩圣浩校长所作的学校工作报告，听取并审议了学校财务工作报告、提案工作报告、第四届工会工作报告和工会经费审查情况报告，选举产生了工会第五届委员会委员和经费审查委员会委员。会议期间，各位代表不负全校教职员工的重托，以高度的责任感和使命感，切实履行代表职责，紧紧围绕学校各项工作，认真讨论，提出了许多建设性的意见和建议。会议统一了思想，凝聚了共识，增强了信心，必将对学校今后的发展起到重要的推动作用。

下面，我就做好2015年的各项工作，推动学校特色发展、内涵发展、科学发展，讲几点意见。

一、科学谋划，全面深化综合改革

党的十八届三中全会作出了全面深化改革的部署，尤其是对深化教育领域综合改革作了全面部署，为高等教育改革发展指明了方向。今后的几年，我国将迎来高等教育的重大变革期，这对我们深化改革提出了新的要求，也带来了新的机遇和挑战。

对于学校来讲,近几年在教育教学、人才培养、人事制度、人才队伍建设等方面稳步推进改革,也取得了一定的成效,但是仍有很多问题没有得到解决,如体制机制不够完善,学科发展不平衡,缺少学术领军人才,等等。面对这种情况,我们要积极顺应改革大趋势,解放思想,周密设计,科学安排,不断增强改革的系统性、整体性和实效性。

今年,我们将开展学校"十三五"事业发展规划的编制工作,要按照山东大学统一部署,将深化综合改革与发展规划的制定紧密结合起来,加强顶层设计,科学把握改革进度,稳妥有序地推进各领域的改革,让改革成为进一步激发办学活力,推动学校长远发展的强大动力。

二、规范管理,全面加强从严治党

一是要加强干部队伍建设。要充分发挥党委中心组学习的示范带头作用,加强对党的十八大、十八届三中四中全会精神和习近平总书记系列重要讲话精神的学习,加强法治教育,利用好干部在线、网上党校等媒介,明确学习重点,加大督查力度,确保学习效果,不断提高干部队伍的政治素养、法治意识。要狠抓规范管理,认真贯彻执行《中共山东大学委员会关于加强干部监督管理的十项规定》,严格政治纪律和政治规矩,强化责任意识、岗位意识,坚决整治"庸懒散"。要进一步加强干部考核,努力建设一支勇于开拓、敢于担当的干部队伍,为学校发展提供坚强的组织保证。要做好党风廉政建设,坚持教育与防控相结合,切实营造风清气正的良好氛围。

二是要做好意识形态工作。要充分发挥思政课的主渠道作用,继续推进教学方式方法改革,不断增强教学效果。加强社会主义核心价值观教育,大力加强传统文化教育,推动社会主义核心价值观内化于心,外化于行。要做好宣传工作,弘扬主旋律,传播正能量,加强对课堂、报告会、讲座、社团等的管理,牢牢掌握意识形态工作的领导权、管理权、话语权。要加强师德师风建设,坚持"学术研究无禁区,课堂讲授有纪律",引导广大教师做有理想信念、有道德情操、有扎实学识、有仁爱之心的好老师。

三是要继续做好群众路线教育实践活动整改落实工作。要严格按照"三严三实"的要求,牢固树立作风建设永远在路上的思想意识,始终坚持问题导向,持续发力整改。要在加强制度建设上狠下工夫,建立健全改进作风长效机制,不断加强监督检查,巩固和扩大整改成果,以作风建设新成效推进学校各项工作科学发展。

三、坚持民主,全面推进依法治校

一是要坚持和完善党委领导下的校长负责制。贯彻落实中央有关文件精神,充分发挥党委总揽全局的领导核心作用,保证校长依法行使职权,严格按照学校党委会、党政联席会的制度要求,把握学校发展方向,决定学校重大问题。要认真贯彻执行民主集中制,坚持集体领导和个人分工负责相结合,建立健全党委统一领导、党政分工合作、协调运行的工作机制,保证学校各项工作科学决策、民主决策。要进一步强化重大决策的督导执行,减少"中梗阻",确保决策落地生根。

二是要充分发挥教代会、工代会的作用。多年来,我校教职工代表大会和工会会员代表大会在党委的领导下,充分发挥联系群众的桥梁和纽带作用,切实调动广大教职工的主动性和创造性，为学校各项事业的科学发展做出了突出贡献。认真贯彻教代会和工代会制度，对于坚持依法治校，推动各项工作顺利进行，具有重要的作用。因此，我们要进一步建立健全规章制度，完善二级教代会制度，畅通交流渠道，让广大教职工参与民主管理和民主监督。要努力做到有关学校和教职工切身利益的重大事项，都应该让教职工参与决策，真正发挥教职工在学校改革发展中的主人翁精神和主力军作用。

各位代表作为全校教职员工的代言人，要不断加强学习，努力提高自身素质，切实增强履职能力，要紧跟高等教育改革发展步伐，全面掌握学校发展态势，提出高效、务实、可行的提案，更好地为学校服务，为广大教职员工服务。

各位代表，同志们，今年既是学校全面落实“十二五”事业发展规划的收官之年，更是科学谋划“十三五”的奠基之年。希望大家以更加饱满的工作热情，更加勤奋的工作态度，更加扎实的工作作风，勇于担当，真抓实干，共同谱写威海校区改革发展的新篇章！

在2015年学生就业创业工作会议上的讲话

（2015年4月27日）

山东大学党委副书记、山东大学（威海）党委书记　仝兴华

同志们：

今天，我们召开学生就业创业工作会议，贯彻落实全国高校毕业生就业创业工作会议精神，认真总结近几年我校的毕业生就业创业工作，分析研究当前形势，全面部署下一步的毕业生就业创业工作。刚才，学生处和团委的负责同志分别介绍了我校就业创业工作的总体情况，数学与统计学院、机电与信息工程学院也先后作了典型发言。可以看出，学校各单位对就业创业工作都比较重视，能够结合自身专业特点创造性地开展工作，并且取得了不错的成绩。

就业创业工作不仅是学生、家长、政府、社会关注的焦点问题，也是学校开拓优质生源市场、检验人才培养质量、提升服务社会能力、加强外部形象建设的重要工作。党中央、国务院高度重视高校毕业生就业创业工作。习近平总书记多次发表重要讲话，强调要切实做好以高校毕业生为重点的青年就业工作，强化就业创业服务体系建设。李克强总理多次作出重要批示，主持召开国务院常务会议进行专题研究，并先后深入多所高校视察大学生就业创业工作。

过去的几年中，我校紧扣立德树人宗旨，明确目标、统筹布局、突出重点、创新思路，各职能部门和教学院部紧密配合，做了大量卓有成效的工作，在经济增速放缓、岗位有效需求不足、毕业生规模不断攀升的复杂严峻形势下，毕业生就业创业工作依然取得了可喜的成绩，主要表现在：一是固本拓新、内引外联，创新校园招聘机制，就业市场得到进一步巩固与拓展，毕业生就业率一直保持在85%以上，就业质量在保持稳定基础上有一定提高和突破；二是就业工作重心逐步实现下移，各院部就业工作的积极性、主动性、创造性日益增强，对就业工作的人力、物力、财力、精力投入不断增加，“一把手工程”落实到位，措施得力，工作彰显特色；三是修订了一系列的就业工作规章制度和就业工作管理考评办法，就业工作管理日益规范，就业服务质量不断提高；四是强化学生创业实践，大学生创业孵化园建设进展顺利，学生创业氛围日益浓厚，创业意识不断增强，多个创业团队在省、市组织的大学生创业大赛中取得了优异成绩。这些成绩的取得，离不开在座各位对就业创业工作的高度重视、积极探索和辛勤付出，在此，我代表学校，向同志们表示感

谢，同时也对刚才获得就业工作先进单位和个人表示祝贺。

同志们，在看到成绩的同时，我们也应该清醒、客观地分析我校就业创业工作存在的主要困难和不足，综合起来，我认为主要表现在以下几个方面：一是各院部之间就业状况不平衡，部分专业学生就业率有待提高；二是升学率连续下滑，与省内相同水平院校相比差距较大，并且有继续拉大的趋势；三是部分学院的主体性作用没有充分发挥，学生就业主要依赖学校举办招聘活动和学生自我推荐实现；四是全员参与就业指导的氛围还需进一步营造、全员支持就业工作的格局尚待进一步形成；五是创业带动就业的作用尚未充分显现，学生的就业创业观念、意识及能力有待进一步提高。

随着当前转方式、调结构的逐步深入，面对经济发展的新常态，就业形势仍然复杂严峻，我们要切实增强责任感紧迫感，坚定信心，迎难而上，以务实的作风和加倍的努力，认真做好我校毕业生就业创业工作。这里，我强调四点意见：

一、认清形势，明确目标责任，狠抓工作落实

当前，我们国内经济下行压力较大，对宏观就业形势产生较大影响，毕业生就业面临诸多不稳定、不确定因素；毕业生总量进一步增大，用人需求结构性矛盾突出，毕业生求职期望与现实需求差距较大。未来几年我们的就业工作任务更加艰巨、责任也更加重大，全校上下一定要提高认识统一思想，要把就业工作摆在突出重要位置，认真谋划、强化措施，突出重点、稳中求进，确保“就业率稳中有增，就业质量不断提升”。下一步工作中，要继续推进就业工作“一把手工程”，加强就业指导与服务队伍建设，不断优化就业工作环境，确保“人员、经费、场地”到位；要进一步健全和完善“书记校长重视，分管领导主抓，就业中心统筹，职能部门配合，院部承揽重任，师生积极参与，校友密切关注”的就业工作运行管理机制。职能部门和各院部要按照学校就业工作安排部署，精心组织，科学筹划，细化日常管理，搞好组织协调，深入调查研究，认真研究解决就业工作中的主要问题。要充分调动全校教职工参与就业工作的积极性，为毕业生就业出谋划策，牵线搭桥。总之，要动员一切可以调动的力量，利用一切可以利用的资源，部门联动、全员参与、齐抓共管，全力以赴推动就业工作。

二、深化教学改革，提高人才培养质量和毕业生综合竞争力

要坚持以培养复合型人才为目标，深化教学改革，加强内涵建设，提高人才培养质量，努力实现人才培养、社会需求与就业工作的良性互动；要积极开展就业市场需求分析和毕业生跟踪调查，及时调整专业设置和招生计划，不断优化人才培养结构和培养模式，主动适应经济建设和社会发展对人才的需要；要进一步推进拔尖创新学生培养，继续加大通识教育和创新教育建设力度。注重实践教育，进一步提高学生的实践能力、就业能力、创新能力和国际化视野，提高学生的创业能力和就业竞争力。

三、探索创业教育新模式，积极营造大学生创新创业氛围

要将创新创业教育有效纳入专业教育和文化素质教育教学计划和学分体系，建立多层次、立体化的创新创业教育课程体系；加强创新创业专任师资队伍建设，同时积极从社会各界聘请校友企业家、创业成功人士、专家学者等作为兼职教师,建立专兼结合的高素质“大学生创业教育指导教师专家库”;进一步完善学校大学生创业教育三级模式,提升创业教学、创业训练以及创业实践工作的水平和层次;依托学校创业孵化园,开展全方位、高质量的创业服务工作,增强学生的创业热情和积极性,不断提高大学生创新创业精神和创业成功率。

四、拓宽渠道,强化指导,切实提高就业服务水平

一是通过“走出去,请进来”的方式,积极拓展就业市场,着力在提高用人单位质量和层次上下工夫,建立稳定的合作机制。积极开展形式多样的就业推介活动,为毕业生求职和用人单位选才用才提供更加宽广的平台;广泛发动教职员工为毕业生求职就业牵线搭桥;深入挖掘校友资源,深化和校友企业在科研、实训及就业方面的全面合作,建立更多的就业实践基地。

二是要科学规划全校就业指导工作,实现就业指导全程化。做好分类指导工作,加强就业指导课程建设,逐步建立课内外相结合的大学生职业生涯辅导体系,积极宣传就业创业的政策和举措,引导毕业生进一步转变就业观念,帮助大学生了解就业形势,学会规划人生,转变就业观念,提高就业能力。

职能部门和各院部要全面提升就业服务水平。充分利用新媒体等方式,加强毕业生教育和就业服务信息化建设,为毕业生就业提供方便快捷的网络服务平台,努力降低学生择业成本,拓宽就业渠道,确保就业各项工作扎实有效、稳妥推进。

同志们,做好毕业生就业创业工作,关系广大学生和家长的切身利益.关系到学校的长远发展。我们要以饱满的热情、高度的责任感,积极地投身到就业创业工作中去,开拓创新,扎实工作,努力实现毕业生充分就业、顺利就业和高质量就业,推动我校毕业生就业创业工作再上新台阶。

重要文件

山东大学(威海)2015年党政工作要点

山大威党字〔2015〕3号

2015年学校党政工作的指导思想是:贯彻落实党的十八大和十八届三中四中全会精神,学习贯彻习近平总书记系列重要讲话精神,全面深化综合改革,提高人才培养质量,加强人才队伍与学科建设,提升科技创新能力与国际化水平,不断增强办学实力和核心竞争力,推动学校内涵发展、科学发展。

一、加强党建和思想政治工作

(一)巩固党的群众路线教育实践活动成果。根据中央关于群众路线教育实践活动收尾不收场的要求,认真总结运用教育实践活动宝贵经验,按照"三严三实"要求,严格执行《中共山东大学委员会关于加强干部监督管理的十项规定》,不断加强作风建设,以作风建设新成效推动学校各项事业发展。(主要责任单位:教育实践活动领导小组办公室等)

(二)加强干部队伍建设。进一步深化对党的十八大、十八届三中四中全会和习近平总书记系列重要讲话精神的学习,围绕从严治党、依法治校、科学发展等方面开展专题集中培训,加强对干部教育培训的考核。严格选任程序,坚持凭实绩选人用人,积极推进干部交流任职。发挥干部任前廉政谈话、了解情况谈话、诫勉谈话在加强干部廉洁自律教育中的重要作用,进一步加强干部管理。(主要责任单位:组织部等)

(三)加强基层党建工作。围绕学习贯彻《发展党员工作细则》,开展校、院两级培训,提升基层党建工作水平。落实发展党员工作责任制,严格规范党员发展程序,认真做好青年教师及大学生党员发展工作。创新基层党组织立项活动,加强过程监管,开创基层党建工作新局面。(主要责任单位:组织部等)

(四)加强党风廉政建设。落实党风廉政建设"两个责任",认真贯彻总校党委关于加强党风廉政教育、党风廉政建设责任制考核和责任追究等制度。加强廉政风险防控体系建设。做好“三重一大”制度执行的监督检查工作。(主要责任单位:纪监审办公室等)

(五)推进依法治校和民主管理。贯彻落实民主集中制,坚持和完善党委领导下的校长负责制。认真学习贯彻《山东大学章程》。做好退离休工作和统战工作。充分发挥教代会、学术委员会、工会、妇委会、共青团、民主党派、校友会等的作用,调动各方面积极性,推进依法治校、科学管理。(主要责任单位:组织部、宣传统战部等)

(六)加强思想政治工作。高度重视意识形态工作,做好社会主义核心价值观教育,积极开展中国传统文化教育和文明礼仪教育,围绕纪念抗日战争胜利70周年,加强学生爱国主义教育。深入推进思政课改革,进一步提高教学效果。完善校园文化建设体制机制,注重人文环境和自然环境相融合,提升文化育人效果。(主要责任单位:宣传统战部、学生处、团委、马列部等)

二、提高人才培养质量

(一)推进人才培养模式改革。做好“金融+数学”人才培养班的启动工作,在创新人才、卓越人才、复合人才培养方面加大改革力度,提升各类协同育人、合作办学项目的影响力。(主要责任单位:教务处等)

(二)推进教学方式方法改革。以课程平台建设为契机,重点加强“慕课”“翻转课堂”的研究与建设。加强创新创业教育。进一步强化实践环节,拓展学科创新竞赛项目,完善体制机制,着力培养学生的创新能力。做好学生创业培训、实训工作。(主要责任单位:教务处、学生处、团委等)

(三)提高教学管理科学化水平。推进新版综合教务管理系统及信息发布平台建设,做好各类考试、成绩管理信息化项目建设。加强招生拓展,优化调整招生专业,探索多元录取机制,确保生源质量。加强教学监督与评估,认真做好专业认证准备工作。(主要责任单位:教务处等)

(四)加强研究生培养过程管理。做好研究生课程建设工作。建立与行业企业相结合的硕士专业学位导师和教学团队,加强研究生实践基地建设。做好研究生海外经历的拓展工作,支持研究生赴海外学习交流。(主要责任单位:研究生处等)

(五)进一步加强宣传,狠抓教学过程管理,提高继续教育质量。(主要责任单位:继续教育学院等)

三、提升科技创新能力

(一)提高学科建设水平。以总校学科建设整体布局的调整为契机,对学校现有学科进行调整、优化,重点建设优势特色学科和优势应用学科。做好学科建设项目中期评估工作。积极构建和拓展新兴学科、交叉学科,构筑跨学科、跨领域的高水平学术创新平台和团队,培育新的学科增长点。(主要责任单位:研究生处、科研处等)

(二)加强特色学科建设。空间学科着重日地空间物理学建设,加强行星科学方向和天体物理学方向学术带头人的培养与引进,完成卫星导航和轨道力学研究团队的初期组建工作。海洋学科要加快海洋牧场综合实验室的建设并积极开展工作,为海产品的养殖和深加工提供有力支撑。韩国学科要以“中韩关系研究中心”为依托，整合校内对韩研究的各种资源，进一步提升我校在朝鲜半岛研究中的影响力。(主要责任单位:研究生处、科研处、空间科学与物理学院、海洋学院、韩国学院等)

(三)着力提高科研水平。紧紧抓住国家建设空间强国和海洋强国的契机，结合山东实施蓝黄两大战略和半岛制造业基地建设，进一步加强特色学科和应用学科建设。优化资源配置，积极探索跨学科团队的组织与合作攻关，努力形成多学科融合、多团队协同、产学研用一体化的协同创新模式。年科研经费总额力争达到5000万元。(主要责任单位:科研处等)

(四)做好服务社会工作。继续做好大学共建项目、海洋研究院项目和各类平台项目的相关工作。加快技术转移与成果推广中心的建设，为地方经济社会发展做出积极贡献。(主要责任单位:科研处、合作发展规划处等)

四、加强人才队伍建设

(一)深化管理体制改革。修订岗位绩效工资划拨和发放办法。研究制定业绩绩效奖励办法。根据总校部署，做好“三定”工作，明确职责，优化配置，提高管理效能。做好其他用工的分类管理，进一步调动全体员工的积极性。(主要责任单位:人事处等)

(二)推行全员岗位聘任。修订教师专业技术职务和教师岗位任职条件及评聘办法。坚持向教学科研一线教师倾斜，按需设岗，按岗聘任。坚持职务聘任与岗位管理相结合，突出岗位实际贡献和岗位需要相结合，不断激发教师队伍活力。(主要责任单位:人事处等)

(三)加大人才引进和培养力度。结合学校学科发展需要，大力引进高水平人才，优化师资队伍结构。完善师资博士后配套制度。推进师资队伍学历提升与国际合作交流，为广大教师尤其是中青年教师发展搭建更多平台，重点培育一批教育教学水平高、学术科研能力强、有国际视野的学术骨干。(主要责任单位:人事处等)

五、加快国际化进程

(一)加强国际合作与交流。在继续巩固已有项目的基础上，进一步深化与澳大利亚国立大学、西澳大学、英国皇家霍洛威学院、美国加州大学系统等高校的合作项目，积极探索人才培养的新途径。(主要责任单位:国际处等)

(二)推进高端教育合作平台建设。做好“中澳空间科学联盟”建设工作，建立联盟组织机构，制定管理运行规范。推动“山东大学—澳大利亚国立大学联合研究生院”等高端合作项目的论证实施工作。充分发挥“国际教育高端项目办公室”的平台作用，积极引进国外高水平大学中国办事处进驻项目办公室。(主要责任单位:国际处等)

(三)做好国际学生培养工作。继续加强国际学生招生工作，确保全年各类国际学生规模不低于1000人。做好国际学生后勤保障工作，推进国际教育精细化管理。(主要责任单位:国际处等)

(四)推进国际化校园建设。加强与世界名校的联系，依托“名校访学计划”，资助更多优秀学生赴海外名校交流学习。继续开展“海岸线讲坛”“山水论坛”等国际文化交流活动。鼓励和支持学院办好各类特色国际文化交流活动。(主要责任单位:国际处等)

六、促进学生全面发展

(一)提高学生管理工作水平。完善辅导员选拔和培训机制,加强辅导员队伍建设。做好辅导员进公寓工作。加强学生心理健康教育,推进学生资助工作信息化建设,提高公寓管理水平。(主要责任单位:学生处等)

(二)加强职业规划教育与就业指导。以就业创业指导类课程建设为基础,开展个性化的职业咨询与辅导。努力做好 2015 届毕业生各项工作,确保毕业生就业率继续保持在 85%以上。(主要责任单位:学生处等)

(三)推进学生文化艺术活动的精品化、专业化、项目化,不断提升活动影响力。加强对学生社团的管理,推进志愿服务工作,促进学生全面发展。(主要责任单位:团委等)

七、推进和谐校园建设

(一)加强财务和审计工作。做好财务收支预算的编制工作,严格控制支出水平,优化支出结构。加大预算执行监督力度,推进预算绩效管理。进一步加强科研经费使用与报销管理。(主要责任单位:财务处等)

(二)做好对学校招生、招聘、招标、基建等的监察审计工作。(主要责任单位:纪监审办公室等)

(三)加强国有资产和实验室管理。完善各类规章制度,加强公房管理。做好实验室建设立项项目经费的管理工作。与相关企业探索建立"联合分析测试中心",进一步拓宽共享平台的服务范围。建设大型仪器设备远程开放网络平台,提高使用管理水平。(主要责任单位:资产与实验室管理处等)

(四)推进社会合作。加大校友网站、微信等建设力度,加强校友信息收集和整理,做好校友服务工作。完善体制机制,创新运行模式,推进校地、校企合作。(主要责任单位:合作发展规划处等)

(五)改善办学条件。加快学生宿舍、体育训练馆项目的建设步伐。做好科技大厦 B 座、留学生及外籍专家公寓的论证及设计工作。科学编制基本建设投资计划。做好高性能计算中心平台建设工作,推进数字化校园建设,加强图书信息化管理。(主要责任单位:基建处、网络与信息管理中心、图书馆等)

(六)做好后勤保障工作。重视饮食安全卫生和食堂价格稳定,做好校园绿化美化工作,加强水电暖及教学设施的维修维护和运行管理。厉行节约,勤俭办学,建设节约型校园。(主要责任单位:后勤处等)

(七)加强平安校园建设。积极开展法制、安全知识宣传教育,落实安全责任制,加强对校园治安的综合治理,维护平安、和谐的校园环境。(主要责任单位:保卫处等)

八、科学编制"十三五"规划

根据国家、山东省和总校的部署,在认真总结"十二五"经验的基础上,主动适应经济发展新常态,紧紧把握高等教育发展新趋势,结合学校实际,创新理念.科学谋划,做好"十三五"规划的编制工作。(主要责任单位:学校办公室、合作发展规划处等)

中共山东大学(威海)委员会2015年党风廉政建设工作要点

山大威党字〔2015〕8号

2015年学校党风廉政建设的总体要求是:深入贯彻落实党的十八大和十八届三中四中全会精神,以及中央纪委五次全会、国务院第三次廉政工作会议和教育系统党风廉政建设工作会议的部署,严明政治纪律和政治规矩,加强纪律建设和作风建设,深入落实"两个责任",强化监督执纪问责,规范权力运行,推进阳光治校,努力营造立德树人、风清气正的良好教育生态,为学校事业改革发展提供有力的政治保障。

一、着力加强纪律建设

(一)严明政治纪律和政治规矩。始终在思想上政治上行动上同党中央保持高度一致,坚决贯彻落实中央决策部署,确保中央教育政策落地生根。把政治纪律和政治规矩融入立德树人根本任务和学校改革各项措施,加强课堂、报告会、研讨会、讲座、论坛和校园网等宣传思想阵地管理,牢牢把握意识形态工作的领导权管理权话语权。对在课堂教学中传播违法有害观点和言论的,严格教育处理;加强对西方原版教材的使用管理,坚决抵制传播西方错误观点的教材进入课堂;对散布反动言论、编写制作政治性非法出版物或从事非法活动的,严肃查处。

(二)强化党的意识和组织观念。党员干部在任何时候都必须做到对党绝对忠诚,与党同心同德。严格遵守党章规定的"四个服从",严格执行民主集中制、党内组织生活制度和请示报告制度,坚守组织原则,遵循组织程序,服从组织决定。

(三)保持守纪律讲规矩的政治定力。教育引导广大党员干部自觉遵守党章,自觉执行党的路线方针政策,自觉遵循党在长期实践中形成的优良传统和工作惯例。党员干部要带头遵守纪律、模范执行纪律,践行"三严三实"要求,自觉做政治上的"明白人"。广大教师要严格遵守纪律规章,严守教育规矩、教学规矩、课堂规矩。组织人事部门、宣传部门、纪检监察部门要把维护党的纪律放在突出工作位置,确保纪律刚性运行。

二、切实加强作风建设

(一)在坚持中见常态。认真贯彻落实中央八项规定和中央纪委一系列禁令,严格执行教育部关于高等学校领导班子及领导干部深入解决"四风"突出问题和改进工作作风的有关规定。严格执行教师收受礼品礼金六条禁令,不触碰高校师德建设“七条红线”。坚持抓早抓小,对苗头性、倾向性问题,及时“扯袖子”“敲戒尺”,早打招呼、早作提醒。抓住春节、元旦、教师节、升学毕业等关键节点,重点查处党员干部和教师违规收受礼品礼金等突出问题。坚决查处党员领导干部出入私人会所、公款吃喝、公款旅游、公车私用等问题。

(二)向制度建设要长效。细化学校关于厉行节约、公车配备、公务接待、职务消费、公款出国等规定,以制度化的成果推动作风建设常态化长效化。

(三)坚决纠正“四风”。对群众反映的“四风”问题,直查快办,点名通报,坚决刹住歪风。对出现严重顶风违纪问题,或“四风”问题禁而不绝的,既要追究直接责任,又要依规追究有关负责人的责任。

三、深入开展廉洁教育和廉政文化建设

(一)深化廉洁教育。对干部、教师、重点岗位工作人员、学生分层次开展廉洁教育,构建以领导干部为重点、纪律教育为核心、警示教育为特色、廉政文化为引领的党风廉政教育工作格局。

(二)推进廉政文化建设。鼓励支持相关专家学者、党政管理干部结合岗位实践开展廉政文化理论专题研究。

四、持续推进惩治和预防腐败体系建设

(一)构建惩防体系。抓好《建立健全惩治和预防腐败体系 2013～2017 工作规划》的实施办法的贯彻落实,明确分工任务,落实主体责任。做好“三重一大”制度执行的监督检查工作。

(二)全面开展廉政风险防范管理工作。进一步深化廉政风险防控机制建设,细化制度,加大检查力度,科学构建风险防控机制。

五、强化权力运行监督和制约

(一)加强国有资产管理。加快建立现代企业制度,推进校办企业国有资产产权登记,理清资产权属,建立绩效评价指标。禁止学院和教师违规利用学校资源办企业,界定国有产权,保障国有权益,杜绝“一手办学,一手经商”。

(二)加强科研经费管理。加强教育和政策宣传,强化高校科研经费公共属性。建立内控机制,建立完善学校科研经费管理制度,规范从严管理科研经费。深入开展科研诚信教育,推进科研评价体制改革,建立科研项目和经费监管长效机制。加大查处力度,有关部门要协同纪委、监察部门做好科研经费违规违纪问题的信访举报和查处工作。

(三)加强招投标领域监管。严格执行“领导干部不准利用职权违反规定干预和插手建设工程招标投标”等规定,进一步研究和完善招投标程序,依法依规科学进行招投标活动。

(四)推进阳光招生工程。贯彻落实《国务院关于考试招生制度改革实施意见》。进一步规范特殊类型招生特别是自主招生。严格执行《国家教育考试违规处理办法》、教育部《普通高等学校招生违规行为处理暂行办法》，严肃招生秩序，严格责任追究。

（五）配合总校开展校内巡视工作。

（六）加强审计监督。加强对重要部门和关键环节的审计监督。

六、依纪依规查信办案

（一）规范信访程序。严格落实山东大学《关于进一步规范学校纪检监察信访举报工作的意见》，实行信访件分类登记、集中管理，重要信访和案件线索由纪委书记办公会集体研究、集体排查，重大问题及时上报。

（二）健全办案机制。查办腐败案件以上级纪委领导为主，线索处置和案件查办在向同级党委报告的同时向上级纪委报告，严格执行下级纪委向上级纪委报告工作制度，完善重大案件督办机制。

七、加强纪检监察队伍建设

（一）聚焦主业主责。支持学校纪检监察工作，维护纪检监督的权威性和独立性。支持推动纪检监察部门转职能、转方式、转作风，选优配强纪检监察干部队伍，加大培养交流力度，大胆使用优秀的纪检干部。明确纪检监察与相关单位的监管权限，将纪检监察力量聚焦到主业主责上来。

（二）加强队伍建设。加强业务培训和实践锻炼，严格落实纪委业务学习制度，每年对纪检干部集中培训，提高纪检干部的政治素质和业务能力，特别是依规管党治党的能力和水平，建设一支忠诚、干净、担当的纪检监察工作队伍。

八、落实“两个责任”

（一）落实主体责任。各单位领导班子对本单位党风廉政建设承担全面领导责任，领导班子主要负责同志是第一责任人，班子副职根据工作分工，对职责范围内的党风廉政建设负主要领导责任。各单位领导班子及其成员要切实抓好对分管范围党员干部的教育管理和监督，推动党风廉政建设各项任务在职责范围内落实。学校各级领导班子和成员对分管领域的业务工作与党风廉政建设工作要同步考虑、同步部署、同步实施。

（二）落实监督责任。学校纪检监察审计部门要认真履行党章赋予的职责，协助党委加强党风廉政建设和组织协调反腐败工作，监督检查单位、部门落实惩治和预防腐败工作任务的情况，严肃查处腐败问题，切实发挥党内监督专门机关作用。

（三）层层传导压力。严格执行党风廉政建设承诺背书、及时汇报、年度报告、定期约谈、问责追究等制度，切实做到责任覆盖无盲区、压力传导无衰减。

（四）严肃责任追究。严格执行学校党风廉政建设责任制考核办法和责任追究办法，建立责任追究工作机制，形成责任分解、检查监督、倒查追究的完整链条。严格实行“一案双查”制度，实现党风廉政建设责任追究的制度化、程序化和常态化。

关于在全校处级以上领导干部中开展“三严三实”专题教育的实施方案

山大威党字〔2015〕9号

根据中共中央和山东大学党委关于在处级以上领导干部中开展“三严三实”专题教育的部署要求，现结合我校实际，提出如下实施方案。

一、总体要求

我校处级以上领导干部“三严三实”专题教育从今年4月底开始。

这次专题教育的指导思想与目标任务是：深入学习贯彻党的十八大和十八届三中四中全会精神，深入学习贯彻习近平总书记系列重要讲话精神，紧紧围绕贯彻落实“四个全面”战略布局，对照“严以修身、严以用权、严以律己，谋事要实、创业要实、做人要实”的要求，聚焦对党忠诚、个人干净、敢于担当，把思想教育、党性分析、整改落实、立规执纪结合起来，教育引导领导干部加强党性修养，坚持实事求是，改进工作作风，着力解决“不严不实”问题，切实增强践行“三严三实”要求的思想自觉和行动自觉，努力在深化“四风”整治、巩固和拓展党的群众路线教育实践活动成果上见实效，在守纪律讲规矩、营造良好政治生态上见实效，在真抓实干、推动学校改革发展稳定上见实效。

这次专题教育要把握以下原则要求：

（一）坚持以上率下。要发挥带头作用，层层作出示范，形成一级抓一级、一级带一级，上行下效、上率下行的良好局面。学校领导班子成员以身作则，带头学习提高，带头查摆解决“不严不实”问题，以坚定的信念、决心、行动作出示范，努力当好忠诚、干净、担当的标杆。中层领导干部特别是主要负责同志，要立足单位实际和本职岗位，从思想深处清除与“三严三实”要求不适应、不符合的突出问题，真正从思想上、工作上、作风上严起来、实起来，把“三严三实”要求体现到履职尽责、做人做事的方方面面。

（二）突出问题导向。要把问题意识、问题导向贯穿专题教育全过程，把发现问题、解决问题作为出发点和落脚点，真正把自己摆进去，紧紧盯住“不严不实”的问题和具体表现，着力解决理想信念动摇、信仰迷茫，宗旨意识淡薄、忽视师生利益，党性修养缺失、不讲党的原则等问题；着力解决滥用权力、利益输送，不直面问题、不负责任、不敢担当，顶风违纪还在搞“四风”、不收敛不收手等问题；着力解决无视党的政治纪律和政治规矩，对党不忠诚、做人不老实，阳奉阴违、自行其是，心中无党纪、眼里无国法等问题，推动领导干部把“三严三实”作为修身做人用权律己的基本遵循、干事创业的行为准则。

（三）坚持从严从实。要深入贯彻落实全面从严治党要求，发扬讲认真精神，贯穿严的标准、严的措施、严的纪律，坚决防止形式主义，做到以严促深入，以严求实效。要在深化“四风”整治、推动集中整治向常态治理转变上取得新成效，在解决党内政治生活随意化平淡化庸俗化、从严管理监督干部等方面取得实质性进展，在推动真抓实干、治理“庸懒散”现象、提振干部精气神上收到明显效果，保证专题教育不虚不空、不走过场。

（四）立足常态长效。这次专题教育作为加强领导班子和领导干部思想政治建设、作风建设的重要举措，作为严肃党内政治生活、严明党的政治纪律和政治规矩的重要抓手，要融入领导干部经常性学习教育。要把握常态化教育的特点，注重经常性教育的要求，探索开展经常性教育的有效途径，不能用搞集中活动的方式开展专题教育，要与中心组学习、“三会一课”、年度民主生活会等经常性工作结合起来，把集中动作转变为经常举措，把任务观念转变为内生自觉，把依靠外力转变为主动跟进，实现由被动向主动转变、由“不敢”向“不想”转变。

二、方法措施

开展“三严三实”专题教育，要不折不扣落实中央和山东大学党委有关文件精神，紧扣“三严三实”要求，突出抓好专题党课、专题学习研讨、专题民主生活会和组织生活会、整改落实和立规执纪等四个关键动作，确保取得实效。

（一）书记带头讲专题党课。结合专题教育动员部署工作，密切联系各自实际，联系党员干部思想、工作、生活和作风实际，党委书记带头讲专题党课，其他校领导和各党总支（直属党支部）书记根据“三严三实”要求在一定范围内讲党课。要在深入调研思考和广泛征求意见的基础上，自己动手撰写党课讲稿，讲清楚“三严三实”的重大意义和丰富内涵，讲清楚“不严不实”的具体表现和严重危害，讲清楚落实“三严三实”的实践要求，发挥带学促学作用。这项工作从 5 月下旬开始。

（二）开展专题学习研讨。把深化学习教育放在首位，深入学习习近平总书记系列重要讲话精神，学习党章和党的纪律规定，重点研读《习近平谈治国理政》《习近平关于党风廉政建设和反腐败斗争论述摘编》。要坚持读原著、学原文、悟原理，领会核心要义和精神实质，不能以辅导报告、辅导材料代替对原文的学习。要认真学习中央组织部、中央纪委机关组织编写的学习书目，以焦裕禄、杨善洲、沈浩等先进典型为镜，深学细照笃行；以中央通报的典型案例和违纪违法案件为戒，深刻汲取教训。

坚持专题学习与日常学习教育相结合，校党委为处级干部配发第四批全国干部学习培训教材和“三严三实”指定学习书目，同时利用中国教育干部网络学院干部在线学习中心平台指定专题学习必修视频资料。在个人自学基础上，重点分 3 个专题开展学习研讨，大体上每两个月 1 个专题。

专题一：严以修身，加强党性修养，坚定理想信念，把牢思想和行动的“总开关”。重点学习研讨如何坚定马克思主义信仰和中国特色社会主义信念，增强道路自信、理论自信、制度自信；如何站稳党和人民立场，牢固树立正确世界观、人生观、价值观和公私观、是非观、义利观，忠于党、忠于国家、忠于人民；如何保持高尚道德情操和健康生活情趣，自觉远离低级趣味，树立良好家风，坚决抵制歪风邪气，坚守共产党人精神家园。这个专题从 6 月上旬开始。

专题二：严以律己，严守党的政治纪律和政治规矩，自觉做政治上的"明白人"。重点学习研讨如何严格遵守党章，落实习近平总书记在十八届中央纪委五次全会上提出的"五个必须"要求，自觉维护党中央权威，任何时候任何情况下都做到在思想上政治上行动上同以习近平同志为总书记的党中央保持高度一致；维护党的团结，做老实人、说老实话、干老实事，不搞团团伙伙，不搞任何形式的派别活动；遵循组织程序，不超越权限办事，不搞先斩后奏；服从组织决定，不跟组织讨价还价，不欺骗组织、对抗组织；管好亲属和身边工作人员，不让他们擅权干政，不让他们利用特殊身份牟取非法利益。这个专题从 8 月上旬开始。

专题三：严以用权，真抓实干，实实在在谋事创业做人，树立忠诚、干净、担当的新形象。重点学习研讨如何坚持用权为民，自觉遵守宪法法律和党的纪律，按规则、按制度、按法律行使权力，敬法畏纪，为政清廉，任何时候都不搞特权、不以权谋私；如何坚持民主集中制，自觉接受监督，不搞大权独揽、独断专行；如何坚持从实际出发谋划事业、推进工作，敢于担责、有所作为，为实现建成世界一流大学办学目标贡献力量。这个专题从 10 月上旬开始。

要突出"三严三实"主题，制定学习研讨计划，精心设计学习研讨内容，列出重点学习篇目、研讨题目和需要解决的重点问题，坚持个人自学和集中研讨相结合，深入开展学习研讨。每个专题要安排充足时间，确定重点研讨交流题目，采取主题发言、深入研讨等方式进行。每名领导干部要认真做好充分准备，记好学习笔记，形成交流研讨提纲，并坚持把自己摆进去，聚焦"不严不实"问题，谈认识和感受、差距和不足，在深入讨论中看到问题、找到症结，在思想碰撞中相互交流、达成共识，在认识深化中明确方向、拿出措施。专题学习结束后，每名处级以上领导干部要在干部在线学习中心提交一篇 2000 字左右的学习心得。学校领导班子围绕每个专题至少组织一次集中学习研讨，精读重点篇目，并从学校工作实际出发，确定重点研讨题目，保证学习研讨务实深入。各党总支、直属党支部要组织领导干部，紧密结合本单位、本部门工作实际，围绕每个专题至少组织一次学习研讨。校领导要积极参加所在党支部的学习研讨，并至少参加一次分管部门或联系单位的学习研讨。

(三)召开专题民主生活会和组织生活会。今年年底党员领导干部年度民主生活会和组织生活会，要以践行"三严三实"为主题召开。每名党员领导干部都要对照党章等党内规章制度、党的纪律、国家法律、党的优良传统和工作惯例，对照正反两方面典型，联系个人思想、工作、生活和作风实际，联系个人成长进步经历，联系教育实践活动中个人整改措施落实情况，认真查摆"不严不实"问题，深入开展谈心谈话，认真撰写党性分析材料，拿起批评和自我批评的武器，开展积极健康的思想斗争，做到见人见事见思想，确保会议质量和效果。这项工作力争在年底前完成。

(四)强化整改落实和立规执纪。要把认真抓好问题整改和立规执纪工作贯穿专题教育全过程，开始就抓，一以贯之。要坚持边学边查边改，主要领导干部带头，列出问题清单，制定具体措施，一项一项整改，即知即改，立行立改。要持续开展专项整改，既落实好教育实践活动确定的重点整治任务，又把师生反映强烈、影响面大的“不严不实”问题纳入专项整治内容，综合施策、集中治理，加强跟踪问效，保证工作力度。要严格正风肃纪，对存在“不严不实”问题的领导干部，立足于教育提高，促其改进；对群众意见大、不能认真查摆问题、没有明显改进的，要进行组织调整。要针对“不严不实”问题，着力在建制度、立规矩上下工夫，围绕严肃党内政治生活、加强干部教育监督管理、加强权力运行制约监督等，制定和完善相关制度办法，并强化制度刚性约束和执行效力，推动践行“三严三实”要求制度化、常态化、长效化。

三、组织领导

我校“三严三实”专题教育在学校党委领导下进行，由党委组织部牵头组织实施，有关部门根据各自职责，密切配合，协同推进，形成工作合力。各单位党总支、直属党支部全面负责本单位的专题教育，要结合实际作出具体安排，保证扎实有效开展专题教育。各党总支主要负责同志要承担起第一责任人的责任。要把抓好专题教育作为履行党建主体责任的重要任务，以从严从实作风开展专题教育，坚决防止和杜绝形式主义。要结合日常工作开展，加强对开展专题教育经常性的工作指导和督促检查，推动专题教育各项任务要求落到实处。要坚持立德树人，通过示范带动，注重向党员、教师、学生群体延伸，引导师生员工深刻领会“三严三实”的丰富内涵和实践要求，把从严从实要求融入办学理校全过程，在全校上下形成践行“三严三实”要求的浓厚氛围。要充分运用各种媒体，加强宣传引导，及时报道进展成效，营造良好舆论氛围。要坚持围绕中心、服务大局，把开展专题教育与巩固拓展教育实践活动成果结合起来、与深化综合改革结合起来、与推进依法治校结合起来，做到专题教育与日常工作有机融合、相互促进，两手抓、两不误，推动事业发展再上新台阶。

关于加强学生党员发展和教育管理服务工作的实施意见

山大威党字〔2015〕10号

为深入贯彻落实党的十八大和十八届三中四中全会精神，根据《中国共产党普通高等学校基层组织工作条例》《中国共产党发展党员工作细则》和《关于进一步加强高校学生党员发展和教育管理服务工作的若干意见》等有关规定，结合我校实际，现就进一步加强学生党员发展和教育管理服务工作提出以下意见。

一、总体要求

以邓小平理论、“三个代表”重要思想、科学发展观为指导，以加强党的执政能力建设、党的先进性和纯洁性建设为主线，按照“控制总量，优化结构，提高质量，发挥作用”的总要求，以提高发展质量为核心，以加强教育培养为重点，以完善管理服务为基础，不断提高学生党员发展和教育管理服务工作水平，努力建设一支信念坚定、素质优良、规模适度、纪律严明、作用突出的学生党员队伍。

二、严格标准程序，提高发展学生党员质量

（一）明确发展党员标准

始终把政治标准放在首位，严格按照党章规定，结合学生特点，从思想政治、能力素质、道德品行、现实表现等方面进一步明确学生党员具体标准。党组织吸收学生党员，要始终坚持把政治标准放在首位，应当吸收具有马克思主义信仰、共产主义觉悟和中国特色社会主义信念，自觉践行社会主义核心价值观的先进分子入党。坚持把综合素质作为发展学生党员的重要考察内容，综合考查学生在知识学习、思想品德、身心素质、遵纪守法、创新创业、社会实践、志愿服务、文体活动、班级工作等方面的表现，注重把写实记录与定性评议、一贯表现和关键时刻表现、自我评价和群众评议相结合，防止把学习成绩作为发展党员的主要条件。

（二）规范党员发展程序

学校各级党组织要认真贯彻落实《中国共产党发展党员工作细则》。要坚持入党自愿和个别吸收的原则，成熟一个，发展一个。对学生申请入党，入党积极分子的确定和培养教育，发展对象的确定和考察，预备党员的接收，预备党员的教育、考察和转正等每一个环节,都要严格程序、严格把关。党支部、学院党总支要发挥应有的作用。

1.申请入党环节。入党申请人应当向学习所在单位党组织提出入党申请。党组织收到学生入党申请书后,应当在一个月内派人同申请入党的学生谈话,了解基本情况,并形成谈话记录。

2.入党积极分子的确定和培养教育环节。党支部在申请入党的学生中确定入党积极分子时,应当采取党员推荐、群团组织推优等方式产生人选,充分听取辅导员、导师、任课教师的意见,由支部委员会(不设支部委员会的由支部大会,下同)研究决定,在适当范围内公示,经学院党总支审查后报学校党委组织部备案。党支部应当指定1～2名正式党员作入党积极分子的培养联系人。培养联系人要加强对入党积极分子的教育培养,重点是对其进行入党动机和思想政治教育。党支部每季度对入党积极分子进行一次考察。学院党总支要对入党积极分子进行集中培训。

3.发展对象的确定和考察环节。对经过一年以上培养教育和考察、基本具备党员条件的入党积极分子,在听取党小组、培养联系人、党员和群众意见的基础上,经支部委员会讨论同意,在适当范围内公示,学院党总支审查并报学校党委组织部备案后,可列为发展对象。发展对象应当有两名正式党员作入党介绍人。党组织必须对发展对象进行政治审查,凡未经政治审查或政治审查不合格的,不能发展入党。要对发展对象进行集中培训,培训时间一般不少于24学时,未经培训的,除个别特殊情况外,不能发展入党。

4.预备党员的接收环节。支部委员会应当对发展对象进行严格审查,经集体讨论认为合格后,在适当范围内公示,学院党总支审查后报学校党委组织部预审。党委组织部对发展对象的条件、培养教育情况进行审查,审查结果以书面形式通知学院党总支,并向审查合格的发展对象发放《中国共产党入党志愿书》。经预审合格的发展对象,由支部委员会提交支部大会讨论是否接收为预备党员。学校党委审批预备党员前,指派组织员同发展对象谈话,做进一步的了解。党委审批预备党员,必须集体讨论和表决。学校党委对学院党总支上报的接收预备党员的决议,在三个月内审批。预备党员经党委审批通过后,党支部应当及时通知本人并在党员大会上宣布。学生毕业前三个月,一般不办理接收预备党员的手续。

5.预备党员的教育、考察和转正环节。党组织应当及时将上级党委批准的预备党员编入党支部和党小组,对预备党员继续进行教育和考察。要及时组织预备党员面对党旗进行宣誓。预备党员预备期满,本人要向党支部提出书面转正申请。党小组提出意见,党支部征求党员和群众意见,支部委员会审查,支部大会讨论、表决通过,在适当范围内公示,经学院党总支审查后报学校党委审批。经党委审批通过后,党支部应当及时同本人谈话,并将审批结果在党员大会上宣布。

三、加强教育培养,提高学生党员思想政治素质

(一)提高入党积极分子培养质量

坚持早发现、早教育、早培养,在新生中广泛开展党的基本知识教育,提高大学生对党的认识和了解,引导大学生积极向党组织靠拢。建立健全分层培养、分步衔接的入党积极分子教育体系,以学校党校和学院党总支(分党校)为主阵地,深入开展党的历史和

优良传统、党的基本理论和基本知识、党的路线方针政策和形势任务、中国特色社会主义理论体系和中国梦、社会主义核心价值观的教育,帮助入党积极分子提高认识、坚定理想信念、端正入党动机,做到从思想上入党。积极探索理论教育与社会实践、志愿服务、谈心谈话等相结合的学生入党积极分子培养方式。党支部可以通过吸收入党积极分子听党课、参加入党宣誓仪式、列席支部党员大会等党内活动,使其逐步熟悉党内生活,培养组织观念。入党积极分子所在党组织发生变动时,注意做好教育培养工作的相互衔接。

(二)强化党员教育培训

学院党总支要针对研究生、本科生等不同类型学生的特点,以增强党性、提高素质为重点,构建多层次、多渠道的学生党员经常性学习教育体系,引导学生党员在带动学习、引领思想、传递文明、建设班级、志愿服务等方面发挥作用,使学生党员成为学习上的标兵、道德上的模范、生活中的榜样、工作上的骨干。注重集中学习与个人自学相结合、组织教育和自我教育相结合,学生党员每年参加集体学习的时间一般不少于16学时。以重大节庆日、重要活动、重要节点为契机,开展形式多样的主题教育活动。运用读书讲座、主题报告、知识竞赛等载体,激发学生党员的学习积极性和主动性。

(三)拓宽党员教育培养途径

坚持理论学习与实践锻炼相结合,组织学生党员广泛开展社会实践活动。引导学生党员牢固树立宗旨意识,探索学生党员服务师生、服务群众、服务社会的方式,坚持教育寓于服务,服务体现教育。广泛开展创先争优、“党员宿舍”挂牌、设立“党员先锋岗”、公开承诺等有针对性的主题活动。积极利用互联网、手机报、微信等现代信息技术手段,提升党员教育的整体水平和实际效果。

四、健全管理机制,加强对学生党员的管理

(一)严格党内组织生活

落实“三会一课”制度,根据学生党员特点和需求,丰富组织生活内容,创新组织生活形式,开展开放式、互动式党内活动,进一步提高组织生活效果。坚持和完善民主评议党员制度,结合专题组织生活会,组织开展民主评议党员工作。改进和完善民主评议方式,注意听取群众意见,发扬党内民主,认真开展批评与自我批评。健全党员党性定期分析制度,定期集中开展学生党员党性分析评议活动。每次活动要注重听取党员意见,确定活动内容,并提前通知党员,以便党员认真准备,保证活动质量。

(二)加强党员组织关系管理

理顺党员组织关系,确保每个学生党员都能纳入党的一个基层组织的管理之中。在学生访学、转学、毕业离校时,要加强党员组织观念和组织关系转接教育,及时办理党员组织关系转接手续。学院党总支每年10月底前要完成毕业生党员组织关系转移情况清查工作,确保毕业生党员及时将组织关系转入新的基层党组织。对外出学习、实习的学生党员,学院党组织要在其外出期间及时向其通报党内重要情况,配合流入地党组织共同做好教育管理工作。加强对出国(境)学生党员管理工作,完善出国(境)学生党员与党组织联系制度和组织关系管理制度。

（三）及时处置不合格党员

健全党员能进能出机制。预备党员预备期满，因不履行党员义务、不具备党员条件而不能按期转正，延长一次预备期仍达不到转正要求的，取消其预备党员资格。对无正当理由连续6个月不参加党的组织生活，或不缴纳党费，或不做党所分配的工作的学生党员，按自行脱党处理，并予除名。对理想信念不坚定、不履行党员义务、不符合党员条件的学生党员，党组织应对其进行教育，要求其限期改正；经教育仍无转变的，应当劝其退党；劝而不退的予以除名。处置不合格党员要按照稳妥、慎重的要求，做到事实清楚、理由充分、处理恰当、手续完备，不定比例、不下指标，认真执行规定，严格审核把关。对被劝退和除名的学生党员，党组织和有关人员要做好思想政治工作。

五、完善服务机制，促进学生党员健康成长

（一）关爱帮助学生党员

坚持以人为本，从政治、思想、学习和生活上关心爱护学生党员。建立高校党员领导干部、基层党组织负责人、党员教师联系学生党员制度，经常同学生党员谈心谈话，及时了解他们的思想动态，听取他们的意见建议。要畅通诉求反映渠道，确保学生党员能够及时向党组织反映思想、学习和生活等方面的要求。注重人文关怀和心理疏导，广泛开展结对帮扶等活动，帮助解决学生党员在学习、生活、就业等方面的实际困难。

（二）保障党员民主权利

尊重党员主体地位，落实学生党员知情权、参与权、选举权、监督权。推进学校党务公开，健全党内情况通报、情况反映、重大决策征求意见等制度，发挥学生党员在班级、学院和学校事务管理中的作用。完善党内选举制度，扩大选举工作中的民主。推行学生党员旁听学校各级党组织有关会议等做法。健全党组织向党员大会定期报告工作并接受评议制度，不断拓宽学生党员参与党内事务的途径。

六、加强组织领导，确保各项任务落到实处

（一）健全工作机制

学校党委、学院党总支要成立发展党员和党员管理工作协调小组，加强发展党员工作的指导。学校党委将学生党员发展和教育管理工作纳入基层党建工作责任制，完善工作机制，建立健全党委统一领导，党委组织部、学生工作部、团委等部门协同配合，学院党总支贯彻落实的工作机制，完善学校党委、学院党总支、学生党支部相互衔接的工作体系，形成齐抓共管的工作格局。党委组织部要加强工作指导、督促和检查。学院党总支要切实负起责任，每学期至少召开一次学生党建工作会议，研究分析学生党员发展和教育管理中存在的问题，加强有针对性的指导和专项检查。

（二）完善保障措施

加强制度建设，学院党总支要根据本单位实际，指导学生党支部进一步完善发展党员和党员教育管理服务工作制度和流程，细化工作要求，确保制度和程序执行到位。要对发展党员的每个阶段、每个环节、每个步骤的工作进行全面指导，派员全程列席党支部发展党员的有关会议。加强队伍培训，学院党总支要加强对学生党建工作队伍的培训，

组织他们学习发展党员和党员教育管理服务工作的有关政策、法规和制度，提高党务工作能力；要加强对党支部书记的业务指导和培训，完善工作例会制度。

(三)强化责任追究

建立健全发展党员工作责任追究制度。要强化责任追究，对不坚持标准、不履行程序和培养考察失职、审查把关不严的党组织及其负责人、直接责任人要进行批评教育，情节严重的给予纪律处分。典型案例应当及时通报，对违反规定吸收入党的，一律不予承认，并在支部大会上公布。对采取弄虚作假或其他手段把不符合党员条件的人发展为党员，或为非党员出具党员身份证明的，应当依纪依法严肃处理。

山东大学(威海)青年学者未来计划实施办法

山大威校人字〔2015〕8号

第一章　总　则

第一条　为实现创建世界一流大学的目标，进一步加强人才队伍建设，培养学术中坚力量，根据《山东大学青年学者未来计划实施办法》(山大人字〔2015〕49号)，学校决定实施山东大学(威海)青年学者未来计划(简称“未来计划”)。

第二条　“未来计划”的目标是利用10年时间，在校内支持培养一支100人左右、具有较大学术发展潜力的青年学术骨干队伍。

第三条　“未来计划”坚持“公开选聘，综合培养，目标管理”的原则，为学校青年学术骨干提供良好的成长发展环境，激励其潜心学术研究，取得国际一流的研究成果。

第四条　“未来计划”所需科研经费由基本科研业务费设立“未来计划”专项，同时积极吸纳各类资源以保证经费来源。岗位补贴由学校岗位绩效工资列支。

第二章　遴选条件

第五条　申报“未来计划”，应同时具备以下基本条件：

(一)热爱高等教育事业，师德高尚，学风严谨，具备团结协作精神；

(二)具有博士学位和讲师以上职务，理工医类年龄不超过35周岁，人文社科类年龄不超过40周岁；

(三)有明确的学术研究方向，学术思想活跃，学术水平居于相关学科领域同年龄段学者前列，已取得或预计取得具有较大学术影响的标志性研究成果；

(四)具有较大发展潜力，有成为国家青年拔尖人才，教育部长江学者奖励计划入选者，国家优秀青年科学基金获得者，学校齐鲁青年学者等相当层次人才的实力。

第六条　优先支持学校特色学科、优势学科和新兴交叉学科的申报人选。

第七条　“国家特支计划”“青年千人计划”、山东省“泰山学者”、教育部长江学者奖励计划、国家优秀青年科学基金入选者以及“齐鲁青年学者”特聘教授，不再申报“未来计划”。

第三章 遴选程序

第八条 遴选程序：

(一)申请人填写《山东大学(威海)青年学者未来计划申报书》，并将相关材料报所在单位；

(二)院级学术委员会对申请人学术生涯进行评估，评价其学术水平和发展潜力，提出明确意见，确定推荐人选；

(三)学校组织专家对推荐人选进行学术综合考察，形成评价意见，确定拟培养人选；

(四)拟培养人选结果公示五个工作日；

(五)公示无异议，正式公布“未来计划”培养人选名单并签订培养协议。

第四章 培养措施

第九条 培养期内，根据学科特点和科研工作需要，对人文社科类培养人选给予10万～20万元科研经费支持；对自然科学类培养人选给予10万～50万元科研经费支持。

第十条 培养期内，在原岗位绩效工资标准基础上，学校为培养人选每年增发3万元岗位补贴。

第十一条 所在单位应与培养人选共同制定个性化培养方案，并在资源配置上给予支持，保证本计划的顺利实施。

第十二条 取得创新性成果，并产生重大影响的培养人选，学校在研究生招生方面予以倾斜。

第十三条 支持培养人选加入相应学科团队，学校对接收培养人选的团队给予支持。

第十四条 优先支持培养人选依托教育部“高等学校青年骨干教师出国研修项目”、威海校区“青年骨干教师海外访学项目”等出国访学、研修。

第十五条 教育部“新世纪优秀人才支持计划”、山东省自然科学杰出青年基金等相当层次入选者或已获得学校基本科研业务费资助项目且尚未结题的申报人选，如入选“未来计划”，科研经费的支持按就高原则，不叠加资助。

第十六条 培养期内，如培养人选入选国家、山东省和学校更高层次人才支持计划，支持标准按就高原则执行。

第五章 管理考核

第十七条 “未来计划”支持培养期为5年，培养人选实行目标管理。学校、教学科研单位与培养人选签订培养协议书，明确培养目标、培养方案和岗位职责等。

第十八条 培养期内，培养人选须全面履行岗位职责，完成协议约定的工作任务；服从和接受学校的管理、监督及考核。

第十九条 培养期内，学校组织专家对培养人选进行中期考核，考核合格，学校继续拨付后期资助经费，发放岗位补贴。

第二十条 建立学校和教学科研单位联动机制，跟踪考察培养人选的学术贡献和成才率。

第二十一条 对违反协议约定的，学校将取消相关称号和待遇，并追究违约责任。

第六章 附 则

第二十二条 本办法自公布之日起执行，由人事处负责解释。

山东大学(威海)"数学与金融实验班"管理暂行办法

山大威校教字〔2015〕5号

为探索我校高层次拔尖人才培养模式，培养具有国际化视野、金融学和数学理论专业基础扎实、知识面广、具有创新意识的复合型人才，经我校与台湾中原大学协商，决定联合举办高水平的"数学与金融实验班"(以下简称"实验班")，为加强"实验班"管理，根据我校学生管理相关规定，制定本暂行办法。

一、招生

(一)"实验班"学生在每年新生入校后从理科生中择优录取，班级规模为40人。

(二)报考条件为数学、英语高考单科成绩排名前列者。(具体条件按照当年学校通知执行)

(三)选拔考试采用笔试与面试相结合的形式，笔试科目为数学、英语，经笔试选拔确定60人进入面试，面试由学校专家组进行，笔试与面试成绩相结合确定40人编入"实验班"。

二、教学

(一)"实验班"学生由我校与台湾中原大学联合培养，培养方案由双方根据国际一流大学经济学本科生课程体系并结合办学实际协商确定。

(二)"实验班"采用"2＋1＋1"的培养模式，即前两年在我校学习，课程以数学和金融学基础课程为主；第三年赴台湾中原大学学习，课程以金融学课程为主；最后一年回到我校学习。

(三)金融学专业课教学部分由台湾中原大学负责选派责任心强、教学经验丰富、水平高的教师进行；数学、统计学、英语及其他基础课程由我校负责选派骨干教师进行教学，其中英语教学起点全部为三级班，单班授课，其他课程视条件可适当与其他班级合班授课，主要专业课程及毕业论文环节由我校骨干教师承担，原则上单班授课，单独考核。

(四)日常教学工作由我校数学与统计学院组织实施。

三、管理

(一)"实验班"学生具有山东大学(威海)学籍，该班隶属于山东大学(威海)数学与统计学院，由该院按照我校普通本科学生管理规定负责学生日常管理。

（二）“实验班”学生实行淘汰制，每学年课程平均学分绩点低于70分者必须转出该班，转入相近专业普通班学习，不再享有“实验班”学生的各项优惠政策。

（三）转出“实验班”学生的后续学习按学生转专业的相关规定处理。

四、政策

（一）“实验班”学生毕业时颁发山东大学统计学专业本科毕业证书，同时颁发山东大学（威海）和台湾中原大学联合出具的金融学专业辅修学习证明，达到学位授予条件者授予山东大学理学学士学位。

（二）“实验班”学生推荐免试攻读研究生指标单列，推荐比例是同届本科生推荐比例的3倍。

（三）“实验班”学生按统计学专业标准正常缴纳学费，第三年赴台湾中原大学学习的所有费用由学生个人承担。

（四）“实验班”学生在评定校奖学金、校“三好学生”、校“优秀学生干部”及其他评优时，评奖比例为普通班的2倍。

（五）“实验班”学生图书借阅可享受研究生待遇。

（六）“实验班”学生优先参加各类培训、竞赛和社会实践等活动。

（七）“实验班”学生可根据需要安排固定自习教室。

（八）学校为“实验班”设立专项经费，用于该班的日常教学管理，优质师资、教材的引进及优秀贫困学生的资助等方面。

五、本办法自公布之日起施行，由教务处负责解释。

管理与服务

党委(校长)办公室工作

2015年,党委(校长)办公室在校区党委、行政的正确领导下,践行"三严三实",坚持不断提高服务意识,努力提升工作水平,较为圆满地完成了年度各项工作任务。

一、思想政治建设

(一)加强政治理论学习

根据学校"三严三实"专题教育安排,办公室认真学习贯彻党的十八大和十八届三中四中五中全会精神和习近平总书记系列重要讲话精神,在思想上始终与党中央保持高度一致,不断增强政治意识、大局意识、核心意识、看齐意识。认真参加了学校组织的各项集体学习,按照要求提交了学习报告,坚定了理想信念,提高了政治定力,班子的政治理论水平和政治素养有了进一步提高。班子成员积极参加校区思政课教学改革,为新生讲授形势政策课程,取得了较好的效果。

(二)严守党的纪律

领导班子始终把党的政治纪律、组织纪律挺在前面,认真贯彻执行民主集中制,大事开会碰头,小事相互通报,相互协调,班子"一把手"能够充分发挥表率作用,带头遵守制度、维护纪律、执行决议。在工作中,始终坚持"集体领导,民主集中,个别酝酿,会议决定",坚持集体领导和个人分工负责相结合,自觉维护团结,互相信任,互相支持,主动接受监督,不断增强领导班子凝聚力。班子成员都能够以普通党员的身份,积极参加组织生活会、民主生活会等活动,主动听取群众意见,积极开展批评与自我批评,营造了良好的工作氛围。

(三)狠抓工作作风建设

根据"严以修身、严以用权、严以律己,谋事要实、创业要实、做人要实"的要求,班子深入学习习近平总书记关于党员领导干部践行"三严三实"的新思想、新观点、新要求,牢固树立“三严三实”的检验标尺，领导班子成员参加了专题党课、专题学习研讨，紧密结合实际工作，树立问题导向，坚持深化群众路线教育和巡视整改工作成果，进一步梳理细化了工作规程，严格落实首接负责制、限时办结制等，工作作风坚持常抓不懈，不断提高服务水平。

二、工作成效

（一）提升工作效能

在校区推行了OA办公自动化系统，完成了各单位OA管理员操作培训，发文、传文、信息等版块陆续启用运行，提高了工作效率。继续抓好规范制度性文件清理工作，全年共编发党政文件118件。根据工作实际，进一步完善了各科室工作职责、岗位职责，加强对印章管理、公文处理、会议室等的规范管理。在工作中，办公室严格贯彻落实中央八项规定要求，精简会议，改进文风，厉行勤俭节约，为校区践行“八项规定”、弘扬务实作风作出了表率。

（二）认真做好文字信息工作

认真完成文字、信息工作，先后完成了年度总结、教代会报告、“十三五”发展规划、校领导日常讲话材料、校区工作要点及部分会议的讲话材料10余万字。编辑发行了《2014年度党政文件汇编》《2014年度会议纪要汇编》；形成党政联席会纪要12个、党委会纪要14个、专题会议纪要23个。全年及时、保质、保量地完成了领导交办的各项文字工作。全年共接收上级来文近2000份，处理密级以上文件120余份，及时签收、登记、分办、送批、传阅，并按时清理、回收、保管，对需要职能部门办理的文件能够主动督促落实，做到文件处理及时、安全、不失控。全年无文件失泄密事故发生。

（三）扎实做好档案工作

2015年，共接收、整理、归档各类档案480余卷，并编制完成全部案卷目录；提供档案借阅服务960余人次，出具相关档案证明和提供借阅共3300余卷/件，出具学校组织机构代码证、法人证复印件证明167份。配合山东大学和教育部做好往届毕业生的学历、学位认证工作，完成教育部学位认证37份。完成了《威海年鉴》《山东大学年鉴》中有关校区部分内容的撰写和报送工作；完成了《威海高区志》中关于校区部分内容的撰写及修订工作；完成了校区大事记的撰写工作。《山东大学（威海）校志（2004—2014）》获得山东省档案学优秀成果二等奖。

（四）做好校史教育和校友服务

办公室充分发挥校史展览馆的作用，努力拓展其教育和服务功能。除日常接待校内外参观客人外，还开展了2015届全体新生的校史教育工作。自2015年9月下旬开始，利用9周时间，分64批次圆满完成了2015级新生共95个班级的校史教育工作，起到了良好的效果。与相关部门沟通协调，历经多次修改完善，录制完成了由蓝袍大使（在校学生）解说校史展览馆的视频，为校史解说提供了范本。完善了校史展览馆中的历届校友查询系统，添加了2014届毕业生信息，增加了历届毕业合影电子查询导向功能，解决了毕业照片墙空间利用问题。

(五)不断提高服务质量

统筹协调校内外相关部门,协调安排各级领导、兄弟单位来校考察、调研等活动。新生接站共派出接站车 80 余次,接待新生及家长共计 4000 余人次,协调威海站、威海北站、汽车南站、汽车北站、码头等,进一步细化行李登记、蓝袍大使介绍学校等环节,圆满完成了新生接站工作。在会议服务方面,全年知行会堂共安排会议服务 81 次,各单位使用会议室全年累计 436 次,定期对空调、音响、多媒体投影等进行跟踪监测,确保各项设备安全。全年为各类文件、合同、协议、证书等用印 2 万余次,收发机要函件、来电、来访纪录等近 200 份。多次和相关单位协调,先后为 53 名学生解决了上中学、小学问题,较好地解除了教职工的后顾之忧。

(六)积极发挥督办职能

紧紧围绕学科建设、人才培养、管理服务等重点、热点问题开展专题信息调研。编印了《信息通报》《党政文件汇编》《会议纪要汇编》等,为各单位了解学校重要决策以及按章办事提供了方便。加大了对校区党委、行政决策贯彻执行的督查督办力度。重点对校区党政工作要点和任务分解、党委会和党政联席会议定事项以及校领导交办事项进行督查督办,定期向校区党政联席会通报决议落实情况制度,确保校区党政工作的顺利开展。党政联席会议结束以后,及时编印会议纪要,并通过校园网以新闻形式公布,推进校务公开。

三、党风廉政建设

办公室党风廉政建设工作始终把“不断提高领导水平和执政水平,不断增强拒腐防变能力”作为党风廉政建设的重点,不断加强反腐倡廉建设。

(一)加强廉政学习

按照学校要求,先后通过参加集体学习、个人自学等形式,认真组织学习党章和《习近平关于党风廉政建设和反腐败斗争论述摘编》《中国共产党廉洁自律准则》《中国共产党纪律处分条例》等,提高了防腐拒变能力,领导班子和党员干部廉洁自律意识进一步增强。

(二)强化制度约束

严格执行“一岗双责”,坚持把党风廉政建设与办公室工作有机结合,一起部署、一起考核、一起落实,构建一级抓一级的责任制网络。在工作中,强化用规章制度管人管事,做到按制度办事、靠制度管人,时刻提醒班子成员和科室单位负责人“管好自己,抓好队伍”。按照学校要求,签订了《党风廉政建设责任书》,对有关重要岗位分别进行了廉政风险点的查找,制定相应的防控措施,使岗位、职责、工作内容等廉政风险防控点得到全方位监督。全年无违反党风廉政有关规定的情况。

(李　松)

纪检监察审计工作

2015年，在校区党委和纪委的领导下，纪检监察审计办公室紧紧围绕校区的中心工作，以教育部巡视意见整改落实和深化巡视整改为契机，紧扣落实“两个责任”，切实加强党风廉政建设，依法开展审计工作，突出审计重点，提高资金使用效益，为校区的改革发展保驾护航。

一、纪检监察工作

（一）协助校区党委抓好党风廉政建设工作

1. 组织开展学习习近平总书记系列重要讲话、十八届四中五中全会、中央纪委五次全会会议精神。组织校区副处级以上党政领导干部参加教育系统2015年党风廉政建设工作会议和山东大学2015年党风廉政建设工作会议，将思想和行动统一到党中央和学校的任务部署上来。

2. 制定印发《山东大学（威海）2015年党风廉政建设工作要点》。

3. 积极推进党风廉政建设责任制工作。5月，完成了党风廉政建设责任书的签订工作，并由四年一签改为每年一签。对校区党风廉政建设和反腐败方面的工作进行了查摆，并对12个教学院（部）党政联席会议制度和“三重一大”制度落实情况进行了检查，敦促各单位将完善后的制度报送备案。

（二）坚持加强干部廉政教育，贯彻执行中央八项规定，持之以恒纠正“四风”

1. 丰富廉政教育的内容和形式。为突出廉政教育的针对性和时效性，筑牢领导干部拒腐防变的思想道德防线，纪检监察审计办公室为副处级以上党政领导干部统一发放《习近平关于党风廉政建设和反腐败斗争论述摘编》《习近平总书记系列重要讲话》和《十八大以来党风廉政建设和反腐败法规制度汇编》等相关书籍，要求党政领导干部加强学习。

2. 会同宣传部，通过展出“三严三实”专题教育挂图等方式，加强“三严三实”专题教育宣传。把思想教育、立规执纪结合起来，教育引导领导干部加强党性修养，坚持实事求是，改进工作作风。

3. 发布“五一”、中秋节、教师节和国庆节等节假日贯彻执行八项规定、深入纠正“四风”的通知。通过给处级领导干部发送廉洁自律提醒短信的方式，提高领导干部廉洁自律意识。

4. 精心组织、扎实开展《中国共产党廉洁自律准则》和《中国共产党纪律处分条例》的学习宣传教育工作。为各部门和各学院党员干部发放《准则》和《条例》，切实抓好《准则》和《条例》的贯彻落实，着力提升党员的廉洁意识、纪律意识和规矩意识。

5.加强纠正“四风”整改落实和执行“八项规定”的监督检查。紧密结合教育部党组通报个别高校党员领导干部违反中央“八项规定”精神的问题，按照教育部、山东大学关于贯彻落实中央“八项规定”的有关要求，进行认真对照，开展贯彻执行中央“八项规定”精神“回头看”自查自纠工作。上半年对公款旅游问题进行了审查。

6.开展“小金库”专项治理工作。印发了《关于开展2015年“小金库”专项治理工作的通知》，要求各单位进行自查自纠，并上报“小金库”自查自纠情况报告表。

(三)严明党的纪律，强化执纪监督，紧紧围绕校区中心工作，认真做好监察监督工作

1.认真开展招生录取、人事招聘等监督工作。推进招生“阳光工程”，认真落实教育部“六不准”和“十禁止”规定，对招生考试工作进行全过程监督，严肃招生秩序。参加全国高考的督考工作，参与了职能部门组织的考试、人才引进、职称评聘等相关监督工作。

2.全过程参与校区的招标工作。参与招投标办公室组织10万元以上的招标91项，招标预算金额19483.07万元，中标金额17263.67万元。

3.12月，协助组织部对处级领导班子、领导干部进行年度考核工作。

(四)完善制度，规范工作程序，做好信访工作

1.为提高工作效率和质量，制订了《纪检监察审计办公室服务指南》和《纪检监察审计办公室档案管理规定》，完善了工作制度，规范了工作程序。

2.针对教育部巡视组提出的整改意见，认真整改落实。对2010年以来的信访举报材料进行了疏理，完善信访档案，规范信访举报和查办案件的工作程序。

3.高度重视信访举报工作。对信访中反映的问题进行了客观公正的调查核实，按程序进行了相应的处理，做到件件有着落，事事有回音。对师生反映出的党员干部身上苗头性、倾向性问题及时给予了提醒纠正，抓早抓小，防止小问题演变成大错误。

(五)加强作风建设，提升业务能力，打造过硬纪检监察队伍

1.严格按照《机关党总支关于加强和改进机关作风建设的实施意见》，加强日常管理，不迟到、不早退，照章办事、遵纪守法。

2.定期组织学习培训。7月，对校区纪检员进行培训，充分发挥了各单位纪检员的作用。

3.坚持每周四下午的工作例会和政治业务学习制度，提升纪检监察干部理论水平和业务能力。

二、审计工作

(一)贯彻上级文件精神，推动审计工作科学发展

认真组织学习贯彻《山东大学关于加强内部审计工作的意见》和《山东大学财务预算执行与决算审计实施办法》，准确把握审计工作的范围和重点，聚焦主业，着力监督基建工程项目资金和科研经费使用情况，提高资金使用效益。

(二)突出重点，提升审计工作实效

1.重点开展“八项规定”执行情况专项审计。对校区2014年度“八项规定”的执行情

况进行了专项审计；对 2013、2014 年度校区财务收支和 2014 年度饮食服务中心财务收支进行了例行审计，共提出 28 条审计意见和建议，为领导决策提供了有力依据。

2.认真抓好科研经费审计审签工作。抽取并审计了校区 2013 年以来结题的 95 项科研项目，提出 7 条审计意见和建议，进一步完善了科研经费管理方面的内部控制措施。

3.加强基本建设项目审计，完善项目审计审批手续。

根据《山东大学建设项目工程造价全过程跟踪实施细则》和相关文件精神，对新建学生宿舍工程、体育馆工程继续开展全过程跟踪审计，并在工程前期就对拟委托工程跟踪审计的中介机构进行了招标，进一步规范了校区大型基本建设工程的全过程跟踪审计。

积极配合造价咨询中介机构，全面开展建设工程全过程跟踪审计工作。定期查看施工进度，按时参加工程监理例会，认真复核工程签证和工程量，在施工过程中不断完善基本建设工程的跟踪审计工作。

4.对相关部门报送的基建及零星修缮工程决算进行审计。在对基建、维修工程施工现场进行查看时，重点关注工程施工质量，对有问题的地方及时提出意见，要求施工单位进行整改；严格执行变更签证相关管理办法，监督工程变更的实施过程，保证工程质量；参加工程价格签证谈判，进行市场调研，根据获得的施工材料价格资料，为校区争取利益，节约建设资金。

对金额较小的零星修缮工程，严把价格、质量关，到施工现场进行查看，对工程决算报送的工程价格和工程量一一进行核实。

截至 12 月 15 日，共审计各种基建及零星修缮工程 312 项，报审值 2128.01 万元，审定值 2100.8 万元，审减值 27.22 万元，审减率 1.28%。

5.根据校区发展情况，放宽大额度资金审计额度，提升审计效率。截至 12 月 15 日，经审计的大额度资金支出业务共计 1259 项，总金额为 12128.8 万元。通过审计，有效加强了物资、设备采购的内部控制，规范了大额度资金支出管理。

6.加强合同审计。审查合同签订的合规性、合理性，规范合同签订流程，监督合同履行过程，强化内部控制，减少不必要的经济纠纷，保护校区利益。

（三）以人为本，注重审计队伍建设

组织参加审计培训，开展审计理论研究。通过自学和集中学习、参加教育部及山东省审计研讨会和培训等方式，不断加强与其他高校审计部门的交流和联系；结合审计工作中的重点、难点，定期召开业务讨论会，组织开展理论研究，提高了审计人员的业务水平和理论水平。

（王　晶　李　晨）

组织工作

一、以严的精神实的作风，深入开展“三严三实”专题教育

按照中央和山东大学党委的安排部署，校区党委于5月下旬启动了处级以上领导干部“三严三实”专题教育，召开了专题党委会部署研究“三严三实”专题教育工作。6月9日，制定下发了《关于在全校处级以上领导干部中开展“三严三实”专题教育的实施方案》。按照校区党委的要求，领导干部带头上好专题党课，校领导分别在分管部门或联系单位范围内结合分管领域工作，就“三严三实”专题教育讲了专题党课，起到了以上率下、带学促学作用，全年共举办专题党课30余场次。校区党委以理论中心组学习的形式带头开展三个专题的集中学习研讨，凝聚了力量，达成了共识。在专题教育过程中坚持问题导向，边查边改，提出整改措施，把践行“三严三实”与校区“十三五”规划制定工作、群众路线教育实践活动和教育部巡视发现问题整改工作结合起来，促进各项工作科学发展。

二、严格管理与创新活动并重，增强基层党建工作活力

1. 严格程序标准，加强监督检查，不断提升发展党员工作水平。全面落实新细则要求，11月12日，下发了《关于加强学生党员发展和教育管理服务工作的实施意见》，严格发展党员条件，规范发展党员程序，全年共发展学生党员540人，审批650名预备党员转正。9月，聘任两名党建经验丰富的退休老同志为特邀党建组织员，充分发挥离退休老同志丰富的工作经验优势，加强和改进大学生发展党员工作。6月，以迎接山东省委组织部、威海市委组织部发展党员专项工作检查为契机，对校区基层党建和学生党员发展工作进行了全面自查，坚持以查促改，规范了基层党建工作和党员发展工作。在此次检查工作中，校区发展党员工作得到了山东省委组织部专项检查组的充分肯定。

2. 创新活动形式，完善经费保障，激发基层党建工作活力。4月，下发《关于申报2015年度基层党组织活动立项方案的通知》，开展2015年度基层党组织立项活动，各单位共申报立项方案43项，其中38项获立项支持并顺利结题。严格党费收缴、管理和使用，下发了《关于公布2014年度党费收支、结存情况的通知》，全年共收入9万余元，支出6万余元。按照威海市委组织部的要求，认真做好2014年度中管党费、省管党费和市管党费收支情况的公示。7月起，校区专门设立基层党建专项经费，同时将留存党费按一定比例下拨至各基层党组织，用于基层党组织建设、开展党的活动、加强党员教育管理等，

进一步完善基层党建工作经费保障机制,激发基层党组织的工作活力。

3.优化结构,选优配强,顺利完成基层党支部换届改选。2015年下半年,校区基层党支部任期届满,按照中央和山东大学有关规定,于11月13日下发了《关于做好基层党支部换届选举工作的通知》,对校区146个届满基层党支部进行换届改选,科学设置,优化党支部班子结构,选好配强党支部书记,充分发挥党员先锋模范作用,夯实党建工作基础。

4.强化教育质量,丰富教育形式,抓好入党积极分子和党员的教育培训。坚持和完善入党积极分子二级递进培训体系,全年共开设《党的基本知识解读》通选课14个班次,有1432名入党积极分子选修并顺利结业;举办入党积极分子和新生党员培训班2期,培训入党积极分子853人、新生党员7人。大力开展党员日常教育,通过革命基地参观教育、庆"七一"新党员入党宣誓、毕业生党员教育、重温入党誓词等活动,丰富教育形式,增强党员教育的吸引力和影响力。

5.扎实严谨做好党员管理服务工作。重视党员党组织信息库建设,认真做好数据库维护更新、数据生成和数据上报工作,按时上报威海市委组织部2015年度党内统计数据、年报表。按照教育部思政司要求,认真做好2015年度基层党组织和党员队伍状况统计工作。组织做好2015年度毕业生党员教育管理和组织转接工作,严格做好2015级新生党员组织关系接转和教育管理工作,及时将有关审查情况上报山东省委高校工委。根据山东省委高校工委要求,下发《关于做好2015年选调优秀高校毕业生到村任职考察工作的通知》,统筹安排,协助相关地市组织部门做好选调考察工作。根据中央、山东省委组织部和威海市委组织部的要求,下发《关于做好共产党员微信(易信)和威海党建微信订阅使月工作的通知》,组织好订阅使用工作,切实发挥好"共产党员微信(易信)"和"威海党建微信"党员教育新阵地的作用。

三、把严和实的要求融入干部教育管理,加强干部队伍建设

1.融入干部日常教育,坚定理想信念。坚持专题教育与日常教育相结合,为每位处级干部配发了"三严三实"指定学习用书,利用"干部在线学习中心平台"指定相关视频资料,专题学习结束后要求每人在线提交不少于2000字的学习心得检验学习成果。年内通过专题报告、视频会议等形式,围绕十八届四中全会、三严三实等方面举办干部培训专题报告会8场次;下半年组织总支书记开展了"加强高校基层党组织建设"专题网络培训;选派7名处级干部分别参加全国、全省高校中青年干部培训班、处级干部培训班和科研经费管理专题研讨班。

2.融入干部监督管理,规范权力运行。紧扣"两严一深化"主题,4月20日,校区党委召开以"严格党内生活,严守党的纪律,深化作风建设"为主题的领导班子民主生活会。随后,各单位组织召开了2014年度民主生活会,会前扎实做好各项准备工作,会上以严肃认真的态度开展批评与自我批评,会后抓好整改落实。突出量化考核完善了干部年度考核体系,严谨做好领导干部个人有关事项报告,对规范领导干部参加社会化培训和企业兼职进行了集中清理。按照山东大学的干部管理有关规定,5月6日,下发了《关于从严审批处级领导干部因私出国(境)的通知》,强化干部组织纪律意识,从严审批处级领导

干部因私出国(境)有关事项,实现了对全体处级干部因私证件的集中管理,加强对干部日常管理与监督。

3.融入干部工作实际,提升干部队伍素质。根据中央和上级党委部署安排,抽调专人集中精力做好处级干部人事档案专项审核工作。根据巡视反馈意见,增强了纪检监察工作力量。2015 年 7 月,首次对符合任职条件的辅导员开展述职考评,年内提拔调整科级干部 24 人,科级干部队伍整体素质明显提升。配合山东大学党委做好竞争上岗选拔副校长工作,校区有两名同志报名参加竞岗。

四、坚持标本兼治,扎实做好群众路线教育实践活动整改和教育部巡视整改“回头看”工作

为开好 2014 年度民主生活会,对教育实践活动整改落实的进展、效果和存在问题进行了全面深入的“回头看”,除综合公寓和体育训练馆建设正在积极推进外,校区“两方案一计划”确定的 80 余项整改任务均已按照整改时限要求完成。针对教育部巡视组反馈问题,着力解决党委主体责任、党风廉政建设等方面突出问题,从严从实落实两个责任,改进工作作风,有力推动校区各项工作稳步开展。

(高佚婧)

宣传统战工作

2015年，党委宣传统战部紧密围绕学校中心工作，以邓小平理论、“三个代表”重要思想、科学发展观为指导，全面贯彻落实党的十八大和十八届三中、四中、五中全会精神，立足工作实际，强化服务意识，不断加强全校师生的思想政治教育工作力度，做好各项宣传报道工作，大力宣传学校改革发展成就，塑造学校良好办学声誉，为学校各项事业发展积极贡献力量。

一、宣传工作

(一)精心组织党委中心组理论学习

在校区党委的统一领导和部署下，党委宣传部认真做好党委理论学习中心组的服务工作，围绕中央精神与学校中心工作精选学习内容，紧扣党的建设、紧扣学校实际，通过发放学习资料、组织集体学习研讨会等形式，积极开展“三严三实”专题教育、党风廉政专题教育、党的十八届五中全会精神专题学习等活动，不断提高中心组成员的政治水平与理论素养。

(二)积极开展师生思政教育工作

深入贯彻落实党的十八大精神，采取多种措施，做好全校师生的思想政治教育工作。以社会主义核心价值观专题网站为平台，引导师生深入理解和践行社会主义核心价值观，共筑伟大复兴中国梦；以思政课题项目为抓手，完成2015年思政教育研究会立项项目结题评审，提高了学校教师思政研究的积极性和主动性；以全省社科理论骨干和高校哲学社会科学教学科研骨干研修班为契机，共组织6期17名教师参加研修；及时购买发放相关政治理论学习资料与音像资料，为全校师生的政治理论学习提供丰富的素材。

(三)扎实做好对内对外宣传工作

不断加强校区宣传思想阵地建设，认真贯彻“三贴近”原则，围绕“三严三实”专题教育、“培育和践行社会主义核心价值观”、“纪念抗日战争暨世界反法西斯战争胜利70周年”、毕业季、迎新季等重点内容或活动，增强策划力度和宣传强度，提高宣传的时效性和导向性。继续做好对先进人物、典型事迹和工作亮点的专访报道工作，弘扬立德树人正能量，形成树正气、立新风的良好氛围。

2015年新闻网共编发各类新闻稿件1100多篇，全面宣传报道了校区各方面的工作亮点与新闻动态。官方微博、微信等新媒体宣传力度进一步加大，影响力与关注度得到大幅提高，微博共发布状态2000多条，微信关注人数已近1.5万人，使网络新媒体成为发布信息、服务师生的又一重要宣传渠道。

继续加强和改进外宣工作，密切与外媒的联系，完善沟通机制，做好校区重大成果、发展成就、大型会议与活动等的对外宣传工作，着力提升社会影响力。改进和完善校区新闻宣传应急机制，加大舆情监控力度，提高新闻宣传的危机处理能力。

充分发挥宣传橱窗、电子屏等的宣传推广作用，在文博苑新增大型宣传栏一组，在知行楼新设《人民日报》电子阅报栏一块。及时更换橱窗内容，保持橱窗的整洁美观与内容的生动可读，围绕中央精神与学校实际，共推出6期橱窗展示内容，宣传效果良好。

(四)继续加强校园文化建设工作

积极倡导和充分发挥文化育人的功能，在校区党委和校园文化建设工作领导小组的领导下，继续加强校园文化景观的规划设计和项目建设。完成了校东门三角地绿化改造规划、溯园整体文化建设改造规划及爱心亭设计与奠基，建设完成玛珈山山海亭文化景观和东门影展长廊文化景观项目。系列文化景观的建设进一步美化了校园环境，为校区增添了浓郁的文化气息。

二、统战工作

2015年，党委宣传统战部以《中国共产党统一战线工作条例(试行)》的颁布实施为契机，积极贯彻落实党中央关于统战工作的新精神、新要求，撰写《山东大学(威海)统一战线工作条例(试行)》实施工作方案》，密切与学校民主党派和党外代表人士的联系，通过组织座谈交流、聆听讲座等方式不断凝聚共识。

鼓励和支持民主党派和党外代表人士积极建言献策，共谋学校发展。山东省委统战部巡视员王晓炜，中国石油大学、中国海洋大学、山东科技大学统战部门先后来校区调研统战工作。民革会员，海洋学院侯旭光副教授主持的大连海洋岛水产集团股份有限公司—山东大学(威海)合作项目“新西兰鲍与皱纹盘鲍高产、抗逆新品种培育及家系建立研究”和“大连海洋岛皱纹盘鲍原种家系建立及培育研究”举行项目验收会。民盟盟员，威海市政协委员李善杰在威海市一石文化中心举行国画作品展。艺术学院汪明强教授的作品《欢快的渔舞曲之一》和《欢快的渔舞曲之二》参加了“倾听齐鲁故事”——米兰世博会山东书画展。民进会员张欣然举办“张欣然钢琴教学15周年”音乐会，庆祝中国民主促进会成立70周年。

加快推进民主党派和无党派人士队伍建设，海洋学院连子如被民盟威海市委批准加入为民盟盟员。赵玉璞(中共党员)、高军(中共党员)、张晓曼(致公党党员、满族)、刘文(民盟盟员、回族)、常晓梅(无党派人士)5位同志被推荐成为山东省留学人员代表人士。党外代表人士李娟教授荣获“2014年度宝钢优秀教师奖”。组织民盟盟员、翻译学院院长王湘云参加中央党校培训班和山东省委高校工委高校教师研修班。

(戚伟良)

学生工作

一、学生思想政治教育工作

(一)学习宣传十八届五中全会精神,培育社会主义核心价值观

按照《关于进一步加强和改进新形势下高校宣传思想工作的意见》精神,继续深化中国特色社会主义和中国梦宣传教育,开展社会主义核心价值观学习教育。做好纪念抗日战争胜利70周年等宣传教育工作。

(二)思政课程建设

2015年德育教研室共为2014、2015级学生安排《形势政策与社会实践》理论课112班次,讨论课218班次。为保证课程改革效果,教研室加强师资培训、强化过程管理,全年安排听课10班次,组织形势政策课集体备课会3次,教学问题研讨会3次,实现理论热点机考和社会实践论文总结相结合的课程考核方式。教研室邀请威海市文登区副区长宫本皋为学生作形势政策讲座。

各学院学工人员中有61人参与“两课”、就业、心理课程教学,累计2083余学时。

(三)榜样引领、平台搭建,做好各类思政教育

2015年校区评选省级先进集体和个人25个,校级先进班集体23个;评选“十佳百优”学生100名,校、院级自强之星100名,获评全省高校“十大优秀学生”提名1人;开展新生入学教育201项;通过系列教育活动,保证2015届毕业生安全文明离校。

2015年,新生军训时间由7月调整到9月,7月和9月分别组织2014级和2015级军训,分别由总校国防生和原步兵77旅炮兵团担负承训任务;选派军事理论课教师参加全省高校军事理论教师培训,考察厦门大学、福州大学、南京大学军事课程建设和教学情况;8名学生入伍,2014级学生韩连财考入陆军指挥学院。

2015年成立大学生网络文化工作室,设立“学生在线”微信平台(关注量14200余人)。“学生在线”网站获评山东大学优秀网站;学校新闻网报道学工要闻57篇,“有问有答”回复800余条(累计22000余条)。

二、学生发展指导

(一)学生心理健康教育与指导

2015年,心理指导中心聘请2位校外心理专家来校咨询10次;外派4人参加专业培训,组织3次辅导员心理沙龙,举办6次心理委员培训;开设心理健康教育课程11门,

1100余人选课;心理普查4059名新生,约谈筛查128人,重点关注对象18人,建立危机学生信息库;全年来访咨询138人次,危机干预12件。

制作心理宣传彩页和手册,利用宿舍楼内学生工作信息服务栏架宣传心理咨询工作;举办"5·25系列心理健康教育活动"和第十一届心理情景剧大赛。

(二)学生就业指导

生涯发展教研室开设课程2门,参与授课教师35人,开设教学班33个,1080人选课。选派3名教师参加后现代生涯咨询工作坊班,选派36名教师参加大学生职业生涯规划教学(TTT)认证培训;组织后现代生涯咨询工作坊威海培训班,28名教师参加培训;聘任我校2007届毕业生刘春河(现赤子城创始人、CEO)担任就业创业导师。

全年接待来访学生47人次,举办就业讲座26期;邀请校外专家来校开展职业生涯咨询活动1期,外派第二批"影子部长计划"6人;举办校区第五届未来企业精英大赛,325人参赛,6名学生获得实习岗位;首次组织求职达人活动,评选就业层次、就业质量较高的毕业生70名,通过他们的求职经历为低年级学生求职提供指导,每人获得学校1000元现金奖励。

(三)资助育人

全年获得各类社会资助130.5万元;开展第三批王振滔爱心接力活动;组织30支团队参加添翼社会实践活动;立项42支"助人助己"团队;资助19名学生赴台湾高校访学;开展寒假辅导员访千家活动,走访学生85人。

(四)学业指导

2015年选配本科生导师467人,参与学生4700人,每名导师平均指导本科生10人;首次将优秀本科生导师的表彰纳入校区教师节优秀教职工表彰体系,评选优秀本科生导师96名。

(五)研究生教育指导

与研究生处联合举办2015级研究生入学教育培训会,开展"学术诚信月"活动。选拔10名学生赴田和街道挂职;举办2期"名师讲坛"、4期"学术沙龙"、2期"乐知读书会";举办第一届研究生"海纳"文化节;开展第六届"我最喜爱的导师"评选活动;组织第六次研究生代表大会;举办"半岛研究生论坛"活动。组织参加全国第十二届研究生数学建模竞赛,校区17支队伍参赛,获全国二等奖1项,三等奖1项。

修订《山东大学(威海)研究生工作学生委员会成员单位"创先争优"考核实施办法(试行)》;编发《山东大学(威海)研究生学刊》(第16期)和学术指导期刊《窗》(第3期)。

三、学生事务管理工作

(一)奖惩工作和资助工作

1.学生奖学金评定和违纪处理

2015年本科生评奖评优5728人次,各类奖学金613.4万元,提升三等奖学金比例至15%,首次发放校优干奖学金1000元/人;研究生评奖评优602人次,各类奖学金268.54万元。

全年下发学生处分文件24份,涉及学生66人次。

2.学生资助与保险

校区2015年资助学生3100人,各类资助金1331.7万元,研究生助学金683万元;发放国家助学贷款874.82万元;临时困难补助8.2万元。120名新生通过“绿色通道”办理入学手续;设立研究生助管岗位57个,勤工助学报酬194.82万元。校区拨款208.82万元为14706名学生投保威海市居民基本医疗保险和商业保险,全年共报销医疗费用139.56万元。

(二)宿舍管理工作

2015年,修订《学生公寓管理服务中心公寓安全手册》;举办5期“春晖讲堂”、6次专题培训;配合后勤处全面推行楼层电热水器;完成公寓楼统一命名;做好新生入住安排工作,发放3100多名新生卧具;全年共维修公寓楼各类家具和设备9600余件,完成2100余人住宿调整;坚持“文明离校管理员制度”,保证2015届毕业生文明离校。

至2015年底,校区共有学生公寓楼23栋,分别为学生公寓1～23号楼,总建筑面积达12.08万平方米,床位数15499张。

(三)学生就业工作

截至12月,2015届学生总体就业率为90.87%;发布2014届毕业生就业质量报告。评选表彰就业创业先进单位3个、先进个人9人。全年来校进行专场招聘企业139家,提供就业岗位15099个;组织三场大型校园双选会,累计329家企业参加,提供岗位12180个;首次通过EMS完成2014届毕业生3468份档案发放,发放毕业生求职补贴34.02万元。

(四)学生行为规范管理

开展课堂纪律专项治理行动,检查班级81个次,通报学生116人次;规范毕业生跳蚤市场管理,引导毕业生文明离校;严禁在新生报到期间摆摊设点,安全有序迎接新生;开展学生宿舍禁烟专项治理活动,确保宿舍消防安全,创建无烟学生宿舍。

(五)内部管理和团队文化建设

2015年学生处举办“文心湖小讲堂”6期、“处长下午茶”4期;组织学工专题会议18场;制定各类学生事务服务流程图;完成学生处“十三五”规划编制;制定周工作计划39期,编发学生工作周报11期,《学工简报》编至第45期。

四、辅导员队伍建设

2015年,校区共有辅导员66人,其中专职辅导员59人(含3名“2+3”专职辅导员),“1+3”兼职辅导员7人,正高级职称1人,副高级职称7人,在职攻读博士研究生6人。辅导员与学生师生比为1:232。

大连工业大学杨钟强、华南农业大学史锐来我校交流。举办首届辅导员职业能力大赛,选派周守玉参加全省辅导员职业能力大赛获一等奖。制定出台《山东大学(威海)辅导员培训管理办法》,选派113人次参加32个项目培训交流。

陈昕、宗文婷获省高校优秀辅导员,法学院团总支获全省高校思政工作先进集体,王鹏飞获全省高校思政工作先进个人;举办第三届辅导员学术活动月;获得教育部高校辅导员工作精品项目1项、山东省社科规划项目立项2项;在于培丽名师工作室基础上成立5个校级辅导员工作室;辅导员年级组开展活动18次,调研3项;各类研究成果获省级奖项7项,出版专著1部。

(闫红伟)

共青团工作

2015年，山东大学（威海）团委全面贯彻党的群团工作会议精神，紧紧围绕学校中心工作和立德树人的根本任务，紧密结合团员青年实际，回应团员青年关切问题，当好青年与导师之间的桥梁、青年与党政之间的桥梁、青年与社会之间的桥梁。创新工作思路，创新活动品牌，创新工作机制，创新活动载体，不断加强团的基层活力和工作水平，以新的发展理念指导新的发展实践，深入推进共青团改革新发展。

一、夯实基础，开拓创新，提升学生创新创业工作整体水平

（一）组织好以“挑战杯”竞赛为龙头的各级、各类科研创新竞赛

举办首届“挑战杯”竞赛冬令营，邀请校内外专家学者为营员开设专题讲座，参与作品指导、评审，提升作品质量。校区最终获第十四届“挑战杯”全国二等奖1项、三等奖2项，省特等奖4项、一等奖6项，再次捧得山东省“优胜杯”，团体总分位列山东省高校前列，获奖数量、获奖层次、获奖比例均为历来最好成绩。

引进“全国挑战杯竞赛网络系统”，严格参照国赛流程开展校内选拔和竞赛。开辟重点立项资助渠道，对重点项目重点扶持。提前筹划、组织2016年“创青春”创业竞赛，举办“创青春”竞赛夏令营，重视对项目的先期培育和孵化，打牢参赛基础，强化竞赛育人功能。

拓宽参赛渠道，组织参加第八届全国大学生节能减排社会实践与科技竞赛、首届中国青年APP大赛、齐鲁大学生创业大赛等多项竞赛，获国家级奖项6项，省级奖项6项。

（二）强化服务、促进交流，做好创业教育和孵化园工作

全年共培训SYB和创业实训学员1300余人。深化与玛珈山校友科技孵化器合作，为孵化园在园团队提供专业的评审、辅导以及相关服务，全年共进行了4次入园评审会，14支团队成功入驻。“萝卜兼职”“人力与时间银行”项目分别获得500万和100万的天使投资。

8月、11月先后组织两批孵化园在园团队赴韩国湖西大学参加中韩大学生创业社团夏令营和第二届中韩大学生创业大赛，促进中韩两国学生创业交流，拓宽学生创业的国际化视野。

（三）以本科生科研训练计划为支撑，夯实学生创新创业基础

第九届本科生科研训练计划项目结题工作顺利结束，38件作品获校级一等奖，106件作品获二等奖，152件作品获三等奖。第十届本科生科研训练计划项目共立项学生科

研作品741件，其中国家大学生创新创业训练计划项目20件，山东大学科技创新基金项目41件，这也是威海校区首次参与到总校学生科研创新训练项目。年内，349名同学被聘为第七届本科生科研助理，51名同学被聘为第九届科研班主任，565名同学入选第一届“苗圃计划”。

二、丰富形式，注重实效，以中华优秀传统文化引领校园文化活动

(一)开办“孔子学堂”，加强优秀传统文化的校园推广

获准成为山东省首批授牌建设的高校“孔子学堂”，并以此为阵地，邀请清华大学陈来等国学大师来校区作传统文化教育，举办贝雕艺术、剪纸艺术、脸谱绘制、“国学齐诵”等体验角活动。承办教育部对台重点交流项目——“齐鲁文化与民族精神体验营”活动，组织来自台湾高校和我校的青年学子，围绕齐鲁文化开展中华民族优秀传统文化学习。

加强对传统文化类社团的建设与指导，新建传统文化类社团5个，举办旨在弘扬中华优秀传统文化的“千古韶光蕴芳华”文艺晚会、传统文化学生社团游园会、“崇仁尚礼，继道明德”释奠祭孔等活动。

(二)以“一堂两节”为契机，加强优秀传统文化的宣传推广

开展第二届“国学达人”挑战赛，共有1000余名学生积极参与，选拔1名同学参加省级比赛并获三等奖。

以山东省第十四届大学生科技文化艺术节及校区第十四届大学生文化艺术节为契机，丰富校园文化活动。参与省科技文化艺术节活动15项，承办山东省大学生校园短剧大赛，共获得各类奖项51项，其中一等奖7项、二等奖12项、三等奖14项、优秀奖17项、最佳创作奖1项。开展第十四届大学生文化艺术节活动17项，其中传统文化类活动9项，全校共有3000余名学生参与其中。大学生艺术团成功举办汇报演出，提高了在同学中的影响力。

(三)提升层次，组织好“行知讲堂”

邀请中国科学院院士、中国月球探测工程首席科学家欧阳自远及中国科学院院士、区域地质学家李廷栋分别作题为“中国的探月梦”与“漫话地球三极”的报告，引起强烈反响。全年成功举办6期“行知讲堂”，主题涵盖科技、文化、教育、国际形势等领域。

(四)加强整体设计，提升“三走”活动效果

加强群众性课外体育锻炼活动的整体设计，通过荧光夜跑、微博接力、“21天的许诺·清朗”手环、阳光挑战等新颖形式吸引全校3万余人次参与“三走”活动，活动效果良好。一个宿舍入选2014年度“团中央中国大学生百炼之星”候选宿舍，足球协会入围2015年团中央“全国百佳体育公益社团”。

三、以网络宣传为先导，以体系建设为保障，不断深化青年思想引领工作

(一)从严管团，从实抓团，积极提升基层团组织活力

以“活力支部大赛”活动为依托，推进基层团支部“活力提升”工程。以智力比拼和活力展示为比赛内容，检验团干部的理论知识储备，增强团支部的集体凝聚力，选树一批典型特色团支部。开辟“支部活力”专题网站，打造团支部建设展示交流平台。

（二）创新思路，注重实效，以“四进四信”活动为主线加强青年思想引领

构建“学习—讨论—实践”三步走战略和“学校—网络—社会”三结合的活动模式，以“习近平青年工作系列论述大讨论”专题网站为学习阵地，以第八批主题教育实践立项为活动依托，开展主题团日评选、“四进四信”活动优秀项目评选活动。在新浪微博发起#谁是学习最强音#话题，话题阅读量突破140万，逾1.6万人次参与讨论。组织推选20名团学骨干参加团中央“井冈情·中国梦”暑期社会实践，有效促进团学骨干了解党的历史，坚定理想信念。

（三）建强阵地，配强队伍，大力加强和改进网络宣传引导工作

全面推进校区团组织微信体系建设，建立常态化考核机制，借助第三方平台对全校团组织微信、微博运营影响力进行全面监控。团委官方微信影响力进入《南方周末》全国高校团委前50，新浪微博影响力进入全省政务系统微博前20。在全校范围内组建网络文明志愿者队伍4900人，开展“微信原创大赛”“毕业季创意照片征集”等线上活动。

分层级、有步骤开展“团干部健康成长”大讨论，依托青年会客室、基层团支部成长论坛搭建团干部交流成长平台，在全校开展“走进青年，转变作风，改进工作”主题调研活动，了解青年需求。规范团员发展程序，增强团员意识。

四、完善实践服务育人机制，搭建青年与社会沟通的桥梁

（一）顺利完成《形势政策与社会实践》课程社会实践部分的首次成绩认定

发挥实践育人功能，顺利完成首批2014级3437名学生《形势政策与社会实践》课程社会实践部分的成绩认定、录入工作。强化过程，引导学生在实践写实记录、展示演讲、班级团支部评议等环节中深化体会和认识。

（二）项目化运作，课程化管理，社会实践活动影响力稳步提升

组建社会实践校级立项团队100支、添翼行动专项团队30支、院级立项团队366支，团队总数达536支，参与实践人数4891人。“歌声飞扬，笔墨飘香”服务队荣获2015全国大中专学生暑期“三下乡”社会实践活动优秀团队；8支团队、10名教师、30名学生获山东省暑期三下乡社会实践优秀集体和个人荣誉称号。

（三）健全志愿服务管理机制，学生参与志愿服务成为常态

完善志愿服务管理体系，将学院团总支和志愿服务组织的12项可操作性强、影响范围广的特色志愿服务项目成功立项，活动开展顺利。

推进专兼职团干部全员注册成为志愿者，全校团员青年注册志愿者的比例达60%。常态化开展清馨校园志愿者行动和志愿服务月系列活动，连续3年1万余人次参与；3400余名志愿者参与威海国际铁人三项赛、国际渔具展等大型赛会服务和“四进社区”等服务威海和周边社区志愿者行动。承办全国三星梦想课堂志愿服务活动和“珍惜自由呼吸，关注结核防治”威海市结核病防治宣传活动。

（四）拓宽社会实践基地，巩固青年与社会沟通的桥梁

新建各类学生社会实践基地14个，进一步拓宽学生参与社会实践的渠道。开展暑期社会实践“刘公岛”专项行动，择优选取40支团队420余名师生，开展专题调研；先后选派372名志愿者参与刘公岛志愿服务活动。开展2015年暑期青春见习行动，为学生

提供 120 个实践实习岗位。

五、发挥青年联合会的服务职能,搭建青年教师沟通的平台

组织青联委员到荣成石岛湾国核示范电站有限责任公司参观学习,邀请威海市中医院副院长解乐业教授来我校作题为"中医养生之精神养生"的讲座,为青年教师的成长发展和青联委员之间的互动交流做出积极贡献。

六、加强学生会、学生社团指导,充分发挥"三自"功能

(一)积极搭建沟通桥梁,提高学生组织服务能力与质量

组织召开第十五次学生代表大会、第六次学生社团代表大会,13 份重要提案在职能部门提案答复会上得到解答。日常提案共计 12 期,收到学生提案 4700 余份,合并立案提交 66 份均已回复。

开展"光盘行动"相关活动 8 次,并获得团中央学校部表彰。开设学生组织培训课程,共举办校级学生组织学习会 10 余次。建立"一元爱心超市"实体店,面向全校 601 名特困生发放爱心物品。

(二)内涵发展,凝练社团文化特色

社团文化节共开展品牌活动 59 项,4000 余人次参与其中。学生素质拓展学堂开设 8 门课程,全年培训会员 260 余名,实现了学生社团与教学实践的有效结合。

2015 年,中国特色社会主义研究会入选全国高校践行社会主义核心价值观"示范团支部";手语社获批中国青少年发展基金会 2015 年度"希望工程激励行动"普通模式资助项目。

(张文学　王　松)

工会、妇委会工作

2015年，在校区党委的正确领导和行政的大力支持下，工会、妇委会紧紧围绕校区的中心工作，切实履行工会的职责，推进校区民主管理和民主监督，大力开展民生工作，积极开展各种活动，充分调动部门工会和广大教职工的积极性，进一步提升工作能力。

一、推进校区民主管理

1.2015年3月，成功召开了第五届“双代会”第一次会议，进一步推动了校区教职工依法参与校区民主管理和监督，健全和完善了教职工代表大会制度。逐步形成了以教代会全体代表大会为核心、教代会主席团会议、工会委员会会议等多渠道的议事协商格局，全面参与校区改革发展。

2.积极推进部门工会二级教代会制度建设。16个部门工会相继召开教职工代表大会或全体教职工大会。对涉及院(部)改革发展重大事项和院领导班子及教职工的考核、聘任、奖惩、分配等重大事项进行审议，对教职工关心的工会经费支出进行报告和公示，对推进民主管理、推进院(部)务公开起到了积极的促进作用。

3.五届一次教代会提案征集首次采用电子提案的方式，共征集104份提案，立案提案75件，作为一般性意见或建议处理29件，提案的立案率达72%。提案回复工作涉及11个职能部门，截至10月底，各职能部门在网上提案管理系统中对所有提案进行了回复，对因条件受限暂时难以解决的，在答复中也实事求是地作出了说明解释。提案人对提案回复满意率为88%。

电子提案针对所有教代会代表开放，教职工参与民主管理的渠道更加畅通，切实保障了教职工的知情权、参与权、表达权和监督权。

二、加强师德建设教育

按照省教育工会的部署，9月，在教职工中深入开展“师德建设教育月”活动，在全校范围内广泛开展“铸师魂，修师德”为主题的多种师德师风建设的活动，认真学习贯彻习近平总书记系列重要讲话精神，深刻理解党和人民满意的“四有”好老师的重大意义和丰富内涵，取得了良好成效。

各学院开展多种以榜样力量推动师德师风建设的活动。海洋学院开展“我最喜欢的老师”经验交流活动，法学院组织“武秀英老师从教30年访谈活动”，等等。

三、丰富教职工业余文化生活

1. 开展羽毛球比赛、排球比赛、乒乓球比赛、健身舞比赛等多项活动,与体育教学部共同成功举办教职工田径运动会,丰富了教职工的业余文化生活,提高了教职工身体素质。

2. 以建家活动为载体,推动部门工会“教工之家”的建设,增强教职工的凝聚力。到各部门工会实地调研,积极与资产与实验室管理处协调,为部门工会争取“教工之家”场地,并对部门工会建设“教工之家”提供资金支持。

3. 积极对各类协会提供必要的支持,为摄影协会建设教工摄影文化长廊、车友会开展知识竞赛等活动提供资金支持,鼓励协会在各自领域积极参与校区及社会组织的各种活动,提高协会的积极性、主动性与创新性。

四、扎实开展民生工作

1. 为解决校区教职工的后顾之忧,积极组织校区教职工参加“第六期职工大病重病医疗保险”,共有 881 人参加保险。2015 年共有 12 人受益,共获得理赔金 21600 元。

2. 积极做好“爱心一日捐”工作,2015 年参加“爱心一日捐”的教职工达 941 人,共募得善款总计 114100 元。截至 12 月,善款共帮助大病重病教职工和学生 4 人,临时发放善款 20000 元。

3. 为关心教职工的生活,积极开展困难补助发放和送温暖活动,为 27 名教职工发放困难补助共计 15000 元。

4. 关心职工子女入托,2015 年调高了教职工子女入托费报销比例,由原来的 110 元/月/生增加至 175 元/月/生。2015 年共为校区教职工子女发放入托补助 180 余人次约 23 万余元。

5. 本着踏实为基层办实事办好事的原则,积极组织做好教职工住房团购咨询、国美电器、格力电器以及利群内购会等商超专场特惠等生活方面的服务工作,努力为教职工提供便利,解决教职工的后顾之忧。

五、加强工会自身建设

发挥群众组织密切联系群众的自身优势,扎实推进“三严三实”专题教育活动,强化群众观念,悉心听取意见,切实转变作风,出台了具体整改举措,出台了《校工会加强和改进机关作风建设整改方案》《校工会“不严不实”问题及整改方案》,建立长效机制,做好校区和教职工之间的桥梁纽带。学习贯彻习近平总书记系列重要讲话和中国工会十六大精神,明确新时期、新形势下党对工会工作的希望和要求,进一步增强责任感和使命感。

六、加强妇女工作

1. 三八妇女节期间,组织校区女教职工开展了庆“三八”登山活动,校区领导和 300 多名女教职工共同参加活动。

2. 为丰富广大女职工的精神文化生活,10 月 28 日,举办了“中国梦 · 四德歌”职工健身舞比赛,共有近百名健身舞爱好者参加,展示了校区女教职工昂扬向上、奋发进取的风采。

3.积极参加地市级优秀妇女的评选活动,推荐马列教学部、学生工作处参评威海市“巾帼文明岗”,展现校区优秀女教工风采。

（丛岗滋）

退离休工作

截至2015年底，威海校区共有退离休人员252人，其中党员138人，占退离休总人数的55%。退离休人员的平均年龄和平均文化程度也逐年提高，进入了“双高期”。新形势下，退离休工作办公室根据校区总体部署，围绕中心工作，坚持以人为本、开拓创新的工作理念，以构建稳定和谐校园为目标，以全心全意为退离休教职工服务为宗旨，全面落实退离休教职工的政治待遇和生活待遇，努力把老有所乐、老有所学、老有所为落到实处。

一、抓好党的建设，增强党员的党性观念

退离休党总支坚持党的思想建设、作风建设、组织建设，努力改进“四风”，落实“八项规定”，按照校区党委的要求，结合退离休工作特点认真开展“三严三实”教育活动。重点做了以下几项具体工作：

1. 3月11日，召开党支部书记会议，党总支书记刘玮作2014年度工作总结，讨论2015年工作设想和活动计划。会上还发放了《退离休工作征求意见表》，广泛征求意见，为开好党总支民主生活会做准备。

2. 主动与学生工作处、团委联系，于4月1日下午联合举办形势与政策报告会，邀请商学院左锋教授作题为“透过两会探热点，立德树人谋发展”的报告，约30名退离休老党员参加了报告会。

3. 6月26日，召开“三严三实”专题教育工作会议，党总支书记刘玮讲专题党课《争做学习和践行“三严三实”带头人》，各支部书记围绕“三严三实”谈了体会和感想。

4. 为纪念建党94周年和抗战胜利70周年，组织81名党员赴乳山革命老区考察学习，接受爱党爱国教育；与威海锦祥享老中心联合举办广场小电影观影活动，分别在两个生活区放映了《建党伟业》《建国大业》两场电影，受到退离休老同志的欢迎。

5. 为使退离休老党员重视身体健康，学会自我养生保健，利用节余党费为每位党员同志发放养生书籍《从生活学中医一本全》。

二、深入调查研究，改进工作理念，丰富工作内容

深入退离休职工和校区有关部门，进行调查研究，认真听取意见和建议，在考虑校区整体工作的基础上，从退离休教职工最关心、最直接、最现实的利益问题入手，改进退离休工作理念，丰富工作内容。把退离休教职工的小事当大事办，缓事当急事办，难事当特事办，满足大多数和多层次退离休教职工的合理要求。2015年进一步完善了退离休职工基本信息库，实现对人员信息的动态管理，随时随地、准确无误地掌握退离休职工的基本情况，使各项服务工作有的放矢。

三、改善工作环境和活动场地

校区东门附近的退离休职工活动室于9月份正式投入使用，并将现有三个活动室进行了调整和维修，基本满足了各项活动的需要。为一区二区合唱队配备专业学生进行声乐辅导，为乒乓球、门球爱好者购置了有关活动器材。召开安全工作专题会议，抓好安全保卫和活动室管理等工作。

四、关心退离休职工身体健康，为他们排忧解难

发挥支部委员和文体骨干的作用，畅通信息渠道，只要听说有退离休职工患重病住院，就第一时间前去慰问，并且根据病情，不定期到病人家里探望。一年中看望慰问近20位困难和重病退离休职工，并及时为他们办理临时困难补助。年内有3位退休职工离世，退离休办公室积极与家属配合做好善后工作和丧葬事宜，得到各方面的理解和好评。

五、发挥协会作用，开展丰富多彩的文体活动

退离休教职工中共有10个协会，常年开展活动。采取精神鼓励和物质奖励等措施鼓励退离休教职工参与到各个活动协会中来，愉悦精神，锻炼身体，增进友谊，享受生活，让贡献了一生的老同志能感受到作为山大一分子所应有的归属感、安全感和自豪感。退离休办统一组织的各项活动都能做到计划严密、组织有序、规则严格，大家在活动中普遍感觉到身心愉悦。较大规模的活动有：

1.6月10日，举办棋类比赛，共有58人参加。

2.7月15日，举办够级比赛，共有14个代表队、42人参加。

3.9月17日，举办首次门球过门比赛，26名门球爱好者参加了比赛。

4.10月21日（重阳节），组织160名老同志参观校史展览馆。

5.10月28日，在小石岛海域举办钓鱼活动，34人参加。

（刘　玮）

人事管理

2015年是“十二五规划”收官之年，在校区党委行政领导下，人事处贯彻落实威海校区“十二五”及中长期规划，坚持“内育外引，提高质量，注重效益”，提升人才队伍整体水平。

一、思想组织建设

积极践行党的群众路线教育实践活动和“三严三实”专题教育的各项要求，以支部建设为抓手，处领导班子带领各科室查找问题，开展批评与自我批评，抓好整改落实，形成良好氛围。日常工作中，注重强化教师主体地位，结合本部门职责，深入教学单位开展调研工作，提供贴心服务。按照机关党总支要求，汇总梳理工作流程图，为广大职工提供便利、高效服务。

二、人才队伍新进展

（一）制度建设

结合总校相关文件，出台《山东大学（威海）青年学者未来计划实施办法》，培养后备人才；开展教师岗位职务申报条件修订工作，积极探索更为科学、更符合校情、更体现人才发展规律的评价体系。

（二）高层次人才

空间学科人才取得新突破，外籍专家考夫曼通过中组部“外专千人”项目评审，张清和入选“中组部青年拔尖人才项目”，陈耀、史全岐分别进入长江学者特聘教授和青年项目答辩环节。加强校地合作，发挥高校服务社会功能，许国昌、孔海燕入选“山东省泰山产业领军人才工程”。

（三）人才引进

各单位重点选拔学术骨干和有学术潜力的青年教师，服务于教学和学科建设。全年共引进青年教师22人（含齐鲁青年学者特聘教授1人、副教授2人、博士后出站人员3人），其中有一年以上海外经历的占41%。充分利用山东大学有关政策，遴选长期外籍教师、专聘科技人员各1人。另公开招聘实验技术岗位2人。

（四）师资培养

1.实施“青年学者未来计划”。加大后备骨干人才培养力度，确定15名优秀青年教师为“未来计划”首批培养人选，在学科建设经费、岗位补贴、海外研修等方面给予优先支持，积极创造条件促其快速成长。

2.进一步优化教师学历结构。支持教师17人次到国内重点高校、科研院所在职攻读博士学位、访学进修。截至年底，具有博士学位的教师人数增至378人，博士在读达101人，具有博士学位和在读博士的教师占专任教师的65.5%，比“十一五”末提升34%。

3.加快师资队伍国际化进程。注重提升教师合作与交流能力，利用国家、山东省和校区资助项目，选派19名教师赴海内外名校开展访学和合作研究。截至年底，校区具有一年以上海外经历的教师占专任教师总数的24.6%。

4.深入挖掘校外教师资源。2015年外（返）聘32名教师参与校区日常教学、国防教育、学生社团指导等工作；聘任“常青树”特聘教授1名；聘用6名兼职教授对学科建设、青年教师培养等方面提供指导。

5.接收国内访问学者。通过接收国内访问学者，加强与其他高校的交流，提高校区知名度和影响力。2015年新接收国内教师一般访问学者4人。

6.博士后队伍建设取得新进展。2015年新入站博士后28人（其中师资博士后13人、学科博士后4人、在职博士后11人），在站人数增至73人。博士后工作质量稳步提升，共获各类经费资助148万元，其中中国博士后科学基金会面上资助14项、特别资助1项、国际交流计划资助3项、山东省博士后创新项目专项资助1项。继续加强产学研结合，与迪沙药业、双轮集团联合招收博士后3名。

三、加强师风师德建设

培养典型，树立榜样。郭新伟获“山东大学优秀教师”荣誉称号，王丽等15人获山东大学（威海）“优秀教师”“先进教育工作者”荣誉称号。做好教师节庆祝工作，组织召开“教师节暨优秀教师表彰大会”，鼓励引导全校教师做新时期“四有”好教师。邀请浙江大学百万奖教金获得者苏德矿教授来校传授教学“六字经”，培养广大教师爱岗敬业、教书育人的职业精神；邀请中山大学张志安教授来校与青年教师交流科研工作，提升青年教师科研意识和能力。协同工会开展师德建设教育月活动，增强立德树人、教书育人的使命感和责任感。

四、继续深化分配制度改革

根据《关于调整机关事业单位工作人员基本工资标准和增加机关事业单位离退休人员离退休费三个实施方案的通知》（国办发〔2015〕3号）、《关于调整省属驻济事业单位绩效工资水平有关问题的通知》（鲁人社办发〔2014〕107号）精神，大幅提高教职工基本工资和绩效工资。

根据《国务院关于机关事业单位工作人员养老保险制度改革的决定》（国发〔2015〕2号）和《国务院办公厅关于印发机关事业单位职业年金办法的通知》（国办发〔2015〕18号），结合山东大学和威海市绩效工资相关实施办法，提高职工社保基数，缴纳职业年金，保证职工切身利益。

根据校区文件及年度考核结果，完成事业编人员的薪级工资调整及新入校人员、职务变动人员的工资核定与调整工作。

2015年事业编制人员全年核定支付经费23339万元，其中工资18749万元，养老保险1929万元，医疗、工伤保险808万元，失业保险116万元，住房公积金1412万元，取暖补贴325万元；为离退休人员全年发放退休补贴366万元，住房补贴590万元，物业补贴58万元，取暖补贴68.3万元；为460多名编外用工支付工资、劳务费1342万元，社会保险等费120多万元；为19位职工办理退休手续。

五、做好编外人员人力资源开发

转变管理理念，创新管理机制，规范校区用工。进一步理顺聘用制B类人员管理机制。2015年新聘非事业编制人员5名，签订劳务协议186人次，办理退休手续2人次，新签合同59份，寄发劳务派遣协调函104人次。全年缴纳劳务派遣费10多万元，为退休人员发放一次性独生子女补助金3万多元。

六、做好人事服务、人事档案工作

2015年发放住房货币化补贴141万元，立项科研启动费37.5万元。完成日常调配手续办理和105人次的岗位聘期考核。完成档案日常整理工作，收集各类档案材料3000余份，借阅、转递档案30余卷。完成教育部高基报表、人力资源和社会保障部《事业单位专业技术人员信息统计》、山东省《全国高校教学基本状态数据库》等统计报表。

协助党委组织部对出国报备人员进行信息核对。配合党委组织部查核125名处级干部档案材料，做好教育部对直属高校中层干部人事档案专项审核筹备工作。扫描、制作处级干部档案副本，为人事档案网络化、数字化、信息化奠定基础。

（李成超　吕兆生）

合作发展规划工作

2015年，合作发展规划处在校区党政的正确领导及各部门的支持配合下，贯彻落实中央及上级党组织的各项决策部署，扎实开展“三严三实”专题教育，围绕校区中心工作，立足于发展规划、国内合作、校友工作三项本职，勇于创新，扎实努力，较好地完成了各项任务。

一、开展“三严三实”专题教育，加强处室自身建设

(一)开展“三严三实”专题教育。

按照校区党委的统一部署，坚持以上率下，突出问题导向，坚持从严从实，立足常态长效，突出抓好四个关键动作，将开展专题教育与日常工作有机融合、相互促进，两手抓、两不误，推动事业发展再上新台阶。

(二)加强处室自身建设。

加强工作的规范化建设，制定和细化处室的各项工作流程、岗位职责和服务承诺；根据实际需要和工作特点，牢固树立服务理念，致力营造勤勉务实高效进取的工作作风。

二、科技园项目规划建设与教育统计工作

(一)推进科技园建设方面。

积极同威海市和高区的相关部门进行协调对接，争取到高区拟在双岛湾区域内向校区提供165亩划拨土地，进一步拓展了校区的发展空间；编制《山东大学威海科技园规划方案》，成立科技园项目推进小组，开展科技大厦B座建设项目论证，抢抓重大战略机遇，搭建校地合作桥梁，科学谋划，扎实推进科技园项目建设。

(二)教育事业统计方面。

根据教育部、山东省教育厅的要求，组织开展2015年教育事业统计工作，汇总完成《2015年高等教育基层统计报表》《教育部教育管理信息系统2015年报表》《2015年山东省高校统计报表》等三套统计材料；完成山东省教育厅、威海市属地各部门下达的各项统计任务。

(三)综合校情分析方面。

就综合校情和2015年度统计数据、“十二五”期间的各项发展指标、75所教育部直属高校的发展数据进行对比分析，编制《2015年教育事业统计数据分析报告》《2010～2014年发展数据对比分析报告》；加强数据挖掘，做好统计服务，积极为校区决策和日常管理

提供有价值的参考资料。

三、国内合作工作

(一)对外合作拓展方面。

根据校区发展需要和院部合作需求,加强与社会各界的联系,组织赴浙江、江苏、山东临沂等地进行合作对接。2015 年,与高区管委、刘公岛管委、西霞口集团、联桥集团签订了 4 项校地校企合作协议,搭建了就业培训基地、海洋学院科研与教学基地、刘公岛历史文化研究中心等多个合作平台。

(二)增强合作实效方面。

整合校内合作资源,积极做好部门协调与项目对接,全面梳理现有的合作协议与和合作项目,确保合作落到实处、取得实效。以科技园项目为纽带,融入地方发展,争取高区在土地划拨、建设配套、创新创业等方面的支持;形成良好的联动互动机制,深化同刘公岛在文化研究、营销创意、学生教育、志愿服务等方面的全面合作。

(三)社会捐赠管理方面。

2015 年,落实社会捐资 175 万元、预计可争取配比资金 142 万元,合计 317 万元。其中,王振滔慈善基金会连续第三年向校区捐赠 100 万元,累计捐赠金额已达 300 万元;付涛校友捐赠 20 万元,分别用于设立阳光体育基金和资助困难学生;三星公司捐赠 12 万元,设立奖学金;联桥集团捐赠 10 万元,支持东北亚研究。

四、校友工作

(一)校友工作体系建设方面。

加强校友信息收集与校友信息维护,建设校友信息数据库;通过网络群组、微信平台、校友网站等方式,构建立体的校友工作格局。聘任 2015 年度校友班级理事 100 余名,组织 21 个校友班级值年,回访母校校友 600 余人次。威海校区校友工作获山东大学多项表彰,其中校友商会获评山东大学优秀校友会,王锋校友获评山东大学校友贡献奖,单国防等 5 名校友获山东大学优秀校友工作奖。

(二)校友组织建设方面。

根据广大校友意愿,在聊城、淄博两地成立地方校友会。截至 2015 年底,已成立以中心城市为依托的省外校友会 5 个,以地级市为依托的省内校友会 13 个;北京、上海、枣庄三地校友会成立了校友企业家俱乐部,济南校友会成立了学院分会。

(三)服务母校发展方面。

积极挖掘校友资源,密切校友同母校的联系,引导广大校友回馈母校、支持母校发展。协助校内单位利用校友资源开拓就业市场,进行招生拓展,建立学生实践基地,推动校地校企合作;8 名校友个人和 3 个校友班级向母校进行捐赠,捐赠金额达 31.98 万元。

(何　峰)

本科教学

教务处按照校区2015年党政工作要点及本单位工作设想，圆满完成了各项工作任务，在学生创新能力培养、教学管理信息化、招生拓展、教师教学能力提升及日常管理等方面做了大量工作，成绩突出。

一、继往开来，科学谋划，谱写“十三五”教学新篇章

在全面总结“十二五”期间本科教学工作的基础上，科学编制教务处“十三五”规划，描绘本科教学新蓝图。“十三五”期间，教务处以山东大学建设世界一流大学为引领，以威海校区“十三五”发展定位为目标，以全面深化本科教学综合改革为抓手，以教育部审核评估为契机，进一步理顺本科教学体制机制，努力探索招生录取新模式，不断优化学科专业结构，深入实施实践创新教育，全面推进国际化办学，大力加强本科教学工程建设，不断提升人才培养质量，彰显威海校区办学特色。

二、探索协同育人机制，创新人才培养模式

不断探索科教协同育人新模式，与中国科学院国家天文台联合开办山东大学“天文与空间科学菁英班”，培养天文与空间科学领域的高水平人才；与台湾中原大学联合开办“数学与金融实验班”，培养金融学和数学理论专业基础扎实、知识面广、具有创新意识和国际视野的复合型人才；开办“国际法务”特色班。参与山东大学拔尖人才培养；推进三跨四经历教育。

1.2015年，从全校理科新生中择优选拔40人组建了2014级天文与空间科学菁英班；首届天文与空间科学菁英班毕业28人，其中26人继续深造，就业率达100%，读研率达93%。

选拔40人组建了2015级数学与金融实验班；选拔40人组建了2015级“国际法务”特色班。

2.第二校园学习经历派出学生75人，涉及10所高校、24个专业；接收云南大学来校访学学生18人，涉及7个专业。海外学习经历派出学生507人。3位同学入选山东大学“泰山学堂”拔尖人才培养项目，为历年最多。

三、强力推进“互联网+教学管理”，提升服务质量和工作效能

校区现有综合教务管理系统为清元优软公司早期开发的版本，2004年引进后对促进

校区教学管理的科学化、规范化发挥了重要作用,但随着高等教育及网络技术的快速发展,其原有的管理模式、技术架构已无法满足校区教学管理的需要,更新综合教务管理系统是2015年教务处重要工作之一。经过充分的考察论证及公开招标,湖南强智科技公司产品以其强大的功能、成熟的技术、完备的流程控制、合理的二次开发及良好的移动端服务而中标。新系统的实施,为校区教学管理提供了全新的平台,各类事项的申请审签、信息查阅、统计报表全部在互联网上进行,规范了工作流程,明确了主体责任,工作效能与服务质量大幅提升。

四、大力实施创新教育,学生社会竞争力显著增强

2015年度安排学科竞赛专项经费146万元,本着统筹兼顾、重点扶持相结合的原则,将重要赛事的经费划拨到相关学院,由学院管理使用,调动了竞赛组织单位的主动性,参赛学生近千人次,成绩斐然。在首届中国“互联网＋”大学生创新创业大赛中获国家银奖1项、铜奖1项,山东省金奖2项、铜奖3项及优秀组织单位称号;在智能汽车、数学建模、电子设计及机电产品创新设计等传统赛事中获得国家级奖项11个、省级奖项76个;在全国大学生英语竞赛、iCAN物联网创新创业大赛、软件和信息技术专业人才大赛及山东省齐鲁软件设计大赛、大学生物理科技创新大赛中均取得骄人成绩。获评20个国家级大学生创新项目,为历年之最。

五、研究生推免结果创历史新高

2015年度有401名2016届优秀毕业生被推荐到各高校和科研院所攻读研究生,占应届毕业生人数的11.91%。其中358人被“211”工程院校接收,占推免总人数的89.28%;310人被“985”工程院校接收,占推免总人数的77.31%。

六、不断创新拓展方式,生源质量再创新高

1.积极争取、合理使用拓展经费,建立各学院相对稳定的拓展工作组及拓展省份,采取学子母校行、拓展组走访中学、参加高招咨询会等多种形式进行招生拓展;加强与总校的沟通,依托其强大的拓展队伍开展威海校区的拓展工作;对2015级新生进行全面调研,为改进招生拓展提供依据;进一步规范了艺术类专业测试等工作。

2.2015年计划招生3800人,实际录取3800人,圆满完成招生任务,生源质量再创新高。普通文史类有19个省份录取线高出当地一本线40分以上,理工类有23个省份录取线高出当地一本线50分以上,与总校的差距进一步缩小,个别省份录取线已超越总校。山东省普通文史类录取线高于重点线43分,录取考生省内排名为16408名(2014年为16954名);理工类录取线高于重点线62分,录取考生省内排名为2873名(2014年为2997名)。

七、加强教师教学能力提升,教学工程成果丰硕

1.与总校教学促进与教师发展中心联合举办威海校区青年骨干教师教学能力提升研修班,来自各教学单位的32名青年骨干教师参加了培训;开展青年教师教学竞赛,进一步提升青年教师的基本素质和业务能力。

2. 五个项目获评山东省 2015 年度本科高校教学改革研究项目，其中重点项目 1 项、面上项目 4 项。结合教学改革需要，有针对性地开展了校级教学改革立项建设，确定 32 个项目立项建设，其中重点项目 7 项、一般项目 25 项。

八、强化服务意识，教学管理日趋规范

1. 抽检本科毕业论文 993 篇，对文字复制比超出 40% 的 18 人进行整改和重检，保证了 2015 届毕业论文的质量。评选校级优秀毕业论文 68 篇，推荐省级优秀毕业论文 9 人，编印了《2015 届校级优秀毕业论文汇编》。新增校外实践教学基地 2 个。修订了实验、实习、毕业论文、课程设计教学大纲。

2. 圆满完成毕业及学位审核工作，2015 年毕结业学生 3455 人（含结业换毕业 37 人），获学位 4018 人（主修学位 3396 人，双学位 622 人），按要求完成学历和学位电子注册；顺利完成 206 人转专业工作；学籍注册 13998 人，异动 436 人次，图像信息采集 3258 人，为毕业生建档 79 卷 19604 页。

3. 加强质量监控，强化教学检查、课堂评估、教学督导等环节，完善校、院两级教学质量监控体系；较好地完成教学基本状态数据库年度编制工作；实施专业人才培养状况年度报告制度。

4. 顺利完成课程考试、CET 等 8 个大类的考试工作，年考生达到 30 余万人次；组织成绩录入 270193 条，对 1759 门课程进行了成绩分析。

5. 加强试题库建设，新建 58 门课程试题库，目前校区已有 207 门课程建立了试题库或试卷库。

九、教材工作

完成 2016～2017 年教材供应商资格招标；对保密室、印刷室进行保密升级改造，圆满完成近千门课程的试卷及十几种自编讲义的印制工作；完成 400 万元码洋教材的采购、仓储、发放、一人一账公示，课前到书率 99% 以上。

十、多媒体教室管理

较好地完成各类多媒体设施的日常维护保养，保障教学正常运行；举办学术报告 86 场，并对学术报告进行录制、后期编辑及资料留存；调整原数学院、计算中心机房管理模式，提高利用率，扩大机考范围。

（贾慧卿）

科学研究

2015年，科研工作在校区上下共同努力下，取得了较为突出的成绩，校区的科研创新能力、协同合作层次和整体学术水平得到明显提升。

一、工作概况

(一)科研项目

项目数量：2015年，校区共有264个科研项目获准立项，其中国家级立项30项，省部级立项86项，地厅级立项40项(其中大学共建项目32项)，企事业横向项目及其他纵向项目108项。

项目经费：2015年，科研项目批准总经费约3430.2万元。全年实到外来科研总经费4821.71万元(纵向约3466.97万元，横向约1354.74万元)。

(二)科研成果情况

2015年，共发表论文783篇，其中各类检索论文数量为460篇；出版学术著作48部；申请发明专利51项，授权发明专利21项。

二、科研工作亮点

(一)人文社会科学类

2015年校区共取得9项国家社科基金各类项目，其中重大项目1项，年度项目6项，中华学术外译项目2项。

年内，校区共获得人文社科类省部级项目立项47项，其中教育部人文社科研究项目9项，国家语委项目1项，教育部高校辅导员工作精品项目1项，国家体育总局体育哲学社会科学研究2项，司法部国家法治与法学理论研究项目1项，中国博士后科学基金6项，山东省博士后基金1项，山东省社科规划基金项目26项。

韩国学院投标的“二十世纪东亚抗日叙事文献整理与研究”获国家社科基金重大项目立项，课题资助经费80万元，为校区首个国家社科基金重大项目。

智库建设成效显著，服务地方经济社会发展能力得到增强。校区教师承担的《青岛市“十三五”城乡统筹发展规划》《威海市经济技术开发区国民经济和社会发展第十三个五年规划》通过鉴定，《青岛市民生社会事业投入绩效评估研究》《威海市第三次经济普查重点课题》等研究成果通过相关部门的结题鉴定。商学院承担的2015年山东省软科学重大项目《“一带一路”战略与山东对外开放研究》，为山东省经济社会发展提供了有力的智力支持。商学院承担的横向项目《山东省旅游局全省17市旅游市场秩序调查测评项目》,立项经费95万;文化传播学院承担的横向项目《荣成文化记忆研究》,立项经费60万。

7月9日,由山东大学(威海)中韩关系研究中心、山东大学东北亚研究中心和山东大学韩国学院主办的第一届中韩关系论坛在校区举行,10余所高校及科研院所的专家学者参加了论坛。今后校区将依托中韩关系研究中心,汇聚校内外研究力量,打造一个高水平、专业化的新型智库平台。

11月29日,由山东大学东北亚研究中心和中国社会科学院地区安全研究中心联合主办的第一届东北亚地区形势发展研讨会在校区举行。来自中国社科院、中国人民大学、山东大学、南京国际关系学院等科研院校的60多位专家和学者参加会议。

(二)自然科学类

21个项目获国家自然科学基金项目立项,直接经费资助总金额821万元。

39个项目获自然科学类省部级项目立项,其中:中国博士后科学基金11项;军工项目3项;山东省科技重大专项(军民科技融合)项目1项,该项目为山东省首次设立;山东省重点科技计划项目3项;山东省自然科学基金资助项目18项,其中空间科学与物理学院申报的《月球与行星科学》获山东省自然科学基金杰出青年基金资助;山东省软科学研究计划重大项目1项;山东省海洋经济创新发展区域示范项目滚动资助1项;国家基础性工作专项子课题1项。

山东大学空间科学研究院行星科学团队有关嫦娥三号"玉兔号"月球车月表就位探测数据分析的研究论文在《自然—通讯》(*Nature Communications*)杂志发表。该杂志同时将文章作为亮点研究成果发布新闻稿(Press Release)予以报道。该成果迅速引发全球主流媒体广泛关注,美国《华盛顿邮报》和《洛杉矶时报》、英国《卫报》和《镜报》、西班牙《世界报》和《国家报》等报纸,《新科学家》《科学美国人》和《大众机械》等科技杂志,EurekAlert、Gizmodo、Mashable、Slashdot和Engadget新媒体等国际主流媒体均撰文报道了这一重大科学发现,对山东大学特别是山大的空间科学学科起到了良好的宣传作用。

经威海市科技局批准,校区又一个市级工程技术研究中心"海洋勘探机器人"获批成立,中心积极开展与威海周边企业的合作,先后与山东双轮股份有限公司、山东荣成锻压机床有限公司、文登天润曲轴有限公司、山东华鹏玻璃股份有限公司、威海戥同测试设备有限公司、大力金刚机器人(威海)有限公司等10余家企业进行合作,将成为威海科技平台建设的重要组成部分,科技集成创新、引进消化吸收创新、自主创新、科技成果转化的重要阵地以及实现产学研相结合、优势互补、资源共享的重要平台。

已立项横向项目中,海洋学院承担的《新西兰鲍与皱纹盘鲍高产、抗逆新品种培育及家系建立研究》项目,合同金额400万元。

在首次"威海市校地合作人才资助计划"工作中,校区有5个项目获得立项。

三、有关统计数据

表 1　　2015 年全校自然科学类各类纵向研究项目立项及批准经费一览表

类别＼指标	数量(项)	经费(万元)
国家自然科学基金	21	821.0
国家基础性工作专项(子课题)	1	100
军工项目	3	90.0
教育部留学基金	2	6.5
中国博士后科学基金	11	84.0
山东省科技重大专项(军民科技融合)项目	1	100.0
山东省重点科技计划项目	2	36.0
山东省自然科学基金	18	221.0
山东省海洋经济创新发展区域示范项目滚动资助	1	100.0
山东省软科学研究计划重大项目	1	12.5
威海市科技局	32	400.0
威海市高区科技局	1	10.0
合计	94	1981.0

表 2　　2015 年全校人文社科类各类纵向研究项目立项及批准经费一览表

类别＼指标	数量(项)	经费(万元)
国家社科基金重大项目	1	80
国家社会科学基金中华学术外译项目	2	100
国家社会科学基金项目	6	120
教育部人文社科研究项目	9	71.6
国家语委项目	1	9
教育部高校辅导员工作精品项目	1	2
国家体育总局体育哲学社会科学研究	2	3
司法部国家法治与法学理论研究项目	1	3
中国博士后科学基金	6	36
山东省博士后基金	1	5
山东省社科规划基金项目	26	83
山东省文化厅艺术科学项目	5	0.3
山东省人文社会科学课题	2	0.8
合　计	63	513.7

表 3　　2015 年自然科学类各院部科研项目(校外项目)统计汇总表

单位	科研项目立项(项)、经费(万元)					
	国家	省部	地市	其他纵向横向	立项经费	实到经费
机电与信息工程学院	7	12	16	36	1116.0	1296.12
海洋学院	3	8	12	26	987.5	1330.33
空间科学与物理学院	9	10		3	716.0	1232.29
数学与统计学院	1	6	1	1	97.0	188.15
体育教学部		2		1	7.0	4
合　计	20	38	29	67	2923.5	4050.89

表 4　　2015 年人文社科类各院部科研项目(校外项目)统计汇总表

单位	科研项目立项(项)、经费(万元)					
	国家	省部	地市	横向	立项经费	实到经费
韩国学院	5			6	290.69	194.69
商学院		14	4	17	181.98	247.14
法学院	2	10		5	101.4	120
艺术学院		3	2	20	73.75	83.45
马列教学部	1	5	1		36.3	36.5
文化传播学院	1	8		2	81	67.3
翻译学院		3		4	21.34	21.34
其他单位						0.4
合　计	9	43	7	54	786.46	770.82

注:其他单位指非教学单位。

表 5　　2015 年自然科学类各院部发表论文情况表

院系单位	SCI 收录(篇)	EI 收录(篇)	CPCI-S 收录(篇)	CSSCI 收录(篇)	论文总数(篇)
机电与信息工程学院	30	71	10	4	144
空间科学与物理学院	41	3	0	0	57
数学与统计学院	15	4	0	0	21
海洋学院	43	2	0	1	70
体育教学部	0	5	0	6	19
合计	129	85	10	11	311

表 6　　2015 年人文社科类各院部发表论文情况表

院系单位	SSCI 收录(篇)	CSSCI 收录(篇)	KCI 收录(篇)	EI 收录(篇)	CPCI-S 收录(篇)	CPCI-SSH 收录(篇)	论文总数(篇)
法学院		50					74
商学院	3	55		3	1	2	108
文化传播学院		35	11				89
韩国学院		3	9				17
艺术学院		23			4		74
马列部		11					36
翻译学院	2	7			2		40
其他单位		4					34
合　计	5	188	20	3	7	2	472

注:其他单位指非教学单位。

(吴三阁　邹晓光)

学科建设与研究生工作

一、学科建设

(一)特色和优势学科建设成效显著

2015 年,空间学科基本完成了山东大学(威海)地磁台、空间光学实验室的建设工作;荣成院夼空间天气与卫星导航综合观测站、电离层闪烁探测系统、行星表面环境模拟实验室和卫星导航与遥感实验室的建设工作进展顺利;参与了国家重大基础科技设施建设项目子午工程Ⅱ期的申请工作。学科团队建设成效显著,引进“外专千人计划”特聘教授 1 人,山东大学齐鲁青年学者 1 名;1 人入选中组部青年拔尖人才计划支持,1 人获得山东省自然科学基金杰出青年基金项目支持。邀请了 30 余名国内外学者来校讲座(含 8 位国外知名学者)。主办学术会议共 9 次,其中“第 14 届国际太阳风大会”是该国际空间物理学界顶级学术会议首次在欧美之外举办。

海洋学科落实了主体工程“海洋牧场综合实验平台”的选址(双岛湾海洋产业技术研发与中试基地)和功能设计工作,为后续海洋学科的实质性发展创造了条件。

韩国研究取得新进展。获得国家社科基金重大项目立项资助,是威海校区获得的第一个国家社科基金重大项目。中韩关系研究中心与威海市商务局合作启动中韩自贸区地方经济合作示范区建设先行先试研究项目。中韩关系研究中心与韩国成均馆大学成均中国研究所、济州发展研究院、圆光大学韩中关系研究院分别签署了合作协议;开展与中国社会科学院外国文学研究所、清华大学比较文学与文化研究中心等国内单位的合作。主办了第一届中韩关系论坛——转型中的中韩关系、第一届中韩青年学者论坛——“一带一路”背景下的中韩关系、中国朝鲜史研究会 2015 学术年会、第三届中韩历史学家论坛——历史上中韩两国的相互认识、中韩 FTA 地方合作研讨会等高水平学术会议。

(二)学科建设基础条件得到实质性改善

在学科建设经费的支持下,研究性实验室建设条件得到明显改善,完成了一批大型仪器设备的购置和安装调试工作;人文社科类的图书资料建设成效明显;各学科专业发展方向逐渐凝练成形。

二、研究生培养

(一)加强招生宣传,提高生源质量

2015 年,校区加大对“优秀大学生暑期夏令营”的经费投入,研究生处配合法学院、机

电与信息工程学院、空间科学与物理学院、海洋学院、韩国学院、数学与统计学院、翻译学院等7个学院成功举办暑期夏令营活动，并取得了明显成效。据统计，已被校区录取的2016级43名校外推免生中，通过“大学生夏令营”录取的学生有19人，占校外推免生总数的44％。

超额完成2015年度研究生招生计划，生源质量明显提升。2015年，威海校区原计划招收硕士研究生320人，最终实际录取349人，其中57人获得山东大学“研究生优秀生源奖励基金”，在数量上远超2014年获奖人数。2015年，校区原计划招收博士研究生19人，实际录取21人。此外，招收各类在职硕士研究生共42人，总数基本与上年持平。

顺利完成2016级推荐免试研究生的复试录取工作，威海校区2016级推免生最终录取112人，其中校外推免生43人。

(二)研究生培养过程管理不断完善

开展研究生课程库建设，为构建全校研究生整体课程教学系统做准备。对校区现有研究生课程进行集中梳理，保留及新增课程近750门。2项示范性研究生学位课程和1项公共选修课程获得山东大学课程建设立项支持。建设10个专业实践基地，保证2014级130名专业学位研究生在课程教学结束后，顺利进入专业实践环节。

鼓励创新培养，追求内涵质量。支持培养单位实施研究生教育创新计划，2015年度列支16万元支持培养单位开展“博士研究生学术论坛”和“暑期学校”等创新计划项目，为研究生从事高水平学术研究与交流提供机会与平台。2015年度威海校区硕士研究生发表优秀学术成果63项，其中SCI及EI收录期刊近50篇。6名博士研究生中期考核获得优秀，1名硕士研究生获山东省优秀科技创新成果奖三等奖，3名硕士研究生获评“山东省专业学位研究生优秀实践成果奖”，6名硕士研究生获得通过考试获得硕博连续培养资格。

配合国际合作与交流处，开展研究生海外交流访学，积极组织申报国家高水平大学公派项目和山东大学海外留学基金项目。2015年，3名学生(博士1人、硕士2人)获得公派联合培养或继续深造攻读博士学位资格。2名学生(博士)获得山东大学研究生海外交流资金资助，分赴德国、美国联合培养，学校为其每人提供6.5万元生活补贴。

(三)严格学位授予工作

严把学位论文质量关。2015年上半年答辩前夕，组织召开校区学位论文答辩工作会议，对山东大学学位管理文件中的要点进行解释和说明，并通报了相关单位在博士预答辩、学位论文写作规范、论文送审、答辩委员会组成、答辩程序等许多方面存在的疏漏，协助各培养单位顺利完成本年度研究生学位论文的答辩工作。

坚持学位论文盲评制度，对所有申请答辩论文进行答辩前检测，防止学术不端行为发生。3篇学位论文获评本年度山东大学优秀硕士学位论文，其中1篇同时获得“山东省优秀硕士学位论文”。

(四)加强研究生导师队伍建设

37名教师获得2016年博士研究生招生资格，其中6人为初次申请人员。203名教师通过2016年度硕士研究生招生资格审核，其中22人为初次申请人员。2位研究生导师获得2015年度“山东大学优秀研究生导师”荣誉称号。

三、学术委员会工作

(一)认真组织各类学术评价和审议

截至12月10日,共召开威海校区学术委员会(学位评定分委员会)4次、学科学术委员会2次,涉及内容包括本科生、研究生学位授予审核、科研项目评审、学科建设项目论证、职称评审、岗位设置及学术评议等内容。此外,协助人事处进行8次校区学术委员会的通讯评议,主要议题包括人才引进、岗位招聘、职称认定等。

(二)加强学风建设,严惩学术不端

2015年度,校区学术委员会对2名在职教师涉嫌违反山东大学学术纪律的举报进行调查,并根据《山东大学学术纪律处分规定》,对该2名教师提出学术纪律处分和行政处分建议,严肃学术纪律。

(陶　扉)

财务管理

2015年，财务工作秉承增收节支、反对浪费、建设节约型校园的原则，不断完善财务制度，严肃财经纪律，增强服务意识，提高财务管理水平。校区财务运行平稳，资金状况良好，为各项事业发展及提高教职工待遇提供了有力保障。

一、结合“三严三实”教育，切实改进工作作风

以“三严三实”专题教育为契机，真正从思想上、工作上、作风上严起来、实起来，要求财务人员做到忠诚、干净、担当，转变思想观念和管理习惯，认识新常态，适应新要求，学习新规定，全面提升管理和服务水平。

二、加强收支预算管理，提高资金使用效益

(一)收入预算及完成情况

2015年度，安排收入预算46082万元，实际实现各项收入55767万元，超额完成年度收入预算任务，比上年同期增长8050万元，增长率16.9%。其中，财政拨款34058万元，学宿费收入10692万元，科研财政拨款(纵向科研)3473万元，科研事业收入(横向科研)1345万元，各类创收及其他收入6199万元，校区各项收入指标均呈现逐年递增的良好态势。

(二)支出预算及完成情况

2015年度，校区安排支出预算54076万元，预算追加3841万元，实际实现各项支出52876万元，完成比例91.3%，支出预算完成情况好于以往年度。

(三)资金使用情况

财务处力争做到管好钱、理好财，合理有效利用资金，提高资金使用效率，建设节约型校园。对限额以上的支出项目，进一步强化和完善了招标采购制度和规程。2015年，《政府采购法实施条例》正式实施，对照条例的要求，招标办决定对分散采购限额以上到公开招标之间的项目也采用委托代理的方式，选择了三家代理公司作为政府采购的委托代理服务公司。年内，招标办共组织或委托组织各类招标采购91项，节约采购资金2219.40万元，节约率为11.39%。

三、顺利实现新旧会计制度转换和衔接

根据财政部、教育部的要求和山东大学的统一部署，校区自2015年1月1日开始执

行新的《高等学校会计制度》，严格按照新制度的规定进行会计核算和编报财务报表。时间紧、任务重，财务处全体人员齐心协力，加班加点，克服困难，及时调整会计信息系统，正确实现数据转换，顺利实现了新旧账套的有序衔接、平稳过渡。

四、以巡视整改为契机，努力提升财务管理水平

针对教育部巡视组“巡视工作情况反馈意见”中涉及财务管理方面存在的问题，威海校区财务处积极采取整改措施，努力提升财务管理水平。

(一)进一步加强和完善制度建设

对国家以及山东大学关于财务管理方面的最新制度和规定，及时转发、认真学习并严格遵照执行，在校区网站对差旅费、会议费、国内公务接待、因公临时出国(境)、科研经费等常用的报销制度和办法进行广泛讲解和宣传。

(二)严格规范财务报销工作

按照最新文件规定，进一步规范财务报销工作，严格控制“三公经费”支出，加强差旅费支出管理，规范会议费报销手续，控制人员经费发放，对报销票据进行严格审核，最大限度地避免违规报销、套取资金的情况发生。

(三)实行违规风险警示记录制度

对不符合规定或手续不全的报销业务，及时与当事人沟通，向其阐述不予报销的理由，若未能取得理解和支持，则向其出具“财务风险警示记录表”，要求项目负责人对经费使用的真实性、合理性及有效性承担经济与法律责任。建立违规风险警示记录，有助于提升教职员工的道德风险意识及遵守财经纪律的自觉性。

五、通过专项自查，对公务接待进行整改

根据山东大学统一安排，11 月至 12 月上旬，由财务处牵头，对威海校区自 2013 年以来公务接待经费的安排及使用情况进行了专项自查，对自查发现的问题予以整改。对不符合公务接待报销规定、报销手续不齐全、超标准公务接待等行为，责令相关单位将违规报销款项予以退回。

(万　辉)

国际合作与交流

2015年,在校区党委和行政的正确领导下,校区国际教育交流工作以年度工作目标为指导,较为圆满地完成了既定工作任务。

一、校际交流工作

2015年,新开辟合作院校9所,具体包括西班牙圣地亚哥·德·孔波斯特拉大学,法国雷恩高等商学院,俄罗斯阿穆尔大学,美国亚利桑那大学,新西兰奥克兰大学,韩国釜山大学、中央大学、产业技术大学以及我国台湾地区的元智大学。全年与合作高校新签署合作协议13项,其中,尤为重要的是与澳大利亚斯威本科技大学签署了"先进制造业联合研究中心合作备忘录",双方共建的"3D联合实验室"揭牌。

二、出访与来访工作

2015年,校区共接待各类来访团组52个,其中澳大利亚团组18个,欧洲团组6个,美国团组9个,韩国团组10个,日本高校及驻中国办事机构团组5个,台湾地区4个。

根据教育部安排,2015年8月,校区接待了俄罗斯200余名来华中学生夏令营团;9月,接待了"教育部俄罗斯艺术大师班"4位俄罗斯顶级油画艺术家来校授课。

2015年校区派出访问团组16个,分别访问了澳大利亚、美国、韩国、俄罗斯、西班牙、丹麦、芬兰以及我国台湾地区的合作高校。其中校级团组8个,其他普通团组8个。

三、中外合作办学工作

2015年,中外合作办学生源质量较上年又有提高。校区机械设计制造及其自动化专业合作办学项目招收76人,计算机科学与技术专业合作办学项目招收100人,金融学专业合作办学项目招收99人,其中,金融学专业合作办学项目为首次招生。

通过中外合作办学,校区得以深化教学改革,优化培养方案,借鉴世界先进的教育、管理理念及教学手段,引进开发以英文授课为重点的国际化专业课程,实现优势专业间的强强联合,逐步建立起与世界高水平大学相适应的人才培养体系。

四、国际学生培养工作

2015年,校区共有长期国际学生986人次在校学习,分别来自美国、英国、澳大利亚、俄罗斯、法国、德国、意大利、西班牙、保加利亚、乌克兰、韩国、日本、加纳等13个国家。

夏季学期和寒假期间，共接收韩国、俄罗斯、英国、澳大利亚 10 余所高校的 345 名同学来校参加“国际课堂”短期学习交流项目。

在中外学生交流平台建设工作(TPIS)方面，全年共组织中华文化体验、汉语辅导、趣味运动会等活动近 100 次，900 余名国际学生和中国学生参与平台交流。

校区国际学生工作氛围日益和谐，管理体制趋于完善，教学质量和水平不断提升，硬件设施不断改善，学历生、语言生、交换生、短期进修生等各类学生齐头并进，数量逐年增多，呈现出蓬勃发展的良好态势。

五、学生海外经历工作

2015 年，校区共外派学生 501 人，目的地涉及美国、澳大利亚、英国、法国、西班牙、瑞典、德国、韩国、日本等 10 个国家及我国台湾地区的 47 所高校。其中，派往韩国高校 163 人，派往美国高校 71 人，派往欧洲高校 54 人，派往澳洲高校 46 人，派往日本高校 41 人，派往香港地区高校 5 人，台湾地区高校 121 人。

校区共有 266 名学生受益于“海外经历校长专项奖(助)学金”项目。其中，226 人获得“海外经历校长专项奖学金”，40 人获得“海外经历校长专项助学金”。

校区共有 257 名本科毕业生赴美国哥伦比亚大学、澳大利亚国立大学等世界一流大学攻读研究生，出国读研人数占毕业生总数的 7.4%。

为了给同学们提供更高层次的国际交流平台，校区继续推动“名校访学计划”，年内共有 78 名同学获益，分别赴澳大利亚国立大学、西澳大学，英国皇家霍洛威大学、南安普顿大学，美国加州大学系统等世界名校学习。

2015 年，学生暑期海外访学工作强化学院工作主导性，采取“学院立项，校区资助”的形式，同时通过加大经费支持等形式强调项目的学术性，要求学生进入国外大学课堂学习课程并修得学分。全年共支持 16 个项目，累计 193 人次赴海外高校参加短期访学项目。

六、国际会议工作

6 月 22 日，由校区和北京大学共同主办，中科院国家空间科学中心、中国科学技术大学、北京航空航天大学等单位协办(联合承办)的“第十四届国际太阳风大会”在校区开幕，共吸引了 200 多名国内外专家学者参会。国际太阳风会议(International Solar Wind Conference)是由全世界太阳风及日球层物理研究领域知名科学家共同发起的国际最高水平的领域学术会议。

另外，校区还承办了“湍流、磁重联及高能粒子物理研讨会”“中日韩立法学与法律方法论国际会议”等国际会议。

七、国外智力工作

2015 年，校区共聘请长期外籍专家 30 名，50 余名短期专家来校讲学，配合人事处及接收单位协助办理了 4 名外籍博士后的来华及居留手续。

校区引进的“国家外专千人计划(短期)”德国籍教授考夫曼(Kaufmann)先生正式到

岗,机电与信息工程学院申报“国家外专千人计划(短期)”1 名。

八、出国(境)审批和服务工作

严格按照上级规定开展因公出国(境)审批工作,全年共审批教工及部分学生出访团组共计 136 个,达到 211 人次。新修订了规章制度、办事流程等文件,因公临时出国(境)全部纳入公务普通护照管理范围。

九、外事后勤工作平台建设

2015 年,外事后勤楼宇顺利完成了 600 余人次国际长短期学生的住宿服务工作。基本设施及条件继续得到大幅度改善提高,全年实现平稳、安全、规范运营,有力地保障服务了校区学术交流和接待工作。在有关部门的大力配合下,顺利办理了文海苑消防营业许可,解决了存在多年的经营资质瑕疵问题。

(尹传波　刘　亮)

资产与实验室管理

一、规范国有资产管理

1.企业产权管理方面:协调指导山东大学(威海)电子系统实验所、威海山大学术交流中心的清理改制相关工作;完成了教育部直属高校国有资产管理(企业部分)专项检查工作。

2.公车管理方面:威海校区共有11台车辆需要办理拍卖、报废、封存、减帐等处置工作,2015年完成拍卖过户手续2台,完成报废减账手续3台,待报废减账1台,封存5台。

3.公房管理方面:完成威海校区行政办公用房5000余平方米的实地测量工作;完成知行楼等全校行政、院系所在建筑物的公共部分面积图纸测算工作;受理完成公房调配申请2000余平方米;配合完成教育部专项审计组对威海校区公房出租出借检查工作。

4.土地管理方面:配合完成教育部专项审计组对威海校区土地检查工作;完成错误登记和漏登土地记录更改工作;完成“三角地”民事判决书和执行裁定书卷宗归档工作;完成威海山大学术交流中心房产证更名工作。

二、搭建和拓宽教学科研平台

对威海校区各单位申报的总额1846万元的25个拟建项目进行论证,最终审定“生物综合实验教学中心”等15个实验室建设项目,完成900万元的教学实验室建设经费立项分配工作。累计完成实验室环境改造、软件类招议标15项,签订合同11份,合同金额97万元。完成6项山东大学软件项目验收。

三、加强大型仪器设备管理工作

强化大型仪器设备购前论证、操作培训、效益考核,开展对“高效液相色谱仪”“硬质薄膜镀膜机”等大型仪器设备购前论证8次,组织操作和使用培训12次,组织对70台大型仪器设备进行年度使用效益考核。

四、优化完善物资设备管理程序

1.根据采购物资设备所用经费的不同及财务处对2万元以上货物类购置报销合同的要求,进一步理顺合同签章工作。

2.物资设备项目的验收方面,进一步突出校内用户单位的主体地位,按照物资设备具体使用单位提出验收申请,相关专家对拟验收物资设备性能参数进行检测并签署书面检测报告,职能部门联合纪检审办公室等共同参与验收的流程,既保障了验收工作的程序性,又保障了验收的实质性。

五、升级物资设备管理系统

与北京化工大学信息系统开发中心签订协议,将物资设备管理系统由单机版升级为网络版,新版系统向教学院部等开放物资设备报增模块,充分利用校园网实现资产信息的动态管理,同时增加资产处置提交财政部、教育部及备案接口模块,更加方便资产数据与济南总校的对接及上报,进一步提高管理工作效率和服务质量。

(孙巍峰)

安全保卫工作

2015年，保卫处认真贯彻落实教育部和校区关于维护稳定的各项方针政策，着力抓好平安校园建设，不断加强党风廉政建设，扎实开展各种安全教育和安全大检查，营造平安、稳定、和谐的校园环境，确保校区教学科研工作顺利实施。

一、安全管理

1. 以稳定压倒一切的工作思路，建立党委、行政领导，各部门相互协调的保卫工作体制和责任制，形成多层次、多形式，分工明确、职责清晰的校区治安稳定工作网络。按照"谁主管，谁负责"的原则，与34个单位签订《2015年社会治安综合治理责任书》《重点要害部位防火责任书》，使目标层层分解、层层落实，责任到人。

2. 每季度1次督导校内各单位组织开展安全大检查活动，针对重点单位、重点部位抽查16次，给相关单位下发火险安全隐患整改通知书8份、工作联系单6份，年内下发安全通报3份。

3. 完成监控室、消防中控室的改造升级工作。做好校区消防设施设备的维护和保养：全年新购、充装灭火器993具；修换消防指示牌、应急灯655个；维修防火卷帘9部，更换卷帘门控制箱6个、卷帘门电池10块；更换温、烟感探头22个、室外消火栓2个，安装室外消火栓护栏47个；更换消防水带116条、水枪23支；更换室外消防箱6个；维修EPS电源6个，更换EPS电池514块；更换消防主机2台。

二、安全教育

1. 全年面向师生举办6场安全教育讲座，培训人数达3500人次；发放《新生入校安全须知》4000余份，在五四广场、学生公寓和主干路旁设立安全教育宣传栏14块；张贴消火栓的使用说明1200余张，组织开展消防安全知识专题讲座、消防器材的使用与消防演练等活动。利用各种媒体开展防火、防盗、防诈骗等安全教育。

2. 组织、安排政治素质高、大局观念强的同志为安全信息员，深入学生公寓，广泛开展谈心活动，做好师生的思想工作，坚持正面教育引导。对不稳定因素，努力做到早预测、早发现、早控制，确保事端不扩大、不蔓延、早化解，有效抵制国内外敌对势力对大学生思想的渗透与腐蚀。

3. 对校内"重点人员"进行排查调研；在国内外形势敏感时期，及时了解掌握师生思想动态，着力防范处理涉外、涉宗教问题，及时报送校园调研报告。对校内涉邪人员派专人对其进行教育、帮助和挽救，会同其家人积极做好思想转化工作，确保其不参与各类违法犯罪活动，有效防止邪教在校内进一步渗透。

三、综合治理

1. 制定应急处置预案，针对群体性突发事件起因、性质、规模、危害程度和事态发展，制定相应的处置措施，力争做到获取信息快、组织力量快、赶赴现场快、抓住时机快、决策处置快、制止平息快。

2. 加强校卫队员和办公楼值班人员管理教育，将防范重点延伸到 8 小时以外，做到值班干部、校卫队、门卫更夫三级值班联动，在重大节日、毕业生离校、恶劣天气期间，全处人员在岗在位，大力加强重点部位的巡逻检查，确保校区全年无重大灾情发生。

3. 加强校园门岗管理，严控违法犯罪分子进入校园进行不法活动。积极与公安、教育、稳定办等部门联系沟通，加强校园周边环境治理，全年协助公安机关找回自行车 5 辆、手机 10 部、笔记本电脑 2 部、移动硬盘 2 个、现金 2355 元。

4. 充分发挥“校园 110”作用。全年接处警 432 次，其中求助 35 次，捡到钱物、身份证、银行卡等物品并归还失主 156 次，完成校内大型活动安保任务 15 次。对于每次接警，都能及时出警，妥善处理。

5. 多次协调威海市物价局、交警支队等有关部门，办理停车场手续，并于 7 月 1 日正式运行。协同警方开展校园交通安全月专项整治活动，对影响交通安全的路段增加交通标志和交通设施。

6. 安排专人负责师生集体户口管理，办理包括政策的咨询、户口查询、外借以及户口迁移、出具户籍证明等在内的多种业务。全年完成户口借用 160 人次，零星户口迁移 70 人次，户口查询、咨询 230 人次，圆满完成新生、毕业生的户口迁入、迁出工作。完成全国百分之一人口普查工作。

（万　伟）

基本建设

2015 年，在校区党委、行政正确领导和各部门大力支持下，基建处全体工作人员深入贯彻落实基建管理工作相关规定，齐心协力、廉洁奉公，严格依法、依规、依序和公开、透明地开展工作，顺利完成全年各项工作任务。

一、严抓思想政治学习

(一)认真开展落实“三严三实”专题教育活动

贯彻落实校区党委关于把开展“三严三实”专题教育作为重大政治任务的要求，参加“三严三实”专题教育党课培训，举办“三严三实”专题教育学习研讨会 3 次，并实地参观台儿庄大战纪念馆、毛泽东像章纪念馆、杨子荣纪念馆，接受爱国主义教育。此外，还利用报刊、网络等多种形式开展思想政治教育活动。通过上述活动，增强了党员干部严守党的政治纪律和政治规矩的意识，提高了对“严以修身、严以律己、严以用权，谋事要实、创业要实、做人要实”的认识，坚定地与党中央保持高度一致。

(二)抓好党风廉政教育

积极贯彻党的十八大以来全面从严治党的要求，坚定不移推进党风廉政建设和反腐败斗争，组织党员干部认真学习、领会《习近平关于党风廉政建设和反腐败论述摘编》《领导干部违法违纪案例警示录》《教育部直属高校基本建设廉政风险防控手册》《中国共产党廉洁自律准则》和《中国共产党纪律处分条例》。通过学习与研讨，提高了全处人员廉洁自律、防范廉政风险的意识和自觉性。

二、健全规章制度、完善约束机制、强化内部管理

为适应新形势下的基本建设管理，制定并严格执行《基建处管理工作责任制》《基建处廉洁勤政守则》。为加强廉政建设、健全廉政风险防控体系，基建处所有工作人员签订《基建处工作人员廉政责任书》。

根据教育部巡视组发现的工程项目建设中存在未报先建问题，和基建处整改阶段自查、互查发现的工程项目建设中存在超预算、变更签证不规范、管理程序不严谨等问题，基建处认真检查、深刻反思，立即进行落实整改，制定一系列整改措施，在逐步落实中取得初步成效。

2015 年，学生宿舍楼、体育训练馆项目开工建设，工程管理采取并强化了以下措施：

1. 坚持实行周一办公例会和工地现场会制度，管理工作做到公开、透明、阳光。

2.配合校区招标办、纪检监察审计办公室,加强对投标单位的资格审查,严审严控有利害关系的企业或个人参与校区工程项目建设。

3.坚决执行工程总包和清单报价制度,严格按照《建设工程工程量清单计价规范》科学合理编制工程量清单和招标控制价,跟踪审计单位全过程参与工程量清单和招标控制价编制工作。

4.严格贯彻执行《山东大学基本建设管理办法》和《山东大学基建工程变更及现场签证管理办法》,完善管理体制,规范管理流程,基建项目获得相关批准后方可实施,杜绝工程项目出现未批先建问题。严格变更签证审批程序和权限,加强工程造价管理和控制,避免工程造价大幅超预算的现象发生。

5.单项工程建设实行项目组管理,制定项目组成员工作职责,明确责任和义务。工地代表现场办公,项目组长半日现场办公。加强对工程监理单位监管,充分发挥监理作用。

6.加强工程建设安全管理,制定《基建处基本建设安全文明施工管理办法》并实施。

7.严格质量管理标准和建材检查制度,强化质量意识,落实质量责任。制定并执行《基建处材料管理规定》,避免建筑材料采购工作中的违规操作,杜绝劣质建材进入工地现场。

8.汇编《基建处基建管理工作制度手册》,基建处职员人手一册,遵照执行。

三、规范工作程序,扎实推进各项工作

(一)完成校区"十三五"基本建设规划及基本建设投资计划编制工作

按照教育部主管部门的要求,完成了编制校区"十三五"基本建设规划资料的收集整理及"十三五"基本建设规划的编制和申报工作。完成了校区2015年基建投资计划和调整计划,完成2016年基建投资建议计划的申报、编制和调整工作。

(二)严抓工程建设管理,推进新建工程项目

1.学生宿舍楼工程,建筑面积25615.68平方米,计划总投资8029.90万元。学生宿舍位于校区西部学生生活区域,建筑为板式结构,并做了转折形处理,整个体量看起来是两个矩形叠加,西楼14层,东楼17层。工程于2015年7月开工建设,预计2017年5月竣工。2015年完成土方工程和桩基础等,完成建筑安装进度投资800万元。

2.体育训练馆工程,建筑面积20750.90平方米,计划总投资9930.82万元。体育训练馆位于校区运动场西侧,分南、北馆依地势而建,错落有致,与运动场相互围合、依存,形成开放、兼容并包的建筑气质。南馆有八道50米游泳池和羽毛球馆,北馆有乒乓球馆、篮球馆、排球馆、健美操馆和武术馆。工程于2015年11月开工建设,预计2017年6月竣工。2015年完成土方工程和部分桩基础工程,完成建筑安装进度投资160万元。

3.留学生公寓改造工程,4月份完成全部工程,并通过竣工验收和消防验收。

4.空间物理学院荣成院夼观测站工程,应空间物理学院教学研究需要,在荣成建设气象观测站,基建处从选址、施工图设计、建筑施工,进行全过程参与管理,工程10月动工,11月竣工验收交付使用。

(三)深入市场调研,严把建筑材料质量关

做好工程材料、设备的市场信息及质量情况的收集工作,组织校区相关部门共同进

行材料考察、市场调研及材料进场监督、检查工作。提出建筑材料招标的质量要求及相应指标。杜绝不合格材料进入施工现场，避免施工偷工减料现象，确保工程质量。

四、积极开展工会活动，丰富职工生活

按期召开基建处二级教代会，积极行使职工民主管理监督、参政议政的权利。支持并响应校区工会发起的“师德建设文明月”活动。根据基建处人员及工作实际情况，积极组队参加校区运动会、乒乓球比赛、羽毛球比赛等活动，增强职工沟通交流和凝聚力，积极营造以人为本、团结和谐、安全稳定的工作氛围与环境。

（金世玉）

后勤管理与服务

2015 年，后勤管理处在校区党政的正确领导下，全体干部职工围绕校区总体工作部署，较好地完成了各项工作任务。

一、党建及制度建设

（一）以“三严三实”专题教育为契机，认真做好党建工作

2015 年，后勤管理处全体党员干部以“三严三实”标准严格要求，坚持反对“四风”，牢记“八项规定”和“六条禁令”，认真开好领导班子民主生活会，认真组织政治理论学习和主题实践活动，深入学习领会《中国共产党廉洁自律准则》和《中国共产党纪律处分条例》，紧紧围绕校区中心工作，充分发挥三个基层党支部的战斗堡垒作用，为后勤工作全面发展提供有力的保证。

（二）深入开展各项工会活动，全面配合后勤管理处党政工作

2015 年，后勤工会在校工会及后勤党总支的正确领导下，关注教职工的生活和身心健康，引导职工爱岗敬业，不断加强物质文明和精神文明建设。积极组织干部职工参加义务植树、爬山及校区组织的运动会、羽毛球、排球、乒乓球比赛等活动，均取得了较好成绩。

（三）加强宣传，不断完善规范制度建设

2015 年，以后勤管理处网站为主要阵地，开展好宣传报道以及办公文秘等信息化建设工作。适时做好维护网站安全、实时新闻增加、通知通告发布、“你问我答“和“网上报修”栏目回复等工作。新制订了《后勤管理处防汛预案》《洗衣机清洁、维护工作管理暂行办法》。

二、工作成果

2015 年，以饮食、工程修缮工作为重心，全方位做好各项后勤服务保障工作。

（一）饮食保障与管理监督

食堂管理始终坚持“有制度可依，有制度必依，用制度管人，按制度办事”的原则，强调精细化管理，不断提高管理水平，强化红线意识，坚守以无食物中毒事故发生为底线的原则，确保食堂卫生与饭菜质量安全，学生满意率较高。在威海市食品药品监督管理局食堂量化评比中获得了 2 个 A 级，3 个 B 级的好成绩。

（二）项目改造与维修工程

全年共完成大小修缮改造工程140余项，总造价1500余万元。重点解决了一批师生反映的难点热点问题，主要有：

1.暖气及教学楼保暖问题。新建了三个供热暖气泵站，在供暖循环管道的末端增加了排污阀，同时采取了更新更换分支阀门以及安装双层窗、安装棉门帘等措施，取得了很好的效果。

2.校园楼宇防水问题。对校园所有楼房进行了全面排查，对漏雨屋面采取全部或局部做防水等方式进行了处理。

3.学生住宿条件改善问题。对研究生公寓进行改造，对部分宿舍楼阳台包封铝合金，更换了室外电缆，B配变压器增容，安装了128台热水器，为2700余个学生公寓房间全部安装了电风扇等，切实改善了学生住宿和生活条件。

4.节能监管平台建设。工程总造价约计330万元，涵盖了全校约1100个监测点。水电费预付费系统施工完毕，更换了新式智能远传水电表1100余块。年度水电费净支出较预算减少50余万元。

5.工程验收工作。加强监管，认真核算，严格控制工程量。

6.对2014年应付未付款工程进行了二次审计，共审减了10万元。

（三）水电管理与维修抢修工作

对校园内51个配电室箱变室、20个室外配电箱、电梯、空调以及水电暖等设备设施进行全面的普查整改和维修保养。为三处电梯机房增加了通风装置，为知行楼客梯井道安装了防护板。维修遵循“快速反应，马上行动，认真落实”的作风，合理调配人员，抓好维修质量，共独立完成大小维修工程48项，零星报修3150项。

（四）绿化保洁与房产管理

1.绿化方面。全年完成绿化工程50余万元。以科学为依据，进一步规范了校园绿化养护工作，对校园的草坪、树木、绿篱等进行专业的浇水、施肥、灭虫、修剪、清理等。

2.物业方面。定期进行专项卫生联合大检查，重点对卫生间及室内外死角等部位进行检查，并要求做到卫生清扫常态化。认真做好校园防汛预案和冬季清雪预案及准备工作。

3.房产方面。生活中心全面清查了2008～2014年所有房屋租赁合同、房屋租金的入账情况及其相关资料，并按照新的房屋出租出借要求管理监督。

4.家属区管理。家属委为广大教职工做好贴心服务，并为业主委员会的成立做了大量准备工作。

5.周转房及单身宿舍管理。房产科积极做好周转房和单身宿舍的分配和日常使用管理工作。

（五）医疗服务与幼教工作

1.校医院重点做好7500多名新生和毕业生入校、离校查体工作。积极为教职工、学生、幼儿做好日常医疗保健、卫生防疫、计划生育等各项工作。

2.幼儿园积极强化师资力量培训，扎实推进新课程改革，获得“2015年山东省高等学校后勤管理幼教工作先进单位”荣誉称号。

(六)其他后勤服务保障工作

为住宅楼每个单元安装卫生监督公示牌;对学生宿舍和教工住宅楼采取灭蟑螂、灭跳蚤措施;为方便学生,安装了 4 台换币机;延长了浴池开放时间,全年增收节支23 万元;全力做好教职工购买青岛校区住宅楼的各项服务工作;为单身教工宿舍安装了门禁系统;将教职工查体改为每年一次。

(何　睦　于文浩)

图书馆工作

2015年，在校区领导的全面支持、关心下，在全体馆员的共同努力下，图书馆全面履行了学校赋予的各项工作职责，圆满完成了年度工作任务。

一、基础服务稳步发展

1.截至12月31日，图书馆纸质文献总量为1421809册。年度新增中文图书73365册、西文图书992册、日文原版图书2064册、韩文原版图书1645册、博硕学位论文280册、纸质中文期刊2164种、报纸126种；续订数据库15个，完成了新东方微课堂、新东方掌上学习平台、微讲堂数据库3个数据库合同签订。继续接收来自日本科学协会、美国"亚洲之桥"和"亚洲基金会"等国际公益组织捐赠的外文原版图书。这些国际赠书将大大丰富校区外文原版书的藏书品种，为师生提供更多更优质的外文资料；对校区的外语科研与教学以及"天、海、韩"三大特色学科的稳步发展，提供强有力的文献资源保障。

2.年内接待读者150万人次。全年借还书60万余册，上架新书14万余册，下架密集典藏图书5万余册。全年320天开馆，周服务时间98小时，周借阅时间73小时，系统与服务器7×24小时服务。信息共享空间使用频次骤增，全年接待人次达3000人次。

二、用户培训多元化

对3800名新生开展了入馆教育，培训80余场，为后续的读者管理奠定了良好的基础。以"一小时讲座"为基础的用户培训服务内容不断扩展，已囊括图书馆资源与服务、电子资源利用、文献管理工具的使用、学位论文讲座、馆际互借与文献传递等内容，极大地提高了师生的文献检索能力。

三、学科服务深入化

继续加强和跟进学科服务工作，致力于学科服务的可持续发展，学科服务渐走渐深，制度化、泛在化、持续化成为新常态。年内学科馆员走访了所有教学院部，坚持开展相关培训，适时推广图书馆文献资源。鼓励学科服务馆员积极参与专业教师科研项目，实现了学科服务馆员长入教师科研零的突破。

四、参考咨询多层次化

馆内总咨询台全年咨询问题500余个，在线问答提交问题220个，馆长信箱答复读者问题13件。为校区师生及威海市区机构人员开具检索证明361份、科技查新报告7份。为潍坊学院检索100人次、148篇文献。

五、馆际互借和文献传递业务快速增长

校区师生CASHL用户141人,年度利用CASHL提交文献传递请求103次,文献满足率89.25%;CALIS用户206人,年度提交申请744篇,满足率为89.25%。

六、创建品牌活动

1.为庆祝第20个世界读书日,图书馆开展了"阅读·悦读——图书馆读书节"系列活动。活动以创建书香校园,倡导读书风尚,培养大学生"爱读书,读好书"为目的,共同营造知书达理、温馨和谐的校园氛围。

2.为营造人文绿色的图书馆氛围,图书馆开展了"服务·安全·文明"系列活动。活动以创造温馨、文明、安全的阅览环境,增进馆员与读者之间的沟通与理解为目的,与读者一起践行文明阅读,共建书香校园。定期开展防火、设备安全检查,组织开展应急疏散演练。邀请威海市全龙消防服务中心周德龙教官,对全馆人员进行了消防安全培训。6月16日,图书馆馆员与读者进行了应急疏散演练,强化馆员与读者的消防意识,确保在灾难发生时,能够及时的疏散,确保人身安全。

3.各阅览区定期制作阅读宣传展板,揭示优秀馆藏,激发学生"爱读书,会读书,读好书"的阅读兴趣。

七、荣誉与奖励

2015年末,中国高等教育文献保障系统(China Academic Library&Information System,简称CALIS)联机合作编目中心对2014～2015年度CALIS联合目录各项工作指标进行了统计,并组织专家对数据质量进行评估,校区图书馆荣获"2014～2015年度CALIS联合目录馆藏数据库建设先进单位奖""2014～2015年度CALIS联合目录小语种数据库建设先进单位奖"和"2014～2015年度CALIS联合目录西文数据库建设先进单位奖"三个奖项。

八、对外交流稳步发展

1.全年接待国内外访问团和友人32次,共计1063人。

2.与哈尔滨工业大学(威海)图书馆的馆际合作取得实质性进展,全年共接待哈工大读者10000人次,借还图书14000余册。

3.积极参与威海市文化建设,为地方提供文献信息服务。全年共接待校外读者6998人次,借还图书8000余册。

(姜玉晶)

网络与信息化建设

一、基础设施建设

2015 年，山东大学(威海)无线校园网正式开工建设，至年底，规划中的 2600 余个各类室内外 AP 已全部建设完毕，面向全体师生开放使用。共覆盖校区内楼宇 57 栋，涵盖了包括教学科研、行政办公、学生宿舍、生活餐饮等多个区域，基本实现了除教工住宅以外校区内楼宇的全覆盖。

年内，校园网新增骨干网核心交换机两台，对原有核心设备进行了升级替换，提升了核心系统性能和对新业务的支撑能力；增加两台统一认证设备，建立起统一的用户管理体系；新敷设光缆 10 余公里，新增及修复光纤 2000 余纤芯，实现了校区有线、无线核心至楼宇双链路冗余，提高了楼宇接入带宽；测试信息点 6200 余个，修复信息点面板或模块 1000 余个，更新更换楼宇有线各类接入设备共计 228 台，提升了设备带宽及业务支撑能力。2015 年，中心对互联网出口进行了再次扩容，联通出口由 1000M 扩充至 1500M，互联网总出口由 2300M 扩充至 2800M。

对现有综合网络管理平台进行升级和部署。增加设备管理、无线业务管理、流量分析等管理模块，与现有网络运行监控系统相结合，完善了网络监控及设备管理能力。同时全面升级用户认证计费系统，变更用户开户及计费模式，逐步将现有用户由老系统向新系统进行了迁移，将校园网有线、无线用户纳入统一管理平台。

二、应用系统建设

配合相关部门将总校部署搭建的 OA 系统在威海落地运行。配合 OA 系统工程师进行教职工数据的整理和导入，完成通知公告、请示报告、公务外出、会议安排、议题立项和信息报送等 16 个流程和 4 个相关子流程的设计，部分流程实现在威海校区范围内测试运行。积极参与校区的信息平台建设，协助各部门进行网站的制作和改版，并提供网络运行环境和技术支持。协助各部门制作完成各类网站十余个。协助教学系统和管理系统的优化更新，配合图书馆将部分期刊数据库陆续迁移至数据中心服务器运行，解决图书馆存储设备陈旧和存储空间不足的问题。

三、信息化建设

完成了教学办公楼门禁系统的建设，完善了“门禁管理服务系统”的功能；完成了校门智能通行系统建设,开发完成了“基于校门智能通行系统的临时卡管理系统”;在系统二期开发中通过与厂家合作,实现了通过共享平台和单点登录系统网上直接授权,实现系统无纸化运行,保证了车辆进校收费的安全性和高效率。

正式启动“面向学生的云服务平台——基础综合平台”和“面向学生的云服务平台——学生服务平台”建设;完成了 TrustLink 生物识别统一身份认证平台部署,高效率、高质量地完成了 2015 年新生的甄别工作,同时完成了新生照片的采集工作。TrustLink 生物识别统一身份认证平台是中心 2015 年工作的又一亮点工程,《威海日报》曾对该项目的实施进行了专题采访与报道,此项目的实施使威海校区信息化迎新工作走在了国内高校前列。2015 年,网络与信息管理中心部署了“校园卡综合电子支付平台”,作为数字校园中的基本支付平台,拓宽了校园卡用户支付渠道,为校园卡用户提供了更加方便的服务。

四、超算中心建设

3 月,超级计算中心正式建设完毕并投入使用,完成作业数为 5000 余个。举办了 3 期高性能计算培训班,培训 150 人左右,设立了超算交流 QQ 平台,对于超算用户使用中出现的问题基本实现了一站式需求服务;制定《Materials Studio 软件使用规定》《山东大学(威海)超级计算中心服务管理办法(草案)》《超级计算中心机房管理规定(草案)》等一系列规章制度。

五、网络与信息安全建设

在网络核心机房及数据中心机房部署了机房消防系统;在学生区 6# 楼分中心机房内部部署了机房环境监控系统,实现对机房内配电、UPS、空调等设备及温湿度、漏水、烟雾等物理环境的集中监控管理。

5 月,部署了专业的 VPN 设备,使校外教职工可以更加便捷的访问校内办公信息、财务信息和图书馆资源,同时提供移动平台支持;10 月,部署了迪普 DPX8000 框架式安全设备,配合现有的 WAF 设备,实现了对数据中心服务器和各类应用的全方位安全防护;对原有数据备份系统进行了替换,对主要的业务系统和信息发布系统制定更加完善的系统和数据备份策略;与国家互联网应急中心合作,在校园网出口部署了硬件关口检测系统。对进出校园的流量进行分析,并对各类网络攻击进行精确定位;对现有存储系统进行扩容,以满足校区内各类应用系统日益增长的数据量需求,共采购了存储专用硬盘 16 块,扩充容量近 10T。

为了进一步加强对用户的出口流量控制与行为监管,2015 年,中心部署了校园网流量控制与用户上网行为审计系统,对网络中的 P2P/IM 带宽滥用、网络游戏、炒股、网络视频、网络多媒体、非法网站访问等行为进行精细化识别和控制,保障网络关键应用和服务,对网络流量、用户上网行为进行深入分析与全面的审计,协助工作人员全面了解网络流量趋势,优化网络带宽资源。

(何荣毅)

学院工作

韩国学院

2015年是韩国学院"十二五"发展规划实施的最后一年，韩国学院全体教职工认真学习贯彻中共十八大以来的各项方针政策，在校区党委和行政的领导下，齐心协力，积极进取，顺利完成了2015年度的工作任务，并在学科建设、国家社科项目立项、政府咨询服务等方面取得了较大的突破。

一、党建工作

1. 以"三严三实"专题教育为契机，进一步完善"三重一大制度""院务信息公开制度""党政联席议事规则制度"、党风廉政建设等一系列规章制度。

2. 加强领导班子的思想建设和作风建设，党政班子成员自觉坚持学习、自觉坚持依法行政，按制度办事，保证了学院工作的健康发展。

3. 发挥部门工会、团总支、学生会的作用，积极组织和开展政治思想工作，加强学生教育与管理工作理论研究。重视入党积极分子的教育工作，2015年共计发展学生党员13名。

二、学科建设与科研工作

1. 多项国家社科基金项目立项。国家社科基金重大项目"二十世纪东亚抗日叙事文献整理与研究"获立项，资助经费80万元，这是威海校区获得的第一个国家社科基金重大项目。此外，韩国学院教师获得国家社科基金一般和青年项目各1项，国际合作、横向项目多项。

2. 科研服务政府和地方。中韩关系研究中心与威海市商务局合作，启动中韩自贸区地方经济合作示范区建设先行先试研究项目，重点研究威海市与仁川市经济合作交流先行先试的重点领域及思路对策。

3. 进一步深化与拓宽国内外合作。中韩关系研究中心与韩国成均馆大学中国研究所、济州发展研究院、圆光大学韩中关系研究院分别签署了合作协议;与中国社会科学院外国文学研究所、清华大学比较文学与文化研究中心等国内单位开展合作。

4.主办高水平学术会议。3月,主办中韩FTA地方合作研讨会;7月,主办第一届中韩关系论坛"转型中的中韩关系";10月,主办中国朝鲜史研究会2015学术年会;11月,主办第三届中韩历史学家论坛"历史上中韩两国的相互认识";12月,主办第一届中韩青年学者论坛"一带一路背景下的中韩关系"。

三、人才培养

1.本科生培养。抓好常规管理工作,为正常教学提供保障。组织各种教学研讨和研修,正确树立新的教学理念,提高教学水平。积极组织各项课外活动,培养学生创新精神和实践能力,并在多次活动中取得优异成绩。其中,在"锦湖韩亚杯全国大学生韩语演讲比赛"山东赛区预赛(青岛大学)中获得一等奖1人;在"山东省韩国语演讲比赛"中获得二等奖1人,三等奖1人;在第三届韩国语写作比赛中获得一等奖1人。

2.研究生培养。朝鲜语口译专业硕士2015年首次招生实现开门红;推免2016级研究生人数创历年新高;招收韩国硕、博士生7名。新增硕士研究生指导教师5名,学院学术学位和专业学位研究生硕导总人数达到11名,博导3名。

举办首次全国韩国语专业优秀大学生夏令营,吸引了来自吉林大学、延边大学、辽宁大学、大连外国语大学等高校的10多名三年级大学生参加,为2016年研究生招生拓展优秀生源。

(张琳琳)

商学院

商学院涵盖经济学和管理学两大学科门类，由8个教学系、8个科研机构以及行政教辅部门组成。其中，劳动经济与人力资源研究中心为山东大学批准设立的科研机构，《劳动经济评论》为所办刊物。金融学、市场营销学、旅游管理为省级特色本科专业，经济与管理实验教学中心为省级示范中心，现有专业实验室12个。学院设有应用经济学博士后流动站。2015年，商学院注重质量发展，坚持从实际出发，稳中求进，基本情况如下：

一、党政工作

2015年，商学院扎实做好“三严三实”教育实践活动，加强党建和思想政治工作。按照校区部署召开群众路线教育实践活动民主生活会，建立台账，逐项做好整改落实工作，解决了6个方面的问题。完成《2014年度发展统计年报》，全面掌握学院基本情况。年内编制开展了商学院“十三五”发展规划纲要和队伍建设专项规划工作，重点做好人才培养质量提高、师资结构优化、学科建设能力提升、国际化和综合竞争力提升等方面的发展规划。

划拨专项经费支持教职工党支部围绕教学科研工作加强凝聚力建设，活动实现了教工党支部全覆盖，其中1项活动获得校区立项。年内完成了党支部换届，全年发展预备党员137名。开展了师德建设月活动，推进师德师风建设。学生思想政治教育的途径进一步拓展，微信等新媒体平台累计阅读量超过23万次。

年内，调整260平方米公房用于专业工作区域建设，改善师生工作条件。教代会等会议组织规范科学，提升民主管理水平。举办校友论坛3场，完成8次校友班级返校接待工作，走访上海等重点城市校友，加强与校友的联系。开展“平安学院”专题建设，建立值班和突发应急反应制度，综合治理不断加强。

二、师资队伍情况

2015年，商学院教职工125人，教师岗94人，非教师岗31人；在编人员120人，非在编人员5人；入职师资博士后2人，退休1人。教授21人（兼职4人），副教授36人（兼职2人），讲师40人，专任教师中博士（含在读）占教师总人数的77.3%。年内完成了商学院教职工队伍建设论证，制定了职工入离职工作办法，修订了请销假程序，教职工考核等人事工作机制不断规范。

三、学科科研与服务地方

(一)科研与学科建设

2015 年,商学院在“服务经济与管理”重点学科建设方向指引下,有计划地推动服务经济与服务管理学科的发展和融合。年内实到科研经费总数 293.64 万元,获批国家自然科学基金项目 1 项;教育部人文社科基金规划项目 2 项,青年项目 2 项;中国博士后科学基金项目 2 项;山东省社会科学基金项目 8 项,其中重点项目 1 项;山东省自然科学基金项目 2 项;山东省软科学重大项目 1 项。在国家自然科学基金项目上取得突破。出版学术专著 6 部,发表 CSSCI 等核心论文 44 篇(其中 SSCI 和权威核心 13 篇),《劳动经济评论》刊文质量和影响力明显提高。获山东省高等学校优秀科研成果奖三等奖 2 项。

(二)服务地方

商学院初步形成了服务地方的长效合作机制,横向项目立项 17 项,经费总数 151.08 万元,其中《山东省旅游局全省 17 市旅游市场秩序调查测评项目》立项经费 95 万元。学院教师承担的《青岛市“十三五”城乡统筹发展规划》等多项研究成果通过相关部门结题鉴定。

四、人才培养情况

(一)本科生教育

2015 级本科招生 10 个专业共 901 名,年内转入学生 67 人,2011 级本科生毕业学生 963 人。11 名学生参加湖南大学等第二校园交流,101 名学生推免研究生。共开课 188 门,立项校级教改项目 3 项、省级项目 1 项、教学质量工程项目 1 项。旅游、金融等专业加快与国际接轨,中外合作办学金融专业国际班开始招生。开展“本科教育改革大讨论”活动,客观总结本科办学经验,进一步树立“人才培养为本,本科教育是根”的办学理念。在实验教学方面,增加港口综合作业管理系统、商务谈判综合实训软件等专业教学软件,投入经费 60 万元。年内双学位招收金融专业学生 339 人,毕业学生 461 人,修订 2014 级和 2015 级培养方案,探索多样化的人才培养模式。

(二)研究生教育

2015 年有博士学位授权点 3 个,硕士学位授权点 9 个,其中专业学位硕士授权点 4 个。博士研究生导师 4 人(新增 1 人),硕士研究生导师 35 人。录取硕士研究生 108 人;43 名硕士研究生、2 名博士研究生毕业,首次自主完成博士研究生毕业论文答辩工作。完成硕士研究生专业学位评估工作,完善研究生课程库建设,优化工程硕士培养方案。与光大银行威海分行签订金融硕士研究生实践教学基地协议。

五、对外交流合作

2015 年,商学院与西澳大学合作的中澳名校国际课程班项目开始招生,独立编班统一管理,互派教师进行课程对接。聘请台湾中原大学余章钧教授担任校区就业创业导师,邀请美国中佛罗里达大学 Fevzi Okumus 教授等海外专家举办讲座 18 次,外派王杰等 7 名教师赴海外学习交流,发表 SSCI 期刊论文 3 篇。组织澳大利亚格里菲斯大学学生14人来商学院开展暑期课堂活动，在院学习留学生87人。共派出102名学生参加海(境)外留学交流项目，其中台湾项目35人、美国项目34人、韩国项目23人，学生国际化水平不断提高。

六、学生发展与就业

(一)学生发展

加强学生日常管理，制定学生突发事件应急处理办法。开展核心价值观引领，加强学生分类指导，组织“恰同学少年”青年典型教育活动11期。2名学生获得山东大学(威海)校长奖学金，46名学生获得国家奖学金，112名学生获得国家励志奖学金。首次组织开展就业拓展营，促进学生就业，231名学生参加培训。开展校企合作，成立“苏宁俱乐部”。组建学生科研和社会实践团队256支，研究生孙鹏磊创建的“萝卜兼职”项目荣获中国首届青年APP大赛山东赛区一等奖，获天使投资机构500万元投资。商学院团总支获校区红旗团总支称号。

(二)就业情况

2015年度毕业全日制本科生964人，全日制硕士研究生43人。本科生实际就业率87.86%，研究生实际就业率100%。

(段兴立)

法学院

2015年，在校区党委和行政的领导下，法学院全体师生员工团结协作，开拓进取，各项工作稳步推进，取得显著成效。

一、党务工作

1.抓好入党积极分子和党员的培养教育工作，于12月份顺利完成了3个教工支部的换届工作。年内新发展预备党员78名，转正党员53名，新培养积极分子98名。

2.组织各教工和学生党支部开展“铭记历史 缅怀先烈 珍爱和平 开创未来——纪念抗日战争暨反法西斯战争胜利70周年”“共筑青春梦想 弘扬法治精神”“纪念抗战胜利70周年‘六个一’主题教育”活动、“学习两会精神，感悟四进四信”等教育学习活动。

3.认真落实《山东大学落实“三重一大”制度实施办法》《山东大学(威海)党风廉政建设责任制实施细则》，加强反腐倡廉教育和廉政文化建设。

二、教学工作

1.突出“学分制”改革，为每个专业本科生设置30余门专业选修课。进一步优化课程体系安排，推进平台课程建设。

2.学科发展结构进一步优化，新增博士生导师1人、硕士生导师4人。

3.制定《硕士研究生导师互选实施办法》《山东大学(威海)法学院研究生学术创新管理办法》。

4.开展丰富的实践教学活动。“评案说法”“智闯公务员大赛”、社会工作并行实习、社区服务等工作有序开展，获得“杰塞普”国际法模拟法庭比赛二等奖、“国际刑事法庭模拟比赛”二等奖、山东省模拟法庭比赛一等奖。

5.举办2015年全国优秀大学生夏令营活动，吸引了来自西南政法大学等国家重点高校的多位优秀大学生参加。

三、科研工作

1.学院年内共获得各级纵向项目12项，其中国家社科项目2项、省部级项目10项，获得横向项目5项。年度总计到账经费118.8万。

2.2015年出版学术著作8部，发表科研论文75篇，其中CSSCI收录论文30篇。获山东省社科成果奖三等奖2项，威海市社科成果奖一等奖1项、二等奖3项、三等奖3项。

四、人事与对外交流工作

1.2015 年张乐、焦宝乾两位教师入选首批“山东大学(威海)青年学者未来计划”;3 名教师到国外著名高校访学;1 人晋升为副教授。

2.与英国谢菲尔德大学、东安格利亚大学、斯旺西大学法学院就学生留学、教师互访达成协议。

3.2015 年小学期,邀请捷克、英国高校法学院教授给国际法务班讲授《普通法概论》《欧盟法》等课程;11 月,社会工作专业邀请瑞典 Umea 大学 2 位教授来校讲学,开拓了学生国际化视野,国际化教育水平进一步提高。

五、学团工作

1.以党支部、团支部、班级为单位,认真做好学生思想引领和核心价值观教育,稳步推动提升就业层次。截至 12 月上旬,法学院本科毕业生的总体就业率为 72.18%,其中法学专业就业率为 68.61%、行政管理专业就业率为 73.33%、社会工作专业就业率为 82.35%。研究生总体就业率达到 95%。

2.社团文化、社会实践活动取得优异成绩。第十四届“挑战杯”全国大学生课外学术作品竞赛共有 43 件作品参加了各阶段比赛,2 项作品进入国赛并荣获全国二等奖、三等奖,另获省级特等奖 2 项、省级一等奖 1 项;3 人获评暑期社会实践省级优秀指导教师;法学院团总支获评山东省“思想政治教育先进单位”,并蝉联校区年度“红旗团总支”。

3.依照《高校辅导员职业能力标准》,引导辅导员老师朝着专业化、职业化方向发展。牛志强老师的“网络思政工作室”获批校区第一批辅导员工作室,牛志强老师的《青少年认同中国特色社会主义研究》获批山东省社科项目,郭晓妮老师的《“立德树人”根本任务在高校共青团工作中的实现路径和机制研究》、牛志强老师的《网络游戏对青少年的影响研究》、时华忠老师的《新媒体视野下共青团工作的应对与创新研究》获批山东省青少年规划项目。

(黎海鹰)

文化传播学院

一、党务工作

巩固党的群众路线教育实践活动成果，按照“三严三实”要求，扎实推进制度建设。坚持学院领导班子民主生活会制度，坚持党政联席会议制度，重大决策由院务委员会、院学术委员会表决决定。积极建设“学习型党组织”，不断加强作风建设。2015 年度公开发表党建方面的论文 3 篇，获得基层党组织立项项目 2 项并顺利结项。积极开展作风建设，形成行政工作一体化联动机制。

二、学科建设与科研工作

继续推进“文化传播与发展协同创新平台”学科建设项目。新闻学学科学术梯队渐趋完善，研究生招生队伍组建基本完成，学科力量进一步得到加强。与社科院文学所、“马克思主义理论建设工程”办公室合作，成功举办第二届马克思主义文艺理论论坛，中共中央委员、中国社会科学院院长王伟光，中国社会科学院副院长张江参加会议。与省作协联合承办山东省当代文学年会，提高了学科在省内的影响力。

服务地方工作有了实质性进展。张红军教授与文登区委宣传部就“文登学”文化研讨会的学术策划、《“文登学”文化研究论文集》的编辑、“文登学”文化内涵的研究与文化推广等事项开展合作。管恩森教授承担“荣成文化记忆研究”项目，朱新林副教授参与威海市君子文化推广及《君子之道格言》的编辑工作。

2015 年，学院教师获国家社科基金项目 1 项、教育部基金项目 3 项、山东省社科基金项目 3 项、博士后基金项目 2 项、国家语委项目 1 项。

三、师资队伍建设

杨慧研究员被列入首批“山东大学(威海)青年学者未来计划”，中山大学传播与设计学院院长张志安教授受聘学院兼职教授，加强了学院与国内高校在新闻传播学方面的联系，为新闻传播学师资条件的改善与学科发展提供了新的思路。新闻学专业与语言学专业引进两位年轻学者，师资队伍进一步得到充实。青年教师在学院科研、教学工作中的作用日益突显，学院后备力量发展势头良好。

四、教学工作

1. 认真抓好课堂教学质量。多次召开教学工作会，力求不断提高课堂教学质量与授课水平。对于授课内容，有84%的学生表示十分满意，教师的教学态度获评“优”的比例为96%。组织青年教师教学竞赛，2名青年教师积极参加校区优秀青年教师讲课竞赛活动。

2.积极开展教学研究工作。1项省级教改项目顺利结项，4个校级教改项目顺利结题。新立项教研项目3项，其中重点项目1项。积极引进国内外优质教师及课程资源。2015年先后延聘山东大学黄万华教授、台湾东海大学魏元珪教授、台湾世新大学林福岳博士来院讲学，为本科生开设专业课程3门。

3.积极推动学生海外访学与国内访学活动。2015年度共派出学生67人，分赴台湾世新大学、台湾暨南大学、韩国、美国等高校进行海外访学。

4.做好本科生推免硕士研究生工作，推免比例超过11.4%。

5.加强实验室建设，进一步提升新闻实践教学质量与专业化程度。制定和完善实验室管理制度，并张贴在各实验室。校区和学院共同投资116万元，对电视演播室进行升级改造。

6.研究生教学和科研均取得较大成果，研究生培养质量获得进一步提升。研究生导师增加至7位，队伍结构优化，更趋年轻化。招收硕士研究生20名，博士研究生2名。

五、留学生工作

进一步规范留学生管理，配合国际教育学院完善留学生规章制度。严格考勤制度，并与外国学生家长建立了定期沟通机制。完善留学生信息化管理，建立留学生QQ群、微信群等，使各类信息上通下达更顺畅。协助国际教育学院招生，长期在校留学生达到600余人，寒暑期短期班达到250余人。

与韩国学院、国际合作与交流处等兄弟单位合作，组织中韩双语演讲比赛和国际学生汉字听写大赛；学生获得2015年山东省韩国语、汉语演讲大赛最高奖。

六、学生工作

1.围绕思想引领，丰富学生思想政治教育体系。依托主题活动，学习宣传十八届四中全会精神和习近平总书记系列重要讲话精神，贯彻落实“四进四信”。开展两期团干培训。依托学院微信平台宣传主流声音，提升网络思想政治教育水平。年内共推送152期，关注率为60%。制作学生活动平台专题网站，有效记录学生素质发展轨迹。树立先进典型，举办“五四”表彰会暨优秀青年风采展示会，做好榜样采访专栏，先后采访20余人次，宣传正能量。

2.立足专业搭平台，扎实做好学生发展指导工作。提升专业认同感，打造富有专业特色的学生活动和社团。深耕“第二课堂”，为学生科技创新和社会实践提供指导。就业市场和校友工作取得突破，助力学生职业规划和创新创业。先后有两届毕业校友在毕业10周年之际为学院累计捐资15000余元，定向资助学院举办“新闻采编大赛”和钟吕剧社建设。

3.传承经典，大力弘扬优秀传统文化。举办中华美文朗诵大赛、校园书画大赛、汉字听写大赛、“传统文化与社会主义核心价值观”主题征文大赛等活动。在相关比赛中，获十余项省级奖项。

4.全面做好学生就业服务工作。形成了由学院领导、系主任、辅导员、学生就业促进委员会组成的四级就业工作模式。2015 年本科生就业率为 96.28%,升学率提高近 10%。

5.加强辅导员队伍建设。2015 年,辅导员队伍获省厅级立项 2 项,1 篇论文获“2015 年山东高校辅导员工作论坛”优秀论文一等奖,七人次参加专题会议和专业技能培训。

(张红军)

翻译学院

一、学院概况

翻译学院下设有英语系、日语系、翻译系、西语系（西方语言文学系）、大学英语一系和大学英语二系共 6 个教学系。共有专职教师 111 人，其中教授 9 人、副教授 20 人；博士生导师 2 人、硕士生导师 11 人；山东省教育名师 1 人，山东大学及威海校区教学名师 3 人；教师中博士（含在读）47 人，占总人数的 42.3%；具有硕士学位的教师 58 人，占总人数的 52.3%。1/3 的教师具有国外著名大学留学、访学经历。

2015 年，学院坚持以观念更新为先，以制度创新为动力，以师资和学科建设为核心，以培养符合社会发展需求的复合型人才为目标，全面强化素质教育。已建成本科生培养、硕士研究生培养、博士研究生培养和博士后研究的四级人才培养体系。

二、党政工作

深化落实党的群众路线教育实践活动整改工作，扎实开展“三严三实”专题教育活动，先后举办专题党课 1 次、专题学习研讨会 3 次、走访参观活动 1 次。完善既有的 5 项基层党组织立项，新申报并完成 3 项基层党组织活动创新案例，不断探索基层党组织活动的新途径，持续增强基层党组织的活力；继续在 2015 级新生中实行新生班主任制度；继续坚持党员教育的差异化、层次化，推动党员教育的日常化和常规化。年内发展学生党员 36 人，转正 41 人（其中教工 1 人），推荐发展入党积极分子 118 人。

三、师资队伍建设

年内，学院有 10 位教师考取博士研究生，29 位教师在职攻读博士学位，占全体教师的 26.13%，2 位教师博士毕业，5 位教师在站从事博士后研究工作，3 名来自外单位的研究人员在学院外国语言学与应用语言学博士后流动站研究。1 人获博士生指导教师资格，3 人获硕士生指导教师资格。8 人赴国外名校访学，2 人赴国外任对外汉语教师，4 人国外短期学术交流，5 人国内访学一年，引进 2 名英语语言文学博士、1 名俄罗斯语言文学博士。现有长期外籍教师 15 人。80 余人次参加国内外学术会议。2015 年学院共举办学术报告 87 场。

四、科学研究

2015 年度，学院共完成各类科研项目申报共计 18 项，立项 6 项。包括省部级以上课题3项、校科研项目1项、其他横向课题5项。学院教师年内共发表论文40篇,其中核心和权威期刊16篇,占总量的40%。学院教师以第一作者发表的论文被CSSCI收录5篇,被SSCI收录1篇,被ISTP收录2篇。出版学术专著以及编著共4部。学院2015年在科研方面共获2项地市级奖。

积极开展学术交流活动,先后邀请国内外专家学者共计18次来学院进行学术交流活动,共举办24场高水平学术报告。

五、教学工作

9月,校区组织代表团赴俄罗斯3所大学进行考察与访问,决定2014级英俄双语班在2016年春季学期赴俄罗斯阿穆尔大学访学一个学期。学院推举13位教师为2014～2015学年优秀本科生导师,选聘69位优秀教师担任2015～2016学年本科生导师。学院与7家国企事业单位签订就业实习基地,并与5家单位洽谈学生实习、就业合作事宜。

全年共计45人次获得国家级、省部级专业竞赛荣誉,3人获得文艺体育类省部级奖项,新增2项发明专利,11人获全国大学生英语竞赛省级特等奖,7人获全国大学生英语竞赛省级一等奖。2015届毕业生保送研究生28人,考取国内高校研究生59人,国内升学人数合计87人,30人成功申请国外高校深造。

7月6～24日,翻译学院举办第三届暑期学校暨第二届研究生论坛,举办研究生论坛讲座20多场。7月20～26日,举办第三届全国优秀大学生英语菁英夏令营,17名优秀大学生参加,4人被学院接收为2016届推荐免试研究生。2015年,学院成功申报山东大学示范性研究生学位课程建设项目1项、研究生公共选修课程建设项目1项。

六、国际合作

2015年,学院与英国伦敦大学开展翻译学专业的合作,与4所国外大学开展合作办学项目,与2所大学建立了师资交换机制。年内,学院共派出86人次到国外进行长期或短期交流。加州大学欧文分校六周访学3人,英国伦敦大学皇家霍洛威学院2人,西班牙奥维耶多大学半年访学3人,赴美带薪实习14人,法国巴黎天主教大学四周访学14人,德国不莱梅大学四周访学10人,韩国短期访学3人,台湾项目3人,香港短期访学2人,日本项目长期17人,短期项目15人。

学院在读留学生4人,另外1人在学院选课。

七、学生工作

2015年,组建翻译学院学业支持工作室,成员涵盖学生工作处、翻译学院、法学院、机电与信息工程学院、空间科学与物理学院等5个单位,先后举办工作研讨会1次、双学位指导讲座1次、四六级模拟考试1次等活动。承办山东省第十四届大学生科技文化艺术节校园短剧大赛决赛。寒暑期社会实践累计参与人数达540余人次,获评省级优秀团队2支、校级优秀团队2支、校级一等奖8项、省级先进个人2名、校级先进个人8名。在第九届科研立项活动中,44个项目顺利结题,结题率达到92%,2支团队获校级一等奖。开展SYB和领航者培训,全面推进职业能力提升,累计参与人员数达300余人。全年参与各类培训达 8 人次（总计 4 名辅导员），1 人获得山东省第二届辅导员职业能力大赛一等奖。

八、校友工作

学院完善各类毕业生及校友数据库 11 个；以校友工作为依托，拓宽就业实践新路径，先后接待回访母校校友 6 批近百人次，在充分利用校友资源的基础上，选送优秀学生赴烟台福山高新区管委会和北京实习。

（周守玉）

艺术学院

2015年，艺术学院学习贯彻十八大、十八届四中五中全会精神，着力巩固党的群众路线教育实践活动成果，以开展“三严三实”专题教育为契机，结合学院实际情况，以学科建设和特色化办学为抓手，全面推进学院各项工作。

一、党建和思想政治工作

深入开展“三严三实”专题教育，学习习近平总书记系列重要讲话精神，认真查摆和解决“不严不实”问题，召开专题动员会，举办党课和专题研讨会，使“三严三实”成为领导干部修身做人用权律己的基本遵循、干事创业的行为准则，发挥领导干部的示范带动作用。

加强民主建设和党风廉政建设。截至2015年11月底，学院召开党政联席会11次，加强沟通协调，健全领导班子的议事决策制度，制定了《艺术学院落实“三重一大”制度的规定》和《艺术学院党政联席办公会会议议事规则》，提高规范性和执行能力，共同创造团结稳定的大局。

加强宣传工作，将纪念抗日战争胜利70周年融入学院的活动，丰富校园文化，传递正能量。

二、人才培养工作

2015年，学院日常教学平稳进行，突出实践、应用和国际化特色。2015年，举办展览和演出51场，比去年增加41.6%；举办专家授课8场；教师获奖11项，其中一等奖4项、二等奖5项、三等奖2项；学生参加国内外比赛20项，共获得奖项94项，其中获奖一等奖37项、二等奖36项、三等奖21项，比2014年有显著提高。在第四届全国大学生艺术展演活动中，学院首次突破省级进入全国比赛，山东省上报的6个节目中，有2个为艺术学院选送，并成功获得二等奖2项。

严抓质量工程，稳步提升本科生教育质量。2015年学院修订了本科生教学方案；调整系科结构，设立艺术实践教学部。学院正在研究制定《学生外出实习考察管理制度》和《学院实习实践教学经费管理制度》，提升教学管理水平。

加强研究生培养过程管理。完成了研究生课程库建设和2016年硕士研究生导师的认定工作；制定了《艺术学院研究生业务费使用说明》。

三、提升科技创新能力

学科建设方面，艺术学院以艺术创作研究中心为平台，以音乐团、舞蹈团、美术实践创作工作室和设计实践创作室等四个分中心为抓手，以服务社会文化事业为主攻方向，努力增强辐射带动作用。2015 年，音乐团和舞蹈团承办了威海市国际人居节开幕式演出，最终创收 16 万元；设计实践创作室设计制作了学院画册；学院还举办了“首届中国海洋油画学术研讨会”。

科研工作组织认真，动员深入，成果丰硕。2015 年，学院获得纵横向项目立项 22 项，共计经费为 73.35 万元，其中，山东省社科项目立项 2 项，在服务地方横向项目上立项 20 项（经费 66.65 万元）；发表论文 58 篇，其中 CSSCI 核心期刊 18 篇、ISSHP2 篇、其他核心期刊 12 篇、一般期刊 26 篇，出版专著、编著 10 部，获泰山文艺奖 2 项，开展各类学术交流活动 14 项。

四、人才队伍建设

加大人才引进。2015 年，加强与拟引进人才的沟通联系，现已引进海外博士 1 人。学院加强培养力度，实施激励政策，鼓励青年教师提升学历层次，为教师成长提供便利条件。2015 年，3 名教师获得博士学位，1 人成功入选首批山东大学（威海）青年学者未来计划。

五、国际交流与合作

学院结合自身特点，发挥优势，发掘国际化教学新的增长点。2015 年，重点与合作基础较为扎实、专业在国际上具有一定影响力的欧美高校开展合作交流。与国际合作与交流处共同承办了 2015 年中国教育部油画大师班，还邀请了俄罗斯下诺夫哥罗德格林卡音乐学院、美国田纳西大学等高校的钢琴教授举办了钢琴大师班。此外，学院派遣 2 位老师赴韩国参加“山水论坛”，并作了专题学术报告，扩大了学院的国际影响力。先后与法国佩支尼昂音乐学院和美国辛辛那提大学签署正式合作协议。与美国田纳西大学、美国特洛伊大学、澳大利亚堪培拉大学确立合作意向。

2015 年，艺术学院学生参与各类海外访学项目总人数达到 20 多人，3 名学生获得了海外经历专项校长奖学金，加快了学院的教学国际化进程。

六、学生工作

以思想引导和党建工作为主线，积极推进学生思想教育工作再上新台阶。紧跟时事热点，在重要节点围绕当下最热话题，组织了多项专题教育活动，使时事专题教育及时有效；组织培训和交流，使新生入学教育特色鲜明；装修心理工作室，成功举办了“春天的笑脸”校园速写活动和“律动青春”校园心理漫画大赛、心理情景剧等主题多样的活动，扩大活动参与面，促进学生心理健康。

以“以人为本”的管理和服务理念为主导，扎实推进学院学生工作新局面。争先创优狠抓班风学风建设，公平公正建立学生资助长效机制，整合资源推动就业工作稳步提升，

2015 届毕业生一次就业率达 96%。学院在年初与刘公岛签订合作共建战略协议，发挥基地作用助力学生工作快速发展。

以素质拓展活动为平台，大力推进学生成人成才成功。开展志愿服务践行感恩教育，累计开展志愿服务活动 53 次，参与学生达 400 余人，志愿服务活动累计达到 900 余小时；打造校园品牌活动促进全面发展，如新生才艺大赛、趣味运动会、“三走——茨在夜跑”活动、“我们的班级，我们的歌”班歌大赛等活动；推动社会实践提升磨炼自我，艺术学院“歌声飞扬，笔墨飘香”暑期送文化下乡服务队成为威海校区 2015 年唯一一支全国重点团队。

七、和谐校园建设

努力改善办学条件。整合学院实验室建制，完善规章制度，规范管理，明确责任，逐步改善教学设施和条件。针对学院教学硬件条件存在的问题，积极向校区争取政策和资金支持。2015 年，完成了模型实验室设备采购工作，争取了音乐厅灯光设备更换，经费总计近 50 万元。2015 年，学院新增其他各类固定资产近 15 万元，其中，仪器设备超过 11 万元，物资家具类 3 万多元。

八、发挥艺术特色，纪念抗战胜利 70 周年

发挥专业优势，用艺术展现抗日精神，纪念先烈，弘扬爱国精神。学院举行纪念抗战 70 周年专场音乐会，同时将纪念抗战胜利 70 周年这一主题努力贯彻到学院年内举办的展览和演出中。

2015 年，学院的品牌活动建设成效显著。美术系和设计系的毕业展、舞蹈系的毕业晚会、音乐系的新年音乐会等已初具品牌影响力。

（张　剑）

海洋学院

一、抓好党建工作,发挥党支部战斗堡垒作用

1.政治理论学习。以学习贯彻党的十八届四中五中全会精神为主要学习内容,加强法律法规和教师职业道德规范的学习,开展了座谈讨论、民主生活会、专题研讨等多种形式的组织活动。

2.“三严三实”专题学习。开展了专题教育系列学习活动,制定了《海洋学院“三严三实”专题教育工作方案》,并积极落实。

3.师德师风建设。学习习近平总书记北师大讲话精神及《高等学校教师职业道德规范》等文件,通过岗前培训等加强新入职教师师德教育。

4.党风廉政建设。通过文件学习、院务公开、党政联席会、民主生活会等,加强党员干部的廉洁从政教育和教职员工的廉洁从教教育。

5.本科生导师制实施情况。海洋学院全面推行班主任负责制,聘请新生导师 57 名,举行导师见面会 11 场,专业普及教育 6 次,师生座谈会 6 次。

6.组织发展。支部数量 11 个,新发展学生党员 43 名,在册党员人数 172 人。累计参加党校党课培训班 3 期,培训积极分子 147 人,新发展入党积极分子 182 人。

二、本科和研究生教育

1.总体情况。2015 年共完成本科生课程 250 门,共计 16945.91 个标准学时。120 名本科毕业生被录取为硕士(博士)研究生,占毕业生总数的 40.3%,其中生物科学专业考研率高达 54.55%。2015 年海洋学院招收硕士研究生 21 人,毕业并授予学位的硕士研究生 32 人,在读研究生规模达到 113 人。

2.优化 2014 版本科生培养方案。重点关注海洋资源开发技术专业,基于三个方向及其相关专业的知识结构进行课程体系的优化和重组,形成前后内容衔接、知识结构合理的课程体系。

3.实践与创新能力培养。2015 年参加本科生各类实习学生 652 人次,游泳实习初次开课。共完成本科生毕业论文 285 篇,其中 1 篇获评山东省优秀学士学位论文,6 篇获评山东大学(威海)优秀毕业论文。全年共举办 8 场学术报告,并采取有效措施提高学生参与积极性。研究生教育方面,2015 年研究生共发表 SCI 收录论文 23 篇,2 篇研究生学术论文获评山东大学研究生优秀学术成果三等奖,1 篇学术论文获评山东省研究生优秀创

新成果三等奖,1篇研究生硕士学位论文获评山东大学优秀硕士学位论文。获得山东省专业学位研究生优秀实践成果奖1项。

4.组织实施学生交流项目。2015年共有7名本科生前往西班牙奥维耶多大学交流学习,17名本科生完成第二校园经历返校,24名本科生分赴厦门大学等4所大学交流学习。

5.大学生科技立项与挑战杯。2015年共申报大学生科技立项83项,立项65项,参与教师36人,占专任教师的60%,参与学生291人,占在校生总数的20.8%。其中6项获评全国大学生创新创业训练项目,4项获评山东大学科技创新基金项目。2015年本科生共申请专利2项,发表论文66篇。获得第十四届全国大学生挑战杯竞赛全国三等奖1项、山东省特等奖1项、山东省一等奖1项。

6.研究生招生宣传。成功举办海洋学院首届全国优秀大学生海洋菁英夏令营。

三、科研与平台建设

1.科研工作。2015年新立项科研项目26项,其中国家自然科学基金4项,教育部留学基金1项,其他纵向项目1项,横向项目15项,其他项目5项。2015年科研经费总额继续超过1000万元规模。发表SCI、EI收录论文44篇,获得授权专利9项。

2.平台建设。落实了“海洋牧场工程技术研究平台”校级重点学科建设项目主体工程“海洋牧场综合实验平台”的选址和功能设计工作。海洋学院主要参加的“山东省海洋生物资源综合利用”“山东省海洋装备”2个工程技术协同创新中心获得山东省海洋与渔业厅批准。“生物测试中心”编制完成了作业指导书等各类文件,完成了测试平台方案的规划、实验室规划和装修方案等30多个项目的操作规范。

3.服务地方。针对威海市相关企业和渔业技术推广人员,2015年举办了“海洋生物制品产业现状与未来产业发展”专项渔业技术培训,参加培训人员共80人次。

四、大学生思想、政治、素质教育

1.亮点及创新。学生事务管理实现“四二一”新媒体全方位覆盖的学生事务管理工作网络。举办学业指导与帮扶活动——“海豚计划”。内容有“海豚小讲堂”“海豚爱讨论”“海豚一帮一”等活动。举办“梦在我心,励志前行”活动,提升贫困学生自我管理和自我成长意识。举办海洋学院第一届学生职业生涯规划大赛,启动“大学生圆梦计划”。

2.社会实践活动。海洋学院共组建37支社会实践团队,其中校级立项9支,院级立项28支,结题率均为100%,2支团队获评调研山东省级重点项目,1支团队获评山东省三下乡重点项目。

3.就业情况。海洋学院2015届本科生实际就业率为89.3%,较上年上升13.9%;一次就业率为94.5%,较上年上升13.3%。

4.“奋斗的青春最美丽”系列学习分享活动,获校区团总支创新示范立项。第六届“海院之星”评选出8名在学习、科研、志愿服务、学生工作、综合表现等方面成绩突出的学生。组织专题研讨会3次、明辩会1场、主题团日活动11次。

五、综合治理和工会工作

1. 开展师德建设月活动。形成爱岗敬业，严谨治学，关爱学生的良好教风，做文明礼仪的带头人，以促进学生的全面发展，提升教师的师德水平。

2. 发挥工会监督和服务职能。通过二级教代会促进学院工作做到源头公开、决策公开、过程公开、结果公开，充分发挥工会的桥梁和纽带作用；及时了解老师的困难和需求，为老师排忧解难，经常走访生病的老师，看望生育子女的教职工，使工会真正成为教职工之家。

3. 文体活动与课余生活。在组建海洋学院排球队、羽毛球队、乒乓球队、合唱队基础上，2015 年又成立了教职工太极拳队和舞蹈队，不定期举办院内活动，积极参加校区组织的比赛活动，在“中国梦 · 四德歌”教职工健身舞比赛中获得一等奖。

（梁振林　孙　艳）

机电与信息工程学院

一、思想政治工作

2015 年，机电与信息工程学院扎实开展“三严三实”专项教育活动。根据校区党委部署，组织班子成员认真学习了党的大政方针和习近平总书记的系列重要讲话，并在学习领会的基础上组织了三次专题研讨。通过学习研讨，班子成员提高了党性修养、坚定了理想信念，为作风建设奠定了坚实的理论基础。明确了“三个围绕”的党建工作思路：围绕就业创业工作着力提升教育教学质量；围绕文化育人，着力培养大学生人文素养及科学精神；围绕师德师风建设，全面提升教书育人、管理育人、服务育人，形成全员育人的和谐向上的工作环境。

二、本科教学工作

1.重视教学团队建设，在进一步发挥现有团队作用的同时，新建立了一批重点选修课的课程组。鼓励开展教学研究和教学改革，获得山东省教改重点项目立项 1 项。加强教学过程管理，组织主题座谈会研讨会 15 场、观摩教学 2 次，抽查超过 15%的试卷。修订了实验大纲，撰写了专业人才培养情况报告。

2.积极开拓就业市场和省外实习实践渠道，同时调研培养体系中存在的问题。统筹安排学生全员参与实习实训、课程设计、科技竞赛和社会实践。

3.学生在各类科技竞赛中共获奖 91 项，其中国家级奖项 32 项(一等奖 1 项、二等奖 4 项、三等奖 27 项)，省级奖项 59 项(一等奖 13 项、二等奖 19 项、三等奖 27 项)。在 2015 年度“挑战杯”和科研立项活动中，共立项 103 项，再次获校区竞赛优秀组织单位奖。

三、科学研究和服务地方

在国家级、省级科研立项，大学共建和服务地方等方面取得了显著的成果。获得国家自然科学基金项目立项 7 项，省部级科研项目 10 项，横向项目 20 余项，科研经费约 800 余万元；发表学术论文 80 余篇，其中绝大多数被 SCI、EI 和 ISTP 索引；受理或授权专利 10 余项。进一步加强与企事业的科研合作，扩大产学研结合范围。与多家机构和企业签订合作协议并开展多项技术合作。增强学院工科学科特色和社会影响力，为地方和社会做出更大贡献。

四、队伍建设

继续加强教师队伍的引进和培养。共引进学术骨干1人，优秀教师3人，实验员1人。根据学院学科发展和人才培养需要，制定了2016年的人才引进计划。鼓励和支持教师业务进修和攻读博士学位。新增职攻读博士学位的教师3人，全年共派出10人次出国进修和学术交流，50余人次参加了国内各种专业技术培训。注重青年教师培养，2位教师脱颖而出，获得校区青年学者未来计划支持。

五、学科建设与研究生教育

1. 完成重点学科建设中大型仪器设备的购置，为科研工作开展打下良好基础。年轻教师获得国家、省部级项目的数量明显增多，科研论文的数量和质量明显提高。

2. 新增研究生导师13人，总人数达到39人。全年招收研究生89人，超额完成招生计划。举办第一届研究生夏令营活动，为下年的招生打下良好基础。制定《研究生招生细则》，使招生录取工作进一步规范化。研究生培养质量进一步提高，研究生发表SCI、EI论文20余篇，在各种竞赛中荣获国家级奖励5项，省级奖励4项。

六、实验室建设与管理工作

1. 投入实验室建设经费350万元，完成建设项目5个，是学院获得建设经费最多的一年。积极开展对外联络，宏晶科技有限公司向学院赠送单片机实验系统50套，价值3万余元。

2. 制定《实验室管理条例》，明确实验员职责和实验室管理规范，使实验室管理得到进一步加强。坚持实验室开放制度，除完成基本实验教学外，为学生科技立项、电子设计大赛、智能车、机电设计大赛和ASIM比赛等活动提供有力支持。

七、国际交流

继续推进国际合作办学和国外优质课程体系引进工作。计算机与机械两个中澳合作办学项目有序推进，部分学生已顺利进入澳方合作学校课程学习环节。派出电子、机械、计算机等专业的5名骨干教师，赴英国南安普顿大学、澳大利亚国立大学、皇家墨尔本理工大学等高校参加长期的课程研修及短期访问，努力推进课程体系国际化建设进程。接待和组织来自澳大利亚国立大学、皇家墨尔本理工大学、斯威本科技大学等6个代表团的交流访问及项目推介活动。开展由法国教育国际署、教育部和外交部主管的国家级“N+i工程师项目”。全年共派出53名在校生赴韩、澳、美、日、台湾等国家和地区参加长短期访学与联合培养项目。其中韩国22人，澳大利亚20人，美国3人，日本3人，台湾地区5人。

八、学生工作

1. 加强学生党员教育管理，完善党建工作体系。以学生党员发展培养教育为主线，完善“求是协会”和“思齐讲坛”两个平台，全年共确定入党积极分子209人，发展学生党员 110 人。

2. 加强学风建设，规范日常管理。坚持“211”工作制、“学院—家长”联动离校请假制，开展了学风建设和就业意向问卷调研。学风建设成效初显，2011 级计算机 1 班荣获“省级先进班集体”，3 名同学获校长奖学金，3 名同学获评自强之星。

3. 稳步推进学生科创和社会实践工作。国家大学生创新创业训练计划成功立项 5 项。寒暑假共 1465 人次参与社会实践，1 支团队获省级优秀团队。

4. 加强学生就业工作。做到了全员参与、逐层推进、重点帮扶，累计为 100 余名学生进行个体咨询，面向 1631 名本科生开设实训课程。2015 届毕业生一次就业率为 89%，其中 182 名家庭经济困难学生有 175 人就业，就业率达到 96.1%。

（姜元先）

空间科学与物理学院

一、党团与学生工作

1.加强学习,拓宽思路,推动工作创新。落实"三严三实"精神,围绕党员读书室建设,加强教工党员、学生党员的学习,加强党支部建设,规范工作程序,创新工作方法,提升整体工作能力。

2.围绕学风建设,扎实开展日常工作。创新本科生导师工作机制,教师自愿组成导师组,由学生自主选择,各导师组指导活动突出专业特点,并面向全体同学公开。召开学风建设专题座谈会,加强师德建设。加强纪律考勤,突出资助贷体系的正向激励作用,学风建设取得成效。1人获得"2015年度山东大学校长奖学金暨山东大学(威海)十佳大学生"称号,1人获得"省级优秀学生"称号。

3.紧密结合专业学习,开展科研实践、社会实践和主题教育活动。积极推进大学生科技作品竞赛和科研立项工作,参赛作品和科研立项结题作品质量不断提升。2015年度学生共获得省级以上奖励8项,国家实用新型专利3项,发表学术论文1篇。共组织15支暑期社会实践团队参与暑期实践活动,参与人数达127人。天文爱好者协会作为学校的五星级社团,共举行科普活动79场,累计接待公众8000余人次。

4.全员参与,多方举措,大力推进毕业生就业工作。在2015年宏观就业形势面临多重压力的情况下,实现了就业率的稳步提升。截至11月底,学院整体就业率为89.42%。

二、教学与人才培养

1.强化教学管理,提高教学质量。教学督导员和学院领导经常性地到课堂听课,加强对年轻教师和新开课教师的教学督导力度。定期开展师生座谈会和教学交流会,努力提高教学水平。

2.创新人才培养模式,优化本科培养方案。根据教学过程中师生们的反馈,对2014版本科生培养方案进行优化。新增选修课程、特色课程和引进课程均按计划顺利开课。

3.注重教学研究,推进精品(优质)课程建设。2015年度新开设通识课程1门,引进国外优质课程1门。截至年底,学院共有精品(优质)课程4门,通识教育核心课程2门,双语课程1门,在研教研项目3项。

4.完善实验示范中心建设,强化实验与实践教学。对天文台实验教学基础设施和环境进行了升级和改造，建成岩相学实验室，空间科学专业实验课课程体系更加系统和完善。通过新建和改建材料物理实验室，使实验课的范围覆盖了材料制备到材料各项性能测试的全过程。

5. 本科人才培养取得佳绩。学院 2012 级学生共有 26 位同学被保送免试攻读研究生，占毕业生总人数的 26.5%，其中保送至"985"重点高校 18 人，中科院各科研院所 7 人。

6. 加大研究生招生力度，着力提升研究生培养水平。举办"未来研究生夏令营"，分专业编印了院宣传册并向多所高校投递。招收硕士生 12 名、博士生 6 名(含硕博连读 4 名)。1 名硕士生获国家奖学金，5 名新入学硕士生获空间科学优秀生源奖，3 名研究生获空间科学优秀科研奖。

三、学科建设和科学研究

1. 学科建设项目实施情况。空间科学方向的学科建设工作由空间科学研究院作为主要承担实施载体。2015 年度是研究院全面建设之年，主要在规章制度建设和实验室建设方面取得阶段性成果，为后续发展奠定了扎实的基础。年内基本完成了山东大学(威海)地磁台、空间光学实验室的建设工作，正在开展荣成院夼空间天气与卫星导航综合观测站、电离层闪烁探测系统、行星表面环境模拟实验室与卫星导航与遥感实验室的建设工作，并参与了国家重大基础科技设施建设项目子午工程 II 期的申请工作。应用物理学科建成材料力学性能测试实验室、功能薄膜实验室，获批威海市工程技术中心，获得服务地方团队项目资助。

2. 加强优秀人才的引进和培养工作。2015 年引进"山东大学齐鲁青年学者"特聘教授 1 名。依托研究院体制，引进中组部"外专千人计划"特聘教授 1 人，实验技术人员 1 人，招收学科博士后 3 人(其中外籍 2 人)。张清和教授入选中组部青年拔尖人才计划支持，凌宗成副教授获得山东省自然科学基金杰出青年基金项目支持。

3. 科学研究取得新的突破。2015 年实到科研经费 987.29 万元，其中纵向经费 967.29 万元。新增国家自然科学基金 8 项，省自然科学基金 4 项。新立项总经费 620.5 万元，其中国家基金 464.5 万元，省基金 104 万元。发表论文 67 篇，其中第一作者(或通讯作者)论文 47 篇，SCI 收录 44 篇，在高影响因子区(IF>3)发表的论文数 26 篇，EI 收录 2 篇。部分研究成果获得了国际同行和科普媒体的高度认可。

四、合作与交流

拓展及深化与国际名校及知名科研机构的合作。与英国曼彻斯特大学续签了本科 2+2及 3+2 项目合作协议，5 位同学今年前往该校就读。与澳大利亚国立大学商定了应用物理学本科 2+2 项目合作协议，并参与"山东大学—澳国立学院"申报工作。与美国华盛顿大学合作，顺利推进"引进国外优质课程体系"《行星物质》课程建设。两位博士生分赴美国和德国联合培养。

继续推动高层次学术交流。邀请 30 余名国内外学者来校讲座(含 8 位国外知名学者）。教师及研究生参加国内会议 70 余人次，参加国际学术会议近 50 人次。主办学术会议共 9 次，特别是成功主办了“第 14 届国际太阳风大会”，这是该国际空间物理学界顶级学术会议首次在欧美之外举办。

（夏雪莲）

数学与统计学院

在校区党委行政的领导下，在相关部门的指导、支持、配合下，数学与统计学院积极贯彻党的十八大和十八届三中四中全会精神，着力提高人才培养质量，加强师资队伍和学科建设，提高综合实力。

一、党建与思想政治工作

制定并实施《数学与统计学院"三严三实"专题教育工作方案》，加强班子成员的理论学习和作风建设，不断提升班子的工作水平；加强支部建设，完成了支部换届工作；为党员购买学习书籍，认真组织党员的学习和实践活动，强化师德建设，发挥党员教师的引领作用；加强教师的思想工作，组织教职工认真学习十八届四中全会精神，关心教师的工作、学习和生活，开展丰富多彩的工会活动，形成和谐的工作氛围；加强对辅导员的培养，支持辅导员的专业学习和培训，年内学生工作队伍参加业务培训12人次，1人被评为省级优秀辅导员。

二、学科建设与科学研究

制定"十三五"规划；完成学科建设项目"医用领域的数学""概率论与数理统计"的经费预算调整、项目中期检查等工作；科研立项取得较好成果，获得国家自然科学基金青年基金1项、教育部留学基金项目1项、山东省自然科学基金4项、校级基本业务费项目13项，科研经费资助总计147万元；2015年发表论文26篇，其中SCI收录论文23篇，EI收录论文2篇；邀请9位国内外知名专家、学者来校进行学术交流；与山东大学金融研究院举办概率、不确定性以及量化风险的国际会议和七校联合《金融数学与金融工程》研究生暑期学校；教师积极参加国际国内学术会议20余人次，其中参加国际学术会议8余人次。

三、人才培养

数学与统计学院高度重视人才培养工作，与台湾中原大学联合举办的高水平"数学与金融实验班"顺利开班。组织校区68支队伍参加2015年全国大学生数学建模竞赛，获全国二等奖9项、省一等奖23项、省二等奖20项、省三等奖11项；组织校区41支队伍参加2015年美国大学生数学建模竞赛，获得国际一等奖2项、二等奖12项；组织2015年山东大学（威海）大学生数学建模竞赛。组织申报博士学术论坛，举办"数学与统计学院第一届暑期夏令营”,完成数学与统计学院研究生课程库建设的工作,1名研究生获得“硕士生国家奖学金”等多项奖励。

支持学生广泛参与科研和实践活动。科研立项申请立项31件,校级获奖率达41.9%。暑期社会实践获批校级立项团队9支,刘公岛专项4项,添翼项目2项。调研山东2项,46支团队成功结题,获评3支校区优秀团队。

四、师资队伍建设方面

数学与统计学院高度重视人才引进工作。年内引进3名博士,1名青年教师入选校区“青年学者未来计划”,2人出国研修,7人在职从事博士后研究工作。邀请国内高校5名教授为学院青年教师传授教学经验,交流工作体会。

五、学生工作

不断创新思想教育工作模式,微博、微信两大平台互相支撑,扎实开展思想政治教育工作。2015年度校区新媒体团媒排行中,数学与统计学院微博总名次第一,微信总名次第三。新建心理谈话室,实时关注学生心理健康动态,副书记关注重点学生9例,举办心理健康讲座1次,全院组织心理班会26次,团体辅导5次。注重困难学生能力素质的提升,完善《家庭经济困难学生教育方案》,加大对贫困生社团扶持,开展“励志系列”志愿服务及素质教育技能培训40余次。

加强就业工作。新签订就业创业基地2个,2015届本科毕业生实际就业率达到92.75%,学院获得学生就业工作先进单位,1人获评学生就业工作先进个人。

2015年,数学与统计学院在校区各项活动中成绩突出,第二十七届田径运动会学生总成绩第三名,校区“活力支部”称号1项,先进班集体称号1项,院学生会获评校区“优秀学生会”。在文体活动中,获校区健美操比赛二等奖,校区网球比赛男子团体第一名、女子团体第三名,校区新生杯足球赛亚军,校区台球联赛团体第一名。数学与统计学院团总支获评2015年度共青团工作单项考核先进单位,1人获评优秀辅导员,1人获评优秀团干部。

(刘东霞　王祎璠)

马列教学部

2015年,马列教学部直属党支部在校区党委和行政的正确领导下,认真贯彻落实党的十八大和十八届三中四中全会精神,学习贯彻习近平总书记系列重要讲话精神,全体师生员工干事创业、奋发向上、积极进取,圆满完成教学、科研、人才培养等各项工作。

一、党建和思想政治

1.狠抓制度建设。马列教学部直属党支部在深化群众路线教育实践活动中,运用教育实践活动的宝贵经验,按照"三严三实"要求,持续加强制度建设,进一步完善《马列教学部学科建设经费使用管理办法》等20余项规章制度,使各项工作走上制度化轨道。

2.坚持民主制度。坚持公平、公正、公开的原则完成了人才引进、岗位调整及考评等关系教师切身利益的重大事务;坚持走群众路线,尊重学生、导师的意见,发展8名同志入党。

3.加强党风廉政建设。落实党风廉政建设"两个责任",认真贯彻校党委关于加强党风廉政教育、党风廉政建设责任制考核和责任追究等制度。年内共组织党员干部培训4次。

4.坚持理论学习研讨。把学习贯彻十八届五中全会精神作为重大政治任务,积极推进学习型党组织建设;各教研室积极组织教学研讨;利用部例会开展课程建设、教学研究和学科建设研讨;以"厚博论坛"为平台,每月邀请国内知名专家为全体教师进行课题、论文指导。

二、学术与学科建设

2015年哲学与社会发展研究中心共举办8期《厚博论坛》和6场学术报告。全年共发表论文36篇,其中CSSCI 9篇,C扩展版论文2篇,其他论文25篇;出版著作3部,新增校级以上项目8项,其中国家社科基金1项,教育部1项,省社科6项;获校级以上奖项5项;郝书翠老师和马秋丽老师入选2015年山东省理论人才百人工程;郝书翠老师入选"山东大学(威海)青年学者未来计划"培养人选;吴文新老师和鲁法芹老师获山东省社会科学优秀成果三等奖,杨发源老师获第十七次威海市社会科学优秀成果一等奖;部内教师外出参加学术会和培训34次。

三、本科教学与改革

1.继续深化课堂教学改革。7月份举办第五期教学研讨会,总结过去几年教学改革探索的各种经验，进一步推进中国化马克思主义课程专题教学试点。在山东省委高校工委大力推进思政课教学改革的助力下，以《模块协同效应下高校思政课实践教学系统探索》课题为平台，开展实践教学内涵改革，提高平时成绩含金量。

2.举办思政课实践教学品牌活动。5月和11月分别举办了第六届“唱响主旋律 传扬正能量”歌咏大赛、“刘公岛杯”大学生思想政治风采大赛；山东省委高校工委、山大马克思主义学院等单位的领导观摩了风采大赛，并给予了高度评价；组织4000余名新生进刘公岛参观学习。

3.继续推进教学研究，提升推广实践教学经验。继续加强2门精品和3门优质课程及3门核心通识课程建设，充实教学人员，提高课程网站制作水平，加快更新内容，推进师生网络交流。校区思政课实践教学经验得到山东省委高校工委领导肯定和推广，在山东大学马克思主义学院参评全国首批重点马克思主义学院中起到重要作用。2015年，马列教学部共有专任教师23人，其中教授5人，副教授8人，讲师10人。

四、研究生培养与管理

着力改善理论授课质量，组织研究生开展社会调研50人次；组织22名研究生到田和街道12个村居挂职锻炼；研究生会每两周以时政热点、专业研究方向等为主题举办学术研讨会，邀请导师参与点评，全年共举办27场次；引导研究生积极参与红色社团联盟各项活动，并协助出版2期《红色之旅》。2015年毕业研究生12名，就业率100%。

（王晓宏）

体育教学部

2015年体育教学部主抓“一个中心，两个重点，两个平台和两个建设”，圆满完成教学、科研等各项工作任务。

一、党建和班子建设

全面开展“三严三实”专题教育实践活动。根据中央精神和上级党委部署，结合部门工作实际，制定具体实施方案。通过讲授专题党课、召开师生座谈会、组织党员领导干部自学和开展多个专题的学习讨论、撰写学习心得等一系列步骤和方式途径，积极推进部门“三严三实”教育活动的开展。

二、学术与学科建设

在学校即将全面提升教师职称评聘标准的大背景下，体育教学部把“走出去，请进来”作为学术与学科建设的主要途径。

1.4月下旬，联合承办“第四届环渤海体育法年会”，来自国家体育总局、北京市法学会等机构的领导和山东大学、华东政法大学、北京体育大学、天津体育学院、沈阳体育学院等20余所高校的专家学者，以及部分知名律师和社会各界朋友60余人出席会议。

2.7月29～8月1日，承办《教育部直属综合大学体育工作年会暨全国高校体育工作会议》。全国20所“985”“211”教育部直属综合大学的体育部主任及书记参加本次年会，会上对全国高校体育工作面临的困难与瓶颈进行了剖析，并对部分高校体育工作的先进经验与成熟理念给予了肯定与宣传。

3.邀请国家体育总局政策法规司专家，就关于如何申请国家体育总局哲学社会科学研究项目为校区教师作学术指导，为教师们开展学术研究打开了视野、拓展了方向。

4.7月，组织有关教师参加由国家体育总局主办、山东大学承办的“全面深化体育改革理论研讨会”，听取体育界各领域理论专家学者作的17场高水平报告，开拓了工作思路。

5.12月初，组织体育法科研团队的4名年青教师赴清华大学参加“中国体育法学研究会全体理事会议暨2015年学术年会”。

截至12月，在体育部大力支持和鼓励下，教师通过加入学会和提交会议论文的形式，共计17人次参加了各类学术论坛及学术会议。

据统计，2015年体育部参与申报教育部、国家体育总局及山东省社科和教育厅课题共计7人次，占体育教学部人数26.9%，其中成功立项3人次，占申报人数42.9%。省部级项目共计3项，其中省社科2项，国家体育总局1项；横向课题2项，总计经费10万。论文发表12篇，CSSCI收录6篇，其中权威期刊2篇。出版专著2部，编著1部，教材1本。教师科研水平和科研成果有了质的提升。

三、本科教学与改革

2015年体育部本科教学与改革主要分为两个重点、两个平台和两个建设。

（一）两个重点

1.以校外竞赛为重点

2015年分别参加了2014～2015和2015～2016中国大学生足球联赛山东省预选赛。

在校区政策与资金的全力保障下，先后申请专项资金20多万元，助阵足球队出战。威海校区足球队在教练员范珣的指导下，在2015年山东省预选赛中，夺得山东省校园组比赛第一名，并成为唯一一支代表山东省高校参加全国北区决赛的队伍。在2016年的足球联赛山东省预选赛中，威海校区获得校园组第三名。

2.以学生体质健康测试工作为重点

为全面贯彻落实《国家学生体质健康标准》，体育教学部认真做好体质健康测试工作的日程安排，积极组织教师进行体测仪器使用操作培训。并对每一项测试工作的组织要求、安全保障、解决措施和安全预案进行了严格规范。在《山东大学（威海）〈国家学生体质健康标准〉测试管理办法》（山大威校学字〔2014〕48号）文件的支撑下，体育部全体教师历经两个月的时间，完成了2015年的学生体质测试工作。

（二）两个平台

1.以阳光体育为平台

以国务院、教育部及山东大学的文件精神为指引，根据威海校区实际情况，始终努力构建课内外一体化学校体育工作模式。加大阳光体育运动资金的投入，积极鼓励优秀院系和优秀社团。

2.以校地合作为平台

10月，与威海市体育局合作，以威海校区科研团队为核心的“威海市体育产业研究中心”正式成立。

（三）两个建设

1.课程建设

以《高等学校体育工作基本标准》中体育课程设置与实施的要求为依据，以场馆建设为基础，根据学校对人才培养的需要，通过两年多的课程建设，宋修妮和战文腾主讲的《大学生健康教育与自卫防身》核心课程，以邀请专家走进课堂为学生开讲座，并给学生答疑解惑等互动教学形式，深受学生喜爱。同时，体育教学部加强对铁人三项和健美课程师资队伍的建设力度，派老师外出进行专业培训。2015年铁人三项和健美课程已成为学生的体育必修课。

2.基地建设

体育教学部根据学科项目《山东大学蓝色体育创新研究中心》建设目标中的承诺和

对科研团队建设的扶持和对基地建设的投入。2015 年协同威海市体育局承办了“全国铁人三项校园邀请赛”,来自全国高校和威海市中小学生近 100 名运动员参加比赛,体育部大部分老师参加赛事的裁判工作。

四、校地合作,服务地方

“校地合作,服务地方”,是体育教学部力求发展的平台之一。与威海市体育局合作,为威海市政府起草了《威海市人民政府关于加快发展体育产业促进体育消费的实施意见》(威政发〔2015〕29 号),并撰写了《威海市“十三五”公共体育设施建设规划》《威海市全民健身实施计划(2016～2020)》《威海市全民体质健康测试分析报告》等文件。

(陈孟松)

继续教育学院

一、党建与思想政治工作

(一)认真开展“三严三实”专题教育,巩固群众路线教育实践成果

按照学校开展“三严三实”专题教育活动的要求,学院领导干部,积极参与各个阶段的活动,自觉观看、学习干部课堂的各个讲座,认真学习《习近平谈治国理政》有关篇目。对照在群众路线教育实践中发现的问题,列出清单、边学边改,针对工作作风不细致、执行制度不严格等方面问题提出了具体改进措施。学院领导班子坚持从“严”开展各项工作,凡是已经有规定的有关工作,坚决按照规定执行,不掺水、不打折;坚持见“实”效检查工作。

(二)严格坚持“周四学习”制度,及时传达贯彻党的方针政策

2015 年下半年,为了响应建立学习型组织的号召,学院建立了“周四学习”制度,在第一时间组织职工学习《中国共产党廉洁自律准则》《中国共产党纪律处分条例》《中共中央关于制定国民经济和社会发展第十三个五年规划的建议》等系列文件,学习中共中央、国务院关于建设世界一流大学、一流学科的实施意见。通过这些学习活动,使学院职工了解了党和国家的方针、政策,明白了工作目标。

(三)严格执行中央“八项规定”,继续改进工作作风

2015 年,学院对外交流明显增多,在交流过程中严格遵守“八项规定”,不大吃大喝,不铺张浪费。自觉改进工作作风,积极与有关单位配合,保证整个工作顺利推进。

二、工作业绩

(一)教学过程管理进一步加强,教学质量得到保障

严格按照山东大学成人教育和网络教育的教学计划和考试大纲,组织教育教学工作。鼓励学生视频点播学习,选派有经验的老师参与函授教育日常面授工作,年内对函授教育所有专业学生都进行了面授工作,共有 36 门课程布置了作业。与预科班学生及家长签订入学协议并进行详细的入学教育,将学校教学管理规定、学生日常管理规定和宿舍管理规定等相关管理制度传达给每一位学生。在班级中成立班委会,加强学生自治管理,定期与部分学习存在问题的学生家长通电话交流信息。为保证预科班教学质量,期中考试结束后,对于排名后 10%的 5 名学生进行退学处理,进一步整顿学习风气。在对职业技能班学生的管理过程中,积极配合合作伙伴的管理思路,为学生提供服务和帮

助,同时,注重安排教学计划的实施和对教学过程的监督,包括安排课程表、教师、教材和教室,监督整个教学过程的完成。

(二)加大宣传力度,招生人数和培训数量增长显著

在学历教育招生竞争激烈的不利因素影响下,加大日常招生宣传力度,加强校企、校际合作,保证了学历教育招生规模有所增长,圆满完成招生任务,实现继续教育稳步发展。合作单位有威高集团、天润曲轴股份有限公司、威海克莱特菲尔风机股份有限公司、威海市天罡仪表股份有限公司、威海三角集团、威海环翠楼大药房、威海环翠技校等。函授教育报名人数比 2014 年略有增加,网络教育在校生比 2014 年增加 150 人,共完成 566 名学员的开学注册工作;韩国语预科班项目发展比较成熟,凭借良好的口碑宣传效应,招生人数由 2014 年的 45 人增加到 60 人;职业技能班的招生工作稳步发展,除了与威海商业学院的定点培养合作,陆续与省内多所职业院校洽谈中职对接培养的模式,拓宽了招生途径,年内招生 59 人;在职培训举办 19 期,累计培训人数 1882 人,其中为新疆维吾尔自治区农村信用社联合社的来自汉族、维吾尔族等 15 个民族的 821 名新入职员工进行了为期两个月的柜员岗位专业培训。

(三)海外考试等工作

学院承担 TOEFL、GRE、韩国语三个海外考试项目,根据教育部考试中心的要求,及时添置、更新考场设备,优化考试环境,保证考试顺利进行。年内,学院共承担了托福及 GRE 考试 67 场,2100 余人次参加了考试,举行韩国语能力等级考试两场,考生共计 1022 人次。

5 月,协办山东大学网络教育一体化服务能力提升研讨会;8 月,协办山东大学、中国石油大学(华东)继续教育校际交流研讨会;10 月,协办山东大学继续教育学院十三五规划论证会。这些会议的成功举办,不仅为兄弟高校及学院自身加强工作交流、开展教学研究搭建了平台,也对校区继续教育工作起到了积极的促进作用。

(缪莎莎)

2015 届毕业生名单

本科毕业生名单

韩国学院

朝鲜语

丁梦琳	刁晓光	马 欣	马晓萌	王玉琳	王世奇	王 杰
王 冠	王晓宇	王 瑾	尤明忠	方 珊	卢 艳	田晓景
田 梅	田耀文	冯晗煜	毕美霞	朱 平	朱 灿	朱 玲
朱 煜	任路露	刘 畅	刘佳妮	刘洪兵	刘晓彤	刘晓君
刘梦怡	刘晨晨	刘 强	刘媛媛	阮鑫佳	孙 园	孙 孟
纪睿涵	杜梦彬	杜媛媛	李亚伟	李 楠	李嘉慧	杨军校
杨茂宇	杨 洁	杨晓静	肖彦泽	时文静	吴秀文	吴 浩
吴 梦	汪斯瑜	宋紫伦	张小林	张 玉	张在宇	张应亨
张凯芹	张珍珍	张 洋	张晓妮	张瑶瑶	张 磊	陈阳阳
陈欣鑫	陈原君	邵玉雪	邵明俊	武弼君	林志燕	岳佳晖
周小月	周海燕	周 蕾	单 欣	赵苏婉	赵 岩	赵 祎
赵翠翠	胡心悦	胡茹茹	胡婷婷	胡慧芸	查 娜	柳春雨
胥玲丽	徐惠煜	郭晓楠	唐小琳	黄庆影	黄娜娟	黄梓慧
曹 文	曹 玲	崔雅琪	彭凤春	蒋丽君	韩愚侗	程梦真
傅先登	曾大强	楼 佳	蔡 禧	谭晨曦	滕亚萍	

商学院

人力资源管理

丁婉怡　于凯丽　马元卫　马嘉慧　王文帅　王志明　王厚旺
王晓宁　王晓斌　王　萌　王鹏程　仇晗彬　申　磊　史采平
史嘉羚　冯文雯　冯兰兰　吕斯琪　朱旭东　朱梅洁　朱　琳
任同同　刘立霞　刘光坤　刘　佳　刘枭飞　刘泓辰　齐　霄
安丽萍　杜文静　李一甲　李玉蓉　李　佳　李　维　李　婷
李　震　杨可心　汪春好　沈明月　张子玉　张　欣　张　娜
张　乾　张晶晶　张路方　张　磊　陈玥兴　陈　静　范富伟
林倢如　林　颖　周孟强　周雪薇　郎雪晨　赵金昌　赵　烨
胡展鸿　姜丽琨　莫梦琼　高　正　郭晓南　唐铂锐　唐　琪
陶学勤　黄　巍　曹贞珍　商梦雨　程海伦　温　欣　潘佳艺

工商管理

王　飞　王亚非　王笑妍　代汝月　许笑黎　许嘉铭　孙　雪
苏文婷　李奕昊　李灵光　李宗阳　杨雪薇　杨　然　汪国梁
张林青　张　涛　张　鲁　陈　钿　武疏桐　苑炳杰　罗　隽
郑　瑜　钟　瑜　徐　婷　徐燕明　郭芯芯　黄树东　曹明宇
颜聪毅

市场营销

丁盈盈　万舒羽　王　宁　王　丽　王钰萌　王　慧　孔　聃
叶梦钰　田　丰　刘　凯　刘　皓　刘　婷　刘镇华　闫　琪
宇春晓　孙宇鹏　苏　嘉　李　飞　李　扬　李言超　李若蕊
杨小力　吴　维　余麟辉　张亚囡　张　萌　张鲲鹏　陆名星
陈珍珠　范恩鑫　林凯文　尚校蕾　周润鹏　郑济丰　郑喜玲
单　宇　郝祥意　侯志鑫　夏　天　徐　野　高　剑　黄巧娣
黄　怡　隋子剑　彭　江　董婷婷　韩炎峻　覃宏羽　蔡星锡
臧金鹏　雒　娜　魏　岚

会计学

丁玉洁　丁玥玮　卜志刚　于文慧　于　爽　万　蕾　马云利
马愫悦　王天扬　王升霞　王　丹　王　凤　王乐朋　王志锋
王芹芹　王杨方舟　王丽佳　王园园　王秀萍　王若曦　王　奇
王凯丽　王佩瑶　王金平　王　珍　王　俊　王　叙　王冠宇

王艳阳	王　晓	王晓滋	王晓磊	王　健	王浩宇	王珺婧
王唯一	王　舸	王淑媛	王　涵	王琪琛	王雅诗	王雅婧
王　焱	王　婷	王瑞堂	王　路	王　鑫	亓秀叶	韦　玮
韦瑞平	牛誉慧	方丽婷	方君阳	尹丹晨	尹　晓	孔延巧
孔思家	邓靖男	甘立琪	田　恒	田　琳	史　雯	付新月
冯文君	冯雨晴	冯果昕	冯　宜	冯遵琦	宁　思	宁　莹
边睿韬	毕晓卿	吕晓婵	朱雪丹	乔　虹	庄　菡	刘方娅
刘　华	刘忻忆	刘　松	刘　昊	刘　凯	刘学俊	刘　俊
刘艳霞	刘晓方	刘峻榜	刘　晨	刘　博	刘晶晶	刘　翔
刘　腾	刘　颖	刘静姝	刘　蕾	汝承毅	汤　天	许　宁
孙一丹	孙中蕊	孙鸣蔚	孙玲杰	孙晓丹	孙晓宇	孙　倩
孙雪娇	孙　晨	牟柯霖	牟艳平	苏　阳	苏肖衣	苏清阳
杜诗会	杜　霜	李云青	李巧珍	李世超	李永雪	李　存
李君煜	李英苑	李雨欣	李　凯	李依凝	李重阳	李桐林
李倩倩	李雪艳	李　婧	李瑞真	李静怡	李　塽	李璐芳
李　鑫	杨　帅	杨叶青	杨洪涛	杨晓慧	杨高原	杨　朔
杨　薇	连欣欣	吴一凡	吴云龙	吴燕云	何延青	何雨薇
余宇晴	余　庆	邹潇潇	沈君妍	沈德华	宋非凡	宋卓玲
宋　珂	宋　洁	张一峰	张丁卿	张　义	张天一	张吉庆
张　帆	张庆宇	张军朋	张　羽	张雨薇	张凯丽	张　怡
张振颖	张晓萍	张晔希	张　倩	张浩琳	张　越	张雅萱
张靖宜	张源晨	张　瑶	张增田	张馨月	陆斌星	陈开鑫
陈　凤	陈文静	陈甘露	陈　乐	陈　芮	陈星贝	陈昱含
陈昱薇	陈思润	陈恩健	陈雯颖	陈　睿	邵非非	武俐君
林　雨	林智颖	尚晨可	罗晓红	罗　浩	罗慧敏	和琳璐
岳宗寒	金　婧	周　杨	周晓琳	周浩杰	周梦璇	庞静静
郑贝贝	郑玉祥	郑宇君	郑　姣	郑　哲	郑楚欣	孟凡丁
孟云柯	孟　枫	孟　颖	项　珊	赵小青	赵丹丹	赵泽曦
赵树桐	赵　亮	赵晓蕾	赵梦获	赵甜甜	赵　睿	郝玲玲
胡媛媛	胡　愿	胡睿菡	胡聪颖	咸　韵	段　伟	段凯中
禹红霞	侯俊如	侯奕名	侯　悦	闻　娜	姜文浩	姜良境
姜　澜	宫　鹏	贺子芯	秦　凡	秦宇轩	都钟文	聂　情
贾　宇	贾　丽	贾思雁	柴　宁	徐庆巍	徐利红	徐　娜
徐梦雪	徐　楠	殷玉洁	殷　晓	凌维静	高　冰	高　枫
高　欣	高隽业	高新喆	高意欣	高福彦	郭芳梅	郭利霞
郭晴晴	唐宝菁	唐凌燕	陶　佳	黄成伟	黄恭政	曹毛毛
曹文艳	曹　杰	曹　振	戚书扬	常斌媛	鄂　然	崔冬冬
崔　兵	崔　岩	崔朝辉	崔新国	梁吉妍	梁　宇	梁紫君

宿振燕	绪具峰	葛　芬	董英瀚	董　昊	董晓晴	董　峰
蒋　祺	韩祎蕾	韩　烜	韩培培	惠燕萍	程　雪	傅媛媛
傅　韬	焦鸿安	游　浩	谢祥祥	强　婧	蓝雨辉	褚　静
臧瑞丰	管宏丽	谭茜榕	滕月琪	潘婧娃	潘　博	薛　迪
冀永荣	魏　玮					

国际经济与贸易

丁　璐	于青可	王子明	王泽桐	王效雷	王富森	王　强
王　婷	王潇濛	王德浩	毛雅琦	文怀俊	方竹梅	卢鹏飞
申　越	田梓煜	任　昭	刘丹璇	刘文涛	刘竹君	刘志强
刘　明	刘晓泉	刘梦吟	刘　鑫	许杨杨	孙玉玺	孙凯迪
孙　喆	孙博林	孙瑾婕	苏　杭	杜政颜	李少君	李丹丹
李文博	李亚兵	李兆瑞	李　欣	李婧珲	李　赓	杨　旭
杨秀君	杨　朔	肖赫桐	吴　迪	邱育华	邹明惠	张子嶷
张云鹏	张银香	张静怡	陈昀婷	陈竑任	陈雪寒	林灿军
周　辛	周　悦	赵文恺	赵宇丹	胡芳洁	姜　超	洪恩惠
宫晓楠	袁家健	莫岚晰	徐立春	翁润叶	唐治亚	唐　瑾
陶　然	黄文选	黄　熙	曹　硕	章子欧	董洁颖	韩　菲
程　乔	温晓威	蔡龙飞	谭覃令姐	樊　超	黎怀宇	滕云飞
穆　笛	魏以婷					

物流管理

王丽丽	王钦玲	王　莹	王　静	左宏炜	刘晓宁	闫　红
许泰毓	李文强	李永康	李　奕	陈仕壮	林沫旭	金晓霞
郑　雪	温静雪					

金融学

丁青雯	卜宪年	于　洋	于　润	卫思敏	马云燕	马四维可
马　骏	马　婧	马新雨	王一芝	王士彬	王　川	王凡凡
王子菁	王　丹	王凤鸣	王　卉	王东东	王亦申	王志刚
王　芳	王沄萌	王妍红	王　玥	王　尚	王明亮	王相迪
王昳潇	王彦卿	王　娅	王　珣	王　晔	王萧萧	王雪珩
王雪琦	王　铭	王婧雯	王　博	王　鼎	王舒盈	王　新
王　新	王煜东	王德鹏	王鹤如	王露琴	卞庆伟	文杰华
尹　晴	邓　琳	甘雨露	石　兵	石　凯	石欣怡	龙苑苑
卢云晓	卢　璐	叶　子	田家兴	田　琪	由亦好	由丽暄
史晓慧	代高琪	代颖彤	丛一纯	丛　菲	冯小倩	冯　珏
冯　菁	冯　强	兰明婕	宁佳敏	皮子慧	皮衍飞	巩加美

朴慧婷　师曼彧　曲宇航　曲荟颖　曲璇　同钰泽　吕仁炜
吕乐　吕青　吕现程　吕建霖　吕晶晶　朱文强　朱逸芸
朱博闻　乔小桐　任虹霖　任钧航　任缪苗　刘一楠　刘子扬
刘艺靓　刘延钢　刘志奇　刘彤　刘欣怡　刘秋利　刘彦村
刘洁　刘倍良　刘梦晨　刘敏　刘敏　刘婧琪　刘雅君
刘晶玉　刘新宇　刘福慧　刘静怡　刘禛　刘鹤　刘璐
齐梓惠　闫星　闫晓丽　江山　江玉娇　阮凤丹　孙玉彤
孙弘熙　孙乔乔　孙苑　孙桂鑫　孙晓茹　孙涛　孙雪娜
孙雯　孙慧　纪淑平　严旭胤　劳国豪　杜昕倩　杜硕
杜婷婷　李延晨　李多茜绮　李冰　李远光　李财芳　李卓阳
李卓恒　李盼　李思祺　李炯宇　李祥龙　李彬　李梦君
李梦雅　李舸　李涵　李琦　李楠　李福祥　李静
李聪　李燕丰　李翰彪　杨成博　杨宇珊　杨志强　杨建波
杨洋　杨真真　杨浩　杨敏　杨韵仪　杨睿　杨璇
吴亚琼　吴忠航　吴柯　吴思思　何西民　何艳红　余心怡
余帆　余雅婧　汪海建　汪璇　沈丽杰　宋凝澈　初奇
张文晓　张迈　张帆　张旭　张启晨　张凯　张佳佳
张欣　张泽勇　张宝丹　张建广　张珂　张炯杰　张晓燕
张萍　张敏　张敏　张鸿璐　张淞雅　张婕　张维键
张琪　张琪　张琳　张琳　张晴　张瑜　张霞
张耀辉　陆巧玲　陆奕彤　陈丹阳　陈伟平　陈辰　陈佼
陈诚　陈姝行　陈晓康　陈家宝　陈彩斐　陈雅洁　陈嘉平
武纯　武迪　范靖悦　林双双　林籽辰　林珊珊　欧阳楚
罗丹　罗旭东　罗倩雯　罗琴　季佳倩　金世钒　金玲
周子尧　周京杰　周亮　周乾乾　郑经国　郑珣兰　郑晓杰
郑家晨　赵玉娟　赵传铭　赵明金　赵金鼎　赵诗行　赵胜奇
赵琦　赵景辉　赵黎　胡文曦　胡家胜　胡梦婷　胡琴乐
种胜　侯磊　施建宇　姜凯天　姜莲子　姜琬　费志超
秦坦　袁婉君　耿晨　耿婷　莫琪瑶　贾永强　贾喆
夏晓龙　顾容溪　徐听雨　徐晨哲　徐超　徐韵杰　徐聪
徐璐涵　高兴　高军宵　高丽丽　高睿　郭永普　郭志远
郭佼佼　唐冠宇　唐梦真　唐鹤群　桑林　黄妍　黄雪薇
曹雪旖　曹楷晨　曹馨月　盛佩　常靖雪　崔天旭　崔肖娜
崔振　崔晓雪　康梦懿　梁宸　彭龙霏霏　董硕　蒋天天
蒋娜　韩升旭　韩闫珍琦　韩勇　覃焕博　傅超　焦玉涵
焦守露　焦宜清　曾昭荣　曾浩　谢炎梦　谢茜　楼贤骏
廉婧涛　蔡伟龙　蔺天祺　臧宁　裴婷婷　管晓月　谭云瀚
谭言　谭洋　熊慧楠　黎丹阳　潘瑶　薛琪琪　薛楚江

戴 政　戴雅姗　戴 鹏　鞠方舟　魏文会　魏永双

保险

王 旭　王 丽　王 颖　刘 妍　孙梦莎　沈世勇　周丽文
钱 雯　曹东方　解雨巷

旅游管理

王玉乾　王光松　王 芳　王 波　王语燕　左远萍　石 迪
史素娜　吕廷廷　刘书杰　刘昊洋　孙祎青　孙 鑫　李丹洋
李佳斌　李婷婷　肖 菊　吴 双　张亲亲　陈 颖　林明海
林 琳　侯 旭　莫小珍　夏杨霁千　郭恩文　郭 笑　梁真真
鲁 捷　赫明悦　魏春爽

法学院

行政管理

于泽东　王文彬　王 宁　王 伟　王建超　王 珅　王柏钧
王 倩　王雅婧　田禹杭　田晓倩　史秋霞　吕 川　朱胜杰
刘江丽　刘启航　刘晓笛　刘聪聪　刘 磊　汲文强　许艺丹
许丹露　孙贝贝　孙金满　孙鲁霞　李朋折　李思哲　李菲菲
李淑庆　李 翔　肖 斌　张 凯　张曦文　陈 承　陈映东
陈 昭　陈俊希　陈婧瑶　林 跃　郑胜男　赵 申　赵明阳
赵 瑞　胡成义　柳 欢　俞良惠　姜彤彤　党 彪　徐晓威
徐煜伟　高明昊　郭能伟　黄 森　戚希敏　崔晓磊　韩姗杉
靳 琳　潘增荣　薛 腾　薛德帅

社会工作

丁若梦　卜麒玮　于立强　王术斌　王敏佳　王新菊　田佳齐
史 晔　史雪冬　白 兰　师 哲　朱 涛　任 婕　刘红星
刘祥东　刘梦笛　孙 桥　孙晓阳　孙 蕊　杜晓琳　李 艳
李晓雪　李晨曦　何宅杰　何思亮　张玉杰　张佳怡　张 诚
张秋静　陆政昊　陈 伟　林 阳　国小娜　罗永婵　周子钦
周 萍　庞 博　姚 红　贺 琳　徐必力　徐 婧　郭振男
黄小强　龚浔源　康 健　盖 爽　鲁 晶　曾德明明　靳 洋
颜郢澄　魏明明

法学

刁凯欣　于吉祥　马一心　马天宝　马行空　马 越　王大伟

王文锟　王心哲　王钰　王笑雪　王家苗　王晨　王敏
王琳　王琳　王雯雯　王晶　王楠　王新　王鑫
卞姝琪　由鹏飞　代璐　包绍纬　冯丽婷　冯莞　朱鹏冲
任重哲　向上　向娟　庄碧灵　刘苗　刘绍然　刘晋楠
刘海清　刘悦　刘嘉颖　刘赫喆　江川　汤海山　安良子
许也　许妍　孙丽娟　孙杭　孙和平　孙诗尧　孙建明
孙静静　杜成程　李文宁　李臣飞　李苗苗　李泽焓　李建武
李妮　李莞蓉　李菁　李淑敏　李婧　李维　李瑞
李瀚阳　杨子超　杨亚男　杨丽秋　杨黎明　吴双　吴洪萍
吴婷　邱添　何晓雯　何琪　余丽　初桂爱　张三鑫
张元春　张永飞　张亚辉　张向南　张佳　张建伟　张胤鹏
张艳昭　张晓旭　张竞月　张悦　张逸　张琪　张满兴
张碧瑶　陆冠融　陈羽茜　陈星宇　陈晶　陈瑞卿　陈璐
尚得成　岳华男　郑广升　郑灵悦　孟丹阳　孟祥梅　赵文渊
胡子予　段琴　侯亚楠　侯晨阳　姜沛青　姜佳航　姜珊
洪泽其　祝小丽　祝昕琭　姚琳　贺毓　徐璐　栾兆凤
高天骄　高倩　郭彦君　黄赢　曹雨婷　崔滕滕　梁潇
宿萌　彭哲彬　彭晓瑭　董嘉亮　蒋玉伟　韩叙　韩洋洋
程欢　程丽丽　窦文静　潘倩昀

文化传播学院

汉语言文学

马素花　王文帅　王永　王冰薏　王秀坤　王国瑜　王佳杨
王宝迪　王银银　王斌斌　卞捷　邓佩琪　田莉　史诗源
白游　丛嫣霖　曲佳宁　朱刘敏　朱琳　刘阳春　刘圆圆
刘积惠　刘琪瑶　刘雅麒　刘震宇　许倩　孙秀琴　孙露
牟璐　苏智　苏靖雯　杜长平　李贝贝　李双伶　李玉燕
李冉冉　李驰　李学娟　李绍伟　李晓丹　李晨　杨文佳
吴贞慧　何欣倚　沈晨　宋晓丽　张丹丹　张文齐　张红芳
张佳　张培君　张森　张颖　张静　张翠吉　陈小莲
陈烁　武玄翀　林雅婧　林默雷　罗卉　岳欣　郑彰为
单梦茜　赵钟萍　赵莹　赵越　赵聪　胡敏慧　祝洁琼
姚雨彤　袁江乐　莫亚男　徐创　徐涵　高玉芝　高同岳
高梦华　高婷　郭燕　黄子豪　黄斯文　曹文波　曹冉
曹宇　梁恩良　彭晓晨　温雅红　谢婷枫　蒙弢　赖梦琳
蔺文杰　鞠萍

对外汉语

丁嘉艺　　于俊洁　　王艺亭　　王少茗　　王成英　　王振菁　　王培闽
叶佳和　　边　宁　　刘　筱　　闫　严　　孙开伟　　苏　颖　　李　尚
李佳晴　　李琪昕　　何自豪　　何晓宇　　张凌霄　　张雪辰　　张　舒
陈艺青　　陈良友　　陈　钰　　国新荣　　周炳忻　　周婷婷　　孟　臻
赵明明　　侯丽敏　　姜　超　　徐　怿　　郭琳琳　　崔美玲　　梁倩瑜
葛怡爽　　董晓琳　　韩松筠　　曾芸璐　　薛　寒

新闻学

于　玥　　马　佳　　王少桃　　王庆阳　　王　怡　　王树振　　王　莹
王桂琳　　王晓斐　　王婧涵　　王翔宇　　王寒蕾　　王婷婷　　王新雨
王　慧　　牛冠捷　　毛姝雅　　左辛成　　龙　玲　　田　野　　付明丽
宁婧怡　　华　琛　　刘　欣　　刘　泽　　刘柯曼　　刘　梅　　刘　薇
江　睿　　孙荟萃　　杜文娟　　李雨潇　　李艳萍　　李艳霞　　李艳霞
李琦琦　　李　靖　　杨　洋　　杨晓露　　杨　烨　　肖　丹　　肖　雪
吴亚萍　　吴　杭　　何　泓　　沈艺敏　　宋　震　　张汉林　　张宇杰
张馨元　　陆　超　　陈宁洁　　陈佳林　　陈梦圆　　陈梦清　　周士雪
周起南　　周倩媛　　郑荣华　　赵晓磊　　胡盼弟　　柯小娇　　姜　璇
晁江源　　钱璟怡　　徐爱丽　　殷小婷　　高　宁　　高丽丽　　黄　芮
黄俊超　　黄　琳　　梁　悦　　梁　晨　　宿广田　　董　敏　　韩连芳
韩　婕　　程颖迪　　谢　飞　　蔡天然　　熊　英

翻译学院

日语

于　童　　王文一　　王　迪　　王　磊　　仇蓓蓓　　甘桂芬　　左世国
冯其红　　朴星华　　朱晓婷　　任涵璐　　刘诗琪　　刘姝萍　　刘盈秀
刘　敏　　刘琳琳　　刘婷婷　　李冰清　　李　玥　　李晓强　　李　越
李　静　　李　瑶　　吴柳艳　　吴　桐　　张　倩　　张爱萍　　张　曼
张　静　　张　鑫　　陈亚玫　　陈丽艳　　陈　旻　　陈艳红　　邵　璐
金莲姬　　周　妹　　郑　丽　　郑思瑶　　夏　菁　　徐建华　　徐　诺
栾　琳　　陶玉婵　　黄莉敏　　常路超　　崔艳艳　　彭月园　　亶浩林
曾妍媛　　靳素菊　　潘超超

英语

丁亚丽　　丁志莹　　于青娟　　于　佳　　于雪飞　　于景瑞　　万玉霞

王玉妹 王佳宁 王诗怡 王星悦 王贺 王莉 王梦楠
王焕 王锐 王裕芬 王新瑶 韦静雯 孔亚鲁 卢淑林
田文卓 付冬 代臣 白梓涵 师丽丹 吕昕 吕婷
吕婷婷 朱勇 朱晨铭 乔珊珊 任继哲 向炜 刘丽君
刘莹莹 刘笑 刘蒙蒙 许晓岚 许铃婧 孙芳 孙超群
苏瑶 李晓丹 李鸽 李维海 杨力群 杨丹 杨昫丰
杨桂雷 来怡宁 肖凯华 吴佳桐 何园 何佳 余卉
沈伟伟 张子菡 张圣鑫 张昕彤 张洁 张雪琦 张敏
张蓉 张蓉蓉 张颢 陆丹弥 陈书君 陈妍妍 陈思
范雨欣 林珊 岳秀琪 岳惠玲 周灵玥 周玮 周晶晶
郑秀婧 单晨 屈盛 赵学茹 赵美玲 赵洁 赵聪
秦华强 袁咪咪 耿文宇 贾亭亭 徐玲 徐亮亮 徐娴娉
徐静美 高尚 高颖 高鹤 郭丽伟 黄一可 黄丽竹
黄思雨 黄惠莹 曹聪智 崔艳春 彭程 葛长鑫 董伟
韩美伦 韩宪昌 韩瑜 程茹茵 廉立平 臧艳妃 潘艳蕾
燕文堂

英语(英法双语)

于一凡 王林林 王菲 王超 史江南 史迪 朱文颖
刘士嘉 刘芹 刘晓怡 许桐桐 许颖洁 孙伟娟 李沅原
李铮 李皓 吴明真 吴怡旻 张强 陈晓洁 周秀敏
周雨虹 孟楠楠 姜杉 姚文博 倪妮 陶园 曹晴芹
葛玲 韩牧村

英语(英德双语)

王滢 王霞 冯怡霏 成真真 朱若愚 任继宸 刘文慧
刘婷婷 孙兆琪 孙偲偲 李欣洲 李懿蒙 杨云 肖璇
张小惠 张亦华 张晓敏 张婷 陈子楠 周爽 郑雪莹
胡亚琪 胡钧涵 钱绘 展一鸣 梁丹妮 蒋亚梅 蒋思华
韩宛平 管静莉

翻译

丁梅思 于嘉豪 马丽莎 马素贤 王茜 王烨子 白书瑞
包瑞雪 冯莹莹 邢晓庆 任熠 华艺 自晗越 刘希文
刘桂招 刘彧畅 刘梓淇 字鑫 祁巧霞 孙晓晗 孙海燕
杜雯琦 李灿灿 李嫣然 杨洋 杨家宇 吴广岩 何万红
何玉凤 沈文英 宋晓蓓 张大勇 张亚男 张苗苗 张翼
张馨月 陈梦莹 陈湛岩 陈慧文 欧阳天博 郑涵宁 项嘉

俞梦婷	施虹虹	秦　茹	夏欢欢	徐艳玲	郭梦琦	黄子桂
曹春晓	隋　怡	韩　雪	傅玉婷	蔡倩倩	穆　青	

艺术学院

艺术设计

丁晓琳	于艺林	于佳卉	于　洋	马宏志	马雨辰	王一同
王广飞	王　帅	王丽丽	王利燕	王承志	王珍珍	王海洋
王　颖	王　慧	尤海洋	冉　慧	付　霏	白　雪	兰　婧
成　瑶	任　超	刘　阳	刘　凯	刘　康	许贝叶	许笑睿
孙传河	孙红莹	孙　健	孙　悦	孙菁苗	孙露晨	李一鸣
李志华	李　明	李怡云	李春芳	李树龙	李　艳	李晟航
李晓彤	李梦嘉	李　超	李　溪	杨　巧	杨庆祝	杨斌斌
吴　珣	邱秀峰	汪佳琛	汪勤申	沙玉田	张文娟	张正明
张如毓	张其花	张凯丽	张思寒	张强威	张　鹏	陈成真
陈　莹	陈嘉琦	邵敏慧	武韵娟	范晓婷	罗　倩	周　芬
周维偲	郑云龙	赵吉哲	赵　丽	赵梓君	赵淑慧	赵　琦
赵瑞朋	宫晓双	贾梦雪	顾业成	柴一圣	徐文娟	高慧敏
郭　欢	郭君琦	郭　蕊	陶庆国	黄验婷	黄　彬	黄超凡
曹城源	崔云乐	崔环环	彭善武	葛佳琪	韩　爽	韩　琳
曾　兵	靳　娟	甄伟鹏	解梦溪	阚会鹏	樊垚鑫	颜　慧
潘　敏	鞠秀芳	魏佳艺				

音乐学

丁　妍	于子琨	于佳佳	于　渌	马李嘉黛	王世超	王明柔
王　觅	王润泽	王　蓉	王翠靖	田　雨	吉林君	曲俐颖
朱臻玄	刘雨芸	刘　炜	刘淑芳	刘　媛	齐俊彦	孙鸣一
孙　燕	杜雪景	李全巍	李志颖	李金妮	李　波	李姝慧
杨亚鹏	杨安亚	杨凯涵	宋　健	宋鹏飞	张　珊	张梦涵
张慧宇	陈圣齐	陈晏舒	陈　诺	陈媛媛	苗　平	范　荣
尚雨琪	金意波	周云霄	周黎虹	庞炬华	赵旭廷	赵　铭
胡静文	侯欣蕊	施皓伟	姜雁君	索佳妮	钱　竞	徐　玉
高　瑞	郭子玲	曹梦鸽	梁　越	梁　婷	董姿秀	蒋　曼
韩　烨	傅　皓	路斯茗	蔡璐茜	潘恒中		

美术学

王仁顺	王秋忆	毛晓倩	叶姗姗	冯　宇	吕　敖	刘力维

刘胜楠　刘　莉　刘静雅　孙志浩　李士伟　李永成　李运贤
李盼盼　李　最　吴美玲　沈兰虹　张政浩　张　星　张　敏
张　琪　张琪悦　张　璐　陈绍珂　陈慧平　邵玉芳　孟令强
赵　月　赵玲艺　赵　琪　赵　琳　宫庆成　贾廷廷　夏盛恺
徐　燕　高深圳　郭凤翔　黄晨烨　梅映雪　曹君君　曹　晨
韩雪梅　詹清雨　褚岩松　裴　姗　黎师延

舞蹈编导

于佳卉　弓　烜　马月一　马　宁　王子建　王泽元　王　琛
王智慧　田　贺　吕　艺　朱晓瑞　乔　原　刘坤阳　刘怡男
刘政鑫　关江虹　孙　俐　李宜芯　李承宇　李　哲　李海洋
李　晶　李　媛　何　颖　谷　虹　谷婉笛　张　昂　张梦华
张清品　张瀚珑　陈　凯　陈慧轩　范晓萌　罗　腾　季　莹
赵凤缘　赵可慧　姚朝春　贾晓露　贾雪莹　贾　晨　徐　凯
殷佳敏　陶森林　梁毓敏　梁馨予　蒋琪琳　焦　桐　魏思佳

海洋学院

生物技术

马　蕊　王　丹　王　冲　王　玲　王美丽　王班彤　王晓群
王培霞　王　淇　王　瑒　王　磊　王　燚　卞舒惠　卢丽虹
玄大玉　成英俊　吕冰川　朱亚珂　朱晓雯　任璇璇　刘文娟
刘世杰　刘发鹏　刘高远　许亚梦　孙绮瑶　牟　荻　严　沁
杜志民　李正莉　李　帅　李　伟　李　坚　李凯琴　李宝海
李　栋　李　响　李衍峰　李　美　李洪顺　李梦如　李婧慧
李勤勤　李耀辉　杨青卫　吴　璇　邱京晶　何　洋　汪冠铭
宋　梦　迟聪玉　张玉萍　张向荣　张　齐　张金金　张　恭
张铭楠　张甜甜　张　霄　陈　儿　陈彦任　陈润珍　陈鹏宇
陈　镇　罗书慧　周作霖　周　颖　郑　宇　单　良　赵影雪
郝丽丽　郝雯淼　荣　耀　胡宗福　贺　成　贺梦楠　袁国迪
袁振西　聂　齐　贾建华　钱慧敏　徐　畅　徐倩芸　高瑛璨
涂梦涵　黄　沙　黄泽蒙　崔晓楠　宿巧丽　辜朝燚　鲁传凯
曾凡斌　谢　薇　鲍温洁　蔡绪莹　蔡婷婷　谭玞力　樊　凡
樊丽娜　魏鹏霖

生物科学

丁陆彬　于　洋　王轶可　王　美　王　蕊　史　芳　刘婷婷

李不凡　李　丹　李章海　杨　利　沈　丹　陈凯宁　罗婉茜
罗　琦　柳晓晨　侯春江　黄潇逸　满　馨　窦国栋　阚胜龙

应用化学

王　刚　王凯凯　王　照　王豪东　龙　晶　冯　雪　巩格辉
刘尧尧　刘洪芳　刘　蕾　孙轶斌　苏建建　李尧捷　李　坤
李　鑫　杨兰青　吴江峰　张元贺　张　岩　张春艳　张婉婷
张颖颖　陈福栋　范孝忠　周　涛　赵　丹　赵　晟　赵　慧
栗　华　夏　芳　涂博霖　梅尹轩　温小惠　靳友祥　訾　冬
路　然　魏　欢

药学

于坤宏　马　婕　马　超　王传凯　王庆吉　王红力　王　岚
王佳悦　王　哲　王　晋　王梦蕾　王筱菲　亓云月　叶瑶蓓
付天然　曲振飞　任曦彤　刘　钊　刘昕茹　刘海洋　刘朝辉
刘嘉慧　齐　杰　齐　琪　闫新萍　孙春晓　孙珊珊　孙德松
杜珊珊　李云龙　李　华　李旻昊　李玲玉　李博煜　李　瑞
杨亚杰　杨宇晨　吴凤娟　吴文颖　吴京珂　汪立锋　张帅帅
张思瑶　张晓梦　张　健　张娟娟　张婷婷　张静熙　张　蕾
陈立颖　陈俊生　范道兵　林奕羽　罗亚军　周俊鲜　周冠言
郑　君　宗方姣　孟　谦　胡惟紫　胡　楠　袁　媛　夏雪婷
倪丹丹　徐　扬　高弘扬　高　洁　高　菲　郭紫妍　唐　平
唐　薇　陶律延　常一民　崔梦淼　董　晟　韩　润　韩　静
程梅梅　路　迪　翟彤彤　翟　超　颜竹玥　潘　菲　霍明宇

海洋生物资源与环境

于夕茹　于　雪　王　乐　王　浩　王　颖　韦真珍　公延旭
尹　泉　成芳硕　刘云松　刘玉霞　孙晓东　李云梦　李　文
李庆洁　李远方　李秀娟　李思奇　杨青川　杨慧娇　吴昊聪
吴金科　张玉娟　张妍琪　张凯迪　张凯鑫　张　珊　张　媛
范枫林　国中淑　周章亮　周静贤　赵子畅　赵丽婕　袁　洋
高　源　陶建昌　崔　帅　崔雯婷　符原源　韩三为　韩　月
程小迎　臧　超　廖　卉

机电与信息工程学院

计算机科学与技术

丁晓娜　于润宇　于　婵　马光豪　王佳琪　王　相　王振亚

王锐　王蕾　王鑫　王鑫穆　尹铮　田丽娟　吉雨薇

刘一鹤　刘丽　刘育博　刘建孟　刘晓威　刘颖　孙印钰

芦琦　李亚雄　李昊　李佳岐　李建爽　李梦楠　李嘉豪

杨柳惠子　杨振　杨超　杨慧敏　时毅恒　吴艳如　吴梦春

何晔娇　余敏学　谷枫　冷佳发　沈泓贝　宋雄　张晓玉

张敬玮　张雯　张鹏　陈化冲　陈艳超　陈唐浩　林志森

周策　单山路　赵帆　赵志伟　赵晟皓　荣程浩　胡勤伟

钟原　段建操　姜鹏　秦阳健　秦艳彦　莫一聪　栾永鑫

郭秀磊　郭雪　黄思杰　黄美耀　曹诗瑶　崔宇童　韩小凤

韩如意　鲁韬　谢琳　翟姗姗　缪凯斐

电子信息科学与技术

于世泽　马宏讳　马胜国　马新建　王丹阳　王玉青　王玉琨

王伟震　王延龙　王周勇　王诗林　王南　王峰　王富超

牛璐　邓兴伟　卢立峰　叶镇涛　田丹丹　付强　毕华健

向涛　刘元松　刘书晨　刘竹彬　刘旭峰　刘金星　刘勇强

刘硕　刘琼　闫晗　孙双亮　孙晓　孙璐　李小龙

李文成　李文璐　李乐　李则阳　李玮智　李建刚　李盼盼

李振　李敏　李婧　李鹏飞　李靖　李聪聪　杨阳

杨倩　杨锦　杨韵叶　肖竹筠　邱剑勇　沙贞虎　张小莹

张永康　张宇　张志康　张希琛　张明　张明强　张思维

张钰莹　张家铭　张斌　张强　张增　陈波　陈晓鹏

陈海龙　陈慧云　武昱阳　林建峰　金刚　周亮　周家亮

庞博　郑景涛　赵晟伟　赵爽　侯二航　俎松　姜文丽

袁晓渝　贾继挥　原宗波　顾珍珍　徐阳　徐超　徐鹏

徐攀　凌梅　高小涵　唐泽涛　黄安琪　梅杰　商策

彭菁　程莹莹　焦一中　曾亮　路永刚　樊晓昕　潘冰

机械设计制造及其自动化

丁仲秋　丁桂生　马晓静　王伟　王伟　王林源　王雨鑫

王昊　王国良　王凯　王振宇　王博文　王森　牛启丞

毛振威　田成胜　付永强　司择中　朱行一　延大伟　任义凯

任德阔　华金鑫　刘子库　刘永峰　刘亚男　刘旭东　刘宇轩

刘涛　刘鑫　闫琦　许鹏飞　孙怀玉　孙培全　李公健

李名鸿　李克鹏　李坷　李卓敏　李明亮　李涛　杨达

杨光钦　杨刚　杨昭　杨清凯　何兴江　张月　张庆标

张杰　张明建　张荣可　张临风　张振庭　张晓峰　张焜琳

张谦　张锦煜　张赛赛　张璐璐　陈汝亮　陈崇乾　武鹏

范邦栋　岳俊希　周忠启　庞广聪　郑剑雨　孟立伟　孟祥君
赵吉斌　赵亚平　赵涵阳　郝阔　郝寒露　胡铭铎　钟姝
姜沫君　姚志强　袁天逸　耿宗超　夏振宇　夏彬彬　徐贝贝
徐潇　殷思琦　栾政兴　高婷婷　黄智杰　黄鹤鸣　䜣云杰
章旭东　章晓伟　梁静怡　隋心　葛晨　韩官　程重力
程绪辉　谢瑞生　蒙浩　楼丽燕　雷威　解少周　窦汝姗
臧延昆　廖梓宇　谭天琪　魏守玺　魏唯

自动化

于小雨　于熠阳　王安栋　王典勋　王思军　王啸　王焜
王磊　亓振亿　尹兴昌　尹翔　孔节　厉明坤　田孟娇
田衍　田瑞平　史磊　白亚男　冯树荣　朱新武　朱黎明
任静雯　刘二威　刘飞　刘月　刘春发　刘莉莉　江浩
许正达　孙雨婷　孙威　苏晓航　李利茹　李春海　李亮
李鹏飞　李腾斌　杨新生　李永炯　肖弋雄　宋金波　张天翼
张亚龙　张志晓　张良　张浩　张鸿运　张梁　张磊
张德帅　陈志恒　陈国涛　陈茜　陈剑飞　陈鸿健　陈腾
陈毅　林东旭　岳宪　周彬　郑阳　郑琛媛　郑智晟
郝延哲　段钰　姜云天　姜志鹏　姜路林　洪思远　姚鹏飞
袁笑亮　袁清　聂丹　莫文威　栗梦媛　徐诗航　徐福来
高炳华　高敏　郭德龙　席佳睿　唐马政　黄超　黄耀龙
商燕　隋晓炜　董海刚　蒋东辰　韩健　韩玺钰　景泳淇
焦建成　蔡世恒　管心舒　阚尧　谭晓磊

软件工程

丁新新　于洋　于振龙　于晓鹏　于谦　王少荣　王东
王东宝　王灿　王启鹏　王泽理　王锋　王蔓　王德龙
韦康　尹航　玉钱友　石心怡　田志明　田维川　冯烨
曲敏菁　吕剑　朱瑞　刘义宏　刘吉昂　刘园林　刘凯
刘宝彬　刘俊杉　刘真涛　刘程程　刘磊　关峥嵘　孙艺
孙光武　孙楠楠　严志豪　李云　李玉婷　李贞鹏　李春丽
李珏颖　李威豪　李雪莉　李淑玉　李瑶　李馨蕾　李露芳
杨力　杨丹丹　杨文琦　杨宇威　杨芳乐　连婷婷　肖洒
时国耀　时嘉　吴天杰　吴帅　吴涛　邱升红　谷云晓
应志豪　汪传威　汪克忠　怀贝贝　宋正杰　宋健　宋膨原
张志伟　张尚志　张建明　张柳清　张鸿儒　张强飞　陈浩
范佳斌　尚俊　周克　周依然　周剑宇　周爽　孟祥龙
赵小萱　赵衍健　赵霜　胡健　钟思然　段耀誉　贾华荣

贾　晶	徐召杰	徐华刚	徐　爽	徐　慧	郭步凯	郭海兵
郭穆穆	郭　鑫	菅　猛	曹　妍	常　爽	淡文玉	韩　静
翟玉洁	黎志伟	颜国锋	魏　来			

测控技术与仪器

马永超	马淑慧	王元旭	王李峰	王泽宇	王昱智	王俊杰
王致君	王　博	韦秀俭	方延辉	尹　力	邓　靓	付伟鹏
付春江	白　璐	冯　蕾	朱　磊	刘伯通	刘启明	刘易丹
刘春泽	刘　智	刘　磊	祁荣强	许岑岑	许岩鲁	李　元
李权民	李　栋	李秋晨	李海平	李　彪	杨丹蓝	杨杰猛
肖玉华	吴　镇	余洋洋	张天顺	张加樾	张同遵	张建强
张　甜	张瑞达	陈桂燚	陈　超	陈博文	林栋梁	尚凡超
岳晓晗	周少军	周月华	周兆峰	赵海霞	胡羽腾	姜　宏
洪　泓	费宇轩	秦书航	秦　悦	秦　磊	袁　野	莫蕊菲
贾远征	贾德龙	夏　斌	高祯蔓	郭建辰	黄丹碧	宿博轩
韩　啸	程仁君	雷雨田				

通信工程

马晓楠	王　宇	王丽君	王　昊	王　莹	王晨光	王　琦
王　超	尹婷婷	孔昭强	孔宪聪	邓　睿	付华睿	冯上玲
朱增光	庄　栋	刘小睿	刘天宇	刘圣辉	刘延超	刘　君
刘　杰	刘明昊	刘恒霖	刘　勇	刘原豪	刘雪松	刘啸阳
闫苏琪	安　培	苏　婷	李文伟	李有涛	李伟鑫	李　林
李国腾	李忠辉	李晓冉	李晓萌	杨庆睿	杨智慧	肖书敏
肖　逸	肖　潇	吴旭辉	吴园江	吴晓彤	何承知	何蓉蓉
邹　轶	宋　锐	张龙龙	张守一	张安栋	张　红	张　驰
张灵佳	张婉璐	张　琦	张瀚文	陈　鹏	陈增辉	邵　磊
林佩航	罗　友	罗　衡	郑梁立	房佳琦	赵方宇	赵孔亚
赵永亮	赵扬帆	赵　昕	赵智龙	胡若愚	姜自然	娄　通
首荣杰	袁钊弟	莫文龙	贾旭东	贾若飞	顾沁韵	高世奇
高　凯	高凌志	唐在松	黄　辉	常大麟	阎　华	梁　雁
彭　刚	焦　哲	游瑾洁	雷晓宇	路　洋	解晓峰	谭佳慧
魏臻冉						

数字媒体技术

马翠花	王　月	王文彬	王宇萌	孔庆博	孔祥雯	田　宇
付红玉	吕丽蓉	任　伟	刘娜娜	刘　晓	刘　慧	闫林娜
孙启昌	李立鼎	李妮娜	李　琪	李耀华	杨东宝	杨丽丽

杨佐零　杨　艳　何培之　汪杨衮　张　旭　张守航　张　娜
张晓甜　张　静　张睿轩　张蕾蕾　陈松松　陈晓晴　周思怡
周　颖　赵　敏　柳一楠　段嵘值　夏　青　徐纯纯　徐楚材
康　旸　梁偲诺　傅梦霞　戴丰泽

空间科学与物理学院

应用物理学

丁争文　马鹏飞　王志章　王国坤　王珊珊　王　哲　王　娟
尹朋涛　冯希田　冯殿龙　乔　悦　邬　凯　刘仁昆　刘庆杰
刘　阳　刘青青　刘　明　刘　滔　闫文泽　关健焯　许　力
许广帅　许巍腾　苏仰涛　李亚节　李国辉　李雪颖　李　薇
杨东来　杨　臣　吴丛伟　吴洪雨　汪　鹏　张文君　张文勇
张志峰　张宏志　张明明　陈　伟　陈　卓　陈晓帆　陈　醒
邵山川　罗　珍　岳力学　周　力　周海涛　郑　昕　郎兴凯
赵丹丹　赵文浩　赵庆安　赵雪媛　钟佳铜　侯泽浩　钱　琦
高　令　高志浩　郭瑞琦　崔孟起　董祚汝　程秀英　曾智龙
温铭凯　谢浩田　廖楚贤　谭荣静　滕剑威　鞠亚军

空间科学与技术

王　刚　王伯洋　王慧姿　朱丛浩　刘　飞　刘书成　刘明哲
刘重阳　刘梦冉　纪超南　李方正　杨宇晨　杨　栩　吴　虹
张钰昆　张　强　赵少杰　赵思齐　赵　起　胡静维　柯阳光
段凯凯　郭昱程　龚浩宁　梁　煜　葛帅良　蔡炀烁　滕尚纯
戴志军

数学与统计学院

信息与计算科学

马　雪　卞伟玮　曲　艺　安沁馨　杜犁新　李沁雨　李金金
李笑通　李淑峰　杨慧生　张　迪　张诗杰　罗殿君　赵珍妮
战　琳　姚群超　郭　清　陶育军　曹东强　曾雨佳　廖　阔

统计学

丁子扬　于　洋　于媛媛　王东亮　王　玥　王　典　王　佳
王怡华　王春雨　王奕茗　王晓悦　王倩倩　王梓溱　王楠楠

王雷 王璟 韦丹 中根贤次郎 方彩凤 田宇 田锦
邢园 毕玉凯 吕沂桦 朱秋艳 朱琳 朱葛君 伍天玥
全秋洪 庄汉星 刘力华 刘欣睿 刘金玲 刘飒 刘哲
刘晋东 刘然 刘蓉 刘馨阳 齐晓旭 闫文娟 闫鹏飞
江丽娟 孙丹青 孙可心 孙震 苏任远 苏萍 杜建忠
李达理 李克 李钊卿 李秀萍 李润泽 李雪 李敏
李琳娜 李超楠 杨中存 杨析耘 肖玉珍 邱胜男 余艳蓉
宋环宇 迟骁芹 张一弛 张天羽 张羽翔 张里丽 张金旺
张宝晨 张盼美 张振 张珺 张雪玉 张鹿琪 张晶
张盟盟 陈春霖 陈柯伊 陈琛 陈燕红 罗志垚 罗盼盼
金明花 周怡 周荃 孟恺 封丽娜 赵东梅 赵瑞雪
赵勤乐 赵翠 胡能瑶 柏蓓 柳青 段熙玉 姜琪
恽佳 秦莉淑 袁家骐 钱帅 徐荟博 徐清华 徐博文
徐撼亚 殷增来 高茹 高琦 郭琪昕 席庆岩 陶晨
黄丹悦 曹晓菊 龚瑜 崔杰诺 梁昊 葛思燕 董晓雯
谢妍春 蒲倩 雷昕 鲍迪 解晓薇 蔡云汉 臧金鹏

数学与应用数学

丁瑞冉 于露 马天赋 马玉涛 王一晴 王汜茹 王昊
王孟菲 王哲 王霄 孔祥光 付全祥 冯伊洋 吕洋
吕晓熠 乔冠南 刘夕佳 刘军华 刘雨竺 刘常宇 孙喆
苏建皓 杜欣蕊 李冉 李再铮 李卓奇 李春阳 李胜玉
李甄扬 杨冬玮 吴东冉 邱烁 辛举 汪骏秋 张亚霏
张君一 张炜青 陈昊 陈愫素 房茜茜 赵雪艳 赵琦
胡文涛 侯明慧 袁天宇 贾玉擎 贾晓菲 顾晗霞 徐文茜
徐杨 徐津弘 徐静静 郭冉 郭立婷 唐文佳 焉然
黄杰 黄美玉 盛凯程 崔兴邦 董琳佳 韩雪姣 雒言
潘子琳 潘智皓

（教务处 提供）

双学位学生名单

韩国学院

朝鲜语

杜文静　杜政颜　高　兴　胡金秀　孔思家　李　妮　李秀萍
李云青　廖梓宇　刘　晨　罗亚军　孟祥梅　乔　虹　任同同
沈　丹　王　晨　王　凤　张晶晶　张强飞　赵　爽　周梦璇

商学院

工商管理

卞伟玮　陈阳阳　崔雅琪　邓　靓　冯　莞　符原源　高　宁
高祯蔓　国小娜　胡亚琪　蒋丽君　李晨曦　李苗苗　李权民
李晓雪　梁　婷　林　阳　刘高远　刘晋楠　刘　苗　刘仁昆
刘圆圆　刘　智　罗书慧　梅尹轩　莫亚男　孙传河　孙　桥
王红力　王佳琪　王敏佳　王楠楠　王倩倩　许岑岑　严　沁
杨丹蓝　赵保行　郑　君　周静贤

国际经济与贸易

白书瑞　蔡倩倩　蔡绪莹　查　娜　陈　承　陈艺青　成芳硕
仇蓓蓓　单　宇　丁梦琳　方丽婷　付天然　傅梦霞　高　颖
顾晗霞　郭丽伟　何万红　洪　泓　胡　楠　胡婷婷　黄庆影
黄思雨　黄一可　惠燕萍　霍明宇　吉林君　贾亭亭　孔庆博
李　静　李晓丹　李雪颖　李亚伟　林　雨　林志燕　刘桂招
刘佳妮　刘丽君　刘晓彤　楼　佳　吕婷婷　马素贤　马　欣
牟　荻　聂　丹　彭　程　祁巧霞　钱　绘　钱　琦　任路露
施虹虹　苏　颖　孙开伟　王柏钧　王　佳　王　岚　王　琳

王　茜	王诗怡	王晓宇	王烨子	王奕茗	王　钰	韦静雯
吴金科	吴　梦	夏欢欢	肖　璇	徐撼亚	徐惠煜	徐　玲
徐琍娉	许晓岚	许颖洁	杨　洁	杨宇晨	于景瑞	张大勇
张　颢	张　佳	张凯芹	张雪琦	张亚男	张应亨	张　玉
张钰昆	赵翠翠	赵　洁	赵　晟	赵小萱	赵学茹	郑彰为

金融学

安良子	白　兰	柏　蓓	鲍　迪	毕玉凯	卞姝琪	卜麒玮
曹　冉	曹　文	曹贞珍	曹　振	陈　琛	陈春霖	陈恩健
陈　昊	陈俊希	陈梦清	陈　鹏	陈鹏宇	陈　烁	陈　思
陈愫素	陈　伟	陈　昭	程茹茵	迟骁芹	崔杰诺	崔晓楠
崔艳艳	党　彪	邓佩琪	刁凯欣	刁晓光	丁陆彬	丁子扬
董琳佳	董晓雯	董英瀚	窦文静	杜建忠	杜欣蕊	范雨欣
封丽娜	冯文君	冯文雯	冯　雪	冯怡霏	付　冬	付　霏
付全祥	傅　韬	傅玉婷	高隽业	高　令	高梦华	高　琦
葛思燕	耿文宇	郭琳琳	郭能伟	韩连芳	韩姗杉	韩玺钰
韩　啸	韩　叙	韩雪姣	韩洋洋	郝丽丽	何　洋	何雨薇
侯晨阳	侯丽敏	侯明慧	侯奕名	胡茹茹	黄安琪	黄丹悦
黄憙莹	黄娜娟	贾晓菲	贾玉擎	江　川	江丽娟	姜　琪
姜彤彤	姜　璇	蒋　曼	金　婧	靳　琳	康　健	雷晓宇
李不凡	李灿灿	李超楠	李臣飞	李　晨	李　坚	李　婧
李君煜	李　克	李琳娜	李梦如	李旻昊	李　敏	李　楠
李润泽	李胜玉	李　帅	李　雪	李雪艳	李衍峰	李艳萍
李艳霞	李艳霞	李一甲	李雨潇	李雨欣	李远方	李　震
李重阳	廉立平	梁　昊	梁　宇	林士雷	刘　畅	刘江丽
刘　俊	刘　磊	刘梦茜	刘梦怡	刘青青	刘　然	刘　蓉
刘诗琪	刘士嘉	刘姝萍	刘　腾	刘婷婷	刘文娟	刘欣睿
刘勇强	刘雨竺	刘　悦	刘　哲	刘梓淇	柳春雨	柳　欢
柳一楠	卢　艳	陆斌星	栾　琳	罗　卉	罗永婵	吕冰川
吕　川	吕晓熠	吕沂桦	吕　艺	马素花	马愫悦	毛姝雅
孟丹阳	孟　恺	莫蕊菲	牟　璐	宁婧怡	欧阳天博	潘　冰
潘增荣	彭月园	戚书扬	钱　帅	钱运哲	秦　茹	邱胜男
邱　烁	全秋洪	任　婕	尚晨可	邵非非	邵明俊	邵玉雪
佘宇晴	沈君妍	时　嘉	史　迪	史秋霞	史　晔	宋非凡
宋　梦	宋紫伦	孙丹青	孙金满	孙静静	孙　璐	孙　娜
孙绮瑶	汤海山	唐文佳	田　琳	田孟娇	田晓倩	汪春好
汪斯瑜	王博文	王　丹	王　典	王东亮	王家苗	王　健
王　杰	王　璟	王婧涵	王　蕾	王　萌	王孟菲	王梦楠

王楠　王淇　王珊珊　王少桃　王汜茹　王婷婷　王文彬
王文锟　王晓斐　王新瑶　王艳阳　王一晴　王怡华　王滢
王语燕　王玉琳　王玉妹　王裕芬　王元旭　王振菁　王志章
王智慧　王梓溱　魏臻冉　吴广岩　吴双　吴一凡　吴怡旻
伍天玥　肖洒　肖雪　肖彦泽　谢妍春　熊英　徐慧
徐静静　徐亮亮　徐楠　徐清华　徐文茜　徐煜伟　许桐桐
玄大玉　薛德帅　薛迪　闫鹏飞　闫文泽　杨黎明　杨帅
杨中存　叶梦钰　游浩　于佳　于嘉豪　于媛媛　袁天宇
恽佳　臧金鹏　张驰　张丹丹　张蕾蕾　张鹿琪　张路方
张满兴　张盟盟　张敏　张娜　张蓉蓉　张珊　张天羽
张炜青　张曦文　张向南　张晓玉　张昕彤　张亚龙　张怡
张玉萍　张元春　张珍珍　张振　张子菡　赵聪　赵翠
赵亮　赵瑞　赵苏婉　赵文浩　赵小青　赵亚平　赵烨
赵祎　赵珍妮　郑灵悦　郑荣华　郑玉祥　周海燕　周力
周孟强　朱琳　朱玲　朱平　朱臻玄　庄汉星

市场营销

曹馨月　陈儿　陈凯　丁志莹　高弘扬　郝寒露　何思亮
贺梦楠　胡宗福　李维海　李玉燕　刘积惠　刘亚男　陆丹弥
莫文龙　孙园　田宇　胥玲丽　余丽　张汉林　张璐璐
张敏　张帅帅　朱秋艳　朱勇

法学院

法学

曹文艳　陈乐　陈雪寒　丛一纯　崔岩　戴政　杜雯琦
樊垚鑫　郝杰斐　胡芳洁　汲文强　李财芳　李靖　李玥
李运贤　李志颖　梁紫君　刘博　刘静雅　刘莉　刘娜娜
刘昕茹　刘旭东　楼贤骏　马月一　孟枫　牟柯霖　牛冠捷
尚校蕾　史嘉羚　史晓慧　孙雪娜　唐治亚　滕亚萍　滕月琪
王金玉　王亚非　王焱　王杨方舟　武俐君　夏芳　咸韵
邢晓庆　杨晓露　杨烨　尹晴　于玥　张林青　张迈
张梦涵　张文齐　张振颖　赵晓蕾　赵宇丹　郑姣　周俊鲜
周丽文　周云霄

行政管理

曹文波　柴一圣　迟雨田　弓炟　郭紫妍　韩三为　胡晨婕

黄　彬	姜　宏	焦　桐	李海洋	李嫣然	蔺文杰	刘　月
马一心	施皓伟	孙荟萃	王　蓉	韦真珍	吴文颖	杨　彬
由鹏飞	张　昂	张佳怡	张　珂	张　珊	张银香	周炳忻
周　蕾	周黎虹	朱　灿				

文化传播学院

新闻学

许艺丹

机电与信息工程学院

软件工程

韩伟威	韩雪梅	李小龙	廖楚贤	刘　滔	马　骏	秦　坦
曲　艺	孙　健	王乐朋	王　伟	王雪琦	王　燚	杨桂雷
于　洋	张　诚	张向荣	张亚辉	赵　莹	朱　涛	

数学与统计学院

统计学

陈雅洁	巩加美	胡文曦	姜凯天	刘　敏	吕建霖	皮衍飞
孙乔乔	孙晓茹	汪海建	王东东	王士彬	王一芝	张　旭
朱文强						

（教务处　提供）

辅修专业学生名单

韩国学院

朝鲜语

丛嫣霖　解梦溪　梁　悦　乔　原　王秀坤

商学院

工商管理

姚雨彤　谭晨曦　武弼君　徐　辉　周起南

国际经济与贸易

曾智龙　杜成程　胡文涛　李　维　齐清东　时文静

金融学

乔珊珊　史诗源　苏　智　田　锦　王国坤　王　娜　王　熙
王　玥　王泽宇　许金光　杨东宝　殷增来　臧金鹏　张　笛
张汉卿　张金旺　张雪玉

市场营销

曹雨婷　房佳琦　韩　琳　梁　晨　王　倩　谢　飞　张　红
张思瑶

法学院

行政管理

范晓萌　何　泓

文化传播学院

新闻学

阚会鹏　　兰　婧

机电与信息工程学院

软件工程

陈慧平　　崔全行　　刘　君　　刘　强　　双晓冬　　宿巧丽　　张钰莹

（教务处　提供）

硕士毕业生名单

韩国学院

亚非语言文学

冯　琦　　吕志国　　孙　畅　　丁　艺　　冉皑婷　　秦亚伟　　邵双双
于　静

商学院

财政学

戎姝霖　　刘元康　　金方媛　　李　娟

产业经济学

赵红蕾　　赵方圆　　王一帆　　李　玫　　孙春霖　　赵亚辉　　郭　振
谭　磊

劳动经济学

徐丹丹　　郭　婧　　高吉星　　陈天公

旅游管理

刘　欢　　卢春花　　谭如玉　　窦尚孝

企业管理

李　涛　　张玉莹　　张艳坤　　吕志浩　　宋璐璐　　吴　鹏　　候军丽
王道霞　　胡明征　　李振兴　　刘　蒙　　林　丹　　郭　菲　　郝俊秀
班君君　　张珍瑜

西方经济学

刘　冬　　邱　洁　　赵思聪　　王　欢　　王学华

法学院

法学理论

邱成梁　　尤小龙　　葛　群　　李　欢　　逯金冲

国际法学

商　莉　　倪秀菊　　肖　暄　　宫惠杰

经济法学

路玉丽　　李鑫萍　　武庆阳　　张　蕾　　刘小萌

行政管理

王宗婧　　张　凤　　王　欢　　李　蓉

民商法学

张　燕　　戚　娟　　郭菲菲　　杨　亮　　田文平

诉讼法学

邵　清　　刘园洁　　丁红军　　时立刚

刑法学

薛文超　　王指南　　王保战　　孟　珍　　王雪勤

宪法学与行政法学

唐　悦　　周慧敏　　段勉丽

政治学理论

王雪梅　　李　然　　王佩云

文化传播学院

比较文学与世界文学

何　敬　　刘　芳　　王伟丽

汉语言文字学

陈龙菲　方颖超　杨　雪　周艳妮

中国古代文学

卢超敏　吴树生　曲　朋

新闻学

陈　辉　朱丽华　谢萌萌　曾庆雪　常萌萌　杨学舟　刘珊珊
蒋华宁

语言学及应用语言学

金　倩　黄文征　刘芳芳　段科慧

中国现当代文学

刘　妍　高　鹏　王瑞玉　高丽君　张　茹　于晓晴　杜董洋

翻译学院

英语语言文学

刘　静　刘小星　孙飞帆　张亚宁　马　晓　潘姗姗　张丰华
凌　玲

艺术学院

美术学

向昭鹤　郑翰墨　王娟娟

音乐与舞蹈学

徐美瑶　陈　萌　刘　昊　仇晓莉

海洋学院

★海洋生物学

王于玫　王海青　王海博　毕彩红　郑　海

生物工程

陈其超　杨文嘉　刘泽昕　施　超　代应龙　常娟娟　李乐乐
岳　政　刘　姗　李　凯　李　阳

生物化学与分子生物学

张　扬　张　瑞

生药学

曹政飞　赵国华

微生物学

李东奇　王宗杰　张凤杰

微生物与生化药学

成　龙　王晓晨

药物化学

王秀杰　郑　阳　李　琳　李光晓

应用化学

高雪川　宋志方　闫既龙

机电与信息工程学院

电路与系统

王孟群　王晓艳　张春晓　姚建丽

电子与通信工程

黄振强　李　娜　徐　伟　位　宁　孙华魁　李文华　王志超
杨　佩　郭　欣　张玉印　刘一欣　刘　丹　史云飞　史德强
刘志山　张萌萌　郑　峰　孙　文　刘　涛　李珍珍

机械工程

肖加海　齐　玉　苏　斌　姬　红　逯　伟　梅桂富　刘　彬
苏　杭

机械制造及其自动化

孟苓苓　张洪洋　张修齐　吕明洋　彭梁梁　周　游

计算机应用技术

韩　璐　康　超　曹博焱　周海靖　王　杰　陈俊鹏　王光沛
武红涛

检测技术与自动化装置

代　梅　刘　欣　王佳薇　王毓琦　王峭帆　张栋栋　宋彦峰

控制工程

高　文　郑增明　李召卿　任文建　李　晓　张振宇　乔丽娟
解文豪　薛　源

信号与信息处理

庞　泳　王　琪　徐　娟　王启勇

空间科学与物理学院

空间物理学

秦慕荣

理论物理

杜俊举

凝聚态物理

路　光　刘　斌

微电子学与固体电子学

童　杨　王昆仑

数学与统计学院

运筹学与控制论

颜　浩　吴海燕　郭翰橙　苏　岩

马列教学部

马克思主义中国化研究

刘　坤　　张孟琪　　赵亮云　　谭　谦

思想政治教育

季莹莹　　马　英　　田彤彤　　冯媛媛　　刁秋华　　常林杰　　刘　芹

（研究生处　提供）

博士毕业生名单

法学院

法学理论

张　芃　　李　亮

机电与信息工程学院

通信与信息系统

曹祝楼　　张德敬　　刘　伟

机械制造及其自动化

王延刚

材料科学与工程

林淑霞

信号与信息处理

洪晓英

空间科学与物理学院

理论物理

肖　婷　　刘　雷

商学院

政治经济学

刘丹丹

人口、资源与环境经济学

薛俊宁

文化传播学院

中国现当代文学

李建平

（研究生处　提供）

各类委员会、领导小组名单

山东大学(威海)禁烟工作领导小组

组　长:刘　海　郭培良

成　员(以姓氏笔画为序):

王迎宾　王景瑞　叶军堂　刘　明　杨　玉

吴丙新　辛洪云　栗庆冬　梁奉军

山东大学(威海)"十三五"规划编制工作组织机构

一、"十三五"规划编制工作领导小组

组　长:仝兴华　韩圣浩

副组长:刘玉殿　韩建新　柴月禄　赵玉璞

　　　陈冠军　刘　海　郭培良　周慧如

领导小组下设办公室。

办公室主任:郭培良(兼)

二、"十三五"专项规划编制工作小组

(一)学科建设及科研规划

分管校领导:陈冠军

牵头单位:研究生处、科研处

(二)人才培养规划

分管校领导:刘　海

牵头单位:教务处、学生处、团委

(三)师资队伍建设规划

分管校领导:陈冠军

牵头单位:人事处

(四)国际化发展规划

分管校领导:陈冠军

牵头单位:国际处

(五)校园基本建设规划

分管校领导:郭培良

牵头单位:基建处、后勤处

“山东大学—澳大利亚国立大学学院”筹备工作领导小组

组　长:韩圣浩

副组长:陈冠军　刘　海

成　员(按姓氏笔画排序):

王祖杰　闫涛蔚　张文玺　周大白　栗庆冬　徐希锋

筹备工作领导小组办公室设在国际教育学院,徐希锋兼任办公室主任,负责协调筹备工作相关事宜。

山东大学(威海)本科生招生录取工作领导小组

组　长:韩圣浩

副组长:柴月禄　刘　海

成　员(按姓氏笔画排序):

王迎宾　王福安　闫涛蔚

秘　书:宋　嵩

山东大学(威海)2016年度研究生招生工作领导小组

组　长:韩圣浩

副组长:陈冠军　柴月禄

组　员(按姓氏笔画排序):

　　王迎宾　杨　玉　吴丙新　张文玺

秘　书:韩鲁青

山东大学威海科技园项目推进小组

组　长：赵玉璞

副组长：陈冠军　郭培良

成　员(按姓氏笔画排序)：

王祖杰　刘晓军　闫涛蔚　杨　玉

张琳仙　罗润东　夏利东　高　军

梁振林　蒋保臣

小组下设办公室及规划、项目、建设三个功能组。办公室设在合作发展规划处，刘晓军兼任办公室主任。

山东大学(威海)校园综合治理工作领导小组

组　长:仝兴华

副组长:赵玉璞　刘　海　郭培良

成　员(按姓氏笔画排序):

王景瑞　叶军堂　刘　明　闫涛蔚　杨　玉

吴丙新　谷丽霞　辛洪云　范其学　梁奉军

办公室主任:叶军堂(兼)

领导小组成员如遇职务变动,由其继任者接替。

表彰与奖励

2015 年各级各类科研成果奖

序号	成果名称	证书日期	获奖类别	获奖等级	获奖者
1	传统司法意识形态的反思与修正——以利益衡量为切入点	2015.08	山东省第二十九次社会科学优秀成果奖	省级三等奖	吴丙新
2	International Disaster Response Law and Policy in China: Evolution, Problem and Resolution	2015.08	山东省第二十九次社会科学优秀成果奖	省级三等奖	姜世波
3	唯物史观视域中的休闲：享受和发展	2015.08	山东省第二十九次社会科学优秀成果奖	省级三等奖	吴文新
4	试论艾柯的美学及其小说实践	2015.09	2015 年山东高等学校优秀科研成果奖	厅级二等奖	郭全照
5	《东方杂志》与社会主义思潮在中国的传播	2015.09	2015 年山东高等学校优秀科研成果奖	厅级三等奖	鲁法芹
6	劳动经济理论研究前沿文献分析——基于文献计量分析视角	2015.09	2015 年山东高等学校优秀科研成果奖	厅级三等奖	罗润东 沈　君 徐丹丹
7	中国上市公司高管薪酬结构研究	2015.09	2015 年山东高等学校优秀科研成果奖	厅级三等奖	王素娟

续表

序号	成果名称	证书日期	获奖类别	获奖等级	获奖者
8	我国贸易开放对碳排放影响的区域比较研究	2015.01	威海市第十七次社会科学优秀成果奖	厅级一等奖	谷祖莎
9	清代山东城市发展研究	2015.01	威海市第十七次社会科学优秀成果奖	厅级一等奖	杨发源
10	International Disaster Response Law and Policy in China: Evolution, Problem and Resolution	2015.01	威海市第十七次社会科学优秀成果奖	厅级一等奖	姜世波
11	唯物史观视域中的休闲：享受和发展	2015.01	威海市第十七次社会科学优秀成果奖	厅级二等奖	吴文新
12	服务型跨国公司模块化	2015.01	威海市第十七次社会科学优秀成果奖	厅级二等奖	夏　辉
13	城镇化、产业集聚与全要素生产率增长研究	2015.01	威海市第十七次社会科学优秀成果奖	厅级二等奖	崔宇明 代　斌 王萍萍
14	值得追问的“中国问题”——兼与王伟博士商榷	2015.01	威海市第十七次社会科学优秀成果奖	厅级二等奖	李自雄
15	论新世纪边地小说对传统思想的思考	2015.01	威海市第十七次社会科学优秀成果奖	厅级二等奖	于京一
16	德占青岛时期中德双语报刊研究	2015.01	威海市第十七次社会科学优秀成果奖	厅级二等奖	周　怡 刘明鑫
17	知识分子写作：作为思想方法的叙事与其修辞形态	2015.01	威海市第十七次社会科学优秀成果奖	厅级二等奖	孙基林
18	转喻能力的构建及应用研究——以英语阅读教学为例	2015.01	威海市第十七次社会科学优秀成果奖	厅级二等奖	李　克
19	研究报告：市域一体化发展中信息资源保障体系和平台建设研究	2015.01	威海市第十七次社会科学优秀成果奖	厅级二等奖	师晓青
20	愚夫愚妇：平民儒学语境中的“人”——基于政治文化立场的考察	2015.01	威海市第十七次社会科学优秀成果奖	厅级二等奖	贾乾初

续表

序号	成果名称	证书日期	获奖类别	获奖等级	获奖者
21	政府微博与公共能量场契合析论	2015.01	威海市第十七次社会科学优秀成果奖	厅级二等奖	孙卓华
22	乌木所有权归属的法经济学分析	2015.01	威海市第十七次社会科学优秀成果奖	厅级二等奖	姜爱丽 李晓慧
23	法律实施效果的评估方法与技术:一个混合方法论视角	2015.01	威海市第十七次社会科学优秀成果奖	厅级三等奖	张　乐
24	中国各地区农户投资效率及影响因素实证研究	2015.01	威海市第十七次社会科学优秀成果奖	厅级三等奖	闫惠惠
25	研究报告:中韩自由贸易区视角下威海市先行先试思路与对策研究	2015.01	威海市第十七次社会科学优秀成果奖	厅级三等奖	赵姗姗 赵玉璞 林　静 刘宝全 王丽荣
26	政治控制、政治关联与企业信息披露——以内部控制鉴证报告披露为例	2015.01	威海市第十七次社会科学优秀成果奖	厅级三等奖	张志平 方红星
27	国外重铸反馈研究	2015.01	威海市第十七次社会科学优秀成果奖	厅级三等奖	赵　薇 王俊菊
28	法律规范的意义边缘及其解释方法——以指导性案例6号为例	2015.01	威海市第十七次社会科学优秀成果奖	厅级三等奖	孙光宁
29	工作一家庭支持管理、职业能力、工作投入度关系研究	2015.01	威海市第十七次社会科学优秀成果奖	厅级三等奖	孔海燕
30	交叉上市股票价格发现能力差异及交易信息含量测度	2015.01	威海市第十七次社会科学优秀成果奖	厅级三等奖	陈学胜 覃家琦
31	现代汉语本体与应用探索	2015.12	威海市第十八次社会科学优秀成果奖	厅级一等奖	尹海良 丁建川
32	企业集团营销协同点识别研究	2015.12	威海市第十八次社会科学优秀成果奖	厅级一等奖	魏文忠 陈志军
33	韩流在中国的传播及其对中韩关系的影响	2015.12	威海市第十八次社会科学优秀成果奖	厅级一等奖	刘宝全

续表

序号	成果名称	证书日期	获奖类别	获奖等级	获奖者
34	《逻辑与修辞：一对法学研究范式的中西考察》	2015.12	威海市第十八次社会科学优秀成果奖	厅级一等奖	焦宝乾
35	农户投资结构研究：以山东省为例	2015.12	威海市第十八次社会科学优秀成果奖	厅级二等奖	闫惠惠
36	中国工业产业集群辨识、评估及其产业链演变研究	2015.12	威海市第十八次社会科学优秀成果奖	厅级二等奖	吕岩威
37	清华简《保训》“中”字解	2015.12	威海市第十八次社会科学优秀成果奖	厅级二等奖	朱新林
38	纯粹直观与异质美学—列维纳斯论直觉、感知与审美	2015.12	威海市第十八次社会科学优秀成果奖	厅级二等奖	张　中
39	论中国生态美学的原生性及其美学形态	2015.12	威海市第十八次社会科学优秀成果奖	厅级二等奖	李自雄
40	韩国语、朝鲜语、中国朝鲜语汉字词使用现状研究	2015.12	威海市第十八次社会科学优秀成果奖	厅级二等奖	张晓曼 尚安新
41	研究报告：对威海城市文化形象建设的思考	2015.12	威海市第十八次社会科学优秀成果奖	厅级二等奖	王宝霞 徐丽卿 刘宝全 赵林林
42	《东方杂志》与社会主义思潮在中国的传播	2015.12	威海市第十八次社会科学优秀成果奖	厅级二等奖	鲁法芹
43	“邻避”冲突管理中的决策困境及其解决思路	2015.12	威海市第十八次社会科学优秀成果奖	厅级二等奖	张　乐 童　星
44	该当与危险：新型刑罚目的对量刑的影响	2015.12	威海市第十八次社会科学优秀成果奖	厅级二等奖	刘　军
45	乔治·弗雷德里克森的公共行政思想：以社会公平思想为主线	2015.12	威海市第十八次社会科学优秀成果奖	厅级二等奖	孙卓华
46	韩国国会政治中的肢体冲突及其政治功能	2015.12	威海市第十八次社会科学优秀成果奖	厅级二等奖	洪　静

续表

序号	成果名称	证书日期	获奖类别	获奖等级	获奖者
47	不当督导对员工组织承诺、职场偏差行为的作用机制研究	2015.12	威海市第十八次社会科学优秀成果奖	厅级三等奖	于静静 赵曙明 蒋守芬
48	Tourism Development and Thedisempowerment of Host Residents:Types and Formative Mechanisms	2015.12	威海市第十八次社会科学优秀成果奖	厅级三等奖	韩国圣 吴佩林 黄跃雯 杨　钊
49	饭店业员工过度劳动的实证分析与管理	2015.12	威海市第十八次社会科学优秀成果奖	厅级三等奖	王素娟 孔海燕
50	我国网上购物商城顾客感知形象的评价研究——基于网购论坛顾客点评的分析	2015.12	威海市第十八次社会科学优秀成果奖	厅级三等奖	付宜强
51	企业社会责任传播:理论与实践	2015.12	威海市第十八次社会科学优秀成果奖	厅级三等奖	张文祥 李新颖
52	社会文化视角下的西方翻译传统	2015.12	威海市第十八次社会科学优秀成果奖	厅级三等奖	赵　巍
53	批评转喻分析与修辞情境研究	2015.12	威海市第十八次社会科学优秀成果奖	厅级三等奖	李淑康 李　克
54	慌乱的野心——评苏童的长篇新作《黄雀记》	2015.12	威海市第十八次社会科学优秀成果奖	厅级三等奖	于京一
55	运动员跨国流动的梦想与现实——以亚洲与欧洲足球中的非洲移民球员为中心的考察	2015.12	威海市第十八次社会科学优秀成果奖	厅级三等奖	战文腾
56	族群冲突对缅甸民主转型的影响	2015.12	威海市第十八次社会科学优秀成果奖	厅级三等奖	焦　佩
57	现代政治价值体系建构:西方国家的探索之路	2015.12	威海市第十八次社会科学优秀成果奖	厅级三等奖	刘　洋
58	如何规范地识别量刑情节——以实务中量刑情节的泛化和功利化为背景	2015.12	威海市第十八次社会科学优秀成果奖	厅级三等奖	王瑞君

续表

序号	成果名称	证书日期	获奖类别	获奖等级	获奖者
59	规范推理的基本形式及其逻辑表达	2015.12	威海市第十八次社会科学优秀成果奖	厅级三等奖	张传新
60	薛瑄著作在中韩两国的传播及影响	2015.12	威海市第十八次社会科学优秀成果奖	厅级三等奖	陈　媛 刘　畅

（科研处　提供）

2015 年教师获得表彰与奖励

序号	获奖者单位	姓名	荣誉名称	获奖时间	批文号
1	数学与统计学院	郭新伟	山东大学优秀教师	2015.09.08	山大人字〔2015〕85 号
2	机电与信息工程学院	王　丽	山东大学(威海)优秀教师	2015.09.09	山大威校人字〔2015〕9 号
3	空间科学与物理学院	王守宇	山东大学(威海)优秀教师	2015.09.09	山大威校人字〔2015〕9 号
4	商学院	朱　峰	山东大学(威海)优秀教师	2015.09.09	山大威校人字〔2015〕9 号
5	海洋学院	杜宗军	山东大学(威海)优秀教师	2015.09.09	山大威校人字〔2015〕9 号
6	法学院	张　乐	山东大学(威海)优秀教师	2015.09.09	山大威校人字〔2015〕9 号
7	文化传播学院	张红军	山东大学(威海)优秀教师	2015.09.09	山大威校人字〔2015〕9 号
8	韩国学院	金　哲	山东大学(威海)优秀教师	2015.09.09	山大威校人字〔2015〕9 号
9	马列教学部	郝书翠	山东大学(威海)优秀教师	2015.09.09	山大威校人字〔2015〕9 号
10	数学与统计学院	郭新伟	山东大学(威海)优秀教师	2015.09.09	山大威校人字〔2015〕9 号
11	翻译学院	薄振杰	山东大学(威海)优秀教师	2015.09.09	山大威校人字〔2015〕9 号
12	商学院	于振涛	山东大学(威海)先进教育工作者	2015.09.09	山大威校人字〔2015〕9 号

续表

序号	获奖者单位	姓名	荣誉名称	获奖时间	批文号
13	教务处	王福安	山东大学(威海)先进教育工作者	2015.09.09	山大威校人字〔2015〕9号
14	海洋学院	孙丽霞	山东大学(威海)先进教育工作者	2015.09.09	山大威校人字〔2015〕9号
15	团委	李彤彤	山东大学(威海)先进教育工作者	2015.09.09	山大威校人字〔2015〕9号
16	数学与统计学院	单丙波	山东大学(威海)先进教育工作者	2015.09.09	山大威校人字〔2015〕9号

(人事处　提供)

2015 年学生获得表彰与奖励

国家奖学金(本科生,179 人)

王婧怡　徐妙妍　孙丰玮　王雨馨　缪雪阳　王鲁昱　李家瑞
谢颂杰　周慧宇　刘娜　白羽轩　张尧尧　马敏　杜丹丹
王相彬　吴思烁　隗双双　李琪琪　李乐晶　冯蕾　刘文凯
耿烁　白如　马瑶　李付坤　宋晓彤　张欣　罗葳
李婷婷　吴梦雪　崔潇　王晓阳　毛静言　郭鑫　刘钰
刘萌宇　张士栋　邓亚南　林晓波　刘子玥　吴诗源　戴雅雯
吴晖　陈静怡　赵健宇　顾宸玚　张政　陆源远　王天瑜
谢咏昌　赵乐然　于文菊　王宁　张欣欣　赵欣　叶鼎一
唐玉珍　高洁　朱红霞　张晓艺　魏雪　李卓伦　裴哲
章霞艳　郝瑞卿　郭蒙　郑茗曰　秦雪莹　马晓月　沙叶丹
侯文婧　范洁　张慧　陈思妤　邴慧　刘仕名　王雪妍
曹婧　方圆安　张藏文　史海超　王淏淏　周芳霞　王晓雨
董丹梅　王睿路　袁丽　宋玉泽　王银洁　李飞扬　吴晗
刘可佳　宋超　李时昊　张彧　丛倩男　马茜　张韫笛
冉得波　张新雨　刘霞　徐小雨　上官慧　陈茜　田武
贾瑞芳　李云蔚　解兴伟　林阳　颜莹　秦颖　孙朴
王延芳　王雅丽　李慧文　陈雨禾　许洪波　刘书宁　王顺阳
刘问秋　陈凯健　于庆国　曲晓彤　陈卓　季鲁敏　雷妤航
陈诗倩　张姗姗　叶佳蕊　刘淑慧　王平　宋旭鸣　闫晗
许知涯　高射　于金涛　徐鑫　王彦文　王雪涛　戚妙
郑俊浩　朱创　马春雨　范晨晨　王国帅　徐舒琪　闫晓燊
彭礼超　刘博琰　吴晨阳　张金涵　赵明月　李聪聪　刁文澜
郑程元　赖汝锋　王超　王伟哲　曹任水　李竞　张梦妍
宋琦　王宇贤　李小康　雷柱　袁震宇　李翘楚　刘文豪
潘丰　李琛　邹彤　陈明昊　孙从阳　杨庭玉　李妙然
廖文惠　王磊　葛立　张扬凡

国家奖学金(研究生,25 人)

丛海燕　张玉洁　吕　朋　李文娟　杨铜铜　王　震　邓　婕
陈明智　王雪华　王凤青　王东玲　王颀林　岳松松　傅齐鸣
巩庆超　杨帆帆　单荣杨　武晓玮　撒凯悦　蔡智超　王江哲
陈晓菲　菅雯雯　郭明哲　王　菲

国家励志奖学金获奖名单(430 人)

丁爱双　杨瑞铠　刘艳芳　兰鹏璐　王　航　吴冬莹　刘秀之
张　森　王　浩　雷婷婷　夏　芳　时丽娜　李燕华　程慧玲
王少阳　李　欢　杨丽梅　陈　玲　田慧琳　高　田　喻　娟
李京伟　张怡迪　李　玮　刘　旭　郭倩倩　陈　建　刘　杰
姜博允　石倩倩　宋星星　张聪慧　王　悦　刘　凯　高　洁
曹洋洋　李元华　龙厚芳　徐　驰　刘　璐　曹　恩　叶刘超
霍秋爽　潘圆圆　柏　瑶　佟海燕　马千秋　李治玥　靳丽曼
宋　超　高　峰　许　洁　王延延　王乐乐　蒯会敏　刘　琪
黎美琪　杨　悦　陈明明　朱文凯　李晓慧　王成蕾　王　睿
郑乐文　高淑琦　胡亚超　王利香　纪雪宁　王书承　丛仲花
刘嘉慧　陈　锋　张　华　郑纪昌　闫丽娜　崔静欣　尚张婷
靳欢欢　曹丽娜　赵　悦　王雪辉　郭小琳　王秋花　王旭旸
许晓悦　朱亚楠　于　刚　金　岚　张　悦　唐文婷　朱　燕
王　瑜　刘　瑾　刘　勐　李美芸　李　清　付　路　张泽芸
沙　猛　王　惠　李　倩　咸会远　丁学芳　刘　帆　胡　玲
王亚超　庞敏敏　郝海秀　王　铮　王　卫　黄　颖　汤亚琪
王丽琛　李佩玲　徐元杰　张泽良　张春萍　曾靖斐　张　钰
潘亚琼　于　森　冯其明　崔泽媛　张丽莎　董传芬　孙运启
黄晓宇　左志玲　刘庆东　张小洁　姜燕妮　余　芳　张晓梅
侯敏驰　赵　年　赵冉微　刘　琼　陈　博　魏　俭　丁珍钰
路盼盼　李　然　青　玲　苏　莹　张　爽　钟齐旺　牛哲文
林亚楠　徐文丽　汪晓瑞　荀　雪　陈菲菲　王正沛　杨　甜
杨　莹　袁　雪　杨淑惠　姜自治　韦　翠　纪　翔　赵起鹤
田文斌　杨　闪　刘玉浩　赵　雪　睢曼曼　周畅畅　张　胜
党婉平　邵广庆　栾泽华　沈慧婷　邱思榕　张振峰　韩　睿
刘芳媛　严定奎　陈亚琴　陈金玉　赵梓涵　王雨亭　裴丽娟
孙　飞　刘晓红　郝照娜　齐　洁　刘　东　裴昕彤　杨　颖
陈　倩　吕浩然　王文瑶　邱郁珏　王　潇　王洪亮　史文静
王　凯　徐梦凯　马庆然　殷　帆　张淑宁　兰星雪　谢　天
曹　翔　鲍嫣然　柴玉颖　赵雪丽　徐慧慧　钱笑笑　郑巧琳

曹江山　　耿婧宇　　龚良奎　　黄志阳　　叶瑜琦　　付姗姗　　陈　晓
李春丽　　李帅杰　　张文乐　　张长庆　　魏　婷　　田虔虔　　李银桥
梁　浩　　韩学林　　郑艳莹　　刘广宁　　王巧巧　　孙彩荣　　周明洁
黄秋湄　　司俊杰　　刘钧炎　　赵丛丛　　崔　凯　　刘一凡　　刘晓彤
许文华　　王　振　　罗凯文　　潘文爽　　王　丹　　吕　敏　　喻　洋
孙亚雄　　刘秋玲　　刘　畅　　代保铭　　田玉莹　　韩燕秋　　薛荣鑫
刘　颖　　杨　倩　　盖志超　　王　喆　　李梦云　　周之才　　马周旭
于　淼　　赵春丽　　武雪琴　　苗　聪　　刘丽丽　　王湲卉　　杨富植
王彦君　　徐彩红　　王竞玥　　张萍萍　　方璇子　　李　壮　　徐长申
徐毛毛　　王　璇　　庄云彩　　董璐璐　　赵蒙蒙　　刘福顺　　叶　梦
左敏敏　　胡卜方　　李若扬　　杨欢欢　　高宇航　　张俊霞　　王海静
高婧茹　　韩　晓　　郑朋龙　　孟令启　　张　猛　　李淑凤　　刘柯柯
白　静　　仲从全　　方小风　　张文学　　楚慧迪　　许星雅　　闫玲玉
韩春腾　　崔裕宾　　车丽雪　　张淑静　　陈清心　　姚竹青　　魏志远
王　熙　　代亚婷　　赵博文　　胡力华　　朱玉莲　　李　敏　　王　秀
王增欣　　胡　波　　陈奎莲　　张　荣　　张朝红　　李雅鑫　　卜晓娜
褚亭亭　　钱淑雅　　洪艳齐　　红　玉　　杨战东　　胡晓茹　　教蒙召
边雅妮　　王晓晓　　柏　琳　　万应能　　李海宁　　王淑玲　　张翼晖
洪芳亭　　李天武　　刘大翔　　刘苗苗　　李迎春　　金　佩　　张宇思
王翰林　　冯子涛　　舒　蕊　　韩　慧　　田在敏　　李书韵　　党相卫
舒雅静　　宋宁宁　　王　婷　　张钰莹　　刘怡岐　　张晶华　　晓　凤
席　羽　　张城铭　　李　艳　　侯嘉琳　　丁思宇　　马振国　　姚　琳
徐诗雨　　潘元秀　　李　蕾　　朱宏欢　　刘晓春　　易清蕊　　姚诗麒
樊晨晨　　梁树梅　　张润萍　　周梅霞　　张国慧　　陈水清　　雷　映
王宗阁　　刘雅思　　阮晓妍　　李　朋　　景天琪　　谢艺观　　刘茵茵
滕铭磊　　康志丽　　刘　晴　　王纪玲　　邓雅丹　　罗佳慧　　卢虹良
伊宪勇　　唐晓倩　　赵加乐　　高　虹　　马　莹　　刘　宁　　魏苗苗
王欢欢　　赵汝强　　王　彤　　刘　雪　　商甜甜　　毕燕飞　　高晓宇
韩　毅　　刘　青　　刘　慧　　张璐璐　　冯　艺　　李稣珊　　张　佳
向明媚　　李春晖　　房　琰　　郭启飞　　吕　孟　　吴　静　　王新彩
鞠昆山　　张力方　　李嫣涵　　易　华　　肖玉璇　　贾珊红　　施月鑫
鞠振帅　　王文青　　谢静雯

第十二届全国研究生数学建模竞赛

全国二等奖(1 组)

朱国卿　　陈辉辉　　程仁君

全国三等奖(1 组)

唐文佳　　梁　昊　　李钊卿

山东省高等学校优秀学生(13 人)

马晓萌　许思慧　渠　畅　耿　烁　李文宁　侯文婧　袁　丽
张　昂　段　菲　张小莹　宋旭鸣　宋　琦　刘文豪

山东省高等学校优秀学生干部(8 人)

刘春昊　李佳珊　于文菊　郑嘉宇　王　锋　陈　鹏　张奎莲
李　亮(研究生)

山东省高等学校先进班集体(5 个)

2011 级空间科学与技术专业菁英班
2012 级金融学专业金融 4 班
2012 级英语专业英德双语 1 班
2012 级汉语言文学专业汉语言 1 班
2011 级计算机科学与技术专业计算机 1 班

山东省高校十佳心理社团

心理委员工作站

山东省大学生心理健康节心理短片 DV 大赛一等奖

艺术学院《痞子·英雄》团队

山东省大学生心理微博原创大赛三等奖

2014 级汉语言 1 班团支部

山东大学校长奖学金(12 人)

宋旭鸣　刘淑慧　刘文豪　闫　晗　侯文婧　袁　丽　宋　琦
许思慧　陈泽阳　耿　烁　张玉洁(研究生)　傅齐鸣(研究生)

山东大学优秀研究生干部(26 人)

张敬凤　蒋　杨　李运恒　李艳秋　李正正　李　进　张静芳
李　亮　褚福龙　王颀林　郭亦玲　毛伟腾　柴　琳　傅齐鸣
杨帆帆　仲伟冲　孟凡龙　郭　娟　尹希冉　胡海丽　姜　欢
温鸿飞　刘皓春晓　丁　瑞　邱　涛　崔英姿

(学生处　提供)

山东省优秀共青团员

刘　明

山东省志愿服务先进个人

顾嘉雯

中国大学生自强之星提名奖

闫晓桑

中国电信奖学金暨践行社会主义核心价值观先进个人

卞舒惠

全国高校践行社会主义核心价值观“示范团支部”

中国特色社会主义研究会团支部

全国大中专学生志愿者暑期“三下乡”社会实践活动优秀团队奖项

“歌声飞扬，笔墨飘香”暑期送文化下乡服务队

“井冈情·中国梦”暑期实践季全国“优秀实践团队”“优秀成果奖”

“网聚青年·文传井冈”实践团

全国“镜头中的三下乡”大学生志愿者暑期社会实践展示活动“好团队奖”

“RAS”（分类回收）暑期社会实践调研团队

山东省大中专学生暑期“三下乡”社会实践优秀团队

“筑梦十年，用爱呵护希望”——孟良崮支教团队
“极客鸟”志愿服务团队
“淘宝入村，助力三农”调研团队
“乡村记忆工程”实施现状调研团队
“盛夏青春”调研团队
“蜗牛”早婚调研团队
“农商双向新天地”调研团队
服刑人员未成年子女“类家庭”救助模式研究团队

山东省大中专学生暑期“三下乡”社会实践优秀学生

包奕宁　陈煜帆　孙　悦　张梦妮　红　霞　梁　静　万严慧
刘　叶　张藏文　张圣博　魏晨璐　高淑琦　王玉乾　李惠天
高　阳　刁文澜　沈　尊　王邓望　赖汝锋　郝海歌　王文瑶
米凤雅　衣凌云　宗　梅　刘思琪　杨　帆　王　璐　陈　田
肖兰兰　王　琳

山东省第七届"调研山东"大学生社会调查活动优秀团队

"Infos"实践团
"农商双向新天地"调研团
"关爱抗战老兵"暑期实践调研团
"寓民同乐"实践调研团

第十四届"挑战杯"全国大学生课外学术科技作品竞赛

国家二等奖

董炜堃　李紫琪　田婧媛　刘冰宇　柯丹娜　吴晓烨　崔可欣

国家三等奖

郑涵希　黄茹涵　赵家琪　申东仑　易　芯　陈羽茜　陈俊希
封秀丽　王　哲　陈思齐　吴春晗　刘博骞　丁金印　白羽轩
崔浩天

第十四届"挑战杯"·鲁信山东省大学生课外学术科技作品竞赛

特等奖

封秀丽　王　哲　陈思齐　吴春晗　刘博骞　丁金印　白羽轩
崔浩天　徐路耀　张志明　郑涵希　黄茹涵　赵家琪　申东仑
易　芯　陈羽茜　陈俊希　董炜堃　李紫琪　田婧媛　刘冰宇
柯丹娜　吴晓烨　崔可欣

一等奖

宋　孟　李燕华　高　超　汤子健　申登攀　李　皓　张鸿源
朱　倩　左雅晴　刘　娜　刘　钰　韦　展　韩文博　崔静欣
郑嘉宇　唐清源　李樊俊　王　航　陈新政　贾克钰　田　武
刘　康　余婧雯　曹丰斌　杨　倩　陈柏年　王　平　宋　琦
许知涯　闫　晗　唐润芳　钟　泽　陆一平　艾舜轲　王乐乐
王缪乾　高　超

二等奖

陈潇凯　李永俊　刘天成　刘　枭　任　恒　王泳刚　陈　威
徐新智　孔令贤　黄雪萍　周　飞　刘　杰　宝云卿　李璐莎
杨雪莹　史明睿　丛笑雨　王晓帅　李书韵　陈紫翔　陈　茜
于　洋　石　榴　殷　帆　段　菲　伍春燕　张明哲

第八届全国大学生节能减排社会实践与科技竞赛

国家二等奖

蔡剑成　刘　娜　朱振龙　朱　倩　黄　成　江佳琪　林晓波

国家三等奖

高　超　董　伟　公丕旭　李　轩　张馨匀　唐　菲　丛昕宇
曾立锵　王缪乾　魏志远　张　朔　曹　昀　王晓辉　孙千慧
纪　翔　胡盛林　张　琦　唐玉珍　谢　宇　梁紫娴　汪　戈
朱　熠　胡　也

第六届山东大学学生“五·四”青年科学奖

贺　毓　卞舒惠　郭昱程

（团委　提供）

全国大学生数学建模竞赛

国家二等奖

马千里　胡熙倩　李佳祺　王乃君　张博文　陈明昊　刘浩源
王玉堃　姚诗麒　王志恒　李　洁　彭　敏　周晟昂　韩　金
陈志成　严定奎　饶　巍　林　丽　王国帅　胡海洋　薛岚天
朱振龙　雷　柱　朱怡璇　何　川　刘凯伦　王议晨

山东省一等奖

孔晓捷　贾　琨　景天琪　孙仲石　张琪洁　凤　婷　李珊珊
闵越聪　杨　帆　赵丹阳　杨庭玉　翟晓彤　矫茗宇　张政宇
孟　迪　赵加乐　陈婧文　徐欣欣　黄子益　李晓楠　程　远
黄柯宇　蒋艺芃　石倩倩　王奕婧　肖步韦　逯晓宇　许　洁
李　旭　李明磊　张　明　代晓宇　徐诗雨　于　夏　张丽琳
张思明　刘雪琪　孙家林　王思澄　王　婷　郇　程　张城铭
熊　震　巩子嘉　李丙超　宋　雪　张馨匀　徐新智　曾　磊
陈　健　李玉臻　赵柳月　戚　妙　蔡剑成　刘峻豪　王彦文
毛景禄　孙　雨　何正纯　张文鲁　温宇健　马春雨　陈晓龙
房嘉成　张路路　刘媛琪　靖　悦　张　旻　刘　娜

山东省二等奖

李静伟　孙从阳　杜鹭萍　徐勤钰　张子源　王智霖　张旭东
薛　萌　王　堯　黄洁茹　刘俊阳　汤　昊　孙旋旋　王　璐
许　琰　周楚明　李　斐　秦春梅　万　钧　董华莹　刘　琳
李晓彤　赵加敏　孙丹青　岳　晔　王昊扬　胡　威　袁友林
邹　彤　刘秀雄　陈水清　熊子健　尹俊翔　周韵蓉　温　宁
李　珂　宋天晴　崔昊然　周生笛　路盼盼　闪雪萌　井昊宇
王　睿　高　峰　韦　坤　肖翰林　闫晓燊　李　军　赵春丽
宋　强　王雪涛　吴贻圳　王少阳　刘开颜　巴金声　张春风
李小康　李若谷　凌艺铭　张汉卿

山东省三等奖

汤　健　田家萌　徐　珍　张嘉琪　张红芳　王纪玲　王庆学
黄俊童　郭依千　孙洁睿　陈洁怡　武　雪　陈　彪　聂垚鑫
马婧宇　普　晨　刘一凡　穆　沛　胡旻晗　刘思成　邳　奇
闫丽娜　陆丽丽　王　丹　黄颖璇　王书承　赵　雪　朱　创
金钰妍　王旭旸　袁　淦　王蒙蒙　龙厚芳

全国大学生电子设计竞赛

国家一等奖

赵远航　胡海洋　张学涛

山东省二等奖

代保铭　穆　沛　徐　鑫　宋　强　陈佳隆　赵春丽

山东省三等奖

刘　亮　王雪涛　王彦文　王　丹　公丕旭　陈元康　王金鑫
吴荣贵　罗佩凤　凌　禹　顾凌晨　叶　剑　滑喜清　张　赟
曹　山

全国大学生智能车竞赛

国家二等奖

张　俊　朱陈奕　雷妤航

山东省一等奖

周　杰　赵远航　杨富植　吕　前　云　昊　赵原野　陈　建
陈亦民　李勤文
赵金鹏

山东省二等奖

包为政　马英戈　公丕旭　叶毅杰　赵蒙蒙　赵子寒　吕家启
王梦雪　翟　启　宋　强　胡朝阳

全国大学生机电产品创新设计竞赛

山东省一等奖

郑朋龙　李英睿　冯　爽　隋愿愿　李丹丹　王　韬　陈　昕
孔令贤　吴　燕　吕　前　高　超　高　射　吕家启　陈　辰

山东省二等奖

王泳刚　陈　威　周　飞　黄雪萍　于超辉　曹　晟　常凤翔
韩春藤　郑韶华　秦　岭　陈川川　杨欢欢　赵子寒　李丹丹

山东省三等奖

曾立锵　魏志远　王缪乾　张　朔　杨　啸　廖阳稷敛　马毅青
李　轩　郭　铖　李　轩　彭礼超　刘庆国　玄令远

中国“互联网＋”大学生创新创业大赛

国家银奖

孙朋磊　周新诚　彭　微　张耀鑫　胡亚倩

国家铜奖

刘东亮　管伟康　王宏宇　林　桐　王　浩　班耿齐　李　伟
马文翔　赵家琪　周文智　任　恒　孙菁阳　张晓艺　于超辉
张天宇

山东省金奖

孙朋磊　周新诚　彭　微　张耀鑫　胡亚倩　刘东亮　管伟康
王宏宇　王　浩　班耿齐　林　桐　李　伟　马文翔　周文智
任　恒　孙菁阳　张晓艺　于超辉　赵家琪　张天宇

山东省铜奖

董鲁北　单荣杨　解　垚　刘凯伦　王议晨　王雨萱　褚煜辰
程子云　张业祥　刘一凡　黄有路　侯显俊　朱　创　申登攀
王佳懿

全国大学生英语竞赛

山东省特等奖

叶鼎一　王银洁　袁　丽　俞　睿　王丽欣　王　莹　耿　烁
侯凯茜　祁亚楠　王天瑜　张　恪

山东省一等奖

郑绿萌　黄晰晖　孟　瑶　赵伊琳　郭意菲　张　欣　孙玲月

山东省二等奖

陈明君　王睿路　李冬雪　华　馨　刘　东　张金磊　张孟夏
顾宸玚　游琳依　郑　璐　冯　艺　赵　琪　丛　琳　佘雨泽
佟　龙　王雨桐　常　琦　付伟俊　李　桦　祁晓晴　殷　悦
张鸿源　董华莹　姜梦娜　徐　灏　姜沛含　蒋欣霖　刘百惠
孙　朴　田　耕　尹凯麒　朱广亚　程　媛　郭慧敏　黄佳琪
黄众威　金言兮　陆　芸　缪雪阳　宁　怡　王晓旭　辛忠晟
叶舒怡　钟思然　邹坤君　童　蓓

山东省三等奖

李　嘉　任梦欣　田虔虔　徐艳玲　许　齐　董璐璐　侯佳秀
李若扬　苗海霞　郑天心　张　雯　方圆安　刘梦晗　郭小琳
纪　源　刘子玥　吕璐含　张姗姗　陈禹萌　高媛媛　龚小笑
黄晓薇　金　岚　李昕珊　刘秀雄　陆　易　宁潟眸　钱思齐
任威晓　唐云冲　王　榕　王心鹤　吴　岳　张丽洁　张笑寒
赵健宇　郑春雨　陈晓璐　胡旻晗　李志香　刘萌宇　刘天翼

王佳颖	王毓梓	周　峰	周璐璐	安荟杉	樊　朔	韩　珊
韩　雨	何薇珊	黄梦雪	黄　颖	卢京艳	王骏齐	邹嵩涵
邹　彤	宫　欣	贺春萍	李京伟	陆　玥	浦蕴文	谭淋尹
王婷婷	王艺歌	徐　锐	闫　畅	杨紫凡	张瀚文	代东辰
高碧莹	关雅梦	桂　竺	李妙然	李瑞卿	李文月	吴思烁
杨光宇	张　欣	周希童	陈玮宁	陈亚琴	董　宁	孔晓如
刘泽州	秦曼怡	汪静怡	谢红青	张晓艺	朱卫君	徐小雨

（教务处　提供）

山东省优秀科技创新成果奖

三等奖：王宗杰

山东省专业学位研究生优秀实践成果奖

贺　凯　　孔　强　　陈其超

山东省优秀博士论文

题目：《二维约束 FIR 滤波器快速设计的理论和算法》
作者：洪晓英；导师：赖晓平

山东大学优秀硕士论文

题目：《朝鲜使臣所见的明末山东——以“海路朝天录”为中心》
作者：邵双双；导师：刘宝全
题目：《海参养殖环境耐药菌分析及三株海洋新菌的分类鉴定》
作者：王宗杰；导师：杜宗军
题目：《空间碎片的测光观测与图像处理》
作者：杜俊举；导师：胡绍明

（研究生处　提供）

聘用相关专业技术职务及岗位人员名单

山东大学关于聘用王浩等35名同志相应职员职级的通知

山大人字〔2015〕60号

（威海校区）

各有关单位：

根据我校管理岗位职员聘用的有关规定，因王浩等35名同志被组织任命新一级行政职务，学校研究决定自任命当月起聘用其相应职员职级。现将名单公布如下：

七级职员：

张　雷　　刘　亮

山东大学

2015年6月1日

山东大学关于聘用宋晨等 46 名同志相应岗位的通知

山大人字〔2015〕79 号

（威海校区）

各有关单位：

根据学校关于新进人员岗位聘用的有关规定，学校研究决定聘用宋晨等 46 名同志相应岗位。聘用名单公布如下：

教授四级岗：

范璐璐（自 2015 年 4 月起聘）

副教授三级岗：

宋凯凯（自 2015 年 3 月起聘）

讲师三级岗：

何家兴（自 2015 年 3 月起聘）

山东大学

2015 年 7 月 19 日

山东大学关于聘用卞小莹等 77 名同志相应岗位的通知

山大人字〔2015〕104 号

（威海校区）

各有关单位：

根据学校关于新进人员岗位聘用的有关规定，学校研究决定聘用卞小莹等 77 名同志相应岗位。聘用名单公布如下：

讲师三级岗：

刘　冰（自 2015 年 7 月起聘）　孙宏刚（自 2015 年 8 月起聘）

昝肖肖（自 2015 年 5 月起聘）

助教二级岗：

张晓菲（自 2014 年 10 月起聘）　韦福林（自 2015 年 7 月起聘）

程　妍（自 2015 年 7 月起聘）　俞琳娜（自 2015 年 7 月起聘）

八级职员：

张家豪（自 2015 年 7 月起聘）　袁　伟（自 2015 年 7 月起聘）

九级职员：

韦福林（自 2015 年 7 月起聘）　程　妍（自 2015 年 7 月起聘）

俞琳娜（自 2015 年 7 月起聘）

山东大学

2015 年 11 月 24 日

山东大学关于公布2015年度岗位聘任人员名单的通知

山大人字〔2016〕97号

（威海校区）

各有关单位：

根据国家岗位设置文件精神以及《山东大学关于开展2015年度岗位聘任工作的通知》（山大人字〔2016〕36号）的有关规定，经个人申报、单位审核推荐、专家组评审、岗位评审委员会评审、公示等程序，2015年度岗位聘任方案经学校岗位设置及聘用管理委员会审核通过。现将聘任名单予以公布，聘任时间自2015年9月算起。

一、教学科研岗位

三级岗：

史全岐

五级岗：

孙　恒　刘天放　杨在斑　陈绍霞　关成波　梁立凯

六级岗：

朱　峰　杨　慧　韩国圣　刘　超　张　乐　王瑞华　李万军

张　剑　高建华　武中臣　张永平　郝书翠　陈　原　郭尊华

八级岗：

李　楠　陈怀凯　袁亚妹　赵丽华

九级岗：

陈　欣　李　燕　王小梅　谢清华　于立强　孙文平　韩松涛

梁　远　咸慧慧　孟子艳　李淑康　朱玉堂　唐　正　张　锐

郑　岩　赵　燕　靳雅权　高颖囡　李　勃　孙海伟　王金涛

高同进　许庆阳　郭　新

二、工程、实验岗位

八级岗：

杜新胜

九级岗：

刘　芬　　张　倩　　连海宁　　姜学思　　郭迪福

三、思想政治教育岗位

九级岗：

时华忠　　陶　宏　　韩巧霞

四、图书、档案、文博岗位

六级岗：

王振妘

九级岗：

徐秀春　　郭学娟

五、会计、审计、统计岗位

九级岗：

万　辉

六、管理岗位

七级职员：

宋修静　　李　丁　　李世康　　李　齐　　赵笑菊

山东大学

2016 年 10 月 11 日

山东大学关于聘任孔令顺等 361 名同志相应专业技术岗位的通知

山大人字〔2016〕98 号

（威海校区）

各有关单位：

根据《山东大学关于开展 2015 年度专业技术职务聘任工作的通知》（山大人字〔2016〕35 号）的文件精神，经个人申报、单位资格审核推荐、中级评审委员会评审、校外同行专家鉴定、学科评议组评审、公示、高级评审委员会审定等程序，学校研究决定聘任孔令顺等 361 名同志相应专业技术岗位，聘任时间自 2015 年 9 月算起（特殊注明者除外）。其中，因公出国（出境）人员自回校工作当月起聘。聘任名单如下：

一、高等学校教师系列

教授四级岗：

凌宗成（自 2016 年 4 月起聘）（破格）　杨　慧　夏　辉　赵　巍　宋修妮
胡绍明　亓兴勤　宋红强　朱林森

副教授三级岗：

王艳丽　刘　冰　毕颖达　刘　洋　曲爱宁　齐军领　魏文忠
江志全　闫惠惠　鲁法芹　卜育德　刘　燕　孙　洁　毕云峰
阮桂平　张　伟　孙伟华　曹　晨　李　静（自 2016 年 3 月起聘）

讲师三级岗：

王小敏　曲笛鑫　杜　祎　段　敏　徐　驰　戚玉晶　黄　爱
熊云菲

二、工程、实验系列

高级实验师三级岗：

王允山

工程师三级岗：

孔令明　　沙　沙　　彭传校

三、思想政治教育系列

副教授三级岗：
范　蕊
讲师三级岗：
李祥鹏　　李　慧　　杨　柳

四、图书、档案、文博系列

副研究馆员三级岗：
师晓青
馆员三级岗：
宋　梅

山东大学
2016 年 10 月 11 日

新聘研究生指导教师名单

2015 年新聘博士研究生指导教师名单

序号	所属培养单位	姓名	二级学科名称
1	法学院	王瑞君	刑法学
2	翻译学院	薄振杰	英语语言文学
3	海洋学院	杜宗军	微生物学/生物工程
4	机电与信息工程学院	潘景昌	计算机应用技术
5	空间科学与物理学院	王守宇	粒子物理与原子核物理
6	商学院	孔海燕	企业管理/工程管理

（研究生处　提供）

2015年新聘硕士研究生指导教师名单

序号	所属培养单位	姓名	二级学科名称
1	商学院	王素娟	企业管理
2	商学院	周　军	企业管理
3	商学院	陈学胜	财政学
4	商学院	孙作人	产业经济学
5	商学院	吕岩威	产业经济学
6	商学院	马万里	财政学
7	商学院	李元勋	企业管理
8	商学院	沈　君	产业经济学
9	商学院	张志平	会计学
10	翻译学院	李　克	英语语言文学
11	翻译学院	赵　鹃	英语语言文学
12	翻译学院	崔　英	英语语言文学
13	数学与统计学院	蒋方翠	运筹学与控制论
14	数学与统计学院	孙庆峰	基础数学
15	海洋学院	张　伟	生态学
16	海洋学院	车玉菊	应用化学
17	海洋学院	李海蓓	应用化学
18	海洋学院	柴迎梅	生物工程
19	海洋学院	姜昭阳	生物工程
20	海洋学院	刘洪展	生物工程
21	海洋学院	孙晓红	生物工程
22	海洋学院	王允山	微生物与生化药学
23	文化传播学院	江志全	比较文学与世界文学
24	马列教学部	郝书翠	马克思主义中国化研究思想政治教育

续表

序号	所属培养单位	姓名	二级学科名称
25	马列教学部	焦　佩	马克思主义中国化研究思想政治教育
26	空间科学与物理学院	姜云国	理论物理
27	空间科学与物理学院	田安民	空间物理学
28	空间科学与物理学院	李　凯	理论物理
29	韩国学院	刘　畅	亚非语言文学
30	韩国学院	王宝霞	亚非语言文学
31	韩国学院	毕颖达	亚非语言文学
32	韩国学院	郑冬梅	朝鲜语口译
33	机电与信息工程学院	金长龙	计算机应用技术
34	机电与信息工程学院	刘　勇	机械制造及其自动化
35	机电与信息工程学院	褚兴荣	机械制造及其自动化
36	机电与信息工程学院	王艳玲	电路与系统
37	机电与信息工程学院	孙　洁	控制理论与控制工程
38	法学院	贾乾初	政治学理论
39	法学院	张小宁	刑法学
40	法学院	刘　洋	政治学理论
41	法学院	孙卓华	行政管理

（研究生处　提供）

组织机构与干部任职名单

中共山东大学(威海)委员会

党委书记:仝兴华

党委副书记:刘玉殿(2015 年 12 月离任)　柴月禄　赵玉璞　周慧如

纪委书记:柴月禄

党委委员:仝兴华　韩圣浩　刘玉殿(2015 年 12 月离任)　柴月禄
　　　　韩建新　赵玉璞　陈冠军　刘　海　郭培良　周慧如

校长、副校长

校　长:韩圣浩

副校长:韩建新　　陈冠军　　刘　海　　郭培良

处级领导干部

单　位	职　务	姓　名
党委(校长)办公室	主任(兼)	郭培良
	副主任	范其学
	副主任	顾　炜
纪检监察审计办公室	主任、纪委副书记(兼)	王迎宾
	副主任	林朝旭
	副主任	薛施贞
党委组织部	部长(兼)	周慧如
	副部长	梁奉军
党委宣传统战部	部　长	刘　明
	副部长	魏　斌
学生工作部(处)	部(处)长	杨　玉
	副部(处)长兼学生就业指导中心主任	葛彩云
	副部(处)长兼学生公寓管理服务中心主任	常伟东
团　委	书　记	王景瑞
	副书记	景　硕
工会(妇委会)	主　席	谷丽霞
退(离)休工作办公室(退离休党总支)	书记、主任	刘　玮
机关党总支	书　记	姜　强
人事处	副处长	栗庆冬
	副处长	王　亮
合作发展规划处	副处长	刘晓军
教务处	处长兼山大本科生院副院长	闫涛蔚
	副处长兼招办主任	王福安
	副处长	贾慧卿

续表

单　位	职　务	姓　名
科研处	处长兼山大学术研究部副部长	高　军
	副处长	吴玉阁
研究生处	处长(兼)	张文玺
	副处长	吴丙新
	副处长	陈昌珠
财务处	处　长	周大白
	副处长	于燕臣
国际合作与交流处	处长兼山大国际事务部副部长	徐希锋
	副处长	孟凡波
资产与实验室管理处	处　长	朱桂华
	副处长	宋玉厚
	副处长	佟　强
保卫处	处　长	叶军堂
	副处长	王绍林
基建处	处　长	王祖杰
	直属党支部书记	王国和
	副处长	孙可寒
后勤管理处	处　长	辛洪云
	党总支书记	韩延伟
	副处长	宋云龙
	副处长	原所东
图书馆	馆　长	谢穗芬
	直属党支部书记	李洋修
	副馆长	左　峰
	副馆长	王学福
网络与信息管理中心	主　任	陈广奕
	副主任	姜　平
继续教育学院	院　长	张秉江
	副院长	井海波
	副院长	姜　胤

续表

单　位	职　务	姓　名
韩国学院	院　长	牛林杰
	党总支书记	赵笃玲
	副院长	金　哲
	副院长	刘宝全
商学院	院　长	罗润东
	党总支书记	袁相万
	副院长	吴佩林
	副院长	白锐锋
	副院长	梁文玲
	副院长	孔海燕
	党总支副书记	于振涛
法学院	院　长	汪全胜
	党总支书记	彭兆强
	副院长	赵　沛
	副院长	姜世波
	副院长	刘　军
	党总支副书记	牛文军
文化传播学院	院　长	张红军
	党总支书记	于培丽
	副院长	孙基林
	副院长	张晓曼
	副院长	管恩森
翻译学院	院　长	王湘云
	党总支书记	迟　涛
	副院长	常晓梅
	副院长	薄振杰
	副院长	张彩波
	副院长	李万军
	党总支副书记	刘会刚

续表

单 位	职 务	姓 名
艺术学院	院长(聘)	张琳仙
	党总支书记	杨金才
	副院长	汪明强
	副院长	吴静寅
	副院长	张 剑
	党总支副书记	于和利
海洋学院	院 长	梁振林
	党总支书记兼副院长	黄建军
	副院长	孟凡君
	副院长	张小葵
	党总支副书记	孙丽霞
机电与信息工程学院	院 长	蒋保臣
	党总支书记	孙文范
	副院长	王 丽
	副院长	潘景昌
	副院长	王 松
	副院长	贺 红
	副院长	刘若伦
	党总支副书记	单登科
空间科学与物理学院	党总支书记	李恒江
	常务副院长	夏利东
	副院长	陈 耀
	副院长	李 波
	副院长	杨田林
	党总支副书记	李 冶
数学与统计学院	党总支书记(兼)	栗庆冬
	常务副院长	綦建刚
	副院长	李 娟
	副院长	齐海涛
	副院长	杨 兵
	党总支副书记	单丙波

续表

单　位	职　务	姓　名
马列教学部	主　任	吴文新
	直属党支部书记(兼)	于燕臣
	副主任	郝书翠
体育教学部	主　任	张　颖
	直属党支部书记	邹　海
	副主任	王友坤
专职组织员	专职组织员	张桂香
	专职组织员	许伯群
	专职组织员	郇绍伟

(组织部　提供)

科级机构

部门名称	科室名称
党委(校长)办公室	行政事务科
	外联与会议服务科
	文秘科
	信息管理与督办科
	校史档案室
	收发室
	挂靠单位:法律事务办公室
纪检监察审计办公室	无科室机构设置
党委组织部	挂靠单位:党校办公室
党委宣传统战部	挂靠单位:校报编辑部
学生工作部(处)	学生管理科
	大学生资助管理中心
	大学生心理指导中心
	大学生就业创业指导中心
	学生公寓管理服务中心
	研究生工作办公室
	山东大学(威海)人民武装部(不设行政级别,与党委学生工作部合署办公)
	挂靠单位:德育教研室
团委	挂靠单位:大学生科技创新中心

续表

部门名称	科室名称
人事处	人事科
	师资与专业技术职务管理科
	工资与社会保障科
	挂靠单位:杰出人才工作办公室
	人才交流中心(人才二级代理站)
教务处	教务科
	考试管理科
	教学研究科(高教研究所)
	实践教学与学科竞赛管理科
	教学服务科
	招生办公室
	电教中心
科研处	科学技术办公室
	人文社科办公室
	服务地方办公室
	重点(军工)项目办公室
研究生处	研究生综合业务科
	研究生培养科
	学科建设办公室
财务处	财务管理科
	计划管理科
	核算科
	基建财务科
	招投标工作办公室
国际合作与交流处(国际合作与交流处、国际教育学院、港澳台事务办公室合署办公)	境外专家事务科
	国际交流服务中心
	国际交流科
	留学生事务管理科
	国际教育合作科
	海外经历工作办公室

续表

部门名称	科室名称
资产与实验室管理处	实验室管理科
	仪器设备管理科
	物资管理科
	产权与公房土地管理科
保卫处	综合治理科
	校卫队
	校内交通与车辆管理科
基建处、基建处直属党支部	工程技术科
	规划预算科
	材料科
后勤管理处、后勤管理处党总支	综合管理科
	水电与设备管理办公室
	房产科
	爱委会办公室
	饮食管理服务中心
	水电维修服务中心
	园林管理中心
	学生生活服务中心
	幼儿园
	家属委
	挂靠单位:校医院(计划生育办公室)
工会(妇委会)	无科室机构设置
退(离)休工作办公室(退离休党总支)	无科室机构设置
机关党总支	无科室机构设置
合作发展规划处	国内合作办公室
	校友工作办公室
	发展规划办公室
图书馆、图书馆直属党支部	办公室
	文献建设部
	读者工作部
	信息技术部

续表

部门名称	科室名称
网络与信息管理中心	综合科
	网络信息技术部
	一卡通管理部
继续教育学院	办公室
	教学管理部
	培训部
	学生管理办公室
产业党总支	无科室机构设置
韩国学院	办公室
	团总支
商学院	办公室
	团总支
法学院	办公室
	团总支
文化传播学院	办公室
	团总支
翻译学院	办公室
	团总支
艺术学院	办公室
	团总支
海洋学院	办公室
	团总支
	实验中心
机电与信息工程学院	办公室
	团总支
	实验中心
	计算中心
空间科学与物理学院	办公室
	团总支
数学与统计学院	办公室
	团总支

续表

部门名称	科室名称
马列教学部	办公室
体育教学部	办公室
山东大学—澳大利亚国立大学学院(筹)	无科室机构设置
山东大学空间科学研究院	办公室
山东大学东北亚研究中心	无科室机构设置

(人事处　提供)

教职工名单

2015年各类在职人员名单

校领导

仝兴华	韩圣浩	柴月禄	韩建新	赵玉璞
陈冠军	刘　海	郭培良	周慧如(女)	

党委(校长)办公室

事业编制人员

丛良日	范其学	顾　炜	李　松	李中章
刘琳琳(女)	司献英(女)	王宏秀(女)	肖梅香(女)	张正武
赵林林(女)				

纪检监察审计办公室

事业编制人员

李　晨(女)	林朝旭	王　晶(女)	王迎宾	薛施贞
张　珂				

党委组织部

事业编制人员

高佚婧(女)　梁奉军　杨　青(女)

党委宣传统战部

事业编制人员

刘　波　刘　明　刘胜民　戚伟良　滕丹丹(女)
魏　斌　张丹丹(女)

学生工作部(处)

事业编制人员

常伟东　陈　剑　陈　莹(女)　葛彩云(女)　贾　鹏
孔　雷　李琦辉　刘凤华(女)　刘　萍(女)　马　莲(女)
上官千红(女)　施见勇　王彦涛　闫红伟(女)　杨　玉
张大勇　赵笑菊(女)　郑淑敏(女)　邹　伟(女)

团委

事业编制人员

景　硕　李彤彤(女)　王景瑞　王　松　王志辉
张文学

工会(妇委会)

事业编制人员

丛岗滋　谷丽霞(女)

退(离)休工作办公室(退离休党总支)

事业编制人员

梁　洁(女)　　刘　玮　　张佳梁

机关党总支

事业编制人员

姜　强

人事处

事业编制人员

李成超	栗庆冬	吕兆生	田晓琼(女)	王　亮
赵　昆	赵亮云			

其他聘用人员

马学峰　　宋叙咏(女)

合作发展规划处

事业编制人员

何　峰　　刘晓军　　裴　水(女)　　王伟莉(女)

教务处

事业编制人员

戴　虹(女)	韩秀峰	韩秀莉(女)	贾慧卿(女)	姜学思
李　静(女)	栗　春	刘　冰	刘立山	刘晓泠(女)
吕　健	宋　光	宋　嵩	万　春(女)	王福安
王　群(女)	王育松	武珍英(女)	薛　峰	闫涛蔚
杨　刚	袁　伟(女)	张　静(女)	赵　辉	赵　梅(女)

朱　慧(女)

其他聘用人员

徐　越　　邹玉平

科研处

事业编制人员

崔孟暄	邓宏军	杜　猛	方利平(女)	高　军
吴玉阁(女)	邹晓光			

其他聘用人员

王龙祥

研究生处

事业编制人员

陈昌珠(女)　　韩鲁青　　陶　扉　　吴丙新

财务处

事业编制人员

蔡玲玲(女)	丁新杰(女)	韩卓飞(女)	洪佩群(女)	李　齐(女)
栾　红(女)	牛光辉	万　辉(女)	王　靖(女)	肖建会
徐　伟	于燕臣	张新风(女)	周大白	朱学芬(女)

其他聘用人员

邢恩静(女)

国际合作与交流处

事业编制人员

陈　超(女)	高绍山	耿菁璐(女)	刘　亮	刘　书(女)
孟凡波	徐希锋	尹传波	于　峰	张家豪

郑　丽(女)

其他聘用人员

仵　眉(女)

资产与实验室管理处

事业编制人员

李国华　牟　峰(女)　乔　威　宋玉厚　孙巍峰
谭　明　佟　强　王宝萍(女)　王　迪(女)　王丽敏(女)
肖艳楠(女)　张　晨　张先军　赵　延　朱桂华(女)

保卫处

事业编制人员

胡启超　刘　海　刘　杰　王绍林　吴志强
肖文良　叶军堂　尹凤琴(女)

其他聘用人员

崔永庆　刘保安　孙茂云　杨海剑

基建处

事业编制人员

蔡可心　杜新胜　金世玉(女)　连海宁　刘运春
秦　耕　孙可寒　王桂芬(女)　王国和　王祖杰
姚云龙　张立铎

后勤管理处

事业编制人员

陈　晶(女)　程光文　程　倩(女)　高海刚　高　巍(女)
高　文(女)　郭亦辉　韩延伟　何剑平　何　睦(女)
胡小林　李福早　李　昕　李忠欣　梁可志

梁滋学	刘庆忠	牛晓军	沈胜领	宋新强
宋云龙	王东彦(女)	王洪瑞	辛洪云	邢小云(女)
修永伦	徐　斌	许志升	杨枢华(女)	杨卫华
尹明柱(女)	于德军	原所东	赵玉屏(女)	朱榜芹(女)
朱　玲(女)	祝洪波	邹德杰	邹　静(女)	

其他聘用人员

管松刚	刘陈君(女)	刘伟娇(女)	吕明军	杨海江
于占秋	周　涛			

韩国学院

事业编制人员

毕颖达	曹玉玲(女)	陈　媛(女)	丛衍萍(女)	洪　静(女)
黄永哲	金玉兰(女)	金　哲	李海榕(女)	李学堂
刘宝全	刘　畅	刘惠莹(女)	闵英兰(女)	牛林杰
石　坚(女)	王宝霞(女)	尹锡万	于明燕(女)	张　进
张京青(女)	张琳琳(女)	赵笃玲(女)	赵姗姗(女)	郑冬梅(女)
郑　艳(女)	宗文婷(女)	张晓娜(女)(调离)		

其他聘用人员

金柄珉(外聘教授)　　Kim Kugrae(外聘教授)　　张蕴岭(外聘教授)

商学院

事业编制人员

白锐锋	卞慧丽(女)	陈　茜(女)	陈　伟	陈　欣(女)
陈学胜	程昶志	程子健	崔丰慧(女)	崔　昕
崔宇明	董昭江	杜宏宇(女)	段　敏(女)	段兴立
樊　敏(女)	范　蕊(女)	付光新	付宜强	谷祖莎(女)
郭建强	韩　冰(女)	韩国圣	韩巧霞(女)	郝延伟
籍　刚	蒋守芬	金京玉(女)	鞠传宝	孔海燕(女)
李　慧(女)	李　静(女)	李　瑞(女)	李世康	李晓霞(女)
李　燕(女)	李依凭(女)	李元勋	梁　军	梁俊伟
梁文玲(女)	凌士显	刘爱静(女)	刘　超	刘丹丹(女)
刘　沛	刘　平(女)	刘　文(女)	刘　艳(女)	刘　一(女)

刘永仁　刘　喆(女)　卢书泉　路少英　吕爱权
吕淑华(女)　吕岩威　罗润东　马万里　马卫红(女)
孟　红(女)　齐军领　曲国霞(女)　邵志勤(女)　沈　君
师韵茗(女)　宋奎艳(女)　宋修静(女)　宋祎品(女)　宋迎春(女)
孙　丹(女)　孙　恒　孙素梅(女)　孙作人　陶　宏
王长全　王春平　王　浩(辞职)　王继涛　王　杰
王　磊　王丽荣(女)(调离)　王素娟(女)　王锡秋
王小梅(女)　王一兵　王兆祥　魏文忠　巫威威(女)
吴佩林　夏　辉(女)　谢清华(女)　徐波成　徐　萍(女)
许　先(女)　宣　锋　杨　慧(女)　杨　林(女)　杨　茗(女)
杨蔚芳(女)　杨　雯(女)　仪富强　尹文清(女)　于静静(女)
于晓雪(女)　于振涛　俞琳娜(女)　袁相万　岳　军
臧运蕾(女)　张爱荣　张建波　张永成　张志平(女)
周桂梅(女)　周宏燕(女)　周　军　周晓歌(女)　周玉宏
朱　峰(女)　朱峰峻　朱顺贤

其他聘用人员

车路刚　高　雪(女)　侯　慧(女)　于　惠(女)

法学院

事业编制人员

安玉萍(女)　程婕婷(女)　崔　岩(女)　范广垠　方　芳(女)
古莉亚(女)　郭剑雄　郭晓妮(女)　贾景峰　贾乾初
姜爱丽(女)　姜世波　焦宝乾　金玄武　黎海鹰(女)
李传先　李秀芬(女)　刘　佳(女)　刘　军　刘培茜(女)
刘　琼(女)　刘　涛　刘　洋　马春霞(女)　马莉萍(女)
马艳朝　门潇洪(女)　弭　维(女)　牛方玉　牛文军
牛志强　彭兆强　阮竹君(女)　时华忠　宋琳璘(女)
孙光宁　孙文平(女)　孙希尧　孙卓华(女)　谭　谦
汪全胜　王　强　王　娆(女)　王瑞君(女)　卫学芝(女)
武　飞(女)　武秀英(女)　许敏兰(女)　于立强　原蓉蓉(女)
张传新　张景明　张　乐　张旻昊(女)　张　鹏(辞职)
张其山　张世全　张伟强　张小宁　赵　沛
钟玉珍(女)　周　红(女)　周　慧(女)

其他聘用人员

李　波(女)

文化传播学院

事业编制人员

包　宇(女)　边　婧(女)　蔡象丽(女)　崔　春(女)　邓晓玲(女)
杜丽荣(女)　高万云　耿　平(女)　苟振红(女)　管恩森
韩松涛　何家兴　洪树华　侯玲文(女)　胡小平
胡玉华(女)　胡志明　贾宏福　江志全　姜亚林
李　丁(女)　李莉萌(女)　李荣章　李自雄　梁　艳(女)
林　宇(女)　刘北野　刘　冰　刘久廷　刘　倩(女)
刘延芳(女)　鹿晓燕(女)　孟文博　聂中庆　邱　崇
曲　敏(女)　芮　欣(女)　宋　琦(女)　孙基林　孙　颖(女)
汤　瑞(女)　唐鹏举　王瑞华(女)　王艳丽(女)　魏　红(女)
邬　迪　吴　静(女)　仵从巨　徐　来　徐秀春(女)
许丙泉　许　东　闫　冰(女)　杨海燕(女)　杨　慧
杨机红(女)　尹海良　于京一　于培丽(女)　曾　英(女)
战立忠　张　超　张德苏　张红军　张红秋(女)
张文祥　张晓曼(女)　张　毅(女)　张银堂　张　中
周　俊　周新顺　周　妍(女)　朱新林　黄立凡(女)(辞职)

其他聘用人员

张翔升(外聘教授)

翻译学院

事业编制人员

柏宝清(女)　薄振杰　蔡东玲(女)　曹春玲(女)　常晓梅(女)
陈怀凯　程　丽(女)　迟　涛(女)　　敏(女)　丛海燕(女)
崔　英(女)　崔莹辉(女)　丁志烁(女)　董　薇(女)　冯　超
宫　丽(女)　谷秀春(女)　郭　彪　郭全照　郭秀梅(女)
侯立静(女)　侯丽娜(女)　胡红娟(女)　胡晓雪(女)　黄　爱(女)
黄明玉(女)　黄秀国(女)　贾文峰　姜琳琳(女)　靳　锁
康振国　柯　晓(女)　孔　蕊　孔维珊(女)　孔　文(女)
黎东良　李　杰　李　军　李　克　李　玲(女)
李　楠(女)　李　蕊(女)　李绍明　李淑康(女)　李万军
李晓丽(女)　李　彦(女)　李玉梅(女)　梁懿文(女)　梁　远(女)

刘　凤(女)	刘刚义	刘会刚	刘敏华(女)	刘天放
刘伟丽(女)	刘祥田	刘玉娥(女)	吕丽丽(女)	吕　昕(女)
马　坤(女)	孟子艳(女)	牛艳莉(女)	戚玉晶(女)	曲　奕(女)
任怀平	孙萃英(女)	孙翠兰(女)	孙凤芹(女)	孙立华(女)
孙田丰	孙占萍(女)	唐鑫梅(女)	唐　正(女)	王彩芹(女)
王德萍(女)	王飞飞(女)	王　蕾(女)	王　璐(女)	王苏华(女)
王湘云	王小敏(女)	王晓青(女)	王　玥(女)	韦福林
武　鹏	夏丽华(女)	咸慧慧(女)	邢路威(女)	熊云菲(女)
徐高楠(女)	许全娜(女)	杨　欣(女)	于莉颖(女)	于　伟(女)
于秀莲(女)	张彩波(女)	张殿玉	张红霞(女)	张　君(女)
张莉莉(女)	张梦佳(女)	张树玲(女)	张体勇	张晓菲(女)
张晓君(女)	张　雄	赵菊青(女)	赵　鹍(女)	赵　薇(女)
赵　巍(女)	赵　翔	赵艳华(女)	赵晏黎(女)	赵玉珊(女)
赵　云(女)	郑长春(女)	郑　艳(女)	周美青(女)	周守玉(女)
朱玉堂	柳　伟(自动离职)		林晓冰(女)(自动离职)	

其他聘用人员

戴颖梅(女)

艺术学院

事业编制人员

安祥祥	曹春晓	曹桂红(女)	常　丽(女)	陈国亮
戴艳萍(女)	董薇薇(女)	杜　祎(女)	范　军	范文慈(女)
高　锐(女)	高颖囡(女)	谷海燕(女)	顾云亮(女)	郭　瑾(女)
郭　立	郭　敏	何艳霞(女)	侯新茹(女)	纪维剑
季慧慧(女)	靳雅权	景　梅(女)	李　静(女)	李　宁
李善杰	梁　军	刘洪展	刘　楷	刘彦鹏
刘怡汝(女)	刘　卓	吕　琳(女)	曲笛鑫(女)	曲洪启
任　灏	邵力华	司维东	汪明强	王春杰
王　虹(女)	王黎娟(女)	王鹏飞(女)	王　岩	王友斌
王　真(女)	吴　静(女)	吴静寅	吴晓林	徐　驰
徐德雷	许　耘	杨金才	杨在斑	姚桂丽(女)
尹建宏	于和利	袁　莉(女)	袁亚妹(女)	詹保国
张　兵	张传涛	张纯梅(女)	张　剑	张金娣(女)
张　平	张　锐	张铁成	张卫国	张欣然(女)
张娅妮(女)	章　勇	赵　丹(女)	赵　鸿	赵江源

赵　青(女)	赵　燕(女)	郑　岩(女)	郑　阳	钟晓红(女)
周婷婷(女)	刘新纲(辞职)			

其他聘用人员

何林东　　姜　超　　Qin Daping(外聘教授)

王振国(外聘教授)　　张琳仙(女)(外聘教授)

海洋学院

事业编制人员

柏　铭	柴迎梅(女)	车玉菊(女)	陈丽华(女)	邓　跃
杜宗军	葛长字	谷　珉(女)	关洪斌	韩晓弟
侯俊峰	侯旭光	怀其勇	黄建军	吉爱国
姜　波	姜昭阳	金艳梅(女)	孔令明	赖鹏翔
李海蓓(女)	李丽芳(女)	李　霞(女)	李英秀(女)	李玉春
李裕强	连子如(女)	梁　浩	梁振林	刘爱秋(女)
刘春利(女)	刘洪展	刘　建	刘　旭	刘雪芹(女)
刘　燕(女)	刘莹莹(女)	陆　榕(女)	吕新芳(女)	马庆林
梅俊学(女)	孟凡君	苗艳丽(女)	穆大帅	戚明颖(女)
曲春风	沙　沙(女)	宋　波	宋春华(女)	宋春霞(女)
宋　萃(女)	宋淑亮	宿美玲(女)	孙德群(女)	孙丽霞(女)
孙晓红(女)	孙　艳(女)	田　芯(女)	万培红(女)	王　刚
王　曦(女)	王相伟	王晓兰(女)	王亚民	王允山
夏海峰	肖　玲(女)	谢卫东	谢旭光	邢　翔
许明淑(女)	杨　柳(女)	叶萌祺(女)	于珊珊(女)	于秀霞(女)
昝肖肖(女)	张法忠	张　帆(女)	张建民	张　雷
张　莉(女)	张　鹏	张　倩(女)	张　伟	张小葵(女)
赵　宏	赵丽华(女)	郑凤英(女)	周燕霞(女)	朱立新
朱启忠	祝　茜	庄静静(女)	王　芳(女)(调离)	

其他聘用人员

郭战胜

学科博士后

杨　亿

机电与信息工程学院

事业编制人员

毕超杰　毕云峰　蔡辉涛　曹大英　曹　海
曹立军　常树旺　陈　原　程　杰(女)　程　昀(女)
仇腾飞(女)　褚兴荣　崔文韬　单登科　董恩清
董晓剑　董晓舟　杜清府　冯　东　高寒竹
高　翔　高志峰　耿生民　宫建红(女)　郭春生
郭　娜(女)　郭　楠(女)　郭荣生　郭　新　郭尊华(女)
韩爱丽(女)　贺　红(女)　洪晓英(女)　黄文高　黄香君(女)
姜　斌　姜海宁　姜秀娥(女)　姜元先　蒋保臣
金长龙　康钦马　孔红英(女)　孔晓明(女)　李敦峰
李光明　李海静(女)　李　捷(女)　李巧云(女)　李素梅(女)
李　婷(女)　李祥鹏　李晓坤　李雪莲(女)　李　岩
李　勇　梁成辉　梁立凯(女)　梁　莹(女)　林淑霞(女)
刘　杰　刘　娟(女)　刘　猛　刘萍萍(女)　刘若伦
刘　祎　刘　勇　路士州　吕　强　吕铁良
马广英(女)　孟晓维　宁淑荣(女)　牛万程　潘景昌
彭传校　彭　鹏　曲昌荣(女)　曲美霞(女)　宋凯凯
宋　勇　苏　琨(女)　孙合友　孙宏刚　孙甲冰
孙　蛟　孙　洁(女)　孙　宁　孙　祺　孙文范(女)
王成优　王　丽(女)　王　良　王　瑞　王胜海
王　松　王天宇　王　为　王　蔚(女)　王文玉(女)
王小利　王延刚　王艳玲(女)　肖　鹏　徐东亮
许　乐　许庆阳　许中卫　严中华　杨　飞
杨慧鑫(女)　叶　准　衣振萍(女)　殷　建　俞军涛
袁　灏(女)　岳振明　翟　鹏　张　斌　张承进
张德敬　张桂芳(女)　张军蕊(女)　张克国　张　立
张　亮　张亚涛　张　遥　张志伟　赵海慧(女)
赵瑞杰　赵永健　郑　舒　郑亚民(女)　周东涛
周坤林　周　强　周　晓(女)　周　岩　朱林森
邹晓玉(女)　杜　宇(调离)　常天英(女)(辞职)
王文娟(女)(调离)

其他聘用人员

李会强(女)　王春鹏　于昌华(女)　杨晓慧

学科博士后

孔祥良

空间科学与物理学院

事业编制人员

曹 晨	陈绍霞(女)	陈 旭	陈 耀	丛伟艳(女)
杜桂强	范璐璐	冯士伟	付 辉	高东洋
高建华	关成波	郭迪福	洪 峰	胡绍明
黄 冲	霍秋红(女)	姜云国	李 波	李 勃
李恒江	李 凯	李延辉	李 冶(女)	凌宗成
刘 芬(女)	刘维新	吕茂水	吕英波	倪宇恒
亓 斌	阮桂平(女)	石维彬	史全岐	宋红强
宋淑梅(女)	孙大鹏	孙明哲	汤朝灵	陶 琳(女)
田安民	王爱芳(女)	王昆仑	王守宇	王 硕
吴爱玲(女)	武 昭	武中臣	夏利东	夏雪莲(女)
辛艳青	邢赞扬	杨田林	尹红星	于 惠(女)
张 江	张 鹏	张鹏彦(女)	张清和	郑卫民
蹇木伟(辞职)	王娜(女)(调离)			

其他聘用人员

艾佳明	姜晓军(外聘教授)		宋胜男	张长明
张树芬(女)				

学科博士后

杜玉军	黄正化	田春林

山东大学空间科学研究院

其他聘用人员

考夫曼(外聘教授)　　许国昌(外聘教授)

郑瑞生(专聘科技人员)

数学与统计学院

事业编制人员

卜育德	曹祝楼	常　洛(女)	陈明涛	陈　伟(女)
陈　昕(女)	程　妍(女)	单丙波(女)	董　莹(女)	郭新伟
胡琴琴(女)	蒋方翠(女)	解　兵	李　斌	李　静(女)
李　娟(女)	李太玉	李秀艳(女)	刘东霞(女)	刘甲国
刘　扬(女)	卢　红(女)	穆增超	皮庆华	亓兴勤(女)
齐海涛	綦建刚	宋慧敏(女)	孙春艳(女)	孙海伟
孙华清(女)	孙　磊	孙庆峰(女)	孙　薇(女)	孙伟华(女)
王金涛	王效强	魏晓丽(女)	吴　静(女)	肖　华
续焕英(女)	杨　兵	杨丰凯	袁海静(女)	张爱平(女)
张　冉	张永平	张玉森	赵华祥	周　丽(女)

其他聘用人员

孙爱军(女)

马列教学部

事业编制人员

常　辉(女)	陈　宾	陈　旭(女)	陈永刚	崔　微(女)
房世刚	付文忠	高万库	郝书翠(女)	和春红(女)
焦　佩(女)	李建宁(女)	鲁法芹	马秋丽(女)	秦　淮
孙　克	王晓宏	吴文新	夏卫国	闫惠惠(女)
杨发源	杨永兴	张　磊(女)	张文军	赵　焱(女)

其他聘用人员

李　燕(女)

体育教学部

事业编制人员

曹　鹏　　陈孟松(女)　　陈文新(女)　　范　珣　　高　辉
高同进　　贺海宁　　姜　川　　李　兵　　李　博(女)
李岩杰　　李志伟　　吕海东　　骆功建　　苗　波(女)
牟利明　　曲爱宁(女)　　宋修妮(女)　　王　丽(女)　　王友坤
徐立和　　展　凯　　战文腾　　张洪振　　张　奇
张　颖(女)　　郑志磊　　邹　海

其他聘用人员

张　顺

继续教育学院

事业编制人员

姜　胤　　井海波　　刘钧仁　　马　杰　　宋立新(女)
田容雨　　王宝红(女)　　徐海峰　　张秉江　　张桂香(女)

图书馆

事业编制人员

艾　雰(女)　　毕艳娜(女)　　曹　爽(女)　　陈　静(女)　　陈乃强
崔　明　　郭　洁(女)　　郭学娟(女)　　胡水亮　　姜玉晶(女)
阚洪海　　李洋修　　刘　聪(女)　　刘　静(女)　　刘　旸
鹿　遥(女)　　师晓青(女)　　史琳琳(女)　　宋　梅(女)　　陶桂芬(女)
陶一瑄(女)　　王春华(女)　　王兰英(女)　　王钦丽(女)　　王　玮(女)
王学福　　王振妘(女)　　王　忠　　谢军红　　谢穗芬(女)
薛　鹏　　薛　芹(女)　　杨　威　　尹玉洁(女)　　张果红(女)
张海砾(女)　　张　杰(女)　　张维彬　　赵　洁(女)　　赵　萍(女)
郑　磊　　邹莉莉(女)　　左　峰

其他聘用人员

胡长华(女)　　林凤姬(女)　　聂麟枭　　张　进(女)

网络与信息管理中心

事业编制人员

陈广奕	程雨芊(女)	韩　凉	何荣毅	姜　平
金　霞(女)	谭业红(女)	王　路	王　伟	王小群(女)
袁胜忠	岳　鹏	梁　健(调离)		

其他聘用人员

董　凯	宋显隆	王　森	杨浩志

威海山大学术交流中心

事业编制人员

蔡　红(女)	车吉龙	单小芳(女)	刁伟燕(女)	房永超
冯　静(女)	高　举(女)	郭海红(女)	郇艳丽(女)	姜　刚
姜　红(女)	李　华(女)	李军端	李　强	李荣荣(女)
李胜杰	林晓清	刘红芬(女)	刘　丽(女)	刘永军
慕春川(女)	戚永臻(女)	秦小云(女)	曲向宁(女)	邵俊杰(女)
宋修记	隋连君	孙伟松	孙秀梅(女)	孙云进
王　聪(女)	王明霞(女)	许进善	杨　强	于承志
于淑一(女)	于文浩	袁海龙	张华虎	张晓丽(女)

(人事处　提供)

2015年离退休人员名单

包树珍(女)	毕庶玲(女)	卜庭瑞	蔡　瑾(女)	曹　红(女)
曾　伟(女)	陈建民(女)	陈绍著	陈章通	陈　忠
程秀洁(女)	丛培杰	丛　新(女)	丛亚丽(女)	崔风松
崔新东(女)	戴　蓓(女)	德　智	邓庆妮(女)	丁吉山
丁双林	董文毅	董献忠	董以山	杜新民
范远安	范智敏(女)	范智伟(女)	冯永江	高伟志
龚　蓬(女)	谷敏照	谷源秘	管　立(女)	郭秀兰(女)
韩圭东	韩孟勇	郝玉芹(女)	何恩宗	何丽青(女)
洪惠民	侯桂英(女)	胡步棠	胡启萍(女)	计旭东
姜树东(女)	焦成秀	焦凤秀(女)	焦秀兰(女)	金西平(女)
靳明忠	鞠玉清(女)	康凤华(女)	黎全民	李桂荣(女)
李浩然	李宏君	李岚萍(女)	李　丽(女)	李　林
李森林	李淑兰(女)	李淑琴(女)	李玉玲(女)	李志洲
李重阳	栗　霞(女)	连文锁	梁　丽(女)	梁一儒
林治冰(女)	刘昌泰	刘笃坤	刘家相	刘建平
刘宁仁	刘润兰(女)	刘润芝(女)	刘绍玲(女)	刘秀华(女)
刘秀萍(女)	刘学荣(女)	刘押兄(女)	刘玉殿	刘玉堂
卢　新	栾昌大	吕国文	吕静萍(女)	马庆振
马晓莲(女)	梅玉芳(女)	孟喜君(女)	苗进义	牟国章
聂传凤(女)	牛运祥	潘吉钦(女)	戚务政	齐娜(女)
乔桂英(女)	丘昌武	曲桂月	任莉娜(女)	尚桂红(女)
邵文利	沈春梅(女)	师恩培	施永友	时敬芹
宋桂英(女)	宋洪秋(女)	宋进庆	宋乐永	宋晓玲(女)
宋　英(女)	宋志平	宋宗勤	隋济民	孙芳功
孙光云(女)	孙建国	孙秀玲(女)	孙迎春	孙玉华(女)
孙玉梅(女)	孙玉燕(女)	谭文焕	谭云秀(女)	汤庭跃
陶永寿	陶遵信	万建都	王爱兰(女)	王爱丽(女)
王常瑞(女)	王翠萍(女)	王德忠	王凤林(女)	王桂荣(女)
王海立	王　浩	王吉玺	王寄鲁	王乃愚

王培一　王书源　王淑琴（女）　王　水（女）　王维权
王相民（女）　王向晨　王兴臣　王亚玲（女）　王业国
王宜华　王永菊（女）　王永震　王玉梅（女）　王玉珍
王月英（女）　魏新华　魏中华（女）　邬绍伟　吴传智
吴　苹　吴淑芳（女）　吴宪君（女）　吴孝堂　吴　怡（女）
谢琴肖（女）　徐桂华（女）　徐桂珍（女）　徐　华（女）　徐世荣
徐振东　许伯群　许玉琪　许志浩（女）　薛　青（女）
闫国智　闫耀玫（女）　杨兰田　杨　丽（女）　杨莲芬（女）
杨律高　杨培德　杨学强　杨永竹　杨元明
杨志敏　杨志强　姚丽荣（女）　叶　青　易新民
殷　馨（女）　尹相信　尹永才　于贵良　于洪浩
于建中　于淑兰（女）　于曙光　于秀珍（女）　袁建华（女）
岳士肖（女）　云昌钦　翟晓黎（女）　张爱萍（女）　张宝堂
张崇禧　张德成　张桂琴（女）　张宏智　张家臣
张建芬（女）　张建琪　张景芬　张军杰（女）　张　鸣（女）
张　铭　张荣芳（女）　张瑞萍（女）　张淑梅（女）　张　威
张学智　张义贞（女）　张英珊（女）　张永霞（女）　张宇宏（女）
张智奎　张中豪　张宗正　赵恩华　赵福吉
赵　晶（女）　赵盛堂　赵永鲜（女）　赵　原（女）　赵自强
郑大材　郑恒秋　周幼兰（女）　周玉梅（女）　周玉美（女）
朱东彦（女）　朱小莉（女）　朱友善　邹积敏　邹积礼
马淑兰（女）　丛德文

（人事处　提供）

基本情况统计

山东大学(威海)
2015年教育事业统计基本数据

一、在校生情况		统计数值
本科生及研究生	本　科	13998人
	硕士研究生	980人
	博士研究生	90人
	合　计	15068人
成教学生	成人专科生	402人
	成人本科生	508人
	网络本专科	746人
外国留学生		1245人
在职硕士、博士		134人
其他学生	进修及培训生	59人
在校生总计		18162人

续表

二、教职工情况			统计数值
教职工	本部教职工	专任教师	800 人
		行政人员	193 人
		教辅人员	166 人
		工勤人员	14 人
		合　计	1173 人
	科研机构人员		—
	校办企业职工		—
	附设机构人员		45 人
	总　计		1218 人
聘请校外教师			109 人
离退休人员			243 人
三、职称情况			**统计数值**
全体教工	正高级		132 人
	副高级		287 人
	中级及以下		799 人
	总　计		1218 人
专任教师	正高级		119 人
	副高级		222 人
	中级及以下		459 人
	总　计		800 人
四、校舍情况			**统计数值**
校舍总面积	教学及辅助用房		143725.56 m²
	行政办公用房		16305 m²
	生活用房		197335.03 m²
	教工住宅		98561.7 m²
	其他用房		15034 m²
	合　计		470961.29 m²
学校占地面积			875628.2 m²

续表

五、资产与信息化建设情况	统计数值
固定资产总量	116467.18万元
教学科研仪器设备	13486.91万元
信息化设备资产	3723.86万元
图　书	145.4844万册
网络多媒体教室数	138间
管理信息系统数据总量	213.65 GB
网上教学课程数	261门
六、其他基本情况	**统计数值**
本科专业	44个
博士后科研流动站	13个
省(部)级重点学科(二级)	2个
省部级设置的研究院实验室	4个
定期公开出版的专业刊物数	6种
直属院(系)数	10个
“千人计划”入选者	2人
国家杰青获得者	1人
“万人计划”入选者	1人
新世纪人才支持计划	7人
国务院政府特殊津贴获得者	2人

统计节点:2015年9月30日

统计时期:2014年10月1日～2015年9月30日

(合作发展规划处　提供)

本科专业

朝鲜语	日语	保险学
国际经济与贸易	金融学	电子商务
市场营销	人力资源管理	物流管理
工商管理	会计学	旅游管理
汉语言文学	新闻学	汉语国际教育
英语	翻译	法学
行政管理	社会工作	音乐学
美术学	舞蹈编导	视觉传达设计
环境设计	通信工程	电子信息科学与技术
计算机科学与技术	软件工程	数字媒体技术
机械设计制造及其自动化	测控技术与仪器	自动化
应用化学	生物科学	生物技术
药学	海洋资源与环境	海洋资源开发技术
数学与应用数学	信息与计算科学	统计学
应用物理学	空间科学与技术	

（教务处　提供）

硕士招生专业

比较文学与世界文学	材料科学与工程	财政学
产业经济学	朝鲜语口译	电路与系统
电子与通信工程	法律(法学)	法律(非法学)
法学理论	工程管理	海洋生物学
汉语言文字学	行政管理	会计
机械工程	机械制造及其自动化	基础数学
计算机技术	计算机科学与技术	检测技术与自动化装置
金融	空间物理学	控制工程
控制理论与控制工程	劳动经济学	美术
美术学	民商法学	企业管理
设计学	生物工程	思想政治教育
通信与信息系统	微电子学与固体电子学	微生物学
微生物与生化药学	舞蹈	物理学
西方经济学	新闻学	信号与信息处理
刑法学	亚非语言文学	药物化学
艺术设计	音乐	音乐与舞蹈学
英语笔译	英语语言文学	应用化学
语言学及应用语言学	运筹学与控制论	中国现当代文学
国际商务	马克思主义中国化研究	生态学

(研究生处　提供)

博士招生专业

材料科学与工程
概率论与数理统计
检测技术与自动化装置
微生物学
中国现当代文学
西方经济学
生态学
微生物与生化药学

等离子体物理
机械制造及其自动化
理论物理
文艺学
政治经济学
凝聚态物理
通信与信息系统

法律方法论
基础数学
外国语言学及应用语言学
亚非语言文学
财政学
海洋生物技术
信号与信息处理

（研究生处　提供）

大事记

山东大学(威海)2015年大事记

1月

6日　校区召开民主党派与无党派人士新年座谈会,党委副书记刘玉殿、赵玉璞出席会议。校区各民主党派负责人、无党派人士代表、威海市政协委员参加会议。

7日　校区向社会发布《山东大学(威海)2014届毕业生就业质量报告》。

同日　校区举办处级以上领导干部专题报告会,邀请全国政协委员,中国社会科学院学部委员、国际研究学部主任,山东大学人文社科一级教授张蕴岭作题为"如何认识我国周边的新形势"的报告。

11日　校区首届"挑战杯"竞赛冬令营开营。

14日　校区召开本科教学工作座谈会,副校长刘海主持会议并讲话。

16日　"威海校区建设30周年,校区发展稳步推进"入选山东大学"2014年度十件大事"。

17日　由澳大利亚教育管理集团与校区联合举办的"深化中外高校关系与合作威海高峰论坛"在闻天楼报告厅举行。校长韩圣浩、副校长陈冠军出席论坛。来自中国矿业大学、澳大利亚西澳大学等国内外50所高校和教育机构的150余名代表参会。

本月　校区获2014年全国大中专学生志愿者暑期"三下乡"社会实践先进单位荣誉称号。

2月

5～11日　校长韩圣浩应邀对澳大利亚国立大学、新南威尔士大学和斯威本科技大学进行工作访问，并顺访了澳大利亚麦克米伦教育集团、莫纳什大学和新加坡南洋理工大学。在新南威尔士大学，双方签署《山东大学(威海)与新南威尔士大学学生互派协议》。

本月　校区团委获2014年度"山东省红旗团委"荣誉称号。

本月　韩国学院牛林杰教授获批享受国务院政府特殊津贴。

本月　山东大学(威海)暨威海市天文台获评2014年度优秀全国科普教育基地。

3月

1日　校区召开中层领导班子民主生活会督导工作会议，对督促指导全校中层领导班子2014年度民主生活会工作作出部署安排。

2日　校区党委副书记赵玉璞率团访问西霞口集团，进行校地校企合作对接洽谈。

4日　威海火炬高技术产业开发区党工委书记刘伟率团访问校区，校区党委书记仝兴华会见来访客人。

7日　校区举行2015年春季学生就业实习双选会。

13～15日　由校区中韩关系研究中心主办的"中韩FTA地方合作研讨会"在威海举行。本次研讨会的主题是"威海市与仁川市经济合作交流先行先试的重点领域及思路对策"。中国社科院学部委员、山东大学人文社科一级教授张蕴岭，国家发改委外经所研究室主任张建平，商务部研究院研究员袁波，中国社会科学院亚太研究院研究室主任沈铭辉，山东大学(威海)中韩关系研究中心研究员刘文等专家学者出席了研讨会。

14～17日　美国东田纳西州立大学教育学院院长Angela Lewis博士、课程与教学系主任Norma Hogan博士以及课程与教学系教授Rosalind R. Gann博士访问校区。期间，副校长陈冠军会见来访客人并签署交流协议。

20日　校区第五届教职工代表大会暨工会会员代表大会在闻天楼报告厅开幕。党委书记仝兴华致开幕词，校长韩圣浩作题为"凝心聚力 深化改革 科学发展 共创学校事业新辉煌"的工作报告，山东省教育工会主席宋志明应邀出席会议并讲话。

23～27日　校区党委书记仝兴华率团赴台湾中原大学、世新大学和暨南国际大学进行工作访问，并看望校区赴台访学师生。访问期间，校区数学与统计学院与中原大学商学院共同签署《合作举办数理金融实验班协议书》。

25 日 比利时前驻华大使、永久荣誉大使 Patrick Nijs 先生和比利时博优国际集团行政总裁 Geert Roelens 先生等访问校区，副校长陈冠军会见来访客人。

同日 校区举行首届辅导员职业能力大赛决赛。

28 日 校区足球队获得全国大学生足球联赛山东省预选赛校园组甲组冠军。

本月 山东大学空间科学研究院地磁台正式投入常规运行。该地磁台经纬度为 122°02′58″E 和 37°32′09″N，于 2014 年 12 月底在玛珈山南侧东天文台附近建成。主要观测设备为乌克兰空间研究所利沃夫中心研制的三分量高精度通门式磁力计（型号：LEMI-018），可连续实时记录地磁场三分量（Bx、By 和 Bz）的变化情况，数据分辨率为 1Hz。该地磁台已实现远程视频监控和观测数据实时网络传输。

4 月

1 日 校区举行 2015 年学生工作交流研讨会。党委书记仝兴华出席会议并为先进集体和优秀个人颁奖。

同日 威海市委常委、组织部部长田治颖来校区调研党建和人才工作。校区党委书记仝兴华会见田治颖一行。威海市委组织部常务副部长于东海，校区党委副书记周慧如，党委组织部相关负责人参加座谈会。

3 日 校区邀请山东省政府参事、博士生导师田建国教授围绕“努力提高高校管理干部素质”作主题讲座。副处级以上领导干部、机关及直属单位科级干部聆听讲座。

同日 校区与刘公岛管理委员会全面合作框架协议签约仪式暨“威海市刘公岛历史文化研究中心”及“台湾动物繁育与生态驯化研究中心”揭牌仪式在刘公岛举行。威海市副市长张波，校区党委书记仝兴华出席签约仪式并共同为“威海市刘公岛历史文化研究中心”揭牌。校区党委副书记赵玉璞和刘公岛管委会主任王京伟代表合作双方签署了全面合作框架协议并共同为“台湾动物繁育与生态驯化研究中心”揭牌。

7～10 日 澳大利亚国立大学校董事会成员、物理与工程研究院教育副院长 John Close 教授访问校区，副校长陈冠军会见来访客人。

10 日 校区与西霞口集团全面合作框架协议签约仪式在西霞口集团举行，双方进行了校企合作对接洽谈并为“海洋学院科研与教学基地”揭牌。

13～14 日　澳大利亚皇家墨尔本理工大学国际事务副校长 Andrew Maclntyre 教授率团访问校区。校长韩圣浩、副校长陈冠军会见来访客人并举行座谈。

15 日　校区党委召开 2014 年度领导班子民主生活会，山东大学纪委副书记、第二督导组组长李居忠到会指导并讲话。威海校区党委书记仝兴华主持会议，校长韩圣浩出席会议。山东大学第二督导组成员、历史文化学院党委副书记董雪梅、监察处副处长陈国军，山东大学(威海)校领导班子全体成员参加会议。

19 日　山东大学(威海)聊城校友会成立。

21 日　校区 2016 年“创青春”大学生创业竞赛暨领航者大学生创业培训启动仪式在玲珑学堂举行。

23～24 日　副校长刘海应邀率队赴西安对三星(中国)半导体有限公司进行工作访问。

27 日　校区召开 2015 年就业创业工作会议。党委书记仝兴华、党委副书记赵玉璞、副校长陈冠军出席会议并为 2014 年度就业工作先进单位和个人颁奖。

5 月

4 日　校区纪念“五四”运动 96 周年暨 2014 年度优秀学生表彰大会在玲珑学堂举行。党委书记仝兴华出席大会并讲话，党委副书记赵玉璞、副校长刘海出席活动并为获奖师生颁奖。

5 日　校区党委理论学习中心组召开学习会议，专题学习“三严三实”精神并就“三严三实”专题教育进行工作部署。党委书记仝兴华出席会议并讲话。党委理论学习中心组全体成员参加会议。

10 日　山东大学(威海)淄博校友会成立。

14～15 日　校区举行第二十七届田径运动会。

22～23 日　校区召开第十五次学生代表大会、第六次研究生代表大会和第六次学生社团代表大会。

24 日　第十四届“挑战杯”鲁信山东省大学生课外学术科技作品竞赛决赛落幕。校区有 4 件作品获山东省特等奖，6 件作品获山东省一等奖，校区团体总分位列本次比赛第二名，再次捧得“优胜杯”。

28 日　山东大学(威海)“三严三实”专题教育党课在知行楼举行。党委书记仝兴华作专题党课报告，并对校区开展“三严三实”专题教育进行动员部署。

30 日　第十四届山东省大学生科技文化艺术节校园短剧大赛决赛在校区举行。

6月

3日　校长韩圣浩到新建的超级计算中心调研工作。

4日　校区召开研究生教育工作会议，副校长陈冠军出席会议并讲话。

同日　校区党委书记仝兴华率队赴山东大学力学与机电装备联合工程技术研究中心调研指导校区承担的国家海洋能专项科研项目。

10日　山东大学空间科学研究院在闻天楼召开发展规划会议。会议邀请国家自然科学基金委数理学部常务副主任汲培文研究员，国家天文台党委书记、副台长赵刚教授，中科院云南天文台首席研究员韩占文参加。校长韩圣浩主持会议。

同日　由中科院国家天文台和山东大学共同创办的"天文与空间科学菁英班"首届学生毕业典礼在闻天楼报告厅举行。校长韩圣浩，中科院国家天文台党委书记、副台长赵刚，国家自然科学基金委员会数理部常务副主任汲培文，中科院云南天文台首席研究员韩占文，副校长陈冠军、刘海出席毕业典礼。

11～12日　国家自然科学基金委重大项目"LAMOST 银河系研究"科学研讨会在闻天楼举行。来自中国科学院国家天文台、中国科学院云南天文台、山东大学(威海)的30多位学者参加研讨会。校长韩圣浩，国家自然科学基金委员会数理部常务副主任汲培文出席开幕式。中科院国家天文台党委书记、副台长、郭守敬望远镜运行发展中心主任、山东大学空间科学研究院院长赵刚主持开幕式。

12日　校长韩圣浩作题为《深化改革，从严务实，推进学校科学发展》的专题教育党课报告。副校长陈冠军、校区各教学单位负责人、教授代表和有关职能部门负责人参加党课学习。

同日　共青团山东省委学校部部长郑思洁率领山东高校互观互检观摩团来校区观摩大学生创业工作。

15～17日　副校长陈冠军率队赴华侨大学参加《中美人才培养计划》2015年度工作会议暨第十二届学生毕业典礼。毕业典礼上，陈冠军为校区12名《中美人才培养计划》毕业生颁发毕业证和学位证。山东大学(威海)获由美国州立大学与学院协会、中教国际教育交流中心联合颁发的"特别贡献奖"。

18日　校区举行2015届毕业生毕业典礼。

22～26日　由校区和北京大学共同主办，中科院国家空间科学中心、中国科学技术大学、北京航空航天大学等单位协办(联合承办)的"第十四届国际太阳风大会"在校区开幕，共吸引了200多名国内外的专家学者参会。会议开幕式由北京大学涂传诒院士和山东大学(威海)空间科学与物理学院常务副院长夏利东教授共同主持。会议还特别邀请了国际著名空间物理学家、美国 Colorado 大学 John Gosling 教授就近年来太阳风的研究进展作了大会报告。

本月　校区空间科学研究院特聘专家 Hermann Kaufmann 教授入选国家第十一批“外专千人计划”创新短期项目。这标志着威海校区高层次人才队伍建设“外专千人”平台实现零突破。

本月　校区获 6 项国家社科基金项目资助。

7 月

2 日　校区举行 2015 年“学生海外学习经历”启动仪式,校长韩圣浩出席仪式并讲话。

6～7 日　校区党委书记仝兴华,副校长陈冠军在学术中心分别会见应邀来校授课的台湾中原大学余章钧教授,陈冠军为余章钧颁发就业创业导师聘书。

7～16 日　校区举办 2015 年“创青春”竞赛夏令营。

9 日　由山东大学(威海)中韩关系研究中心、山东大学东北亚研究中心和山东大学韩国学院主办的第一届中韩关系论坛在威海举行。韩国驻青岛领事馆总领事李寿尊,山东大学(威海)党委书记仝兴华,中国社科院国际学部委员、山东大学人文社科一级教授、山东大学(威海)中韩关系研究中心理事长张蕴岭,中国前驻外大使、中韩建交谈判中方代表张瑞杰,中韩友好协会副会长、中国首任驻韩国大使张庭延,韩国高等教育财团事务总长、韩国前驻联合国大使朴仁国出席了论坛。来自北京大学、复旦大学、中国社科院、山东大学、天津师范大学和韩国国立首尔大学、延世大学、成均馆大学、仁荷大学、仁川大学、韩国济州发展研究院等高校及科研院所的专家学者参加了论坛。

10 日　山东大学东北亚研究中心情况说明会在知行楼召开。山东大学党委副书记、山东大学(威海)党委书记仝兴华,中国社科院国际学部委员、山东大学人文社科一级教授张蕴岭出席会议,校区党委副书记赵玉璞主持会议。来自中国社科院、复旦大学、天津师范大学的研究中心课题组专家、学者,研究中心全体成员,各教学院部教师代表及科研处相关负责人参加了会议。

10～11 日　由文化传播学院与中国社会科学院文学所联合承办的“中国社会科学院第二届马克思主义文艺理论论坛暨马克思主义文学批评的理论与实践”学术研讨会在校区召开。中共中央委员、中国社会科学院院长王伟光,山东大学党委副书记、山东大学(威海)党委书记仝兴华,中国社会科学院文学所所长陆建德出席开幕式并致辞。中国社会科学院党组成员、副院长张江到会并作大会主题发言。

来自中国社会科学院、山东大学、中国人民大学、南京大学、华东师范大学、四川大学、中国传媒大学、上海大学等全国各地科研院所的马克思主义文艺理论家及文学批评家50余人参加了本次会议。

11～12日　校长韩圣浩率队出席在云南师范大学举办的第二届国际教育管理会议并致辞，副校长陈冠军作主题发言。

13日　台湾暨南国际大学国际及两岸事务处处长洪政欣率团访问校区，副校长韩建新会见来访客人。

14日　2015年“三星梦想课堂”威海开班仪式在校区举行。中国三星副总裁王幼燕，中国青少年发展基金会副秘书长姚文，共青团山东省委副书记陈必昌，中共威海市委副书记赵熙殿，校区副校长刘海，以及中国青少年发展基金会、省希望工程办公室、校区团委等相关单位负责人出席了开班仪式。

16日　校区与威海市联桥国际合作集团有限公司校企合作签约仪式在联桥集团举行。党委副书记赵玉璞与威海市联桥国际合作集团有限公司董事长慕镕键代表双方签署《山东大学(威海)与威海市联桥国际合作集团有限公司校企合作协议书》。

19日　校区举行2014级学生军训阅兵式。

19～23日　校区举办青年骨干教师教学能力提升研修班。

21～27日　校区开展“齐鲁文化与民族精神体验营”活动，营员由来自台湾暨南国际大学和东吴大学的8名学生及我校区7名志愿者共同组成。期间，校区举行孔子学堂揭牌暨齐鲁文化与民族精神体验营开营仪式。

22日　校区2015年本科招生录取工作结束。2015年校区面向全国30个省(市、自治区)计划招生3800人，实际录取3800人，比2014年增加300人。

23日　围绕“严以修身，加强党性修养，坚定理想信念，把牢思想和行动的‘总开关’”这一主题，校区召开会议进行“三严三实”专题教育第一专题研讨。校区党委书记仝兴华主持会议并作发言交流。

27日　依托于山东大学的微生物技术国家重点实验室“海洋微生物资源中心”挂牌仪式在校区举行。微生物技术国家重点实验室主任张友明教授、副校长刘海出席挂牌仪式并为“海洋微生物资源中心”揭牌。

30日　校长、校学术委员会主任委员韩圣浩教授主持召开校学术委员会会议，评选出15名青年教师为“山东大学(威海)青年学者未来计划”培养人选(其中，人文社会科学学科8名，自然科学学科7名)。威海校区“未来计划”的目标是利用10年时间在校区内支持培养一支100人左右、具有较大学术发展潜力的青年学术骨干队伍。

8 月

1 日　校区承办的“传统文化与道德治理”学术研讨会在威海开幕。

1～4 日　受教育部委托,山东大学接待了俄罗斯 200 名中学生来华夏令营代表团,校区承办了该夏令营在威海的相关活动。

6～13 日　校长韩圣浩应邀对澳大利亚国立大学、斯威本科技大学、塔斯马尼亚大学、新西兰奥克兰大学进行了工作访问,并顺访了澳大利亚联邦科学与工业研究组织。访问期间,与斯威本科技大学签署科研合作框架协议。

7～17 日　校区党委书记仝兴华率团赴浙江、江苏等地进行合作拓展,期间应邀参加了在苏州召开的华为集团与山东高校合作交流会。

22 日～10 月 13 日　新疆农信社岗前培训班在校区举行。

27 日　学生宿舍楼(高层)动工建设。该工程项目总占地 7416m^2,总建筑面积 25615.68m^2,建筑规模为地下一层,地上主体分 14 层及 17 层两部分。

27～29 日　第三届“中国—南非核物理联合研讨会”在校区举行。来自南非 iThemba 国家实验室、Stellenbosch 大学、Zululand 大学以及北京大学、清华大学、北京师范大学、北京航空航天大学、兰州大学、山东大学、中国石油大学、华北电力大学、河南师范大学、中国科学院理论物理研究所、中国科学院近代物理研究所等高校及研究所的 40 余位专家学者参加了本次研讨会。本次研讨会开幕式由校区“原子核与核天体物理”研究团队负责人王守宇教授主持。副校长陈冠军出席开幕式并致辞。

9 月

3 日　校区举行纪念中国人民抗日战争暨世界反法西斯战争胜利 70 周年升旗仪式。

8 日　根据山东大学文件(山大人字〔2015〕85 号),数学与统计学院郭新伟教授获评 2015 年“山东大学优秀教师”荣誉称号。

10 日　校区召开庆祝 2015 年教师节暨优秀教师表彰大会。党委书记仝兴华出席大会并致辞。

11 日　汲培文受聘校区兼职特聘教授、空间科学与物理学院名誉院长仪式在闻天楼举行。校长韩圣浩出席聘任仪式并为汲培文颁发聘任证书,副校长陈冠军主持聘任仪式。

12 日　校区举行 2015 级新生开学典礼。

13～20 日　校长韩圣浩应邀对丹麦技术大学、芬兰奥卢大学和坦佩雷大学进行工作访问，并顺访了旅丹华人专业人士协会、中国驻丹麦大使馆教育处和中国驻芬兰大使馆教育处。

18～20日　山东省当代文学研究会第十三届学术年会暨第七次会员代表大会在校区举行。山东省当代文学研究会会长、山东大学文学院博士生导师张学军教授，山东省当代文学研究会副会长、山东师范大学博士生导师王万森教授，山东省当代文学研究会副会长、泰山学院副校长刘克宽教授，山东作家协会副主席、日照市文联主席赵德发先生，山东作家协会副主席、《百家评论》杂志社主编、山东师范大学博士生导师李掖平教授及校区文化传播学院院长、博士生导师张红军教授等出席开幕式。来自省内各大专院校从事现当代文学教学与研究的专家、学者及校区师生共60余人参加了此次盛会。

20日　2015年全国校园铁人三项赛(威海)暨山东大学(威海)第二届校园铁人三项赛在校区举办。

20～23日　“教育部2015年俄罗斯美术大师班”在校区开班授课。俄罗斯艺术科学院油画艺术委员会主席、艺术科学院院士、俄罗斯人民艺术家、功勋艺术活动家马克西莫夫教授，俄罗斯人民艺术家、俄罗斯艺术科学院院士布里奥克教授，俄罗斯人民艺术家、俄罗斯艺术科学院院士苏和维茨基教授，俄罗斯美协会员、苏里科夫美术学院尤丽娅教授，俄罗斯艺术科学院荣誉院士、列宾美术学院荣誉教授、中国艺术研究院郑光旭教授等五位艺术家来校区开班授课。

21～24日　副校长陈冠军应邀对俄罗斯布拉戈维申斯克国立师范大学、远东国立交通大学、阿穆尔国立大学进行工作访问。

21～25日　副校长刘海率团赴韩国访问美国乔治梅森大学仁川国际校区、韩国延世大学仁川国际校区、仁川大学、建国大学4所学校。

26日　校区师生举办为法学院病困同学唐妮娜爱心募捐活动。截至当日19:30，共收到来自社会各界的爱心捐款355949.83元。

29日　校区召开新聘青年教师入职培训会议。党委书记仝兴华、副校长陈冠军出席会议并讲话。

同日　山东大学(威海)爱心超市揭牌仪式在知行楼举行。威海东方福爱心联盟会长、东方福珠宝集团董事长王辉，校区党委副书记赵玉璞、副校长刘海出席本次仪式。仪式上，刘海和王辉共同为爱心超市揭牌。王辉代表东方福爱心联盟向爱心超市捐赠价值6万元的7000余件生活用品，赵玉璞向东方福爱心联盟发放了捐赠证书。

本月　校区获9项教育部人文社会科学研究项目立项。

10月

12日　美国科罗拉多大学丹佛分校国际处处长 John Sunnygard 先生访问

校区。副校长陈冠军会见来访客人。

13 日　美国加州大学欧文分校夏季学期学分项目负责人 Michael M. Lyons 先生访问校区。副校长陈冠军会见来访客人。

14～15 日　英国伦敦大学皇家霍洛威学院副校长 Rob Kemp 教授,招生与合作关系部总监 Sheryl Simon 女士和东亚区主管高堧女士一行访问校区。副校长陈冠军会见来访客人并举行工作会谈。会谈结束后,陈冠军代表校区与 Rob Kemp 教授共同签署了两校"3＋1＋1"本硕连读项目合作协议。

14～19 日　副校长刘海率团访问澳大利亚国立大学、皇家墨尔本理工大学、斯威本科技大学和西澳大学。访问期间,校区与西澳大学签署了《西澳大学与山东大学(威海)海外访学项目协议备忘录》。根据协议,校区学生可赴西澳大学进行一或两学期的访学交流,西澳大学将为校区学生提供一定的学费减免。

16 日　校区召开青年学者未来计划培训会,校长韩圣浩出席会议并讲话。

16～19 日　副校长郭培良应邀率团访问台湾中原大学,出席该校 60 周年校庆活动。

19 日　台湾世新大学终身教育学院院长邱志淳、资讯管理系主任李坤清、大陆研究生服务中心曾崎泓一行访问校区。副校长陈冠军会见来访客人。

同日　韩国圆光大学韩中关系研究院副院长金珍炳教授率团访问校区,副校长陈冠军会见来访客人。会见结束后,双方共同签署合作协议。

23～25 日　由中国朝鲜史研究会主办、山东大学韩国学院承办的中国朝鲜史研究会 2015 年学术年会在校区召开。副校长陈冠军、中国朝鲜史研究会会长金成镐、韩国学院院长牛林杰出席开幕式并致辞。来自全国近四十所大学和科研机构的 80 多位学者专家参加了年会。

26 日　校区党委理论学习中心组召开会议,围绕"三严三实"专题教育,以"严以律己,严守党的政治纪律和政治规矩,自觉做政治上的'明白人'"为主题,进行第二专题集体学习研讨。校区党委书记仝兴华主持会议并讲话。

28 日　葡萄牙波尔图大学天文台台长、理学院首席研究者、海洋研究中心主任 Luísa Bastos 访问校区并受聘为客座教授。副校长陈冠军出席聘任仪式并为 Luísa Bastos 颁发聘书。

同日　由中共威海市委宣传部和校区共同主办的首届中国(威海)海洋油画学术研讨会在校区召开。

30 日　校区举行 2015 年度乐天奖学金颁奖仪式。乐天集团从 2012 年开始在山东大学(威海)捐资设立奖学金,旨在奖励商学院和韩国学院学习刻苦、成绩优异、德才兼备的优秀学生,每人奖金人民币 6000 元。

11月

1日　　校区在溯园举行爱心亭奠基仪式。奥康集团董事长、王振滔慈善基金会创始人王振滔，校区党委书记仝兴华、党委副书记赵玉璞出席奠基仪式，仪式由副校长刘海主持。王振滔为校区捐赠爱心款，刘海为王振滔颁发捐赠证书。这是继2013年以来，王振滔慈善基金会连续第三年为校区捐款100万开展爱心接力活动。

3日　　体育训练馆开工建设，该工程项目总占地8340㎡，总建筑面积20750.90㎡。

10日　　美国北密歇根州立大学校长Fritz Erickson教授、副校长Steve-Vanden Avond博士、文理学院院长Michael Broadway教授、国际项目负责人Kevin Timlin先生以及社会学教授Yan Zhao Ciupak女士访问校区，副校长陈冠军会见来访客人。会见结束后，双方签署了校际合作备忘录。

11日　　韩国仁川大学对外协力处处长李钟烈率团来校区访问，副校长陈冠军会见来访客人。

14日　　山东省2015年秋冬季高校毕业生就业集中招聘服务“蓝黄”两区专场暨校区2016届毕业生秋冬季双选会在海洋学院大厅和风雨操场举行。

17日　　校区在国际学术交流中心举行就业创业导师聘任仪式，副校长刘海为2003级电子系校友、赤子城科技（北京）有限公司创始人兼CEO刘春河颁发就业创业导师聘书并进行交流座谈。

18日　　2015年度山东大学校长奖学金暨山东大学（威海）第十届十佳大学生演讲报告会在玲珑学堂举行。

20日　　第十四届“挑战杯”中航工业全国大学生课外学术科技作品竞赛决赛落下帷幕，校区获全国二等奖1项，三等奖2项。

22日　　校长韩圣浩主持召开“空间科学与技术”学科发展咨询会。中国科学院国家天文台台长严俊研究员担任咨询专家组组长，来自国家自然科学基金委员会、中国科学院国家天文台、中国科学院国家空间科学中心、南京大学等单位的11名专家担任咨询专家组成员。副校长陈冠军及校区相关部门工作人员参加会议。

29日　　由山东大学东北亚研究中心和中国社会科学院地区安全研究中心联合主办的第一届东北亚地区形势发展研讨会在校区举行。中国社科院国际学部主任、山东大学一级教授、山东大学东北亚研究中心理事长张蕴岭教授，山东大学副校长胡金焱出席研讨会并致辞。来自中国社科院、中国人民大学、山东大学、南京国际关系学院等科研院校的60多位专家和学者参加了此次会议。威海联桥集团总裁慕镕键作为特邀嘉宾参加研讨会。

本月　校区 24 项课题获 2015 年度山东省社科规划项目立项。

本月　韩国学院牛林杰教授为首席专家申报的“二十世纪东亚抗日叙事文献整理与研究”获国家社科基金 2015 年(第二批)重大项目立项,课题资助经费 80 万元。

本月　山东大学 2016 届本科毕业生推免研究生工作全部结束,威海校区共有 401 名优秀应届本科生被成功推荐到各类高校和科研院所,占应届本科毕业生人数的 11.91%,其中硕士生 372 名,直博生 29 名。

12 月

3 日　根据山东大学文件(山大党任字〔2015〕7 号),因年龄原因,刘玉殿同志不再担任威海校区党委副书记职务。

5 日　中国科学院院士、中国地质科学院研究员、区域地质学家李廷栋应邀做客校区第十四期“行知讲堂”,为师生作题为“漫话地球三极”的报告。

6 日　空间科学研究院召开“月球表面岩石分类”专题研讨会。会议邀请中国科学院地球化学研究所欧阳自远院士、中国地质科学院李廷栋院士等 9 名国内深空探测与行星科学领域专家成立专家组,对于校区承担的国家科技基础性工作专项《月球地质图编研》课题三《月球表面岩石类型分布图编研》进行专题研讨和论证。副校长陈冠军出席研讨会。来自中科院地化所、中科院国家天文台、中科院地质与地球物理所、中国地质调查局国土资源航空物探遥感中心、中国地质科学院、吉林大学、中国地质大学(北京)等单位的 30 余名代表,校区空间科学与物理学院、科研处等单位工作人员参加了研讨会。

同日　中国科学院院士、著名天体化学与地球化学家、中国月球探测工程首席科学家欧阳自远应邀做客校区第十五期“行知讲堂”,作题为“中国的探月梦”的报告。

8 日　澳大利亚西澳大学国际事务副校长 Iain Watt 先生一行访问校区,副校长陈冠军会见来访客人并举行座谈。

11～13 日　校区中韩关系研究中心主办的“第一届中韩青年学者论坛”在北京召开。论坛的主题为“一带一路背景下的中韩关系”。中国社科院学部委员、国际学部主任、山东大学(威海)中韩关系研究中心理事长张蕴岭,外交部亚洲司参赞姚文,山东大学(威海)党委副书记赵玉璞,中国留学人员联谊会朝韩分会会长王林昌分别在开幕式上致辞。来自中韩两国的 50 余位青年学者出席本届论坛。

14 日　澳大利亚斯威本科技大学分管未来制造业副校长 Geoff Brooks 教授和分管国际合作副校长 Melissa Banks 女士率团访问校区。校长韩圣浩、副校长陈冠军会见来访客人并举行座谈。韩圣浩与 Geoff Brooks 教授共同签署了“先进制造业联合研究中心合作备忘录”,并共同为两校“3D 联合实验室”和“先进制造业联合研究中心”揭牌。

16 日　2014～2015 学年国际学生“校长奖学金”暨“海外经历项目专项校长奖学金”表彰会在闻天楼报告厅举行,副校长陈冠军出席活动并致辞。

17 日　校区在知行楼举行三星奖助学金捐赠发放仪式。三星电子(山东)数码打印机有限公司副总经理赵国栋,副校长刘海出席仪式。刘海、赵国栋共同为获奖学生发放了三星奖助学金。此次捐赠共有 40 名学生获得每人 3000 元的资助。

25 日　山东大学校长张荣来校区听课、调研,并与各教学院(部)的教师代表开展座谈交流。

本月　马列教学部马秋丽教授、郝书翠副教授入选山东省理论人才“百人工程”。

本月　法学院团总支获“2013～2014 年度全省高校思想政治教育工作先进集体”荣誉称号。马列教学部郝书翠、艺术学院王鹏飞获“2013～2014年度全省高校思想政治教育工作先进个人”荣誉称号。

本月　空间科学与物理学院张清和教授入选 2014 年国家“万人计划”自然科学类青年拔尖人才。

本月　由空间科学研究院凌宗成副教授带领的行星科学团队有关嫦娥三号“玉兔号”月球车月表就位探测数据分析的研究论文在《自然—通讯》(*Nature Communications*)杂志发表,该杂志同时将文章作为亮点研究成果发布新闻稿予以报道。新华社、《科技日报》《中国科学报》《参考消息》《中国日报》,美国《华盛顿邮报》和《洛杉矶时报》、英国《卫报》和《镜报》、西班牙《世界报》和《国家报》等均进行了报道,并被国外知名科技媒体 Tech Times 评为 2015 年国际十大空间事件和重大发现之一。

校区建筑面积:470961.29 平方米

在校全日制本科生 13998 人,博、硕士研究生 1070 人,留学生 1245 人,成人教育及网络教育学生 1656 人。

在职教职工 1218 人,其中专任教师 800 人,副高以上职称 419 人。

2015 年招收本科生 3769 人,本科毕业生 3359 人。

(赵林林)